BUR
Biblioteca Universale Rizzoli

Saverio Lodato
Marco Travaglio

INTOCCABILI

BUR
FUTUROPASSATO

Proprietà letteraria riservata
©2005 RCS Libri S.p.A., Milano

ISBN 88-17-00537-1

Prima edizione BUR Futuropassato: maggio 2004
Quinta edizione BUR Futuropassato: settembre 2005

Per conoscere il mondo BUR visita il sito **www.bur.rcslibri.it** e iscriviti
alla nostra newsletter (per ulteriori informazioni: **infopoint@rcs.it**).

A Giuliano, a Giusi, a mia madre.
S.L.

A Isa, Alessandro ed Elisa
M.T.

Vi è giunta, attraverso le agenzie di stampa, la notizia che a New York delle organizzazioni politiche italiane si sono accordate per protestare contro uno spettacolo televisivo che svolgeva il tema della malavita italiana e adoperava spesso nomi di criminali conosciuti, principalmente di Al Capone, e poi di altri personaggi inventati, ma sempre con nome italiano. Lo spettacolo si chiamava The Untouchables. *In seguito a queste proteste, come dicono gli organizzatori della protesta, oppure per ragioni tecniche, come dicono i «sostenitori» del programma, pare che lo spettacolo sarà sospeso alla fine del semestre; e intanto è stato promesso che nomi di tipo italiano non appariranno più.*

Giuseppe Prezzolini - New York, 9 aprile 1961
(tratto da *I Trapiantati*, Longanesi 1963)

Sempre, tra le tante sofferenze che attendono il giudice giusto, vi è anche quella di sentirsi accusare, quando non è disposto a servire una fazione, di essere al servizio della fazione contraria.

Piero Calamandrei, *Elogio dei giudici scritto da un avvocato*
(Le Monnier 1935; Ponte alle grazie 2001)

Il funzionario onesto presto comprende che, se vuole [...] combattere i soliti onorevoli usi a trescare colle cosche mafiose [...], dovrà intanto essere esposto alle trame e alle calunnie che si ordiranno contro di lui a Roma; e che, se non riesce, sarà addossata a lui la responsabilità dell'insuccesso. In questa condizione di cose, per poco che sia di coscienza elastica, prende subito il suo partito: eseguisce una parte sola del programma assegnatogli, quella che egli giudica più indispensabile dal punto di vista del suo bene stare e della sua carriera, e mette da canto i sermoni morali.

Gaetano Mosca, *Che cosa è la mafia*
(Laterza 1949, 2002)

Introduzione
di Paolo Sylos Labini

Chi legge questo libro, alla fine, non può non porsi una domanda: come siamo potuti cadere così in basso? Possibile che la guerra alla mafia, che soltanto dieci anni fa pareva non lontana dal successo, sia finita così male, addirittura con la mafia al potere? E ancora: possibile che il «popolo di geni» di cui vaneggiava Mussolini continui a credere, dopo dieci anni, alle atroci menzogne di un Berlusconi e della sua corte dei miracoli? Verrebbe da concludere che siamo un popolo di imbecilli e di malfattori, altro che geni. Ma, prima di abbandonarci all'angoscia e alla disperazione, proviamo a ragionare.

Al fondo c'è un micidiale, radicale cinismo che domina tutto, un'assuefazione al malaffare che diventa ambiente e costringe le persone civili e oneste – ce ne sono ancora, e tante – a una ammutolita paralisi. Perciò è importante che escano e circolino libri come questo. Perché sono una delle poche armi che ci rimangono per trovare o rinfocolare il coraggio di combattere. È l'informazione particolareggiata dei fatti che dà coraggio. Solo la verità può rendere liberi quanti oggi non vogliono essere servi, ma finiscono per esserlo inconsapevolmente, col torpore rassegnato che li paralizza. Una condizione che io spiego non solo col nostro machiavellico cinismo, ma anche con qualcosa di ancora peggiore: una grave carenza di autostima, come direbbe Adam Smith; un diffuso autodisprezzo, come dico io.

Spesso, dopo infinite discussioni su questi temi, mi capita di sentire da persone di «destra» e di «sinistra» la terribile battuta: «Ma che diavolo pretendi, in fondo siamo italiani!». E ogni volta mi domando perché ci siamo ridotti in questo stato miserabile, in questo abisso di abiezione che, sotto certi aspetti, è peggiore di quello in cui ci aveva cacciati Mussolini. Certo, la mancanza di senso dello Stato, che deriva dalla mancanza di uno Stato. Certo, la superficialità della cultura popolare e la grave debolezza della borghesia intellettuale ed economica spiegano il carattere volubile dell'opinione pubblica e la facilità con cui viene sistematicamente ingannata per mezzo del micidiale potere persuasivo del monopolio televisivo. Certo, i guasti della Controriforma senza Riforma. Certo, i sottoprodotti della morale cattolica, che privilegia la misericordia piuttosto che la giustizia. Non tanto perché sia migliore il protestantesimo rispetto al cattolicesimo, ma perché da noi la Chiesa ha avuto il potere temporale, e dunque ha usato la religione come *instrumentum regni*. Mi ha sempre colpito il racconto di Nassau Senior, un economista mediocre, famoso più che altro per gli attacchi che gli riservò Karl Marx. A metà dell'Ottocento la sua passione per i viaggi e per la conoscenza dei potenti d'Europa lo portò a Roma, dove conobbe il papa e dipinse un quadro raccapricciante dello Stato pontificio. Senior racconta di un confessore che, a una donna con un figlio di idee liberali, impose di denunciarlo con tutti i particolari in cambio dell'assoluzione. La donna ci pensò qualche giorno, poi denunciò il figlio, che fu arrestato e torturato. Come meravigliarci, allora, se l'Unità d'Italia non s'è mai davvero compiuta, se il bene comune non è mai stato considerato come un obiettivo di tutti, a dispetto del nostro nazionalismo di cartapesta?

L'uomo è un animale sociale e aspira ad avere l'orgoglio di appartenere a una comunità: la famiglia, il gruppo, la patria. Ora, la Patria in Italia è venuta tardi e in condizioni infelici. Ancora un secolo fa l'analfabetismo era gigantesco. Quando all'inizio del Novecento Salvemini si batteva per il suffragio universale, le persone che avevano diritto al voto erano il 6-7% della popolazione. Con una legge di Giolitti salirono al 20%, perché per votare bisognava saper leggere e scrivere e avere un piccolo peculio; il voto, poi, era concesso solo agli uomini. Il pericolo del fascismo lo capirono in pochi, all'inizio. Lo stesso Benedetto Croce fu per anni filofascista e, da senatore, votò a favore di Mussolini, anche dopo il delitto Matteotti. Solo in seguito divenne uno dei padri dell'antifascismo. Anche nell'esigua cultura liberale dell'epoca, quelli che denunciarono il regime fin dall'inizio non furono molti: Piero Gobetti, Giustino Fortunato e pochi altri. Retorica a parte, il cosiddetto impero e poi la seconda guerra mondiale, con tutti quei richiami all'antica Roma, non potevano certo far crescere l'autostima del popolo italiano e quindi l'amor di Patria. E infatti l'ubriacatura passò in fretta, con la campagna di Grecia, che svelò a tutti la nostra assoluta impreparazione. L'ostilità al regime divenne diffusa e fortissima e poi la sconfitta apparve ignominiosa proprio perché gli Italiani si resero conto dell'irresponsabilità del capo, che si autoproclamava infallibile ma che aveva gettato l'Italia in quelle condizioni nella fornace di una guerra terribile. Penso che la morte della Patria – speriamo temporanea – risalga a quella tragedia.

Attenzione: anche la mafia è una comunità, con le sue regole, il suo codice, il suo diritto, le sue istituzioni. Per coloro che ne fanno parte, pure se si definiscono «uomini d'onore», è più difficile provare orgoglio. Ma è più facile toccarne con mano i benefici: ricchezze, potenza, protezione. La studio da quarant'anni, la mafia: da quando Giangiacomo Feltrinelli, nel 1958, mi propose di organizzare un gruppo di ricercatori – io ero professore a Catania – per condurre un'indagine ad ampio raggio in Sicilia, che alla fine diventò un corposo volume di 1500 pagine. Nel giugno 1965, dopo Catania, fui ascoltato dalla commissione parlamentare Antimafia, presieduta dal senatore Donato Pafundi (la mia deposizione fu poi pubblicata nel 1970 da Laterza in *Problemi dello sviluppo economico*). Nel 1974, come si ricorda in questo libro, mi dimisi dal comitato tecnico-scientifico del ministero del Bilancio, di cui facevo parte da circa un decennio, quando il titolare di quel dicastero, Giulio Andreotti, nominò sottosegretario Salvo Lima. Siccome Lima compariva più volte nelle relazioni dell'Antimafia ed era stato oggetto di ben quattro richieste di autorizzazione a procedere della magistratura, feci presente la cosa al mio amico Nino Andreatta, perché ne parlasse con Aldo Moro, presidente del Consiglio. Qualche giorno dopo Andreatta tornò da me con la coda fra le gambe: Moro gli aveva confessato la sua impotenza, perché – gli aveva detto – «Lima è troppo forte e troppo pericoloso». Allora affrontai l'argomento direttamente con Andreotti, dicendogli: «O lei revoca la nomina di Lima, che screditata l'immagine del ministero, o mi dimetto». Non mi lasciò neppure finire: mi interruppe e mi liquidò dicendo che ne avremmo parlato un'altra volta. A quel punto resi ufficiali le dimissioni. La mia lettera fu pubblicata dal «Corriere della Sera» e da vari altri giornali, e la cosa fece un certo scalpore per alcune settimane. Ci furono anche delle vibrate proteste dei giovani Dc. Poi calò l'oblio. Di quella faccenda si tornò a parlare quando Gian Carlo Caselli e i suoi pm mi chiamarono a testimoniare al processo Andreotti: era chiaro, da quell'episodio, che Andreotti – e non solo lui – sapeva benissimo chi era Lima. Lo sapevo persino io... La cosa che mi colpì fu che il mio gesto fu visto come prova di coraggio non comune. È deprimente che, in Italia, un gesto di normale decenza venga visto così. Dà la misura di come ci siamo ridotti. Tutti mi domandavano: ma come ha fatto, dove ha trovato la forza? Io rispondevo: ma quale forza, ma quale coraggio? C'era una persona che non ritenevo perbene, non volevo lavorarci insieme, e me ne andai. Tutto qui. È stato facile.

Nella deposizione prima ricordata ho cercato di chiarire i miei punti di vista sulle origini della mafia e sulle sue caratteristiche attuali. Che cosa sia oggi questo libro di Lodato e Travaglio lo spiega benissimo. Mafia vuol dire appalti, licenze edilizie, aree fabbricabili, sistemi di irrigazione, controllo dei mercati ortofrutticoli e sull'acqua, cioè sulla vita dei siciliani, e poi commercio di droga e altri affari sporchi, ma anche «puliti» come il Ponte sullo Stretto e la grande mangiatoia della sanità pubblica. Ma, soprattutto, mafia vuol dire agganci con la politica, con l'economia, con pezzi delle istituzioni che non saprei nemmeno se chiamare «deviate» oppure no (in questo paese i deviati rischiano di essere quelli che la mafia la combattono davvero). Sono queste le sue assicurazioni sulla vita, le ragioni della sopravvivenza di un'organizzazione tutto sommato arcaica in pieno terzo millennio. Il libro spiega anche com'è cambiata l'antimafia, o forse come non è cambiata, essendo sempre stata affidata a pochi «volontari», isolati e forse anche un po' matti. Cioè a una *élite* di poliziotti, carabinieri, magistrati, giornalisti, intellettuali e politici che hanno maturato, non si sa come, quel senso dello Stato e dell'autostima che non è mai diventato patrimonio di tutti.

La cultura delle regole, il senso della legalità, l'amore per la trasparenza sono da sempre minoritari, in Italia. Per una serie infinita di fattori storici, da noi non s'è mai affermata una cultura liberale e democratica di massa: i liberalsocialisti come i liberalconservatori sono sempre stati quattro gatti, guardati con un misto di sospetto e di curiosità dai ceti dominanti. Il che spiega perché l'autoritarismo, come la cultura mafiosa, hanno sempre trovato terreno fertile. E spiega anche perché oggi il regime berlusconiano, terribile sintesi della cultura autoritaria e di quella mafiosa, incontra resistenze così scarse.

Hanno ragione gli autori del libro quando, a proposito della mafia, parlano di «cosiddetto Antistato». Perché troppo spesso i confini fra Stato e Antistato sono confusi, invisibili, vischiosi, come quelli fra legalità e illegalità. Anche la mafia è stata, nel corso dell'ultimo secolo, un *instrumentum regni* da imbrigliare e utilizzare per scopi di potere. La sentenza Andreotti, che qui viene finalmente raccontata per quello che dice davvero, dopo anni di bugie infami, è illuminante. La politica combatte Cosa Nostra quando alza troppo la testa, quando pretende di comandare anziché collaborare, poi torna al tavolo della trattativa per stabilire nuovi patti e nuovi equilibri. L'uomo politico che chiede favori alla mafia non può poi agire autonomamente e tanto meno prendere misure contro la mafia, credendosi forte del suo potere politico. Se lo fa, viene punito. Mutando quel che va mutato, questo vale anche per chi entra in rapporti di dare e avere con Berlusconi. E non mancano le tragedie greche. Mattarella aveva due figli che vollero cambiare linee di condotta; uno divenne presidente della Regione siciliana e decise di ostacolare la distribuzione degli appalti alla mafia. Fu assassinato.

Chi è visto come ostacolo all'eterna trattativa fra politici e mafiosi – cioè le *élites* più avanzate della politica, della cultura e della magistratura – viene isolato come un fastidioso ingombro e tolto di mezzo. Col tritolo o con le campagne mediatiche di delegittimazione. Oggi, poi, la politica intesa come mediazione fra Stato legale e Stato illegale ha fatto un altro salto di qualità: il ministro Lunardi, quando dice che «con la mafia bisogna convivere», pecca di minimalismo. Fino ad Andreotti, lo Stato conviveva con la mafia. Oggi, con i Berlusconi e i Dell'Utri al potere, dei quali anche questo libro dimostra inoppugnabilmente i legami con la mafia, è peggio di prima, peggio di sempre: dalla convivenza siamo passati all'alleanza.

Una vera lotta alla mafia si può fare soltanto con un governo che non abbia rapporti con la mafia. Un governo che non sia come quello di oggi, e come molti di ieri. Certo, quando sarà passato il lungo incubo che ha spazzato via i due o tre anni di successi seguiti allo choc delle stragi del 1992-93, sarà difficile ricominciare. Perché questo lungo incubo, che si chiama Berlusconi e dura ormai da dieci anni anche per le furbizie di un'opposizione debole se non addirittura complice, ha vieppiù abbassato la nostra già scarsa autostima. In una spirale perversa che non sembra avere mai fine, ha creato ulteriore assuefazione. E ha fiaccato le speranze e gli entusiasmi che sarebbero necessari per riprendere la lotta. L'antimafia è affidata ai «pochi pazzi malinconici» di cui parlava Salvemini. Io mi sento un pazzo triste ma arrabbiato: e forse quel che mi salva è proprio la rabbia.

Non è questione di ottimismo o di pessimismo. Occorre ritrovare il realismo che nasce dalla conoscenza della nostra storia, con le sue luci e le sue ombre. Non bisogna mai dimenticare né le une né le altre. Per me, poi, c'è anche una lunga esperienza personale, che, con mia meraviglia, ebbe una conclusione positiva. Ricordo quando mi scontrai con Giacomo Mancini, che nel Psi era una potenza e in Calabria un ras incontrastato. Pretendeva che la nuova università di Cosenza sorgesse in una zona che gli stava a cuore per certi interessi suoi o dei suoi amici. Andreatta e io, in quanto membri del comitato che doveva organizzare la nuova università, contrastammo le sue manovre e riuscimmo a farla nascere in tutt'altro luogo, molto più adatto al suo sviluppo. Mancini pretendeva pure che dovessimo dare un incarico d'insegnamento a un suo protetto. Tutto ciò al prezzo di una denuncia e di un'incriminazione da parte di un giudice legato a Mancini, che mi tenne sotto inchiesta per anni, privandomi addirittura del passaporto (per due lustri fui costretto, ogni volta che andavo all'estero, a recarmi alla Farnesina e chiedere un permesso speciale per l'espatrio). Poi, quando scemò l'influenza di Mancini, ebbero finalmente il coraggio di assolvermi. Con formula non piena, ma pienissima: «il fatto non sussiste». Erano tutte calunnie. Oggi l'Università della Calabria funziona bene, con ottime attrezzature e 26.000 studenti. Mi hanno anche invitato, come uno dei padri fondatori. È una storia a lieto fine: mi è costata molte pene, ma è stato giusto patirle. L'esperienza è incoraggiante, perché dimostra che chi intraprende una battaglia civile non è condannato al fallimento: se ha tenacia, può vincere.

Intendiamoci. Dinanzi al quadro che emerge dal libro, la tentazione sarebbe quella dell'angoscia e della disperazione. La prima è sacrosanta, e anche salutare. La seconda no, guai a disperare: a mente fredda, sarebbe un errore. Scriveva Calamandrei nel suo diario il 23 novembre 1939: «la tragedia dell'Italia è proprio questa generale putrefazione morale, questa indifferenza, questa vigliaccheria». Ma poi venne la Resistenza: non tutti furono eroi veri, molti furono eroi per caso o per necessità. Ma il nucleo forte trascinò tanti, contribuì a liberarci dal nazifascismo e – con uno di quei miracoli che a volte fanno le minoranze agguerrite – ci regalò la Costituzione, che oggi è presa a colpi di piccone dalla banda Berlusconi. Ecco, lo stesso direi oggi per la lotta alla mafia: in alcune fasi storiche – quella di Chinnici, Caponnetto, Falcone e Borsellino, e poi quella di Caselli e dei suoi uomini – le minoranze che si sentono Stato e Patria hanno trascinato la maggioranza verso esiti straordinari, oggi in via di smantellamento.

Questo libro, perforando il sudario di un'informazione serva e di una disinformazione organizzata, ci aiuta a conoscere tali risultati. E dunque a non dimenticarli, anche se la luminosa stagione che li ha determinati è finita da un pezzo. Quanto sia stata importante lo dimostrano i continui tentativi di deturparne il ricordo: da parte sia di chi ne parla male, sia di sepolcri imbiancati che ne parlano bene. Intanto anche nella magistratura, in sintonia con le esigenze di politici senza scrupoli, si manifestano le viltà, i servilismi, il «tirare a campare», i compromessi meschini. Ma finirà anche questa stagione buia. L'importante è sapere che contro la mafia e i suoi protettori nelle istituzioni e nei consigli di amministrazione si possono fare grandi cose. Si sono fatte grandi cose. Se la prima e la seconda ondata dell'attacco, come quelle dei fanti in certe battaglie della prima guerra mondiale, sono state decimate e respinte, la terza potrà avere successi più duraturi. Basta aver chiaro fin da subito che anche quella sarà una battaglia di minoranza, e anche per quella bisognerà mettere in conto la solitudine.

Intanto, per preparare la battaglia, bisogna conoscere. È fondamentale l'informazione. L'attacco va portato con fatti inoppugnabili e documentati. Come quelli raccontati in questo libro, che ci aiuta a capire da chi e come siamo stati e siamo governati, ma anche come si è riusciti a sconfiggere il pool di Caselli, come già quello di Borrelli a Milano. E, soprattutto, perché. Ci sono verità troppo forti perché il Potere le affidi a cuor leggero a magistrati «ingestibili», che intendono applicare semplicemente la legge in maniera uguale per tutti. Quelle verità, quando sono ormai scritte in sentenze definitive – come quella su Andreotti – devono essere per forza cancellate e oscurate, perché non giungano sotto gli occhi dell'opinione pubblica. Per quelle, invece, ancora giudiziariamente da accertare (dalle varie «trattative» fra Stato e mafia al capitolo dei «mandanti occulti» delle stragi), si seguono i canoni della «guerra preventiva»: si tolgono di mezzo i magistrati che potrebbero, presto o tardi, scoperchiarle. La mafia, come ogni forma di illegalità, campa e ingrassa sull'ignoranza. E nel nostro regime di oggi l'ignoranza viene diffusa a reti unificate, facendo leva sui nostri due peggiori vizi nazionali, i sottoprodotti della nostra scarsissima autostima che spesso copriamo col patriottismo ipocrita: la cupidigia di servilismo e la cupidigia di abiezione. Chi vuole conoscere, o perlomeno intravedere, le verità indicibili che oggi costituiscono la vera posta in gioco non ha che da leggere questo libro. Più sarà diffusa la conoscenza, più sarà difficile l'insabbiamento.

1
Cent'anni di solitudini

Prima dei morti per le strade, prima delle stragi, prima dell'inferno di piombo che in Sicilia sarebbe durato a lungo, molto a lungo, la guerra all'inizio fu guerra attorno a una parola. Guerra durissima, guerra interminabile, per una semplicissima parola di cinque lettere. Una parola maledetta, una parola che metteva paura, una parola che tutt'al più veniva sussurrata fra pochissime persone, una parola che nelle case di paese, come ha raccontato Andrea Camilleri[1] nella sua autobiografia, veniva pronunciata solo dopo che gli usci di casa erano stati chiusi, perché nessun estraneo doveva sentirla, perché nessuno voleva ammettere ciò che si celava dietro quella parola: una realtà misteriosa, terribile, vergognosa.

Nei «vocabolari del potere», nei vocabolari delle classi alte, quella parola non figurava per niente, non c'era, non c'è mai stata. Figurava, semmai, in quelli siciliani, in quelli dialettali. La parola maledetta era *mafia*. Conviene pronunciarla, anche se ci rendiamo conto che, pur pronunciandola, è come dire tutto e niente. Parola dall'origine etimologica incerta. Parola dal significato controverso. Parola che forse era partita per designare qualcosa, ma, nei secoli, ha finito con il designare il suo opposto. Parola che si è fatta risalire agli arabi. Parola che si è fatta risalire al Risorgimento mazziniano. Parola che spesso è stata girata in folclore.

E proprio un grande studioso di folclore siciliano, fra i più grandi in Italia, Giuseppe Pitrè, così si esprimeva in un suo libro[2] alla voce *Mafia*:

> Si è tanto scritto della Mafia da quasi vent'anni in qua, e tante cose se ne sono dette intorno alla sua origine, che se tutto si volesse mettere insieme, ci sarebbe da fare la più curiosa colle-

zione di opuscoli, e la più amena raccolta di pensieri; opuscoli e pensieri che dimostrerebbero come la piena conoscenza dell'argomento non sia la prima dote di certi politicanti e statisti d'oggidì.

Fatta quest'introduzione che potrebbe tornare valida anche oggi, Pitrè aggiunge:

> Mafia è voce francese, inglese, araba e che so io [...]. Un prefetto la disse un'associazione organata, e potente con capi ed adepti come la massoneria; altri la crede una specie di partito politico anonimo autorevole; altri definisce i mafiosi come oziosi, i quali non avendo mestiere di sorta, intendono vivere ed arricchire col delitto [...]. Abbarbagliato da tanta luce di scienza, io lascio le descrizioni più o meno dottrinali... e mi attengo al mio modesto compito di raccogliere illustrando i fatti da me osservati.

E allora, per Pitrè,

> una ragazza bellina che apparisce a noi cosciente di essere tale [...] e nell'insieme abbia un non so che di superiore ed elevato, ha della mafia, ed è mafiosa, mafiusedda. Una casetta di popolani ben messa, pulita, ordinata, e che piaccia, è una casa mafiusedda [...]. Un oggetto d'uso domestico, e di qualità così buona che si imponga alla vista, è mafiusu: e quante volte non abbiamo tutti sentito gridare per le vie frutta, stoviglie mafiosi, e perfino le scope. Haiu scupi d' 'a mafia! Haju chiddi mafiusi veru [...]. L'uomo di «mafia» o «mafiusu», inteso in questo senso naturale e proprio, non dovrebbe mettere paura a nessuno, perché pochi come lui sono creanzati e rispettosi. Ma disgraziatamente dopo il 1860 le cose hanno mutato aspetto, e la voce «mafiusu» per molti non ha più il significato originario primitivo.

Concluso l'*excursus*, Pitrè annota amaramente: «È chiaro, dopo tutto questo, il triste ufficio a cui è stata condannata la voce mafia, la quale era fino a ieri espressione di una cosa buona e innocente, ed ora è obbligata a rappresentare cose cattive».

La parola dalle cinque lettere

La si è dunque apparentata, la parola *mafia*, a non meglio identificate tradizioni culturali. Ma il rebus del suo esatto significato resta analogo a quello dei 45 segni del disco di Festo, scrittura misteriosa che da un secolo arrovella gli studiosi.

La parola dalle cinque lettere è divenuta persino spunto per show televisivi e gag esilaranti. La ragazza *mafiusedda* e *i scupi da mafia* potrebbero allora far da esca a un certo sentire comune, ancora oggi, sull'argomento. Ma l'argomento è scherzoso solo apparentemente.

Parola che ancora oggi compare e scompare, affiora e viene ricacciata indietro, nella grande stampa come nei servizi televisivi o nei resoconti ufficiali delle istituzioni, nei discorsi degli uomini politici come nelle lapidi che ricordano i caduti, la parola *mafia* resta ingombrante.

Non c'è, per esempio, nella lapide che ricorda il sacrificio del procuratore di Palermo Gaetano Costa, in via Cavour. Leggiamone il testo:

> Qui proditoriamente assassinato cadde il 6 agosto 1980 Gaetano Costa, procuratore della Repubblica. Nel primo anniversario, la municipalità pose perché imperitura fosse l'esecuzione per il delitto e ispiratrice di civiche virtù.

Niente mafia, dunque. La parola maledetta non c'è, ad esempio, neanche sulla lapide che a Palermo ricorda il sacrificio di Piersanti Mattarella, presidente della Regione siciliana, in via Libertà. Leggiamo ancora:

> A Piersanti Mattarella. Ho combattuto la buona battaglia. Ho terminato la mia corsa. Ho conservato la mia fede. Epifania 1980. San Paolo.

Anche in questo caso, niente mafia. È una parola che da quasi 150 anni lacera i siciliani, ne mette a dura prova l'orgoglio isolano, separa e divide, innesca polemiche fra intellettuali e uomini politici, persino fra i magistrati, non lascia mai indifferenti, non cade mai nel vuoto. Perché?

È sempre stata diffusa la convinzione che quella parola, originariamente, fosse un escamotage semantico del Nord per soggiogare eternamente la Sicilia, per continuare a tenerla in uno stato di subalternità economica e prostrazione sociale. Ecco, per esempio, la voce *Mafia* del *Nuovo dizionario siciliano-italiano* di Vincenzo Mortillaro:[3] «Voce piemontese introdotta nel resto d'Italia ch'equivale a camorra». Spettacolare definizione.

Ma prendiamo un altro testo poco conosciuto, un saggio di Luigi Capuana, *L'isola del sole*,[4] di appena nove anni successivo al testo di Pitrè. Il libro è un'autentica requisitoria contro l'*Inchiesta in Sicilia* di Leopoldo Franchetti e Sidney Sonnino, indicata dallo scrittore siciliano amico di Verga come autentico sfregio all'immagine della Sicilia dell'epoca. Va detto invece, a onore di due uomini della destra storica, legalitaria e riformista, come Franchetti e Sonnino, che il loro testo riletto oggi si presenta di sconvolgente attualità. Con un'unica avvertenza: sono cambiati, ovviamente, i nomi e i cognomi dei malfattori, per il resto è fotocopia dell'esistente. Proprio perché i due parlamentari, soprattutto Franchetti, scoprono e svelano senza perifrasi il segreto dell'irredimibilità della questione mafiosa.

Nella loro indagine, Franchetti e Sonnino avevano dichiarato il loro intento sin dalle prime pagine dell'introduzione (datata 20 dicembre 1876): «Noi abbiamo inteso d'indagare le ragioni intime dei fenomeni morbosi che presenta la Sicilia, e di ritrarre un quadro succinto delle sue condizioni sociali, così diverse da quelle di alcune altre regioni del nostro paese». Era l'anticipazione di una «diversità». Una diversità data proprio dall'esistenza della parola dalle cinque lettere.

Invece a Capuana, come a tanti minimizzatori d'oggi, quella «diversità» proprio non va giù:

> E di riflessione in riflessione sono arrivato a domandarmi per quale inesplicabile fatalità, ogni fatto più comune, più insignificante, e che si ripete altrove, in Italia e fuori, con la regolare monotonia delle funzioni vitali, o con le periodiche riproduzioni dei morbi provenienti da influssi atmosferici per cambiamenti di stagione, o da influssi morali per rivolgimenti di ordine psichico; come mai quei fatti, ordinari o anche straordinari, ma comuni a tutti i paesi del mondo, se avvenuti in Sicilia, assumano subito importanza speciale, prendano proporzioni gigantesche, si colorischino di tinte smaglianti, e accendano l'im-

maginazione e commuovano l'opinione pubblica in guisa da renderli irriconoscibili; da far supporre che laggiù, in quell'isola mitologica, agiscano terribili forze nascoste, fermentino spaventevoli germi, covino furibonde tempeste, sempre pronte a scatenarsi, quasi le devastatrici eruzioni del suo gran vulcano siano piuttosto un simbolo materiale del carattere degli abitanti e non un semplice fenomeno geologico uguale ai soliti fenomeni di tutti i vulcani della terra?

Altro che diversità. Altro che fenomeno sociale, criminale e «politico» da indagare. Altro che regione meritevole di un «viaggio» da parte di due studiosi prevenuti. Ne *L'isola del sole* Capuana costruisce un cittadino siciliano immaginario che si interroga su quanto vanno scrivendo della Sicilia i soliti «settentrionali». Ecco cosa scrive esplicitamente sull'aspetto mafia:

> Di quella piovra sociale, però, mostro dai viscidi tentacoli avvolgenti e stringenti l'Isola da un capo all'altro; di quella mafia leggendaria dagli statuti solenni, dall'organizzazione formidabile, dalle cerimonie di massoneria deturpata, Briareo dalle cento braccia, Argo dai cent'occhi, insinuatosi dappertutto, dappertutto spadroneggiante e tiranneggiante, intenta sempre a deludere la polizia e a ingannare la giustizia, per quanto abbia aguzzato lo sguardo, egli non è riuscito a trovare traccia... Ma il cliché della mafia siciliana è fatto da un pezzo; ma la stampa a colori di una mostruosa mafia-piovra, dai mille viscidi tentacoli avvolgenti e stringenti da un capo all'altro la Sicilia, è già stata tirata a migliaia e migliaia di copie... Ma il travedimento – esclama il mio pover'uomo – ma il daltonismo morale che sovrappone il suo falso colore a quello della realtà, ma la calunniatrice fantasia melodrammatica che ha inventato questa mafia e un brigantaggio di maniera, non avranno mai fine, non spariranno mai?

Può bastare. Leonardo Sciascia dovette avere ben presente il fastidio dimostrato da Capuana. Scrisse infatti ne *Il giorno della civetta*:

> Ecco: ci siamo, è da un pezzo che debbo parlarvi di questo Bellodi. Questo qui, caro amico, è uno che vede mafia da ogni parte: uno di quei settentrionali con la testa piena di pregiudizi, che

appena scendono dalla nave-traghetto cominciano a veder mafia dovunque... [...] Ha detto cose da far rizzare i capelli: che la mafia esiste, che è una potente organizzazione, che controlla tutto: pecore, ortaggi, lavori pubblici e vasi greci... Questa dei vasi greci è impagabile: roba da cartolina del pubblico... Ma dico: perdio, un po' di serietà... Voi ci credete alla mafia?[5]

Roba da far rizzare i capelli o calunniatrice fantasia melodrammatica (per tornare a Capuana): come si vede, la parola dalle cinque lettere ha sempre significato tutto e il contrario di tutto (e molti, fra cui lo stesso Capuana, non si sono neanche accorti della sua esistenza). Ma è fuori discussione: quella parola non ha lasciato mai indifferenti. E dovrà esserci una ragione, se una semplicissima parola non ha fatto altro che scatenare umori e passioni. Quali altre parole hanno avuto un destino tanto singolare e tanto longevo? E quali altre parole hanno tanto inciso, e così a lungo, sul destino di una intera popolazione?

Condivisibile, per chiarezza sintetica, la lapidaria definizione dello storico Massimo Ganci all'inizio della sua documentatissima voce *Mafia* dell'*Enciclopedia Europea* Garzanti (ma di tanti anni successiva): «associazione criminale di origine siciliana». E si è detto tutto, con buona pace di Mortillaro e di Capuana. Ma siamo davvero sicuri che non ci sia dell'altro?

Forse, se dicessimo che questa maledetta parola dalle cinque lettere ha scatenato soprattutto «interessi», ancor prima che umori e passioni, dispute accademiche e accesi dibattiti parlamentari, ci avvicineremmo ancora di più al vero, intravedendo finalmente un po' di luce.

La mafia, in Sicilia, è stata sempre l'altra faccia del potere, strumento di controllo nelle salde mani delle classi dominanti. Alla mafia non è stata estranea la Chiesa e non è stato estraneo il clero. Alla mafia non sono stati estranei le banche e gli interessi economici. Di mafia si è nutrita la politica siciliana e non solo, sia di governo sia di opposizione. Con la mafia si sono spesso mescolate le istituzioni in un groviglio che con il tempo è diventato difficilissimo dipanare.

Esempi di questa commistione se ne potrebbero citare a centinaia e conviene darli per scontati, tanto ne è intrisa la nostra storia nazionale. Il perché di questa resistenza feroce a che la parola dalle cinque lettere entrasse a pieno titolo nei «vocabolari del potere» non sta allora nel suo significato, che come abbiamo visto non è stato mai definito sino in fondo e in maniera univoca. Il perché di questa resistenza feroce sta infatti in ciò che la mafia è *davvero*, in ciò che la mafia rappresenta per il potere dei diretti interessati, i quali, ovviamente, non hanno alcun interesse a contribuire scientificamente alla definizione corretta della parola dalle cinque lettere. Ecco perché questa parola, nei secoli, è diventata un rompicapo. O è stata ridotta a un fenomeno folcloristico, a un colorito tic dell'antropologia isolana, se non addirittura a una maldicenza degli «italiani» del Continente ansiosi di infangare il buon nome della Sicilia.

> Se per mafia si intende il senso dell'onore portato al parossismo, la generosità che fronteggia il forte ma indulge al debole, la fedeltà alle amicizie, più forte di tutto, anche della morte, se per mafia si intendono questi sentimenti e questi atteggiamenti, sia pure con i loro eccessi, allora in tal senso si tratta di contrassegni indivisibili dell'anima siciliana e mafioso mi dichiaro e sono fiero di esserlo.

Così parlò il deputato palermitano Vittorio Emanuele Orlando, ministro della Giustizia e presidente del Consiglio nell'Italia prefascista. Anni dopo, nel 1952, durante una perquisizione in casa del celebre boss italo-americano Frank Coppola, vennero trovate varie lettere di Orlando e di altri uomini politici. Una di queste, indirizzata al «carissimo Coppola» dall'onorevole Giovanni Palazzolo su carta intestata della Camera dei Deputati e datata 13 aprile 1951, pare la traduzione pragmatica dell'analisi di Franchetti:

> Carissimo don Ciccio, l'ultima volta che ci vedemmo all'Hotel delle Palme, lei mi diceva giustamente che a Partinico occorreva un deputato regionale giovane, svelto ed amico ed a portata di mano degli amici. L'amico Totò Motisi risponde a tutti questi requisiti ed io ho deciso di aiutarlo con tutte le mie forze. Se a Partinico mi aiutate, lo faremo diventare Deputato. Con affettuosi saluti, mi creda, Giovanni Palazzolo.

E, a quell'epoca, Coppola era già un big internazionale della mafia, schedato dall'Fbi e dal Narcotic Bureau, nonché catalogato nel rapporto McClellan redatto da una commissione di inchiesta del Senato americano, come esponente di spicco delle famiglie mafiose italo-americane, trafficante internazionale di stupefacenti e killer efferato.

Ma chi conosce la storia d'Italia e dunque di Sicilia, o di Sicilia e dunque d'Italia, non può certo meravigliarsi di quelle *liaisons dangereuses* fra lo Stato e il (cosiddetto, presunto) Antistato, che duravano da almeno mezzo secolo. Anzi, di più.

Il braccio violento del potere

Un esempio, fra i tanti. Il 1° febbraio 1893 un killer mafioso uccide Emanuele Notarbartolo di San Giovanni, rampollo di una delle più eminenti famiglie aristocratiche, esponente della destra storica e uomo di grande dirittura morale, già sindaco di Palermo, poi direttore generale del Banco di Sicilia. Le indagini indicano come mandante dell'omicidio l'onorevole Raffaele Palizzolo, altro importante esponente della classe dirigente del tempo, legato a vari mafiosi, che si è scontrato con Notarbartolo quando questi ha inaugurato un'opera di moralizzazione nella gestione del Banco di Sicilia. Un'opera che minaccia il cuore del sistema di potere politico-mafioso. Scrive Roberto Scarpinato:

> Il caso diviene uno psicodramma dell'intera classe dirigente nazionale; uno psicodramma che permea, sottobanco, l'intera vicenda giudiziaria e che, dal 1892 al 1905, coinvolge oltre a un numero indefinito di uomini politici, di esponenti dei potentati economici, di magistrati, di vertici della Polizia, anche quattro presidenti del Consiglio.[6]

Un'eventuale condanna definitiva di Palizzolo sarebbe incompatibile con gli equilibri politici esistenti. La vicenda, dunque, non può che essere risolta sul piano politico. Scrive ancora Scarpinato:

Come la storia insegna, in casi simili a cavare di impaccio tutti interviene sempre un *deus ex machina*: un testimone chiave che ha il buon gusto di suicidarsi al momento giusto, un altro che decide di uscire di senno, altri ancora che muoiono perché vanno a scontrarsi «casualmente» con pallottole vaganti nell'aria, documenti che improvvisamente scompaiono. Nel caso Notarbartolo, vennero utilizzati quasi tutti questi mezzi, in un crescendo coronato alla fine dal suicidio del testimone chiave, tale Filippello, il quale venne trovato morto qualche giorno prima della sua deposizione in udienza. Sicché, venuto meno il teste chiave, il 23 luglio 1904 Palizzolo viene assolto per insufficienza di prove. Al suo ritorno in Sicilia, l'onorevole viene accolto come un trionfatore da una folta rappresentanza di quell'Italia di cui egli era espressione e che nell'assoluzione dello stesso celebrava la propria vittoria politica sull'altra Italia: quella dei Notarbartolo e di quella borghesia evoluta, ma assolutamente minoritaria che, come sempre dall'inizio della storia unitaria, continuava a misurare l'assoluta impotenza dell'apparato giudiziario a fronte delle esigenze della *Realpolitik*.[7]

Il «Giornale di Sicilia» saluta così il ritorno dell'assolto-miracolato:

> Il martirio della vittima, partito dalla prima calunnia dei codardi delatori, doveva pervenire al trionfo del Giusto. E trionfò Raffaele Palizzolo, dopo 56 mesi di straziante martirio: trionfò circonfuso dalla smagliante aureola del suo Dolore e della sua Virtù. E questo dolore, questa Virtù, consacrati con sublime abnegazione, mercé gl'inauditi tormenti di cinque anni, in omaggio a questa oltraggiata Sicilia, furono le lacrimate corolle con cui nelle tristi ore della dura prigionia Raffaele Palizzolo poté ricomporre le ghirlande del duro soffrire; quei Ricordi che fanno tremare di orrore, che fanno soffrire di infinita pietà.

Basta eliminare qualche iniziale maiuscola e qualche vocabolo arcaico per ritrovare straordinarie analogie con i commenti all'assoluzione per insufficienza di prove, poi alla sentenza di parziale prescrizione in Appello e in Cassazione per il senatore Giulio Andreotti, un secolo dopo.

Il figlio di Notarbartolo, Leopoldo, scrisse poi le memorie del padre,[8] in cui registrava con sconforto e amarezza l'impotenza della giustizia nei confronti del potere. E il grande politologo siciliano Gaetano Mosca sentenziò che la dilagante retorica del martirio e della persecuzione del Palizzolo «offendeva il senso morale», aggiungendo: «Certo che contro l'imputato degli assassini Miceli e Notarbartolo poco o nulla si poté provare, ma l'uomo apparve nella sua luce peggiore, se non delinquente almeno protettore di delinquenti e sospetto persino di relazioni con briganti». In quegli stessi anni, nei suoi saggi di teoria politica, Mosca scriveva:

> In tutte le società [...] esistono due classi di persone: quella dei governanti e l'altra dei governati. La prima, che è sempre la meno numerosa, adempie a tutte le funzioni politiche, monopolizza il potere e gode i vantaggi che ad esso sono uniti; mentre la seconda, più numerosa, è diretta e regolata dalla prima in modo più o meno legale, ovvero più o meno arbitrario e violento, ed ad essa fornisce, almeno apparentemente, i mezzi materiali di sussistenza e quelli che alla vitalità dell'organismo politico sono necessari. [...] È fatale la prevalenza di una minoranza organizzata, che obbedisce ad un unico impulso, sulla maggioranza disorganizzata. La forza di qualsiasi minoranza è irresistibile di fronte ad ogni individuo della maggioranza, il quale si trova, solo, davanti alla totalità della minoranza organizzata; e nello stesso tempo si può dire che questa è organizzata appunto perché è minoranza. Cento, che agiscano sempre in concerto e d'intesa gli uni con gli altri, trionferanno sui mille presi ad uno ad uno e che non avranno alcun accordo tra loro; e nello stesso tempo sarà ai primi molto più facile l'agire di concerto e l'avere un'intesa perché son cento e non mille.[9]

Vedi Palermo e poi Mori

Un altro esempio. Dopo il delitto (impunito) Notarbartolo, un altro caso emblematico dei rapporti fra mafia e potere è quello del prefetto Cesare Mori, uomo d'ordine ma di estrazione liberale, spedito da Mussolini a combattere la mafia nel 1924. Inizialmente, Mori non aveva idee malvagie sul fenomeno che si accingeva a fronteggiare. Nel suo libro *Tra le zagare, oltre la foschia* scriveva:

> La malvivenza specifica siciliana è malvivenza abituale, ad attività permanente, ad alta pressione ed a contenuto organico. Non è, quindi, una semplice somma di singoli elementi; ma non è nemmeno – come taluno ancora crede – una vasta associazione a delinquere. È un sistema... planetario. Animato da gravitazione intorno ad un proprio centro solare – la mafia – donde riceve luce, calore e movimento.[10]

Immagini colorite, che però coglievano una specificità isolana ai tempi tutt'altro che acclarata. Comunque sia, Cesare Mori, a suo modo, la vita ai mafiosi riuscì a complicarla, sia pure con una terapia d'urto che sarebbe oggi impensabile in uno Stato di diritto. Rastrellamenti a tappeto di interi paesi, soprattutto sulle montagne delle Madonie; torture d'ogni tipo a danno degli arrestati; pressioni al limite delle sevizie sui familiari dei presunti mafiosi; deportazioni di interi nuclei familiari. E siccome si era in piena era fascista, spesso al «prefetto di ferro» scivolava la mano anche nei confronti degli oppositori politici – socialisti e comunisti – nell'illusione che la lotta alla mafia desse la possibilità di fare due servizi con un viaggio solo, come si usa dire.

Ma arrestava anche fascisti, se per questo: convinto che la mafia sin da allora fosse trasversale agli schieramenti politici. Il risultato fu che, alla fine, in Sicilia il prefetto Mori venne visto da tutti i poteri che contavano come un autentico alieno da rispedire al più presto al mittente. E anche Mori dovette arrendersi. Per l'esattezza, di fronte alle veementi proteste dei fascisti siciliani che consideravano la presenza di quel funzionario troppo destabilizzante per gli equilibri politici locali, dovette arrendersi persino Mussolini, che lo collocò a riposo, richiamandolo dalla Sicilia. Lo ricoprì di medaglie, a patto che della mafia e dei mafiosi si dimenticasse per sempre.

Finché andò avanti a retate e blitz contro la manovalanza mafiosa, si guadagnò il plauso del regime. Ma non appena, salendo *per li rami*, cominciò ad alzare il tiro sfiorando i referenti politici della mafia militare, la sua sorte fu segnata. In particolare, Mori scoprì le collusioni di un alto gerarca fascista siciliano, l'onorevole Alfredo Cucco, e del generale Antonino Di Giorgio, comandante del corpo d'armata di Palermo, già deputato di Mistretta dal 1913.

Cucco è compare d'anello di Santo Termini, sindaco e capomafia di San Giuseppe Jato, e risulta in rapporti, anche di tipo economico, con vari capimafia che gli hanno reso favori e appoggi di ogni genere. Compreso il dono di due automobili nuove di zecca, frutto di una colletta spontanea organizzata da Termini e da Francesco Cuccia, capomafia di Piana dei Greci. Cucco, poi, ha fondato il giornale «Sicilia Nuova», a cui i boss avevano garantito 700 abbonamenti sostenitori e un milione all'anno di pubblicità. Quanto al generale Di Giorgio, il vicequestore Spanò ha scritto, in un rapporto consegnato a Mori, che il fratello è il presunto capomafia di Castel San Lucio; che il nome dell'alto ufficiale è stato trovato in un elenco sequestrato in casa di un mafioso e cancellato prima che venisse trasmesso all'autorità giudiziaria; e che corre voce che si fosse adoperato per aggiustare i processi ad alcuni mafiosi arrestati.

Così Roma ritira la fiducia a Mori, che s'è messo in testa di perseguire anche i colletti bianchi. Il 30 marzo 1928, Mussolini gli intima con un ordine scritto di disinteressarsi delle vicende di Cucco & C. nonché di «provvedere alla liquidazione giudiziaria della mafia nel più breve tempo possibile e limitare l'azione di ordine retrospettivo».

Il 16 giugno 1929 arriva il benservito definitivo. Il classico *promoveatur ut amoveatur*: Mori viene promosso senatore a vita. Di fatto, licenziato in tronco dal servizio. Tra le sue carte, verrà ritrovato un ritaglio della «Nazione» di Firenze del 26 giugno 1929, che riporta in poche righe la seguente notizia: «Il Capo del governo elogia l'opera di Mori». Attorno a quell'articolo, il prefetto di ferro ha disegnato una ghirlanda di fiori con la scritta: «Qui riposa in pace». Il 30 marzo 1930 il sottosegretario all'Interno zittisce sgarbatamente il senatore Mori il quale ha osato affermare in pieno Parlamento che la mafia sta rialzando la testa, e lo invita a non parlare più di una vergogna che il fascismo ha cancellato: «È nostro diritto e dovere dimenticare». Amen.

Il 10 aprile 1931 Alfredo Cucco viene assolto dai 30 capi di imputazione a suo carico. Insieme a lui vengono scagionati il console della Milizia e tutti gli altri membri del direttorio fascista rinviati a giudizio insieme a lui. La sentenza viene festeggiata a Palermo con una grande manifestazione di piazza al grido di «Viva la giustizia fascista». Il 26 dicembre 1931 un avvocato di Termini Imerese scrive a Mori per esprimergli la sua solidarietà: «Ora in Sicilia si ammazza e si ruba allegramente come prima. Quasi tutti i capimafia sono tornati a casa per condono dal confino e dalle galere. Soltanto gli straccioni sono rimasti dentro. Dove andremo a finire?».

Portella, la prima strage di Stato

Continuiamo ancora con gli esempi. Il dopoguerra si apre, nel 1947, con la strage politico-mafiosa di Portella della Ginestra: 11 persone (9 contadini e 2 bambini) muoiono ammazzate e 27 rimangono ferite durante la pacifica festa del Primo Maggio, all'indomani delle prime elezioni regionali siciliane che hanno visto il Blocco del Popolo (Pci e Psi) trionfare col 29,13% sulla Dc (20,52%). L'allarme rosso in vista delle elezioni politiche del 1948 produce quella che gli storici chiamano la «strage dissuasiva». Le indagini accerteranno che a sparare è stata la banda di Salvatore Giuliano, ma che i mandanti sono politici, e che con questi ultimi il bandito ha avuto rapporti prima e dopo l'eccidio tramite alcuni capimafia, agenti governativi ed esponenti dei servizi segreti italiani e americani.

Quando Giuliano intuisce che i suoi referenti lo stanno scaricando, anzi mirano a «bruciarlo» dopo averlo usato con la promessa dell'impunità, tenta di ricattarli inviando lettere e documenti ai giornali. Il 24 novembre 1948 lancia un messaggio ai parlamentari siciliani della Dc: «Nelle nostre zone non si è votato che per voi e così noi abbiamo mantenuto le nostre promesse, adesso mantenete le vostre». Girolamo Li Causi, senatore comunista, lo invita a fare i nomi dei suoi mandanti. Il bandito gli risponde con una lettera autografa all'«Unità», pubblicata il 30 aprile 1950: «Scelba vuol farmi uccidere perché io lo tengo nell'incubo per fargli gravare grandi responsabilità che possono distruggere tutta la sua carriera politica e financo la vita».

Intanto uno dei suoi uomini, Giovanni Genovese, il 29 gennaio 1949 racconta al giudice istruttore di Palermo un fatto di cui è stato testimone oculare: alcuni giorni prima della strage, Giuliano aveva ricevuto una lettera che gli commissionava l'eccidio. Non è una millanteria, ma un fatto accertato dalla sentenza della Corte d'Assise di Viterbo su Portella della Ginestra, in cui si legge: «Che la lettera abbia una qualche relazione con il delitto che, a distanza di qualche giorno, fu consumato da Giuliano e dalla banda da lui guidata, pare alla Corte non possa essere posto in dubbio». Le indagini appureranno anche una trattativa segreta dopo la strage: Giuliano chiede la scarcerazione di alcuni parenti arrestati e l'impunità per sé, con la garanzia dell'espatrio e di una congrua somma di denaro. Ottenute queste garanzie, il 20 giugno 1950 firma un memoriale in cui si dichiara unico responsabile dell'eccidio di Portella. Un errore fatale, che lo priva dell'ultima arma di ricatto e fa di lui un morto che cammina. In Sicilia sono in molti a prevedere che Giuliano farà presto una brutta fine. Alberto Jacoviello, in un reportage da Montelepre intitolato *Giuliano sa tutto e per questo sarà ucciso*, scrive sull'«Unità»:

> Giuliano conosce esecutori e mandanti. E qui il gioco diventa grosso. Giuliano comincia a sapere troppe cose. Se lo prendono, parla. Messana, l'ispettore di polizia, non lo prenderà. Oppure lo prenderà in certe condizioni. Morto e con i suoi documenti distrutti, se ne ha.

E così puntualmente avviene. Poco tempo dopo, nella notte tra il 4 e il 5 luglio 1950, Giuliano viene assassinato nel sonno dal cugino e luogotenente Gaspare Pisciotta: omicidio su commissione, in cambio dell'impunità. I carabinieri sono sul luogo del delitto prim'ancora che venga perpetrato, assistono alla scena, poi trasportano il cadavere altrove per simulare un tragico conflitto a fuoco fra loro e Giuliano. È questa, infatti, la versione ufficiale dei fatti fornita dall'Arma in un rapporto totalmente menzognero. Ma la messinscena viene presto smascherata da un grande giornalista, Tommaso Besozzi.

Anche Pisciotta, però, viene scaricato e arrestato in barba alle promesse. E, sentendosi ingannato, decide di vuotare il sacco al processo di Viterbo. Il 16 aprile 1951, davanti a una folla di giornalisti, fa i nomi dei mandanti politici della strage e racconta per filo e per segno tutti gli incontri e le trattative fra banditi e uomini delle istituzioni, con tanto di promesse di impunità. Le sue clamorose rivelazioni, però, cadono nel vuoto. Dinanzi a quella mole di notizie di reato, il pubblico ministero viterbese finge di non sentire e non avanza nessuna richiesta al giudice di procedere contro i possibili mandanti politici. Un comportamento talmente scandaloso da indurre la Corte d'Assise a prenderne apertamente le distanze nella motivazione della sentenza:

> Non è la Corte investita del potere di esercitare l'azione penale. Essa è un organo giurisdizionale il quale conosce di un reato in base a sentenza di rinvio, ovvero in base a richiesta di citazioni, e non può trasformarsi in organo propulsore di quelle attività che sono proprie di altro organo, il Pubblico Ministero.

Li Causi tenta di rilanciare lo scandalo almeno a livello politico, con un appassionato discorso al Senato in cui punta il dito contro il ministro degli Interni Mario Scelba. È il 26 ottobre 1951:

> Perché avete fatto uccidere Giuliano? Perché avete turato questa bocca? La risposta è unica: l'avete turata perché Giuliano avrebbe potuto ripetere le ragioni per le quali Scelba lo ha fatto uccidere. Ora aspettiamo che le raccontino gli uomini politici, e verrà il tempo che le racconteranno.

Ma anche le sue parole cadono nel vuoto. Come pure gli appelli di Pisciotta, che dal carcere chiede una commissione parlamentare d'inchiesta. Il 10 ottobre 1952 scrive al presidente della Corte d'Assise:

> Faccio appello fin da ora a tutti i signori sottonotati [*segue elenco di nomi di varie persone coinvolte nella strage, tra cui importanti esponenti politici, N.d.A.*] che è giunto il momento

in cui dovranno assumere le loro responsabilità, perché io non mi rassegnerò mai e continuerò a chiederlo sino all'ultimo respiro [...] desidero sempre una inchiesta parlamentare.

Un'altra lettera morta. Di lì a poco anche Pisciotta, testimone scomodo dei crimini del potere, sarà messo a tacere per sempre: il 9 febbraio 1954, nel carcere dell'Ucciardone, con un caffè corretto alla stricnina. Dopo di lui, l'uno dopo l'altro, muoiono assassinati o suicidati tutti i depositari dei segreti di Portella: i banditi intermediari tra Giuliano e le forze dell'ordine, i testimoni degli incontri più compromettenti, l'ispettore di Polizia che aveva tenuto i contatti. L'uomo sospettato di aver procurato il veleno per Pisciotta viene trovato morto nella sua cella dell'Ucciardone. Il procuratore capo di Palermo Pietro Scaglione, l'ultimo magistrato che aveva raccolto le rivelazioni di Pisciotta poco prima dell'avvelenamento, senza metterle a verbale, verrà assassinato anni dopo, nel 1971, portandosi nella tomba quegli indicibili segreti.

Scrive Leonardo Sciascia nel libro *Nero su nero*:

> Chi non ricorda la strage di Portella della Ginestra, la morte del bandito Giuliano, l'avvelenamento in carcere di Gaspare Pisciotta? Cose tutte, fino ad oggi, avvolte nella menzogna. Ed è da allora che l'Italia è un paese senza verità. Ne è venuta fuori, anzi, una regola: nessuna verità si saprà mai riguardo ai fatti delittuosi che abbiano, anche minimamente, attinenza con la gestione del potere.[11]

Osserva poi Scarpinato:

> La lezione di Giuliano e Pisciotta resterà impressa nella memoria storica degli uomini della mafia militare negli anni a venire. Mai illudersi di sfidare e ricattare il potere vero; il potere che, celandosi dietro le maschere mutevoli degli apparati formali, si riproduce sempre uguale a se stesso, risorgendo come l'araba fenice dalle ceneri delle varie forme dello stato che si succedono nel tempo (monarchia, fascismo, repubblica). È una sfida prima o poi perdente. Bisogna sapere stare al proprio posto, senza alzare mai la testa. [...] La strage di Portella costituisce un prototipo che contiene tutti gli ingredienti che

negli anni successivi caratterizzeranno l'evoluzione della criminalità dell'alta mafia. Si tratta infatti di un copione che verrà replicato innumerevoli volte. L'ennesima traduzione pragmatica dell'analisi di Franchetti, che dimostra in *corpore vivo* come la violenza di settori deviati dello Stato – o se si preferisce della classe dirigente – si intrecci e si coniughi con quella occulta mafiosa all'unico fine di mantenere lo *status quo* contro il pericolo di suoi sovvertimenti.[12]

Ora, nel nostro andamento altalenante che ricalca l'eterno pendolarismo della lotta alla mafia, torniamo all'oggi.

Il bollettino medico

Partiamo da una domanda semplice e che per alcuni è politicamente scorretta: come procede la lotta alla mafia? A che punto è arrivata? Il più è stato fatto o resta da fare? Siamo diventati davvero una democrazia moderna e compiuta? O ci trasciniamo una palla al piede che ci impedisce di affrancarci definitivamente? Chi vince e chi perde in questa secolare contrapposizione fra «guardie» e «ladri»? Quanto siamo riusciti a far tesoro dell'insegnamento e del sacrificio di decine e decine di rappresentanti delle istituzioni che su questo fronte scivoloso e incandescente ci rimisero la vita? E il nostro pensiero va sia a servitori dello Stato dai nomi noti, famosi, scolpiti nel marmo dell'ufficialità, sia a servitori modesti, dimenticati, sconosciuti al grande circo dell'informazione, ma non per questo meno degni di memoria.

Siamo davvero sicuri di essere i protagonisti di un'incessante marcia trionfale, di una cavalcata vittoriosa, di un affondo decisivo che non potrà che concludersi con il nostro trionfo? Il trionfo, intendiamo dire, degli «onesti» contro i poteri del malaffare, le consorterie, i trafficanti d'ogni specie. E perché mai nessuno, in Italia, ha il coraggio di tracciare periodici bilanci che includano luci e ombre, successi e disfatte, avanzate repentine e ritirate altrettanto fulminee? Perché nessuno è in grado di prevedere la durata futura di questo scontro? C'è un aspetto non dichiarato – ma non per questo meno evidente – che accomuna tutte le forze che dovrebbero avere a cuore, almeno ipoteticamente, lo stesso interesse: si parla infatti di lotta alla mafia come se fosse destinata ad andare avanti all'infinito, un pezzo della nostra storia del quale è impossibile disfarsi, dunque destinato a progredire, dunque destinato a fare il suo corso, in una convivenza quasi fisiologica fra parti «sane» e parti «malate» della popolazione.

Fateci caso. Non sentirete mai dire a nessun uomo politico: «la mafia sarà sconfitta»; «intendiamo sconfiggere la mafia»; «la mafia è inaccettabile per la democrazia, incompatibile con la democrazia». Non troverete mai, nei programmi elettorali di alcun partito o di alcuno schieramento, il dovuto riconoscimento della centralità di questa annosa questione (in passato avveniva). Semmai sentirete dire (o leggerete) che occorre «colpire» la mafia, «ridimensionarla», impedirle di «rialzare la testa», in un contesto, però, che non prevede mai la sua definitiva uscita di scena. Questo è strano e, a prima vista, potrebbe apparire inspiegabile. Vedremo invece più avanti che è conseguente, logico, spiegabilissimo. E che il problema con il quale dobbiamo fare i conti è esattamente questo.

Tornando alla domanda: come va la lotta alla mafia? Male, molto male. Chi infatti dovesse chiedersi qual è nel 2005 lo stato dei lavori in questa guerra, che in maniera altalenante ha segnato la storia d'Italia dalla Liberazione a oggi, non potrebbe che giungere alla conclusione che sono state sprecate grandi occasioni: occasioni uniche, forse irripetibili. Il problema non è stato risolto. E datiamo «appena» dalla fine del secondo conflitto mondiale, sapendo che, a volere essere rigorosi, si potrebbe andare più indietro, al ventennio fascista, alla lunga fase successiva all'Unità d'Italia. Decine e decine di governi si sono succeduti: tutti, in misura più o meno rilevante, fecero della lotta alla mafia un punto tanto fermo quanto roboante dei loro programmi. Tutti dovettero constatare che la mafia riusciva a sopravvivere alla loro iniziativa. E la mafia è ancora qui.

Prova ne sia che se ne parla ancora al presente, che l'argomento è ancora oggetto di scontro politico, e sollecita interventi autorevoli, dal capo dello Stato ai settori più avveduti della Chiesa e del mondo cattolico, con il compito di correggere, rettificare, indicare alcuni confini che dovrebbero essere inviolabili per tutti. Prova ne sia che interi scantinati sono stati riempiti di milioni e milioni di pagine che da un lato ingialliscono, dall'altro aspettano che altre, di freschissima scrittura, trovino la loro sistemazione definitiva negli archivi. Quanto si è arricchita quella «curiosa collezione» di cui parlava Pitrè più di cento anni orsono? E per quanto tempo ancora? Quando la «civiltà mafiosa» sarà universalmente considerata «civiltà sepolta»? Quando la «lingua» dei boss e dei loro soldati sarà studiata alla stregua di una «lingua morta»? Non sembrano scenari imminenti, dietro l'angolo.

La mafia è una ferita sempre aperta: non è stata debellata. È un fatto. Le regioni meridionali sono rimaste sotto il controllo delle organizzazioni criminali. È argomento di convegni e conferenze, di allarmi ricorrenti, di «telefoni azzurri» e sfoghi delle vittime. Lo dicono relazioni trimestrali o semestrali o annuali, dei vari apparati di sicurezza che tentano di fotografare gli aggiornamenti progressivi messi in atto dai capi di quelle organizzazioni. Aggiornamenti che riguardano le zone di influenza, che riguardano i settori economici da aggredire, le tecniche intimidatorie e vessatorie da mettere in atto, le linee di condotta da praticare nel quotidiano confronto-scontro con lo Stato, persino il modo stesso di comunicare fra gli affiliati.

Naturalmente gli apparati sono costretti a tacere su un aspetto che sta fortemente caratterizzando la situazione di questi ultimissimi anni. Proviamo a descriverla così.

Si è generalizzata una tendenza a convivere; acquiescenza a un modo apparentemente indolore e soft di gestire i grandi business illegali; si è paurosamente degradato un sistema di valori che, almeno in certe occasioni del passato, aveva fatto da argine allo strapotere delle cosche. Ciò è accaduto per ogni aspetto della vita pubblica, e la mafia, o meglio le mafie ne hanno approfittato egregiamente, arraffando a man bassa tutto quello che era possibile arraffare.

In ultima istanza si può dire che lo Stato non è riuscito a imporre la sua legge, o non ha voluto farlo. Se ciò sia accaduto – e stia accadendo – per un'incapacità di fondo, per mancanza di «forza» necessaria, o per mancanza di «volontà politica» sufficiente, lo vedremo più avanti. Fatto sta che nessuno, animato da una sincera ansia di comprensione, potrebbe dire che invece è vero il contrario. I fatti sono quelli che sono, e parlano eloquentemente ancor prima di qualsiasi commento, qualsiasi opinione sull'argomento.

Non rischieremmo il ridicolo se dicessimo che la mafia è stata sconfitta sino al punto da essere scomparsa? Non rischieremmo il ridicolo se dicessimo che i mafiosi non ci sono più? O che si sono riconvertiti in attività socialmente utili? Hanno mai deposto le armi? Hanno mai accolto gli inviti al «pentimento» rivolti loro persino dal Pontefice nella Valle dei Templi di Agrigento, nel maggio del 1993? Si sono mai costituiti – tranne casi eccezionali che dipendevano dalla volontà di salvarsi la vita – «presso il commissariato o la caserma più vicini»? Mai visto nulla di simile. I mafiosi continuano a guardare al futuro. Non si sono rassegnati.

E non rischieremmo il ridicolo se dicessimo che le regioni del Sud hanno definitivamente voltato le spalle a un secolo vissuto «pericolosamente»? Potremmo forse dire che trasparenza e correttezza amministrativa sono diventate la condizione preliminare per l'assegnazione dei grandi appalti? Potremmo sostenere, senza essere sommersi dal coro assordante dei fischi delle vittime, che il racket del «pizzo», che taglieggia le attività produttive e i commercianti nei grandi come nei piccoli centri di Sicilia o di Calabria o di Campania, sia un'araba fenice indimostrabile e perciò inesistente?

A cosa pensiamo si stiano dedicando tutti quei grandi capimafia ancora oggi latitanti – uno per tutti: Bernardo Provenzano, primula rossa da oltre quarant'anni – se non a tessere le fila di un'organizzazione viva e presente sul territorio e non dedita né alla filantropia né alla beneficenza? Cosa cova nei pensieri più reconditi di quegli ergastolani mafiosi che continuano a inviare «proclami» dalle carceri, missive ricattatorie ai loro legali, segnali ambigui e torbidi ai rappresentanti delle istituzioni?

Soltanto chi è profondamente in malafede, o sprovveduto oltre ogni limite, può cullarsi nell'idea che la mafia non esista più, che stia uscendo per sempre di scena. Ma, a questo punto, ecco proporsi un altro interrogativo. Come hanno fatto i mafiosi a rompere l'accerchiamento che si era stretto attorno a loro, all'indomani delle stragi del 1992 a Capaci e in via D'Amelio, in cui persero la vita Giovanni Falcone, sua moglie Francesca Morvillo, Paolo Borsellino e otto fra uomini e donne delle scorte? Come sono riusciti a passare indenni attraverso le maglie molto strette di una rete i cui nodi erano rappresentati da decine e decine di processi e condanne, decine e decine di testimonianze di collaboratori di giustizia, decine e decine di indagini di Polizia e Carabinieri, condotte ormai con i mezzi più sofisticati e dispendiosi? Eppure è avvenuto. Eppure i mafiosi sono riusciti a traghettare nel nuovo millennio. Hanno portato in salvo una pericolosissima arca di Noè che, in più di un'occasione, aveva rischiato di colare per sempre a picco.

Come un serpente che muta eternamente pelle per sopravvivere a se stesso e mimetizzarsi, la mafia ha scelto, a cavallo fra la fine del secolo e l'inizio del nuovo, un immediato inabissamento. Questa è stata la sua forza. Questa è stata la sua salvezza.

Da un lato ha capito che lo stragismo prolungato era controproducente e, alla lunga, si sarebbe risolto in un micidiale effetto boomerang. Sparare nel mucchio, eliminando «innocenti» o «passanti», donne e bambini, rischiava di farle perdere quel consenso che deve inevitabilmente circondare le sue attività illecite; e quel consenso, piccolo o grande che sia, dipende dalle stagioni.

Dall'altro Cosa Nostra ha compreso che le stragi erano un'ottima arma di ricatto per trascinare lo Stato al tavolo della trattativa, e da posizioni di forza, per contrattare nuovi equilibri politico-mafiosi con nuovi referenti in cambio del silenzio delle armi.

Ha capito che non si potevano uccidere *tutti* i magistrati e i giudici, *tutti* i carabinieri, *tutti* i poliziotti, *tutti* gli uomini politici «di tenace concetto» – per adoperare la definizione che Leonardo Sciascia diede del suo ispettore Bellodi, protagonista de *Il giorno della civetta* –, *tutti* i giornalisti scomodi e antimafiosi (anche se duole ammettere che il loro numero, negli anni, si è notevolmente assottigliato, e non solo per mano di mafia). Così ha preferito trattare con la politica perché neutralizzasse a poco a poco i magistrati, lasciandoli vivi ma disarmati, e risparmiando altro tritolo e altri spargimenti di sangue.

Così come l'antimafia ha avuto a disposizione tempi molto lunghi per studiare la mafia, a sua vuolta la mafia ha avuto tempi altrettanto lunghi per studiare l'antimafia, per anticiparne le mosse, per intuirne i disegni repressivi. Anche la mafia, a sue spese, ha fatto di necessità virtù, ha studiato gli incartamenti processuali, ha approfondito gli atti parlamentari che la riguardavano, ha seguito quotidianamente i giornali e la televisione. E ha capito che, senza una strategia di *stop and go*, di bastone e carota, sparare all'impazzata contro uomini-simbolo dello Stato rappresenta un colossale errore strategico. Se non altro perché ogni strage provoca sempre l'approvazione di leggi e provvedimenti che altrimenti sarebbero rimasti a marcire in Parlamento.

La legge La Torre, che per la prima volta consentiva di indagare sui patrimoni bancari di provenienza illecita, e l'articolo 416 bis del codice penale che istituiva il reato di associazione per delinquere di stampo mafioso non vennero forse approvati all'indomani dell'uccisione dello stesso La Torre e del suo autista Rosario Di Salvo (30 aprile 1982)? I poteri che chiedeva spasmodicamente il prefetto di Palermo Carlo Alberto Dalla Chiesa non vennero forse riconosciuti al prefetto di Palermo Emanuele De Francesco, proprio dopo l'uccisione di Dalla Chiesa (3 settembre 1982)? E proprio con la nomina di De Francesco non venne per la prima volta istituito l'Alto Commissariato per la lotta alla mafia, quasi a voler ricorrere a parole sonoramente più elevate non sapendo bene che pesci pigliare?

Una legislazione organica sul pentitismo, per la quale si erano battuti senza successo Falcone e Borsellino, non venne forse votata a maggioranza dal Parlamento italiano solo dopo le loro esecuzioni? L'elenco potrebbe continuare. Poi, come vedremo, lo stragismo mafioso divenne merce di scambio. E cominciò il riflusso: tutti quei preziosi strumenti antimafia, pagati con il sangue da tanti servitori dello Stato, furono ritirati, o depotenziati, o svuotati. Cosa ci dice tutto questo?

La parola agli storici

Ci sono ormai in Italia parecchi storici della mafia e della lotta alla mafia. Alcuni eccellenti. Anche questo è un segno dei tempi. Gli storici si sono resi conto che la mafia, come forma del sistema di potere, andava indagata. Non si potevano scrivere bellissime ed esemplari storie d'Italia omettendo quel «dettaglio»: gli storici, se avessero continuato a rimuovere la questione, sarebbero rimasti sepolti sotto valanghe di ponderose ricostruzioni della storia patria che nessuno, nell'era della televisione di massa e di Internet, avrebbe mai letto. Oggi, fanno sentire la loro voce autorevole. È un bene che ciò accada.

Una volta, invece, non si registrava questa abbondanza di voci, questa coralità di denuncia e di studio del fenomeno. Gli studiosi di una materia ostica ed esclusiva si contavano sulle dita di una mano: da Renato Candida, intelligente ufficiale dei Carabinieri che descrisse minuziosamente e coraggiosamente la mafia dell'Agrigentino,[13] a Michele Pantaleone che riuscì, con i suoi libri pubblicati da Einaudi e Cappelli, a richiamare per la prima volta l'attenzione nazionale (memorabile, per i tempi, il suo *Mafia e politica*, con prefazione di Carlo Levi, del 1962); dai giornalisti Felice Chilanti e Mario Farinella,[14] a Orazio Barrese[15] e Gianni Bisiach (autore, nel 1963, del *Rapporto da Corleone*, il primo reportage Rai sul paese siciliano, che andò in onda nella rubrica «RT», rotocalco televisivo diretto da Enzo Biagi); dal sociologo tedesco Henner Hess[16] al sociologo triestino Danilo Dolci che, venuto in Sicilia nel 1952 per fondare a Tappeto, nel Trapanese, una comunità di ispirazione gandhiana, subì 26 processi a causa delle denunce di mafiosi e notabili democristiani del tempo; per finire allo stesso Sciascia che diede da letterato il suo contributo a una diffusa conoscenza del fenomeno. A non volere includere due libri di fonte opposta (quella mafiosa): quello di Nick Gentile[17] e quello di Joseph Bonanno,[18] non a caso «uomini d'onore» entrambi di formazione criminale americana, sebbene di origini siciliane.

Ma torniamo agli storici. Oggi, su un punto, sembrano tutti d'accordo: lo Stato italiano ha combattuto efficacemente la mafia solo quando è stato frontalmente attaccato. La sua è stata prevalentemente una *reazione* di fronte all'*azione* del nemico.

Fu così ai tempi del bandito Giuliano alla fine della guerra, prima utilizzato dai poteri forti, poi, una volta mandati al macello i suoi capi, sbrigativamente archiviato. Fu così ai tempi delle Giuliette Alfa Romeo, che esplodevano per le strade di Palermo e fra gli alberi di limone della Conca d'Oro, sino a quella di Ciaculli, imbottita di tritolo, in cui persero la vita in sette, fra carabinieri e militari dell'esercito (30 giugno 1963). Fu così negli anni Ottanta, durante la guerra di mafia e quando iniziò la carneficina di uomini delle istituzioni. Fu così nel 1992, a stragi avvenute. Cosa dimostra questo eterno ritardo segnalato dagli storici?

Dimostra tante cose. Dimostra che la mafia viene percepita come pericolo sociale, come allarme da parte della popolazione e di conseguenza da parte degli apparati dello Stato, quando fa sentire il rumore delle armi. Più spara e più uccide e più diventa indispensabile correre ai ripari. In altre parole, nei decenni si è stabilita quest'equazione: la mafia si identifica con la sua prepotenza militare. Ovvio, allora, che se la potenza delle armi si manifesta, anche lo Stato è chiamato a fare la sua parte. In sé, non ci sarebbe nulla da obiettare. I problemi nascono, però, nel momento in cui la mafia non viene considerata un «disvalore» in quanto tale. Per cercare di spiegare questa affermazione, potremmo limitarci a constatare che lo Stato italiano non ha mai preso iniziative «a freddo» contro la mafia.

Se la mafia è rimasta apparentemente ferma, lo Stato ha fatto altrettanto. Se la mafia è rimasta apparentemente assente, lo Stato si è ben guardato dal far sentire la sua presenza. Se la mafia, potremmo aggiungere, è rimasta muta anche per lunghi periodi, lo Stato non ha fatto sentire la sua voce.

Ma il punto è che la mafia solo in casi eccezionali ricorre al bagno di sangue. Lo fa per cause esterne, quando viene chiamata in soccorso da pezzi delle istituzioni; o per cause interne, quando si aprono insanabili fratture intestine, o quando incontra resistenze eccessive da parte di singoli rappresentanti del potere costituito che possono essere solo momentaneamente accantonati con il delitto o con la strage; quando, insomma, dal suo punto di vista, non può farne a meno. Ma la quotidianità del mafioso non è quella di uccidere i suoi simili. Questa banalissima verità, in Italia, dopo un secolo e mezzo, viene ancora sottovalutata.

Il mafioso vuole fare affari. Vuole trafficare illecitamente. Vuole accumulare ricchezze straordinarie che in via ordinaria sarebbero impensabili. Vuole accrescere il suo potere economico, sociale e politico. Se a rendere economicamente è la droga, è la droga che vuole. Se rendono gli appalti, è sugli appalti che il mafioso concentra le sue brame e i suoi tentacoli. Quando i tabacchi rendevano cifre da capogiro, erano le sigarette di contrabbando la voce che stava in cima al bilancio della sua economia illegale. Quando rendeva la macellazione clandestina del bestiame (allora la mucca non aveva ancora dato segni di squilibrio mentale...) i reati erano quelli dell'abigeato, dello sgarrettamento degli animali. Il suo habitat erano il bosco e la macchia.

E Palermo, come appare oggi, non è forse il risultato di quel gigantesco sacco delle aree edificabili che scempiarono la città liberty all'inizio degli anni Sessanta? Ne sa qualcosa il pittore palermitano Bruno Caruso che, per un disegno che ritraeva i capibastone dell'epoca (mafiosi e politici), dovette subire un processo durato nove anni, prima di vedersi solo parzialmente assolto. E così all'infinito.

Ma se il mafioso non è disturbato nel suo tornaconto personale, sarà il mafioso più tranquillo del mondo. Altro che delitti, altro che stragi. È la quiete sociale ciò a cui anela il mafioso. «*Calati junco ca passa a china*», dice un antico adagio di mafia: calati giunco che passa la piena. La piena, in altre parole, non piace al mafioso.

E qui si torna all'inabissamento del quale parlavamo. È quanto è accaduto nell'ultimo decennio. Perché inabissamento? Perché dopo Capaci e via D'Amelio, dopo le stragi del 1993 a Roma, Firenze e Milano, la linea dell'escalation sanguinaria è stata prima sconfitta, poi definitivamente accantonata. Parlano le cifre. Nel 2004, a Palermo, non si è verificato un solo delitto di mafia degno di nota. È la stessa tendenza che ha segnato la fine degli anni Novanta e l'inizio del terzo millennio.

Non sono stati più assassinati rappresentanti delle istituzioni. Non sono più state messe a segno stragi, né in Sicilia né fuori dalla Sicilia. Non è casuale. Questa «quiete», questa *pax mafiosa* sono il risultato di un input venuto dall'alto. Il quartier generale stragista, almeno nella sua stragrande maggioranza, è finito in galera. Il vertice criminale rimasto in libertà ha ordinato l'inabissamento perché quella era l'unica maniera per continuare a svolgere i propri affari. Apparentemente la mafia doveva scomparire. Doveva farsi dimenticare. Non doveva rimanere una perenne emergenza.

Intendiamoci: la mafia, in una certa fase, aveva innanzitutto bisogno di sopravvivere. Sopravvivere alla falcidia degli arresti. Sopravvivere alla falcidia dei processi e delle condanne. Doveva fare i conti con le sue file dissanguate dai pesanti colpi della repressione, da quelle che abbiamo definito le grandi occasioni, forse uniche, forse irripetibili, che vennero, appunto, sprecate. La mafia aveva bisogno di ossigeno e di tempo.

Gli anni bui della mafia

Diamo un'occhiata alla stagione più nera per la mafia, e vedremo come la mafia ha iniziato a risalire la china. La stagione che i mafiosi racconteranno ai nipoti come una delle peggiori della loro storia secolare va collocata fra il 1993 e il 1996. Qualche anno prima – estate 1992 – le grandi stragi di mafia avevano innescato un gigantesco meccanismo di ripulsa che per la prima volta aveva attraversato l'intero Paese. La «questione mafiosa» non veniva più percepita come rinchiusa in uno stretto ambito regionale, come mala pianta pronta ad attecchire esclusivamente in quell'habitat che storicamente l'aveva generata. Dopo le stragi, infatti, si capì che la sfida era diventata troppo alta: puntava al cuore dello Stato italiano; minacciava la convivenza civile, le regole stesse di una società democratica; presupponeva l'esistenza ormai di un potere criminale talmente ramificato sul territorio, talmente dotato di complicità politiche e istituzionali, talmente minaccioso sotto il profilo dei suoi «armamenti», da imporre risposte immediate e forti.

Quintali di esplosivo fatti brillare all'ora convenuta con dispiego di commando armati, con perfetta conoscenza delle abitudini e delle tabelle di marcia di spostamento delle vittime, autostrade e palazzi sventrati, l'assoluta debolezza delle istituzioni che faceva da contraltare a quella sfida portentosa e inedita, imponevano che l'aggredito (lo Stato italiano) facesse in qualche modo sentire il peso della sua risposta.

Crediamo sia questa la ragione che spiega come in quei quattro anni (1993-96) lo Stato riuscì a infliggere ai mafiosi colpi più severi di quanto non fosse riuscito a infliggere nel mezzo secolo precedente (sempre a volere peccare per difetto quanto al periodo cronologico preso in esame). Quasi per incanto, si esaurirono le latitanze dorate. Latitanze che, a volte, duravano da decenni. Era già accaduto in passato: al corleonese Luciano

Liggio, catturato per la prima volta il 14 maggio 1964, dopo sedici anni di impunità. Latitanze che erano tali solo agli occhi dei rappresentanti delle forze dell'ordine, visto che nei paesi e nelle città della Sicilia quelle latitanze, in fondo, tanto latitanze non erano, poiché si avvalevano di un'infinita rete di complicità e di coperture sul territorio.

Eppure caddero nella rete delle forze dell'ordine boss di prima grandezza e pesci piccolissimi. «Dirigenti organici» della Mafia Spa e insospettabili fiancheggiatori, simpatizzanti e umilissimi gregari. Ma fu investita in pieno dalle indagini anche la cosiddetta società civile. Si ritrovarono infatti in manette medici che, di notte e nei loro studi, nelle loro cliniche private, curavano i latitanti mafiosi; direttori e impiegati di banca che, seduti agli sportelli, predisponevano e agevolavano il riciclaggio dei capitali sporchi; persino avvocati che erano andati molto al di là dell'esercizio del diritto di difesa; qualche notaio che si era improvvisato «consigliori». Fu un terremoto.

Grazie alle immagini televisive, nelle case degli italiani entrarono per la prima volta i primi piani truci e feroci di Totò Riina (che aprì la lista degli arresti il 15 gennaio 1993) e Leoluca Bagarella, di Nitto Santapaola e Francesco Madonia, di interi clan familiari che avevano spadroneggiato indisturbati. Ultimo, in ordine di cattura (il 20 maggio 1996), Giovanni Brusca, l'uomo che aveva azionato il timer sulla collina di Capaci, l'uomo che aveva gestito il sequestro del piccolo Giuseppe Di Matteo di 11 anni, strangolato e sciolto nell'acido muriatico due anni dopo, nel disperato e orrendo tentativo della mafia di indurre il padre, Santino Di Matteo, a ritrattare il suo pentimento.

Per la prima volta apparve a milioni di italiani lo spaccato sordido di un'organizzazione sordida: una galleria degli orrori. Si poteva finalmente toccare con mano la mafia. Quella realtà misteriosa e segreta, che da anni veniva considerata come soggetto della fiction cinematografica o delle ricostruzioni letterarie e giornalistiche, non come tumore sociale con il quale dovere fare i conti. Si videro le case dove abitavano i latitanti. Molto spesso abitazioni anonime, nel centro di Palermo o di Catania, molto spesso, addirittura, condomini in cui i boss vivevano accanto a magistrati e poliziotti. Vennero scoperti depositi di armi e munizioni, camere della tortura, camere della morte e cimiteri che avevano lavorato a pieno regime durante la guerra di mafia degli anni Ottanta. Si sollevava un gigantesco coperchio. Sotto c'era di tutto. Era già accaduto qualcosa di simile, ai tempi delle prime rivelazioni di Buscetta. Ma questa volta era diverso. Era la ferocia mafiosa che andava in prima pagina.

Quanto era profondo quel pozzo? Sino a che punto venne esplorato? Quanto tempo ebbero a disposizione i mafiosi per turare le crepe più vistose che si erano aperte nella loro organizzazione? Col senno di poi, quella stagione – unica nel suo genere – meriterebbe di essere rivisitata. Va ricordato che, proprio dopo le stragi, il contributo dei collaboratori di giustizia, altrimenti detti «pentiti», registrò una fortissima impennata. Si venne a capo del gruppo di killer mafiosi che eseguì lo scempio di Capaci proprio grazie al «pentimento» di alcuni mafiosi che in quella stessa strage avevano avuto un ruolo. Ma anche per l'individuazione dei rifugi segreti dei boss il contributo dei collaboratori fu decisivo. Anni dopo, Francesco «Piddu» Madonia, capo della famiglia mafiosa dell'intera provincia di Caltanissetta, durante la pausa di un processo nel quale era imputato, apostrofò così un carabiniere: «Appuntato, siate onesti. Ditelo che, se non aveste avuto in mano i pentiti, di noi non avreste saputo neanche dove abitavamo e come ci chiamavamo». Qualcosa di vero, in quelle parole, c'era.

Tirate le somme della stagione nera, a ritrovarsi in manette fu il gotha dei corleonesi, quel clan che già da anni aveva iniziato la sua scalata ai vertici dell'organizzazione, e che aveva mantenuto le sue posizioni a colpi di dinamite e stragi efferate e insensate (come sono tutte le stragi). Ma se quel terremoto era stato possibile, perché escludere che si fosse ormai alla vigilia dello scontro finale?

Il vento soffiava nella direzione giusta. La televisione faceva la sua parte sino in fondo. I giornali nazionali erano assetati di notizie dalla Sicilia e coprivano ogni piccola novità come se fosse un evento di per sé. Ci fu spreco di retorica. Quasi inevitabilmente si vide mafia dappertutto. Quasi inevitabilmente prevalsero atteggiamenti manichei. E lo Stato italiano quasi stentava a riconoscersi nell'immagine che di se stesso gli rimandavano i fatti di ogni giorno. Allora era davvero possibile: la mafia poteva essere sconfitta. Bastava l'ultima spallata, bastava stringere i denti sino a raggiungere l'ultimo traguardo. Le cose, e in parte lo abbiamo già visto, non andarono proprio così. Ma prima di individuare e descrivere le cause della «grande occasione perduta», si impone qualche altra riflessione.

La prima svolta

La mafia può essere sconfitta solo a condizione che tutt'Italia si faccia carico di questa battaglia. Anche nelle parole di Luigi Capuana c'era del vero. Certo. Non è mai stato vero che la parola dalle cinque lettere sia stata un'invenzione demagogica dei gruppi industriali del Nord per tenere la Sicilia in un'eterna condizione di prostrazione economica e sociale. Ma è altrettanto vero che, sino a quando è stato possibile, la «questione mafiosa» è stata derubricata a questione regionale, locale, lontana dal potere centrale, avulsa, in qualche modo, dal tessuto sano del resto del Paese.

Non erano forse siciliani i mafiosi? Perché allora *tutt'Italia* doveva farsi carico di un simile fardello? Ed era pensabile che i mafiosi, con quel loro rituale arcaico, con la coppola in testa, la lupara a tracolla, quell'armamentario ideologico primitivo, sarebbero riusciti a sbarcare nel «Continente»? Ai tempi, una simile eventualità veniva considerata impensabile.

Le date hanno la loro importanza. Il 20 ottobre 1962 la Camera approvò la legge istitutiva della prima commissione parlamentare d'inchiesta sul fenomeno mafioso con lo scopo di «proporre le misure necessarie per reprimerne le manifestazioni ed eliminarne le cause». La commissione venne insediata il 14 febbraio 1963. Ma due giorni dopo le Camere furono sciolte anticipatamente, e la commissione, presieduta dal socialdemocratico Paolo Rossi, non ebbe nemmeno il tempo di convocare la sua prima seduta. Una commissione nata tardi, all'indomani di un'allarmante recrudescenza di delitti mafiosi a Palermo e nel Palermitano – i mafiosi si ammazzavano per le vie del capoluogo siciliano perché la posta in gioco era rappresentata dal mercato delle aree edificabili –, e nata morta, sebbene all'insegna di grandissime speranze.

Merita di essere ricordato, a questo proposito, il discorso

tenuto dal comunista Girolamo Li Causi alla Camera, di cui era vicepresidente, in occasione della definitiva approvazione della legge sulla commissione parlamentare (29 novembre 1962): «è la prima volta dal 1860 che il Parlamento della nazione italiana [...] accede con accenti nuovi, con passione nuova, con interesse nuovo, a conoscere a fondo questa parte bella, nobile, generosa, della nostra Italia: la Sicilia». Ma cos'era la mafia, per Li Causi? Ascoltiamolo:

> Se non si capisce che questo potere che noi definiamo mafia è un'organizzazione, frutto di un determinato ordine sociale che diventa parte integrante della struttura politica, non comprendiamo niente, perché altrimenti possiamo spiegare il fenomeno solo in due modi: o rifacendoci al carattere dei siciliani, o considerandolo come delinquenza. Ma affrontando il problema della mafia come problema di delinquenza non si è mai riusciti a risolverlo; e richiamandosi al carattere dei siciliani si finirebbe per ricorrere alla differenza tra sicani e siculi, cioè tra siciliani orientali e siciliani occidentali, ossia a tutte quelle sciocchezze con cui si dilettano i disoccupati mentali, coloro che non hanno alcuna capacità di aderire alla realtà ed amano speculare su cose astratte, senza riuscire a cavare un ragno dal buco. Questo è il punto che bisogna fissare; è anche il punto che, nell'inchiesta Sonnino del 1876, è stato con serietà e con passione dimostrato: la mafia è un elemento permanente dell'equilibrio politico dello Stato. Ripeto: se non si capisce questo, non si capisce niente. Possiamo fare tutte le disquisizioni che vogliamo sulla mafia, possiamo cercare di spiegare il fenomeno parlando di origine araba o di origine greca, ma non comprenderemo niente, non arriveremo mai a capire perché esso non possa risolversi. Ed è naturale, perché, essendo un problema politico, la prima cosa che bisogna considerare è quali sono stati i rapporti tra lo Stato italiano e la rappresentanza politica siciliana. [...]
> Quanti governi che si sono succeduti dal 1948 ad oggi nel nostro paese hanno avuto nel loro seno mafiosi qualificati, sia della mafia nazionale sia della mafia internazionale! Abbiamo avuto ministri mafiosi, bollati e riconosciuti tali. Sarà quindi interessante seguire questo processo salutare che si vuol compiere, se sarà aiutato e compreso [...]. La mafia esegue queste

sentenze; e lo fa con tutta tranquillità dal momento che lo Stato, in tutti questi anni, ha risposto negativamente all'aspettativa dei siciliani, i quali, attraverso le loro rappresentanze politiche e sindacali e le loro organizzazioni qualificate, hanno sollecitato l'intervento dei poteri centrali contro questo fenomeno di prepotenza che è la mafia.

La commissione, nonostante le grandi aspettative, si trascinava stancamente. Ci volle l'esplosione della Giulietta di Ciaculli per rivitalizzarla. Tommaso Buscetta, di quell'attentato dinamitardo, nel suo libro-testamento ne parlò così:

> Il punto più alto della strategia destabilizzante all'interno di Cosa Nostra fu rappresentato dall'esplosione a Ciaculli di una Giulietta imbottita di tritolo, esplosione in cui persero la vita sette carabinieri. La misura era colma. Lo Stato reagì con una valanga di ordini di cattura per strage indirizzati a tutti i membri della mafia più noti in quel momento. Era la prima volta che si verificava una strage del genere. Chi non era colpevole era schifato per quello che era accaduto, ma, logicamente, sospettato. Anch'io ricevetti il mandato di cattura per Ciaculli. Scappammo tutti: ma prima di scappare giurammo che chi aveva messo la bomba sarebbe stato punito con la morte. E sciogliemmo la «commissione». In quella fase non aveva più motivo di esistere, e la polizia ci stava veramente addosso.[19]

Dalle parole di Buscetta troviamo così, a posteriori, l'anticipazione dell'odierna tesi degli storici che lo Stato ha sempre reagito all'offensiva mafiosa a cose fatte, sull'onda comunque di eventi eccezionali.

L'esplosione avvenne appena cinque giorni dopo il tormentato ed effettivo insediamento della commissione (25 giugno 1963). La sfida era sotto gli occhi di tutti. E – di conseguenza – grandi fanfare. Ancora grandi aspettative. Grandi vigilie. Grandi titoloni sui giornali dell'epoca. «Una santabarbara pronta a esplodere» l'avrebbe definita, nel 1966, il suo nuovo presidente, il democristiano Donato Pafundi. La prima commissione Antimafia concluse i suoi lavori all'inizio del 1976, quattordici anni dopo, poiché la legge non aveva indicato una scadenza temporale ultimativa. Ce ne fu da discutere: i commissari di governo e di opposizione raccolsero 42 volumi di atti, per un totale di 30.000 pagine, incolonnarono migliaia di nomi, ricostruirono migliaia di episodi criminali. Ma la santabarbara aveva le polveri bagnate. E da quel giorno – anche se nessuno ancora in quel momento poteva azzardare che futuro ci avrebbe riservato la mafia – questa commissione sarebbe diventata una costante fissa del panorama politico e parlamentare in Italia, a riprova che, almeno da quarant'anni, se c'è «l'Antimafia» si sottintende, si presuppone, si dà per scontato che ci sia la mafia. Quella attualmente in carica è la settima commissione Antimafia. *A suivre*, direbbero i francesi.

Ma perché si era atteso sino al 1962? Perché c'era voluto tanto? Perché, pur non «esplodendo» mai, secondo la colorita previsione di Pafundi, una commissione aveva impiegato pochissimo tempo a rivelarsi una santabarbara tanto minacciosa per il potere costituito e non solo per quello mafioso?

La spiegazione non è difficile: prima di quella data i mafiosi avevano evitato di contrapporsi frontalmente allo Stato. C'erano sempre state le faide fra le «famiglie», questo sì. Ma i benpensanti che non vivevano in Sicilia, e persino questori e prefetti che invece in Sicilia ci vivevano (e avrebbero dovuto lavorarci) avevano adottato un modo di pensare che era tutto un programma: «in fondo, i mafiosi si ammazzano fra di loro. E spesso arrivano molto prima della nostra giustizia. Fanno pulizia nelle strade».

La televisione muoveva appena i primi passi. La distanza fra Palermo e Roma, concettualmente parlando, era dieci volte superiore a quella di oggi. La Sicilia veniva considerata una provincia assai lontana, assai periferica. Un'isola sempre misteriosa, difficile da decifrare, e che, a volte, si imponeva all'attenzione per le sue grandi esplosioni di violenza criminale (il «vulcano» di Capuana). Ma tutto finiva lì.

Sul piano politico, la Democrazia cristiana, che in tante sue componenti aveva legami stretti con la mafia dell'epoca, aveva poco interesse a che il tema fosse drammatizzato. Tanto è vero che i suoi parlamentari, per almeno tre decenni, si distinsero sempre per un bassissimo profilo all'insegna di una convinzione così sintetizzabile: la delinquenza esiste dappertutto, in Sicilia ha il nome «mafia», la differenza è tutta qui. Erano tante, troppe, le orecchie che non volevano sentire.

Proprio all'indomani dell'insediamento della prima commissione Antimafia, durante un dibattito a Sala d'Ercole, sede del Parlamento siciliano, si scatenarono le polemiche intorno alla figura del sanguinario Liggio. E il suo avvocato difensore, l'onorevole democristiano Dino Canzoneri, lo difese citando testualmente le parole del Pitrè sulla «bella ragazza mafiosa» e all'elenco dell'antropologo palermitano aggiunse anche un «cavallo mafioso» per dire di un cavallo dalla bella andatura, dal bel portamento.

In questo modo, fra i mafiosi che «si ammazzavano fra di loro» e le divagazioni su cavalli e belle ragazze, le lungimiranti parole di Li Causi restarono inascoltate. E i mafiosi, quelli autentici, ebbero a disposizione tutto il tempo necessario per riaversi dal ventennio fascista e dalla falcidia subìta ad opera del prefetto Mori dall'ala militare della mafia, incarcerata oppure costretta all'esilio o all'inabissamento.

Antimafia fascista, mafia antifascista

Quel ventennio, nato all'insegna del decisionismo di Benito Mussolini intenzionato a fare piazza pulita in Sicilia, è in qualche modo un antefatto di tante vicende successive.

Si racconta che, andando in Sicilia per la prima volta in veste di presidente del Consiglio (era il 6 maggio 1924), Mussolini, a Piana degli Albanesi – comune a pochi chilometri da Palermo –, si vide ricevere da «don» Francesco Cuccia, il locale capomafia al quale tutti s'inchinavano molto di più che di fronte a Mussolini stesso. Cuccia mise a disposizione i suoi servigi tranquillizzando il duce sul fatto che in quel territorio non aveva nulla da temere. Mussolini non gradì per niente. E tornato a Roma decise la rappresaglia.

La rappresaglia ebbe il nome del prefetto Cesare Mori, testa d'ariete del fascismo in terra di mafia. Abbiamo già visto come cominciò, e soprattutto come finì, la sua crociata. Durò esattamente cinque anni il sogno del duce di venire a capo della mafia e della rete delle sue complicità.

Il mafioso, a suo modo, è stato antifascista. E sarebbe diventata una vera e propria «regola», nelle elezioni dell'Italia repubblicana, che i mafiosi e i cittadini da loro influenzati non dovessero assolutamente votare Msi, oltre che, ovviamente, per i partiti della sinistra storica. Ma i mafiosi fecero molto di più. Contribuirono direttamente allo sbarco alleato in Sicilia, presentandosi agli americani come l'unica autorità capace di tenere sotto controllo la Sicilia.

Recentemente alcuni storici *d'antan* – di stampo assai diverso da quelli dei quali parlavamo prima – hanno definito, visto che di tempo ne è passato parecchio, priva di alcun fondamento la tesi del ruolo avuto dai mafiosi nello sbarco angloamericano del 10 luglio 1943. Hanno affermato persino che non esisterebbero documenti in tal senso. Che, insomma, non ci sarebbe neanche una «prova» di questa curiosa commistione di interessi. E il bello è che in America, nel 1954, in seguito a violentissime campagne di stampa e di opinione pubblica sul ruolo del mafioso Lucky Luciano, stranamente «graziato» dalle autorità americane a fine guerra, venne istituita la commissione Herlands, dal nome di William B. Herlands, commissario investigativo dello Stato di New York, con il compito di fare chiarezza su due aspetti: la protezione da parte dei mafiosi del porto di New York da atti di spionaggio e sabotaggio nazisti, e il ruolo della mafia nello sbarco in Sicilia. La commissione concluse affermando che la mafia, in entrambi i casi, aveva avuto un ruolo di prima grandezza. E lo choc in America fu enorme.

È proprio in questo particolare «antifascismo» della mafia, nel suo desiderio di far diventare la Sicilia la «quarantanovesima stella» della bandiera americana (che in quel momento ne aveva 48), nel suo dichiarato «anticomunismo», e persino nel suo ossequio formale alla Chiesa cattolica e al suo clero, la spiegazione del fatto che nel dopoguerra tutti si dimenticarono della parola dalle cinque lettere.

Conclusa la guerra vera, iniziava la guerra fredda. I boss, che per un periodo brevissimo erano stati prima monarchici, poi liberali, si erano convertiti in massa allo scudocrociato. In certi paesi, in certi quartieri delle grandi città siciliane, spesso Dc e mafia si identificavano in maniera inestricabile. Non in tutti, ovviamente. E non tutta la Dc era mafia, ovviamente. Ma era quello il generoso ombrello politico che teneva i mafiosi finalmente al riparo dopo la burrasca del ventennio fascista. Il mafioso sfilava in processione per il santo patrono. Il mafioso contribuiva con laute collette sia che si dovesse ristrutturare la parrocchia, sia che si dovessero organizzare le feste religiose. Certe confraternite, con origini che si perdevano nei secoli passati, erano spesso totalmente in mano alla mafia.

E chi, nell'Italia degli anni Cinquanta e Sessanta, si sarebbe sognato di disturbare un grande elettore democristiano o un fedele credente che sfilava con il cero in mano perché la *vox populi* lo definiva «mafioso»? Infatti accadde assai raramente.

Molto più frequentemente, invece, i grandi patriarchi mafiosi morivano di morte naturale e i loro funerali diventavano quasi funerali di Stato. Con tanto di presenza di vescovi e arcivescovi, rappresentanti delle istituzioni, parlamentari e sindaci, corone di fiori degne della migliore cinematografia hollywoodiana. In quegli anni, non era facile capire.

Ogni tanto, qualche inviato della grande stampa italiana faceva capolino in Sicilia, come Tommaso Besozzi in occasione della morte di Giuliano. E fu una capatina provvidenziale, visto che non gli servì molto, nel cortile di Maria di Castelvetrano, per capire che il bandito di Montelepre era stato ucciso da un'altra parte e portato lì dai carabinieri per una macabra messinscena. Altra penna illustrissima del nostro giornalismo, Indro Montanelli: vale la pena ricordare il suo memorabile incontro a Palermo con «don» Calò Vizzini, capomafia dell'epoca.

E in anni molto più recenti, non è un caso se proprio Montanelli, mentre era esplosa la guerra di mafia, teorizzò a lettere di fuoco sul «Corriere della Sera» che i magistrati siciliani dovessero essere mandati tutti a casa, in una sorta di «occupazione nordista» della Sicilia da parte dello Stato, unica strada praticabile se si fosse davvero voluto recidere per sempre quel perverso nodo gordiano. C'era ancora un misto di folclore e di approccio all'argomento quasi fosse una manifestazione esoterica dell'«essere siciliani». Non si percepiva che quella mafia, continuando a crescere, a progredire, ad arricchirsi, sarebbe diventata un bubbone sempre più inguaribile. E la mafia se ne stava tranquilla.

Intanto i grandi «patriarchi» descritti da Montanelli stavano lasciando il posto ai boss all'americana, come vennero chiamati. E spuntarono quasi dal nulla, proprio al termine di quel ventennio in cui nessuno si era più preso la briga di osservare il fenomeno da vicino. Ma erano funghi dopo una notte di pioggia, i fratelli La Barbera e i Cavataio, i Torretta e i Di Pisa che avevano insanguinato Palermo negli anni Sessanta durante la guerra per il controllo delle aree edificabili? Non proprio. Rappresentavano la nuova leva. Rappresentavano il frutto marcio di quel disinteresse nazionale. Erano la dimostrazione che con la mafia non bisogna star mai tranquilli anche se la mafia – apparentemente – è tranquillissima (come lo è oggi).

Un pugno di uomini

Abbiamo indicato due estremi: il disinteresse generalizzato degli anni Sessanta e il colpo di maglio successivo alle stragi degli anni Novanta. Quattro decenni di cambiamenti, quattro decenni in cui sia la mafia sia la lotta alla mafia si sarebbero letteralmente rivoluzionate. Quattro decenni che videro salire costantemente la temperatura attorno alla necessità di combattere l'insolito fenomeno criminale. Quattro decenni che rappresentano un ottimo test per gli storici, oltre che per sociologi, opinionisti e uomini politici sinceramente interessati alla comprensione di quanto è accaduto. Ma cosa c'è fra questi due estremi? Cosa rese possibile il passaggio dal luogo comune secondo cui «si ammazzavano fra di loro» alla consapevolezza che la mafia era innanzitutto una grande questione italiana non risolta? Fra questi due estremi si colloca la stagione d'oro della lotta alla mafia.

Stagione d'oro, perché resta unica nel suo genere. Stagione d'oro perché risultato di una sinergia di sforzi che non si sarebbe mai più riprodotta, neanche negli anni del dopo stragi (e avremo modo di vedere cosa mancò a quella stagione per raggiungere le vette di allora). Stiamo parlando della stagione in cui vennero poste le radici di un impegno che non avrebbe mai più dovuto essere effimero, dilettantesco, costruito sulla sabbia. La stagione dei primi autentici «giudici antimafia» che la Sicilia ricordi. La stagione dei primi autentici «investigatori antimafia». Una stagione segnata da un patto tacito fra persone per bene: magistrati e poliziotti, giudici e carabinieri, qualche uomo politico, che per la prima volta dopo compromissioni e sconfitte, guerre mancate e pratica dello struzzo, ribadivano ufficialmente che la mafia esisteva e non aveva niente a che vedere con altre forme di delinquenza organizzata. Che con la mafia, di conseguenza, non era possibile convivere.

Era un «patto con i siciliani» quello che un pugno di uomini valorosi, ancora poco noti alle grandi cronache, stavano stringendo. Un pugno di «volontari» isolati dal contesto, come tutti i nemici della mafia, da Franchetti a Notarbartolo, da Cesare Mori a Dalla Chiesa, da Mattarella a La Torre. Guardati con sospetto e disprezzo dal Potere. Ben consapevoli delle difficoltà di una battaglia che non sarebbe stata una guerra lampo, né una marcia trionfale. Inizialmente, oltre a queste, nutrivano poche altre certezze.

La prima era la fine della stagione di quei processi indiziari (Catanzaro, che si era concluso il 22 dicembre 1968; Bari, che si era concluso l'11 giugno 1969) che, se avevano avuto il merito «storico» di portare alla sbarra i boss di quegli anni, erano però finiti male per lo Stato: fra valanghe di assoluzioni per insufficienza di prove, condanne assai lievi, inizio di latitanze di imputati che forse si aspettavano pene più severe; persino la messa in libertà di personaggi del calibro di Luciano Liggio, Totò Riina e Bernardo Provenzano (e le conseguenze si sarebbero viste nel tempo).

Un conto erano gli indizi, le segnalazioni accumulate nel corso degli anni da Polizia e Carabinieri, le «informative», come venivano chiamate, gli esposti anonimi. Un conto era avere individuato a occhio, da parte degli investigatori, quali fossero i capi, i soldati, gli aggregati, città per città, paese per paese. Un altro conto erano le «prove». Quelle che sarebbero servite in un processo per inchiodare gli imputati alle loro responsabilità.

I processi indiziari, fra l'altro, avevano scontato proprio la mancanza di una conoscenza basilare del funzionamento di quell'organizzazione criminale. Era stato tutto sussurrato, in quegli anni. Si procedeva solo per «sentito dire». Leggenda e mitologia circondavano quello che rimaneva una specie di oggetto misterioso.

Su un piatto della bilancia c'erano grappoli di delitti, attentati dinamitardi, contrabbando di sigarette, estorsioni, l'intero campionario dei reati di mafia; sull'altro piatto c'erano loro, imputati alla sbarra, facce poco raccomandabili, soggetti dal passato indubbiamente turbolento. Ma come fare a dimostrare l'esistenza di una trama unitaria? Come fare a convincere i giudici di merito che esisteva un disegno «strategico» perché finalità strategiche avevano quegli imputati che componevano l'organizzazione?

Era quasi impossibile dimostrare l'esistenza di quei fili che legavano fra loro quei boss finiti in qualche modo sotto i riflettori della giustizia. Non era insomma possibile stabilire un nesso fra quei reati e quelle persone che di quei reati erano chiamate a rispondere. I metodi investigativi erano quelli che erano, risalendo a quella stagione che abbiamo descritto in cui non si era neanche tanto sicuri che la parola dalle cinque lettere rispecchiasse una realtà effettiva. E soprattutto non c'erano state mai avvisaglie di «pentimento», come sarebbe accaduto in maniera impetuosa negli anni successivi.

L'organizzazione restava segreta, impenetrabile. Non se ne conoscevano né le «regole» né le «finalità». Di cartaceo, di assolutamente documentabile, ovviamente non esisteva nulla. Chi sapeva, naturalmente, taceva. Chi intuiva qualcosa credeva di essersi sbagliato. Chi aveva capito tutto diceva esattamente il contrario di quello che aveva capito. Lo Stato non invogliava particolari campagne di approfondimento sull'argomento. Insomma, i processi di Catanzaro e Bari erano stati *rara avis*, e per di più dall'esito inconsistente. E questa è la ragione per la quale, in quegli anni, non si era ancora manifestato il fenomeno del pentitismo.

In anni molto recenti certi improvvisatori che si occupano, fra l'altro, di lotta alla mafia hanno attribuito i successi della stagione d'oro proprio all'esistenza dei collaboratori di giustizia. Lo hanno fatto con una bizzarra riserva mentale: quasi avessero sottoposto all'esame antidoping gli investigatori e li avessero scoperti «positivi» ai controlli. E che ci vuole a fare la guerra alla mafia quando si hanno a disposizione i pentiti? E che ci vuole a sapere tutto, quando qualcuno ti racconta tutto? E non è forse truccata la partita fra guardie e ladri, se le guardie dispongono di questa stampella in più, offerta dai collaboratori di giustizia?

Ma perché, negli anni Sessanta, questo non era accaduto? Non era accaduto perché lo Stato italiano non era «credibile», innanzitutto, agli occhi degli stessi mafiosi. I mafiosi sapevano il fatto loro. Avevano corrotto, se necessario, poliziotti e carabinieri. Avevano tenuto sui loro libri paga uomini politici e rappresentanti delle istituzioni. Avevano intimidito i giudici. Si erano infiltrati, sin da allora, nei gangli della società approfittando della loro apparente «normalità». Avevano fatto affari, comprato o rivenduto terreni, case e palazzi anche a uomini delle istituzioni.

Era naturale che a nessun boss o a nessun uomo d'onore fosse venuto in mente di andare dall'altra parte, di lasciarsi alle spalle un'organizzazione che prevedeva la sanzione della morte per i «traditori», di tentare l'ignoto quando si viveva al sicuro e al riparo dagli eventuali rigori della legge. In altre parole, l'assenza di collaboratori di giustizia era la prova che l'organizzazione era rimasta granitica e senza crepe. Senz'altro da preferire, allora, uno Stato che potesse avvalersi di collaboratori sul fronte opposto a uno Stato debole che nessuno prendeva sul serio.

È fra la fine degli anni Settanta e l'inizio degli Ottanta che la situazione si ribalta. Quel pugno di uomini stabilisce che da allora in avanti dovrà essere fatto il possibile per istruire processi finalmente «a prova di assoluzione».

La prova della droga

Sono gli anni della droga, gli anni dell'eroina. E la lotta alla mafia, in quel periodo, fu lotta soprattutto al traffico internazionale della droga. Gli anni in cui l'oppio, raccolto nelle piantagioni del triangolo d'oro della Thailandia, della Birmania e del Laos, attraverso un giro complicato giungeva in grandi quantitativi a Palermo per essere raffinato, prima di venire spedito – sotto forma ormai di eroina purissima – nei mercati del Nord Europa e soprattutto in quello americano.

Questa non era più mafia «leggendaria» o «folcloristica».

Questa ormai era mafia destinata inevitabilmente a lasciare tracce lungo il suo cammino. Catene di corrieri che dal triangolo d'oro si spingevano sino all'Afghanistan, alla Turchia, alla Grecia, in una successiva serie di passaggi di mano che facevano lievitare all'infinito il costo della materia prima. Una colossale attività che coinvolgeva centinaia di famiglie e migliaia di persone. Una colossale attività che innalzava, dall'oggi al domani, il livello di vita dei trafficanti in essa coinvolti. Le tracce erano dappertutto. E le tracce, se viste dagli investigatori, se giustamente valorizzate, non avrebbero impiegato troppo tempo a trasformarsi in «prove». Proprio quelle che erano mancate durante i processi indiziari di quasi vent'anni prima.

Il tallone d'Achille dei trafficanti furono i laboratori della raffinazione, quei piccoli «cucinini» dove, fra provette e alambicchi, nasceva la polvere bianca. Avevano una controindicazione: richiedevano un eccessivo consumo di acqua e di energia elettrica. Gli investigatori, che lo sapevano, misero sotto controllo un ampio campionario di contatori Enel e dell'acquedotto, intestati a quelle famiglie che inspiegabilmente mantenevano un altissimo tenore di vita, e i risultati non tardarono ad arrivare.

Saltarono fuori le raffinerie, nascoste alla meno peggio in anonime catapecchie mimetizzate nei quartieri storici della vecchia Palermo o nelle periferie più fatiscenti. Saltarono fuori ingenti quantitativi d'oppio in attesa di essere lavorati. Si iniziò a indagare in direzione delle transazioni bancarie che coprivano le spese del rifornimento delle «famiglie» palermitane destinatarie della merce proibita e della catena dei corrieri. Ma ci voleva ancora qualcos'altro.

E, quasi a suggello della bontà di quelle piste investigative, furono rinvenute all'aeroporto Punta Raisi di Palermo le valigie di dollari provenienti dagli Stati Uniti come forma di pagamento alle «famiglie» siciliane della raffinazione. Quasi contemporaneamente, all'aeroporto JFK di New York, gli uomini della Dea, che ormai lavoravano a stretto contatto con i colleghi siciliani, scoprivano le valigie della droga. Erano finalmente le prove tanto agognate.

Si accumulavano le bollette della luce e i contratti d'affitto sospetti, venivano documentati i viaggi dei corrieri; si iniziava a tracciare il volto della nuova mafia seguendo i percorsi di migliaia e migliaia di assegni bancari che certificavano ormai inequivocabilmente i traffici in pieno svolgimento. Stavano nascendo così i primi processi – se ci è consentita l'espressione – «a prova di prova». E a voler essere precisi, tutto questo venne prima della collaborazione di qualche grande trafficante d'eroina, come il cinese Ko Ba Kin o il turco Mossululu, che non fecero altro che arricchire un quadro probatorio ormai consistente.

Purissima la droga, purissime le indagini che le si svilupparono attorno, potremmo dire. Rievocando quella stagione, è doveroso citare Boris Giuliano, il capo della squadra Mobile di Palermo che ebbe il merito di dirigere le indagini con metodi nuovi e molta convinzione nelle proprie idee. Non si esagera affermando che le sue intuizioni, rivoluzionarie per i tempi, consentirono alla magistratura di vedere finalmente un po' di luce dopo le tenebre che avevano segnato gli anni precedenti.

Boris Giuliano fu assassinato dalla mafia, dai trafficanti internazionali e palermitani dell'eroina il 21 luglio 1979, mentre stava sorseggiando il suo primo caffè della giornata. Venne colpito alle spalle da un killer solitario (era Leoluca Bagarella, ma lo si sarebbe saputo solo molti anni dopo).

La ruota dell'Antimafia iniziava la sua corsa. Ormai stava cambiando tutto. Due mondi stavano cambiando. Due mondi che, sino a quel momento, non si erano dati particolarmente fastidio. Due mondi che avrebbero continuato a convivere. Tutto quello che accadde, da quel momento in avanti, non accadde infatti perché lo Stato, in quanto tale, aveva deciso improvvisamente di fare la sua parte. Accadde perché quel pugno di uomini, che avevano «stretto il patto», avevano deciso di interpretare in quella maniera il loro essere Stato. Se ne sentivano parte, pur vivendone ai margini, in una lontana periferia. Ne conoscevano così bene le compromissioni passate, da considerare indilazionabile una qualche forma di riscatto. Soprattutto si rendevano conto che la mafia andava fermata o sarebbe stato troppo tardi.

Sia chiaro: nessuno lo aveva chiesto loro. Se solo Boris Giuliano – ed è appena uno dei tanti esempi possibili in quegli anni – si fosse dedicato di più agli scatti ministeriali della sua carriera, se avesse preferito evitare di vedere tutto quello che in fondo era mimetizzato e nascosto, non avrebbe scoperto sacchi di oppio, raffinerie d'eroina, valigie di dollari. E sarebbe, con ogni probabilità, ancora vivo. In tanti, oggi, sarebbero ancora vivi se non si fossero intestarditi, come Boris Giuliano, in quella pericolosissima idea di volere sconfiggere la mafia.

Morti ammazzati, carte scomparse

Diamo qualche nome a coloro che fecero parte di quel pugno di uomini. Magistrati: Cesare Terranova, Gaetano Costa, Ciaccio Montalto, Rocco Chinnici, Giovanni Falcone, Paolo Borsellino, Alberto Giacomelli, Antonino Saetta, Rosario Livatino. Poliziotti: Boris Giuliano, Calogero Zucchetto, Ninni Cassarà, Giuseppe Montana. Carabinieri: Carlo Alberto Dalla Chiesa, Domenico Russo, Emanuele Basile, Mario D'Aleo, Giuliano Guazzelli. Uomini politici: Michele Reina, Piersanti Mattarella, Pio La Torre, Giuseppe Insalaco. Giornalisti: Mauro De Mauro, Giovanni Spampinato, Mario Francese, Peppino Impastato, Giuseppe Fava, Mauro Rostagno, Beppe Alfano. E perché non ricordare gli otto, fra uomini e donne, delle scorte di Falcone e Borsellino? Questi i loro nomi: Antonio Montinaro, Rocco Di Cillo, Vito Schifani, Emanuela Loi, Walter Cusina, Vincenzo Li Muli, Claudio Traina, Agostino Catalano.

Un elenco sintetico di lapidi, di morti ammazzati. Fa capire, meglio di tanta retorica e proclami, quanto la mafia si sentisse finalmente minacciata dal modo di fronteggiarla scelto da quel pugno di uomini. Ma quei servitori dello Stato non furono eliminati tutti in un colpo solo. Furono uccisi nell'arco di quindici anni.

I superstiti avrebbero avuto tutto il tempo per fare marcia indietro, per capire il segnale che veniva dal loro nemico, per indietreggiare adesso che era evidente che la posta in gioco era ormai diventata la vita. Accadde proprio il contrario. Si spinsero più avanti. E andarono al macello.

Se infatti un gruppo di uomini strinse un patto, altri uomini, che a quel patto avrebbero dovuto automaticamente aderire, vi si sottrassero. È questa la ragione per cui non si può parlare di autentico coinvolgimento dello Stato.

Roma assisteva, fra imbarazzo e indifferenza, a quello che

stava accadendo a Palermo. Roma registrava l'improvvisa «fuga in avanti» di magistrati, poliziotti e carabinieri che rompevano con la pesante tradizione del passato. Gradiva? Difficile poterlo affermare.

Non è compito di queste pagine ricostruire i contesti di tutti i delitti eccellenti che hanno insanguinato la Sicilia in quegli anni. Qui si vuole solo mettere in evidenza un aspetto: che ognuno di quei delitti eccellenti – nessuno escluso – si tirò dietro un'inevitabile sequela di polemiche. Polemiche apparentemente inconcepibili. Perché apparentemente inconcepibili? Perché esse trovano spiegazione soltanto nel fatto che la parola dalle cinque lettere non aveva mai definito davvero la mafia: l'intreccio con il potere e con le istituzioni.

Andiamo allora «a volo d'uccello». Polemiche politiche violentissime quando Cesare Terranova, che era stato componente della commissione Antimafia, decise nel 1979 di tornare a svolgere la funzione di magistrato a Palermo. Terranova, che non nascondeva le sue simpatie di sinistra, venne accusato dai suoi oppositori di volere tornare in terra di mafia dotato di una marcia in più: avrebbe messo a profitto – questo gli rimproveravano – i «segreti» acquisiti durante la sua attività di commissario parlamentare. Anche lui, insomma, era stato trovato positivo all'antidoping. E fu subito ammazzato.

Gaetano Costa morì nel 1980 in un clima di isolamento al Palazzo di Giustizia di Palermo: si era ostinato a firmare ordini di cattura che molti suoi colleghi avevano preferito non sottoscrivere. Circostanza, questa, che i diretti interessati avevano fatto di tutto perché trapelasse all'esterno. Il tempo avrebbe dato ragione a Costa, con le condanne, in processo, di quei boss che lui – quasi in solitudine – aveva fatto arrestare. Ma fu solo magra consolazione per i familiari. Fu allora che si cominciò a parlare di «palazzo dei veleni».

Durissimi i giudizi su molti magistrati lasciati da Rocco Chinnici nel suo diario, prima di saltare in aria con un'autobomba nel 1983: nemmeno Falcone veniva risparmiato.

Clamorosa la vicenda del mancato ritrovamento dei diari di Dalla Chiesa nella sua cassaforte in Prefettura, il 3 settembre 1982, poche ore dopo la sua uccisione insieme alla moglie Emanuela Setti Carraro e all'autista Domenico Russo.

Ed era davvero di sole quattro paginette (quelle pubblicate dopo la sua morte) il diario elettronico di Giovanni Falcone? Non si trovò per niente, invece, l'agenda di Paolo Borsellino che Antonino Caponnetto, capo del pool antimafia, in più di un'occasione aveva avuto modo di vedere.

Agende, documenti, diari mai ritrovati (o ritrovati – come quelli dell'ex sindaco Insalaco, ucciso nel 1988 – e oggetto di violentissime contestazioni da parte degli uomini politici citati in maniera non edificante), talpe (come quella per il delitto Cassarà), traditori (per Falcone e Borsellino), spie d'ogni risma, esposti e lettere anonime hanno contrassegnato le modalità di ciascuno dei grandi delitti di Palermo.

Una lunga sequenza di intrighi che rendeva i singoli delitti autentici *affaires* che rimanevano per settimane e settimane sulle pagine dei giornali. Poteva essere solo mafiosa la mano che ordiva simili trame? Nessuno, allora, sapeva offrire risposte. Quali che fossero, quella era una guerra. E quegli uomini coraggiosi non si ritrovarono a lavorare in una magnifica cappa di vetro incontaminata rispetto ai nefasti effetti del passato.

In quegli anni, per dirla con Antonio Gramsci, il «vecchio» non voleva morire e il «nuovo» stentava a nascere.

Corvi, talpe e veleni

Al centro di tutto c'era il Palazzo di Giustizia di Palermo. Potevi incontrare il sostituto o il consigliere istruttore che finalmente avevano capito cos'era la mafia, ma anche il procuratore capo e persino il procuratore generale i quali, ormai alla soglia della pensione, non se lo sognavano nemmeno di mettere in discussione un sistema di certezze acquisite. Ma anche loro avevano capito benissimo. C'erano i «parrucconi» della vecchia scuola, per i quali compito del magistrato non è quello di «combattere la mafia» ma l'applicazione pedissequa del codice. Non era sottigliezza da poco.

I codici risalivano a stagioni remote in cui la parola dalle cinque lettere non veniva neanche pronunciata. Richiamarsi ai codici, in maniera rigorosamente ineccepibile, significava soltanto far sapere ai mafiosi che potevano continuare a stare tranquilli. Il vecchiume ordinamentale, unito alla mancanza di coraggio spesso, alla complicità autentica qualche volta, dava come risultato finale la paralisi. Ma i gerontocrati della magistratura si rivelarono una impressionante forza d'urto contro quel «pugno di uomini».

C'erano le rivalità di carriera. C'erano le invidie nei confronti di colleghi le cui inchieste finivano sui giornali perché particolarmente eclatanti. C'era, insomma, l'intero mondo della magistratura che per decenni aveva dormito il sonno dei giusti e ora si ritrovava sotto accusa, sotto i riflettori, incalzato dall'opinione pubblica, messo in discussione nella sua pomposa sacralità. E le faide interne contro i magistrati antimafia erano la prima naturale contromossa.

Lo stesso Falcone, in un'intervista, affrontò così l'argomento:

> Le abitudini peggiori al palazzo di giustizia di Palermo? Il pettegolezzo da comare, le chiacchiere da corridoio (quando sarebbe preferibile un minimo di riserbo), una riserva mentale costante. In una parola mancanza di serenità... Come si può isolare un giudice? Anche con una sfilza di luoghi comuni. Di me hanno detto: fa panna montata, affogherà nelle sue stesse carte, non caverà un ragno dal buco; è un semplice giudice istruttore; ama atteggiarsi a sceriffo; ma chi crede di essere, il ministro della giustizia? Io ho la coscienza tranquilla.

Ma c'era di più e di peggio. Il sistema di potere politico aveva i suoi fidati referenti all'interno della casta giudiziaria. Le inchieste non investivano mai la classe politica. Solo in rarissime occasioni la lambivano. Ma tutto, inevitabilmente, veniva messo a tacere, archiviato, insabbiato come si dice in gergo giornalistico. Analogo trattamento di favore veniva riservato ai più forti gruppi economici della città. La Regione siciliana restava «off limits» per le inchieste. Merita di essere letto il volume di Giuseppe Di Lello,[20] magistrato del pool antimafia con Falcone e Borsellino che poi si dedicò alla carriera politica. Non erano immuni da macchie anche le forze dell'ordine, dove non erano pochi coloro i quali da decenni avevano trovato idilliaca convivenza con i mafiosi. Diversamente, come sarebbero state possibili le latitanze dorate? Era sufficiente una piccola «dimenticanza» e il nome di un mafioso, all'ultimo momento, veniva escluso da un rapporto di polizia. Erano molti i poliziotti e i carabinieri che in quegli anni non vedevano e non sentivano.

Alle spalle non c'erano – lo abbiamo visto – anni di grande *intelligence*. Tutto si basava sulla tradizionale rete degli informatori, personaggi del sottobosco che finivano con l'instaurare con commissari e appuntati rapporti che si cristallizzavano nel tempo, con scambi e favori vicendevoli. E non era consigliabile sottoporre alla magistratura che abbiamo descritto dossier incandescenti che avrebbero conosciuto il destino dell'insabbiamento.

Quanto abbiamo esposto a grandi linee spiega non solo la ferocia della risposta dei mafiosi, preoccupati che stesse per finire il quieto vivere. Spiega anche quali furono, sin dall'inizio, le decisioni che vennero prese nelle stanze dell'Ufficio istruzione di Palermo da uomini come Falcone, Borsellino, Caponnetto. Era, infatti, una guerra da ambo le parti.

Il pool, l'antidoto

L'arma più importante fu rappresentata dalla costituzione del «pool antimafia». Era già stato assassinato Gaetano Costa, anche per effetto di quei pettegolezzi da corridoio che ne avevano reso pubblico l'isolamento rispetto ai colleghi. E Rocco Chinnici fu il primo capo dell'Ufficio istruzione di Palermo che iniziò a riflettere sul significato negativo di quell'esperienza. Ma fu con Caponnetto che la struttura venne resa stabile e definitiva. Poco importa, ormai, stabilire l'esatta primogenitura del pool. Cerchiamo di capire piuttosto a cosa doveva servire nelle intenzioni dei suoi fondatori.

I fatti dimostravano che, se un singolo magistrato era depositario di pesanti segreti sulle «famiglie» di mafia, prima o poi, veniva eliminato. I mafiosi, infatti, si rendevano conto che i loro avversari non si muovevano in sintonia con la loro categoria di appartenenza. E i boss avevano ancora la speranza che fermando i giudici più in vista si potesse provocare un brusco rallentamento delle indagini contro di loro. Il pool nacque per togliere questa speranza ai boss.

I segreti, da quel momento in avanti, avrebbero dovuto essere condivisi fra l'intera équipe dei giudici istruttori titolari di inchieste sulla mafia. Si veniva, fra l'altro, a creare una circolarità di notizie che aveva inevitabilmente effetti moltiplicativi sulle stesse inchieste. I computer non erano ancora diffusi negli uffici. Non esistevano i «riscontri incrociati». Non esistevano parole chiave. Non esisteva la possibilità di tracciare mappe sterminate di famiglie e di affari senza ricorrere alle risme di carta protocollo e a tante penne biro. Il pool diventò così un primordiale motore di ricerca. Diventò l'archivio di quella nuova santabarbara che questa volta sarebbe finalmente esplosa. Ma non sotto forma di campagne stampa o polemiche politiche. Semmai sotto forma di quei processi che si pretendeva fossero istruiti finalmente «a prova di prova». Si manteneva un profilo di segretezza?

Ovvio che si manteneva. Il pool era il luogo deputato per dirsi tutto, per decidere in quale direzione muoversi. Quale filone di indagine abbandonare, perché poco remunerativo, e quale, invece, valorizzare e potenziare. Era uno scudo opposto ai pettegoli e ai curiosi di Palazzo. Era uno scudo opposto agli informatori e alle talpe di Palazzo pronti a girare ai mafiosi qualsiasi voce appena sussurrata. Il pool costituì una forma di legittima difesa da parte di magistrati che per difendersi non potevano impugnare il bazooka. Massima circolarità delle indagini all'interno, dunque; impenetrabile, all'esterno, la cortina del silenzio.

Come fu possibile tutto questo? È l'altra faccia del patto: la lotta alla mafia doveva rappresentare un valore in sé. Uno scopo finale, un obiettivo irrinunciabile. Compito della magistratura, in una città come Palermo, in una regione come la Sicilia, era combattere la mafia. Portarla davanti al Tribunale, portarla davanti alla Corte d'Assise. Provarne la colpevolezza e spedirla in galera. Proprio il contrario di quanto andavano blaterando i gerontocrati parrucconi.

La politica doveva scomparire nella definizione di quelle strategie giudiziarie. Le idee politiche di questo o quel magistrato del pool dovevano restare fuori dalla porta. Solo così quegli uomini avrebbero potuto dare finalmente la sensazione ai siciliani che qualcosa stava veramente cambiando. E non è un caso che politicamente, quanto a formazione culturale, persino quanto a idee religiose, quei magistrati facessero tutti storia a sé.

Era un tentativo di portata letteralmente rivoluzionaria. Gli uomini del sistema di potere politico restavano finalmente a bocca asciutta. Non potevano più fare affidamento su magistrati di fiducia. Non si sentivano più garantiti. Cominciarono a temere anche loro, insieme ai boss, perché un nemico pericolosissimo si era installato nelle stanze del Palazzo di Giustizia.

Ma non era una tattica suicida quella scelta da Falcone e dai suoi. Intanto rimetteva in movimento le forze sane – ed erano tantissime – all'interno delle forze dell'ordine. I frutti non tardarono ad arrivare. Il rapporto «Michele Greco + 161 [*gli altri indagati, N.d.A.*]», presentato nell'estate 1981, rappresentò la svolta tanto attesa da quel pugno di uomini. Firmato congiuntamente da Polizia e Carabinieri (Ninni Cassarà e Angiolo Pellegrini) – collaborazione anch'essa impensabile in quegli anni fra distinte forze di polizia che non avevano mai collaborato fra loro – rappresenterà la base di partenza del futuro maxiprocesso di Palermo. Si allargava finalmente in maniera concentrica quella stessa volontà di combattere la mafia che, inizialmente, era stata esclusivo appannaggio di pochi.

Gli uomini politici più avveduti, indipendentemente dallo schieramento di appartenenza, guardavano con simpatia a questo nuovo gruppo di magistrati. I blitz si moltiplicavano. E raramente si concludevano con magri risultati. La temperatura, attorno alla lotta alla mafia, cominciò a salire. I riflettori si accesero. Quei giudici iniziarono a rilasciare interviste. E non per protagonismo narcisistico. Non per una vacua ricerca delle luci della ribalta. Al contrario. Sempre con la consapevolezza che il silenzio faceva il gioco della mafia, che più la faccenda restava rinchiusa fra gli addetti ai lavori più il fattore rischio aumentava. Ma c'era anche una ragione di fondo, ben più incalzante: quei magistrati, che erano oltretutto ottimi intellettuali, si rendevano conto di avere qualche chance a condizione che l'intera opinione pubblica siciliana, e persino quella di tutt'Italia, si facessero carico di questa impresa titanica. Non cercavano – come commentò acidamente qualcuno – di «volare sulle ali del consenso». Molto semplicemente avevano capito cosa significava la parola dalle cinque lettere.

Ma il loro compito non era proporre modifiche ai vocabolari del tempo che quella parola non contemplavano, né tenere conferenze accademiche sull'argomento. Non firmavano né appelli né proclami. Si limitavano a indagare dopo decenni in cui nessuno aveva indagato. Si limitavano a valutare attentamente quei rapporti degli investigatori che spesso, in passato, venivano insabbiati con aria di sufficienza. Si limitavano a cercare fra le pagine di codici obsoleti quelle fessure che consentissero loro di arrivare a processi finalmente degni di questo nome.

Ricevevano uomini politici nei loro uffici? Qualche volta, forse. Ma erano visite di cortesia. Visite precedute da lunghe anticamere e che poi si consumavano in tempi telegrafici.

Le loro vite divennero vite blindate. Niente salotti, niente ristoranti, niente mondanità che, in una città come Palermo, si sarebbero rinchiuse ben presto su di loro come trappole per topi. Si votarono a quello scopo esclusivo del quale abbiamo detto: prendere davvero le misure alla nuova mafia per infliggerle colpi decisivi.

I mafiosi sembravano impazziti. Non capivano. Non si capacitavano di quanto stava accadendo. Blandivano e minacciavano, ascoltavano, ma ormai c'era poco da ascoltare. Quelli del pool parlavano solo a colpi di provvedimenti, con la firma di decine e decine di mandati e ordini di cattura, con indagini bancarie, con pedinamenti, con le prime microspie applicate alle macchine sospette da seguire.

E mentre la ruota girava, girava anche la ruota delle esecuzioni, dei delitti eccellenti. Ma quel «pugno di uomini» ormai aveva capito di avere aperto una strada i cui effetti sarebbero stati di portata incalcolabile. E tutti, vale la pena ribadirlo, seguirono la ricetta di Boris Giuliano, poco attenti ai loro scatti di carriera, poco attenti a salvarsi la pelle.

«*Signor Falcone...*»

Ormai non c'erano più alibi. Chi voleva capire capiva. E presto, all'interno delle stesse file del popolo di mafia, si cominciò a guardare con un misto di rispetto e di stupore a Falcone e al lavoro degli uomini del pool. Naturalmente *rispetto* e *stupore* sono parole alle quali occorre fare la tara, manifestandosi fra «uomini d'onore» che avevano solo tutto da perdere per l'affermazione di questa inedita professionalità.

Ma non sfuggiva neanche a loro che stava nascendo una nuova «schiatta» di magistrati. Magistrati non più raggiungibili dalle sirene delle lusinghe. Non corrompibili. Non impastati con il potere politico. Non sospettabili di volere favorire, con indagini mirate, gli interessi di una cosca per penalizzare quelli di una cosca contrapposta. Nacque, per effetto di questa nuova considerazione, il «fenomeno Buscetta». E non aveva parlato di possibili pentimenti Dalla Chiesa in un'intervista rilasciata appena un mese prima di essere ucciso?

> Il primo pentito l'abbiamo avuto nel '70 proprio fra i mafiosi siciliani. Perché dovremmo escludere che questa struttura possa esprimere un gene che finalmente scateni qualcosa di diverso dalla vendetta o dalla paura? Ma questo può verificarsi soltanto nei momenti più alti dell'iniziativa dello Stato.[21]

Il primo «pentito» palermitano di mafia si chiamava Leonardo Vitale: nel 1974, cioè in tempi non sospetti, si presentò in Questura per confessare tutto quello che sapeva su Cosa Nostra. La sua ricostruzione della mafia era talmente sconvolgente che non gli credettero, e fu internato in manicomio. Quando tornò a casa, i mafiosi, che invece sapevano quanto fosse sano di mente, lo assassinarono (2 dicembre 1984). Un altro volontario isolato nella lotta alla mafia.

Ma torniamo a Dalla Chiesa. Quell'intuizione giustissima aveva dato i suoi frutti, anche se con qualche anno di ritardo. Cosa rappresentò per la mafia il fenomeno Buscetta? La fine definitiva di un ciclo: quello della sua segretezza e della sua speculare omertà. Ma anche la caduta di un tabù. Buscetta indicò per la prima volta a Falcone un possibile accesso alla città sotterranea e gliene fornì le chiavi. Gli uomini del pool potevano per la prima volta esplorare questo mondo sino ad allora sconosciuto. Potevano, per la prima volta, disegnare le mappe per orientarsi, muoversi sul territorio nemico, giocare finalmente la loro partita.

Buscetta raccontò tutto quello che aveva da raccontare.

Non erano bagattelle. Aveva vissuto per anni e anni ai vertici della mafia, pur non entrando mai, in parte per sua scelta, in parte perché criticato per la sua vita eccessivamente «dissoluta» (aveva avuto tre mogli), nella Cupola dalla quale dipendeva tutto. Ma Buscetta conosceva e teneva ottimi rapporti con tutti i membri del massimo organismo di direzione della mafia.

Mise il suo enorme «sapere» a disposizione di Falcone e degli uomini del pool. Lo fece in maniera totalmente disinteressata? Lo fece perché anche lui, avendo subìto da parte dei corleonesi lo sterminio di figli e nipoti, si rendeva conto di avere le ore contate? Lo fece per vendicarsi con le armi dello Stato di diritto di chi adoperava invece le armi della giungla? A suo tempo, questa domanda venne posta a Falcone.

E il giudice sorrise spiegando che, in fondo, era l'ultimo dei problemi. Ovvio che Buscetta non fosse uno stinco di santo. Ovvio che le confessioni provenivano da uno che in gioventù, per l'esattezza all'età di 16 anni, era stato iniziato, aveva fatto giuramento, intrapreso in pompa magna la carriera criminale. Ma che valore avrebbero avuto – proseguiva Falcone – le confessioni di un estraneo alla mafia, di un personaggio secondario, di uno che, magari, fosse stato all'asciutto di segreti? Eppure, contro Buscetta, si scatenarono i soliti sapientoni che anche in questo caso ricorsero al curioso sistema dell'antidoping. Buscetta fu scoperto «positivo» perché aveva commesso molti reati...

Bella scoperta, continuava a sorridere Falcone. Il quale aggiungeva: lo Stato deve fare tesoro delle sue rivelazioni. Non deve accettarle a scatola chiusa, deve verificarle parola per parola, dimostrandone autenticità e veridicità. Ma una volta che l'esame si fosse concluso positivamente (altro che antidoping), la giustizia avrebbe dovuto seguire il suo corso. Vediamo ora di quali ingredienti fosse composto il «sapere» di Buscetta.

Raccontò come era strutturata la mafia: con quali organismi territoriali e di vertice. Come avvenivano la selezione e l'affiliazione degli uomini d'onore. Come veniva messa in pratica l'iniziazione. Di quali «regole» si era avvalsa questa delinquenza che appariva ormai fra le più strutturate e le più collaudate dell'intero pianeta: cosa veniva considerato «lecito» e cosa invece veniva «proibito» dai mafiosi. Che poi questo armamentario di «regole» a volte fosse stato disatteso, a volte interpretato a uso e consumo di qualcuno, era questione che veniva dopo; dimostrando, ove ce ne fosse bisogno, che persino la mafia, essendo composta da uomini, aveva tantissimi punti deboli, tantissimi «eretici», tantissimi buchi neri nella sua lunga storia.

Ma quello di Buscetta non fu solo l'intervento (di per sé essenziale) di un ingegnere che aveva contribuito negli anni a modellare quella struttura segreta. Buscetta fece i nomi sia dei più grandi boss sia degli affiliati di ultima nomina. Raccontò storie personali e criminali di centinaia e centinaia di persone. Li collocò al giusto posto. E così facendo, veniva raccontando anche retroscena e modalità dei «delitti eccellenti» di Palermo, dei traffici che avevano rappresentato la più grande forma di accumulazione illecita che si era sviluppata sin dall'inizio del dopoguerra.

Buscetta, per giorni e giorni, notti e notti, squadernava il libro nero sotto lo sguardo stupito di magistrati attentissimi, interessati a cogliere qualsiasi nota stonata potesse dar loro l'impressione di trovarsi di fronte a un ciarlatano o a un venditore di fumo.

Buscetta riempì migliaia e migliaia di pagine di verbale. Questo rese indispensabile una gigantesca verifica di ogni parola pronunciata dal primo autentico grande pentito della storia della mafia. E per far questo i magistrati si avvalevano della collaborazione di poliziotti e carabinieri, che per la prima volta lavoravano in perfetta sintonia.

All'esterno non trapelò nulla. Un conto, infatti, erano le interviste degli uomini del pool per spiegare a grandi linee all'opinione pubblica cosa fosse la mafia. Un altro conto era il lavoro certosino che andava realizzato il più in fretta possibile, per mettersi al riparo da inevitabili e prevedibilissimi colpi di coda. Non trapelò minimamente che Buscetta stava parlando e collaborando, e non trapelò che le sue parole venivano passate al microscopio. In quella fase, il pool si ritrovò a essere un gigantesco centro di *intelligence* sulla mafia come nessuna banca dati sarebbe mai stata neanche in futuro.

Buscetta non si limitò a rivelare i misfatti degli uomini d'onore. Si addentrò anche, sia pure con molto timore, con tanta circospezione, nel terreno minato dei rapporti fra mafia, politica e istituzioni.

«Mi parli dei politici»

A onor del vero, se fosse dipeso esclusivamente da lui, su quel terreno non si sarebbe mai avventurato. Ed ebbe modo di dirlo e di ripeterlo anche in anni successivi, quando la lotta alla mafia attraversava ormai ben altre stagioni. Eppure lo fece. Perché? Per merito di Falcone, quando scoprì, grazie proprio al lavoro di riscontro delle parole di Buscetta, che il mafioso pentito aveva conosciuto i cugini Nino e Ignazio Salvo, titolari delle esattorie in Sicilia, rappresentanti di un potere economico immenso, e fortemente collegati alla mafia. Ma era un legame che, allora, andava «provato».

In quegli anni i Salvo altri non erano che grandi possidenti, ben inseriti nella Dc siciliana, con ottime entrature a Roma, con onorevoli di fiducia persino a Montecitorio, al punto che un governo nazionale cadde quando si discusse proprio del futuro delle esattorie in Sicilia. Ricchissimi, potenti, insospettabili.

Falcone incalzò Buscetta in quella direzione. Che sapeva Falcone? Che Buscetta conosceva molto bene i Salvo. Poteva mai essere casuale quella conoscenza? Poteva essere «disinteressata», in uno come «don» Masino che si portava dietro un passato così ingombrante? Falcone dovette fare la voce grossa con Buscetta. Gli fece notare che, se avesse taciuto, gli avvocati difensori dei boss in processo avrebbero avuto buon gioco – conoscendo anche loro queste frequentazioni del pentito – nel dire che Buscetta era un pentito a orologeria, innescato contro alcuni ma innocuo contro altri. Non fu un braccio di ferro facile. E questo duello lo avrebbero ricordato, con versioni coincidenti, sia Falcone sia lo stesso Buscetta. La situazione si sbloccò quando Falcone minacciò di concludere gli interrogatori, gettare nel cestino migliaia di pagine già scritte, abbandonare il pentito al suo destino. Ecco cosa racconta Buscetta:

> A qualcuno potrà sembrare che io sia stato un calcolatore. Ma non ho detto le cose a rate. A Falcone chiesi scusa di non aver detto tutto, e principalmente della politica. È del 1984 quella mia frase che viene ricordata spesso: «Dottor Falcone, se le dicessi determinate cose, finiremmo tutti e due al manicomio, io in quello criminale, lei in quello civile». Io di politica non vo-

levo parlare per nessuna ragione. E quando Falcone si avvicinava ai Salvo dovevo parlare di politica. Cercai di sottrarmi persino di fronte alle intercettazioni delle telefonate che provavano che ero stato ospite a casa loro. Allora fui costretto a parlare, limitandomi però a raccontare il lato mafioso della vicenda. Le intercettazioni erano precedenti all'inizio della mia collaborazione. Ma da volpone qual era, per i primi mesi della collaborazione Falcone, sulla mia vita, sorvolò. Mi fece parlare a ruota libera su tutto quello che riguardava gli altri. Si era riservato di fare l'avvocato del diavolo all'ultimo per mettermi in croce. E alla fine lo fece, costringendomi a parlare dei miei contatti personali. A quel punto, non avendo scelta, risposi alle sue domande [...] Quando vennero gli anni dei «veleni», l'atteggiamento delle istituzioni sul pentitismo mi frenò definitivamente. Oltre questo punto, mi dissi, non andrò, non dirò neanche di avere assistito alla contravvenzione di un vigile urbano. E questo perché le contraddizioni che vidi, e che continuo a vedere anche oggi, non mi offrivano più quelle garanzie che credevo di avere trovato con Falcone e il suo pool.[22]

Buscetta fu dunque costretto a dire, su questo punto, buona parte di quello che sapeva. Si aprì un'altra voragine. I due cugini Salvo, oltre la nota ufficialità, erano uomini d'onore, cioè affiliati alla mafia, capi della famiglia di Salemi. Rappresentavano la sponda dei boss quando si trattava di risolvere faccende strettamente connesse al potere istituzionale e politico. Avevano avuto un ruolo ben preciso in quella guerra di mafia che, mentre Buscetta andava rendendo le sue confessioni, era ancora in corso. Tanto che proprio i Salvo, quando Buscetta si trovava ancora in Brasile, ne avevano sollecitato il rientro a Palermo, con l'invito esplicito a trovare una soluzione alla guerra che rischiava di fare precipitare la situazione, gli affari e l'organizzazione nel suo complesso.

Per la prima volta, la parola dalle cinque lettere iniziava ad assumere ben altra consistenza, ben altra pericolosità. Fermiamoci qui. Approfondire ancora il «fenomeno Buscetta» rischierebbe di portarci fuori strada. Ma non fu – e anche questo va detto – un fenomeno isolato.

Dopo Buscetta, altri collaboratori di giustizia fecero la loro parte: da Totuccio Contorno a Francesco Marino Mannoia ad

Antonino Calderone, emulati, anch'essi, da decine di pentiti di calibro inferiore, perché inferiore era stato il loro ruolo.

A conti fatti, fu una stagione indimenticabile. Il rapporto «Michele Greco + 161», insieme alle rivelazioni di Buscetta e di tutti gli altri, divennero un'arma devastante a disposizione degli uomini del pool. Non è un caso, ad esempio, se maturarono – tutte nell'estate del 1985 – le uccisioni dei poliziotti Cassarà e Montana. Esattamente nel momento in cui Falcone, Borsellino e Caponnetto stavano scrivendo la richiesta di rinvio a giudizio che avrebbe dato il via al processo. Quei giudici furono trasferiti nel supercarcere dell'Asinara, per potere continuare a scrivere in condizioni di sicurezza più accettabili di quelle che era possibile garantire in quell'estate di fuoco del 1985. E alla fine lo Stato pretese pure che si pagassero di tasca propria le spese di soggiorno. D'altronde, erano o no «volontari»?

Vicini alla meta

Il tutto si tradusse finalmente nel maxiprocesso alla mafia, iniziato il 20 febbraio 1986, che portò alla sbarra 475 rappresentanti di famiglie siciliane dedite al traffico della droga, ai delitti, alle stragi. Fu un processo lungo e laborioso. Lo Stato ebbe un soprassalto. Pur tra difficoltà burocratiche e ritardi, mise a disposizione fondi e strutture, autorizzando la costruzione a Palermo dell'avveniristica aula bunker che sarebbe diventata il luogo simbolo del primo processo «a prova di prova», il grande contenitore non solo di centinaia di imputati e avvocati, e familiari dei detenuti con il dente avvelenato contro Buscetta e la maledetta genia dei pentiti, ma anche di una nuova filosofia giudiziaria riassumibile così: mai più con la mafia.

Ma il mastodonte del maxiprocesso non piaceva a tutti. Non piaceva ai diretti interessati, gli imputati, e questo si capisce. Mise in allarme le segreterie dei partiti del sistema di potere. Turbava molti «sonni romani». Crebbero a dismisura, durante i lunghi anni del processo, le prime grandi campagne denigratorie nei confronti degli uomini del pool. Dove volevano arrivare? Si consideravano davvero «sceriffi»? Pensavano di essere «giustizieri»? Intendevano fare «Stato a sé»? Non rischiavano di vedere mafia dappertutto, come fossero altrettanti ispettori Bellodi?

Il mastodonte giudiziario non piaceva neanche al principale giornale locale siciliano, il «Giornale di Sicilia», che sin dall'inizio assunse una curiosa linea di equidistanza fra mafia e antimafia. Par condicio. Dall'editoriale del «Giornale di Sicilia» del 14 gennaio 1987: «L'antimafia spettacolo è alle lacrime, agli ultimi sospiri, le sue carte scoperte. E come faceva Francesca Bertini viene giù con le tende alle quali si è aggrappata». A uomini che rischiavano la vita venivano rimproverati divismo narcisistico e protagonismo teatrale.

Persino la Chiesa siciliana, dopo una fase iniziale di entusiasmo, espresse delle preoccupazioni per bocca del suo cardinale di Palermo, Salvatore Pappalardo. Lo stesso – non va taciuto – che, negli anni della guerra di mafia e in occasione dei funerali di Dalla Chiesa, aveva avuto un ruolo insostituibile nel risveglio delle coscienze contro la mafia.

La storia ha dimostrato che il processo, per la serietà delle indagini che l'avevano preceduto, era un autentico capolavoro. Nessun imputato ci si era trovato dentro per sbaglio. Qualcuno – davvero rarissimi casi – ottenne sconti di pena, ma nessuno (fatta eccezione per Luciano Liggio, assolto come al solito) riuscì a provare la sua «innocenza» di fronte alla valanga delle accuse. Ci vollero sette anni per dimostrare cos'era stato quel processo: il 30 gennaio 1992 la prima sezione della Corte di Cassazione confermò le condanne.

Il pool e i pentiti, le esecuzioni eccellenti e il «maxi». Ma per rivivere il clima di quegli anni occorre riascoltare ancora Buscetta:

> Le nuove generazioni non sanno molto di quello che è successo. Sarebbe più esatto dire che i giovanissimi non sanno neanche che cos'è stata e cosa sia la mafia. Non so come sia potuto accadere. Sono in una fase della vita in cui ci sono solo i ricordi. Ricordo bene che quindici anni fa, nel 1984, quando iniziò la mia collaborazione con la giustizia italiana, io e il dottor Giovanni Falcone, al termine del mio primo interrogatorio, ci eravamo illusi che la mafia questa volta sarebbe stata sconfitta,

che mafia nella nostra terra non ce ne sarebbe stata mai più. A settantuno anni mi devo rendere conto di avere sbagliato previsione, e insieme a me l'aveva sbagliata quel dottore al quale è stata tolta la vita.

E ancora, rievocando il periodo successivo all'inizio della sua collaborazione con la giustizia:

> Ricordo che spesso, parlando con il giudice Falcone, cercavo di raffreddare il suo ottimismo ripetendogli che lo Stato italiano non era ancora sufficientemente preparato, non era ancora pronto per combattere la mafia. Sono frasi che ebbi modo di ripetergli in più occasioni e a proposito di situazioni differenti. Fui facile profeta... Ci vorrebbero mesi per riuscire a ricostruire tutti i vari passaggi di una vittoria annunciata che si trasformò sotto i nostri occhi in una sconfitta annunciata. Quella a cui stiamo assistendo oggi. La fine degli anni Ottanta, il biennio 1988-89, fu il trionfo dei «veleni».

Ecco come «don» Masino ricordò quella stagione:

> La stagione dei giudici contro i giudici, dei poliziotti contro i poliziotti. Furono gli anni delle «talpe», come le chiamavano, ben nascoste negli uffici giudiziari, nelle Squadre mobili di polizia, nelle caserme dei carabinieri, che passavano informazioni alla mafia. Furono gli anni della nomina del giudice Antonino Meli a capo dell'Ufficio istruzione, un incarico che in quel momento, in qualunque paese del mondo civile, sarebbe toccato di diritto al giudice Falcone. Furono gli anni dello scompaginamento del pool antimafia, dell'andata in pensione del giudice Antonino Caponnetto, responsabile dell'Ufficio istruzione che aveva designato proprio Falcone per la sua successione. Furono anche gli anni delle lettere anonime, che qualcuno scriveva per mettere zizzania fra gli uomini degli apparati. Tutte queste cose avevano il solo obiettivo di demolire un po' alla volta, ma in maniera sistematica, la posizione del dottor Falcone. Lui continuava il suo lavoro come se niente fosse. In quegli anni venne due o tre volte negli Stati Uniti, sempre in veste ufficiale, mai in segreto... Veniva sempre per parlare di Cosa Nostra, ma anche per parlare dei politici, anche se io a quell'epoca mi sono sempre negato... I «veleni» lo rattristavano molto. La tristezza di Falco-

ne traspariva dai suoi occhi. Noi siciliani abbiamo un modo di guardare che non è una cosa comune. E gli dissi che lo vedevo in pericolo. Presentivo nei suoi confronti che qualcosa di grave sarebbe accaduto... Ero triste anch'io, non solo Falcone: quello che avevo provato a fare nel mio piccolo, e quello che lui era riuscito a compiere con il suo lavoro, era stata una cosa inutile.[23]

La resa dei conti

Fu nel 1988, infatti, che i nodi vennero al pettine. Sarà l'anno del clamoroso arresto – voluto dai gerontocrati della Procura – di due giornalisti, Attilio Bolzoni della «Repubblica» e Saverio Lodato dell'«Unità», «rei» di aver pubblicato «notizie coperte da segreto». Quali? I diari di Giuseppe Insalaco, l'ex sindaco democristiano di Palermo assassinato dalla mafia perché, provenendo anche lui dal sistema di potere, non gli veniva perdonata la sua improvvisa conversione «antimafiosa»; e i memoriali del pentito catanese Giuseppe Calderone, l'equivalente di Buscetta nella Sicilia orientale.

Il 1988 fu – soprattutto – l'anno dello smantellamento del pool antimafia con la nomina, a capo dell'Ufficio istruzione, di quell'Antonino Meli il quale andava teorizzando che bisognava smembrare le inchieste antimafia fra una Procura e l'altra di Sicilia, applicando il criterio di dove fossero stati commessi i singoli reati.

Fu l'anno in cui un Csm poco attento a quanto era accaduto in quegli anni a Palermo si spaccò, consentendo con la nomina di Meli la sconfitta di Falcone e del pool. Ormai queste storie sono state raccontate in tanti libri e tante inchieste giornalistiche. Ma cosa portò a quella paurosa retromarcia, nel momento in cui il traguardo della sconfitta della mafia sembrava finalmente raggiungibile? Perché il «metodo Falcone» veniva vissuto come un pericolo dai poteri forti dell'epoca? Perché quel metodo non venne favorito, potenziato, sostenuto? Perché, al contrario, si fece il possibile per scardinarlo?

Domande apparentemente complicate, ma dalla risposta semplice: il «metodo Falcone» faceva paura perché sfuggiva al controllo del potere. Si basava su un peso eccessivo della magistratura. Peggio ancora: di una «parte» della magistratura, quella avulsa dai legami con la politica: orientata al recupero di una larva di controllo della legalità sul territorio; che non aveva alcun timore reverenziale verso il passato e che, anzi, voleva innovare radicalmente.

Ma era diffuso anche un altro timore – destinato col tempo a diventare autentico panico – che traspariva da ogni attacco al lavoro dei giudici di Palermo. In quale direzione andavano i pentiti? Chi li «controllava»? Se venivano considerati valido strumento contro i mafiosi doc, come impedire che parlassero e aiutassero a inchiodare anche i fiancheggiatori della mafia nella politica, nelle istituzioni, nell'economia, nelle professioni? A colpire, cioè, quell'area grigia tendente al nero che galleggia a metà strada fra Stato e cosiddetto Antistato?

Si è detto di Buscetta e dei Salvo. Era solo un assaggio. I politici compromessi sapevano perfettamente ciò che sapevano i mafiosi che diventavano collaboratori di giustizia. E naturalmente non si sentivano tranquilli. Vedevano un futuro cupo. Sapevano che il primo terremoto ne poteva innescare altri, di proporzioni ben maggiori. Temevano l'escalation verso i piani alti.

Dopo l'uccisione di Falcone e Borsellino, molti opinionisti che avevano crocifisso quei due magistrati quando erano in vita si diedero anima e corpo alla santificazione dei due eroi. Ne celebrarono professionalità e serietà, scrupolo e spirito di abnegazione, additandoli come gli unici in grado di colpire davvero la mafia. Soprattutto sostenevano che erano stati abilissimi nel verificare le dichiarazioni dei pentiti, non accettando mai nulla al buio. Posizioni ipocrite, dettate dalla volontà di mescolarsi, ora che i due eroi erano passati a miglior vita, nelle file di chi li aveva affiancati e sostenuti da vivi.

Non esiste, invece, nella storia del pentitismo, un prima e un poi. Questa storia, che pure ha circolato – di una stagione felice alla quale fece seguito una stagione infelice nella gestione dei collaboratori –, è roba d'accatto. Messa in circolo in maniera capziosa da chi ha sempre avuto tutto da temere dalla pubblicizzazione dei segreti della mafia: anche uomini «colti» e politici «avveduti», quando hanno attaccato il pentitismo, solo in rarissime occasioni lo hanno fatto secondo coscienza.

Se c'è un magistrato, in Italia, che ha letteralmente inventato dal nulla le collaborazioni di giustizia, questo magistrato si chiama Giovanni Falcone. È da lui che parte tutto. E in un'epoca – non ci stancheremo mai di ricordarlo – in cui la legislazione italiana era tabula rasa sull'argomento. Falcone e Borsellino dovettero sudare le proverbiali sette camicie per trovare una sistemazione all'ingombrante Buscetta una volta che aveva iniziato a collaborare. Non esisteva, allora, alcun programma di collaborazione.

«Don» Masino, per settimane e settimane, era stato trasferito da una caserma all'altra, con la preoccupazione costante, da parte di chi aveva la responsabilità della sua incolumità, che fosse raggiunto dalla tremenda vendetta della mafia. Alla fine, a dare una mano ai magistrati di Palermo erano state le autorità statunitensi. Non si trattò, però, di un intervento disinteressato.

Gli americani, che dai tempi di Boris Giuliano erano tornati a monitorare il fenomeno a tempo pieno, avevano voluto che Buscetta deponesse nei processi contro la mafia americana; una mafia per tanti versi imparentata proprio con quella siciliana. Così per quasi tre anni Buscetta, ormai al sicuro, svolse sino in fondo la sua «missione» di pentito: «ambasciatore» internazionale contro la mafia, contro le mafie.

Ma torniamo ai cantori che innalzarono peana dopo la morte dei due magistrati. Nessuno, ancora oggi, sa rispondere a questa domanda: perché gli ultimi anni di vita di Falcone e Borsellino furono anni difficilissimi, scanditi da sconfitte, polemiche, veleni, trasferimenti imposti? Perché si ritrovarono spesso sul banco degli imputati, come se avessero dovuto rispondere di qualcosa che avevano commesso? E cosa avevano commesso? Di quale reato si erano macchiati?

Proviamo a rispondere. Avevano turbato il quieto vivere dello Stato con la mafia. Avevano messo tutto in discussione. Avevano creato un precedente che sarebbe stato difficile dimenticare. Il pool ebbe un obiettivo prioritario: ridimensionare l'apparato militare della mafia. Quest'impegno si inserì all'interno di una doppia cornice. Una cornice era data dalla gigantesca guerra di mafia che lasciò sul terreno migliaia di cadaveri da un capo all'altro della Sicilia (i corleonesi davano l'assalto ai vertici dell'organizzazione, e in uno spaventoso delirio di grandezza non esitarono a sterminare persino i singoli «soldati» dello schieramento avverso).

L'altra cornice, invece, era data dalla sfida agli uomini dello Stato: i delitti eccellenti che abbiamo già avuto modo di elencare. Insomma, i mafiosi si resero perfettamente conto che gli uomini del pool facevano sul serio. E cercarono di correre ai ripari. Quella di Falcone e dei suoi fu dunque anche una corsa contro il tempo.

Il maxiprocesso rappresentò la loro medaglia d'oro conseguita sul campo. Quello che seguì fu l'inizio del viale del tramonto. Quando erano vivi, in molti li odiarono in silenzio. Da morti, tutti li celebrarono con spreco di parole, trionfo di retorica, palesi falsificazioni della realtà. Non per nulla, come abbiamo già ricordato, la prima legge sul pentitismo che avevano chiesto da vivi venne approvata soltanto dopo la loro uccisione. Quanto li avevano presi sul serio quando erano vivi. Non c'è che dire.

La storia si ripete

In questo racconto, il lettore se ne sarà accorto, non stiamo mantenendo un andamento rigorosamente cronologico. Non siamo partiti dalle origini della lotta alla mafia per procedere di pari passo con i tempi e arrivare al presente. E non per una scelta «tecnica», un espediente stilistico, un tentativo di calamitare l'attenzione rivolgendoci ora al passato ora al presente. Sarebbe infatti una gran cosa se questa storia potesse essere raccontata secondo canoni classici: dall'inizio alla fine. Una progressione, in vicende del genere, è di per sé un progresso, un miglioramento. Qui invece è nebuloso, controverso, discutibile, persino l'inizio. La fine è addirittura ignota. Al momento, sicuramente assai lontana.

Giovanni Falcone sosteneva che la mafia, come tutte le organizzazioni umane, aveva avuto un inizio, un suo svolgimento e di conseguenza, inevitabilmente, avrebbe avuto la sua fine.[24] C'era dell'ottimismo in quest'affermazione? Sì. E fu un bene se Falcone peccò di ottimismo. Come Boris Giuliano e cento altri come loro.

A proposito della magistratura potremmo parafrasare ciò che Weber scrisse della politica:

> La politica consiste in un lento e tenace superamento di dure difficoltà, da compiersi con passione e discernimento al tempo stesso. È perfettamente esatto, e confermato da tutta l'esperienza storica, che il possibile non verrebbe raggiunto se nel mondo non si ritentasse sempre l'impossibile. Ma colui il quale può accingersi a quest'impresa deve essere un capo, non solo, ma anche – in un senso molto sobrio della parola – un eroe.[25]

Falcone, che tentava l'impossibile, manifestava «passione e discernimento al tempo stesso», essendo convinto che lo Stato non avrebbe potuto colmare, in un colpo solo, ritardi atavici. Doveva procedere gradino dopo gradino. Non avrebbe dovuto inseguire chimere, non perché lui considerasse chimere indimostrabili quei rapporti della mafia con lo Stato, con la politica, con l'economia, sui quali – come abbiamo visto – Li Causi non aveva dubbi già quarant'anni fa. Ma perché riteneva che nel combattere la mafia ogni cosa sarebbe venuta a suo tempo. Il suo, e quello del pool, era stato il tempo in cui la giustizia si era finalmente misurata con l'aspetto militare dell'organizzazione mafiosa. Con il suo controllo del territorio, esercitato con il predominio delle armi e della violenza. E con ottimi risultati.

Sarebbe venuto il tempo in cui la magistratura sarebbe riuscita a dimostrare anche l'esistenza delle complicità alte della mafia. Non era una scelta dettata da prudenza o da furbesco gradualismo. Tanto è vero che, appena trovò le prove, fu proprio Falcone a mandare in galera prima i cugini Salvo e poi Vito Ciancimino, l'ex sindaco democristiano di Palermo, esponente politico di spicco proprio dello schieramento dei corleonesi. Falcone aveva capito da tempo che, oltre la *trimurti* rappresentata da Nino e Ignazio Salvo e Vito Ciancimino, c'era dell'altro. Se possibile ancora più ingombrante, ancora più pesante, ancora più inconfessabile. Ma si trattava di cominciare, nella speranza che le confessioni dei pentiti fossero destinate a innescare un meccanismo virtuoso nel mondo della politica. Fu speranza vana. Restò un auspicio. La *glasnost* non ci fu.

Gli uomini del pool fecero ciò che era in loro potere in un dato momento. Altri magistrati sarebbero venuti. Altre professionalità si sarebbero accumulate.

Ecco, se la previsione di Falcone si fosse avverata, questa storia, almeno da un certo momento in avanti (cioè dalla fine degli anni Settanta) correrebbe spedita, senza intoppi. Purtroppo così non è.

Chi se ne occupa professionalmente, da storico o da giornalista, da politico o da sociologo, sa bene che chi tenta di mettere ordine, individuare gli infiniti bandoli di infinite matasse, catalogare, inquadrare, sintetizzare, viene colto da un senso di vertigine.

Nessun fatto di mafia spunta mai come un fungo velenoso: contiene già il suo velenoso antefatto. Ogni morte eccellente ha alle spalle la biografia della vittima. Ogni guerra di mafia (ce ne sono state almeno tre di grandi dimensioni in sessant'anni) ha segnato la rottura di vecchi equilibri e l'avvento di nuovi che poi furono messi nuovamente in discussione. È una vecchia storia che va avanti. Individuarne le costanti, però, è possibile.

Scrivendo queste pagine, siamo accompagnati da una sensazione costante: qualcosa ci riporta sempre indietro, nonostante gli anni trascorsi, sebbene tutt'intorno cambiasse il panorama siciliano e dell'intero Paese. Come se eterni fantasmi, restii a uscire di scena, si ripresentassero puntualmente per ripetere quello che in fondo potrebbe essere definito solo un luogo comune: la mafia è tanto forte proprio perché nessuno intende davvero metterla alla prova.

Ciò che accadde a Falcone e ai suoi si sarebbe ripetuto una decina di anni dopo. Dopo le stragi, altri magistrati raccolsero il testimone. Andarono a occupare quelle poltrone insanguinate. Ripresero il lavoro all'insegna di un difficilissimo *heri dicebamus*. Ne abbiamo parlato, della stagione d'oro 1993-96. Dobbiamo tornarci perché – volutamente – avevamo lasciato il discorso a metà.

Gli «eroi sobri», per dirla con Weber, erano morti. Ma le loro morti erano avvenute in un clima di pesantissimo isolamento. I 56 giorni che separarono l'uccisione di Falcone da quella di Borsellino, ancora una volta, non furono per niente graduali, nel senso positivo della parola. Semmai rappresentarono un'inesorabile corsa verso la morte di Borsellino, che in quei 56 giorni non fece mistero di considerare proprio l'isolamento del suo amico e collega la causa principale che ne aveva decretato la fine.

Deve ancora essere scritta una ricostruzione di quei giorni. Deve essere ancora spiegato – forse un giorno lo faranno gli storici – come fu possibile che lo Stato italiano si fece sorprendere un'altra volta, e in così breve tempo. Tutto lasciava presagire il peggio. Borsellino lo disse apertamente in incontri e dichiarazioni giornalistiche. Ma ancora una volta i poteri romani restarono a guardare l'ennesima esplosione del «vulcano» siciliano. Non avevano fatto così, cento, quaranta, sessanta, dieci, venti, centocinquanta anni prima? Non è forse questa la storia che abbiamo cercato di raccontare?

Borsellino parlò apertamente anche di qualche «giuda» appartenente alla magistratura che aveva cospirato contro Falcone. Non servì a nulla. In fatti di mafia, le parole, quando non sono sostenute da un potere reale, difficilmente costituiscono un'assicurazione sulla vita. Toccò anche a Paolo Borsellino. I funerali dei due magistrati simbolo della lotta alla mafia rappresentarono momenti di autentica rivolta popolare. Ma aprirono anche, finalmente, contraddizioni salutari nella Procura di Palermo.

Un gruppo di sostituti procuratori chiese e ottenne che il loro capo, lo stesso che aveva reso impossibile la vita professionale di Falcone e Borsellino, lasciasse Palermo. Ancora a quella data, infatti, i gerontocrati non avevano mollato la presa. Passati indenni attraverso tantissime strettoie, erano ancora lì. Incarnazione vivente dell'altra «anima», dell'altro Palazzo di Giustizia, dell'altra magistratura «nei secoli fedele».

La ruota dell'antimafia girò vorticosamente un'altra volta. Il «nuovo» sembrò finalmente prevalere, il «vecchio» sembrò finalmente perdere terreno. Ma bisogna stare sempre molto attenti alle illusioni ottiche in una città come Palermo e quando è di mafia che si discute. Certo. Si posero le basi di quella che abbiamo definito la stagione d'oro.

L'insediamento di Gian Carlo Caselli alla guida della Procura, nel gennaio 1993, dopo l'interregno del procuratore aggiunto Vittorio Aliquò, diede a tutti la sensazione che si stava voltando pagina. Dopo Chinnici, Caponnetto, Falcone, Borsellino e tanti altri, arrivava un nuovo «volontario», questa volta dal Nord. Da Torino. E del triennio 1993-96 abbiamo già detto. Ma c'è anche un «dopo», del quale non abbiamo ancora parlato.

Perché la storia si ripete

Tutti gli italiani ormai avevano capito che la mafia non è solo una banalissima forma di delinquenza organizzata. Tutti gli italiani ormai avevano capito che la mafia non era più una faccenda regionale che riguardava solo i siciliani e che solo i siciliani dovevano sbrogliare. Da Vipiteno a Lampedusa c'erano preoccupazione e paura, ma anche la volontà diffusa di recuperare il tempo perduto. La domanda di rottura con il passato, che proveniva dall'opinione pubblica, era forte.

A Caselli venivano unanimemente riconosciuti gli ottimi risultati investigativi conseguiti durante gli anni di piombo del terrorismo. Godeva fama di magistrato rigoroso, estraneo al contesto siciliano, valido professionalmente, con indiscussa capacità di direzione di uffici delicati. Sarebbe stato l'uomo giusto al posto giusto. La sua nomina a procuratore capo di Palermo venne così approvata senza apparenti divisioni, senza riserve, senza tentennamenti, all'unanimità, come si dice. I suoi problemi iniziarono dopo il triennio 1993-96. Perché?

Ma è ovvio. Proprio quando il suo ufficio decise di mettere sotto osservazione le complicità politiche e istituzionali della mafia. Da persona intelligente qual è, Caselli aveva infatti capito che dietro le facce truci di Riina e Bagarella, Santapaola e Busca, si nascondeva altro. Fedele al mandato ricevuto con la sua nomina a procuratore di Palermo, convinto che la magistratura non debba riconoscere zone franche, bene informato sulla storia della mafia, Caselli si comportò di conseguenza. Iniziarono gli anni dei processi *anche* agli uomini politici. Non dei «processi politici», secondo l'astiosa vulgata che intendeva così paragonarli a quelli dell'èra staliniana, motivati cioè da ragioni ideologiche e di parte.

Dipese dalla volontà di Caselli aprire il libro delle complicità della mafia? Quella stagione ebbe il suo presupposto in un «teorema», come secondo alcuni, a suo tempo, era stato un «teorema» il «fenomeno Buscetta»? Andò in scena l'ennesima «congiura» della magistratura contro la «politica» come era già stato teorizzato per i processi di Mani Pulite contro Tangentopoli?

Gli storici, che potrebbero aiutarci, non hanno ancora avuto modo di esprimersi. È passato poco tempo. I processi, in tanti casi, non hanno ancora trovato la definitiva conclusione. I protagonisti sono tutti ancora vivi. Le polemiche sono ancora aperte. Né è questa la sede per affrontare singoli posizioni processuali, avventurarsi sul terreno insidioso di condanne e assoluzioni, innocenze e colpevolezze.

Ma qualcosa, in attesa dell'inappellabile sentenza della storia che un giorno verrà, può essere detta subito. È ormai documentato che le stragi di Capaci e via D'Amelio provocarono una seconda valanga nel fenomeno del pentitismo. Non fu casuale neanche questa volta.

Da un lato, infatti, gli investigatori moltiplicarono i loro sforzi per incastrare quantomeno gli esecutori materiali delle stragi. Andò a meraviglia per quella di Capaci, molto meno per quella di via D'Amelio, i cui processi, ancora oggi, mostrano vistose lacune e inspiegabili buchi neri. Ma il pressing repressivo ci fu e di enormi proporzioni. Andavano tempestivamente assicurati alla giustizia gli assassini di Falcone e Borsellino. Lo pretendevano tutti, in Italia, nell'estate del '92. Gli occhi del mondo erano puntati sulla «questione mafia». Sgomento, sconcerto, rabbia, si disse allora per riassumere lo stato d'animo di fronte a quell'Apocalisse.

Quanto era accaduto non poteva restare senza risposta. Anche all'interno della mafia si scatenarono polemiche e ripensamenti. Per la prima volta la linea stragista venne seriamente messa in discussione. Per la prima volta scricchiolò la «dittatura» di Totò Riina. L'escalation sanguinaria – a giudizio anche di molti uomini d'onore – aveva oltrepassato il segno. Ciò provocò una «nouvelle vague» delle collaborazioni, alcune delle quali dettate persino da autentiche crisi di coscienza.

Non c'è da meravigliarsi se i collaboratori di giustizia, questa volta, affrontarono il nodo delle complicità politiche della mafia. Lo stesso Buscetta restò sconvolto dalla morte di Falcone, con il quale aveva da tempo instaurato un rapporto di reciproca stima, se non addirittura di autentica amicizia. Il tappo saltò.

Buscetta però non fu l'apripista di questa seconda ondata di rivelazioni dall'interno della mafia. Altri mafiosi lo precedettero. E solo allora, i magistrati della Procura di Palermo si recarono in America per tornare a parlare con il vecchio padrino della mafia.

È un dato di fatto che fa piazza pulita della tesi che attribuisce a una congiura di Caselli la riapertura del capitolo mafia e politica. I mafiosi, invece, parlarono di propria iniziativa. Riferirono quello che sapevano. Non si presentarono in fila indiana alla porta di Caselli e dei suoi sostituti, rispondendo alla chiamata di un ufficio di collocamento. Aggiornarono il quadro, anche perché nel frattempo tanta altra acqua era passata sotto i ponti.

L'ipotesi del «teorema» e della «congiura», in generale, non è mai stata convincente: presupporre l'esistenza di una «Spectre», capace di imbastire una campagna contro gli «uomini politici» per placare l'ira dell'opinione pubblica, appartiene al mondo della «fantagiustizia». Ma, volendo, tutto si spiega.

Proviamo allora a porre questa domanda: se l'onorevole Giulio Andreotti non fosse finito a Palermo sotto inchiesta per mafia, questa storia che stiamo raccontando sarebbe andata allo stesso modo? Ma, a parte la sua vicenda processuale, che racconteremo più avanti, qui è un altro l'aspetto che ci preme sottolineare: se non fosse stato tirato in ballo il nome del sette volte presidente del Consiglio, l'uomo politico italiano più conosciuto all'estero, il simbolo vivente della Prima Repubblica, qualcuno avrebbe mai parlato di congiura? Gli «americani» sarebbero stati accusati di guidare il complotto? Sarebbe stato accusato l'attuale capo della Polizia, Gianni De Gennaro, di avere fatto da canale di collegamento fra gli americani e la magistratura italiana? Sarebbe stato nuovamente messo alla gogna Tommaso Buscetta? E, nel tritacarne mediatico, tutti gli altri collaboratori di giustizia? Sarebbero stati dileggiati i pubblici ministeri con l'accusa di essere «giustizieri» e «giacobini»? Si sarebbe scatenata lo stesso quella controffensiva dei poteri forti che dal 1993 (anno della richiesta al Senato da parte di Caselli e dei suoi di autorizzazione a procedere nei confronti di Andreotti) alla conclusione della permanenza di Caselli a Palermo è stata ininterrotta? Ne dubitiamo.

Il mondo politico si sentì chiamato direttamente in causa quando quel nome venne apertamente pronunciato. Il mondo politico era letteralmente terrorizzato dall'idea che i collaboratori di giustizia ricevessero carta bianca dalla magistratura su un argomento così delicato. La politica pretende sempre che la sua «autonomia» non venga messa in discussione. Autonomia che troppo spesso diventa sinonimo di mani libere, di impunità, di intoccabilità. Ma questo Caselli dove voleva arrivare?

Non gli venne risparmiato nulla. Si finse di non sapere che un magistrato ha l'obbligo dell'azione penale. E si finse di non sapere che, di fronte alle dichiarazioni dei collaboratori, Caselli non aveva altra scelta che chiedere al Senato l'autorizzazione a procedere. Si preferì dimenticare che il Senato, dopo avere approfonditamente visionato tutta la documentazione inviata dalla Procura di Palermo, quell'autorizzazione l'aveva concessa. E a suo insindacabile giudizio.

Il più era fatto. Adesso potevano partire le danze della Grande Mistificazione. Con calunnie e ingiurie, campagne televisive e di stampa che durarono per i sette anni del processo, con lo stravolgimento, in un senso o nell'altro, delle sentenze di primo e secondo grado sull'uomo politico.

Un'altra falsificazione fu quella di rimproverare a Caselli di essersi dedicato esclusivamente ai «processi politici». Dimenticando ad arte, anche sotto questo profilo, che gli anni di Caselli «produssero» i risultati concreti che vedremo.

Niente di nuovo sotto il sole. Lo Stato faceva marcia indietro un'altra volta. Dimenticava le stragi e perché Caselli era stato mandato a Palermo. Replicava un'altra volta – come ai tempi di Falcone e Borsellino – il copione della «crocifissione» dei magistrati-volontari contro la mafia.

Il trionfo delle cinque lettere

Siamo arrivati ai tempi nostri. Siamo arrivati alla quotidianità della mafia e della lotta alla mafia. Torniamo all'interrogativo iniziale: qual è il bollettino medico? Cosa resta in Italia, e nella coscienza degli italiani, di quella lunga scia di «eroi sobri» assassinati?

A proposito della parola dalle cinque lettere: non figura neanche nella stele di Capaci, ai bordi dell'autostrada insanguinata, tirata su, con un anno di ritardo sul previsto, dall'attuale presidenza del Consiglio. Ci sono i nomi delle vittime, una data (quella dell'Apocalisse), nient'altro. Perché? Perché ancora oggi la parola dalle cinque lettere fa rizzare i capelli a molti?

Se la migliore legislazione italiana antimafia è stata approvata dal Parlamento italiano solo all'indomani del delitto eccellente o della strage, la migliore legislazione paramafiosa è stata approvata a freddo e senza essere motivata – ovviamente – da alcuna emergenza. Negli ultimi tempi, si è capovolto tutto.

Se decine di governi, sin dai tempi dell'Unità d'Italia, avevano proclamato lotta senza quartiere alla parola dalle cinque lettere, il governo presieduto da Silvio Berlusconi è stato il primo che ha lanciato parole rassicuranti a un nemico insidiosissimo.

«Bisogna convivere con la mafia» (Pietro Lunardi, ministro della Repubblica, 22 agosto 2001) è frase che resterà scolpita nelle cronache dell'infamia politica italiana, ancor prima che giudiziaria. Cercarono di farla passare per un lapsus. Cercarono di smentirla una volta che era stata pronunciata. Cercarono di attribuirla alla strumentalizzazione dell'opposizione che darebbe – quasi per principio – un significato deleterio alle affermazioni degli uomini del governo di per sé condivisibili, o quantomeno giustificabili.

«Bisogna convivere con la mafia» era – invece – il vessillo di un'Italia che decideva finalmente di liberarsi per sempre dall'imbarazzante monito dei suoi «eroi sobri». Era il richiamo della foresta per chi aveva solo da perdere dall'eventuale affermazione di quei valori che avevano prodotto le stagioni migliori della lotta alla mafia. Rappresentava la chiusura di un cerchio. Il «nuovo» non era riuscito a nascere, e il «vecchio» era resuscitato.

«Bisogna convivere con la mafia»: un proclama nero; qualcosa di paragonabile al «viva la muerte» dei falangisti spagnoli, anche se proclama all'italiana, dunque un po' annacquato dal suo contrario: il «convivere», appunto.

Fatto sta che al «bisogna convivere con la mafia» tacquero

tutti. E che voleva dire? Ma era frase da prendere sul serio? E non era meglio lasciar cadere, lasciar perdere, considerarla «frase dal sen fuggita»?

Solo Pina Maisano Grassi, la vedova dell'imprenditore Libero Grassi, assassinato a Palermo dalla mafia per il suo rifiuto di pagare il «pizzo», ebbe un civile scatto di orgoglio, prontamente raccolto dal presidente Ciampi.

Davvero poco, troppo poco, per questo Paese che è abituato a convivere con il fenomeno sin dai tempi di Franchetti e Sonnino, di Pitrè e Capuana. C'era un precedente di quella scellerata frase di Lunardi. Non era stato forse proprio Silvio Berlusconi, durante il suo primo governo nel 1994, a minimizzare sull'argomento, stimando in poche centinaia di siciliani il numero di quanti «infangavano» il buon nome della Sicilia? Vittorio Emanuele Orlando non avrebbe saputo dire meglio.

Ma questo filo nero (Berlusconi-Lunardi) restò invisibile a molti. Successivamente – ma ormai era troppo tardi – si aprirono le cateratte della legislazione voluta dagli esponenti del centrodestra. Ne proponiamo un elenco, stringato e privo di commenti. Con l'invito, al lettore, di affiancarlo a quello delle vittime di Sicilia per mano di mafia.

Bastano i titoli di queste leggi, perché parlano da soli. Bastano i titoli a rendere l'idea di quello spregiudicato repulisti che ha calpestato memoria e dolore, storia e ansia di riscatto, decenni di altalena fra speranze e rassegnazione.

La legge che limita a 180 giorni il tempo a disposizione per i collaboratori per confessare tutto quello che sanno (votata da destra e sinistra ancor prima dell'ascesa al trono di Berlusconi).

La legge che, di fatto, cancella con un colpo di spugna il falso in bilancio.

La legge che inceppa le rogatorie internazionali.

La legge che consente il rientro, dietro pagamento di un modico 2,5%, dei capitali illecitamente accumulati ed esportati all'estero.

La legge sul «legittimo sospetto» per dotare l'imputato eccellente di una nuova arma procedurale contro i suoi giudici di merito.

E poi tante altre, varate, tentate e minacciate da destra e sinistra negli ultimi dieci anni, che vedremo meglio fra poco.

Sappiamo che alcune di queste leggi non sono state fatte su misura per la mafia e per i mafiosi. Sappiamo che, magari, saranno anche rari i casi di processi destinati a esaurirsi in presenza di simile normativa. Sappiamo che alcune leggi sono state fatte per favorire gli interessi stessi degli «intoccabili», non certo quelli di tutti i cittadini. Ma che segnale è venuto dalla classe dei governanti in questi ultimi tre anni? Il meno che si possa dire è che si è imboccata la strada esattamente opposta a quella indicata da Weber (e qui parliamo di «politica», non più di «magistratura»).

Qualche volta sarà capitato anche a voi di attraversare a distanza di pochi giorni lo stesso metaldetector. Una volta eravate zeppi di chiavi e monetine, eppure l'allarme non ha suonato. Una volta, invece, avevate solo un centesimo in tasca, e il metaldetector se ne è accorto immediatamente. Dipende da come viene tarata la macchina, tutto qui. Ecco, fuori di metafora: l'attuale legislazione ha innalzato vertiginosamente la soglia del metaldetector antimafia. Ha dato il via libera. Ha rappresentato il superamento di Colonne d'Ercole che gli «eroi sobri» consideravano sacre e inviolabili. Parliamo, insomma, di una legislazione che ha strizzato l'occhio. Di una legislazione perseguita pervicacemente in un brevissimo arco di tempo, a dimostrazione che, nel retrobottega, c'è un progetto, un disegno, una idea di «legalità» e di «illegalità» totalmente inedita nella storia d'Italia di questi sessant'anni.

Di conseguenza, qui si aprono scenari nuovi e terreni vergini di interpretazione e di opinione. Limitiamoci a porre queste domande.

È un caso se da qualche anno il flusso delle collaborazioni dei pentiti si è inaridito? È un caso che la caccia ai latitanti non ottenga più i risultati del quadriennio 1993-96? È un caso che le indagini sui cosiddetti «mandanti esterni» alla mafia delle stragi del 1992-93 si sia arenata? È un caso che, per la prima volta in quarant'anni, la commissione Antimafia – nel 2003 – abbia concluso i suoi lavori esprimendo scetticismo e fastidio per la ricerca di questi «mandanti» da parte della magistratura? È un caso che mafia e lotta alla mafia siano praticamente scomparse dalle prime pagine dei giornali?

La risposta che ci sentiamo di proporre è questa: si è fatto, ancora una volta, il gioco della mafia. La mafia ha fatto la sua parte, con l'inabissamento di cui si è detto. Raccontiamola così: la mafia ha messo la «politica» in condizione di dimenticarsi della sua esistenza. Niente morti, niente «delitti eccellenti», niente stragi, bassissimo profilo. Grandissimi affari – come sempre – ma in gran segreto. Opinione pubblica, finalmente, distratta.

E come dovrebbe essere, come dovrebbe agire, di quali valori dovrebbe essere portatrice, in una cornice del genere, la Procura di Palermo?

Andamento lento

È una Procura che non «morde» più. È una Procura stretta fra le aspettative sempre più fameliche della classe politica e il brontolio sordo che proviene dal sottosuolo mafioso. In una parola, è una Procura che non è più in condizione di disturbare il manovratore. Anche su questo, quando sarà, gli storici diranno la loro. L'èra di Caselli si è conclusa. I processi dell'èra Caselli si conoscono, sono noti, sono stati oggetto di vivisezione prima, durante e dopo; e molti di essi stanno per arrivare definitivamente in dirittura d'arrivo. Ma quali sono i processi agli uomini politici che sono stati imbastiti sotto l'attuale direzione del procuratore di Palermo Piero Grasso? Vediamo.

Chi scrive non ha mai avuto prevenzioni nei confronti del nuovo procuratore di Palermo. Prova ne sia che uno degli autori di questo libro intervistò il successore di Caselli a un anno dal suo insediamento.[26] Basta rileggere quelle pagine. Contengono un catalogo delle affermazioni programmatiche del nuovo capo della Procura in cui lavorarono Falcone e Borsellino. Un discorso della corona che meritava di essere segnalato all'attenzione dell'opinione pubblica. Un puntiglioso elenco di storie vecchie o attuali, da riaprire o da risolvere. Dal banditismo al caso Mattei sino ai giorni nostri, un filo legava quelle affermazioni: la mafia, in questi sessant'anni, non ha fatto mai tutto da sola. Sono rimasti nell'ombra poteri occulti che ora è venuto il momento di stanare.

Purtroppo, però, sono affermazioni che sembrano risalire a

un passato remoto. E che il sistema ha assorbito con serafica indifferenza.

Rileggendo queste parole, alla luce della storia secolare che abbiamo appena tratteggiato, una persona di buonsenso avrebbe solo una domanda da farsi: ma com'è stato possibile che gli stessi cultori della «convivenza con la mafia» non abbiamo sentito la necessità e l'urgenza di trascinare anche Grasso sul banco degli imputati in cui siedono da tempo tanti suoi colleghi «giacobini», Caselli in testa? Perché quel catalogo, verbalmente dirompente, è passato inosservato?

L'arcano è solo apparente. Ancora una volta ci viene in soccorso Sciascia, che a proposito della letteratura siciliana da Verga a Pirandello a Brancati – altro argomento, altra storia, altre vette di pensiero – osservò che esisteva una «letteratura di fatti» e una «letteratura di parole». E lui, per il quale le «parole» tutto erano tranne che illustri sconosciute, amava collocarsi in una letteratura di «fatti», ambendo a modificare le cose, non tanto a descriverle.

In conclusione: è sempre esistita un'«antimafia di fatti» e un'«antimafia di parole». E qui torniamo all'inizio della storia, a quel sottilissimo crinale che, se non visto, rende inspiegabile il perché delle tormentatissime vicissitudini della parola dalla cinque lettere. Il crinale che sull'argomento separa umori e opinioni da quelli che abbiamo definito gli «interessi».

Vennero forse assassinati per dispute nominalistiche i Falcone e i Borsellino e i cento e cento come loro che fecero sul serio? Caddero sull'apparente trincea dei «vocabolari», o non caddero piuttosto perché divenuti irrimediabilmente incompatibili con quel sistema che, da oltre un secolo, per un passo che fa in avanti, almeno tre ne fa indietro? Sia chiaro: qui interessa assai poco se sia corretta l'individuazione di un unico sistema in sé, o se non sarebbe preferibile adottare quella di settori deviati dello Stato, con interessi occulti e inconfessabili, più suggestiva ma, per quanto riguarda le dimensioni, certamente meno allarmante.

Storia ed esperienza ci dicono qualcosa in più: chi ostacola la lotta alla mafia è un mostro abitudinario. Un mostro che digerisce anche quintali di parole, ma al quale i fatti risultano pericolosamente indigesti.

Sono trascorsi quasi sei anni da quando Caselli ha lasciato Palermo per altre destinazioni, altri incarichi. Il tempo passa per tutti. Tranne che per lui e la sua vecchia squadra. Continuano a restare sotto torchio.

È un momento che ritorna a cadenza quasi fissa: il 15 ottobre 2004, in occasione del verdetto definitivo della Cassazione sul processo a Giulio Andreotti, si sono rifatti vivi i denigratori di Caselli e della sua squadra. In che modo? Semplice. Contrabbandando per «assoluzione» una sentenza che invece, confermando la *prescrizione* del reato di mafia commesso dall'uomo politico sino al 1980, a tutto somiglia tranne che a una riabilitazione.

È lecito, in base all'esito di questi tre gradi di giudizio, affermare che Caselli e i suoi non fecero altro che il loro dovere? Eppure, contro di loro è proseguito il tiro al piccione.

È lecito sostenere che ciò è accaduto perché quella stagione dell'antimafia, a seguito delle stragi, produsse «fatti» e non parole, e li produsse proprio sul terreno insidiosissimo del rapporto fra mafia e politica? Le sentenze dei tanti processi agli intoccabili rispondono pressoché tutte che sì, quei fatti c'erano, ci sono, e la loro sede di verifica è (anche) il Tribunale. Le vedremo fra poco, quelle sentenze. Per ora, può tornare utile questo «paradosso»: se contro gli intoccabili fosse stata raccolta solo «acqua fresca», oggi dopo tanti anni le accuse non sarebbero state forse ridimensionate? Così non è. Siamo in presenza di ferite aperte. Di cause lunghe, sì (ma non per responsabilità di Caselli e dei caselliani). Ma non infondate, non immotivate, non gratuite. E anche di assoluzioni, perché no?

E qui torniamo al punto di partenza. I suonatori di quell'orchestrina «garantista» – da Vespa a Ferrara, da Jannuzzi a Macaluso – che da anni attaccano magistrati e pentiti, guarda caso, sono gli stessi che applaudono alla «serietà» del procuratore Grasso. E non lo criticano mai, nemmeno quando mette sotto inchiesta Totò Cuffaro, il presidente della Regione Sicilia.

Perché? Perché in più di un'occasione ha dimostrato di non volere intentare procedimenti contro uomini politici in assenza di certezze di condanna. Lo ha detto. Lo ha teorizzato.

Apparentemente, il proposito è accettabile. E nobile. Ma presuppone la volontà di istruirli, questi processi. Non può diventare un'armatura dialettica per campare tranquilli. Si può essere accorti e prudenti. Si deve essere accorti e prudenti. Ma se questa pacatezza «moderata» si risolve in una paralisi investigativa, è inevitabile che il sistema, indipendentemente dalle dichiarazioni declamatorie di questo o quel magistrato, sarà attentissimo alle azioni concrete che compie. La domanda è: in questi sei anni, la Procura di Palermo è riuscita a contraddistinguersi come una Procura che produce «fatti»?

Vogliamo rispondere con un'altra domanda: se le cose fossero andate così, perché dopo sei anni continua a essere nel miniro la Procura caselliana?

Le dichiarazioni di Grasso contro la mafia e contro la politica che non la combatte sono state incommensurabilmente più pesanti di quelle del suo predecessore.

Ma il mostro sistemico – lo abbiamo già detto – ha dimostrato nella sua storia di sapere digerire quintali di parole. I fatti no, gli risultano indigesti. A questo proposito, la storia degli ultimi quindici anni ci sembra davvero esemplare.

Note

1. Andrea Camilleri e Saverio Lodato, *La linea della palma*, Rizzoli, Milano 2002.
2. Giuseppe Pitrè, *Usi e costumi credenze e pregiudizi del popolo siciliano*, Clausen, Palermo 1889.
3. Vincenzo Mortillaro, *Nuovo dizionario siciliano-italiano,* Tip. del Giornale letterario, Palermo 1853.
4. Luigi Capuana, *L'isola del sole*, Niccolò Giannotta Editore, Catania 1898.
5. Leonardo Sciascia, *Il giorno della civetta*, Einaudi, Torino 1961.
6. Roberto Scarpinato, *La normalità italiana, storia di ordinarie violenze*, in «MicroMega», 4/2002.
7. *Ibidem.*
8. Leopoldo Notarbartolo, *Memorie della vita di mio padre Emanuele Notarbartolo di San Giovanni*, Tipografia Pistoiese, Pistoia 1949, ora pubblicato come *La città cannibale. Il memoriale Notarbartolo*, Edizioni Novecento, Palermo 1994.
9. Gaetano Mosca, *Che cosa è la mafia*, Laterza, Roma-Bari 2002.
10. Cesare Mori, *Tra le zagare, oltre la foschia,* Carpignani e Zipoli, Firenze 1923.
11. Leonardo Sciascia, *Nero su nero*, Einaudi, Torino 1979.

12. Roberto Scarpinato, *La Storia. Italia mafiosa e Italia civile*, in «MicroMega», 5/2004.
13. Renato Candida, *Questa mafia*, Sciascia Editore, Caltanissetta 1956.
14. Felice Chilanti e Mario Farinella, *Rapporto sulla mafia*, Flaccovio Editore, Palermo 1964.
15. Orazio Barrese, *I complici. Gli anni dell'antimafia*, Feltrinelli, Milano 1973.
16. Henner Hess, *Mafia*, trad. it. con prefazione di Leonardo Sciascia, Laterza, Roma-Bari 1973.
17. Nick Gentile, *Vita di capomafia;* prefazione di Felice Chilanti, Editori Riuniti, Roma 1963.
18. Joseph Bonanno, *Uomo d'onore*, trad. it., Mondadori, Milano 1983.
19. Tommaso Buscetta, *La mafia ha vinto*, intervista di Saverio Lodato, Mondadori, Milano 1999.
20. Giuseppe Di Lello, *Giudici. Cinquant'anni di processi di mafia,* Sellerio, Palermo 1994.
21. Carlo Alberto Dalla Chiesa, intervista rilasciata a Saverio Lodato per «l'Unità» il 6 agosto 1982, nel secondo anniversario dell'omicidio Costa.
22. Buscetta, *La mafia ha vinto*, cit.
23. *Ibidem*.
24. Giovanni Falcone, *Cose di Cosa Nostra*, intervista a Marcelle Padovani, Rizzoli, Milano 1992.
25. Max Weber, *Il lavoro intellettuale come professione*, Einaudi, Torino 1948.
26. Saverio Lodato, *La Mafia invisibile. La nuova strategia di Cosa nostra*, Mondadori, Milano 2000.

2
Da Falcone a Caselli

È venuto il momento di entrare nel Palazzo di Giustizia di Palermo, di addentrarsi nei suoi meandri più reconditi per capire quel che è accaduto, quel che accade e – possibilmente – quel che accadrà. Con un'immaginaria macchina del tempo riandiamo al 1989 e apriamo la porta dell'ufficio di Giovanni Falcone, appena diventato procuratore aggiunto, al fianco del capo Pietro Giammanco. È un uomo stremato, Falcone. Un uomo umiliato e sconfitto che ha dovuto lasciare l'Ufficio istruzione del mitico pool antimafia fondato da Rocco Chinnici, consolidato da Antonino Caponnetto e polverizzato da Antonino Meli. Un uomo fiaccato dalla congiura del «Corvo», il misterioso autore delle lettere anonime che l'ha perseguitato per mesi, tacciandolo di giudice giustiziere e spregiudicato, accusandolo di aver fatto rientrare clandestinamente a Palermo il pentito Totuccio Contorno per consentirgli di regolare i conti con le cosche rivali e di eliminare un bel po' di mafiosi doc. Un uomo prostrato, proprio mentre arriva in Procura, dai contraccolpi del fallito attentato all'Addaura del 20 giugno 1989, otto giorni prima della sua nomina da parte del Csm.

Anche quel terribile ordigno al plastico – trovato dalla sua scorta fra gli scogli antistanti il suo villino al mare, prima che facesse strage di lui e dei colleghi svizzeri Carla Del Ponte e Claudio Lehman, venuti a trovarlo in Sicilia per un'indagine sul riciclaggio internazionale del denaro sporco – viene usato dai suoi nemici interni ed esterni per screditarlo e isolarlo. Qualcuno – Cosa Nostra, ma non solo – mette in giro la voce che quella bomba non funzionava, altri insinuano che Falcone forse se l'è messa da solo, per fare il martire e dunque carriera, cioè per forzare la mano e strappare al Csm l'ambìto posto di procuratore aggiunto scavalcando i concorrenti. Voci che, diversamente dalle lettere anonime, qualche firma ce l'hanno. Il 19 ottobre 2004 la sentenza della Cassazione sull'Addaura parlerà di «infame linciaggio» contro Falcone da parte della «partitocrazia» e di «ambiti istituzionali» per «delegittimarlo» e infangare la sua fama di «migliore magistrato antimafia». E aggiungerà che «autorevoli personaggi pubblici» come i giudici Domenico Sica e Francesco Misiani (ai vertici dell'Alto Commissariato antimafia) e l'allora colonnello dei Carabinieri Mario Mori «si lasciarono andare a imprudenti dichiarazioni» sull'innocuità dell'ordigno dell'Addaura, che «contribuirono indirettamente a fornire lo spunto ai molteplici nemici e detrattori del Giudice per inventare la tesi dell'attentato falso o simulato». Sica, Misiani e Mori avevano infatti testimoniato al processo «ipotizzando la non funzionalità dell'ordigno», dando argomenti alla difesa del boss Madonia che sosteneva l'estraneità della mafia e tirava in ballo i servizi segreti.

Ma il plastico fra gli scogli è solo il benvenuto, tanto per gradire: ciò che attende Falcone in Procura è un altro tratto della lunga, interminabile *via crucis* che segna tutta la sua esperienza al Palazzo di Giustizia.

La Procura, per Falcone, è l'ultima spiaggia, l'ultima speranza di riuscire a combattere la mafia restando a Palermo. Infatti, appena prende servizio nel nuovo ufficio, mentre i corvi continuano a volteggiare sulle ali delle lettere anonime, il giudice si ritrova immancabilmente solo. Da una parte lui, il simbolo del pool, l'artefice del maxiprocesso. Dall'altra il capo Pietro Giammanco (un magistrato di potere, intimo fra l'altro del ras andreottiano Mario D'Acquisto) e i suoi fedelissimi, che lo isolano con un *mobbing* sofisticato per svuotare il suo ruolo di coordinatore delle indagini antimafia. Così si consuma l'ennesima partita mortale, sullo stesso terreno che ha visto giocarsi l'altra, prima vinta e poi perduta dal defunto pool antimafia: quella della «circolazione delle informazioni» all'interno di un gruppo di lavoro affiatato, che poi le elaborava unitariamente, con risultati eccezionali.

Nascita e morte di un pool

Quella formula organizzativa vincente, quella marcia in più indispensabile per il salto di qualità dell'antimafia, è un lascito di

Rocco Chinnici, il primo a rompere i rigidi schemi burocratici dell'Ufficio istruzione. Un altro «volontario» solitario che s'è messo a indagare sugli intoccabili «colletti bianchi» della mafia senza ascoltare i consigli degli amici degli amici. Pochi mesi prima di morire ammazzato – come raccontò lui stesso a Borsellino – era stato avvicinato a un ricevimento da Salvo Lima, che gli aveva suggerito di smetterla con quelle indagini che rischiavano di «rovinare l'economia siciliana» e di farlo passare per un giudice persecutore della Dc. E lui stesso aveva annotato sul suo diario un altro «consiglio da amico», proveniente dall'allora procuratore capo: quello di disinnescare Falcone «riempiendolo di processetti».

L'eredità di Chinnici, eliminato dalla mafia nel 1983, la raccoglie Antonino Caponnetto, un anziano magistrato nato nel 1920 a Caltanissetta, ma da sempre residente e operante in Toscana. Il vecchio Nino parte volontario per Palermo, mosso dal senso del dovere e dall'amore che lo spinge a fare qualcosa in prima persona per la sua terra. Quasi che la lotta alla mafia fosse una questione privata, una scelta individuale, un frutto del «fattore umano». Lo sarà anche per lui, come per tanti altri eroi involontari, e solitari.

Caponnetto afferra il testimone di Chinnici e fa tesoro dell'esperienza del pool antiterrorismo di Torino (di cui faceva parte Gian Carlo Caselli), perfezionando un modello che consentirà ai colleghi di lavorare per qualche anno come si deve. Il codice di procedura dell'epoca, infatti, assegna ai giudici istruttori uno statuto di indipendenza anche individuale, mentre i pubblici ministeri sono ancora ingabbiati in una struttura rigidamente verticistica che fa capo al procuratore. Sposando questa indipendenza con la formula del pool e con le qualità degli uomini chiamati a farne parte (oltre a Falcone e Borsellino, ci sono Leonardo Guarnotta, Giuseppe Di Lello, Gioacchino Natoli, Ignazio De Francisci e Giacomo Conte), Caponnetto sfila il motore pulsante delle indagini antimafia alla catena di comando del Palazzo. Anzi, dei palazzi: quello della politica e quello di giustizia, allora speculari l'uno all'altro.

La reazione è violentissima. Il pool, accusato di essere un «centro di potere» con ambizioni di «protagonismo istituzionale e politico», dà fastidio proprio perché si è sottratto a tutti i condizionamenti diretti e indiretti, giudiziari e politici. Cioè ha incarnato appieno l'articolo 104 della Costituzione: «La magistratura costituisce un ordine autonomo e indipendente da ogni altro potere».

Contro quella minaccia di legalità, un attacco frontale dall'esterno servirebbe a poco. I nemici del pool decidono così di devitalizzarlo dall'interno, soffocandolo lentamente con il cappio di sempre: l'applicazione metodica e strumentale di vecchie prassi e circolari, spacciate per sacri e intoccabili totem sul cui altare sacrificare tutto: la lotta finalmente vincente alla mafia, e perfino il buon senso. Entrano in scena gli «specialisti delle carte a posto», come li chiamerà Alfredo Morvillo, cognato di Falcone (è il fratello della moglie Francesca): cioè i maestri delle più sopraffine tecniche di sabotaggio e insabbiamento, i chirurghi del cavillo e del formalismo peloso.

Così, quando nel 1987 Caponnetto lascia l'Ufficio istruzione per cedere il posto al suo erede naturale, Falcone, gli «specialisti delle carte a posto» si attivano immantinente per impedire quel ricambio. E vanno a riesumare il magistrato più anziano su piazza, Antonino Meli, per indurlo a candidarsi e spianargli la strada di consigliere istruttore, rispolverando il «sacro principio» dell'anzianità, cioè della gerontocrazia. Basta con le carriere fondate sui meriti e sulla competenza. Basta con i «professionisti dell'antimafia», come sciaguratamente li ha chiamati Leonardo Sciascia nel 1987 sul «Corriere della Sera» di Piero Ostellino, polemizzando con la nomina di Borsellino a procuratore di Marsala (salvo poi chiarirsi con l'interessato e chiedere onestamente scusa per l'abbaglio). Anche al Csm pochi comprendono la partita che si sta giocando a Palermo. E così, quando si vota nella drammatica seduta plenaria del 19 gennaio 1988, l'anzianità prevale sovrana. Anche magistrati insospettabili di destra e di sinistra spianano la strada all'ascesa di Meli contro Falcone. Votano Meli o si astengono, insieme ai nemici giurati di Falcone, persino i consiglieri di Magistratura democratica. Con una sola eccezione: Gian Carlo Caselli. Che si esprime per Falcone, ma finisce in minoranza (10 voti contro 14 e 5 astenuti).

Con Meli alla guida, l'Ufficio istruzione fa un salto all'indietro di anni luce. Dopo l'anzianità, gli «specialisti delle carte a posto» riesumano altri due «sacri principi». Primo: i magistrati non devono più occuparsi solo di mafia, ma di tutto un po'. Secondo: le inchieste di mafia non vanno centralizzate, ma sparpagliate in tutta la Sicilia, applicando nel modo più cieco e pedestre le norme sulla competenza territoriale. Come se Buscetta e Contorno non avessero mai parlato, raccontando la mafia come un'organizzazione centralizzata, piramidale, monolitica. Come se Cosa Nostra non fosse che un coacervo di bande senza capo né coda. È la fine del pool e della sua filosofia. È l'ennesimo delitto perfetto degli «specialisti delle carte a posto», consumato alla luce del sole, agitando sotto gli occhi di tanti ingenui in buona fede l'ipnotizzante amuleto dei «sacri principi».

Il 25 giugno 1988, parlando a un convegno, Falcone dichiara che «al di sopra dei vertici organizzativi» della mafia «non esistono "terzi livelli" di alcun genere che influenzano gli indirizzi di Cosa Nostra»; non esiste «una direzione strategica occulta di Cosa Nostra». Che intende dire? Non certo che la mafia non abbia complici nelle istituzioni e nella politica (come gli faranno dire in troppi, dopo la sua morte). Anzi, tutto il contrario, come spiega lui stesso in un'altra parte di quel discorso (ovviamente dimenticata):

> Non pochi uomini politici siciliani sono stati e sono ancora, a tutti gli effetti, adepti di Cosa Nostra [...]. Gli antichi ibridi connubi fra la criminalità mafiosa e occulti centri di potere costituiscono tuttora nodi irrisolti, con la conseguenza che, fino a quando non sarà fatta piena luce su moventi e mandanti dei nuovi come dei vecchi «omicidi eccellenti», non si potranno fare molti passi avanti. [...] Le indagini di polizia giudiziaria, ormai da qualche anno, hanno perso di intensità e di incisività, a fronte di una organizzazione mafiosa sempre più impenetrabile e compatta.

Il senso è chiarissimo: non c'è una «cupola politica» sovraordinata a quella mafiosa. Esistono politici subordinati alla mafia, che la rendono invincibile – con i loro appoggi – da oltre un secolo.

Ma Falcone si riferisce anche a quanto sta accadendo all'Ufficio istruzione. E quello che non può dire lui lo dice Paolo

Borsellino, con un'altra di quelle iniziative personali, «volontarie», quasi private, che contrassegnano i momenti migliori della lotta alla mafia. Lui può parlare più liberamente, visto che – almeno ufficialmente – non fa più parte del pool di Palermo da un anno, da quando è diventato procuratore di Marsala. Anche Borsellino parla a un convegno, ad Agrigento, il 18 luglio 1988. Presentando un libro del leader ambientalista Peppe Arnone, davanti a Leoluca Orlando, Luciano Violante e Alfredo Galasso, dice che è in corso «una smobilitazione dell'antimafia, piuttosto che una normalizzazione». La stampa ignora il grido d'allarme. Allora, tre giorni dopo, Attilio Bolzoni della «Repubblica» e Saverio Lodato dell'«Unità» vanno a trovarlo a Marsala per chiedergli che intendesse dire. Lui risponde:

> Fino a poco tempo fa tutte le indagini antimafia, proprio per l'unitarietà dell'organizzazione chiamata Cosa Nostra, venivano fortemente centralizzate nei pool della Procura e dell'Ufficio istruzione. Oggi invece i processi vengono dispersi per mille rivoli. Tutti si devono occupare di tutto, e questa è la spiegazione ufficiale. La verità è che Giovanni Falcone purtroppo non è più il punto di riferimento principale [...]. Meli è arrivato ieri, non conosce la materia. Il precedente di Caponnetto è diverso: lui quelle carte le ha viste crescere. E ai suoi tempi si era affermata una preziosa filosofia di lavoro che ha consentito l'istruzione del maxi: salviamo le competenze territoriali, quando è possibile, ma ogni spunto d'indagine che riguarda Cosa Nostra deve trovare riferimento nel maxi e nello stralcio che da quel processo è scaturito. Con questa tecnica si chiuse la pagina delle indagini parcellizzate che per anni non riuscirono mai a centrare veri obiettivi. Ho la spiacevole sensazione che qualcuno voglia tornare indietro [...]. La squadra Mobile, dai tempi delle uccisioni dei poliziotti Cassarà e Montana, è rimasta decapitata. Lo staff investigativo è a zero. Il momento mi sembra delicato. Avendo trascorso tanti anni negli uffici-bunker di Palermo sento il dovere morale, anche verso i miei colleghi, di denunciare certe cose.

Borsellino potrebbe starsene zitto e tranquillo, nel suo *buen retiro* di Marsala. Invece parla, denuncia. E lo fa con due giornalisti di sinistra. Ce n'è quanto basta per farlo accusare di protagonismo, di sete di potere, financo di filocomunismo (lui che da ragazzo era vicino al Fronte della gioventù e che fino all'ultimo si professò monarchico), secondo un copione che si ripeterà con Falcone e poi con Caselli. La doppia intervista esce il 20 luglio sull'«Unità» e sulla «Repubblica». La replica di Meli non si fa attendere: «Non una sola parola fra quelle dette da Borsellino risponde a verità, forse è male informato. Mi chiedo se non sia il caso di investire il Csm dei contenuti di quell'intervista». Il Csm fa finta di non sentire, ma ci pensa il presidente della Repubblica Francesco Cossiga a coinvolgerlo. Il 30 luglio a Palazzo dei Marescialli sfilano i giudici interessati al caso. Falcone annuncia la sua decisione di dimettersi dal pool antimafia e chiede di essere trasferito ad altro incarico. Non a voce, ma con una lettera memorabile di quattro cartelle:

> Ho tollerato in silenzio, in questi ultimi anni in cui mi sono occupato di istruttorie sulla criminalità mafiosa, le inevitabili accuse di protagonismo e di scorrettezze nel mio lavoro. Ritenendo di compiere un servizio utile alla società, ero pago del dovere compiuto e consapevole che si trattava di uno dei tanti inconvenienti connessi alle funzioni affidatemi. Ero inoltre sicuro che la pubblicità dei relativi dibattimenti avrebbe dimostrato, come in effetti è avvenuto, che le istruttorie alle quali ho collaborato erano state condotte nel più assoluto rispetto della legalità.

Falcone ricorda le «infami calunnie» e la «campagna denigratoria» che ha accompagnato la sua domanda per l'Ufficio istruzione e «a cui non ho reagito solo perché ritenevo, forse a torto, che il mio ruolo imponesse il silenzio». Poi aggiunge:

> Ma adesso la situazione è profondamente cambiata ed il mio riserbo non ha più ragion d'essere. Quel che paventavo è purtroppo avvenuto: le istruttorie nei processi di mafia si sono inceppate e quel delicatissimo congegno che è il gruppo cosiddetto antimafia dell'Ufficio istruzione di Palermo, per cause che in questa sede non intendo analizzare, è ormai in stato di stallo. Paolo Borsellino, della cui amicizia mi onoro, ha dimostrato ancora una volta il suo senso dello Stato e il suo coraggio, denunciando pubblicamente omissioni ed inerzie nella re-

pressione del fenomeno mafioso che sono sotto gli occhi di tutti. Come risposta è stata innescata un'indegna manovra per tentare di stravolgere il profondo valore morale del suo gesto riducendo tutto a una bega fra *cordate* di magistrati, ad una *reazione*, cioè, di magistrati *protagonisti*, *oscurati* da altri magistrati, che con ben diversa serietà professionale e con maggiore incisività condurrebbero le indagini in tema di mafia. Ciò non mi ferisce particolarmente, a parte il disgusto per chi è capace di tanta bassezza morale. Tuttavia, essendo prevedibile che mi saranno chiesti chiarimenti sulle questioni poste sul tappeto dal procuratore di Marsala, ritengo di non poterlo fare se non a condizione che non vi sia nemmeno il sospetto di tentativi da parte mia di sostenere pretese situazioni di privilegio (ciò, incredibilmente, si dice adesso a proposito dei titolari di indagini in tema di mafia). Ed allora, dopo una lunga riflessione, mi sono reso conto che l'unica via praticabile a tal fine è quella di cambiare immediatamente ufficio. E questa scelta, a mio avviso, è resa ancora più opportuna dal fatto che i miei convincimenti sui criteri di gestione delle istruttorie divergono radicalmente da quelli del consigliere istruttore, divenuto titolare, per sua precisa scelta, di tutte le istruttorie in tema di mafia [...]. Mi auguro che queste mie istanze, profondamente sentite, non vengano interpretate come un gesto di iattanza, ma per quel che riflettono: il profondo disagio di chi è costretto a svolgere un lavoro delicato in condizioni tanto sfavorevoli e l'esigenza di poter esprimere compiutamente il proprio pensiero senza condizionamenti di sorta.

Alla fine il Csm lascia Falcone al suo posto, ma vota una mozione che, di fatto, respinge al mittente la denuncia di Borsellino con 7 voti (Magistratura indipendente, Unicost e la Dc) contro 4 (Magistratura democratica, Movimento per la Giustizia, Pci e Psi). Il 3 agosto, incontrando il cronista dell'«Ora» Francesco Vitale, Falcone commenta amaro: «La partita è persa». A metà settembre l'organo di autogoverno fa una parziale marcia indietro approvando un documento che riconosce la buona fede di Meli, ma anche il ruolo centrale di Falcone nella lotta alla mafia, e ammette che Borsellino ha segnalato un problema reale. Ma ormai è troppo tardi. All'Ufficio istruzione la situazione è irrecuperabile. Il pool, anche clinicamente, è morto.

Il metodo Giammanco-Pignatone

Nel disperato tentativo di salvare il salvabile, di far rientrare dalla finestra il metodo del pool scacciato dalla porta, Falcone lascia l'Ufficio istruzione e passa in Procura come aggiunto. È, l'abbiamo visto, il 1989. Ma anche lì la storia si ripete. Anche lì gli «specialisti delle carte a posto», che fanno capo al procuratore Giammanco, appena subentrato a Salvatore Curti Giardina, gli muovono guerra per impedirgli di ricostituire il pool. La partita si gioca, ancora una volta, sul terreno della circolazione delle informazioni sulle indagini antimafia. Giammanco, democristianamente, usa il metodo del doppio binario. A livello ufficiale, nessun problema a informare il pool delle strategie contro la Cupola e la mafia militare. Tutt'altra questione è il livello ufficioso, quello delle informazioni e delle decisioni operative sulle questioni più delicate, rigorosamente riservate ai capi. Falcone, per la verità, è un procuratore aggiunto, e dunque rientrerebbe fra questi. Ma viene tagliato fuori dal secondo circuito, riservato a Giammanco e ai suoi fedelissimi, tra i quali spicca soprattutto il suo consigliere e alter ego Giuseppe Pignatone, figlio di un potente notabile democristiano (più defilato, al fianco del procuratore, c'è anche Guido Lo Forte, il quale, diversamente da Pignatone, si riscatterà da quegli anni grigi nella stagione di Caselli).

Falcone, ogni volta che scopre di essere stato tenuto all'oscuro di una decisione importante, protesta. Ma ogni volta gli «specialisti delle carte a posto» hanno una giustificazione formalmente ineccepibile da opporgli, un «sacro principio» da sbattergli in faccia: quello gerarchico, che affida tutti i poteri al procuratore capo, o quello dell'«informazione funzionale» riservata ai pm titolari di questa o quella indagine (perlopiù pm «affidabili» e «obbedienti» al capo). Quando proprio si è a corto di alibi, allora ci si scusa dicendo che è stato tutto un equivoco, una svista, un errore di sottovalutazione, una semplice dimenticanza.

Così, giorno dopo giorno, Falcone viene silenziosamente espulso dal Palazzo. Ma, a futura memoria, decide di annotare sul suo computer gli episodi più scandalosi di questo strisciante ostracismo e di condividerli con l'amica giornalista Liana Milella, la quale li pubblicherà sul «Sole 24 Ore» dopo la strage di Capaci (quando i soliti pompieri già si affrettano a dire che Falcone in Procura si era trovato benissimo). Eccone una breve antologia.

> Si è rifiutato [*Giammanco*] di telefonare a Giudiceandrea (Roma) per la Gladio, prendendo pretesto dal fatto che il procedimento ancora non era stato assegnato ad alcun sostituto [*7 dicembre 1990*].
> Sollecitata la definizione di indagini riguardanti la Regione al cap. cc De Donno (procedimento affidato a Enza Sabatino), assumendo che altrimenti la Regione avrebbe perso i finanziamenti. Ovviamente, qualche uomo politico gli ha fatto questa sollecitazione ed è altrettanto ovvio che egli preveda un'archiviazione e che solleciti l'ufficiale dei cc in tale previsione [*intorno al 10 dicembre 1990*].
> Dopo che, ieri pomeriggio, si è deciso di riunire i processi Reina, Mattarella e La Torre stamattina gli ho ricordato che vi è l'istanza della parte civile nel processo La Torre (Pci) di svolgere indagini su Gladio. Ho suggerito, quindi, di richiedere al G.I. di compiere noi le indagini in questione, incompatibili col vecchio rito, acquisendo copia dell'istanza in questione. Invece, sia egli, sia Pignatone, insistono per richiedere al G.I. soltanto la riunione riservandosi di adottare una decisione soltanto in sede di requisitoria finale. Un modo come un altro per prendere tempo [*18 dicembre 1990*].
> Altra riunione con lui, con Sciacchitano e con Pignatone. Insistono nella tesi di rinviare tutto alla requisitoria finale e, nonostante io mi opponga, egli sollecita Pignatone a firmare la richiesta di riunione dei processi nei termini di cui sopra [*19 dicembre 1990*].
> Non ha più telefonato a Giudiceandrea e così viene meno la possibilità di incontrare i colleghi romani che si occupano della Gladio [*19 dicembre 1990*].
> Ho appreso per caso che qualche giorno addietro ha assegnato un anonimo su Partinico, riguardante tra gli altri l'on. Avellone, a Pignatone, Teresi e Lo Voi, a mia insaputa (gli ultimi due non fanno parte del pool) [*19 dicembre 1990*].
> I quotidiani riportano la notizia del proscioglimento, da parte del G.I. Grillo, dei giornalisti Bolzoni e Lodato, arrestati per ordine di Curti Giardina tre anni addietro con imputazione di peculato. Il G.I. ha rilevato che poteva trattarsi soltanto di ri-

velazione di segreti di ufficio e che l'imputazione di peculato era cervellotica. Il P.M. Pignatone aveva sostenuto invece che l'accusa in origine era fondata ma che le modificazioni del codice penale rendevano il reato di peculato non più configurabile. Trattasi di un'altra manifestazione della «furbizia» di certuni che, senza averne informato il pool, hanno creduto, con una «ardita» ricostruzione giuridica, di sottrarsi a censura per una iniziativa (arresto di giornalisti) assurda e faziosa di cui non può essere ritenuto responsabile il solo Curti Giardina, procuratore capo dell'epoca [*10 gennaio 1991*].
Apprendo oggi, arrivato in ufficio, da Pignatone, alla presenza del capo, che egli e Lo Forte, quella stessa mattina si erano recati dal cardinale Pappalardo per sentirlo in ordine a quanto riferito, nel processo Mattarella, da Lazzaroni Nara. Protesto per non essere stato previamente informato sia con Pignatone sia con il capo, al quale faccio presente che sono prontissimo a qualsiasi diverso impiego ma che, se vuole mantenermi al coordinamento delle indagini antimafia, questo coordinamento deve essere effettivo. Grandi promesse di collaborazione e di lealtà per risposta [*26 gennaio 1991*].

Caponnetto rievocherà così l'angoscia dell'amico Giovanni:

> Posso ricordare le amarezze che Falcone mi raccontava al telefono, quando mi diceva di sentirsi come un leone in gabbia, o di quando mi riferiva delle umiliazioni – testualmente – e dei contrasti che lo dividevano dal gruppo dirigenziale della Procura. Parlava proprio del gruppo dirigenziale: qualche volta di Giammanco, qualche volta di tutti quelli che gli stavano accanto.[1]

Prima Giovanni, poi Paolo

Accerchiato e paralizzato anche in Procura, sotto il tiro anche del «fuoco amico» del Coordinamento antimafia di Leoluca Orlando e di altri che lo accusano di «tenere nel cassetto» le prove sui mandanti dei delitti eccellenti, Falcone getta la spugna. E, prima dell'estate del 1991, accetta la proposta di trasferirsi a Roma, al ministero di Grazia e Giustizia, come direttore generale degli Affari penali (qui viene raggiunto anche dal «fuoco amico» di alcuni esponenti della Rete di Leoluca Orlando che accusano la magistratura siciliana e anche lui di «tenere nel cassetto» le prove sui mandanti dei delitti politici, costringendolo a «discolparsi» davanti al Csm).

Ma gli «specialisti delle carte a posto» non sono ancora sazi. Subito dopo Falcone, sistemano Borsellino, che ha lasciato la Procura di Marsala per sostituirlo a Palermo come procuratore aggiunto. In ossequio al «sacro principio» dell'anzianità, lo relegano a occuparsi della provincia di Trapani, impedendogli di occuparsi della mafia palermitana (riservata a un pm più anziano, di scuola Giammanco). Ancora nel giugno 1992, dopo la strage di Capaci, quando il pentito Gaspare Mutolo chiede di collaborare proprio con Borsellino per fare luce sul delitto Falcone, Giammanco e i suoi tentano di impedire il contatto, sventolando un altro «sacro principio»: Mutolo era un mafioso palermitano, non trapanese, *ergo* non è affare di Borsellino. Questi, alla fine, deve minacciare di lasciare la Procura, sulla scia di Falcone, per spuntarla. Ma con Mutolo può solo avviare un paio di interrogatori preliminari, in cui il pentito gli preannuncia rivelazioni sconvolgenti sui rapporti fra mafia, politica e pezzi delle istituzioni (a cominciare dal superpoliziotto Bruno Contrada e dal giudice Corrado Carnevale). Poi, il 19 luglio 1992, la strage di via D'Amelio chiude per sempre la partita appena iniziata. Caponnetto racconterà anche l'angoscia dell'amico Paolo:

> «Ma cosa c'è che non va?», gli chiedevo. «Mi ritrovo più o meno nella stessa situazione in cui si trovava Giovanni.» Ed esprimeva valutazioni analoghe a quelle di Falcone sullo staff dirigenziale della Procura. E aggiungeva: «Come caratteri, io e Giovanni siamo diversi. Io cerco di evitare scontri frontali, aperti, cerco di svolgere il mio lavoro nel modo migliore, di adattarmi alla situazione, creandomi una mia nicchia. Ma non è facile, non sono molti quelli su cui posso contare. Anzi, sono pochissimi. E quindi lavoro in condizioni difficili».

Dopo via D'Amelio, in Procura è la rivolta. Il 23 luglio un gruppo di otto sostituti (sui sedici che compongono il pool antimafia), i più vicini a Falcone e Borsellino, escono allo scoperto con uno strappo clamoroso: si dimettono dal pool dicendosi incompatibili con la dirigenza di Giammanco e chiedendone la sostituzione con «una guida autorevole e indiscussa». Sono Roberto Scarpinato, Teresa Principato, Vittorio Teresi, Alfredo Morvillo, Ignazio De Francisci, Antonio Ingroia, Antonio Napoli e, con qualche distinguo, Giovanni Ilarda. Altri otto magistrati che sembrano fare dell'antimafia una questione personale, privata, volontaristica. Escono allo scoperto, sporgendosi al di là della siepe, anziché starsene tranquilli a godere della luce riflessa che i bagliori delle bombe hanno gettato sulla magistratura palermitana. E hanno partita vinta.

Sull'onda emotiva delle stragi e dell'indignazione popolare seguita anche alla pubblicazione dei diari di Falcone, Giammanco se ne va, seguito a ruota dai suoi fedelissimi. Resiste per un po' Pignatone; ma ben presto, con l'avvio dei grandi processi su mafia e politica, si defilerà, parcheggiandosi alla Procura presso la Pretura, in attesa di tempi migliori. Ritroveremo anche lui, più avanti.

Caselli, vita da giudice

Nei 56 giorni fra Capaci e via D'Amelio, Borsellino lavora freneticamente, anche di notte, alla ricerca dei mandanti del delitto Falcone. Rispolvera vecchi dossier investigativi su mafia e appalti. Si concentra sul delitto Lima, che ha avviato la stagione delle stragi. Interroga i pentiti Mutolo e Messina. E trova anche il tempo di partecipare a incontri pubblici e manifestazioni, per pungolare i siciliani a ribellarsi e le istituzioni a intervenire. In un convegno di «Società Civile» a Milano incrocia Gian Carlo Caselli, presidente di una sezione della Corte d'Assise di Torino, giudice pluridecorato nella lotta al terrorismo e membro del primo pool d'Italia ai tempi delle Brigate rosse. A fine lavori, prima di infilarsi nell'auto blindata per rientrare precipitosamente a Palermo, il giudice siciliano manda un ufficiale dei Carabinieri a comunicare al collega piemontese un messaggio-testamento: «Il dottor Borsellino le manda a dire che non è ancora venuto il momento di andare in pensione». Sulle prime Caselli rimane perplesso, quasi risentito: presiedere la Corte d'Assise e distribuire ergastoli a terroristi, mafiosi e assassini è tutt'altro che un'attività da pensionati. Ma il 19 luglio, appena giunge notizia della strage di via D'Amelio, ripensa a quelle parole. Borsellino sapeva di avere i giorni contati («A Palermo è già arrivato il tritolo per me», aveva confidato a un paio di amici intimi) e l'aveva messo in preallerta. Quasi un'investitura alla successione, una cartolina precetto per una missione da «volontario forzato» a Palermo. Ancora una volta, la lotta alla mafia come questione personale, quasi privata. Ma perché Caselli? E chi è Caselli?

Nato ad Alessandria il 9 maggio 1939, trascorre l'infanzia tra Fubine (il paese dei suoi nell'Alessandrino), Vignale Monferrato e Pinerolo. Poi i genitori si trasferiscono a Torino per lavoro: Borgo San Paolo, quartiere «rosso» e operaio. Il padre Filippo fa l'autista di un piccolo industriale. La madre Virginia è dattilografa nella stessa azienda. Famiglia cattolica e di sinistra. Con qualche sacrificio, mandano Gian Carlo a studiare dai salesiani. Prima nel Borgo, poi al liceo classico Valsalice. Lui li ripaga sgobbando parecchio. È un secchione. Vita da «semiconvittore»: mattina in classe, pomeriggio al doposcuola, la sera a casa, ancora a studiare. Salvo le pause, riservate alla fidanzata Laura (che diventerà sua moglie) e alle partite di pallone. Nel luglio del '57, la maturità. Poi la naja, in Puglia. E il ritorno a Torino, per l'università: Giurisprudenza. Gli studi costano e per arrotondare Gian Carlo vende porta a porta macchine per scrivere. Si laurea nel marzo 1964. Centodieci con lode e dignità di stampa.

Nel 1968 i primi passi in magistratura, come uditore. Nel 1970 la prima nomina, alle funzioni di giudice istruttore. L'Ufficio istruzione è capeggiato da un fuoriclasse come Mario Carassi, ex partigiano di scuola «azionista»: il suo primo maestro. L'altro è Bruno Caccia, il procuratore capo, che sarà assassinato dalla mafia nel 1983. Due magistrati piuttosto conservatori, come pure il generale Carlo Alberto Dalla Chiesa, allora capo del Nucleo speciale antiterrorismo, anche lui presto vittima delle cosche. Eppure i capi scelgono proprio il giudice ragazzino iscritto a Magistratura democratica, quando si affaccia alle cronache la stella a cinque punte delle Brigate rosse. Si comincia con Sossi, sequestrato a Genova nel 1974. Caselli ha 35 anni. Fa arrestare un mito della guerra partigiana, Giovanbattista Lazagna, uomo del Pci genovese, per collusioni col terrorismo.

Qualcuno lo chiama «fascista» e «servo del generale Dalla Chiesa», senza sapere che vent'anni dopo passerà per «toga rossa». Lui fa semplicemente il suo dovere. Così, da quel momento, smette di vivere un'esistenza normale: gli assegnano la scorta, che lo accompagnerà sino a fine carriera.

Nel 1975 gli uomini di Dalla Chiesa arrestano a Pinerolo Renato Curcio e Alberto Franceschini, i capi storici delle Br, grazie alla celebre «soffiata» di Silvano Girotto alias «Frate Mitra», infiltrato dei Carabinieri. E tocca proprio al giudice ragazzino, insieme a Caccia, interrogare Franceschini. «Sono il giudice Caselli.» «E io sono Franceschini, prigioniero politico.» Il terrorista rifiuta di rispondere e pretende che sul verbale i giudici scrivano «rivoluzionario di professione». Caselli rifiuta, perde la pazienza, gli dà dell'assassino. Franceschini risponde con un ceffone. Il giovane giudice vacilla, ma non cade nella provocazione. Si trattiene e incassa impassibile.

È un duro, ma negli interrogatori non si limita a fare domande sui reati: vuole capire anche i perché di quella generazione ubriacata dall'ideologia e dalla violenza. Mette in discussione tutto, anche le coscienze dei suoi imputati. E spesso li manda in crisi. Nasce in quegli anni il primo pool d'Italia (prima ristretto, con Caselli, Luciano Violante e Mario Griffey; poi allargato a Franco Giordana, Maurizio Laudi e Marcello Maddalena), cui s'ispireranno Chinnici e Caponnetto per quello di Palermo. Nasce anche la leggenda rossa che vuole l'amico e collega Violante nel ruolo di «mente» e Caselli in quello di «braccio». «Storie», smentirà Maddalena: «l'idea che uno come Gian Carlo si faccia suggerire qualcosa da qualcuno mi giunge del tutto nuova».

Nel 1978, il processo ai capi storici delle Br, in pieno sequestro Moro. Nel 1980, l'arresto di Patrizio Peci. Anche stavolta, dall'altra parte del tavolo, c'è il giudice dai capelli brizzolati. «Ho deciso di collaborare con la giustizia», gli dice Peci. È il primo «pentito» d'Italia. Gli consegna la mappa dell'organizzazione: covi, capi, complici, fiancheggiatori. Ne trascinerà in carcere una settantina. Poi verrà l'altra «gola profonda» della lotta amata: Roberto Sandalo. Altro pentimento, altre rivelazioni, altri blitz con quasi 200 arresti.

Caselli ormai è un uomo nel mirino. A Torino tentano di fargli la pelle due volte. Altri progetti di attentato seguiranno, a Palermo. Quella Palermo che entra nella sua vita fin dai tempi del Csm, sullo scorcio degli anni Ottanta, quando è fra i pochi a sostenere Falcone nella guerra dei veleni e dei corvi. Quella Palermo che torna a irrompere con prepotenza all'indomani di Capaci, con quelle parole di Borsellino: «Non è ancora venuto il momento di andare in pensione». Caselli ci pensa per tutta l'estate, ne parla con la moglie e i figli, ma anche con i colleghi e gli amici di sempre: don Ciotti, Violante, Maddalena, Ambrosini, Galante Garrone. «Vai. Se poi ti ammazzano, vado io al tuo posto», gli dice Maddalena con quella complicità all'humour nero nata negli anni del terrorismo. L'ultimo consiglio, quello decisivo, è del figlio diciassettenne Stefano, che oggi fa il giornalista: «Dài, papà, si vede che ci vuoi andare. È giusto così. Vai a Palermo e non se ne parli più».

E lui va. Ma, prima di partire, ha un incontro ravvicinato con il Potere. Che si manifesta con il volto, pubblicamente accattivante ma privatamente raggelante, del ministro della Giustizia Claudio Martelli. Socialista rampante, in quei mesi Martelli si sta sganciando da Bettino Craxi travolto da Tangentopoli e proclama ai quattro venti il proposito di «restituire l'onore al Psi» (poi, l'8 febbraio '93, dovrà dimettersi per le rivelazioni di Silvano Larini sullo scandalo del Conto Protezione e dei finanziamenti occulti di Licio Gelli e del Banco Ambrosiano al Psi). La Sicilia la conosce bene, essendovi stato candidato come capolista nel 1987 e avendo raccolto – a quanto raccontano moltissimi pentiti – una gran messe di voti mafiosi. Caselli chiede di incontrarlo, insieme a due colleghi torinesi, nei primi giorni del '93, quando ormai il Csm ha approvato la sua nomina e fissato il suo insediamento a Palermo per il 15 gennaio. Racconta Mirella Prevete, all'epoca giudice a latere di Caselli alla Corte d'Assise di Torino, oggi al Tribunale civile subalpino:

> Quella data era troppo ravvicinata per consentirci di chiudere un importante processo che stavamo conducendo Gian Carlo e io. Si rischiava di buttare via tutto il lavoro fatto e di dover ricominciare da capo. Così, insieme al pm Alberto Perduca, chiedemmo udienza al ministro, per esporgli il problema e ot-

tenere una proroga di qualche settimana per la «presa di possesso» di Gian Carlo a Palermo. In via Arenula, Martelli ci fece fare una lunga anticamera. Io, nella mia ingenuità, mi aspettavo che avrebbe accolto Caselli con i tappeti rossi, visto l'incredibile sacrificio che Gian Carlo aveva deciso di compiere al servizio dello Stato. Invece, quando finalmente Martelli ci ricevette, l'accoglienza fu gelida. Il rappresentante di quello Stato per cui Caselli abbandonava la famiglia per rischiare la pelle in terra di mafia, pochi mesi dopo le stragi Falcone e Borsellino, ci fece sedere molto freddamente e sgarbatamente. Prima ancora che potessimo esporgli la questione, fece notare a Gian Carlo che quella di andare a Palermo non era stata una grande idea: perché – disse – Caselli non era un esperto di cose siciliane. A un certo punto, si aprì una porta ed entrò il giudice Piero Grasso, che allora lavorava al ministero con Martelli. Anche lui si era candidato alla Procura di Palermo, ma il Csm aveva deciso diversamente. «Ecco un giudice davvero esperto in cose siciliane!», esclamò il ministro, che mostrava grande confidenza e benevolenza nei confronti di Grasso. L'atmosfera si fece, se possibile, ancor più raggelante. Caselli spiegò frettolosamente perché eravamo lì e chiese la proroga all'insediamento. Martelli la negò (poi riuscimmo a salvare una parte di quel processo grazie al nuovo collegio, che ritenne validi una serie di atti già compiuti). All'uscita, con Gian Carlo e Perduca, ci guardammo a lungo senza parlare. Poi commentammo quell'identico brivido di disagio, ma anche di spavento, che ci aveva percorso la schiena. Avevamo sbattuto il naso contro il vero volto del Potere che noi, dalla periferia dell'impero, non potevamo conoscere né immaginare. Ho ripensato molte volte a quella trasferta romana, soprattutto quando andavo a trovare Gian Carlo a Palermo, e lo scoprivo talmente blindato che spesso non poteva neppure tornare a casa, la sera: doveva restare in una caserma, per motivi di sicurezza. Pensavo e ripensavo a quell'accoglienza ingrata, e a quella vita infame.[2]

Solo e con le spalle scoperte, Caselli parte per quel fronte, da dove tutti scappano. Va a rischiare la vita dove i giudici vengono ammazzati. Volontario.

La fase 2

L'arrivo di Caselli a Palermo inaugura la «fase 2» dell'antimafia. Riallaccia i fili dell'eredità di Chinnici, Caponnetto, Falcone e Borsellino, recisi e scollegati negli ultimi anni. Ritornano, e non soltanto *pro forma*, la filosofia e il metodo del pool: la circolazione delle informazioni e la messa in comune delle decisioni più importanti fra tutti i componenti della Direzione distrettuale antimafia (Dda). Fin dalla primissima e gravissima decisione assunta: l'iscrizione di Giulio Andreotti nel registro degli indagati.

Caselli eredita da Giammanco una Procura spaccata, allo sfascio. La rimette in piedi in poche settimane, facendo lavorare tutti, anche la vecchia guardia, che i più giovani vedono come il fumo negli occhi per le sue compromissioni con l'«Ancien Régime». Non esistono «caselliani» né «anti-caselliani». Il momento non consente divisioni: si ricomincia, con entusiasmo, tutti al lavoro.

Riprendono le indagini e i processi alla mafia militare, che porteranno finalmente all'arresto di molti boss della Cupola latitanti da decenni, compresi i killer delle stragi del 1992-93, subito «consegnati» alla Procura di Caltanissetta, dove sono appena arrivati, in missione «volontaria», Ilda Boccassini e Luca Tescaroli: una donna venuta da Milano e un ragazzo venuto dal Veneto per indagare sulla mattanza mafiosa.

Ma la Procura di Palermo si inoltra anche su un terreno ormai tabù: quello dei rapporti tra mafia e potere politico, tra mafia e colletti bianchi, fra mafia e pezzi più o meno deviati delle istituzioni e delle forze di polizia. Un terreno disertato fino al 1992 dagli stessi pentiti, da Buscetta in giù, convinti che i tempi non fossero «maturi» e che a scoperchiare certi altarini si rischiasse di finire al manicomio. O al cimitero. Previsioni realistiche, come avevano sperimentato Falcone e Borsellino non appena avevano osato toccare gli intoccabili più intoccabili: i potentissimi cugini esattori Nino e Ignazio Salvo, e poi Vito Ciancimino, tutti andreottiani, tutti mafiosi; e ancora i famosi cavalieri del lavoro di Catania. Subito si era scatenato l'inferno. Prima i corvi, poi gli «specialisti delle carte a posto», infine il tritolo.

Nel 1992, come vedremo, i collaboratori alzano quel velo.

Mutolo e Messina cominciano con Borsellino, altri li imitano dopo via D'Amelio davanti a quello che presto sarà il pool di Caselli. Nascono i grandi processi su mafia e politica. E lo stesso inferno si scatena ora sulla Procura di Caselli, con un massacro mediatico nutrito degli stessi slogan usati contro il pool di Caponnetto. Stessi slogan e, spesso, stessi protagonisti. Come Lino Jannuzzi, già frequentatore di Michele Sindona, di Renato Squillante e dei clan craxiano e andreottiano, già intervistatore compiacente del boss Michele Greco, oggi senatore di Forza Italia: quasi quotidianamente, dalle colonne del «Giornale», del «Foglio», di «Panorama» e dell'agenzia «il Velino», Jannuzzi scarica sul pool fiumi di veleni e calunnie. Le stesse scagliate a suo tempo contro Falcone e gli altri: «professionisti dell'antimafia», «centro di potere», «uso strumentale dei pentiti», «giustizia politicizzata».

Nel 1986, il boss Pippo Calò aveva fatto contattare il giornalista per scrivere la prefazione di un suo libro contro Buscetta e gli altri pentiti e gli aveva pure versato un anticipo di 5 milioni di lire (poi la cosa non andò in porto). Il 29 ottobre 1991, in un articolo non firmato sul «Giornale di Napoli» intitolato *Cosa Nostra uno e due*, Jannuzzi aveva sistemato Falcone e Gianni De Gennaro, candidati rispettivamente a dirigere la Procura nazionale Antimafia e la Dia:

> È una coppia la cui strategia, passati i primi momenti di ubriacatura per il pentitismo ed i maxiprocessi, è approdata al più completo fallimento: sono Falcone e De Gennaro i maggiori responsabili della débâcle dello Stato di fronte alla mafia [...]. Se i «politici» sono disposti ad affidare agli sconfitti di Palermo la gestione della più grave emergenza della nostra vita è, almeno entro certi limiti, affare loro. Ma l'affare comincia a diventare pericoloso per noi tutti [...]. Dovremo guardarci da due «Cosa Nostra»: quella che ha la Cupola a Palermo e quella che sta per insediarsi a Roma. E sarà prudente tenere a portata di mano il passaporto.

Per certuni – come dice una celebre vignetta di ElleKappa – i giudici antimafia si dividono in due categorie: quelli buoni e quelli vivi. Così, dopo averli demoliti da vivi, Jannuzzi comincia a utilizzare Falcone e Borsellino da morti per scagliare i loro cadaveri contro chi ne ha raccolto l'eredità all'indomani delle stragi. E lo stesso fa un'ampia e variegata compagnia della buona morte. A reti unificate e a edicole quasi unificate, trapana il cervello dell'opinione pubblica con la leggenda nera dell'antimafia: quella secondo cui, per anni, sotto la guida di Caselli, un manipolo di toghe rosse avrebbe elaborato, d'intesa con pentiti prezzolati e pilotati, un'infinità di «teoremi» per colpire avversari politici e spianare la strada alle sinistre. Il tutto mentre la mafia militare avrebbe prosperato praticamente intatta, grazie alla distrazione dei pm «caselliani», che inseguivano i fantasmi dell'inesistente «terzo livello». Un «fallimento» clamoroso, che sarebbe dimostrato dall'assoluzione plenaria di tutti gli imputati politici. Sette anni perduti, insomma, nella lotta a Cosa Nostra.

La verità è, invece, quella opposta. Mai come nei sette anni di Caselli la mafia ha subìto tante sconfitte. Mai tanti latitanti arrestati, mai tante condanne inflitte, mai tanti beni sequestrati. Mai tanti mafiosi che si arrendono allo Stato, abbandonando Cosa Nostra e collaborando con la giustizia. E, soprattutto, mai tante collusioni istituzionali smascherate. I pentiti «storici» e quelli nuovi (che da poche decine passano, dopo le stragi, a 1.500, rappresentativi di tutte le organizzazioni criminali) fanno finalmente i nomi di quelle «menti raffinatissime» che Falcone sapeva esistere, ma non riuscì a incastrare per mancanza di prove. E si scoperchia il vaso di Pandora. Finiscono alla sbarra quegli intoccabili che, grazie all'omertà dei mafiosi, erano rimasti intoccati per anni, per decenni.

La partita che si apre è di quelle che fanno tremare le vene e i polsi. In pochi anni, finiscono sotto inchiesta un ex (sette volte) presidente del Consiglio, Andreotti; un giudice della Cassazione del calibro di Carnevale; il presidente del Consiglio in carica Berlusconi e il suo plenipotenziario sulla linea Palermo-Milano, Dell'Utri, oltre all'onorevole forzista Gaspare Giudice; il superpoliziotto Contrada, che aveva imperversato per trent'anni a Palermo prima di approdare al Sisde; un generale dei Carabinieri come Mori, capo del Ros e poi del Sisde; il tenente dell'Arma Carmelo Canale, già al fianco di Paolo Borsellino; un plotone di massoni deviati ed eversori di estrema destra, a cominciare da Licio Gelli, indagati nel fascicolo «Sistemi criminali» sulle manovre politico-mafiose che fanno da sfondo agli anni delle stragi e delle «trattative» fra Stato e mafia; vari esponenti del clero, fra cui padre Mario Frittitta, il confessore di Pietro Aglieri, e il vescovo di Monreale monsignor Salvatore Cassisa; un principe del foro come Ciccio Musotto, presidente in carica della Provincia di Palermo; un ex ministro democristiano di lungo corso, fra i più potenti dell'isola, come Mannino; vecchi politici scudocrociati come Inzerillo e Gorgone, ma anche gli ex missini Scalone e Lo Porto. L'esito dei processi, almeno di quelli più importanti, lo vedremo nel prossimo capitolo. Ciò che interessa, qui, è dare un quadro delle indagini avviate, indipendentemente dagli esiti dibattimentali (Frittitta, Cassisa, Carnevale, Canale, Musotto, Lo Porto e altri che vedremo verranno assolti).

È importante notare che la sinistra non è stata affatto risparmiata: negli anni di Caselli, vengono indagate e perquisite le cooperative rosse, e finiscono sotto inchiesta l'ex sindaco di Palermo Leoluca Orlando (per vari, presunti abusi); l'ex segretario siciliano del Pds Pietro Folena e altri tre deputati della Quercia (per i bilanci di Tele L'Ora); il leader del Ppi Sergio Mattarella (per finanziamento illecito); l'ex sindacalista Cisl ed europarlamentare del Ppi (e poi della Margherita) Luigi Cocilovo, per una tangente di 350 milioni ricevuta dal costruttore Domenico Mollica (che sarà condannato per quella corruzione, mentre il politico si salverà grazie al nuovo articolo 513, per la scena muta dell'imprenditore in tribunale); l'ingegner Giuseppe Montalbano, figlio di una delle bandiere del Pci siciliano nonché padrone di casa di Totò Riina negli ultimi anni di latitanza (per favoreggiamento di un altro boss inafferrabile, Salvatore Di Gangi). Il fatto che (Montalbano a parte, arrestato e rinviato a giudizio) tutte le azioni penali intraprese si siano concluse con l'archiviazione, o la prescrizione, o l'assoluzione in Tribunale, qui è poco rilevante: perché stiamo parlando delle indagini della Procura, una Procura che – con le inevitabili approssimazioni insite nelle indagini preliminari – ha investigato a tutto campo e in tutte le direzioni. E non solo in quella degli «uomini da copertina»: in quei sei anni e mezzo finiscono alla sbarra, o in carcere, o sott'inchiesta centinaia di esponenti della buona borghesia palermitana, più o meno noti: imprenditori, finanzieri, banchieri (dal Banco di Sicilia alla Sicilcassa, santuari che fino ad allora avevano goduto dell'impunità), professionisti, medici, ingegneri, architetti, avvocati, magistrati, poliziotti, giornalisti, commercianti, funzionari dei potentissimi enti regionali.

Il peso specifico degli interessi intoccabili che vengono toccati è spaventoso, come la reazione che proporzionalmente si scatena. Contro la Procura e i suoi uomini di punta. E, di pari passo, contro i collaboratori di giustizia che la riforniscono di rivelazioni e spunti d'indagine. Collaboratori che sono ottimi, abbondanti, sinceri e benemeriti finché parlano dell'ala militare di Cosa Nostra. Ma appena – con la prudenza e la fatica che si possono immaginare – s'azzardano a raccontare ciò che sanno sulle collusioni fra mafia e istituzioni, diventano bugiardi, inaffidabili, maledetti. La *vulgata* secondo cui il pentito non vede l'ora di accusare un potente, ansioso di compiacere il pm che lo interroga, è pura leggenda. Basta leggere i verbali per rendersi conto che, ai pentiti, certe verità nascoste i magistrati sono costretti a cavarle di bocca con le tenaglie. Il pentito sa, proprio in quanto ex mafioso, che cosa gli accadrà se farà certi nomi. E le sue previsioni puntualmente si avverano, ogni volta che un nuovo intoccabile viene tirato in ballo e finisce sotto inchiesta.

Si crea così un clima sfavorevole a chi collabora e favorevole a chi tace o si limita a inguaiare qualche killer o quaquaraquà di terz'ordine, delimitando con mille paletti le responsabilità di chi conta. Si approntano o si minacciano, trasversalmente a destra e a sinistra, riforme penalizzanti per i pentiti e per l'utilizzabilità delle loro dichiarazioni. E, per mandare in fumo i processi, si organizzano depistaggi, inquinamenti delle prove, «casi» giornalistici inesistenti. Si arriva addirittura ad avvicinare i pentiti per farli ritrattare (caso Di Maggio, nel processo Andreotti) o per metterli gli uni contro gli altri (caso Cirfeta-Chiofalo, nel processo Dell'Utri). O ancora si verificano casi di gestione «allegra» o «distratta» da parte delle forze dell'ordine (che rispondono al governo) di alcuni collaboratori di giustizia, che tornano a delinquere anche per mancanza di controlli e screditano così le loro dichiarazioni processuali (sospetti in questo senso – come vedremo – sorgono sul caso di Di Maggio, tornato indisturbato a delinquere nella natia San Giuseppe Jato).

Intanto i magistrati, innalzati sugli altari dopo il sacrificio di Falcone e Borsellino, finiscono sul banco degli accusati con campagne politico-mediatiche che li fanno apparire non più vincenti, ma sconfitti: così i mafiosi che nel 1992-94, annusando i rapporti di forza fra Stato e Cosa Nostra, abbandonavano di corsa la barca che sembrava affondare, negli anni successivi ci pensano non due, ma tre volte prima di lasciare un organizzazione tornata potentissima e affidarsi a una magistratura fiaccata, perdente, delegittimata e isolata dalle altre istituzioni. Non è un caso se, dopo Giovanni Brusca, dal 1996 al 2001, da Cosa Nostra si stacca e si «pente» un solo mafioso di spicco: Angelo Siino. E, dal 2001 al 2005, si registra un solo nuovo pentito: il provenzaniano Nino Giuffrè.

I primi fuochi

La guerra al pool di Palermo inizia praticamente all'indomani dell'arrivo di Caselli (15 gennaio '93). Un battesimo del fuoco, se si pensa che, appena arrivato, il nuovo procuratore si ritrova sul tavolo tre bombe a orologeria. La prima è la mancata perquisizione del covo di Riina da parte del Ros dei Carabinieri, che aveva garantito di tenerlo sotto osservazione giorno e notte, e invece l'ha inopinatamente lasciato incustodito (ne riparleremo più diffusamente nel capitolo 5). La seconda è il dossier su Bruno Contrada, in carcere da fine dicembre. La terza è il fascicolo segretissimo su Giulio Andreotti, ricco delle rivelazioni dei pentiti Messina, Mutolo e Marchese, a cui si aggiungono ben presto le nuove dichiarazioni di Balduccio Di Maggio (che il 18 febbraio parla dell'incontro fra Andreotti e Riina in casa di Ignazio Salvo) e in seguito quelle di Mannoia e Buscetta (3 e 6 aprile): il che impone di iscrivere il senatore a vita sul registro degli indagati e subito dopo di chiedere al Senato l'autorizzazione a procedere per mafia (27 marzo).

Poi la seconda terribile estate delle stragi: la mafia, per la prima volta, sbarca nel Continente e semina terrore e morte a Milano, Firenze e Roma, proprio mentre le inchieste milanesi su Tangentopoli s'incrociano sempre più con quelle sul sistema degli appalti in Sicilia. Ne hanno parlato un anno prima Borsellino e Di Pietro, in un incontro destinato a restare unico. Ora la nuova Procura di Palermo riannoda il filo con i colleghi ambrosiani. Il 1° giugno 1993 Caselli vola a Milano con l'aggiunto Lo Forte e i sostituti Patronaggio e Ingroia per incontrare nell'ufficio di Borrelli, oltre al procuratore capo, l'aggiunto Gerardo D'Ambrosio e i sostituti del pool Di Pietro, Davigo e Colombo. Segue un interrogatorio congiunto del costruttore Vincenzo Lodigiani, che ha molte cose da raccontare sugli appalti in Sicilia. L'indomani, vertice in Procura per coordinare e dividersi le indagini sulla Tangentopoli isolana, che ruota intorno al «tavolino a tre gambe» (politica-imprenditoria-mafia) gestito dal costruttore Filippo Salamone. Dopo un vivace scambio di vedute fra Caselli e Di Pietro sulla competenza territoriale, il clima si rasserena e la sera del 2 giugno Borrelli invita tutti a casa sua per una cena in amicizia. Meno di due mesi dopo, una bomba di Cosa Nostra colpirà per la prima volta Milano, facendo strage in via Palestro.

Alla fine del 1993 si consegna alla giustizia Salvatore Cancemi, capomandamento della famiglia di Porta Nuova: il primo membro della Cupola a pentirsi. E inizia a collaborare con le Procure di Palermo e di Caltanissetta. Di qui, nel marzo '94, Ilda Boccassini trasmette ai colleghi di Palermo il verbale del 18 febbraio in cui Cancemi parla dei rapporti della mafia con Dell'Utri e Berlusconi. Una notizia di reato che imporrà a Caselli l'iscrizione sul registro degli indagati del braccio destro del Cavaliere, il quale intanto è «sceso in campo» e a fine mese affronta la sua prima sfida elettorale. L'iscrizione di Dell'Utri e Berlusconi, però, non è immediata: verrà disposta soltanto un anno dopo, nel luglio '95, «retrodatata» con decorrenza 5 agosto '94. Ma si comincia a lavorare fin da subito per cercare i riscontri alle parole di Cancemi. Una «talpa» interna alla Procura, specializzata in fughe di notizie su Berlusconi e i suoi cari, ma questa volta male informata, dà la cosa per fatta e avverte la stampa: così Berlusconi può buttare tutto in politica. Sono le 20,48 del 19 marzo '94 quando, a otto giorni dalle elezioni politiche, l'Ansa diffonde il primo dispaccio sulle dichiarazioni di Cancemi contro Dell'Utri, riscontrate da altri due pentiti, Gioacchino La Barbera e Giuseppe Marchese, e ipotizza l'iscrizione quantomeno del manager berlusconiano per concorso esterno. La Procura «non può né confermare né smentire», la Fininvest insorge, Forza Italia strilla. Due giorni dopo, una gaffe del presidente dell'Antimafia Luciano Violante – che chiacchiera con un giornalista dalle antenne lunghe come Augusto Minzolini della «Stampa» su presunte inchieste a Catania a carico di Marcello Dell'Utri e del gemello Alberto – getta altra benzina sul fuoco (Violante è costretto a dimettersi). Nasce in quel momento un copione che si riprodurrà infinite volte, per sette anni, sempre uguale a se stesso.

Caselli entra nel mirino. Tanto in quello del Polo delle Libertà (con l'eccezione della Lega Nord, che stravede per i giudici antimafia) quanto in quello della mafia. A Catania, nei giorni a cavallo delle elezioni del 27 marzo, si dà da fare un gruppo di cui fanno parte gli uomini d'affari Aldo Papalia e Felice Cultrera (quest'ultimo ritenuto vicino al boss Nitto Santapaola). Dalle intercettazioni della Dia, questi risultano in rapporti con i gemelli Alberto e Marcello Dell'Utri. Papalia, responsabile provinciale per il territorio e le relazioni esterne di Forza Italia, il 20 febbraio telefona al suo socio Franco La Rosa: «Sono stato con Giancarlo Innocenzi. Presto sarà onorevole» (uomo Fininvest e poi parlamentare di Forza Italia, Innocenzi diventerà sottosegretario alle Comunicazioni nel 2001). Poi i due parlano di Dell'Utri che – dice La Rosa – ha dei problemi per via delle fatture false (è infatti sotto indagine, per questo, a Torino e a Milano), «ma sono tutte stronzate». Comunque il nuovo governo dovrà «mettere un freno alla magistratura».

Due giorni prima delle elezioni Papalia si sfoga con Cultrera:

> Il giorno in cui Berlusconi salirà, così come ho detto in una cena alla presenza anche di Marcello [*Dell'Utri*], si dovranno prendere tante di quelle soddisfazioni [...], fra cui l'annientamento dell'amministrazione, perché sono gruppi di comunisti! [...] Attenzione a Tiziana Parenti, perché sa tutto, era con Colombo, con Di Pietro, con Borrelli. Sa tutto, perciò lei è addetta a queste cose...

L'ex pm di Milano Tiziana Parenti, in lista con Forza Italia proprio in Sicilia, diventerà presidente della commissione Antimafia. Papalia prosegue snocciolando la lista di proscrizione dei magistrati indesiderabili:

> Ci sono altri pool che sono d'accordo con loro: c'è Vigna a Firenze, c'è Cordova a Roma [*in realtà Agostino Cordova è procuratore di Napoli, N.d.A.*], Caselli a Palermo, a Catania sono cinque o sei magistrati, Palmi, Bari, Verona e Trieste. Per ogni Procura c'è un gruppo di cinque...

Nel maggio '94, mentre s'insedia il primo governo Berlusconi, «L'Italia settimanale», diretta da Marcello Veneziani e molto vicina ad An, pubblica una lista di «teste da mozzare» nell'Italia del Polo. In prima fila, quelle dei procuratori di Milano, Palermo e Napoli: Borrelli, Caselli e Cordova. Caselli reagisce, parlando di «liste di proscrizione» e «prove di squadrismo».

Nei discorsi d'insediamento alla Camera e al Senato, Silvio Berlusconi promette però lotta senza quartiere alla corruzione e alla criminalità organizzata, garantendo sostegno illimitato ai giudici di Milano e Palermo:

> Questo governo è schierato dalla parte dell'opera di moralizzazione della vita pubblica avviato da valenti magistrati [...]. Falcone e Borsellino hanno dato la vita contro la mafia. È nel loro nome che il governo si sente vincolato a proseguirne l'opera. Sarebbe suicida abbassare la guardia contro la criminalità. Bisogna invece dotare di strumenti migliori la polizia e la magistratura [*16 e 18 maggio 1994*].

Ma sono belle parole. I fatti dicono tutt'altro. La prima prova del fuoco arriva il 21 maggio, quando la Procura di Palermo – dopo un solo anno di indagine – chiede il rinvio a giudizio di Andreotti per associazione mafiosa. Il 25 maggio Totò Riina, in gabbia nell'aula bunker di Catanzaro dove si celebra il processo per l'omicidio Scopelliti, approfitta di una pausa dell'udienza per lanciare il suo programma politico:

> C'è uno strumento politico, ed è il partito comunista: ci sono i Caselli, i Violante, poi questo Arlacchi che scrive i libri... Ecco, secondo me il nuovo governo si deve guardare dagli attacchi dei comunisti. E la legge sui pentiti dev'essere abolita, per-

ché sono pagati per inventare le cose, sono gestiti... e fanno il loro mestiere. E poi uno dice quel che dice l'altro.

Prima della pausa estiva, il decreto Biondi scava il primo fossato fra governo e magistratura. Anche Caselli, per i danni che le nuove norme provocherebbero alla lotta alla mafia cancellando, fra l'altro, la segretazione degli atti delle indagini preliminari, si pronuncia contro. E il suo «no» sarà decisivo per far cambiare idea al ministro dell'Interno Maroni, e dunque alla Lega Nord, che lo consulta spesso, e che insieme ad An chiederà e otterrà il ritiro del «Salvaladri».

In ottobre, la prima resa dei conti. Mentre il governo sguinzaglia gli ispettori ministeriali contro il pool di Milano, Berlusconi vola a Mosca in visita ufficiale e, il 14 ottobre, parla di mafia per attaccare addirittura il serial televisivo *La Piovra* e minimizzare il pericolo di Cosa Nostra:

> Speriamo di non fare più queste cose sulla mafia come *La Piovra*, perché questo è stato un disastro che abbiamo combinato insieme in giro per il mondo. Dalla *Piovra* in giù. Non ce ne siamo resi conto, ma tutto questo ha dato del nostro paese un'immagine veramente negativa. Si pensa all'Italia e sapete cosa viene in mente... C'è chi dice che c'è anche la mafia, nella realtà italiana. Ebbene, non so fino a che punto, rispetto alla realtà vera e operosa dell'Italia. E poi che cos'è la mafia? Un decimillesimo, un milionesimo. Quanti sono gli italiani mafiosi, rispetto a quei 57 milioni di cittadini? Noi non vogliamo che un centinaio di persone diano un'immagine negativa in tutto il mondo.

Riina, dalla solita gabbia, gli fa subito pervenire il suo plauso:

> È vero, ha ragione il presidente Berlusconi, tutte queste cose sono invenzioni, tutte cose da *tragediatori* che discreditano l'Italia e la nostra bella Sicilia. Si dicono tante cose cattive con questa storia di Cosa Nostra, della mafia, che fanno scappare la gente. Ma quale mafia, quale piovra, sono romanzi... Andreotti è un *tragediato* come sono *tragediato* io. E Carnevale è più *tragediato* ancora. Questi pentiti accusano perché sono pagati, prendono soldi [*20 ottobre 1994*].

Contro i giudici («Assassini!») si scatena Vittorio Sgarbi, deputato di Forza Italia e presidente della commissione Cultura della Camera, nella sua rubrica «Sgarbi quotidiani» su Canale 5. Per lui il vero «mafioso» è Caselli e i veri nemici sono i pentiti di mafia. Gli danno manforte nella crociata contro i pm antimafia e i collaboratori di giustizia il ministro Guardasigilli Alfredo Biondi, il sottosegretario Domenico Contestabile, il ministro della Difesa Cesare Previti, la presidente dell'Antimafia Tiziana Parenti e l'ex comunista Tiziana Maiolo, ora deputata forzista e presidente della commissione Giustizia della Camera. In quella augusta veste, la Maiolo riesce a definire Caselli e i suoi pm «associazione a delinquere» e «associazione mafiosa di stampo istituzionale». Durante tutta la legislatura si distinguerà per le sue iniziative contro le toghe, contro i pentiti, contro il 41 bis (carcere duro e isolato per i boss), ma anche contro il 416 bis (l'articolo del codice penale che punisce l'associazione mafiosa). Contro il 41 bis si scagliano anche Contestabile e il ministro dei Rapporti col Parlamento Giuliano Ferrara. Altri, come Berlusconi (16 maggio) e Biondi (29 maggio), chiedono di «rivedere» la legge sui pentiti. Biondi aggiunge che occorre «sottrarre alle isole di Pianosa e Asinara [*dove i boss sono detenuti al 41 bis, N.d.A.*] ogni funzione punitiva per restituirle alla loro funzione naturale e culturale» (19 agosto 1994).

Se quei progetti non vanno in porto, lo si deve soprattutto alla linea dura del ministro dell'Interno Maroni. Sarà lui stesso a rivelare i suoi ottimi rapporti con Caselli, qualche anno più tardi, appoggiando la richiesta d'arresto di Dell'Utri avanzata dal pool di Palermo:

> Escludo un complotto politico contro Dell'Utri, perché conosco bene e di persona il capo della Procura di Palermo Gian Carlo Caselli: quando ero ministro dell'Interno è stato mio consulente gratuito e mi ha aiutato a gestire la complessa vicenda del pentitismo. È una persona onesta che fa le cose solo perché ci crede e non per secondi o terzi fini.[3]

Lo stesso Maroni, qualche mese più tardi, telefona a Caselli perché alcuni esponenti della maggioranza, fra cui Previti, hanno avuto la bella pensata di degradare a prefetto di Palermo il capo della Dia Gianni De Gennaro, il superpoliziotto che nel capoluogo siciliano ha lavorato per anni ai tempi di Falcone e Borsellino guadagnandosi l'eterna ingratitudine di Cosa Nostra, cioè la condanna a morte. Delegittimarlo e riportarlo nella tana del lupo significherebbe isolarlo ed esporlo alla possibile vendetta mafiosa. Caselli lo dice a Maroni, che blocca la manovra. Sarà lo stesso ministro a rivelarla in un'intervista a «Panorama», nel momento di più aspra polemica con Berlusconi, prima del rientro all'ovile:

> In generale avevo la netta sensazione che il vero ministro della Giustizia nel governo Berlusconi fosse Cesare Previti, che la politica e la strategia nei confronti della magistratura la facesse lui e non il Guardasigilli Alfredo Biondi [...]. Previti era sempre presente alle discussioni cruciali. Ricordo ad esempio che quando andai nella villa di Berlusconi in Sardegna per parlare del nuovo assetto di vertice della Polizia, Previti mise il veto su Gianni De Gennaro, allora a capo della Dia. Lo voleva nominare prefetto di Palermo. Mi consultai con Gian Carlo Caselli che mi disse: «Se viene qui lo faranno fuori subito». Così riuscii a spuntarla mettendolo alla testa della Criminalpol [...]. Di dossier ne giravano tanti, questo è certo. Se ne parlava. Mi stupisco che non ne sia saltato fuori anche uno su di me. Mi dissero che esisteva addirittura un fascicolo su Oscar Luigi Scalfaro [...]. Era la fase in cui si parlava del reincarico a Berlusconi in alternativa alla designazione di un altro presidente del Consiglio. Per correttezza e mio incarico istituzionale decisi di avvertire il Capo dello Stato. Lui mi rispose tranquillo: «Che lo tirino fuori, io non ho nulla da nascondere». Di quel dossier non si seppe più nulla...[4]

Ispettori ficcanaso

Il governo Berlusconi non si limita agli attacchi e ai dossier. La guerra al pool di Palermo prosegue con una stranissima ispezione ministeriale «ordinaria», disposta da Biondi in stereofonia con quella inviata contro il pool di Milano, nell'autunno del '94. Precisamente il 21 settembre. Il vicecapo dell'Ispettorato Vincenzo Nardi, mentre Caselli è assente, si reca al Palazzo di

Giustizia di Palermo, ufficialmente per verificare presunte irregolarità nella sezione fallimentare del Tribunale. Ma ben presto si mostra molto interessato a un fascicolo della Procura su mafia e massoneria: chiede alla cancelleria di visionare alcuni atti, in particolare il registro delle intercettazioni telefoniche che riguardano il professor Pietro Di Miceli. Chi è costui? Un commercialista molto affermato, che segue per le Procure di Palermo, Trapani e Marsala gli accertamenti patrimoniali su alcuni boss. Nel 1992, in base a imputazioni poi archiviate, è stato accusato di essere legato a esponenti mafiosi e massonici, e dunque indagato dalla Procura di Palermo, che gli ha messo i telefoni sotto controllo. Così, il 22 giugno '94, è stato intercettato un fax che gli ha inviato un ispettore ministeriale, Enrico De Felice, che gli chiedeva una raccomandazione per diventare capo dell'Ispettorato di via Arenula. Di Miceli, infatti, si vanta di essere buon amico del ministro Biondi (che smentirà). E De Felice sembra essere al corrente delle indagini su mafia e massoneria che investono anche Di Miceli, visto che pare ne abbia parlato con qualcuno. Quel fax e quegli elementi impongono alla Procura di indagare anche su De Felice per abuso d'ufficio e rivelazione di segreto investigativo.

E proprio quel fax chiede di vedere l'ispettore Nardi (che è il capo di De Felice) appena giunto a Palermo, insieme alle intercettazioni in cui – secondo le cronache dell'epoca – si farebbe cenno alla presunta affiliazione massonica di Biondi e del suo vicecapo di gabinetto, il pretore catanese Vincenzo Vitale, collaboratore del «Giornale» di Berlusconi (i due interessati la smentiranno categoricamente). Un ispettore che s'interessa alle indagini su un altro ispettore, in cui si parla pure dei vertici del Ministero? Ecco allora che un cancelliere denuncia la cosa al procuratore Caselli: «L'ispettore sembrava sapere bene quel che cercava». Caselli apre un'inchiesta. Ce n'è abbastanza per far esplodere un caso fra il governo e la Procura. E infatti, ai primi di dicembre, il caso deflagra.

Caselli, a fine ispezione, interroga Di Miceli e chiede notizie a Nardi, il quale sostiene che, a parlargli dell'inchiesta sull'ispettore Di Natale, è stato il procuratore aggiunto Luigi Croce, che lo smentisce. Di Miceli rivela che a dirgli di essere intercettato è stata una collega, la commercialista romana Claudia Sinibaldi.

La quale, a sua volta, dice di averlo saputo dall'ex presidente della Regione, il democristiano Rino Nicolosi. Questi conferma tutto, e sostiene di aver appreso la notizia dal giudice Vitale. Che viene indagato anche lui per abuso e rivelazione di segreti: l'accusa è quella di aver confidato – tramite quegli intermediari – a Di Miceli che il suo studio romano era intercettato e che quel fax (con il curriculum e la richiesta di raccomandazione di Di Natale) era finito sul tavolo di Caselli. Il 13 dicembre Ugo Dinacci, capo dell'Ispettorato, si dimette (salvo poi ripensarci dopo qualche ora). Vitale, difeso dall'onorevole avvocato Enzo Fragalà di An, nega tutto, anche di conoscere Di Miceli. Ma secondo l'accusa conosce sia il commercialista sia la Sinibaldi: il terzetto si sarebbe incontrato in giugno all'hotel Nazionale di Roma. Di Miceli, sempre secondo l'accusa, aspirava a una consulenza in un dicastero economico del governo: in aprile aveva anche preso contatto col futuro ministro della Difesa Previti, che però non gli aveva dato soddisfazione. Così aveva chiesto una mano alla Sinibaldi, perché lo segnalasse al ministro leghista del Bilancio Giancarlo Pagliarini. Ma la cosa non aveva avuto seguito. L'inchiesta verrà poi trasferita, per competenza, da Palermo a Roma. Dove verrà archiviata. Ma intanto la tensione fra magistrati palermitani e governo è al calor bianco.

Intervistato dal Tg3 l'11 novembre, Caselli denuncia il «calo di tensione nella lotta alla mafia» dovuto alle posizioni di «una parte della classe politica contro i pentiti, il carcere duro e il ruolo dei pm». Berlusconi, dimenticando le promesse fatte nel suo discorso d'insediamento, risponde con gli insulti: «Caselli viene dalle cellule del partito comunista» (8 dicembre 1994). Il fido Ferrara lo spalleggia:

> Caselli si comporta come uno dei leader del partito dei giudici, una sorta di Politbjuro [...]. È un magistrato fortemente politicizzato: partecipava a riunioni nella sede del Pci di Torino. Se ritiene di fare politica, allora si pone fuori dalla Costituzione [*9 dicembre 1994*].

E Sgarbi, di rincalzo:

> Caselli è una vergogna della magistratura italiana, siamo ormai in pieno fascismo: si comporta come un colonnello greco, in

modo dittatoriale, arbitrario, intollerante [...]. I suoi atti giudiziari hanno portato alla morte [*8 dicembre 1994*].

Per gli intoccabili, le partite giudiziarie che si giocano in quei mesi, a Palermo come a Milano, sono ad alto rischio. Tutto il Potere si trova o si sente in qualche modo alla sbarra. C'è la sua quintessenza incarnata, Giulio Andreotti, che sta per essere rinviato a giudizio. E ci sono decine, centinaia di mafiosi che si arrendono e collaborano con la giustizia, cominciando ad accennare ai possibili «mandanti occulti» delle stragi del 1992-93. Inseguendo quella pista, ai primi del '95, si fa «applicare» a Palermo anche Ilda Boccassini, reduce da Caltanissetta dove ha appena avviato i processi ai boss e ai killer delle stragi e ha raccolto le prime esplosive dichiarazioni di Cancemi. Ma durerà pochi mesi: per una serie di incomprensioni e di rigidità caratteriali, ampiamente ricambiate, non riesce a «legare» con i colleghi della Dda di Palermo, e sceglie di tornare a Milano dove ben presto prenderà in mano l'inchiesta «Toghe sporche» nata dalle rivelazioni della Ariosto. Sui «Sistemi criminali» che fanno da sfondo ai mandanti occulti, come vedremo, il pool antimafia di Palermo apre comunque un'indagine collegata a quelle di Caltanissetta e Firenze: un fascicolo che fin dal titolo allude a scenari non solo mafiosi, ma anche istituzionali della vecchia e della nuova politica.

Appena Andreotti viene rinviato a giudizio, scatta unanime la gara di solidarietà della «casta» politica. Pierferdinando Casini e Clemente Mastella, leader del Ccd, scendono a Palermo il 26 settembre '95 per presenziare alla prima udienza del processo. E Berlusconi si schiera platealmente dalla parte dell'imputato:

> Andreotti è stato sette volte presidente del Consiglio: all'estero penseranno che l'Italia è stata governata ininterrottamente dalla mafia. Mettere sotto accusa Andreotti, il cittadino italiano più conosciuto all'estero, è una cosa che offende l'appeal dei nostri prodotti all'estero e danneggia il made in Italy. È un male per il Paese. Mi addolora sapere che il mio Paese è conosciuto all'estero prima per la mafia e poi per la pizza [*11 ottobre 1995*].

La politica tutta, non solo Berlusconi, torna a rivendicare il suo presunto «primato» su tutto, anche sulla legalità. Quella di rimettere in riga la magistratura diventa un'ossessione che percorre trasversalmente il Parlamento, da destra a sinistra. Nasce così, dalle ceneri del defunto decreto Biondi, la cosiddetta riforma della custodia cautelare, fortemente osteggiata soprattutto dalle Procure antimafia e varata dalle Camere nell'estate del '95. Prevede manette più «difficili», ma anche una custodia cautelare più breve, producendo centinaia di scarcerazioni per decorrenza dei termini e decine di processi – anche di mafia – celebrati a «gabbie vuote». Ma abolisce pure l'arresto in flagranza per i falsi testimoni (articolo 371 bis del codice penale, «inventato» da Falcone per sbrecciare il muro dell'omertà e approvato soltanto dopo la sua morte). Due gentili omaggi agli imputati colpevoli, soprattutto mafiosi. La legge passa in tutta fretta nell'agosto '95, con i voti di tutti i partiti, eccetto la Lega Nord e pochi cani sciolti del centrosinistra. È la prova generale di quel che accadrà nel quinquennio dell'Ulivo.

La crociera di don Masino

Mentre parte il processo Andreotti, le indagini su Dell'Utri e Berlusconi proseguono in gran segreto. Ma la strada dei processi agli intoccabili è irta di trappole. La prima scatta ai danni di don Masino Buscetta, testimone d'accusa contro Andreotti e potenziale accusatore anche di Dell'Utri. Dopo aver detto ciò che sapeva sul senatore a vita fra il '92 e il '93, il pentito più famoso del mondo ha subìto il linciaggio che sappiamo. E si è rafforzato vieppiù nella convinzione di aver visto giusto, nel 1984, quando decise di non fare i nomi dei politici a Falcone. Il 15 luglio '95 la Procura di Palermo torna a interrogarlo per un'inchiesta minore, che prende il nome da una banca palermitana, la Cram. Ma il fatto che in quel periodo si indaghi anche su Dell'Utri e Berlusconi preoccupa qualcuno: si teme che Buscetta racconti qualcosa anche sul loro conto. E in effetti, in quel verbale, parla degli investimenti di Pippo Calò in Sardegna (concomitanti con gli affari che, in società con Flavio Carboni e altri uomini legati a Calò, il Cavaliere aveva in cantiere nel progetto edilizio di Olbia 2) e di vari amici mafiosi che risiedevano a Milano negli anni Sessanta e Settanta: gli stessi che – secondo la Procura di Palermo – frequentavano Dell'Utri e talvolta anche Berlusconi.

Così, in tempo reale, scatta quella che i pm del processo Dell'Utri definiranno «la trappola». Subito dopo l'audizione davanti ai pm siciliani, don Masino parte con la famiglia per una crociera nel Mediterraneo. Viaggia in incognito, con nome e documenti di copertura forniti dalle autorità americane. Ma sulla motonave Veracruz viene riconosciuto e avvicinato da un giornalista di «Oggi» e di «IdeAzione» (la rivista fondata e diretta da Domenico Mennitti, prima coordinatore e poi deputato di Forza Italia, ascoltatissimo consigliere di Berlusconi). Si chiama Sergio De Gregorio ed è accompagnato dalla moglie e da due amici: un consigliere provinciale forzista di Napoli, Angelo Tramontano, e un altro soggetto vicino al Polo, Umberto Minopoli. Chiacchierando con loro – testimonierà De Gregorio al processo Dell'Utri – Buscetta parla delle «origini mafiose» del patrimonio di Berlusconi e dei rapporti di Dell'Utri con Cosa Nostra. Si scaglia contro l'impegno politico del Cavaliere: «Le pare possibile che uno Stato moderno si affidi a un personaggio le cui fortune provengono dal riciclaggio del denaro della mafia? Oggi in Italia da una parte c'è il male, e dall'altra c'è il bene». Poi gli annuncia come imminenti «clamorose novità» giudiziarie sui due leader di Forza Italia, anche se assicura che lui non dirà niente ai giudici, perché dopo il caso Andreotti ha deciso di «tenersi fuori dalla politica». Il giornalista gli scatta anche una serie di foto e pubblica il suo scoop su «Oggi». Il rotocalco decide di tagliare tutti i riferimenti a Berlusconi e Dell'Utri. Ma De Gregorio li racconta ai colleghi dei quotidiani, quando esplode il caso della crociera di don Masino. E le sue rivelazioni – racconterà lo stesso De Gregorio – sono tutt'altro che gradite agli amici forzisti: «Notai l'imbarazzo dell'onorevole Mennitti per questa mia dichiarazione. Credo che fosse amico di Dell'Utri...».

Buscetta nega, imbarazzato, di essersi abbandonato a quelle confidenze. Ma i pm credono più al giornalista che a lui. E fanno due più due: evidentemente «qualcuno» ha organizzato la trappola per neutralizzare preventivamente le possibili dichiarazioni di Buscetta ai magistrati. Li insospettisce la provenienza politica dei tre personaggi che l'avvicinano sulla motonave. De Gregorio racconta che ad avvertirlo della presenza sulla Veracruz di un «personaggio importante» fu una telefonata anonima; poi, appena salì sulla nave, un altro personaggio gli confidò che c'era don Masino. Risultato finale dell'operazione: scandalo per il pentito che se la spassa in crociera; delegittimazione della sua figura e della sua credibilità mentre sta per iniziare il processo Andreotti; pietra tombale sulle eventuali dichiarazioni che avrebbe potuto rendere su Berlusconi e Dell'Utri. I quali potranno vantare di essere stati «scagionati» dal silenzio, sul loro conto, del «pentito dei pentiti». Se trappola è stata, ha funzionato alla perfezione.

Anonima Sgarbi

Se qualche remora, per via di alleati come la Lega e An ancora sensibili ai temi della legalità, aveva indotto finora il Cavaliere a una certa prudenza formale, più le elezioni del 21 aprile '96 si avvicinano, più i freni inibitori cedono. E la guerra alle «toghe rosse» di Milano e Palermo diventa il cavallo di battaglia della lunga campagna elettorale berlusconiana. Complici i continui assalti alla magistratura del ministro della Giustizia Filippo Mancuso (governo Dini), che sguinzaglia l'ennesima ispezione contro il pool di Milano e ne minaccia ripetutamente una contro quello di Palermo. Una politica che entusiasma il Polo (per il resto ostile al governo) e imbarazza vieppiù la maggioranza (centrosinistra più Lega) fino a indurla a sfiduciare il bizzoso Guardasigilli.

Più si proclamano «garantisti», più i *pasdaràn* dell'orchestrina anti-giudici usano metodi infami. Senza tralasciare neppure le lettere anonime. Vittorio Sgarbi, dalla tribuna quotidiana che generosamente il Cavaliere gli mette a disposizione sulle sue reti, ne legge una il 7 aprile 1995 a proposito dell'assassinio di don Giuseppe Puglisi (ucciso dalla mafia nel quartiere Brancaccio il 15 settembre 1993): per additare addirittura il procuratore Caselli come il mandante morale di quell'orrendo delitto. Quella sera, a «Sgarbi Quotidiani», l'onorevole telepredicatore dice di aver ricevuto una lettera e comincia a leggerla, senza neppure precisare che è anonima e dunque nessuno se ne assumerà mai la responsabilità. Anzi, afferma di non poterne rivelare l'autore, lasciando intendere che ha un nome e un cognome. Breve antologia da quel delirio:

> Un'altra terribile lettera... di cui non posso dare le generalità... mi era scritta... la morte del maresciallo dei Carabinieri Antonino Lombardo... morto ammazzato, mandanti le istituzioni dello Stato e killer Orlando Leoluca e Santoro Michele... mi costringe a parlare di un altro morto ammazzato... don Pino Puglisi... e dei motivi del suo assassinio. Ho taciuto per troppo tempo... ma ora la paura, l'angoscia e soprattutto la rabbia mi costringono a parlare... ero amico... di don Puglisi... un amico al quale egli confidava timori, paure, sensazioni e stati d'animo, giudizi, preoccupazioni... Don Pino fu più e più volte, anzi assiduamente contattato dal dottor Caselli e dai suoi uomini per il suo ruolo di sacerdote di confine e di frontiera... si pretendevano da lui accuse, nomi, circostanze, fatti. Un giorno, dopo un ennesimo contatto, era molto preoccupato e mi disse: qualcuno ha la pretesa assurda che io faccia il pentito... per così dire... e denunci la mia gente, i miei ragazzi e non solo per quello che posso sapere, ma soprattutto per quello che mi è dato di intuire o riconoscere... attraverso il sacramento della confessione. È stato ucciso don Puglisi... è stato ucciso e aveva... come... ogni prete deve essere, come ogni avvocato deve avere... intorno a sé... fedeli, cattolici... qualunque fosse la loro esistenza... quindi, possibilmente anche figli di mafiosi... così come un avvocato... può e deve, perché la legge lo impone, difendere un camorrista o un presunto tale, perché poi si può scoprire che lo sia... quello è la funzione dell'avvocato... limitare l'accusa o dimostrare che è infondata... così come un sacerdote... può avvicinare tutti gli esseri umani per il principio cattolico [...]. Ed aggiunge: Caselli disprezza i siciliani, non sopporta la nostra intelligenza, la nostra inventiva, la nostra capacità di sopravvivere contro tutto e contro tutti... Caselli mi vuole obbligare a rinnegare i miei voti e la mia veste; vuole che io mi prostituisca a lui e crede di essere l'istituzione con la «I» maiuscola... Caselli, più che essere nemico della mafia, è nemico della Sicilia e di Palermo. Parlando di Orlando, che profondamente disistimava, don

Puglisi disse che era il sindaco peggiore di Palermo, perché era un mafioso tracotante con l'abito di gesuita.

Qualche mese prima di essere ucciso, don Pino mi disse angosciato: Caselli, contattatomi e facendomi contattare continuamente dai suoi uomini, ha fatto di me consapevolmente un sicuro bersaglio... ho capito che una vittima di rango come un sacerdote impegnato nel sociale ora mi calza a pennello... ce l'ha a morte con Monsignor Cassisa... l'Arcivescovo di Monreale... accusato da alcuni di essere vicino alla mafia. E siccome nessun prete è disponibile a dirgli quello che vuole sentirsi dire... avrà raggiunto il suo obiettivo se uno di noi verrà ucciso ed io sono uno dei più esposti... e lui lo sa: e ammesso che una protezione possa valere, non ha fatto niente per proteggermi... E così è stato: Caselli per aumentare il suo potere ha avuto la sua vittima illustre... Dopo la sua morte... i suoi amici (di don Pino, ovviamente)... siamo stati interrogati, braccati, perseguitati... ma non per sapere chi ha ucciso don Puglisi... bensì per sapere quello che noi... sapevamo... e se sapevamo quello che ci confidava... e Caselli per ora non si interessa più del caso di un prete morto ammazzato... di Brancaccio e di altri... perché ha raggiunto ben altri obiettivi... non c'è più niente da aggiungere.

Un cumulo di infamie che ovviamente darà origine a un processo per diffamazione. Anche perché – piccolo dettaglio – Caselli non ha mai incontrato in vita sua don Pino Puglisi: non gli ha mai parlato, neppure al telefono.

Sin dagli ultimi mesi del '95 Berlusconi gioca d'anticipo e comincia ad alludere a possibili inchieste sul suo conto per mafia. La prima volta lo fa col pretesto di un'indagine della Dda di Catanzaro su Sgarbi e Maiolo, accusati di voto di scambio da un pentito calabrese, e poi prosciolti:

> È grandissima la mia preoccupazione per la questione giustizia: una situazione agghiacciante, allucinante. C'è questa incredibile indagine sulla Maiolo e Sgarbi, un'interferenza assolutamente inaccettabile dell'ordine giudiziario con il potere legislativo. Le motivazioni dell'avviso di garanzia sono allucinanti. Poi tornano a fiorire voci e «si dice», annunci degli annunci su indagini basate su dichiarazioni di pentiti che in qualche modo tirerebbero in ballo esponenti legati a Forza Italia e anche me stesso... [*5 novembre 1995*].

La Procura smentisce (anche se Berlusconi è iscritto per concorso esterno fin da luglio). E qualche giorno dopo ottiene l'arresto per mafia del presidente forzista della Provincia di Palermo, l'avvocato Francesco Musotto: s'è scoperto che il boss Bagarella, da poco arrestato, aveva trascorso parte della latitanza in casa Musotto (poi verrà riconosciuto colpevole soltanto il fratello Cesare, condannato, mentre Francesco verrà assolto). Prima ancora di avere il tempo di leggere una sola pagina del mandato di cattura, con tutti gli elementi di prova, gli avvocati del foro palermitano inscenano una clamorosa protesta davanti al Palazzo di Giustizia in difesa del collega arrestato. Alcuni acquistano pagine di giornale per inveire contro i magistrati. Anche il Cavaliere torna a tuonare:

> L'arresto in circostanze oscure di un amministratore pubblico eletto in Forza Italia è un attacco terroristico. Vogliono farci passare per un'associazione mafiosa [...]. Scalfaro manifesti la sua volontà politica [...] per impedire che l'amministrazione della giustizia sia asservita a scopi politici di parte e che l'Italia diventi il paese dei teoremi che hanno in testa certi pubblici accusatori [...]. I presidenti delle due Camere possono e debbono intervenire. Ci sono gli strumenti e i mezzi per farlo [*8 novembre 1995*].

Intanto la presidente della commissione Giustizia, Tiziana Maiolo, continua ad accusare Palermo di indagare in segreto su Berlusconi. Che strilla ancora: «C'è bisogno della Maiolo per dire che a Palermo si sta indagando su Berlusconi? Palermo non indaga, trama!» (16 gennaio 1996).

Berlusconi, Dell'Utri e la mafia

Il 18 aprile '96, dopo un anno di governo Dini, si vota in un clima avvelenato dal recente arresto di Renato Squillante e Attilio Pacifico per corruzione giudiziaria, mentre Berlusconi e Previti – parlamentari, dunque pressoché inarrestabili – sono indagati a piede libero per lo stesso reato. Come se ciò non bastasse, ancora una volta, proprio alla vigilia delle urne, la talpa annidata nella Procura di Palermo si produce in un'altra fuga di notizie targata Fininvest: quella sull'iscrizione di Berlusconi e Dell'Utri nel registro degli indagati della Dda di Palermo per concorso esterno in associazione mafiosa e riciclaggio di denaro sporco. Un atto dovuto (che però risale al luglio '95), viste le dichiarazioni rese sul Cavaliere dai pentiti Cancemi, Mutolo, Di Carlo, Calogero Ganci, Anzelmo e soprattutto viste le rivelazioni dell'ex esponente della Dc, nonché mafioso del clan di Brancaccio, Gioacchino Pennino a proposito dei presunti investimenti di Stefano Bontate nelle tv del Biscione. Dichiarazioni che si aggiungono a quelle di diversi altri collaboratori di giustizia sul conto di Dell'Utri. Caselli ha fatto di tutto per tenere nascosta la cosa: al punto da aver provveduto a iscrivere i due illustrissimi personaggi senza i loro nomi, ma con sigle di copertura (rispettivamente, XXXXX e YYYYY: l'iscrizione, come abbiamo visto, «retrodatata» agosto 1994, risale all'agosto 1995, numero di registro 6031/94). Ma la talpa viene a saperlo comunque e spiffera tutto al «Foglio» di Giuliano Ferrara e al Tg5 di Enrico Mentana, che sparano la notizia il 15 marzo, tre giorni dopo l'arresto di Squillante e Pacifico e un mese prima delle elezioni del 18 aprile. A nulla valgono le smentite di Caselli, anche perché la notizia è vera, ancorché vecchia di un anno. Ancora una volta si gioca sporco, scegliendo il momento più favorevole per buttare in politica, e dunque in rissa, le gravissime accuse che pendono sul candidato premier e sul suo braccio destro. Infatti Berlusconi tuona contro «l'ennesima interferenza giudiziaria a orologeria nella campagna elettorale: una manovra a tenaglia che da Nord a Sud punta a distruggere la mia immagine».

La Procura interrogherà Mentana, Ferrara, i loro corrispondenti palermitani e il coordinatore forzista siciliano Gianfranco Miccichè, nel tentativo di smascherare la talpa che, secondo l'accusa, avrebbe addirittura violato il sistema informatico della Procura. Ma le fonti dei giornalisti, ovviamente, sono segrete e nessuno le rivelerà. Mentana si limiterà a far capire che l'informatore era un magistrato.

L'inchiesta su Berlusconi verrà poi archiviata il 19 febbraio 1997, dopo due anni di indagini (1994-96), dal gip Gioacchino Scaduto perché i termini massimi per indagare sono trascorsi (il 5 agosto '96) senza che la Procura abbia potuto raccogliere prove sufficienti per chiedere di processare il Cavaliere. Nello stringato provvedimento, una pagina e mezza, si legge che, «pur essendo emersi ad oggi diversi elementi che sembrano sostenere l'ipotesi accusatoria, la palese incompletezza delle indagini non consente di valutarne appieno il valore indiziario». E questo perché i pm non hanno avuto tempo sufficiente per riscontrare gli «elementi indiziari contenuti nell'enorme mole di materiale raccolto». Come scrivono i pm nella richiesta, inoltrata il 7 novembre 1996,

> sono emersi vari elementi utilizzabili a sostegno dell'ipotesi di accusa [...]. Tuttavia le indagini sono particolarmente complesse per la vastità dei fatti da verificare, fatti prospettati dalle fonti di prova con riferimento a vicende, situazioni e relazioni illecite in un lungo arco di tempo. [...] Anche per tali motivi allo spirare del termine non sono ancora state completamente evase le deleghe di indagini conferite alla Polizia giudiziaria. [...] In data prossima alla scadenza sono state acquisite rilevanti dichiarazioni riguardanti, direttamente o indirettamente, il Berlusconi, in relazione alle quali non è stato possibile procedere alle verifiche necessarie proprio per il breve periodo di tempo rimasto; [...] quindi gli elementi raccolti entro la scadenza del termine non possono ancora ritenersi, allo stato degli atti, idonei a sostenere utilmente l'accusa in dibattimento, ai fini di una affermazione della responsabilità per il reato associativo.

Nessuna «giustizia a orologeria» per le elezioni del '96, comunque: la fuga di notizie targata Fininvest è molto tardiva, addirittura a ridosso della richiesta di archiviazione, che sarà presentata dalla Procura al gip il 7 novembre.

A quel punto le strade degli indagati si separano: richiesta di rinvio a giudizio per Dell'Utri e Cinà; richiesta di archiviazione per Berlusconi. Alcune dichiarazioni di pentiti sul Cavaliere – rileva il gip Scaduto – sono state raccolte proprio a ridosso del termine ultimo di scadenza fissato dalla legge. L'inchiesta è ancora incompleta e incompiuta, meriterebbe ulteriori approfondimenti, ma il gip non li può più richiedere. Nei mesi successivi, la Procura raccoglierà altre notizie di reato, sempre sull'ipotesi di riciclaggio, e iscriverà altre quattro volte Berlusconi sul registro, sempre nello stesso fascicolo 6031/94.

Ricapitolando: la Procura chiede la prima archiviazione per Berlusconi e per il finanziere colluso Filippo Alberto Rapisarda (concorso esterno e riciclaggio) il 7 novembre 1996; il gip Gioacchino Scaduto la dispone il 19 febbraio 1997. Poi il Cavaliere subisce la seconda iscrizione per riciclaggio, in seguito alle dichiarazioni di vari collaboratori di giustizia, insieme a Dell'Utri e al boss Ignazio Pullarà, in concorso con i capimafia (nel frattempo uccisi) Stefano Bontate e Mimmo Teresi. Nella terza iscrizione compaiono solo i nomi di Berlusconi e Dell'Utri. Nella quarta Berlusconi, Dell'Utri, Vito Ciancimino, Francesco Paolo Alamia (finanziere legato a Ciancimino e Rapisarda), i boss Vincenzo Piazza e Giuseppe Graviano. Nella quinta, solo Berlusconi.

Nel 1998 il vicedirettore della Banca d'Italia Francesco Giuffrida, nominato consulente della Procura, e il maresciallo della Dia Giuseppe Ciuro vengono sguinzagliati per vari mesi nelle sedi della Fininvest e di alcune banche (Popolare di Lodi ex Rasini, Popolare di Abbiategrasso e Bnl) alla ricerca dei documenti contabili e societari sulla nascita delle innumerevoli Holding Italiana (numerate dalla 1 alla 22, ma poi se ne scopriranno una quarantina) che stanno dietro al gruppo del Biscione, e soprattutto a caccia delle fonti di finanziamento e di capitalizzazione. Mentre Berlusconi siede al fianco di D'Alema nella Bicamerale, intento a riscrivere la Costituzione repubblicana, i finanzieri gli perquisiscono le società per cercar di capire dove ha preso i soldi che gli consentirono, fra la fine degli anni Settanta e i primi anni Ottanta, il balzo decisivo nel firmamento delle tv. Con polemiche a non finire contro la Procura di Palermo, accusata di disturbare i manovratori ri-costituenti.

Alla fine, il 26 ottobre 1998, la Procura chiede di archiviare anche le quattro nuove indagini, con altrettante motivazioni identiche. Il gip Scaduto firma i decreti di archiviazione, anche questi con lo stampino, il 25 novembre 1998. Berlusconi esce così da tutti e cinque i procedimenti palermitani a suo carico. La consulenza Giuffrida e quella della Dia si interrompono sul più bello: verranno comunque trasfuse nel processo a Marcello

Dell'Utri, iniziato il 5 novembre 1997. Il consulente tecnico dell'accusa alzerà le braccia in segno di resa a proposito di 113 miliardi di lire dell'epoca (pari a circa 300 milioni di euro), di cui «si ignora la provenienza». In parte – 8 miliardi dell'epoca (pari a oltre 20 milioni di euro) – entrarono nelle Holding addirittura «in contanti».

Berlusconi, Dell'Utri e le stragi

I guai del Cavaliere in terra di Sicilia non sono finiti. Anzi, sono appena cominciati. Prima a Firenze e poi a Caltanissetta, i nomi di Berlusconi e Dell'Utri vengono iscritti nel registro degli indagati addirittura con l'ipotesi di concorso nelle stragi del 1992 (Capaci e via D'Amelio) e del '93 (Milano, Firenze, Roma). Sono le indagini sui cosiddetti «mandanti esterni». Per evitare fughe di notizie, sul registro delle notizie di reato vengono usati nomi in codice: a Firenze Berlusconi è «Autore 1» e Dell'Utri «Autore 2»; a Caltanissetta sono, rispettivamente, «Alfa» e «Omega».

L'indagine fiorentina, avviata nel luglio '96, ipotizza che Berlusconi, tramite le amicizie mafiose di Dell'Utri, abbia partecipato a un disegno finalizzato a una «campagna stragista continentale avente come obiettivo strategico (anche) quello di ottenere una revisione della normativa che invertisse la tendenza delle scelte dello Stato in tema di contrasto alla criminalità mafiosa». Campagna realizzata con l'attentato a Maurizio Costanzo (Roma, via Fauro, 14 maggio '93) e con le stragi di via dei Georgofili a Firenze (27 maggio '93), di via Palestro a Milano (27 luglio '93), di San Giovanni in Laterano e San Giorgio al Velabro a Roma (28 luglio '93), oltre al fallito eccidio allo stadio Olimpico di Roma (novembre '93) e all'attentato al pentito Totuccio Contorno a Formello (Roma, 14 aprile '94). L'indagine si chiude il 7 agosto 1998 con la richiesta di archiviazione dei pm Gabriele Chelazzi e Giuseppe Nicolosi, accolta dal gip Giuseppe Soresina il 14 novembre dello stesso anno. Nel decreto di archiviazione, il gip osserva che il «progetto stragista» del '93, cioè lo sbarco della mafia nel Continente, appare omogeneo ad una utilizzazione politica esterna rispetto a Cosa Nostra, coincidente con la nascita di una nuova formazione politica [*Forza Italia, N.d.A.*], con la ricerca di nuovi referenti politici da parte di Cosa Nostra, con l'obiettiva convergenza degli interessi politici di Cosa Nostra rispetto ad alcune qualificanti linee programmatiche della nuova formazione (art. 41 bis O.P., legislazione sui collaboratori di giustizia, recupero di garantismo processuale, asseritamente trascurato dalla legislazione dei primi anni 90). [...] [*Si sono acquisiti*] risultati significativi in ordine all'avere Cosa Nostra agito in seguito ad input esterni, a conferma di quanto già valutato sul piano strettamente logico; all'avere i soggetti di cui si tratta [*Berlusconi* e *Dell'Utri, N.d.A.*] intrattenuto rapporti non meramente episodici con soggetti criminali cui è riferibile il programma stragista realizzato; all'essere tali rapporti compatibili con il fine perseguito dal progetto. [...] [*Va*] rilevato come l'ipotesi iniziale [*l'accusa di concorso in strage, N.d.A.*] abbia mantenuto e semmai incrementato la sua plausibilità [...]. Ma gli elementi raccolti non sono idonei a sostenere l'accusa in giudizio e solo l'emergere di nuovi elementi potrà attribuire concretezza all'ipotesi.

Nel frattempo si muove sulla stessa ipotesi d'accusa, per le stragi Falcone e Borsellino, la Procura di Caltanissetta. Il 22 luglio 1998 i pm Paolo Giordano, Luca Tescaroli, Anna Palma e Nino Di Matteo iscrivono sul registro, ancora per concorso in strage, Berlusconi e Dell'Utri. Qui le accuse provengono da Totò Cancemi, ma anche da altri pentiti come Siino, Cannella, Pennino, La Barbera, Brusca e Avola. La Procura chiederà l'archiviazione nel marzo 2001, dopo un duro scontro fra Tescaroli e il procuratore capo Giovanni Tinebra: Tescaroli vorrebbe inserire gli elementi negativi comunque emersi a carico di Dell'Utri, il capo invece propende per una richiesta «morbida». Tescaroli lascerà Caltanissetta per trasferirsi a Roma, dicendo che nel capoluogo nisseno «non esistono più le condizioni» per lavorare liberamente. Dopo molti mesi di riflessione, il gip Giovanbattista Tona disporrà l'archiviazione solo il 3 maggio 2002. E solo dopo aver scritto che

> gli atti del fascicolo hanno ampiamente dimostrato la sussistenza di varie possibilità di contatto tra uomini appartenenti

a Cosa Nostra ed esponenti e gruppi societari controllati in vario modo dagli odierni indagati [*Berlusconi e Dell'Utri, N.d.A.*]. Ciò di per sé legittima l'ipotesi che, in considerazione del prestigio di Berlusconi e Dell'Utri, essi possano essere stati individuati dagli uomini dell'organizzazione quali eventuali nuovi interlocutori [...]. [*Ma*] la friabilità del quadro indiziario impone l'archiviazione.

Parole addirittura più pesanti ha usato la Corte d'Assise d'Appello di Caltanissetta, che il 23 giugno 2001 ha condannato 37 boss mafiosi per la strage di Capaci: in un capitolo intitolato esplicitamente *I contatti tra Salvatore Riina e gli on. Dell'Utri e Berlusconi*, i giudici scrivono che la mafia intrecciò con i due «un rapporto fruttuoso quanto meno sotto il profilo economico»: talmente fruttuoso che poi, nel 1992, «il progetto politico di Cosa Nostra sul versante istituzionale mirava a realizzare nuovi equilibri e nuove alleanze con nuovi referenti della politica e dell'economia». Cioè a «indurre nella trattativa lo Stato ovvero a consentire un ricambio politico che, attraverso nuovi rapporti, assicurasse come nel passato le complicità di cui Cosa Nostra aveva beneficiato».

Ecco: è con un capo dell'opposizione indagato per mafia, riciclaggio e strage che l'Ulivo, tra il 1996 e il 2001, inaugura la stagione del «dialogo» (o dell'«inciucio») sulla giustizia. Ed è proprio il 1996 il punto di svolta, quando la Procura di Palermo, che sente prossima la sconfitta di Cosa Nostra, viene bloccata da un complesso di fattori che lo storico Paul Ginsborg ha riassunto così. Primo: i magistrati hanno sottovalutato «quanto il sistema mafioso permeasse l'intero sistema sociale», e mentre «cercavano di stabilire la legalità» venivano «guardati male da una grandissima parte della popolazione [...] anche dalla borghesia ricca, anche da una parte di quella colta» che li considerava «dei rompiscatole», perché «la legalità impediva la vita normale». Secondo: «la campagna martellante e denigratoria promossa contro di loro da una parte politica e televisiva». Terzo: «uno scarso entusiasmo del potere politico che li ha accompagnati dal 1996 in poi», quando «la questione della mafia e della magistratura più esposta non è diventata una priorità nell'azione di governo».[5]

Primato della politica o del «papello»?

Vinte le elezioni del 18 aprile '96, il centrosinistra butta a mare il suo programma elettorale – le «Cento tesi» di Prodi, piene di ottimi propositi per una giustizia rapida ed efficiente – per sposare quello del Polo, scritto di suo pugno da Cesare Previti in un agile e profetico libretto verde dal titolo *Un programma per la giustizia. La realizzabile utopia di un'Italia più civile*. Nel quinquennio 1996-2001, quasi tutte le proposte avanzate nei primi anni Novanta da Riina nel cosiddetto «papello» (di cui parlano alcuni pentiti), riservato ai referenti vecchi e nuovi di Cosa Nostra, già fatte proprie da vari esponenti del Polo nel '94 ma non realizzate per mancanza di tempo, balzano all'ordine del giorno dell'agenda politica e vengono in gran parte attuate. Con maggioranze bulgare, che vanno dall'estrema destra all'estrema sinistra (salvo poche, lodevoli eccezioni).

L'elenco dei provvedimenti che complicano la vita ai magistrati, ai pentiti e ai testimoni, e la agevolano ai delinquenti, soprattutto mafiosi, sarebbe sterminato. Basta ricordare, il 1° luglio '97, la depenalizzazione dell'abuso d'ufficio non patrimoniale, che lascia le mani libere agli amministratori scorretti; e, alla fine dello stesso mese, la riforma dell'articolo 513 del codice di procedura penale, che cestina le dichiarazioni rese dai coimputati (pentiti inclusi) dinanzi ai pm, se non vengono ripetute in tribunale. Se l'accusatore non si presenta in aula, o fa scena muta avvalendosi della facoltà di non rispondere, l'accusato viene quasi sempre assolto. *La mafia abolita per legge*, s'intitola un durissimo editoriale di Caselli sulla «Repubblica». Diversi esponenti del centrosinistra chiedono le dimissioni del procuratore. Il 2 novembre '98 la Consulta dichiara il nuovo 513 incostituzionale. Ma in men che non si dica il Parlamento pressoché unanime lo infila addirittura nella Costituzione (nuovo articolo 111, che introduce i cosiddetti «principi del giusto processo»): il primo caso di una norma incostituzionale che entra nella Costituzione. La norma, sebbene richieda la doppia lettura sia alla Camera sia al Senato, viene definitivamente approvata a tappe forzate in otto mesi o poco più: prima votazione al Senato il 24 febbraio '99, seconda approvazione alla Camera il 9 novembre. Un plebiscito: votano contro soltanto in sei. Risultato: le dichiarazioni di accusa dovranno essere ripetute in tribunale. Altrimenti quelle rese in fase d'indagine diventano carta straccia. Con gravissimi danni per i processi di mafia, dove è difficile vedere un testimone confermare le accuse in faccia a un boss mafioso che lo scruta dalla gabbia. Infatti sono centinaia quelli che, in aula, ritrattano oppure tacciono, preferendo un'incriminazione per reticenza a una vendetta dei picciotti. Che, intanto, vengono assolti con tante scuse in moltissimi processi. Caselli – nel frattempo passato alla direzione delle carceri – torna a scrivere, sempre sulla «Repubblica», contro il giusto processo. Boselli, Cossiga e La Malfa – tutti alleati del governo D'Alema – tornano a chiedere le dimissioni di Caselli.

In contemporanea, parte l'assalto del Polo e di ampi settori «garantisti» dell'Ulivo contro l'articolo 192, quello che consente al giudice, nel suo libero convincimento, di utilizzare come prova la «convergenza del molteplice»: ossia le dichiarazioni «incrociate» e coincidenti di due o più pentiti, che si integrano e si riscontrano a vicenda, purché, si capisce, siano state rese autonomamente e separatamente. Così è avvenuto al maxiprocesso e nei tanti altri dibattimenti istruiti da Falcone e Borsellino. E così la Cassazione ha più volte sentenziato: a cominciare dal verdetto del gennaio 1992, che ha reso definitive le condanne del «maxi».

Complici tutti questi «segnali», il clima politico intorno alle indagini di mafia è pessimo. Non passa giorno senza che qualcuno attacchi i magistrati e i pentiti. Si distingue nel tiro al bersaglio la massima autorità del ramo: il presidente della commissione Antimafia, il socialista Ottaviano Del Turco, preferito a candidati come Pino Arlacchi e Pietro Folena nonostante la sua totale incompetenza in materia (o forse proprio per questa). Appena accennano a qualche intoccabile, i pentiti diventano inattendibili, pilotati, prezzolati, calunniatori. Ed è unanime convinzione che siano troppi e costosi, insomma, che vadano sfoltiti. A questo provvede una gestione sconcertante della commissione ministeriale (presso il Viminale) sui collaboratori e i testimoni. Vengono espulsi a decine, anche per minime violazioni formali, dai programmi di protezione: in pratica riconsegnati fra le braccia delle organizzazioni criminali, ben felici di riaccoglierli nelle proprie file. Altri, abbandonati dallo Stato o mal sorvegliati dalle forze dell'ordine, tornano ben presto a delinquere: regalando così altra legna al falò «garantista».

Il ministro della Giustizia Giovanni Maria Flick decide di chiudere le supercarceri di Pianosa e dell'Asinara, come da anni chiedeva il Polo, per restituirle al turismo d'*élite*. Spariscono così i simboli del 41 bis, peraltro progressivamente addolcito e dunque «svuotato» anche in seguito a sentenze della Consulta (isolamento meno rigido, ora d'aria più «socializzante», qualche telefonata in più a casa). La legge del 1998 sulla privacy contiene una norma che disarma i magistrati di un altro strumento investigativo indispensabile: i tabulati telefonici, che d'ora in poi dovranno essere distrutti dai gestori (Telecom, Omnitel e così via) dopo soli cinque anni. Il che significa che le indagini sulle stragi del 1992-93, superato il quinquennio, devono continuare senza. Se, passata la scadenza, dovessero emergere sospetti su questo o quel personaggio non ancora sfiorato da indagini, nessuno potrà sapere a chi telefonava nei giorni della mattanza.

Massimo e Silvio, i ri-costituenti

Il 22 gennaio 1997 nasce la commissione Bicamerale per la riforma della seconda parte della Costituzione, sotto la presidenza *bipartisan* di Massimo D'Alema (votato anche da Forza Italia e dal Ccd). Dell'illustre consesso di padri costituenti fa parte anche, al tavolo d'onore, il plurimputato Silvio Berlusconi. Il presidente Scalfaro, fiutando l'aria che tira, ha avvertito i neocostituenti fin da prima che s'insediassero: «La Bicamerale non perda tempo con la giustizia e si occupi delle riforme di sua competenza» (30 novembre 1996). E infatti la giustizia non è neppure prevista dalla legge costituzionale che istituisce la commissione, approvata il 24 gennaio 1997:

> La Commissione elabora progetti di revisione della parte seconda della Costituzione, in particolare in materia di forma di Stato, forma di governo e bicameralismo, sistema delle garanzie.

Quattro temi, quattro comitati che prendono nome da quattro dei cinque «titoli» della seconda parte della Costituzione. Manca proprio quello denominato «Magistratura». Che dunque non è previsto fra le competenze della Bicamerale, come precisa lo stesso presidente *in pectore* D'Alema: «Le grandi questioni all'ordine del giorno sono federalismo, parlamentarismo, forma di governo» (17 luglio 1996). Berlusconi subito lo avverte: «Vi accorgerete dell'incombente drammaticità del tema giustizia» (10 ottobre 1996). Ma D'Alema sembra non sentirci: «Sulla giustizia non vedo questioni costituzionalmente rilevanti» (18 ottobre 1996). Giuliano Ferrara però ordina:

> La giustizia è il problema numero uno. Il capo dell'opposizione [*Berlusconi, N.d.A.*] viene sistematicamente perseguitato dai giudici. D'Alema deve […] intervenire per fermare gli aggressori. Se no D'Alema e i suoi si possono scordare tutto: le pensioni, l'ingresso in Europa, le riforme costituzionali, tutto. Basterebbe poco per rimettere in riga i pm […] sotto controllo della politica. Vedrete che la sinistra qualcosa concederà.[6]

Ed è un ottimo profeta. L'11 febbraio 1997 D'Alema si rimangia tutto e proclama: «Il rapporto fra magistratura e potere politico è uno dei temi che più seriamente dovrà impegnare la Commissione». Il 23 Berlusconi scomoda Dante per dargli ragione: «La giustizia in Bicamerale? Qui *si parrà la nobilitate* dei signori dell'Ulivo. Per fortuna il clima è molto positivo». Lo dimostra la creazione di un comitato denominato «Sistema delle garanzie» che abusivamente riformerà la magistratura. Dov'è il trucco? Nel fatto che la Costituzione, sotto il titolo «Garanzie costituzionali», non si occupa mai di magistratura, ma della Consulta e delle leggi costituzionali. Infilarci la magistratura è un abuso. A completare il quadro del «clima molto positivo» (per Berlusconi) è la nomina del relatore di quel comitato: il verde Marco Boato, ex lottatore continuo, ex radicale, ex socialista, sempre critico con la magistratura, sostenitore della separazione delle carriere e della discrezionalità dell'azione penale, nonché fondatore con il forzista Marcello Pera di un sedicente «Comitato per la giustizia» che consente al «Foglio», diretto da Giuliano Ferrara ed edito da Veronica Berlusconi, di attingere ai finanziamenti statali della stampa di partito. Boato partorirà ben sette bozze sulla giustizia, molto applaudite dal Polo e molto criticate dall'Anm e dalle Procure più impegnate, ma anche dai più insigni giuristi e costituzionalisti, oltreché dal presidente Scalfaro.

In sintesi, l'ultima bozza Boato prevede: la gerarchizzazione delle Procure; lo sdoppiamento del Csm in due sezioni, una per i pm e una per i giudici, le cui carriere vengono di fatto separate; l'aumento dei membri laici (politici) a discapito dei togati (magistrati); la riduzione dei poteri del Csm e l'aumento delle interferenze del ministro della Giustizia nell'azione giudiziaria; l'obbligatorietà dell'azione disciplinare, affidata a un procuratore generale eletto dal Senato (cioè gradito alla politica), il quale «riferirà annualmente al Parlamento sull'esercizio dell'azione disciplinare»; i magistrati non risponderanno più disciplinarmente al Csm, ma a una «Corte di giustizia della magistratura» presieduta da un politico; la fine dell'obbligatorietà dell'azione penale, visto che «il ministro della Giustizia riferisce annualmente al Parlamento sull'esercizio dell'azione penale e sull'uso dei mezzi di indagine», e visto che saranno punibili solo i reati che determinano «una concreta offensività»; i pm non potranno più avviare indagini *motu proprio*, ma dovranno limitarsi ad attendere le denunce della polizia giudiziaria (che dipende dal governo) e di cittadini volonterosi. Completa il quadro un'altra norma, prevista dalla bozza sulla riforma del Parlamento: la maggioranza per le amnistie scende dai due terzi al 50% più uno.

Quando legge il lavoro di Boato, Licio Gelli dichiara entusiasta:

> Vedo che, vent'anni dopo, questa Bicamerale sta copiando pezzo per pezzo il mio Piano di rinascita democratica, con la bozza Boato. Meglio tardi che mai. Anche la sinistra sta sposando la mia causa. A quella fonte purissima si stanno abbeverando tutti, dopo avermi perseguitato come golpista per tanti anni [...]. Mi dovrebbero dare il copyright.[7]

Il 30 ottobre 1997 tutti i partiti, eccetto Rifondazione comunista, approvano la bozza Boato in Bicamerale. Ora la palla passa al Parlamento. Il 14 febbraio 1998 Paolo Flores d'Arcais raccoglie su «MicroMega» le firme contrarie di Bobbio, Galante Garrone, Montanelli, Bocca, Sylos Labini, De André, De Gregori, Stajano, Baricco, Starnone, Tabucchi, Vattimo, Del Colle e Sansa. L'Anm è in agitazione. Borrelli e Caselli parlano di sistema «incostituzionale» per le enormi lesioni all'indipendenza della magistratura. I procuratori Scarpinato e Cordova evidenziano le analogie con il piano della P2. Il 22 febbraio Gherardo Colombo rilascia un'intervista al «Corriere della Sera», dal titolo: *Bicamerale, figlia del ricatto*. E subisce assalti forsennati più da sinistra (D'Alema, Mussi, Folena, Boato, Salvi) che da destra. I presidenti delle Camere, Violante e Mancino, lo attaccano in un comunicato congiunto. Il ministro Flick lo fulmina con un procedimento disciplinare, da cui verrà assolto.

Il 27 maggio 1998 – quando i giochi sembrano fatti – Berlusconi annuncia di aver cambiato idea: in Parlamento voterà contro i progetti della Bicamerale. Il presidenzialismo gli pare troppo annacquato e la controriforma della giustizia non gli basta più. Vuole l'amnistia per sé e i suoi amici, ma né An né una parte del centrosinistra sono disposti a pagarne il prezzo d'impopolarità. Che fosse l'impunità, più che la Grande Riforma, il suo vero obiettivo lo fanno chiaramente intendere i suoi più stretti collaboratori, che parlano di un accordo firmato sottobanco fra destra e sinistra e accusano «qualcuno» di essersi tirato indietro. Rivela Giuliano Ferrara:

> Fu stipulato un patto, nel gennaio '97, che ha resistito per oltre un anno: l'opposizione collabora lealmente a fare le riforme istituzionali, la maggioranza accetta un programma di restaurazione dello Stato di diritto e garantisce il leader dell'opposizione dall'agguato giudiziario.[8]

Quei favori trasversali

Nell'ottobre del 1998, tramontata la Bicamerale, cade il governo Prodi per lo sfilarsi di Rifondazione comunista dalla maggioranza. L'indomani Massimo D'Alema ha già pronta una maggioranza alternativa (con Mastella, Buttiglione e Cossiga alla guida di un plotone di parlamentari eletti nel centrodestra che passano al centrosinistra). E, previa dichiarazione di morte dell'Ulivo, diventa presidente del Consiglio. Oliviero Diliberto sostituisce Flick alla Giustizia. Nel '99, oltre al «giusto processo», viene varata la riforma del «giudice unico», voluta per razionalizzare il lavoro dei magistrati accorpando preture e tribunali e istituendo collegi monocratici per i reati minori. Ma la legge attuativa (la cosiddetta «Carotti», approvata nel 1999) contiene un altro enorme regalo a Cosa Nostra, già invocato da Totò Riina nel famigerato «papello»: l'abolizione di fatto dell'ergastolo, attraverso l'allargamento del rito abbreviato a tutti i delitti, anche quelli più gravi (stragi mafiose comprese). Chi accede all'abbreviato ha diritto allo sconto di un terzo della pena, e invece dell'ergastolo rischia al massimo 30 anni, che con tutti i benefici della legge Gozzini diventano quasi sempre meno di 20. Per la prima volta, i mafiosi ergastolani contano gli anni che li separano dalla scarcerazione. Il tutto, mentre a Firenze e a Caltanissetta si processano i boss per le stragi del '92 e '93. Il 23 ottobre 2000, nell'aula bunker della Corte d'Assise d'Appello di Firenze, Riina, Giuseppe Graviano e altri 15 colleghi condannati in primo grado all'ergastolo per gli eccidi di Milano, Firenze e Roma si alzano e chiedono alla Corte il rito abbreviato, che consentirebbe loro di scendere a 30 anni. Solo allora, e solo per le proteste dei magistrati antimafia e dei familiari delle vittime, il nuovo governo (premier Giuliano Amato, Guardasigilli Piero Fassino) ingrana la retromarcia e in tutta fretta, il 23 novembre, vara un decreto che di fatto, con un escamotage, esclude dal rito abbreviato i mafiosi processati per omicidio o strage: chiunque, oltre al delitto di sangue, risponde anche di un altro reato (tipo l'associazione mafiosa), viene condannato all'ergastolo più l'isolamento diurno. L'abbreviato elimina l'isolamento diurno, ma l'ergastolo rimane intatto, senza più scendere a 30 anni.

Le leggi, varate o progettate, che favoriscono l'illegalità non si contano più: l'abolizione delle omologhe societarie; la proposta del sottosegretario Antonino Mirone (Ppi) di modificare il falso in bilancio depenalizzando quello che non supera certe quote di «rilevanza» (la cosiddetta modica quantità); la depenalizzazione dell'utilizzo di false fatture (un favore a Marcello

Dell'Utri, condannato a Torino anche per quel reato); la norma che consente di patteggiare le pene anche in Cassazione (sempre per salvare Dell'Utri, che con i 3 anni e 2 mesi rimediati in Appello rischia la galera, e invece la eviterà patteggiando in terzo grado 2 anni e 6 mesi); la Simeone-Saraceni che rende ancor più complicata l'esecuzione delle pene definitive; l'obbligo di cancellare le intercettazioni «indirette» a carico dei parlamentari (quando il criminale viene sorpreso a telefonare a un deputato o a un senatore); il dimezzamento delle scorte per i magistrati antimafia e gli altri soggetti «a rischio».

Poi, nell'ultima fase della legislatura (governo Amato, guardasigilli Fassino), ecco il micidiale «uno-due» della riforma dei pentiti e della legge sulle indagini difensive. La prima cancella un'altra delle conquiste che Falcone e Borsellino pagarono con la vita, riducendo di molto i premi riservati dallo Stato ai mafiosi che collaborano con la giustizia: in pratica elimina gran parte degli incentivi che avevano indotto tanti boss a scaricare la mafia e impone a chi ancora collabora di dire tutto ciò che sa entro e non oltre 180 giorni: sei mesi, pochissimi per chi vive da trenta o quarant'anni dentro Cosa Nostra e ha tutta una vita da ricordare e raccontare. Il risultato è quello di bloccare, di fatto, il fenomeno delle collaborazioni (i nuovi pentiti si conteranno d'ora in poi sulle dita di una mano). La seconda legge assegna agli avvocati poteri di indagine pari a quelli dei pm, senz'alcun vero controllo sulla genuinità delle prove raccolte. Addirittura un avvocato potrà interrogare i testimoni di un delitto prima ancora che il suo cliente venga iscritto nel registro degli indagati, cioè prima ancora che il testimone sia comparso dinanzi al magistrato: con gravi rischi di inquinamento e di intimidazione. Arrivano così le «indagini preventive», affidate naturalmente agli avvocati, fra le proteste dei magistrati antimafia.

Complotto a orologeria

Sullo scorcio del 1997 il processo Dell'Utri è alle porte e quello ad Andreotti entra nel vivo. È il momento ideale per una nuova campagna contro la Procura di Palermo. Che infatti esplode puntualissima sui giornali, in tv e in Parlamento grazie alla clamorosa fuga di notizie sulle accuse verbalizzate alla Procura di Caltanissetta da un capitano del Ros dei Carabinieri, Giuseppe De Donno, contro il procuratore aggiunto di Palermo Guido Lo Forte. E sulla conseguente iscrizione dell'alter ego di Caselli sul registro degli indagati. Le accuse si riferiscono a presunte rivelazioni del pentito Angelo Siino a proposito del rapporto investigativo del Ros «Mafia e appalti», scritto dal capitano De Donno e passato da qualcuno a uomini della mafia e della politica, fra i quali Salvo Lima, nel 1991. Ancora una volta, dopo il caso della mancata perquisizione al covo di Riina, Ros e Procura si ritrovano l'un contro l'altra armati.

La notizia, ovviamente segreta, viene insufflata a un giornalista e pubblicata dalla «Repubblica» proprio nel giorno della prima udienza del processo Dell'Utri, il 5 novembre 1997. Notizia vera, intendiamoci. Ma concentrata tutta sul nome di Lo Forte, mentre insieme con lui sono indagati anche altri colleghi, dall'ex procuratore di Palermo Pietro Giammanco al suo fedelissimo Giuseppe Pignatone. Così quel mattino, mentre si apre il processo al braccio destro di Berlusconi, tutti parlano dell'inchiesta sul suo accusatore.

Il titolo della «Repubblica» è prudente: *Il ritorno dei corvi*. Ma l'impatto politico-mediatico è dirompente, grazie anche alla grancassa berlusconiana. Ecco, in sintesi, i fatti descritti dalla «Repubblica»:

> Siino ha raccontato ai procuratori di Palermo che «un maresciallo dei carabinieri gli promise quel rapporto». E ha aggiunto che, alla vigilia del suo pentimento, furono proprio alcuni carabinieri ad avvicinarlo per chiedergli di chiamare in causa, come «vicini alla mafia», alcuni sostituti procuratori del pool di Caselli come Guido Lo Forte, il «motore» delle tre più importanti inchieste condotte a Palermo (Contrada, Andreotti, Dell'Utri). Ben altra la rivelazione che l'ufficiale dei carabinieri ha depositato in un verbale di interrogatorio dinanzi al procuratore di Caltanissetta. Ben prima del suo pentimento – ha detto il capitano Giuseppe De Donno – Angelo Siino era già «un confidente» dell'Arma. In un colloquio informale svelò che Cosa Nostra poteva «far riferimento» per ottenere notizie istruttorie riservate sulla disponibilità dell'al-

lora procuratore di Palermo, Pietro Giammanco, e dei sostituti Giuseppe Pignatone e Guido Lo Forte. Chi racconta il vero e chi il falso? O chi racconta soltanto mezze verità che, come si sa, sono ancora più insidiose e indistruttibili delle menzogne?[9]

L'accaduto è a dir poco stupefacente. Il 10 ottobre 1997 Siino, da poco pentito, dichiara alla Procura di Palermo che nel febbraio '95, quand'era ancora un confidente del Ros, De Donno gli aveva chiesto notizie su Lo Forte; poi il colonnello Mori l'aveva interpellato su alcune brutte voci che circolavano sul conto di colleghi carabinieri. Lui gli raccontò che nel '91 il maresciallo del Ros Antonino Lombardo aveva tentato di vendergli «in anteprima» il dossier del Ros su mafia e appalti, ovviamente top secret, in cambio di denaro. Lombardo si suicidò poco dopo quelle rivelazioni, il 4 marzo 1995.

Appena raccolte le dichiarazioni di Siino, la Procura – che ha pure un'indagine aperta sul suicidio Lombardo – interroga De Donno e Mori. È il 13 ottobre 1997. I due ufficiali confermano gran parte delle confidenze che Siino dice di aver fatto al Ros. Ma, quanto all'offerta del dossier «Mafia e appalti», sostengono che Siino non la attribuì a Lombardo, bensì al tenente Carmelo Canale, suo cognato. Anche se li invitò a diffidare anche di Lombardo (la Procura, nella richiesta di archiviazione dell'indagine sul caso Lombardo, crederà a Siino e definirà «quanto meno reticenti» e «contraddittorie» le dichiarazioni di Mori e De Donno). A questo punto, colpo di scena: pochissimi giorni dopo la sua deposizione a Palermo, De Donno si reca inopinatamente a Caltanissetta per raccontare tutt'altra versione: e, cioè, che secondo Siino la fuga di notizie su mafia e appalti era opera di magistrati: Giammanco, Pignatone, Lo Forte o altri. E poche ore dopo la sua deposizione, ovviamente segretissima, la notizia arriva alla «Repubblica».

Interviene subito il procuratore nazionale Antimafia, Vigna:

> Ci sono due versioni date dalla medesima persona in tempi diversi che si contraddicono tra loro. Spetta ora alla magistratura di Caltanissetta verificare questi fatti. Non c'è nulla da drammatizzare.

Ma la data della fuga di notizie – il giorno della prima udienza Dell'Utri – autorizza i peggiori sospetti, come fa subito notare Nino Caponnetto: «È un episodio inquietante, anche per il momento in cui avviene, e non voglio aggiungere altro». E Caselli, sulla stessa linea:

> È singolare che certe notizie siano diffuse proprio nei momenti più delicati dell'attività della Procura di Palermo, per di più inserendosi in una sistematica campagna di diffamazione e denigrazione del complessivo lavoro dell'Ufficio e in particolare dei pm impegnati nei procedimenti più rilevanti e difficili. Quanto è accaduto e sta accadendo non impedirà alla Procura di Palermo di continuare ad adempiere scrupolosamente al proprio compito di difesa e azione della legge nella certezza che certi attacchi, al di là di un singolo ufficio, finiscono per colpire la possibilità stessa di esercitare senza condizionamenti la funzione giudiziaria. In questo quadro vanno al dottor Lo Forte la fiducia e la stima dell'Ufficio tutto e del Procuratore della Repubblica, che ormai da cinque anni si avvale della sua preziosa e validissima collaborazione.[10]

Interviene anche il legale di Siino, Alfredo Galasso, ex deputato della Rete:

> Mentre comincia il processo a Marcello Dell'Utri, si registrano inquietanti episodi che fanno comodo al vecchio-nuovo sistema di potere mafioso. È in atto un comodo tentativo di delegittimare un magistrato, ma anche un intero ufficio, proprio nello stesso giorno in cui si apre a Palermo un delicato processo che intende leggere sino in fondo i rapporti tra ambienti mafiosi e alta finanza.[11]

Infatti il caso diventa subito il pretesto ideale per scatenare, all'ombra di una finta solidarietà a Lo Forte, l'ennesima campagna contro i pentiti «inaffidabili» e «bugiardi». E per mettere sullo stesso piano Lo Forte e i suoi imputati. Soprattutto nel pieno della Bicamerale, che sta suscitando proteste vivacissime da parte della magistratura più impegnata, quella palermitana in prima fila. A Marco Boato, relatore sulla giustizia, non par vero di poter dichiarare:

> O si parla di veleni sempre o si parla di semplici sospetti che hanno bisogno di una verifica rigorosissima. Se questa vicenda avesse colpito un cittadino qualunque, nessuno si sarebbe sognato di parlare di veleni, mentre si parla di veleni nel momento in cui una affermazione di un collaboratore verrebbe a colpire un magistrato. Le dichiarazioni di un pentito non possono essere considerate sempre e comunque attendibili quando riguardano persone o direzioni di indagine che la Procura di Palermo ritiene attendibili e diventare inattendibili quando vanno in un'altra direzione.[12]

Boato ignora o finge di ignorare che qui le accuse non provengono da un pentito, ma da un carabiniere che le attribuisce a Siino nel periodo in cui era un semplice «confidente», e che ha fornito due diverse versioni dello stesso fatto.

L'*affaire* Siino-De Donno si trascinerà per mesi e mesi, col risultato di tenere Lo Forte occupato a difendersi, sottraendo preziose energie ai processi Andreotti e Dell'Utri. Alla fine la sua posizione e quella degli altri magistrati verrà archiviata dal gup di Caltanissetta.

Di Maggio: chi spara, chi spera

Il 14 ottobre 1997 la Procura di Palermo fa arrestare il pentito Balduccio Di Maggio, l'uomo che ha fatto catturare Riina, uno dei capisaldi del processo Andreotti. Grazie anche alla «distrazione» dei carabinieri che lo proteggono e dovrebbero pure sorvegliarlo, Di Maggio è tornato indisturbato nella natia San Giuseppe Jato per regolare i conti con il clan rivale, quello dei Brusca. Con la stessa accusa vengono arrestati altri due pentiti: Gioacchino La Barbera e Santino Di Matteo, testimoni chiave della strage di Capaci.

Che Di Maggio e altri collaboratori siano tornati a delinquere lo va dicendo da qualche mese Giovanni Brusca, ma senza portare elementi concreti. La Procura, comunque, apre un'inchiesta sin dalla fine del '96, affidata ai pm De Luca, Imbergamo, Principato, Sabella, e coordinata da Lo Forte. Ma i pm diffidano di Brusca: non è ancora un collaboratore di giustizia, ma soltanto un «dichiarante»; poco prima di essere arrestato e di iniziare a collaborare, aveva progettato un complotto contro il presidente della Camera Violante per accusarlo falsamente di avergli promesso l'impunità in cambio di accuse ad Andreotti; e poi s'è scoperto che ha cercato di coprire il boss Vito Vitale, coinvolto in gravissimi delitti. Insomma, sulle sue dichiarazioni in quella fase la cautela è massima. Si teme un nuovo depistaggio contro il processo Andreotti. E poi, se l'Arma che ha in custodia Di Maggio non segnala nulla di strano, perché preoccuparsi?

In ogni caso, la Procura indaga (sia sull'ipotesi affacciata da Brusca, sia su quella di una calunnia contro Di Maggio). Il pentito viene interrogato, ma finge di cadere dalle nuvole e si dice pronto a farsi controllare 24 ore su 24, anche se per la legge è un libero cittadino in attesa di giudizio (durante quel periodo, ma lo si scoprirà soltanto più tardi, ha già assassinato, il 30 agosto 1996, un certo Giuseppe Giovanni Caffrì). Lo Forte chiede ufficialmente al Servizio centrale di protezione, in aggiunta ai Carabinieri, di sottoporlo a controlli nel luogo di residenza, in Toscana. Ma il Servizio (che dipende dal governo, non dalla Procura) non deve prestarvi soverchia attenzione, se è vero che non s'accorge né delle trasferte di Balduccio a San Giuseppe Jato, né dei suoi contatti con i compari del paese che poi si scopriranno coinvolti nei suoi delitti. La Procura dispone anche l'obbligo di firma e una serie di accertamenti. Dai quali però non emerge nulla. Intanto, a San Giuseppe Jato, Balduccio fa sparare ad altri due uomini vicini a Brusca: il 7 agosto '97 all'imprenditore Francesco Costanza, che si salva per miracolo, e il 24 settembre a Vincenzo Arato, che muore ammazzato.

Ai primi di ottobre viene catturato Giuseppe Maniscalco, che rivela di essere uno dei killer di Balduccio a San Giuseppe Jato. La Procura ordina – non ai Carabinieri, ma alla Dia – intercettazioni ambientali a carico di Di Maggio. Avuta la prova del suo ruolo di mandante dei tre delitti, lo fa arrestare ed espellere dal programma di protezione. E, nel processo per i reati già confessati, chiede una condanna a 30 anni di reclusione: una richiesta molto più pesante di quella che sarebbe toccata a Di Maggio se non fosse tornato a delinquere (l'Assise gli infliggerà poi 27 anni).

Invece degli elogi per aver smascherato il doppio gioco del pentito, che né il Servizio di protezione né i Carabinieri avevano scoperto, la Procura di Palermo viene investita dall'ennesimo ciclone di accuse, polemiche e veleni. Come se spettasse ai pm, e non all'Arma, sorvegliare il pentito nei suoi spostamenti fra la Toscana e il Lazio. C'è addirittura chi accusa il pool di Caselli di aver dato a Di Maggio una «licenza di uccidere» indisturbato: lo stesso copione delle lettere anonime del Corvo, quello che imputava a Falcone di aver favorito il ritorno in Sicilia di Totuccio Contorno per consumare le sue vendette. Poi, naturalmente, si comincia a sostenere che ora tutte le dichiarazioni rese da Di Maggio prima di tornare a delinquere – ampiamente riscontrate e utilissime per arrestare fior di latitanti, da Riina in giù, e per farli condannare a decine di ergastoli, nonché per scoprire covi e sequestrare arsenali – sono carta straccia. Soprattutto quelle su Andreotti. «La confessione di Di Maggio», dice compiaciuto Del Turco, «dà il colpo definitivo alla credibilità dei pentiti». Parola del presidente dell'Antimafia.

E che Di Maggio fosse al centro di manovre contro il processo Andreotti lo si scopre poco dopo: quando Balduccio confessa i suoi nuovi delitti e quando il Ros deposita a Caltanissetta le bobine con le registrazioni delle confidenze di Angelo Siino, non ancora pentito, al colonnello Carlo Meli. Che cosa racconta Balduccio? Che nel maggio '97 l'ex avvocato di Brusca, Vito Ganci, gli chiese un appuntamento in un autogrill vicino a Roma. Si incontrarono. E il legale gli propose di far saltare il processo Andreotti e tutto il sistema dei pentiti. Il primo a saperlo fu Angelo Siino, ancora «confidente» del Ros. Approfittando di alcune visite mediche a Pisa, andò a trovare Di Maggio (che viveva in Toscana), il quale gli raccontò la proposta di Ganci. Siino corse a riferire tutto al colonnello Meli: «Si sta preparando la fine del processo Andreotti». Meli, a sua insaputa, registrò quello e gli altri colloqui con Siino. Ma non risulta che abbia avvertito la Procura di Palermo di quella minaccia incombente sul «processo del secolo». Se informato per tempo, il pool di Caselli avrebbe saputo fin dal maggio-giugno '97 delle manovre criminose di (e intorno a) Di Maggio, avrebbe svolto accertamenti sull'agitarsi di Ganci e avrebbe scoperto chi lo mandava. Invece niente. Il Ros consegnerà quelle bobine soltanto dopo l'arresto di Di Maggio, nell'ottobre del '97. E non alla Procura di Palermo ma, inspiegabilmente, a quella di Caltanissetta: Caselli le riceverà soltanto il 4 febbraio 1998. E solo allora avrà le prove del complotto per far saltare il processo Andreotti. Un nuovo durissimo scontro si apre dunque fra la Procura e il Ros. Anche perché Di Maggio dichiara sibillino: «Non so se uno che è sotto protezione è così abile da sfuggire al programma. Sono stato lasciato solo perché allo Stato conveniva...».

Ma le polemiche non sono finite. Gioacchino La Barbera, confermando che Di Maggio gli aveva parlato delle sue scorribande omicide a San Giuseppe Jato, sostiene che era molto sicuro di sé, come se non avesse nulla da temere. Tant'è che gli disse: «Se vado a finire io in galera, assieme a me porto due o tre pm del processo Andreotti. [...] Ho i cani attaccati, non possono farmi niente». Anche su questa frase i soliti Jannuzzi & C. montano subito una campagna menzognera: Di Maggio – insinuano – ricatta i pm di Palermo perché questi gli lasciarono «licenza di uccidere» in cambio delle accuse ad Andreotti. Ma basta leggere le carte per capire che è tutto falso. Di Maggio parlava della proposta dell'avvocato Ganci: che non solo gli aveva chiesto di ritrattare, ma anche di raccontare che le accuse ad Andreotti «gli erano state dettate dai pm». Per questo Balduccio sbruffoneggiò con La Barbera: «Ho dato dei documenti a un professionista collegato con Andreotti, con persone che possono arrivare ad Andreotti: se toccano me, arrestano due o tre pm». Messo alle strette, il 28 gennaio 1998 Di Maggio confessa in aula al processo Andreotti: l'avvocato Ganci gli aveva detto che pezzi delle istituzioni erano disposti a scucire miliardi se avesse ribaltato il processo; e gli aveva presentato due uomini fra i 35 e i 45 anni, i quali gli promisero 6 miliardi in cambio della ritrattazione e, «se pure fossi finito in carcere, ci avrebbero pensato loro a tirarmi fuori». In caso di rifiuto, «mi avrebbero fatto la pelliccia». Chi erano quei due?

La Procura di Palermo e poi quella di Roma aprono un'indagine (poi archiviata) sul presunto depistaggio. Dai primi accertamenti risulta che Ganci è legato ad ambienti andreottiani. Conosce bene Fabio Sbianchi, ex segretario di Marco Ravaglioli (genero di Andreotti e giornalista del Tg1 nonché uomo politico andreottiano, prima consigliere e assessore al Comune di Roma e poi deputato dal '92 al '94). Sbianchi conferma di averlo a lungo frequentato: Ganci fu invitato al suo matrimonio e gli fece un gradito regalo. Si scopre pure che Di Maggio fu avvicinato dall'ex sindaco andreottiano di San Giuseppe Jato, Baldassarre Migliore, che prima nel '95 e poi nell'agosto '97 gli promise «vantaggi economici» per diversi miliardi se avesse ritrattato. Resta da capire perché l'entourage del senatore a vita si agitasse tanto intorno a Di Maggio, se è vero che le sue accuse erano tutte invenzioni e calunnie.

Che, poi, il pool di Palermo non avesse nulla da nascondere lo dimostra proprio il trattamento, tutt'altro che di favore, riservato a Di Maggio: nel '96 l'ha indagato, nel '97 l'ha fatto arrestare, nel '99 ha chiesto per i suoi vecchi delitti una condanna a 30 anni e l'ha fatto cacciare dal programma di protezione. Il tutto senza che il pentito potesse rispondere con alcun ricatto.

Morte provvidenziale di un giudice

Spenta una campagna, se ne fa subito un'altra. È la lunga estate calda del dopo Bicamerale e mancano pochi mesi alla fine del processo Andreotti.

Il 31 luglio 1998, mentre Scalfaro difende, davanti al Csm, la magistratura dalle «nuove aggressioni» del Polo, Berlusconi si reca alla Procura di Caltanissetta per denunciare Filippo Alberto Rapisarda per calunnia dopo le accuse lanciate dal finanziere contro di lui al processo Dell'Utri. Ma il vero obiettivo della denuncia sono quelle «frange politicizzate della magistratura» che avrebbero «concorso nelle calunnie di Rapisarda indagando nella direzione sbagliata»: cioè su Berlusconi e Dell'Utri, «persone per bene», anziché su Rapisarda, «delinquente abituale». La mossa, preannunciata da giorni, viene solennizzata dal pm nisseno Tinebra, che decide di ricevere il Cavaliere nel suo ufficio. Rapisarda, a sua volta, denuncerà Berlusconi. Entrambe le denunce saranno archiviate. Ma il trattamento di tutto riguardo riservato da Caltanissetta a Berlusconi provoca un duro scontro con la Procura di Palermo, che sostiene che spetta ai giudici del processo Dell'Utri valutare l'attendibilità di Rapisarda e che la Procura nissena dovrebbe trasmettere gli atti a Palermo. Scontro che si risolverà parecchi mesi più tardi, dopo una burrascosa riunione fra Caselli, Tinebra e Vigna.

L'11 agosto 1998 il procuratore presso la Pretura di Cagliari, Luigi Lombardini, si toglie la vita dopo un interrogatorio dinanzi a Caselli e altri quattro magistrati palermitani. Pochi minuti dopo il suicidio, si scatena l'ennesima montatura politico-mediatica, che punta ad attribuirlo all'«accanimento» dei pm, «assassini» o quantomeno crudeli verso il povero collega. I fatti, in sintesi, sono questi. La Procura di Palermo viene investita del caso dai colleghi di Cagliari, per competenza: si sospetta, infatti, che Lombardini abbia avuto un ruolo, insieme a un gruppo di faccendieri e avvocati, nel convincere i parenti di Silvia Melis, rapita dall'Anonima Sequestri, a pagare il riscatto in barba alla legge. Qualunque cosa abbia fatto, è chiaro fin dall'inizio che il procuratore potrebbe avere abusato del suo potere: addetto ai reati minori, quelli da Pretura, non poteva certo intervenire in veste ufficiale in un sequestro di persona, affidato dalla legge alla Dda della Procura presso il Tribunale. Le ipotesi di accusa vanno dall'estorsione al falso alla calunnia. Per i reati dei magistrati di Cagliari è competente la Procura di Palermo. Caselli si reca così a Cagliari con quattro colleghi (l'aggiunto Vittorio Aliquò, i sostituti Ingroia, Lia Sava e Giovanni Di Leo) per interrogare ed eventualmente perquisire in contemporanea diverse persone coinvolte a vario titolo nel sequestro Melis, fra le quali Lombardini. A tirarle in ballo è stato il padre di Silvia Melis, che ha denunciato di essere stato raggiunto nottetempo da Lombardini il quale, a volto semicoperto, gli avrebbe messo le mani addosso e intimato di pagare un altro miliardo di riscatto ai sequestratori (di qui l'accusa di tentata estorsione) e di scrivere subito una lettera per accusare falsamente i magistrati della Procura di Cagliari di essere d'accordo col pagamento illegale del riscatto (di qui l'accusa di falso e calunnia). La lettera viene poi trovata nello studio dell'avvocato Antonio Piras. Il diario dell'avvocato dei Melis, Luigi Garau, conferma punto per punto il racconto del padre di Silvia.

L'interrogatorio di Lombardini davanti a Caselli e ai suoi pm è lungo e complesso, ma di rara pacatezza: lo dimostra la registrazione. Alla fine si sente il difensore del giudice, avvocato Luigi Concas, ringraziare i magistrati palermitani per la loro correttezza. Conclusa l'audizione, si deve procedere alla perquisizione dell'ufficio di Lombardini. Ma, un minuto prima che questa inizi, il giudice s'infila nel suo ufficio, chiude la porta a chiave, estrae una pistola dal cassetto e si spara al capo. Sulla sua scrivania vengono poi ritrovati documenti compromettenti sulla sua attività «border line» di procuratore presso la Pretura che continuava segretamente a occuparsi dei sequestri di persona: una lettera in cui si parla del nascondiglio dov'era segregata Silvia Melis e alcune carte sulla «rete» segreta che si metteva in moto per «risolvere» a suo modo i rapimenti.

Al solito partito anti-giudici non pare vero di potersi avventare su quella tragedia, per gettare anche il cadavere di Lombardini addosso a Caselli e ai suoi uomini. Sgarbi torna a urlare «Assassini!», mentre stampa, tv e politici berlusconiani rilanciano l'accusa ai magistrati di aver «suicidato» il collega. Ma anche a sinistra c'è chi si associa voluttuosamente alla campagna. Come il direttore dell'«Unità», il dalemiano Paolo Gambescia, che scrive: «Troppe inchieste sono ormai segnate da eventi luttuosi [...]. La ricerca della verità deve tener conto del dramma nel quale vive l'indagato» (12 agosto 1998). E riceve una valanga di lettere di protesta di lettori indignati. Il procuratore generale di Cagliari Francesco Pintus, futuro editorialista del «Giornale», spara: «Ora tutti sapranno chi è Caselli». E Luigi Manconi, allora segretario dei Verdi: «Nell'interrogatorio di Lombardini poteva configurarsi un vero e proprio accanimento giudiziario». Più esplicito il finanziere-editore Nicky Grauso, vecchio amico di Berlusconi, anche lui indagato per l'*affaire* Melis: «I pm di Palermo sono degli sporchi assassini». Paolo Cirino Pomicino, sul «Giornale», arriva a scrivere: «Alcune procure sono simili ai terribili squadroni della morte [...]. Lo squadrone di Caselli quella immagine la evoca in modo sinistro».

Un'intercettazione, acquisita agli atti dell'inchiesta, sul telefono di Grauso fotografa in diretta la costruzione a tavolino della campagna politico-mediatica alla corte del Cavaliere. Dall'altro capo del filo c'è Paolo Liguori, ex lottatore continuo, poi socialista, poi andreottiano-ciellino-sbardelliano, infine berlusconiano, in quel momento direttore di «Studio Aperto» (il tg di Italia 1). Sono le ore 19,29 del 12 agosto '98, a 23 ore dal suicidio di Lombardini.

> Liguori: Ho seguito le cose di oggi... anche se io sono in barca, però ho seguito bene perché noi ci siamo mossi molto, credo, abbiamo fatto sei pezzi oggi al telegiornale, oltre a tutto pure un'intervista al Delfino, tu che cosa mi dicevi?
> Grauso: Ma, eh... dicevo...
> L: Di lasciare aprire molto il ventaglio delle polem..., delle critiche e non chiuderle soltanto nell'ambito di Forza Italia, no?
> G: Esatto, anzi io direi a ques... siccome stavano arrivando polemiche anche dalla sinistra... [*incomprensibile*]
> L: E come no, noi per esempio abbiamo intervistato Boato... poi...
> G: Qui [...] si tratta di decidere se si vuole essere efficaci o vanitosi.
> L: No, io credo che in questo momento bisogna... è molto meglio puntare sull'isolamento di Caselli.
> G: Esatto...
> L: [*inc.*]
> G: E allora la cosa migliore da fare è non far parlare quelli del Polo.
> L: Sì, far parlare il Boato, far parlare Pintus...
> G: Guarda che ce n'è tanto abbastanza, per cui questa è un'occasione irripetibile per fotterli, cioè io non penso che la storia ce ne offrirà altre così...
> L: Io credo pure perché, soprattutto Caselli, perché è entrato in un isolamento forte nella vicenda Berlusconi.
> G: Sì!
> L: Si è messo paura, è corso a Roma a chiedere aiuto, poi ha dovuto fare la smentita che fosse indagato Berlusconi.
> G: Sì.
> L: Quando meno se lo aspettavano e quando stavano aspettando alla controffensiva di un Berlusconi...
> G: Sì.
> L: Che oggi hai visto era pronta su «Repubblica», che ieri ha aperto Biagi, hanno pestato questa buccia di banana.
> G: Sì.
> L: Ora secondo me è più importante allargare il panorama del ventaglio però...
> G: Non c'è dubbio.

L: [*inc.*]
G: Son d'accordo con te... io quella buccia di banana, fra l'altro gliela tengo in piedi tre, quattro giorni perché...
L: Esatto.
G: Poi gli rinfaccio le ril... rivelazioni.
L: Perché tu oggi hai dato questa lettera, no?
G: Sì, ho dato per prima questa lettera, ma ho detto che io ho altri elementi...
L: Allora io... la centelliniamo.
G: Sì.
L: Io penso che di Forza Italia, l'unico che apre e non chiude all'interno del dibattito rispetto con le sue dichiarazioni, sia Pera che tiene buoni rapporti con tutti, quindi sarebbe il caso di far parlare solo Pera e allargare molto nei telegiornali le dichiarazioni ai Boato, ai Pintus...
G: [*inc.*]
L: Che comunque rappresentano altri fronti, no?
G: Non c'è dubbio [*inc.*].
L: Noi per esempio abbiamo dato stasera molto rilievo al medico di famiglia.
G: Sì.
L: Incazzato, perché dice: «ma come, gli si fa la camera ardente al Tribunale, dopo che lo hanno ammazzato in Tribunale?».
G: Sì, questo [*inc.*].
L: [*inc.*]
G: Io fra l'altro ho dato giù un'Ansa, dove ho detto che nei prossimi giorni li denuncio per istigazione al suicidio o omicidio volontario.
L: Sì, sì, son d'accordo con te, son d'accordo con te, infatti io ti ho messo un inviato lì, che è Angelo Macchiavello, e che ti seguirà tutti questi giorni. [*inc.*] E poi seguo la vicenda romana dove [*inc.*] appunto con i Boato e con [*inc.*].
G: Ecco, quello che tu devi fare, è contattare... io... non so, anche attraverso Previti o attraverso i tuoi canali, tutti quelli [*inc.*] di Forza Italia e dire state zitti per tre giorni.
L: E be', ma mo' glielo faccio dire direttamente da... glielo faccio dire direttamente da Cesare [*forse Previti*] [*inc.*].
G: Compreso Berlusconi, stiano zitti, per tre giorni, me la vedo io.
L: Sì, no, caso mai, ti ripeto, l'unico che può fare da sponda è Pera.

G: Sì, guarda che questo passaggio è molto importante, Paolo, eh?
L: Sì, sì, va bene, ho capito.
G: Ok?
L: Senti, fatti vivo, eh?
G: Comunque, dì la verità che sono bravo!
L: Sì, sì, ma anche fortunato perché questa cosa qua...
G: Anche fortunato.
L: Questa cosa qua è stata, diciamo, un colpo inaspettato, molto duro...

Indro Montanelli, invece, è fra i pochissimi a difendere fin da subito Caselli e i suoi, sulla prima pagina del «Corriere della Sera». Caselli gli scrive per ringraziarlo. E il Grande Vecchio:

> Signor Procuratore, le auguro che la limpidezza della sua azione trionfi e valga a disperdere o almeno ad alleggerire la cappa di fango che si cerca di gettare sulla Giustizia. Lo auguro a Lei. Ma lo auguro anche, come cittadino, a me stesso.[13]

Poi, visto che il bombardamento sulla Procura di Palermo prosegue a tappeto, Montanelli torna sull'argomento per

> scagionare Caselli da qualsiasi responsabilità nel suicidio di Lombardini [...]. Dapprincipio, leggendo che Caselli si era presentato alla procura di Cagliari portandosi dietro cinque colleghi, avevo pensato che anche lui fosse incorso in qualcuna di queste pecche [*di protagonismo, N.d.A.*]. Ma poi è risultato evidente che di lavoro, in questo caso, ce n'era non per cinque, ma per dieci o quindici toghe, talmente profondo era il pozzo nero in cui dovevano calarsi. Quanto ai metodi intimidatori, essi sono smentiti non dal resoconto stenografico che si può alterare come si vuole, ma dalla registrazione su nastro di tutto l'interrogatorio su cui non si possono operare né tagli né omissioni. «Lo hanno torchiato per 5 ore!» fu l'indignato grido che si levò dopo il suicidio dell'indagato. Sfido io, con quel po' po' di roba che stava venendo a galla, e che non riguardava soltanto Lombardini, ma tutta la procura di Cagliari, con annessi e connessi avvocati, avventurieri, delinquenti e vittime in un inestricabile viluppo di responsabilità e complicità, che disperiamo di vedere mai chiarito.[14]

Solo dopo mesi di linciaggio il Csm, ascoltata la registrazione dell'interrogatorio, libererà i pm palermitani da ogni sospetto, riconoscendo che avevano fatto col massimo scrupolo e la massima prudenza il loro dovere: nessun «nesso causale» tra «le modalità di svolgimento degli atti processuali, il cui merito esula dal sindacato del Consiglio, e l'evento tragico della morte» del giudice. «Gli atti nei confronti del dottor Lombardini», accerterà il ministro della Giustizia Flick dopo «ampia ricognizione», «risultano compiuti in modo corretto, formalmente e sostanzialmente rispettosi delle regole processuali». La Procura di Caltanissetta archivierà tutte le denunce dei parenti di Lombardini contro Caselli e i suoi. Dal 1998 a oggi, non s'è più verificato un solo sequestro di persona in tutta la Sardegna.

Salvate il soldato Dell'Utri

Il 31 dicembre 1998 Dell'Utri viene sorpreso da uomini della Dia sul litorale di Rimini mentre incontra un falso pentito, Giuseppe Chiofalo, per organizzare un complotto contro i veri pentiti che lo accusano. È – secondo la Procura di Palermo – un depistaggio in grande stile, che punta a screditare lo strumento stesso dei collaboratori di giustizia: che non accusano soltanto Dell'Utri, ma l'intero vertice di Cosa Nostra, condannato grazie a loro a caterve di ergastoli. Se la manovra andasse in porto, sarebbero a rischio centinaia di processi e la mafia realizzerebbe finalmente il suo sogno di demolire quel portentoso strumento investigativo che, pagato col sangue da Falcone e Borsellino, ha consentito di infliggerle i colpi più duri. I giudici di Palermo chiedono alla Camera l'autorizzazione ad arrestare Dell'Utri per calunnia aggravata, proprio come fece Falcone con il falso pentito catanese Giuseppe Pellegriti, che aveva accusato Salvo Lima di aver ordinato il delitto Dalla Chiesa. Apriti cielo. Accuse di «accanimento» non solo da destra, ma anche da vari settori dell'Ulivo. Infatti metà del centrosinistra vota con il Polo contro l'arresto del deputato-imputato e lo salva dalle manette. Il 13 aprile la richiesta d'arresto è respinta con uno scarto di soli 22 voti: contrari Forza Italia, An, Ccd, ma anche diniani e mastelliani, lo Sdi, mezzo Ppi, verdi come Marco Boato e Paolo Cento, comunisti come Giuliano Pisapia;

favorevoli, invece, la Lega Nord, i Ds e il resto del centrosinistra, che però sono minoranza. Dell'Utri si salva per soli 11 voti. E la scena si ripeterà tale e quale per le richieste di arresto per mafia a carico dei parlamentari Gaspare Giudice (Forza Italia), Giuseppe Firrarello (Udeur) e Giancarlo Cito (Lega meridionale, alleata del Polo), inoltrate rispettivamente dai giudici di Palermo, Catania e Taranto: tutte respinte dal Parlamento con i voti determinanti di una parte dell'Ulivo.

Qualche sera dopo lo scampato pericolo, Dell'Utri è ospite di Michele Santoro a «Moby Dick», su Italia 1. E quando Santoro gli domanda se esista la mafia, l'onorevole miracolato ribatte così: «Come disse giustamente Luciano Liggio, se esiste l'antimafia vorrà dire che esiste pure la mafia». Seconda domanda: e lei, onorevole, da che parte sta? Risposta: «Io non sto né con la mafia, né con l'antimafia. Almeno, non con questa antimafia, che complotta contro di me attraverso pentiti pilotati». Nichi Vendola di Rifondazione insorge allibito: «Un po' di rispetto per Gian Carlo Caselli e gli altri giudici che hanno sostituito i martiri Falcone e Borsellino!». In quell'istante, sulle labbra di Dell'Utri, si dipingono tre indelebili parole: «Ancora queste storie...». La puntata si chiude con un lapsus clamoroso di Dell'Utri, che dice: «I miei guai dipendono dal fatto che sono mafioso... cioè, volevo dire che sono siciliano...». È un segno dei tempi anche quello.

Il clima è cambiato. Lo avvertono anche i collaboratori di giustizia, sensibilissimi a ogni «segnale» esterno. Nel momento in cui le Procure tentano di spremerli su argomenti cruciali come i mandanti occulti delle stragi e i nuovi rapporti fra mafia e politica, la campagna anti-pentiti lascia il segno. E li induce alla massima prudenza, se non al silenzio. Si torna così al 1984, quando Buscetta confidò a Falcone che «non era il momento» per parlare di mafia e politica.

Accade, per esempio, che il 24 maggio 1999 il pm Alfonso Sabella interroghi il pentito Giusto Di Natale. Questo, dinanzi alle sue domande su Berlusconi e Dell'Utri, trema come una foglia. «Vedo che lei è tesissimo», gli dice Sabella. E Di Natale:

> Dottore Sabella, però lei mi deve garantire, promettere, garantire che queste cose non saltano fuori se prima voi non ave-

te [*incomprensibile*] di riscontri e compagnia bella, picchì ca n'ammazzano a tutti, dottore Sabella...

Al processo Dell'Utri, il 1° marzo 2004, Di Natale spiegherà quelle sue parole:

> Io a quel tempo sinceramente non è che ero tanto tranquillo, anche perché, diciamo, c'erano state delle situazioni avvenute in carcere, che in un certo senso mi avevano fatto sospettare qualcosa in più rispetto alle perplessità che ho avuto sempre, e mi riferisco all'intervista che il dottore Dell'Utri rese in una trasmissione televisiva, se non sbaglio si chiamava «Samarcanda» [*in realtà, l'abbiamo appena visto, era «Moby Dick», N.d.A.*]. Diciamo che a quel tempo eravamo in carcere e tutti si aspettavano una bella uscita del dottor Dell'Utri. Dopo l'intervista – che è andata male, perché... o almeno così pensavano in carcere che aveva fatto una figuraccia con quei lapsus freudiani e con il dire allora che lui non sapeva se esisteva la mafia – l'indomani, quando si stava cercando di commentare questa situazione, insomma, si era sparsa la voce che a nessuno era permesso di commentare quell'intervista e dovevamo fare finta che non era successo niente. Diciamo che questa cosa, in un certo senso, spiazzò completamente parecchie persone che erano in carcere e non se ne fece più niente. Diciamo che, nel momento in cui facevo le dichiarazioni al dottor Sabella, effettivamente avevo paura perché...

Gli avvocati di Dell'Utri tentano di interromperlo. Ma il pm riprende il filo del discorso:

> PM: Le voci da chi provenivano? Cioè queste voci hanno un nome, un cognome?
> DI NATALE: Dai capi che c'erano nella sezione in quel momento.
> PM: E cioè?
> DI NATALE: E c'erano... allora c'era insomma, se non sbaglio, questa situazione arrivò dai Galatolo, se non sbaglio c'era pure il dottore Guttauro [*Giuseppe Guttadauro, boss di Brancaccio, N.d.A.*]. Insomma, non è che mi hanno chiamato personalmente dicendomi di non parlare di questa situazione, ma comunque si è sparsa la voce e già tra di noi come un passaparola ci si è fatto capire che era gradito di non parlare di questa

argomentazione. Diciamo che all'inizio anche nella sezione la sera quando iniziò il dibattito e il dottore Dell'Utri disse non... che non sapeva dell'esistenza della mafia, c'è stato un applauso nella sezione e qualcuno addirittura dalle celle vicine ha esordito dicendo «buonu rici», in siciliano «dice bene, così si fa, non come quegli infamoni dei pentiti». Poi l'intervista cominciò a degenerare arrivando al clou del lapsus freudiano sul fatto che il dottore Dell'Utri disse che i suoi guai nascevano dal fatto che era mafioso e naturalmente si riferiva dal dover dire che era siciliano, che era palermitano. Diciamo che l'euforia cessò fino ad arrivare a qualche commento che era meglio che non si presentava a quella intervista e poi l'indomani arrivò il discorso che non si doveva discutere su quell'intervista [...]. Diciamo che nel momento in cui io rilasciavo determinate dichiarazioni e da quello che avevo visto, perché c'è stato un crescendo di attacco che sembrava un attacco mirato tra le trasmissioni del giornalista Liquori [*Paolo Liguori, N.d.A.*] «Fatti e misfatti», tra le trasmissioni del critico Vittorio Sgarbi che era un continuo attacco giornaliero ai collaboratori e sempre con ripetute trasmissioni che minavano questo impianto dei collaboratori. Insomma, si vedevano che le cose stavano, in un certo senso, cambiando piega, non c'era bisogno di essere addentrato, era proprio l'aria che stava cambiando...

Basterebbero queste parole a smontare un'altra leggenda nera: quella secondo cui i pentiti sarebbero ansiosi di mettersi nei guai lanciando accuse contro gli intoccabili, per compiacere i magistrati. È vero esattamente il contrario.

Insulti, il catalogo è questo

Nei sei anni e mezzo trascorsi alla guida della Procura di Palermo, Caselli ha collezionato con i suoi uomini una discreta serie di tentativi di attentato (da un lanciamissili puntato contro di lui a una falsa ambulanza imbottita di tritolo che doveva penetrare nei sotterranei del Palazzo di Giustizia, al progetto di piazzare un'autobomba nella strada che passa sotto l'incrocio antistante il tribunale dove ogni mattina transitano le auto blu dei magistrati). E, in parallelo, una gragnuola di calunnie e diffamazioni che l'hanno costretto a sporgere decine di denunce penali e a intentare cause civili per risarcimento danni. L'ex procuratore conserva un catalogo aggiornato degli insulti più pittoreschi. Breve antologia:

> Assassini, terroristi, farabutti, brigatisti, faziosi, sadici, torturatori, perversi da manuale, venduti, menti distorte, falsificatori di carte, folli, predicatori di mostruosità, bugiardi, frodatori processuali, spregiatori di norme (costituzionali e ordinarie), criminali vestiti da giudici, mafiosi, dissennati, macigni sulla strada della democrazia, omuncoli bisognosi di una perizia psichiatrica, cupola mafiosa, corruttori della dignità dei siciliani, foraggiatori di pentiti destinati ad alimentare il pozzo nero dell'antimafia postfalconiana, malati di mente, antropologicamente diversi dal resto della razza umana...

Il settimanale berlusconiano «Panorama» ospita le diffamazioni di Lino Jannuzzi, Giuliano Ferrara, Andrea Marcenaro e altri. Marcenaro riesce in un'impresa che pareva impossibile: insultare in blocco, in un solo articolo, ben 13 magistrati della Procura di Palermo, alcuni colpiti anche nei loro affetti familiari.

Molti di questi insulti non sono una novità: erano stati indirizzati, tali e testuali, anche contro Falcone e Borsellino. Anche Falcone e Borsellino erano accusati di essere succubi dei pentiti, di nutrire ambizioni di carriera, di piegare la giustizia a fini politici, di costituire un centro di potere e addirittura (Jannuzzi *dixit*) una «cupola mafiosa». Poi, una volta morti ammazzati, divennero santi. E i loro cadaveri cominciarono a essere scagliati contro i loro successori, rimasti colpevolmente vivi.

Questo linciaggio organizzato e sistematico ha lasciato tracce indelebili sulla schiena e sulla pelle di tanti magistrati. Alcuni hanno seguitato a compiere il proprio dovere come se nulla fosse. Altri hanno accusato il colpo. Accanto a una minoranza isolata di «volontari» che continuano ad applicare la legge in maniera uguale per tutti, molti altri si imboscano in postazioni più comode fuggendo lontano dall'epicentro del sisma, si adeguano all'idea che «certi processi non si possono fare», si voltano dall'altra parte, modificano i criteri di valutazione della prova a seconda dell'influenza degli imputati, assolvono gli intoccabili per insufficienza di prove anche quando le prove sono più che sufficienti. O più semplicemente, come ha scritto Peppino Di Lello a proposito della magistratura pre-1992, adottano

> una grande scaltrezza nel riconoscere in teoria la pericolosità della mafia per le sue connessioni con il potere politico ed economico e, al momento di passare alle prassi giudiziarie, nel perseguire costantemente l'ala militare dell'alleanza, tenendo fuori dal campo d'azione l'altro corno del problema. Molti fallimenti della giurisdizione si possono senz'altro spiegare con la funzionalità di questa strategia della rilegittimazione continua del potere «legale» o, detto altrimenti, con una solidarietà di classe intesa come solidarietà di interessi.[15]

Osserva Caselli, nel libro scritto con Ingroia:

> Ci si dovrebbe chiedere (e fin qui ben pochi l'hanno fatto) quali effetti finiscano per avere sulla magistratura [certi] attacchi [...]. Specie se sistematicamente ripetuti. Quali condizionamenti, anche inconsapevoli, possono causare le continue aggressioni contro i magistrati scomodi? Fino a che punto la «scientifica» demolizione dei pubblici ministeri può aver inciso sulla serenità della magistratura giudicante? Quanta parte della slavina di assoluzioni che si è abbattuta su vari processi «eccellenti» in ogni parte d'Italia, sulla fine del secolo scorso e all'inizio del Duemila, può essere dipesa proprio da questa situazione, creata ad arte da chi vi aveva interesse?
> In questi mesi sono tornato varie volte con la memoria a quello che dentro di me ho sempre definito il periodo della grande speranza (non riesco proprio a parlare di grande illusione) nel contrasto a Cosa Nostra. È stato così fino al 1996, credo, o giù di lì, quando abbiamo avvertito con sempre maggior chiarezza come importanti strutture di Cosa Nostra stessero davvero cedendo. Un errore, mi sono convinto, l'abbiamo commesso anche noi. Abbiamo pensato che quel processo di disgregazione dell'organizzazione criminale davanti al nostro incalzare, davanti al continuo incremento delle nostre conoscenze dei loro affari, fosse ormai irreversibile [...]. Abbiamo pensato che, se avessimo continuato come fino a quel momento, avrebbe potuto trovare conferma la constatazione di Falcone: anche la mafia è un fenomeno umano, anche la mafia perciò può avere

un inizio e una fine. Abbiamo pensato che l'isolamento di Cosa Nostra che andava profilandosi fosse ormai irreversibile. Così invece non è stato. Isolata, lo abbiamo constatato, non era Cosa Nostra. Qualcuno cercava di isolare noi [...].
Sono scattate reazioni diverse ma convergenti, spesso mascherate, che, via via sempre meglio orchestrate, hanno avuto lo scopo di spuntarci come minimo le unghie, se non proprio di fermarci. Noi rappresentavamo l'Italia delle regole, o meglio un'Italia che voleva finalmente applicare le regole, non solo enunciarle. Contro, ci siamo trovati l'Italia dei furbi che le regole le sentono come un fastidio, l'Italia dei mille affaristi che considerano le regole un impedimento al loro affermarsi. Contro, ci siamo trovati l'Italia delle impunità, di chi le regole le conosce, le viola e pretende che nessuno gliene chieda conto. Diversa, ma inestricabilmente intrecciata con questa, l'Italia della normalizzazione, dei compromessi, di un'improbabile pacificazione fra chi ha rubato e chi no. Anche a causa di questo intreccio, quelle reazioni contro il nostro lavoro non hanno trovato, se non sporadicamente, adeguate risposte. E, proprio perché non contrastate, hanno finito per dilagare, senza più argine. Sono diventate quasi moda, tendenza. [...]
Se i magistrati, i pubblici ministeri diventano le persone da mettere sotto accusa, ecco che ad avvantaggiarsene obiettivamente sono i loro avversari istituzionali, è la criminalità. Ecco che Cosa Nostra fa meno fatica a risorgere. Contro le nostre speranze. Contro ogni nostra volontà. [...] Cosa Nostra ha avuto più tempo e più spazio per ricostruire le fortificazioni sbrecciate, e noi ci siamo trovati senza più scale adeguate per salire i bastioni di quelle fortificazioni. Con alle spalle squadroni con insegne e obiettivi evidenti, anche se mascherati. Con la sensazione di finire schiacciati contro le mura delle fortezze che stavamo stringendo d'assedio. [...] Quante opportunità, nonostante il costante impegno nostro e delle forze dell'ordine, sono svanite.[16]

Metodo Falcone, metodo Caselli

«Perché gli stessi pm, sulla base degli stessi pentiti, sono bravissimi a far condannare centinaia di mafiosi con la coppola, e diventano incapaci quando processano i mafiosi in colletto bianco?» Se lo domanda spesso, provocatoriamente, Caselli da quando ha lasciato Palermo. Parla di quello che lui e i suoi colleghi, ma anche insigni giuristi, descrivono spesso come il continuo «innalzamento della soglia probatoria» necessaria per condannare imputati eccellenti. Traduzione: negli ultimi anni, per condannare gli intoccabili, i giudici pretendono prove dieci volte superiori a quelle ritenute sufficienti per condannare imputati anonimi. Basta confrontare le sentenze di condanna di tanti picciotti con quelle di assoluzione (con la comoda clausoletta del comma 2 dell'articolo 530) di tanti potenti. Ci ha provato efficacemente Enrico Bellavia in un articolo per «MicroMega»:

> E se Andreotti non fosse Andreotti, ma un Calogero Picciotto qualunque? Se fosse stato uno dei tanti nessuno, o uno di quegli effimeri colonnelli dell'esercito dei boss che attraversano le aule di giustizia di questo paese, come sarebbe finita?
> Questa è la storia di uno come Calogero, un Giuseppe Maiorana, operaio emigrato a far fortuna a Milano nei primi anni Settanta. Giuseppe ha un cugino, Angelo Galatolo, che è un boss palermitano e che sarà ucciso in un conflitto a fuoco. Il 23 maggio del 1978 muore a Trezzano sul Naviglio un certo Damiano Savino. Per capirci qualcosa si cerca tra quelli che conoscono la vittima. Spunta il nome di Maiorana. In tre giureranno di aver sentito dire da uno che non verrà mai interrogato che la sua Opel gialla è stata vista andare via dal luogo dell'omicidio. È ergastolo. Nessuno dei tre ha visto in faccia Maiorana. Di più, ma lo si sarebbe saputo soltanto l'anno scorso, c'è anche un testimone oculare che però è cieco. Maiorana prova a dimostrare che nel giorno dell'omicidio era a Palermo. Non ci sono buchi nei suoi spostamenti. Non ci sono prove che mancano, registri spariti, sorprendenti omissioni. Maiorana ha dei biglietti ferroviari nominativi, e ha un medico che si gioca la carriera per affermare che nel giorno dell'omicidio procurò un aborto illegale alla moglie dell'operaio e che Maiorana era presente. Non basta. E non bastano ancora a una revisione del processo neppure tre pentiti, nuovi di zecca, che giurano che Maiorana non c'entra nulla con quel delitto. Che concordano nel dire che l'autore è proprio quel suo cugino che gli soffiò la macchina, profittando dell'assenza. Il mo-

vente? Uno schiaffo. Proprio così, con la Opel gialla Angelo Galatolo andò a vendicare uno schiaffo preso da Savino.
Questa è, invece, la storia di Giovanni Vitale: un pentito che lo accusa per sentito dire per un delitto del 1994 e una condanna all'ergastolo per un omicidio che sostiene di non avere mai commesso. Il pentito è Pasquale Di Filippo, che racconta ai giudici dell'assassinio di un tale Armando Vinciguerra che fu punito per avere messo in giro la voce, falsa, che il boss di San Giuseppe Jato, Bernardo Brusca, stava per pentirsi. Di Filippo dice che di quell'omicidio gli parlò uno che lo aveva fatto, Vincenzo Buccafusca. E quest'ultimo gli avrebbe parlato anche di Vitale. Giovanni Brusca, figlio di Bernardo, da pentito, racconta soltanto di aver saputo che al delitto partecipò anche un ragazzo. È Vitale? Non è chiaro, ma è lui che finisce nell'elenco di quelli che prendono la condanna a vita. Nessuno quasi se ne accorge. Per ben altro ci si è occupati di quel processo. È il primo nel quale è stato condannato per mafia Vittorio Mangano, lo stalliere di Arcore. È quello nel quale Marcello Dell'Utri è venuto ad avvalersi della facoltà di non rispondere. Chi ci pensa a un Vitale?
E se Andreotti non fosse Andreotti, ma Vitale, o Maiorana, insomma uno dei tanti Picciotto, ci si sarebbe arrovellati su un bacio? Oppure lo si sarebbe liquidato come possibile e probabile declinando la gamma dell'ospitalità sicula, così avara di convenevoli, ma gelosa dei propri riti? [...]
«Non poteva non sapere», ripetono i colpevolisti, spargendo non solo il seme del dubbio, ma evocando un principio in base al quale la gran parte dei processi di mafia a carico dei componenti della Cupola ha ricevuto il bollo in Cassazione. Un principio in base al quale sono state pronunciate le venti condanne a carico di Totò Riina, che certo non ha firmato alcun ordine di servizio per alcuno dei cento omicidi di cui lo si è accusato.
«I riscontri, i riscontri, sono mancati i riscontri», hanno urlato sui giornali i più prudenti, quelli che si sono provati in un'analisi che non fosse la solita filastrocca sulle toghe rosse pronte a porre un sigillo giustizialista sulla storia.
Ma in un processo per mafia, che ruota intorno alla necessità di provare ciò che è coperto da un vincolo di segretezza, cos'è un riscontro? È un fatto, quando c'è, ma anche una serie di indizi che costituiscono una prova logica...[17]

Chi non coglie o non vuole cogliere questo aspetto preferisce contrapporre il «metodo Falcone» al «metodo Caselli»: il primo serio, rigoroso, prudente, fondato su prove granitiche e pentiti «veri», «garantista» con tutti i crismi e i riscontri, dunque foriero di grandi successi processuali; l'altro disinvolto, irruento, «emergenziale», fondato su teoremi evanescenti e pentiti «falsi», senza prove né riscontri, «giustizialista» e dunque votato al fallimento. Ma è davvero così? Se fosse così, il «casellismo» non avrebbe raccolto condanne nemmeno nei processi all'ala militare di Cosa Nostra: lì, invece, non ne ha mancata nemmeno una. E allora?

È stato Caselli, insieme con un pugno di colleghi torinesi impegnati contro il terrorismo, a inventare il lavoro in pool, dal quale poi impararono Chinnici e Caponnetto trapiantando quel modello a Palermo nelle indagini di mafia con Falcone, Borsellino e gli altri. Fu Caponnetto a telefonare a Caselli per chiedergli spiegazioni sul metodo del pool di Torino: «Come fate ad affidare a più giudici istruttori una stessa inchiesta, visto che per il nostro codice il giudice istruttore è monocratico?». Caselli ricorda con emozione quella telefonata:

> Le primissime inchieste sulle Br, di competenza di Torino, erano state assegnate tutte a un solo giudice istruttore, che ero io: erano le inchieste che avevano al centro i sequestri Labate, Amerio e Sossi, operati dal nucleo storico delle Brigate rosse. L'idea di formare un pool ci venne in mente dopo l'assassinio del procuratore generale di Genova, Francesco Coco, ucciso insieme a due uomini che lo scortavano. La Cassazione aveva designato per questa inchiesta noi di Torino poiché, correttamente, aveva interpretato quel delitto come una rappresaglia contro Coco che si era opposto alla liberazione, richiesta dai brigatisti, di detenuti in cambio di quella di Sossi. Mi chiamò nel suo studio il capo dell'Ufficio Istruzione di Torino, Mario Carassi, che mi affidò l'inchiesta Coco dicendomi che però, da quel momento, tutte le inchieste di terrorismo sarebbero state assegnate con me anche ad altri colleghi, che inizialmente sarebbero stati Mario Griffey e Luciano Violante: «È bene che tu non sia più solo», mi disse Carassi, che è stato uno dei miei maestri: «l'estensione del terrorismo è sempre maggiore, per cui è necessario che vi siano in campo più risorse per contra-

starlo. E poi, più obiettivi possibili vi sono, minore diventa il rischio per ogni singola persona». [...] Caso mai fosse successo qualcosa a uno di noi, sarebbero restati gli altri due ad andare avanti. In quei giorni nacquero i pool. Io allora gli feci subito la stessa domanda che poi ci rivolsero Caponnetto, Falcone e Borsellino: come era possibile, dal punto di vista procedurale, realizzare un simile progetto? Come si poteva attribuire a tre magistrati, a tre giudici istruttori contemporaneamente la titolarità di una stessa inchiesta giudiziaria?
La risposta il nostro consigliere istruttore l'aveva trovata lavorando sull'articolo 17 delle disposizioni di attuazione del [...] codice Rocco. Aveva cioè deciso di intestare il processo a se stesso, cioè al dirigente dell'ufficio, delegando poi il compimento dei singoli atti congiuntamente o disgiuntamente ad altri giudici istruttori. Da quel giorno varie volte la Cassazione sarebbe stata investita del problema da ricorsi presentati da difensori di imputati e sempre la Cassazione avrebbe sottoscritto e sostenuto quell'intuizione del geniale consigliere istruttore di Torino. Questo voleva sapere Caponnetto. Questo gli spiegai. Anche a Palermo decisero di lì a poco di adottare un'interpretazione sostanzialmente simile a quella torinese. Per me è stato motivo di grande soddisfazione sapere di aver contribuito in qualche modo a intraprendere fin da allora (assieme a Palermo) una via procedurale assai efficace per contrastare la grande criminalità organizzata. Mi faceva piacere ricordare come gli effetti positivi di una scintilla torinese si fossero presto estesi anche a Palermo con grandi, indiscutibili risultati.[18]

Quando approda a Palermo, avendolo «inventato», Caselli conosce bene quel metodo. E così i magistrati della Procura, che l'hanno sperimentato per anni lavorando fianco a fianco con Falcone e Borsellino. I tempi sono diversi, ma il sistema è identico. E identici sono gli strumenti – i pentiti, i riscontri, l'associazione mafiosa, il concorso esterno – anche se ora c'è in più la legge sui collaboratori di giustizia, che Falcone e Borsellino avevano chiesto per anni e avevano ottenuto solo dopo la morte.

Anche il contestatissimo concorso esterno in associazione mafiosa era, per Falcone e Borsellino, un reato sacrosanto: l'unica arma per recidere le collusioni politico-istituzionali che garantiscono lunga vita e grande potere alla mafia. I due magistrati lo scrissero nero su bianco – plasmando la figura giuridica (tutt'altro che sconosciuta in passato) del concorso esterno in associazione mafiosa – nella sentenza-ordinanza del processo «maxi-ter» a Cosa Nostra, il 17 luglio 1987:

> Manifestazioni di connivenza e di collusione da parte di persone inserite nelle pubbliche istituzioni possono – eventualmente – realizzare condotte di fiancheggiamento del potere mafioso, tanto più pericolose quanto più subdole e striscianti, sussumibili – a titolo concorsuale – nel delitto di associazione mafiosa. Ed è proprio questa «convergenza di interessi» col potere mafioso [...] che costituisce una delle cause maggiormente rilevanti della crescita di Cosa Nostra e della sua natura di contropotere, nonché, correlativamente, delle difficoltà incontrate nel reprimerne le manifestazioni criminali.

Collusioni politico-istituzionali che potevano portare anche all'assassinio, come disse ancora Falcone a proposito dei delitti Mattarella, Dalla Chiesa, Reina e La Torre:

> Omicidi in cui si è realizzata una singolare convergenza di interessi mafiosi e di oscuri interessi attinenti alla gestione della cosa pubblica, fatti che non possono non presupporre tutto un retroterra di segreti e inquietanti collegamenti, che vanno ben al di là della mera contiguità e che debbono essere individuati e colpiti se si vuole davvero voltare pagina.

Non per nulla, è proprio dal 1987 che si intensifica la guerra politico-mediatica al pool di Falcone e Borsellino, fino a impedir loro di lavorare a Palermo: appena lasciano intendere che le loro indagini stanno per fare un salto di qualità, investendo i piani alti delle collusioni istituzionali, il pool antimafia viene spazzato via dai corvi, dalle manovre della politica e dell'ala più retriva della magistratura, infine dal tritolo.

Anche sull'uso dei pentiti, il metodo Falcone e il metodo Caselli coincidono. Basta leggere il mandato di cattura spiccato nel 1984 per i cugini Nino e Ignazio Salvo dopo le rivelazioni di Buscetta. Il pentito aveva raccontato che gli esattori erano «uomini d'onore» e che lo avevano ospitato nella loro villa di

Santa Flavia. Quali riscontri trovarono i giudici del pool alle sue parole? Si fecero descrivere gli ambienti della villa, poi andarono a verificare sul posto se quella descrizione corrispondeva alla realtà. Corrispondeva. Così i Salvo finirono in carcere. Lo stesso metodo fu seguito, spesso con maggiore dovizia di riscontri, dalla Procura di Caselli per verificare le accuse dei pentiti nei vari processi, più o meno eccellenti, celebrati fra il 1993 e il 1999. E ancora, basta scorrere le ordinanze di rinvio a giudizio e le sentenze dei tre maxiprocessi, per rendersi conto che la «convergenza del molteplice» – cioè il valore probatorio delle dichiarazioni incrociate di più pentiti, riconosciuto dall'articolo 192 del codice di procedura penale – stava già alla base delle indagini del vecchio pool (che infatti venne accusato di «abuso» dei pentiti, proprio come il nuovo pool). Gli imputati dei tre maxiprocessi furono condannati su elementi almeno altrettanto (se non meno) consistenti di quelli che hanno portato a certe assoluzioni nell'èra Caselli. Il che si spiega, appunto, con quel progressivo «innalzamento della soglia probatoria» che chi vuole giudicare in buona fede non può non notare, confrontando le sentenze degli anni Ottanta con quelle degli anni Novanta. Come ha scritto Antonio Ingroia:

> Con il massimo rispetto delle sentenze, siano esse di condanna o di assoluzione, va ricordato che non pochi studiosi, storici e giuristi, hanno da tempo evidenziato che è un dato ricorrente nella storia della magistratura che le oscillazioni degli orientamenti, soprattutto in tema di valutazione della prova, e specialmente nei processi di mafia, non sono mai state del tutto immuni dal mutamento degli orientamenti politico-culturali dominanti in un dato momento storico. La stagione delle assoluzioni per insufficienza di prove degli anni 60-70 si inseriva nel clima di lassismo nei confronti della mafia prevalente in quegli anni. La stagione dei maxiprocessi fu anche il frutto della reazione statale alla sequela degli omicidi eccellenti a cavallo fra la fine degli anni 70 e i primi anni 80. Subentrò una nuova fase di stanca e di «stallo» sul fronte giudiziario, quel «calo di tensione» a più riprese denunciato da Falcone e Borsellino. Oggi si ha spesso la sensazione di assistere ad uno spettacolo già visto. E allora la domanda da porsi è questa: non è quantomai singolare che gli orientamenti politico-cul-

turali prevalenti e, conseguentemente, gli indirizzi giurisprudenziali mutino a seconda che la stagione, nella quale essi maturano, sia quella in cui si processano imputati appartenenti alla mafia militare o soggetti appartenenti al ceto dirigente del paese? Quale giustizia è quella che sottopone cittadini appartenenti a classi sociali diverse a differenti criteri di valutazione della prova?[19]

Un solo esempio, fra i mille possibili. Nell'ordinanza-sentenza di rinvio a giudizio del «maxi-uno», Falcone e Borsellino scrivono:

> Le rivelazioni di Buscetta e di Contorno si integrano e completano a vicenda, provenendo da personaggi che hanno vissuto esperienze di mafia da diversi punti di osservazione.

Avendo due soli pentiti a disposizione, bastava l'incrocio fra le dichiarazioni dell'uno e dell'altro per riscontrarle entrambe. E tanto bastò ai giudici per condannare centinaia di mafiosi a pene molto pesanti, anche all'ergastolo. Anche quando i pentiti raccontavano notizie di seconda mano (*de relato*). Sono ancora Falcone e Borsellino a scrivere, nel ricorso contro la scarcerazione di un presunto mafioso chiamato in causa da Totuccio Contorno:

> Se un uomo d'onore apprende da un altro consociato che un terzo è un uomo d'onore, quella è la verità. Non importa conoscere fisicamente l'uomo d'onore.

Il giudice diede loro ragione e il presunto mafioso fu riarrestato qualche tempo dopo, in compagnia di un latitante. Il pool commentò:

> L'episodio costituisce la più chiara dimostrazione del grado di attendibilità di Contorno e dovrebbe indurre a rifuggire da quell'aprioristico atteggiamento di generalizzata svalutazione delle chiamate in correità da parte dei pentiti in mancanza di altri riscontri.

Parole che, a ripeterle oggi, un magistrato rischia il procedimento disciplinare, con l'accusa di «giustizialismo» assicurata.

I conti tornano

Prima di addentrarci nei grandi processi dell'èra Caselli, facciamo un po' di conti per stilare un bilancio attendibile di quella stagione. In quei sei anni e mezzo, dal gennaio 1993 all'estate 1999, la Procura di Palermo ha sequestrato beni mafiosi per un valore di oltre diecimila miliardi di lire. Ha sventato decine di attentati e omicidi; sequestrato un numero impressionante di arsenali con armi da guerra di ogni tipo, missili compresi; indagato 89.655 persone, di cui 8.826 per fatti di mafia (un decimo del totale, con buona pace di chi sostiene che furono trascurati gli altri delitti). I rinviati a giudizio sono stati in tutto 23.850, di cui 3.238 per mafia. Impossibile stilare una statistica esaustiva delle sentenze nei vari gradi di giudizio: soltanto gli ergastoli, nei processi avviati in quella stagione, sono stati 647. A questi vanno aggiunte svariate centinaia di condanne a pene inferiori, da 30 anni di reclusione in giù. A volte più condanne hanno colpito la stessa persona, quindi il numero dei condannati è inferiore a quello delle condanne. Ma è comunque altissimo: il più alto mai registrato nella storia di Palermo. Così come quello dei mafiosi, latitanti e non, catturati dalle forze dell'ordine coordinate dalla Procura, soprattutto dal pm Alfonso Sabella.

La lista comprende il gotha di Cosa Nostra (con l'eccezione dei soli Bernardo Provenzano e Matteo Messina Denaro) e include tutti gli autori delle stragi del 1992 e '93, poi processati a Caltanissetta e Firenze. A cominciare da Santino Di Matteo, che nella notte fra il 23 e il 24 ottobre 1993 inizia a collaborare davanti a Caselli, in una stanza della Dia a Roma, e in un lunghissimo interrogatorio squarcia per la prima volta il velo sulla strage di Capaci, alla quale ha personalmente partecipato (prima ne aveva parlato soltanto, *de relato*, Pino Marchese), facendo decollare l'inchiesta di Caltanissetta. Pagherà un prezzo altissimo: il sequestro e l'assassinio del figlio Giuseppe, strangolato e sciolto nell'acido. L'elenco delle catture eccellenti fa impressione, e ancor di più ne fa l'oblio interessato che le ha fatte dimenticare: Totò Riina, Leoluca Bagarella, Giovanni ed Enzo Brusca, Pietro Aglieri, Vito Vitale, Mariano Tullio Troia, Carlo Greco, Nino Gioè, Gioacchino La Barbera, Balduccio Di Maggio, Santino Di Matteo, Salvatore Biondino, Vincenzo Sinacori, Filippo e Giuseppe Graviano, Raffaele Ganci con i figli Domenico e Calogero, Giuseppe e Gregorio Agrigento, Francesco Paolo Anzelmo, Mico Farinella, Giuseppe La Mattina, Natale Gambino, Antonino Mangano, Salvatore Grigoli, Pietro Romeo, Gaspare Spatuzza, Francesco Giuliano, Cosimo Lo Nigro, Fifetto Cannella, Pino Guastella, Nicola Di Trapani, Salvatore Cucuzza, Giovanni Buscemi e tanti altri. Scorrendo quei nomi, un tempo terrore della Sicilia, ben si comprende perché si parlò per qualche anno di «fine del mito dell'inafferrabilità e dell'immunità di Cosa Nostra». Perché alla Procura si ebbe la breve, ma netta sensazione di poter vincere la guerra. E perché tanti mafiosi scelsero di collaborare con lo Stato. Lo Stato, in quel momento, appariva più forte di Cosa Nostra. Poi le acque del Mar Rosso violentemente si richiusero. E cominciò il triste, inesorabile, eterno riflusso.

Lo ha fotografato splendidamente lo storico Salvatore Lupo intervenendo nel 2002 a un convegno di Magistratura democratica:

> Non possiamo dire che i risultati nel contrasto alla mafia sono stati ottenuti dallo Stato. Lo Stato in quanto tale non esiste, e tanto meno esiste nell'Italia degli ultimi vent'anni. È errato presupporre una volontà unitaria delle istituzioni e una capacità dello Stato di far pesare la propria realtà. I risultati non sono frutto dello Stato, che, anzi, ha ampiamente ostacolato il lavoro svolto da altri. Sono frutto, quei risultati, di un gruppo composto di rappresentanti dell'opinione pubblica, di uomini delle istituzioni e di uomini della politica, probabilmente minoritario in tutti e tre i settori. Questo gruppo ha esercitato un peso contro Cosa Nostra, che si è trovata isolata nelle sue relazioni interne e quel peso, per minimo che fosse [...], è stato sufficiente per ottenere quella che io penso [...] sia stata una grande vittoria. [...] Quando il ministro Lunardi dice le cose che dice, o quando l'on. Berlusconi spara contro i magistrati e dice le cose che dice, purtroppo non lo fanno per pendenze passate (che nessuno riuscirà, credo, a dimostrare e da cui Berlusconi uscirà santificato); lo fanno per il futuro, perché c'è *bisogno* di mafia o di altre cose analoghe alla mafia. Poi si vedrà cosa è disponibile sul mercato: altrimenti non si capisce

perché, fin dalla sua prima campagna elettorale, Forza Italia […] sia partita con un attacco, che allora nell'opinione pubblica nessuno accettava, alla legge sui pentiti e perché è andata all'assalto della magistratura quando la magistratura era sulla cresta dell'onda. Non si capì perché! Se fosse solo un problema di consenso, un uomo politico non avrebbe fatto quell'operazione. Ha fatto l'operazione per il futuro, perché occorre che domani questa gente, che siete voi magistrati, non ci siate più.[20]

Note

1. Antonino Caponnetto, *I miei giorni a Palermo. Storie di mafia e di giustizia raccontate a Saverio Lodato*, Garzanti, Milano 1992.
2. Testimonianza raccolta dagli autori.
3. Ansa, 9 marzo 1999.
4. «Panorama», 15 giugno 1995.
5. Intervista a Paul Ginsborg di Maria Serena Palieri, in «l'Unità», 30 dicembre 2001.
6. «la Repubblica», 9 febbraio 1997.
7. «Il Borghese», 23 aprile 1997.
8. «Il Foglio», 4 aprile 1998.
9. «la Repubblica», 5 novembre 1997.
10. Ansa, 5 novembre 1997.
11. Ansa, 5 novembre 1997.
12. Ansa, 5 novembre 1997.
13. «Corriere della Sera», 14 agosto 1998.
14. «Corriere della Sera», 7 settembre 1998.
15. Giuseppe Di Lello, *Giudici. Cinquant'anni di processi di mafia*, Sellerio, Palermo 1994.
16. Gian Carlo Caselli e Antonio Ingroia, *L'eredità scomoda. Da Falcone ad Andreotti: sette anni a Palermo*, Feltrinelli, Milano 2001.
17. Enrico Bellavia, *E se Calogero Picciotto…*, in «MicroMega», 5/1999.
18. Caselli e Ingroia, *L'eredità scomoda*, cit.
19. Antonio Ingroia, *Il «metodo Falcone» e i suoi nemici*, in «MicroMega», 3/2001.
20. Salvatore Lupo, *L'evoluzione di Cosa Nostra: famiglia, territorio, mercati, alleanze*, in «Questione giustizia», 3/2000.

3
Da Andreotti alla zeta

Nessuno l'ha mai raccontato. Ma a chi scrive risulta per certo. Verso la fine del 1993, dopo che il Parlamento ha concesso l'autorizzazione a procedere contro Giulio Andreotti per mafia, tre uomini dell'antimafia si ritrovano a discutere, a margine di un convegno, del processo che verrà. Sono Gian Carlo Caselli, Luciano Violante e Gianni De Gennaro. Caselli è convinto che, con gli elementi raccolti, sia doveroso procedere. Violante e De Gennaro no: esprimono il loro netto dissenso per convincerlo a chiedere l'archiviazione. Invece Caselli e i suoi uomini, di lì a qualche mese, chiederanno il rinvio a giudizio del senatore a vita.

Eppure narra la leggenda nera che, all'origine del processo Andreotti, ci sia l'orrendo connubio rosso Violante-Caselli. Il primo avrebbe convocato appositamente Tommaso Buscetta davanti alla commissione Antimafia che presiedeva, per farlo parlare di Andreotti e così servire su un piatto d'argento il sette volte presidente del Consiglio alla Procura di Palermo, dove stava per insediarsi il suo amico Caselli. Ma le cose sono andate molto diversamente, come ci racconta – carte alla mano – Guido Lo Forte, che nel 1992 raccolse, insieme ai colleghi Scarpinato e Natoli, i primi elementi sul senatore a vita. Diversi mesi prima che Caselli arrivasse a Palermo. Anzi, diversi mesi prima che Caselli cominciasse a pensare di andarci.

D'altronde, basta leggere le dichiarazioni di certi politici e commentatori dell'epoca: i più entusiasti per l'indagine su Andreotti non erano certo gli esponenti del Pds. Semmai, quelli del Msi. Ecco per esempio Gianfranco Fini, appena ricevuta la notizia dell'incriminazione del senatore a vita:

L'avviso di garanzia ad Andreotti per concorso esterno in associazione mafiosa è la fine del regime: lo dimostra l'autentico boato che ha salutato la notizia da me data alle migliaia di veronesi che affollavano il mio comizio. I giudici si stanno muovendo su indicazioni convergenti di alcuni pentiti, come dimostrano anche gli analoghi casi di Gava, Misasi e Cirino Pomicino. Pare proprio che il sistema si reggesse sulle tangenti e sulle organizzazioni criminali.[1]

Ormai mi sento a disagio nel frequentare questo Parlamento: chiederò ai gruppi parlamentari missini di valutare l'opportunità di non partecipare più ai lavori della Camera e del Senato. L'avviso di garanzia ad Andreotti per fatti di mafia e le stesse notizie su Gava segnano la fine ingloriosa del regime e dimostrano inequivocabilmente la delegittimazione delle Camere. A questo punto occorre chiedersi che senso ha restare in Parlamento ed è una valutazione che tutte le opposizioni dovrebbero cominciare a fare.[2]

Ed ecco il commento di un editorialista «moderato» come l'ambasciatore Sergio Romano:

È il processo politico quello che ci sta maggiormente a cuore, perché è il solo da cui il Paese possa trarre la consapevolezza degli errori commessi e i rimedi necessari a correggerli. E non vorremmo che le azioni giudiziarie, per quanto utili e importanti, oscurassero questa necessità o confondessero i termini reali del problema. Se il Paese deve derivare dalla crisi le energie necessarie per rinnovarsi e diventare nuovamente una grande nazione, la sua esigenza fondamentale è quella di comprendere il passato, guardarsi allo specchio, correggere le istituzioni per evitare di commettere domani gli errori di ieri. Su questa strada l'ostacolo maggiore è rappresentato da una classe politica che cerca di sottrarsi al giudizio politico ancor più che ai processi giudiziari, una classe che frena con la propria presenza e le proprie diversioni l'avvento di una nuova Repubblica. Ci auguriamo che Andreotti e Forlani possano provare di fronte ai giudici la loro innocenza. Ma non credo che potranno mai sottrarsi alla sentenza che gli italiani pronunceranno prima o dopo con i loro voti: e che sarà tanto più severa quanto più la classe politica avrà frenato e ritardato nel frattempo il rinnovamento del Paese.[3]

Qualche scampolo di prosa di Vittorio Feltri, allora direttore dell'«Indipendente»:

> Indubbiamente nelle deposizioni dei pentiti (che non vanno scambiati per oracoli, ma neppure respinti a priori) vi saranno anche forzature e falsità, ma non solo quelle. È impossibile che tutto il castello accusatorio sia parto della fantasia (malata o remunerata) dei picciotti passati dalla piovra alla Giustizia.[4]

> C'è chi mira a delegittimare i pentiti. Delegittimandoli, infatti, gli imputati dei processi di mafia si assicurano l'impunibilità. E ci pensate ai tangentomani? Quanti di essi sono stati incastrati con chiamate di correo? Svalutare la deposizione di chi ha commesso un reato e si è ravveduto significa smantellare interi castelli accusatori; significa in due parole rendere vano il lavoro di Di Pietro.[5]

> Lima un santo, Lima una vittima, Lima simbolo della Dc che paga col sangue la propria ispirazione cristiana? Bestialità, eresie. Ma quale santo, quale petalo candido e innocente? Lima era un commesso viaggiatore della piovra, un procacciatore d'affari sporchi, una figura emblematica della politica d'accatto democristiana. Se n'erano accorti tutti. Tranne Andreotti e i suoi «picciotti».[6]

La genesi

Come nasce, dunque, il processo Andreotti? Risponde oggi Guido Lo Forte:[7]

> È stupefacente che, dopo tanti anni di processi pubblici e numerose sentenze, si continui a gabellare il processo Andreotti come frutto di complotti politici. E non solo perché questa è l'accusa più oltraggiosa che si possa muovere a un magistrato. Ma soprattutto perché basta mettere in fila i fatti, la cronologia, per rendersi conto che l'inchiesta è nata in tutt'altro modo.

Fu proprio davanti a Lo Forte, non a Caselli né tantomeno a Violante, che un pentito fece per la prima volta il nome di Andreotti. E il pentito non si chiamava Buscetta, ma Leonardo Messina. E l'inchiesta non riguardava Andreotti, ma il delitto politico-mafioso che il 12 marzo 1992 era costato la vita al suo plenipotenziario in Sicilia, l'eurodeputato Salvo Lima. Racconta Lo Forte:

> Tutto nasce da una rogatoria avviata da Paolo Borsellino all'indomani del delitto Lima. Il 14 e il 17 marzo 1992 Paolo chiese alle autorità federali americane di poter sentire Tommaso Buscetta per rogatoria internazionale. Buscetta rispose di non aver nulla di nuovo da dire. Poi venne l'estate delle stragi. Dopo via D'Amelio, gli americani ci trasmisero una lettera di Buscetta: aveva cambiato idea, voleva rispondere alla rogatoria di Borsellino: sul delitto Lima e su altro. Purtroppo, Paolo non c'era più. Me ne occupai personalmente: l'incontro con Buscetta fu fissato per l'11 settembre '92 a Washington. Intanto però, il 12 agosto, un altro collaboratore, Leonardo Messina, ci aveva parlato di Andreotti come referente di Lima «per le necessità della mafia siciliana». Mentre lo interrogavamo sul delitto Lima, ci spiegò che l'uomo politico era stato assassinato perché non era riuscito a garantire l'annullamento del maxiprocesso in Cassazione, nel gennaio '92. Dopo di lui, nello stesso contesto, anche Gaspare Mutolo (28 agosto e 1° settembre) e Giuseppe Marchese (7 settembre) accennarono al referente romano di Lima.

Buscetta dunque arriva quarto: dopo Messina, Mutolo e Marchese. Dopo l'estate, con quei verbali esplosivi nella borsa, Lo Forte e il collega Gioacchino Natoli volano a Washington per interrogare il pentito più famoso di Cosa Nostra.

> Lo sentimmo l'11 settembre. Buscetta ci spiegò di aver deciso di parlare finalmente di mafia e politica perché lo riteneva un «dovere morale» dopo gli assassinii di Falcone e Borsellino e perché pensava che il suo contributo alle indagini su Lima «sarebbe stato considerato giusto dal dottor Falcone». Ci parlò di Lima, dei cugini Salvo, di trent'anni di rapporti fra Cosa Nostra e le istituzioni. Poi aggiunse: «Mi risulta personalmente che esponenti di primo piano di Cosa Nostra hanno avuto contatti politici a Roma, usando come ponte i Salvo, ma fuori dall'inter-

vento di Lima». Era il primo accenno ai presunti incontri fra Andreotti e Badalamenti, di cui ci avrebbe parlato in seguito. Quel giorno non ci fu tempo di approfondire perché i «Marshall» che si occupavano della sua «gestione» per conto delle autorità americane dovettero riaccompagnarlo subito in Florida. Rinviammo tutto a un secondo incontro, a Palermo.

Dunque Buscetta viene sentito dai pm molto prima che l'Antimafia si attivi. Lì il presidente Violante presenta il suo programma di lavoro soltanto il 15 ottobre. E nella sua relazione non c'è una sola parola su mafia e politica. Aggiungerà quel capitolo solo dopo le insistenze di tre deputati – Nino Buttitta del Psi, Enzo Scotti della Dc e Giuseppe Ayala del Pri – che gli chiedono di colmare la lacuna (riprendendo peraltro un'attività investigativa su mafia e politica già iniziata dall'Antimafia di Gerardo Chiaromonte e dalle altre precedenti, fin dai primi anni Settanta). E dopo che, il 20 ottobre, vengono arrestati i presunti assassini di Lima, con un mandato di cattura del gip di Palermo che parla esplicitamente di rapporti fra mafia e politica.

A novembre Buscetta viene tradotto a Palermo. E il giorno 12 incontra di nuovo Lo Forte e Natoli. Ricorda Lo Forte:

> Ci disse che l'aveva convocato la commissione parlamentare Antimafia per il 16 novembre e che lui aveva accettato, per contribuire a far luce sulle ramificazioni di Cosa Nostra nelle istituzioni.

Lì, secondo i teorici del complotto (Jannuzzi, Ferrara, Pera, Del Turco e lo stesso Andreotti), iniziò la macchinazione fra Violante e la Procura di Palermo. Lo Forte sorride:

> Ma quale complotto. Noi, anzi, temevamo che le parole di Buscetta, in una sede politica e non giudiziaria, avrebbero avuto prevedibilmente pubblicità. Il che avrebbe nuociuto alla riservatezza delle nostre indagini. Per questo il procuratore aggiunto Spallitta scrisse alla commissione Antimafia che Buscetta stava collaborando con noi e forse era meglio rinviare l'audizione per evitare sovrapposizioni. La commissione invece decise di sentire ugualmente il collaboratore. Noi non avevamo titoli per impedirlo, e infatti l'audizione ci fu.

Il 16 novembre Buscetta parla all'Antimafia. Spiega – come sua deduzione – il delitto Lima con l'ipotesi che «Lima non abbia mantenuto un impegno» e con la volontà di Cosa Nostra di «denigrare Andreotti» per «privarlo di voti» nella corsa al Quirinale. Tutto qui. Per il resto, il pentito non collega direttamente la mafia con Andreotti: cita solo Lima e i suoi «agganci a Roma». Poi, il 26 novembre, torna davanti ai pm di Palermo e, a poco a poco, si scioglie, con un'inesorabile marcia di avvicinamento ad Andreotti, di pari passo con le prime, storiche ammissioni di altri pentiti. Racconta ancora Lo Forte:

> Ci disse che all'Antimafia si era tenuto sulle generali, perché preferiva riferire i fatti specifici all'autorità giudiziaria. E fece per la prima volta il nome di Andreotti a proposito del delitto Pecorelli. Ma non come mandante, perché Buscetta negli anni non ha mai accusato Andreotti di aver conferito il mandato a uccidere. Ha sempre ripetuto quel che ci disse quel giorno, senza rettificare né ritrattare alcunché: e cioè che Bontate e Badalamenti gli avevano confidato di aver organizzato il delitto Pecorelli su richiesta dei Salvo, ai quali a sua volta l'aveva chiesto Andreotti. Checché si parli di rettifiche, ritrattazioni, correzioni, Buscetta ha sempre ribadito la stessa identica versione.

L'inchiesta Pecorelli passa da Palermo a Roma, per competenza territoriale, visto che il giornalista era stato assassinato nella capitale. In seguito, quando i pentiti della banda della Magliana coinvolgono il giudice Claudio Vitalone, il fascicolo viene trasferito a Perugia, sede competente per giudicare i magistrati romani. Lì Andreotti sarà assolto in primo grado, condannato in Appello e definitivamente assolto in Cassazione (come tutti gli altri imputati). A quel punto partirà il processo politico-mediatico ai magistrati di Perugia e di Palermo che avevano raccolto le prime dichiarazioni di Buscetta: si comincerà a dire che i processi ad Andreotti non sarebbero dovuti neppure cominciare. Ribatte Lo Forte:

> A parte il fatto che in Italia vige l'obbligatorietà dell'azione penale, ricordo che noi cercavamo i colpevoli del delitto Lima, uno dei più clamorosi delitti politico-mafiosi della storia

repubblicana. In quell'indagine vennero fuori una serie di indicazioni su Andreotti. Che dovevamo fare? Tappare la bocca ai collaboratori? Nascondere le loro dichiarazioni? Non indagare su un caso di omicidio?

Intanto, sempre nell'inchiesta Lima, i collaboratori precisano meglio le loro dichiarazioni contro Andreotti: quelle che renderanno obbligata la sua iscrizione sul registro degli indagati per concorso esterno in associazione mafiosa in un procedimento separato: un atto dovuto, visti gli elementi raccolti a suo carico. Nel frattempo, il 15 gennaio 1993, s'è insediato alla Procura di Palermo Gian Carlo Caselli, quando ormai, per Andreotti, il più è fatto.

Il nuovo procuratore studia le carte raccolte dai colleghi, ne fa propria l'impostazione, legge il primo verbale reso da Balduccio Di Maggio dinanzi ai carabinieri che l'hanno arrestato e utilizzato per arrestare Riina. Il 4 marzo, come prevede la legge, iscrive Andreotti sul registro degli indagati. Il 27 marzo chiede l'autorizzazione a procedere. Il 6 aprile vola a Miami da Buscetta. Che per la prima volta svela esplicitamente il nome dell'«entità», cioè del garante nazionale di Cosa Nostra: Giulio Andreotti. Ma ormai è un segreto di Pulcinella. Lo stesso giorno l'Antimafia approva a gran maggioranza (tutti i partiti eccetto Taradash e l'Msi, che chiedono toni ancor più forti contro Andreotti) la relazione Violante su mafia e politica. Una relazione, tutto sommato, blanda. L'unico passaggio sul senatore a vita è questo: «Risultano certi i collegamenti di Lima con uomini di Cosa nostra. Egli era il massimo esponente in Sicilia della corrente democristiana che fa capo ad Andreotti. Sull'eventuale responsabilità politica del senatore Andreotti, dovrà pronunciarsi il Parlamento». Tutto qui. Lasciamo ancora la parola a Lo Forte:

> Dopo le accuse più circostanziate ad Andreotti da parte di Mutolo, iscrivemmo il senatore a vita sul registro degli indagati il 4 marzo '93. La legge imponeva di inoltrare al Parlamento, entro un mese dall'iscrizione, la richiesta di autorizzazione a procedere. Cosa che facemmo il 27 marzo. Il Senato la concesse a larghissima maggioranza. Poi Caselli, Natoli e io partimmo per gli Stati Uniti, per sentire il 3 aprile un altro colla-

boratore storico, Francesco Marino Mannoia (che, per essere ancora più credibile, rinunciò all'immunità di cui godeva in America, e ci parlò degli incontri fra Andreotti e Bontate). E per risentire, il 6 aprile, Buscetta. Quest'ultimo, per la prima volta, ci indicò esplicitamente Andreotti come presunto referente nazionale di Cosa Nostra.

Il 16 aprile i pm sentono Di Maggio, che amplia le rivelazioni già fatte il 18 gennaio ai Carabinieri e racconta il presunto incontro fra Riina e Andreotti (quello del bacio). Quel clamoroso verbale viene raccolto dai sostituti Pignatone e Franco Lo Voi, che seguono la posizione del nuovo pentito, e non dai titolari dell'inchiesta sul senatore a vita. Con l'arrivo di Caselli, l'abbiamo detto, lavorano tutti. Anche i futuri «anti-caselliani».

Negli stessi giorni Violante riceve la telefonata di un certo Patrizio, sedicente collaboratore di Pecorelli, che dice di sapere molte cose sul delitto. Non fa alcun cenno ad Andreotti come mandante dell'omicidio: parla della famosa copertina della rivista «OP» sugli assegni del petroliere Nino Rovelli al senatore, che il giornalista non pubblicò. Il 5 aprile Violante informa doverosamente per iscritto le Procure di Roma e di Palermo, che si occupano delle dichiarazioni di Buscetta. Su questa circostanza Andreotti e i suoi cari ricameranno per suffragare l'ipotesi del complotto Violante-Caselli. Lo Forte spiega:

> Ne ho sentito parlare spesso, di quella segnalazione, anche se non l'ho mai vista, mai letta. La ricevette Scarpinato, mentre noi eravamo in America. Ma ne abbiamo ricevuti a centinaia, di anonimi, su Andreotti. E li abbiamo regolarmente ignorati, cestinati, in quanto irrilevanti e processualmente inutilizzabili. Avevamo diverse dichiarazioni di collaboratori con nome e cognome, da vagliare e riscontrare: non ci mettevamo certo a inseguire gli anonimi. In quella segnalazione, poi, non c'era nessuna accusa ad Andreotti.

Ma che influenza ebbe la commissione Antimafia sull'indagine Andreotti? Lo Forte non ha dubbi:

> Nessuna influenza. Zero. Buscetta decise tutto da solo, noi facemmo da carta assorbente: trascrivemmo le sue dichiarazio-

ni, trasmettemmo quelle su Pecorelli per competenza a Roma, cercammo i riscontri a quelle sul delitto Lima e sulla rete di presunti rapporti fra Cosa Nostra, Andreotti e la sua corrente.

Si è detto che esistono due Buscetta: quello «buono» che non parla di mafia e politica davanti a Falcone, e quello «cattivo», che ne parla davanti a Violante e a Caselli.

Di Andreotti, come ho già detto, Buscetta parlò anzitutto alla Procura di Palermo, ancor prima che arrivasse Caselli. Anzi: ne aveva parlato per la prima volta addirittura nel 1985, davanti al procuratore federale di Manhattan Richard Martin, che collaborava con Falcone nell'indagine «Pizza connection». L'ha raccontato lo stesso Martin al processo di Palermo. E il caposquadra della Dea Anthony Petrucci l'ha confermato. Ripeto: nel 1985, sette anni prima del 1992. Basterebbe questo per tagliar corto con le fantasie sul complotto. Il processo di Palermo si sarebbe fatto ugualmente, anche senza Violante all'Antimafia e Caselli procuratore capo. Quando si mosse l'Antimafia, in novembre, l'inchiesta era avviata da tre mesi. E da sei quando arrivò Caselli a Palermo, il 15 gennaio 1993. In quelle circostanze, con quelle notizie di reato, era obbligatorio iscrivere Andreotti, chiedere l'autorizzazione a procedere e, ottenutala, andare avanti. Il nostro lavoro fu poi vagliato dal gip, che dispose il rinvio a giudizio. Un iter dovuto, qualunque fosse il procuratore capo. Sempreché, s'intende, si volesse applicare la legge...

«Disinformafia»

Le leggende nere sul processo Andreotti sono infinite. Proviamo a riassumere e confutare, dati e date alla mano, le principali.

Falcone andreottiano
Si dice che mai Falcone avrebbe processato Andreotti, di cui, anzi, sarebbe stato un estimatore. E che non credeva neppure alla mafiosità di Salvo Lima, visto che fece arrestare il falso pentito Giuseppe Pellegriti per aver accusato Lima dei delitti Dalla Chiesa e Mattarella: scoprì che si era inventato tutto, gli re-

capitò un mandato di cattura per calunnia e avvertì Andreotti dell'accaduto. Così almeno racconta Andreotti, per accreditare un'affettuosa amicizia con il giudice (che ovviamente non lo può smentire). E per suffragare un'altra bufala: quella secondo cui Falcone, a differenza di Caselli, al «terzo livello» della mafia, al livello politico, non avrebbe mai creduto. Maria Falcone, sorella di Giovanni, ribatte così a questa versione dei fatti:

> Se Giovanni era andato a Roma, al ministero, era proprio per continuare a combattere la mafia, il che – diceva – a Palermo non era più possibile. Lo accusarono di voler fare politica, ma lui voleva fare proprio il contrario. Voleva scoprire [...] quel che c'è sotto la mafia. E andò a Roma, come uomo delle istituzioni, proprio per farla finita con le strumentalizzazioni politiche sul suo nome. Figurarsi che direbbe oggi...[8]

Mario Almerighi, giudice a Roma, è stato uno dei più cari amici di Falcone, che insieme con lui aveva fondato la corrente «Movimento per la giustizia». Sull'atteggiamento di Falcone verso Andreotti ha un ricordo molto preciso, che risale all'indomani del fallito attentato all'Addaura, quando Andreotti si precipitò a telefonare alla vittima per felicitarsi dello scampato pericolo:

> Giovanni commentò così quella telefonata: «Nei delitti di mafia, la prima corona di fiori la manda sempre l'assassino». E da quel giorno si convinse ancor di più che pezzi delle istituzioni e della politica lo volessero morto. La spinta che l'aveva portato a Roma, quando si rese conto che nella Procura di Giammanco non si poteva più lavorare, era proprio la volontà di entrare nelle istituzioni per continuare a vivere e a combattere la mafia, quasi dall'interno. Oltre a farla finita con la vulgata che lo dipingeva come l'uomo del Pci, Giovanni pensava che, per salvarsi la vita, doveva conoscere a fondo i suoi nemici politici.[9]

Un altro magistrato amico di Falcone, Vito D'Ambrosio, ha confermato parola per parola al Tribunale di Palermo il racconto di Almerighi sull'episodio della telefonata: «L'accenno alla telefonata di Andreotti diventò poi per noi una specie di segnale in codice per indicare il mandante di delitti o comunque di strategie delegittimatrici». Il che la dice lunga su come la pensasse il giudice a proposito del senatore. L'ha testimoniato anche un personaggio insospettabile di compiacenza verso il pool: Vittorio Sbardella, il ras andreottiano del Lazio, interrogato dai magistrati di Palermo poco prima di morire:

> Claudio Vitalone [*giudice ed ex parlamentare andreottiano, N.d.A.*] menava vanto dei suoi asseriti rapporti di amicizia con Falcone. Per quel che mi risulta, cercò solo di allacciare un rapporto con Falcone per diminuire la conflittualità tra lo stesso giudice, che era schierato sulle posizioni che tutti conosciamo, e Andreotti.

Fu proprio Falcone a convincere Martelli a promuovere la rotazione dei processi di mafia tra le varie sezioni della Cassazione, per evitare che la prima, presieduta da Corrado Carnevale, continuasse a gestirli in regime di monopolio. E Carnevale era noto come un amico di Vitalone e dell'entourage andreottiano («Non credo», ha detto Sbardella, «che nell'ambiente politico Carnevale avesse altre referenze oltre a quelle andreottiane»). Tutto ciò è perfettamente compatibile con la doverosa verifica a cui Falcone sottopose la deposizione di Pellegriti, poi incriminato e arrestato per calunnia. La stessa verifica condotta dal pool di Caselli su molti pentiti: tant'è che nel 1998 ne fece arrestare due per calunnia, Cosimo Cirfeta e Giuseppe Chiofalo, con l'accusa di aver concordato versioni di comodo con Marcello Dell'Utri (il cui arresto fu bloccato dalla Camera); e nel 1997 rispedì in cella i pentiti Di Maggio (architrave dell'accusa nel processo Andreotti), Di Matteo e La Barbera, che erano tornati a delinquere.

Che poi Falcone non credesse ai rapporti fra mafia e politica, è semplicemente falso. Abbiamo già visto (a pagina 153) quel che scrisse nella sentenza-ordinanza del 1987 nel processo «maxi-ter» a Cosa Nostra. Qui ricordiamo ciò che disse all'«Unità», dopo l'attentato all'Addaura:

> Ci troviamo di fronte a menti raffinatissime che tentano di orientare certe azioni della mafia. Esistono forse punti di collegamento tra i vertici di Cosa Nostra e centri occulti di pote-

re che hanno altri interessi. Ho l'impressione che questo sia lo scenario più attendibile, se si vogliono capire davvero le ragioni che hanno spinto qualcuno a tentare di assassinarmi.[10]

Pentiti a orologeria
Un altro ritornello della *disinformafia* è quello sui «pentiti a rate», che parlano «a orologeria» come Buscetta. E che dunque andrebbero costretti a raccontare tutto subito, come – si dice – avviene in America. Con questo scopo, nel 2000, il governo Amato (ministro della Giustizia Fassino) approvò, con i voti del Polo, la legge che impone ai collaboratori di giustizia di raccontare tutto entro sei mesi. Pena l'inutilizzabilità delle dichiarazioni rese fuori tempo massimo.

Anzitutto, è falso che Buscetta sia un pentito a orologeria. E che nel 1984 non abbia detto nulla a Falcone sui rapporti mafia-politica. Gli confidò, invece, di conoscere «fatti molto gravi» su diversi politici locali e nazionali, ma che non era ancora tempo di parlarne, per «evitare che un turbamento troppo drammatico possa determinare una battuta di arresto gravissima nell'attività degli inquirenti contro la mafia». A chi poteva mai riferirsi, parlando di fatti molto gravi che potevano provocare drammatici turbamenti degli equilibri politici nazionali, se non a politici del calibro di Andreotti? La conferma l'ha data al processo Richard Martin, già stretto collaboratore di Falcone nelle indagini sul riciclaggio di «Pizza connection» come magistrato della Procura federale del distretto meridionale di Manhattan, poi Rappresentante speciale dell'*Usa General Attorney* e infine *Special Assistant U.S. Attorney* presso la Procura federale del distretto meridionale di New York per le indagini sulla strage di Capaci. Martin racconta che già nel 1985, a una sua domanda sul «livello politico di Cosa Nostra» in Italia, seguita dall'impegno di tenere per sé la risposta, Buscetta rispose: «Io dico un solo nome: Andreotti». Anthony Petrucci, responsabile della squadra della Dea incaricata della sicurezza di Buscetta, anche lui sentito come teste a Palermo, ha confermato tutto. Buscetta era forse così preveggente da precostituirsi nel 1985 un elemento per suffragare il complotto che avrebbe ordito del 1992-93 in combutta con Violante e Caselli?

Le parole di Martin fanno pure giustizia della bufala del «complotto americano» contro Andreotti per fargli pagare lo sfregio di Sigonella e la sua politica estera filo-araba. Anche perché, in difesa di Andreotti, si sono precipitati a testimoniare a Palermo ben tre ex ambasciatori statunitensi: Raab, Secchia e Walters. E Secchia – Andreotti *dixit* – «prima di venire ha consultato i presidenti Ford e Bush». Di chi sarebbe allora il complotto americano: del Ku Klux Klan?

Martin, al processo, ha detto molte altre cose. Ma nessuno, purtroppo, ne ha fatto tesoro fra gli autori della riforma del pentitismo, che vaneggiano del «modello americano» senza sapere cos'è. Spiega Martin:

> Da noi non esiste un obbligo di dire tutto e subito, ma solo l'obbligo di dire la verità. Come mi insegnò Falcone, sviluppare la testimonianza di uno che è stato dentro una organizzazione come Cosa Nostra non è semplice, non è una cosa che si fa in una settimana, o in un mese. Quando uno ha vissuto, come Buscetta, trent'anni in Cosa Nostra, chiaramente ci sarà un lungo periodo durante il quale si devono fare interrogatori e poi verifiche. Poi di nuovo interrogatori con informazioni prese e altre interrogazioni. Questo era il metodo seguito da Falcone [...]. Anche in Italia, il metodo utilizzato non era di insistere che qualcuno dicesse tutto e subito, perché capita spesso che ci sono questioni, domande o informazioni che non sembrano rilevanti al momento. E perché il testimone non può sapere tutto quello che serve al Procuratore ad un certo momento, ma nel tempo possono venire fuori delle altre cose, delle altre domande. E questo è il metodo utilizzato da Falcone. Anche con Buscetta. Se dopo anni il collaboratore dice cose nuove, magari aprendo il discorso politico, per noi americani non fa differenza [...]. Se si parla di Cosa Nostra o di politica, è sempre la stessa cosa, è sempre necessario fare le verifiche. Ma non è proibita una testimonianza su un soggetto isolato [...], anche resa dopo un lungo periodo.

In un convegno della Fondazione Falcone, poi, Martin sfata altre leggende nere. Come quelle secondo cui in America i pentiti sarebbero pochissimi (dopo trent'anni di legislazione *ad hoc*, sono arrivati a circa 15.000), protetti per brevissimo tempo (la protezione è a vita per quasi tutti) e così ben sorvegliati da non tornare mai a delinquere (i recidivi sono il 15%, contro il 4,5% dei pentiti italiani, al punto che una legge stanzia ogni anno un fondo per risarcire le vittime dei pentiti: in America, anche se commettono nuovi reati, i collaboratori mantengono la protezione e spesso anche l'immunità giudiziaria).

Il bacio
Per ridicolizzare i pentiti e i magistrati che hanno raccolto le loro dichiarazioni, si è parlato per anni di un presunto bacio di Andreotti a Riina. Invece è esattamente il contrario: Di Maggio dice di aver visto Riina salutare Andreotti, in casa di Ignazio Salvo, con un bacio sulla guancia. Chiunque conosca i rituali mafiosi sa bene che il bacio del boss è un segno di riguardo verso una persona che egli equipara al suo rango. «Riina l'ho visto baciare decine di politici», racconta Di Maggio. Ma all'orchestrina garantista fa più gioco insistere sulla versione più incredibile: il gelido e raffinato Andreotti che sporge le sottilissime labbra per stampare un bacio sulla guancia ruvida del boss. Quando Di Maggio raccontò il bacio, i suoi legali lo implorarono di ritrattare, o almeno di sorvolare: «Ti faranno a pezzi, non ti crederà nessuno, così rischi di inficiare tutto il resto del tuo racconto. In fondo, quel bacio non aggiunge nulla». Ma Di Maggio tenne duro: «Questo ho visto e questo confermo».

Ciccio Ingrassia, grande attore siciliano, commentò: «Non so se si sono incontrati. Ma, se si sono incontrati, sicuramente il bacio c'è stato». E che Andreotti abbia incontrato vari boss mafiosi è ormai – come vedremo – un dato dimostrato con sentenza definitiva.

Non mafioso, solo distratto
Andreotti, con i suoi avvocati e cortigiani, concede che forse negli anni Settanta la politica, «distratta» da ben altri problemi come il terrorismo, trascurò un pochino la mafia. Ma poi si rifece abbondantemente negli anni Ottanta e Novanta. Ha detto il suo difensore, avvocato Franco Coppi, il 28 settembre 1999:

> Il decreto contro le scarcerazioni dei boss nella primavera del '92 e le leggi antimafia più dure portano la firma di Andreotti,

il quale fu decisivo contro la mafia quando l'offensiva cominciò a farsi devastante. Prima, come ha detto Martelli, ci fu una generale disattenzione nei confronti del fenomeno mafioso. Ma c'era il terrorismo che in quegli anni creava un forte allarme sociale. E sulla mafia ci fu sottovalutazione.

E Andreotti: «È stato dopo l'omicidio Lima che la mafia è diventata un problema clamoroso. In quel momento non lo era».[11] Ma sono discorsi che non stanno in piedi. Quando – ad avviso di lorsignori – la mafia non era ancora «devastante», aveva già assassinato a Palermo *soltanto* due procuratori capi, il capo dell'Ufficio istruzione e un'altra decina di magistrati, il capo della squadra Mobile, il vicecommissario, un paio di ex sindaci, i leader della Dc e del Pci, il presidente della Regione, il prefetto, decine di poliziotti e carabinieri, oltre naturalmente a centinaia di picciotti dell'ala anti-corleonese. Divenne «devastante» e «clamorosa» solo nel 1992, quando toccò Salvo Lima? Perché solo allora quello sbadato di Andreotti si accorse della mafia? Quando invece imbarcò Lima, strappandolo ai fanfaniani nel 1968, e poi Vito Ciancimino, Andreotti non sospettava nulla? La frottola è talmente enorme che persino il fedelissimo Franco Evangelisti, sentito dai pm di Palermo poco prima di morire, la smentisce:

> Parlammo con Lima tre giorni di fila. Mi disse: «Vengo con i miei luogotenenti, i colonnelli, la fanteria, le fanfare e le bandiere». Poi nell'ufficio di Andreotti arrivò Lima davvero alla testa di un esercito.

Anni dopo Lima confidò a Evangelisti di conoscere benissimo un pezzo da novanta di Cosa Nostra come Tommaso Buscetta: «È un mio amico, uno che conta». E quando la mafia, nel gennaio 1980, assassinò Piersanti Mattarella, Lima gli sussurrò: «I patti, quando si fanno, poi si rispettano».

Chi fosse Lima lo sapevano tutti fin dagli anni Sessanta, visto che in Sicilia era noto come figlio di un uomo d'onore, protagonista con Vito Ciancimino del «sacco di Palermo», legato al clan La Barbera, più volte citato dalle relazioni dell'Antimafia per i suoi incontri con Buscetta (testimoniati da un costruttore al giudice Terranova) e oggetto di varie indagini giudiziarie. Sapeva tutto, trent'anni fa, persino un non politico come l'economista Paolo Sylos Labini: era membro del comitato tecnico-scientifico di Programmazione del ministero del Bilancio quando, nel 1974, Lima fu promosso sottosegretario di quel ministero. Sylos chiese, con una lettera aperta al «Corriere della Sera», la revoca di quella nomina, minacciando in caso contrario le dimissioni. E, quando la richiesta fu respinta, se ne andò per «un dovere di coscienza» di fronte «all'operato dell'onorevole Lima nella gestione del Comune di Palermo, tale da attirare ripetutamente le attenzioni del giudice penale e da indurre la Camera ad accordare per quattro volte le autorizzazioni a procedere». Parole di trent'anni fa.

Fin dal 1971 l'allora colonnello Carlo Alberto Dalla Chiesa, mandato a Palermo a comandare la legione dei Carabinieri, scopre e denuncia le collusioni mafiose di Lima e Ciancimino, compresi i loro rapporti con altri esponenti andreottiani come il futuro presidente della Regione Mario D'Acquisto. E quando ci torna nel 1982 come prefetto, solo e abbandonato, senza poteri reali, prima di essere ammazzato riesce a scrivere sul suo diario parole più dure e indelebili di qualsiasi condanna. Ecco un brano delle sue note manoscritte il 6 aprile, quattro giorni dopo la sua nomina:

> Ieri anche l'on. Andreotti mi ha chiesto di andare [*da lui*] e, naturalmente, date le sue presenze elettorali in Sicilia, si è manifestato per via indiretta interessato al problema; sono stato molto chiaro e gli ho dato però la certezza che non avrò riguardi per quella parte di elettorato alla quale attingono i suoi grandi elettori; sono convinto che la mancata conoscenza del fenomeno [...] lo ha condotto e lo conduce ad errori di valutazione di uomini e di circostanze; il fatto di raccontarmi che intorno al fatto Sindona un certo Inzerillo morto in America è giunto in una bara e con un biglietto da 10 dollari in bocca, depone nel senso: prevale ancora il folklore e non se ne comprendono i messaggi.

Quattro anni dopo, il 12 novembre 1986, sentito al maxiprocesso come teste sul delitto Dalla Chiesa, Andreotti smentirà di aver mai chiesto di incontrare il generale: in pratica, Dalla

Chiesa avrebbe mentito al suo diario privato. Secondo il senatore, fu il generale a rendergli visita (ma in quel momento Andreotti era solo presidente della commissione Esteri) di propria iniziativa, e mai gli fece cenno a uomini della sua corrente compromessi con la mafia. Il senatore nega persino di avergli parlato del mafioso Inzerillo. Peccato che il generale abbia raccontato quel colloquio, aneddoto su Inzerillo compreso, al figlio Nando. Che ne conserva un ricordo indelebile e l'ha trasmesso al Tribunale di Palermo: suo padre gli disse di aver comunicato ad Andreotti che non avrebbe guardato in faccia nessuno, nemmeno gli andreottiani, e che l'uomo politico «era sbiancato in volto».

D'altronde il neoprefetto, il 2 aprile 1982, scrisse cose pesantissime anche in una lettera a Giovanni Spadolini: «I messaggi già fatti pervenire a qualche organo di stampa da parte della "famiglia politica" più inquinata del luogo hanno già fatto presa là dove si voleva». E il 30 aprile, giorno del delitto La Torre, annotò nel diario:

> La Dc a Palermo vive con l'espressione peggiore del suo attivismo mafioso, oltre che politico [...]. Lo Stato affida la tranquillità della sua esistenza non già alla volontà di combattere e debellare la mafia e una politica mafiosa, ma allo sfruttamento del mio nome per tacitare l'irritazione dei partiti [...]. [Sono] pronti a buttarmi al vento non appena determinati interessi saranno o dovranno essere toccati o compresi.

Quattro mesi dopo, la lugubre profezia si avverò con una raffica di mitra in via Carini.

Un altro testimone postumo delle *liaisons dangereuses* andreottiane fu Paolo Borsellino, che nei primi anni Ottanta seppe di un altro episodio emblematico: un giorno Salvo Lima convocò Rocco Chinnici per contestargli le indagini sui Costanzo, i cavalieri del lavoro catanesi legatissimi a Cosa Nostra, a Lima e ad Andreotti.

Il trucco non c'è
Altra polemica, innescata dal solito Jannuzzi, ma avvalorata anche da Andreotti: il verbale del primo interrogatorio di

Buscetta davanti a Caselli, Lo Forte e Natoli (Miami, 6 aprile 1993) sarebbe stato «aggiustato» dai pm, a proposito del delitto Pecorelli. I pm avrebbero forzato il racconto del pentito per fargli dire che il giornalista fu assassinato dalla mafia «su richiesta di Andreotti» e incriminare il senatore anche per omicidio. Tant'è che Buscetta avrebbe poi ritrattato quella frase nei successivi interrogatori e nel libro-intervista a Saverio Lodato.[12] «Mi hanno detto» insinuerà Andreotti «che senza le parole "su richiesta di Andreotti" non mi avrebbero potuto incriminare per omicidio.» Dunque, secondo Jannuzzi, quel verbale fu «falsificato» o «manipolato» da Caselli & C.

Tutto si basa su un gigantesco equivoco, tutt'altro che involontario, frutto di un abile taglia-e-cuci di alcuni verbali. Il 6 aprile 1993 Buscetta dice: «In base alla versione di Bontate e Badalamenti, quello di Pecorelli era stato un delitto politico voluto dai cugini Salvo, in quanto a loro richiesto da Andreotti». Nell'intervista a Lodato, il pentito nega di aver mai saputo da Badalamenti che Andreotti gli commissionò il delitto Pecorelli. Ma così conferma quanto aveva sempre dichiarato fin dal 1993: sono i Salvo che commissionano il delitto a Badalamenti su richiesta di Andreotti. Proprio come risulta da quel verbale e da tutti quelli successivi. Oltretutto, quel famoso 6 aprile, con Caselli e i suoi sostituti c'erano anche due alti magistrati americani, Russell Stoddard (procuratore del distretto centrale della Florida) e Patrick Fitzgerald (procuratore del distretto meridionale dello Stato di New York). E quest'ultimo – avendo istruito il processo contro il boss italo-americano John Gambino – conosce alla perfezione la lingua italiana. Complici anche gli americani della manipolazione?

Basta leggere gli altri quattro verbali resi in seguito da Buscetta, due a Palermo e due a Perugia, per rendersi conto che non c'è alcuna contraddizione né ritrattazione. A Perugia, nell'udienza del 10 settembre 1996 del processo Pecorelli, l'avvocato Coppi controinterroga il pentito. Che risponde:

> Bontate mi parlò dell'omicidio Pecorelli: «Lo abbiamo fatto noi perché ce lo hanno chiesto i Salvo [...]. L'omicidio fu fatto nell'interesse di Andreotti».

E aggiunge che Badalamenti gli confermò che l'omicidio era avvenuto «per interessamento dell'on. Andreotti [...] una richiesta». Manipolato anche quel verbale di pubblica udienza? Querelato da Natoli per un'intervista alla «Stampa» in cui gli attribuiva la manipolazione, Andreotti farà retromarcia con una patetica lettera aperta al magistrato, per evitare i guai giudiziari che gli sarebbero derivati dalla sua gravissima accusa:

> Desidero precisarLe che non ho mai pensato che Lei sia stato disonesto nel redigere verbali di interrogatorio, né ho mai inteso dire che lei abbia acquistato notorietà o costruito carriere muovendo accuse nei miei confronti. Le espressioni utilizzate dal giornalista hanno tradito il mio pensiero, che non era certamente quello di dubitare in alcun modo della sua correttezza professionale, ma di formulare una critica generale a certi metodi giudiziari che mi apparivano incomprensibili: volevo soltanto criticare la verbalizzazione riassuntiva secondo la quale un «non posso escludere» di un testimone veniva interpretato come «includo». Sono convinto che questa lettera possa chiudere la vicenda giudiziaria e personale che solo per qualche tempo ci ha contrapposto.[13]

Ultima bugia: non è vero che quel verbale del 6 aprile '93 provocò l'iscrizione di Andreotti sul registro degli indagati per omicidio. I pm palermitani non procedettero ad alcuna iscrizione. Semplicemente trasmisero, com'era loro dovere, il verbale ai colleghi di Roma – il procuratore capo Vittorio Mele e il sostituto Giovanni Salvi – competenti sul delitto Pecorelli. Questi poi si recarono più volte in America per risentire Buscetta su quello specifico capitolo. E solo in seguito a vari interrogatori e a ulteriori approfondimenti, decisero di iscrivere il senatore per omicidio e di chiedere l'autorizzazione a procedere. Puntualmente concessa dal Parlamento, su richiesta dello stesso Andreotti.

Badalamenti «censurato»

Un'altra leggenda metropolitana, messa in circolo ancora da Jannuzzi e ripresa da molti, riguarda don Tano Badalamenti, patriarca della mafia perdente, l'unico boss di prima grandezza scampato alla mattanza corleonese nei primi anni Ottanta. Secondo Jannuzzi & C., i pm di Palermo temevano che Badalamenti parlasse e smentisse Buscetta su Andreotti. Dunque fecero di tutto per tappargli la bocca. Anche a costo di ostacolare, screditare con false accuse e minacciare di arresto il maresciallo dei Carabinieri Antonino Lombardo che – a suo dire – aveva quasi convinto don Tano a venire in Italia per raccontare la sua verità. Alla fine Lombardo, il 4 marzo 1995, si sarebbe suicidato proprio per queste manovre ai suoi danni. Ancora nel 2000, nel suo libro su Andreotti, Jannuzzi scrive addirittura che Caselli & C. hanno «prima disonorato e poi "suicidato" Lombardo per impedire a Gaetano Badalamenti, il capo di Cosa nostra, di venire in Italia a deporre al processo e a smentire le accuse di Tommaso Buscetta».

Jannuzzi, letteralmente, non sa quel che dice. Badalamenti fu interrogato dai pm di Palermo e di Roma il 13 e il 14 dicembre 1994 nel Federal Correctional Institute di Fairton (New Jersey); dai pm di Palermo il 5 e il 6 dicembre 1995 presso la Byrne Courthouse di Philadelphia; di nuovo dai pm palermitani il 9, 10 e 11 aprile 1997 a Fairton. Poi don Tano fu regolarmente indicato nella lista dei testimoni della Procura di Palermo per il processo Andreotti e lì, nell'aula del tribunale, i pm Lo Forte, Natoli e Scarpinato chiesero di interrogarlo all'udienza del 25 settembre 1997, sollecitando il Tribunale a «predisporre gli adempimenti necessari» perché fosse «trasferito in Italia e rendesse le sue dichiarazioni nella pienezza del contraddittorio» e, se necessario, si sottoponesse a un «confronto con il collaborante Tommaso Buscetta». Badalamenti preferì restare negli Usa e comparve collegato in videoconferenza all'udienza del 24 marzo 1998. Ma era così ansioso di parlare che si avvalse della facoltà di non rispondere e non disse una parola. I pm chiesero e ottennero di acquisire gli interrogatori resi in fase di indagine. Lo stesso avvenne al processo di Perugia, dove don Tano era imputato insieme ad Andreotti e agli altri, e dunque avrebbe potuto partecipare anche di persona sol che l'avesse voluto. Badalamenti fu poi interrogato in videoconferenza anche al processo che lo vedeva imputato, a Palermo, per l'omicidio di Peppino Impastato: altra scena muta.

D'altra parte non si comprende perché Badalamenti avrebbe dovuto preoccupare i magistrati. Stiamo parlando di un boss irriducibile che ha sempre negato di essere mafioso, e perfino che la mafia esista. Non ha mai detto nulla di utile in nessun interrogatorio, né ha mai manifestato la benché minima intenzione di dissociarsi, pentirsi, collaborare o parlare. Che titolo avrebbe mai avuto – anche se avesse parlato – per accusare, smentire o scagionare chicchessia?

L'unica frase apprezzabile pronunciata da Badalamenti sulla mafia è la risposta a una domanda di Caselli: «Lei mi parla di un'organizzazione denominata Cosa Nostra e di cui io sarei stato il capo. Io non conosco questa Cosa Nostra, ne ho letto solo sui giornali, e non sono mai stato il capo di alcunché; la mafia non esiste, e comunque io non sono mafioso». Tesi ribadita anche alla vigilia della prima sentenza Andreotti, in una memorabile intervista di due pagine al «Giornale» comicamente intitolata: *Andreotti è innocente*. La mafia non esiste, io non sono mafioso, Andreotti non l'ho mai visto né conosciuto, ma so che è innocente. Che paura avrebbero dovuto avere gli inquirenti di un personaggio simile? Anche Riina ha sempre detto che la mafia non esiste, che lui è un onesto e pacifico agricoltore e che Andreotti è un galantuomo perseguitato dai pentiti e dai giudici comunisti. Ma i difensori di Andreotti non l'hanno mai chiamato come teste a discarico.

Eppure l'orchestrina garantista non ha esitato a gettare anche il cadavere del maresciallo Lombardo su Caselli e i suoi uomini. Secondo Jannuzzi & C., il povero sottufficiale del Ros viene a sapere che la Procura – per impedirgli di riportare in Italia Badalamenti – si appresta ad arrestarlo. Per cui non gli resta che togliersi la vita. Ma la Procura di Palermo, nonostante le dichiarazioni del pentito Siino che lo accusava di collusioni, non aveva neppure iscritto il suo nome sul registro degli indagati. Dunque non si era mai posto, neppure come ipotesi, il problema di chiedere il suo arresto. Quindi, con il tragico gesto del sottufficiale, il pool di Caselli non c'entra nulla.

Fair play

Quante volte abbiamo sentito elogiare Andreotti per il fair play e la correttezza dimostrati in tanti anni di processi? Sul fair play, niente da eccepire, anche se è grottesco soffermarsi sullo stile di un imputato per non dover parlare dei gravissimi fatti ritenuti provati in tutti e tre i gradi di giudizio. Quanto alla correttezza, Andreotti ha spudoratamente mentito un'infinità di volte al Tribunale. Ora, mentire in udienza, in Italia, è consentito (all'estero no: negli Usa si finisce in carcere per oltraggio alla Corte). Ma spacciare le menzogne per correttezza è troppo.

Andreotti assicura di non aver mai fatto nulla per Michele Sindona. Invece l'avvocato di Sindona, Rodolfo Guzzi, racconta al processo i numerosi incontri con Andreotti per organizzare il salvataggio del finanziere piduista e mafioso: e questo fino al 1980, cioè anche dopo che Sindona aveva finto un rapimento e si era rifugiato in Sicilia, ospite della mafia e della P2.

Andreotti dice di aver incontrato Licio Gelli soltanto alla cerimonia di insediamento di Juan Domingo Perón, a Buenos Aires. Ma al processo sfilano fior di testimoni – dall'ex amante di Gelli a vari capi massoni – che raccontano una frequentazione ben più assidua e affettuosa. Più d'uno giura addirittura che Andreotti sia lui stesso, in segreto, un massone.

Poi ci sono alcune strane lettere inviate da Andreotti a Claudio Martelli, a Giorgio La Malfa e all'ex questore di Milano Francesco Forleo, per rinfrescare loro la memoria. A quest'ultimo il senatore consigliava di «prendere atto» che lui non aveva mai conosciuto i Salvo. Che bisogno c'era di rammentare a tre importanti testimoni del processo quel che dovevano dire?

E poi – come abbiamo visto – c'è la misteriosa «operazione Ganci», con l'avvocato che avrebbe avvicinato Di Maggio per fargli ritrattare il racconto dell'incontro con Riina, in cambio di 6 miliardi e forti protezioni in alto loco.

Un'altra prova dell'impeccabile condotta di Andreotti verrebbe dal confronto con Bettino Craxi: Giulio, «imputato modello», si lascia giudicare, mentre Bettino se la batte ad Hammamet. Ma Craxi, appena avesse rimesso piede in Italia, sarebbe finito in galera per scontare condanne definitive a 10 anni. Andreotti, avendo superato gli 80 anni ed essendo senatore a vita dal 1991, difficilmente avrebbe potuto essere arrestato. È vero che non ha brigato per ottenere leggi *ad personam*: ma l'unica che avrebbe potuto giovargli sarebbe stata l'abrogazione del reato di associazione mafiosa (non del concorso esterno: era imputato di associazione piena): un'impresa piuttosto improba.

Il calvario, il martirio
Altra litania: «Undici anni di calvario, undici anni sulla graticola». È vergognoso – s'è detto – tenere un uomo politico di quel livello sotto scacco con accuse tanto infamanti dal 1993 al 2004, tirando il processo alle calende greche e sperperando tanto denaro pubblico. Magari – come sottolinea spesso l'imputato – «i pm speravano che io non arrivassi vivo alla fine». Trattasi, anche qui, di balla sesquipedale. Anzitutto perché i tempi del processo non sono dipesi dalla Procura di Palermo. L'unica fase che è ricaduta sotto la responsabilità del pool è l'indagine preliminare: poteva durare, codice alla mano, fino a due anni e sei mesi. Durò un solo anno, record mondiale di brevità per un processo così complesso: l'autorizzazione a procedere del Senato è del maggio 1993, la richiesta di rinvio a giudizio del maggio '94. Il gip fissò l'udienza preliminare il 12 ottobre '94, ma la difesa chiese sei mesi di rinvio. L'udienza partì il 1° febbraio '95 e durò appena due mesi. Il 2 aprile Andreotti fu rinviato a giudizio (per Previti non bastò un anno e mezzo). Il 26 settembre 1995, prima udienza del dibattimento: il Tribunale era disposto a procedere al ritmo forsennato di tre udienze alla settimana, ma la difesa – per altri impegni – chiese che una settimana al mese restasse totalmente libera. Così si persero tre udienze al mese, una trentina all'anno. Il 10 gennaio '96 si ammalò uno dei tre giudici: sospensione per vedere i tempi di guarigione. Troppo lunghi. Così, il 10 aprile '96, il processo ripartì da zero. Otto mesi perduti. La sentenza era prevista nel luglio '99, ma, quando mancavano le ultime tre udienze di arringhe difensive, gli avvocati di Andreotti aderirono all'ennesimo sciopero delle Camere penali (gli altri, dal '95 al '98, avevano già fatto perdere almeno cinque mesi) e tutto si bloccò. Il processo slittò a metà settembre e si concluse il 23 ottobre '99. Quattro anni per un dibattimento che sarebbe tranquillamente potuto durare la metà. Chissà per colpa di chi. I giudizi di Appello e di Cassazione, poi, sono durati pochissimo rispetto alle medie della giustizia italiana. La seconda sentenza è del 2 maggio 2003, l'ultima del 15 ottobre 2004.

Quanto ai costi dell'inchiesta e del processo, raramente se ne sono visti di meno dispendiosi. Rispondendo a un'interrogazione parlamentare della Maiolo, il sottosegretario alla Giustizia Marianna Li Calzi (governo Amato), il 27 giugno 2000, riferì che processare Andreotti era costato appena 325.761.000 lire: quasi tutti spesi per le trasferte effettuate dal Tribunale per andare a interrogare i pentiti in giro per l'Italia (i difensori del senatore si opponevano alla videoconferenza). Nemmeno una lira per le intercettazioni (tutte tratte da altri procedimenti).

Teoremi e pentiti
Altra leggenda: il processo Andreotti era basato su teoremi e parole di pentiti, non su prove. Dunque la Procura, finite le indagini, avrebbe dovuto chiedere l'archiviazione. Strano: per due volte, nel 1993, il Senato pullulante di inquisiti e di amici di Andreotti ritenne gli elementi fino ad allora raccolti dalle Procure di Palermo e di Roma (che indagava su Pecorelli), per quanto infinitamente più labili e incompleti di quelli portati al dibattimento, sufficienti per concedere due autorizzazioni a procedere contro Andreotti, per mafia e omicidio. Due gip, uno di Palermo e uno di Perugia, ritennero quegli indizi sufficienti per disporre due distinti dibattimenti. Tutti schiavi del partito delle Procure, tutti «appiattiti»? In realtà, come è emerso dalle sentenze di Perugia e di Palermo, di segno opposto, ma piuttosto univoche sull'esistenza di fatti concreti e gravissimi, entrambi i processi andavano fatti. Come si sarebbero sicuramente fatti a carico di imputati meno noti raggiunti dalla stessa mole di accuse.

Ancora, si è detto che i pm non avevano nient'altro che le parole dei pentiti: 39 collaboratori che parlano per sentito dire, possono mettersi d'accordo fra loro e comunque fanno di tutto per compiacere la tesi accusatoria in cambio di soldi e protezione. Abbiamo già visto con quale difficoltà i pentiti si decidono a parlare degli intoccabili. Ma c'è di più. Pochi sanno che, contro Andreotti, non c'erano solo i pentiti, che parlano di cose viste o sentite (*de relato*). C'erano anche diversi testimoni oculari.

Andreotti è accusato di aver incontrato vari boss mafiosi. Sei di questi incontri sono testimoniati da altrettante persone che affermano di avervi assistito personalmente: tre sono mafiosi «pentiti» (Federico Corniglia per l'incontro con Frank Coppola, Balduccio Di Maggio per l'incontro con Riina, Francesco Marino Mannoia per il secondo incontro con Bontate); e tre sono semplici testimoni, cittadini perbene (e anche un tantino coraggiosi, visto l'ambiente) che hanno riferito alla magistratura notizie utili alle indagini.

Il primo testimone, normale e incensurato, è Vito Di Maggio, ristoratore siciliano soltanto omonimo del pentito. Un giorno si reca dal questore di Palermo Arnaldo La Barbera per raccontare che nel 1979, quand'era barista all'hotel Nettuno di Catania, vide Andreotti salire su un'auto dei cavalieri Costanzo in compagnia del boss Nitto Santapaola. Il questore lo manda subito in Procura. Per la sua testimonianza, Di Maggio non ha ricevuto una lira, né altri vantaggi. Anzi: ha dovuto vendere il suo locale a Catania, abbandonare la Sicilia, trasferirsi al Nord e rinunciare persino al telefono (squillava a ogni ora del giorno e della notte per chiamate di insulti e minacce). Non ha più trovato un lavoro. Sua moglie voleva chiedere il divorzio. Al processo ha raccontato:

> Col mio curriculum prima di questa situazione avevo sempre le porte aperte. Adesso non trovo più lavoro. Negli alberghi di Milano mi sento dire: «Abbiamo saputo che lei è un teste del processo Andreotti: guardi, è meglio evitare, se abbiamo bisogno di lei la richiamiamo». Alcuni addirittura neanche mi hanno risposto. Io non ho avuto nessun vantaggio, solamente danni economici e morali. Al mio paese ero presidente del consiglio di quartiere, rappresentavo il sindaco a San Nicola l'Arena, ma alcuni miei compaesani, appena io entravo, dicevano: «*Amuninni* ché c'è puzza di *pruvuli*». Cioè di polvere da sparo. E mia figlia di 14 anni che frequentava la terza media veniva chiamata «la figlia del pentito». Ma io non sono un pentito, sono solamente un teste che sta riferendo a questa Corte quello che ha visto. E non ho avuto una lira...

Bruno Vespa, in una puntata di «Porta a Porta», pensò bene di screditarlo come «uno che forse è un pentito o forse no, non si capisce bene...».

Il secondo testimone normale e incensurato è il sovrintendente capo della Polizia Francesco Stramandino, che nel 1985 presta servizio durante una visita di Andreotti a Mazara del Vallo e lo vede incontrarsi a tu per tu, in una saletta riservata dell'hotel Hopps, con il giovane boss mafioso Andrea Manciaracina.

La terza testimone normale e incensurata è Rosalba Lojacono, vedova dell'ex sindaco pidiessino di Bari Pietro La Forgia. Si presenta spontaneamente in Procura per parlare del famoso vassoio d'argento che – secondo quattro pentiti – Andreotti avrebbe regalato nel 1976 per le nozze della figlia di Nino Salvo, Angela, con il medico mafioso Gaetano Sangiorgi. Il senatore a vita nega di aver mai visto né conosciuto gli esattori Salvo. «Nell'agosto '93», lo smentisce la signora, «io e mio marito eravamo in vacanza a Stresa, nello stesso albergo dove alloggiavano Sangiorgi e Angela Salvo. Qualche giorno dopo, mio marito mi raccontò che Sangiorgi gli aveva detto di conoscere Andreotti e che il senatore gli aveva inviato in dono alle nozze un vassoio d'argento».

Un'altra testimone normale e incensurata è la gallerista Angela Sassu, figlia del grande pittore Aligi: racconta che ricevette da un sacerdote, inviato da Franco Evangelisti, l'incarico di trattare l'acquisto di una tela del pittore Gino Rossi, ma poi non seppe più nulla della cosa. Anche Mannoia parla di un quadro che «faceva impazzire Andreotti»: il senatore non dovette neppure acquistarlo, perché gli fu regalato dai boss Stefano Bontate e Pippo Calò.

Un altro testimone normale e incensurato è il cardiologo palermitano Gaspare Messina: ricorda che Andreotti telefonò in ospedale per avere notizie sulla salute di un socio dei Salvo ricoverato, Giuseppe Cambria.

Un altro testimone normale e incensurato, e piuttosto qualificato, è il giudice Mario Almerighi: ha raccontato le presunte pressioni di Andreotti su un collega per far archiviare un procedimento disciplinare contro Corrado Carnevale, con la nobile motivazione che «Carnevale non si tocca».

Un altro testimone normale e incensurato è il pm americano Richard Martin, che ha testimoniato come Buscetta gli avesse parlato di Andreotti colluso con la mafia fin dal 1985.

Un'altra testimone normale, incensurata e tutt'altro che pentita è Letizia Battaglia, la fotografa che ha immortalato Andreotti in compagnia di Nino Salvo durante un ricevimento nella hall dell'hotel Zagarella di Palermo, di proprietà degli esattori di Salemi.

Né i giudici del Tribunale, né quelli d'Appello, né quelli di

Cassazione hanno mai chiesto alla Procura di perseguire per calunnia uno solo dei 39 pentiti e degli svariati testimoni d'accusa. Dunque non li hanno giudicati bugiardi, ma attendibili per i fatti precedenti alla primavera del 1980; e, per il periodo successivo, non abbastanza riscontrati o comunque insufficienti a giustificare una condanna per associazione mafiosa. Il che non significa che abbiano mentito. Anche perché, in caso contrario, saremmo di fronte al più spaventoso e inspiegabile complotto della storia dell'universo.

La prima sentenza

Il 23 ottobre 1999 la V sezione del Tribunale di Palermo – presidente Francesco Ingargiola, giudici a latere Antonio Balsamo e Salvatore Barresi – assolve Andreotti dall'accusa di associazione mafiosa. La camera di consiglio è lunghissima: 11 giorni. Questo il dispositivo della sentenza:

> Il Tribunale di Palermo, quinta sezione, visto l'articolo 530 cpp, comma secondo codice procedura penale, assolve Andreotti Giulio dall'imputazione ascrittagli perché il fatto non sussiste.

Le motivazioni, racchiuse in circa 5.000 pagine depositate il 16 maggio 2000, somigliano a una pagella lardellata di 2 e di 3, ma con la scritta finale «Promosso». L'assoluzione è in base al comma 2 dell'articolo 530, che – come appare chiaro dalle motivazioni – equivale all'insufficienza di prove. I giudici ritengono provate numerosissime accuse portate in aula dai pm, ma non le considerano sufficienti per integrare il reato di partecipazione all'associazione mafiosa, e nemmeno di concorso esterno. Andreotti – concludono – era in contatto con alcuni mafiosi; incontrò il giovane boss Andrea Manciaracina a quattr'occhi in una saletta d'albergo; visitò Michele Sindona mentre quest'ultimo era latitante; aveva intensi rapporti con Licio Gelli; è addirittura «possibile» il suo incontro del 1980 con il boss Stefano Bontate narrato da Mannoia; è un mentitore professionista, avendo raccontato almeno 23 bugie su aspetti decisivi delle accuse a suo carico. In particolare: sei menzogne sull'affettuosa amicizia (sempre sdegnosamente negata) con i cugini Salvo; due sul generale Dalla Chiesa (le stesse testimoniate sotto giuramento al maxiprocesso); una sull'andreottiano mafioso Bevilacqua; due su Ciancimino; dieci su Sindona; due sull'incontro con Manciaracina. Ma le prove contro di lui, alla fine, vengono giudicate contraddittorie o insufficienti per condannarlo.

Naturalmente, anziché leggere la lunga sentenza, devastante almeno per le responsabilità morali e politiche, la classe politica la trasforma in una beatificazione, e promuove Andreotti a martire della malagiustizia. Bruno Vespa allestisce un triduo di festeggiamenti a «Porta a Porta», con uno studio sormontato dalla gigantesca scritta «Assolto» (ma dopo l'Appello e la Cassazione si guarderà bene dal correggere il tiro, con la scritta «Colpevole, ma prescritto»).

Basta un breve promemoria dei fatti ritenuti provati dai giudici che hanno assolto Andreotti, per comprendere la portata della montatura.

I cugini Salvo
«L'asserzione dell'imputato di non avere intrattenuto alcun rapporto con i cugini Salvo», scrive il Tribunale, «è inequivocabilmente contraddetta dalle risultanze probatorie». Oltre a essere i super-esattori di tutta la Sicilia, «Ignazio e Antonino Salvo erano rispettivamente "sottocapo" e "capodecina" della "famiglia" di Salemi». Cioè mafiosi doc. «Tommaso Buscetta incontrò frequentemente i Salvo, i quali, conversando con lui, gli parlarono più volte in termini amichevoli del sen. Andreotti». Infatti ne parlò fin dal 1985 a Richard Martin. Le accuse di don Masino sono «caratterizzate da un elevato grado di attendibilità intrinseca». Lo stesso vale per il racconto che dell'amicizia fra Andreotti e i Salvo fanno altri pentiti storici: Antonino Calderone, Salvatore Cucuzza e Vincenzo Sinacori con «deposizioni rese in piena autonomia». Dunque, «diversi esponenti di Cosa Nostra si rivolsero ai Salvo per cercare di ottenere una favorevole soluzione di vicende processuali; i Salvo, nei loro colloqui con diversi esponenti mafiosi, evidenziavano i loro rapporti con il sen. Andreotti». E molti oppositori dei Salvo sono

finiti maluccio: Mattarella, La Torre, Cassarà, Dalla Chiesa, Chinnici. Tutti morti ammazzati.

Vassoio e agendina
Il Tribunale ritiene pure dimostrato che, «in occasione delle nozze [...] della figlia di Antonino Salvo, il sen. Andreotti inviò agli sposi un vassoio d'argento». Andreotti, poi, incontrò ripetutamente i Salvo, dentro e fuori dal loro hotel, lo Zagarella. Un rapporto così affettuoso da allargarsi agli amici e ai soci dei due cugini. Un giorno, nella clinica dov'è ricoverato per una crisi cardiaca Giuseppe Cambria, socio dei Salvo, arriva una telefonata della segreteria di Andreotti, ansioso di avere notizie dell'illustre infermo. Il che si spiega con i rapporti «che legavano l'imputato (sotto il profilo personale e sotto il profilo politico) all'importante centro di potere economico-politico facente capo ai cugini Salvo e ai soggetti loro vicini».

Altra prova: Francesco Accordino, già capo della squadra Omicidi a Palermo, racconta che, subito dopo l'arresto dei Salvo, Ninni Cassarà (dirigente della sezione investigativa della Mobile) gli mostrò una grossa agendina tascabile marrone scuro. C'erano annotati, alla lettera G, il nome «Giulio» e «un numero lungo, privo di prefisso». Scrivono i giudici:

> Il teste [*Accordino*] comprese che si trattava del sen. Andreotti, in quanto Cassarà, nel mostrargli l'agendina, gli chiese: «Hai visto Giulio?». Al dott. Cassarà, che gli domandava «secondo te, chi è questo Giulio?», il dott. Accordino replicò: «è il noto?», facendo riferimento al sen. Andreotti. Il dott. Cassarà gli rispose di sì e aggiunse: «ora vediamo». Quest'ultima affermazione riguardava gli accertamenti che sarebbero conseguiti al ritrovamento del numero telefonico del sen. Andreotti nella suddetta agendina. In seguito [...] in più occasioni il dott. Cassarà, parlando con lui, gli «fece capire che quel Giulio era quello».

Anche la moglie di Cassarà «ha confermato di avere appreso dal dott. Cassarà che i Salvo avevano la disponibilità del numero telefonico diretto del sen. Andreotti». Francesco Forleo, dirigente della Polizia, rivela che Cassarà ne parlò anche a lui «per evidenziare quale fosse il potere dei cugini Salvo». L'unico che non può confermare è Cassarà: è morto ammazzato dalla mafia nel 1985. Per il Tribunale,

> gli elementi probatori raccolti dimostrano la disponibilità, da parte di Ignazio Salvo, del numero telefonico diretto del sen. Andreotti. Tale fatto assume uno specifico e univoco rilievo indiziante in ordine all'esistenza di rapporti personali che consentivano a Ignazio Salvo di rivolgersi direttamente all'imputato contattandolo per mezzo del telefono. Non può quindi ritenersi attendibile la versione dei fatti esposta dall'imputato [...] inequivocabilmente contraddetta dalle risultanze processuali.

Andreotti era talmente amico dei Salvo che, «per i propri spostamenti in Sicilia, utilizzò in più occasioni, e anche per periodi di diversi giorni, un'autovettura blindata intestata alla Satris Spa [*la società dei Salvo, N.d.A.*], concessa in prestito all'on. Lima da Antonino Salvo».

Lima, amico e mafioso
Salvo Lima era un mafioso e un figlio d'arte: «Suo padre, Vincenzo Lima, era un "uomo d'onore" della famiglia di Palermo Centro, che faceva capo ai fratelli Angelo e Salvatore La Barbera». Nel 1968 aderì alla corrente andreottiana, ma

> già prima aveva instaurato un rapporto di stabile collaborazione con Cosa nostra [...], che gli assicurava il proprio sostegno elettorale e riceveva da lui molteplici favori attraverso illecite condotte di condizionamento dell'operato della pubblica amministrazione [...]. Stefano Bontate (al pari di Gaetano Badalamenti, Girolamo Teresi, Giacomo Vitale, Rosario Riccobono) espletava, nell'interesse di Cosa nostra, il compito di mantenere i contatti con l'on. Lima anche per trasmettergli le istanze provenienti da altri «uomini d'onore»; dopo l'uccisione di Bontate, questo compito venne assunto dai cugini Salvo, ferma restando la possibilità che taluni esponenti di vertice di Cosa nostra come Salvatore Riina conferissero direttamente con il predetto uomo politico.

Ovviamente, anche «dopo il suo ingresso nella corrente andreottiana, diversi elementi di prova» dimostrano condotte idonee a rafforzare l'organizzazione mafiosa poste in essere dall'on. Lima [...]. Attraverso un sistema di illecito controllo degli appalti pubblici, nel quale assumeva un ruolo determinante l'on. Lima, si realizzò quindi una significativa interazione tra Cosa nostra e la corrente andreottiana nella provincia di Palermo, attivamente cooperanti nella realizzazione di un accordo criminoso che assicurava loro ingenti disponibilità finanziarie.

Insomma, la corrente andreottiana in Sicilia era una «struttura di servizio di Cosa nostra». Alle elezioni regionali del 1991 Lima si attiva «per ottenere la candidatura nella lista della Dc, per la circoscrizione elettorale di Enna, di un soggetto affiliato a Cosa nostra: l'avv. Raffaele Bevilacqua», descritto da Leonardo Messina come «uomo d'onore e sottocapo della provincia mafiosa di Enna». Bevilacqua ottiene il festoso «appoggio di tutta la provincia di Cosa nostra», anche se per un soffio non viene eletto. E Andreotti sa tutto. Anzi, secondo il pentito Messina, ritenuto «intrinsecamente attendibile» dai giudici,

> il sen. Andreotti aveva fatto avere allo stesso Bevilacqua un contributo di 300 milioni di lire per le spese elettorali, dopo averlo incontrato a Roma per discutere di argomenti politici legati alla sua mancata elezione.

Dalla Chiesa, morto che parla
Un altro servitore dello Stato era convinto che Lima e gli altri amici siciliani di Andreotti fossero mafiosi: il generale Dalla Chiesa, «promosso» prefetto di Palermo nel 1982. E non faceva mistero che se ne sarebbe occupato, senza guardare in faccia nessuno. Lo preannunciò al ministro degli Interni Rognoni. Ed «esternò anche all'imputato [*Andreotti*] l'intenzione di condurre la propria azione di contrasto alla mafia senza assicurare nessun trattamento di favore alla parte dell'elettorato cui faceva riferimento la corrente andreottiana in Sicilia». Quel che scrisse nel suo diario il 6 aprile 1982, a proposito del suo incontro con Andreotti, è «inequivocabile». Il senatore ha tentato di smentirlo. Ma i giudici, fra la sua parola di bugiardo e quella di un martire dell'antimafia, credono alla seconda:

Il resoconto della conversazione esposto dal gen. Dalla Chiesa nel suo diario (che deve ritenersi pienamente attendibile per la natura di tale documento, redatto con assoluta sincerità nell'immediatezza dei fatti e destinato a un uso esclusivamente personale) evidenzia come il problema dei rapporti esistenti tra la corrente andreottiana siciliana e l'organizzazione mafiosa fosse stato portato all'attenzione del sen. Andreotti, il quale, tuttavia, non manifestò alcuna significativa reazione volta a prendere le distanze dai soggetti collusi con Cosa nostra. [...] Palesemente inverosimile è la ricostruzione dell'incontro offerta da Andreotti nella deposizione testimoniale da lui resa nell'ambito del «maxiprocesso», all'udienza del 12 novembre 1986.

Eccolo, quel capolavoro di falsa testimonianza andreottiana:

Non mi soffermo oltre lo stretto necessario sul diario del Generale, nel quale figurano passi assolutamente fantastici, almeno per quello che io posso valutare [...]. Nei colloqui avuti con lui, sempre su sua richiesta, non solo non mi espresse giudizi negativi sui democristiani di Palermo né amici di corrente o altri, ma mi manifestò la soddisfazione per un pranzo offertogli dal Presidente della Regione D'Acquisto [...]. Se il Generale mi avesse manifestato riserve o peggio su qualcuno, chiunque fosse, lo avrei incitato io a non avere riguardi per chicchessia.

E qui i giudici di Palermo non riescono a trattenere un moto di indignazione:

Per cogliere la inattendibilità della ricostruzione del colloquio fornita dall'imputato è sufficiente rilevare che non si comprende per quale ragione il gen. Dalla Chiesa avrebbe dovuto inserire «passi assolutamente fantastici» in un diario che raccontava con dettagliata precisione e completa sincerità alcune vicende della sua vita, alle quali egli attribuiva particolare importanza. A ciò si aggiunge che il contenuto del diario è perfettamente coerente con le affermazioni compiute dal gen. Dalla Chiesa sia nel successivo colloquio con il proprio figlio Fernando, sia nei suoi contatti con altri rappresentanti delle Istituzioni.

Compreso l'allora presidente del Consiglio Giovanni Spadolini, al quale Dalla Chiesa preannunciò la sua battaglia contro «la famiglia politica più inquinata del luogo». Con quell'espressione, scrive il Tribunale,

> Dalla Chiesa intendeva riferirsi alla corrente andreottiana in Sicilia [...]. Nella seconda metà dell'agosto 1982, parlando con il figlio Fernando, gli indicò la corrente andreottiana come quella che esercitava una maggiore pressione tra i gruppi politici che lo osteggiavano. Spiegò le ragioni di tale opposizione con la frase: «ci sono dentro fino al collo». E aggiunse che il sen. Andreotti «faceva il doppio gioco» [...]. Egli, infatti, lo stesso giorno in cui assunse l'incarico di prefetto di Palermo, annotò nel proprio diario (30 aprile) che in questa città la Dc viveva «con l'espressione peggiore del suo attivismo mafioso, oltre che di potere politico». [...] Può dunque affermarsi con certezza che il gen. Dalla Chiesa individuava nella corrente andreottiana il gruppo politico che, in Sicilia, presentava le più gravi collusioni con la mafia.

Ciancimino, amico e mafioso

Anche con l'altro ex sindaco di Palermo, Vito Ciancimino, mafioso sino al midollo, Andreotti intrattenne un'affettuosa amicizia.

> Andreotti incontrò a Roma tre volte (intorno al 1976, il 20 settembre 1978 e nel 1983) Vito Ciancimino, il quale aveva instaurato da lungo tempo un rapporto di stabile collaborazione con lo schieramento «corleonese» di Cosa nostra. La partecipazione del Ciancimino all'associazione mafiosa Cosa nostra è stata accertata con la sentenza emessa il 17 gennaio 1992 dal Tribunale di Palermo. [...] Ciancimino aderì alla corrente andreottiana intorno al 1976, rimanendo comunque a capo di un gruppo autonomo [...]. Nell'agenda del 1978 del sen. Andreotti, alla data del 20 settembre, si rinviene l'annotazione: «12 – Cianc». [...] Nel 1980, il gruppo facente capo al Ciancimino passò da una posizione di autonoma collaborazione con la corrente andreottiana a un formale inserimento nella stessa corrente.

Andreotti provvede a finanziare Ciancimino tramite l'amico Gaetano Caltagirone:

> Dopo il suo primo incontro con Andreotti, il Ciancimino attendeva dall'imprenditore romano Caltagirone il versamento di una somma di denaro da destinare al pagamento delle quote relative al «pacchetto di tessere» da lui gestito. [...] Furono versati su un libretto di risparmio al portatore di pertinenza dei Ciancimino, presso l'Agenzia B di Palermo del Banco di Roma, due assegni bancari, dell'importo di L. 20.000.000 ciascuno, recanti rispettivamente la data del 14 marzo 1977 e quella del 18 maggio 1977, tratti e girati in bianco da Gaetano Caltagirone sul proprio conto corrente e quietanzati da Giovanni Ciancimino (figlio di Vito).

Dunque Ciancimino riceve 40 milioni (di allora) «dopo il suo incontro con il sen. Andreotti».

> Non può ritenersi credibile la riduttiva versione dei fatti prospettata dal sen. Andreotti [...]. Il Ciancimino, in un periodo in cui era stato raggiunto da pesanti accuse in sede politica e in cui era ampiamente nota la sua vicinanza con ambienti mafiosi, instaurò rapporti di collaborazione con la corrente andreottiana, sfociati poi in un formale inserimento in tale gruppo politico, e i medesimi rapporti ricevettero, su richiesta dello stesso Ciancimino, l'assenso di Andreotti nel corso di un incontro appositamente organizzato. [...] Il complessivo contegno tenuto dal sen. Andreotti nei confronti del Ciancimino denota certamente la indifferenza ripetutamente mostrata dall'imputato rispetto ai legami che notoriamente univano il suo interlocutore alla struttura criminale.

«Tête-à-tête» con il boss
Il 19 agosto 1985 Andreotti, allora ministro degli Esteri, si reca in visita ufficiale a Mazara del Vallo. E, all'hotel Hopps, incontra Andrea Manciaracina. Cioè il futuro boss di Mazara del Vallo, figlio del capomafia Vito e considerato il «cocco» e il prestanome di Totò Riina. Purtroppo per lui, c'è un testimone oculare: il sovrintendente capo della Polizia Francesco Stramandino, che quel giorno presta servizio nell'albergo. E, al processo, racconta:

> L'on. Andreotti giunse all'hotel Hopps, ove tenne un breve discorso in una delle sale. Dopo di ciò, io notai, innanzi alla porta di una saletta dove si trovava un apparecchio televisivo, l'on. Andreotti, il sindaco di Mazara del Vallo Zaccaria e un giovane che riconobbi in Manciaracina Andrea. Riconobbi il giovane perché l'avevo già visto in Commissariato e sapevo che era uno dei figli di Manciaracina Vito (quest'ultimo sottoposto alla misura di prevenzione della sorveglianza speciale della P.S.). Vidi che Zaccaria presentava il giovane Manciaracina all'on. Andreotti, che gli strinse la mano. Ricordo che rimasi un po' sorpreso di ciò, poiché pensai che l'on. Andreotti trattava cortesemente una persona del tipo di Manciaracina, e magari poi a noi della polizia neanche ci guardava. Dopo la presentazione, l'on. Andreotti e Manciaracina Andrea entrarono nella saletta di cui ho detto, e chiusero la porta. Il sindaco Zaccaria rimase invece fuori della stanza, davanti alla porta chiusa, senza muoversi [...]. Dopo 10 minuti circa, quindi, la porta si riaprì, il giovane Manciaracina uscì e si introdusse nella stanza il sindaco Zaccaria, che richiuse la porta dietro di sé.

Dal racconto di «intrinseca attendibilità» di Stramandino, i giudici desumono che

> l'incontro tra il sen. Andreotti e Manciaracina ebbe un carattere di particolare riservatezza, tanto che il sindaco di Mazara del Vallo non vi prese parte e rimase davanti alla porta della saletta, nella quale non entrò nessun'altra persona. Non vi è dubbio che in tale occasione ad Andrea Manciaracina (il quale aveva soltanto 23 anni) sia stato usato un trattamento di assoluto riguardo, consentendogli di intrattenersi in un colloquio di circa dieci minuti con il ministro degli Affari Esteri della Repubblica italiana, con modalità idonee a garantire il mantenimento del segreto sul contenuto della conversazione. Una simile cautela trova la propria logica spiegazione nella particolare delicatezza dell'oggetto del colloquio, cui, evidentemente, era opportuno che non presenziasse neanche il sindaco. [...] Le particolari modalità dell'incontro con il sen. Andreotti sono perfettamente spiegabili se si tiene conto dello stretto rapporto fiduciario che già allora intercorreva tra Manciaracina e Riina [...]. Della circostanza che lo Stramandino

> avesse assistito a un incontro suscettibile di connotare negativamente la posizione del sen. Andreotti divennero successivamente consapevoli sia la moglie di Vincenzo Sinacori (divenuto nel frattempo reggente del mandamento di Mazara unitamente a Manciaracina), sia lo stesso imputato.

Il povero Stramandino ha assistito a una scena che non avrebbe dovuto vedere. Come dimostrano gli avvenimenti successivi.

L'avventura del poliziotto morente

A Roma c'è una parrocchia di periferia dedicata a Cristo Re, con un parroco tutto speciale: don Baldassarre Pernice, siciliano, zio del boss (poi pentito) di Mazara Vincenzo Sinacori. Guarda caso, alla consacrazione della chiesa, il 27 novembre 1987, partecipa il pio Giulio Andreotti. Quando la Procura di Palermo lo scopre, nella primavera del '93, succede di tutto. Anche perché gli inquirenti collegano subito quella presenza con il *tête-à-tête* fra Andreotti e l'altro boss di Mazara. La moglie di Sinacori, Nuccia, telefona in quei giorni al sacerdote per avvertirlo che l'agente Stramandino è molto malato (tant'è che morirà poco dopo). E perché il sacerdote lo dica ad Andreotti. Ma perché la moglie del boss era così interessata alla salute del poliziotto morente? Perché – scrivono i giudici – temeva «che lo Stramandino avrebbe potuto testimoniare qualche cosa e chiese al Pernice di riferire ciò al sen. Andreotti». Insomma: c'era il rischio che l'agente parlasse. Ma, se tutto andava per il verso giusto, sarebbe presto passato a miglior vita, portandosi nella tomba l'imbarazzante segreto.

Don Pernice, scrupolosamente, riferisce a chi di dovere:

> Il teste ha affermato di essersi quindi recato dal sen. Andreotti e di avergli riferito il contenuto della conversazione telefonica, esplicitando: «Nuccia, la moglie di Vincenzo Sinacori che è latitante [...], mi ha telefonato chiedendomi di dirti questo». Il sen. Andreotti rispose che ne avrebbe parlato con i suoi avvocati per vedere di che cosa si trattava. Il teste ha aggiunto che, in un secondo incontro svoltosi verosimilmente nel corso di quella stessa settimana, e comunque nel maggio 1993, il sen. Andreotti gli fece presente che il telefono della sua parrocchia «era sotto controllo».

Che significa tutto ciò?

> L'attivo interessamento esplicato dalla moglie del Sinacori al fine di trasmettere al sen. Andreotti la notizia del probabile futuro decesso dello Stramandino, e dell'eventualità che costui rendesse la propria deposizione, presuppone necessariamente la chiara consapevolezza delle conseguenze pregiudizievoli che sarebbero potute scaturire dalla stessa deposizione con riguardo alle vicende processuali del sen. Andreotti. Un siffatto interessamento, compiuto dalla moglie di un latitante mafioso giunto a ricoprire, insieme ad Andrea Manciaracina, una posizione di preminenza nell'ambito del mandamento di Mazara, è coerente con il generale orientamento dell'organizzazione mafiosa, volto a impedire la ricostruzione dei contatti intercorsi tra persone ad essa riconducibili ed esponenti politici. Pienamente consapevole della portata delle dichiarazioni dello Stramandino, e delle ragioni dell'interessamento spiegato dalla moglie del Sinacori, era il sen. Andreotti, il quale, pochi giorni dopo avere appreso dal Pernice le suesposte notizie, lo avvertí dell'attività di intercettazione in corso sull'utenza telefonica della sua parrocchia, all'evidente scopo di indurlo a mantenere la massima cautela in eventuali successive conversazioni telefoniche aventi analogo oggetto.

Saputo che c'è un testimone del suo incontro con il giovane boss, Andreotti invita il prete a tenere la bocca chiusa. E gli rivela che ha il telefono intercettato. È il tipico comportamento di chi ha qualcosa da nascondere. Ma al processo, anche su questo punto, racconta frottole: il suo rapporto col parroco – assicura – è di pura «natura religiosa e sociale». Quanto all'incontro con Manciaracina, «era per me naturale ascoltare le persone che desideravano parlare con me in occasione di queste mie visite pubbliche [...]. Nessuno dei presenti ufficiali, autorità locali eccetera mi sconsigliò l'incontro con il Mangiaracina [sic]».

I giudici non credono a una sola parola:

> Appare del tutto inattendibile la versione dell'episodio prospettata dall'imputato [...], non conforme al vero [...], palese-

mente smentita dalle dichiarazioni dello Stramandino [...] e dalla deposizione del teste Pernice [...]. L'imputato ha esposto una versione dell'episodio non veridica nell'intento di sminuire la valenza indiziaria dell'incontro con Manciaracina, svoltosi con modalità del tutto diverse rispetto a quelle che caratterizzano i normali contatti degli esponenti politici con le persone interessate a rivolgere loro le proprie istanze e da essi occasionalmente conosciute [...]. Le peculiari modalità del colloquio [...] erano certamente tali da accordarsi soltanto con la trattazione di questioni assai rilevanti, delicate, e circondate dalla massima segretezza [...]. È ben possibile che, nel corso del suddetto incontro, siano stati trattati argomenti che in qualche modo rientravano nella sfera di interessi dell'organizzazione mafiosa.

Celle granturismo
I giudici ritengono provato, poi, che Andreotti si attivò nel 1983 per trasferire alcuni boss mafiosi da un carcere duro a uno più «morbido»:

> Il collaboratore di giustizia Gaetano Costa ha riferito di avere appreso da Leoluca Bagarella di un interessamento esplicato dal sen. Andreotti e dall'on. Lima per consentire il trasferimento di un gruppo di detenuti siciliani dal penitenziario di Pianosa a quello di Novara [...]; nel corso, o comunque in prossimità, delle festività natalizie del 1983 presso il carcere di Pianosa, alcuni detenuti, che stavano organizzando una rivolta per far cessare i soprusi cui erano sottoposti, invitarono il Costa ad aderirvi. Egli parlò dell'argomento con il Bagarella, il quale gli consigliò di non attivarsi in tal senso, in quanto i detenuti siciliani presto sarebbero stati trasferiti in un altro penitenziario.

Racconta Costa:

> Io incredulamente gli ho dato dell'ingenuo, a Luchino Bagarella [...]. E lui è stato molto più dettagliato, dicendomi espressamente che da fuori si stavano interessando per questo nostro trasferimento [...]. C'era dietro l'on. Lima, mi ha detto, «c'è anche il Gobbo, quindi siamo coperti» [...]. E io: «Chi è

il Gobbo?». Dice: «Andreotti» [...]. In quel periodo i corleonesi non vedevano di buon occhio Andreotti, perché lo sapevano vicino alla famiglia Bontate. Poi, man mano che questo rapporto si sarà anche consolidato, si parlava dello «Zù» Giulio Andreotti.

Guarda caso, osserva il Tribunale,

> dopo uno o due mesi, dieci o quindici detenuti siciliani vennero trasferiti nel carcere di Novara [...]. Dopo il trasferimento, il Bagarella invitò il Costa a comunicare all'esterno dell'ambiente carcerario che a Messina occorreva indirizzare il consenso elettorale verso la Dc e in particolare verso la corrente andreottiana [...]. Le dichiarazioni del Costa risultano dotate di un elevato grado di attendibilità intrinseca. [...] Numerosi riscontri estrinseci confermano univocamente le modalità oggettive dell'episodio descritto [...]. Con un fonogramma riservato trasmesso il 3 febbraio 1984 alla direzione della Casa di Reclusione di Pianosa, il direttore dell'Ufficio V della Direzione Generale per gli Istituti di Prevenzione e Pena del Ministero di Grazia e Giustizia dispose il trasferimento alla Casa circondariale di Novara dei detenuti differenziati Alticozzi Giuseppe, Anastasi Antonino, Bagarella Leoluca, Condorelli Rosario, Costa Gaetano, D'Agostino Rosario, Marano Antonio, Mazzei Santo, Quartararo Gaetano, Saitta Salvatore, Salafia Nunzio, Scuderi Adolfo [...], tutti detenuti di origine siciliana [...]. Il 13 febbraio 1984 il Bagarella e il Costa furono trasferiti da Pianosa a Novara. Evidente è l'assoluta anomalia del provvedimento con cui venne disposto il trasferimento dei suddetti detenuti, senza alcuna indicazione di ragioni giustificative e in carenza di qualsiasi atto presupposto.

Sindona, amico e mafioso

A sentire Andreotti, il finanziere Michele Sindona era per lui uno sconosciuto, un estraneo. Sì, lui l'aveva definito «il salvatore della lira», ma nel lontano 1973, quando lo osannavano tutti e nessuno sapeva dei suoi legami mafiosi. Poi basta, fine delle trasmissioni. La sentenza del Tribunale di Palermo scrive, anche su questo capitolo, tutt'altra storia. Una storia di legami strettissimi che vanno ben al di là della data-limite del

24 ottobre 1974, quando la magistratura italiana spiccò il primo mandato di cattura contro Sindona per bancarotta fraudolenta.

I giudici confermano «l'attività di riciclaggio svolta dal Sindona per conto di esponenti di primaria importanza di Cosa nostra». E ricordano che lo stesso avvocato di Sindona, Rodolfo Guzzi,

> ha specificato di avere compreso che il Sindona era in contatto con ambienti mafiosi dopo un incontro a Zurigo con Enrico Cuccia e Pier Sandro Magnoni, il quale aveva esibito una lettera con la quale il Sindona comunicava a Cuccia: «La comunità italo-americana ti ha condannato».

Il solo a ignorare le amicizie e i metodi mafiosi di Sindona era, evidentemente, il candido e ingenuo Andreotti. Il quale fece di tutto fino all'ultimo per salvare l'impero di cartapesta del bancarottiere piduista e mafioso. Proprio mentre Cosa Nostra e la P2 si adoperavano per lo stesso obiettivo.

«Particolarmente significativi furono gli interventi esplicati alla fine del 1978 e nel 1979 in favore del Sindona da soggetti legati a Cosa nostra.» Lo dimostrano le telefonate minatorie ricevute da Giorgio Ambrosoli, commissario liquidatore della Banca Privata Italiana di Sindona, fra il 28 dicembre 1978 e il 12 gennaio 1979. Il 9 gennaio 1979 l'anonimo siciliano, che Ambrosoli chiamava «picciotto», gli telefona per ben due volte. Scriverà Ambrosoli nella denuncia:

> Oggetto delle telefonate è ancora il viaggio a New York per depositare documenti di cui disporrebbe Michele Sindona, ma soprattutto l'avvertimento che ambienti di Roma imputavano al sottoscritto la mancata chiusura della vicenda Sindona. In particolare l'anonimo affermava che l'on. Andreotti aveva telefonato direttamente a New York dicendo a Sindona che il sottoscritto non voleva collaborare alla sistemazione del suo caso. Ha affermato pure che il direttore generale della Banca d'Italia – dott. Ciampi – avrebbe dovuto telefonare al sottoscritto, e si meravigliava che tale telefonata non fosse qui pervenuta. Concludeva ripetendo che a Roma e Milano diversi amici di Sindona – compreso il dott. Cuccia – attribuivano

al sottoscritto la colpa della mancata definizione del caso Sindona, ed aggiungeva che – [*se*] fosse stata sistemata la cosa – si sarebbe presentato con una bella busta.

Prima telefonata:

AMBROSOLI: Pronto?
PICCIOTTO: Pronto, l'avvocato?
A: Sì [...].
P: Senta avvocato, se le può fare piacere gli volevo dire questo, dato che lei domani ha quell'appuntamento.
A: Sì.
P: Guardi che puntano il dito soprattutto sopra di lei. Io adesso lo sto chiamando da Roma [...] e puntano il dito tutti su di lei, come se è lei che non vorrebbe collaborare.
A: Ma chi questo?
P: Mi sono spiegato? Io lo voglio mettere... perché tutti sono pronti a buttare la colpa su di lei.
A: Buttino la bomba che vogliono, ma...
P: Sia dal capo grande...
A: Sì.
P: Mi sono spiegato?
A: Chi è il capo grande?
P: Lei mi capisce. Sia il capo grande che a finire al piccolo, il signor Cuccia e compagni, danno tutta la colpa a lei in modo che lei si... perché mi creda veramente, io lo vedo e vedo che lei è una brava persona. Mi dispiacerebbe... perché loro puntano il dito tutti su di lei.
A: Va bene, ma puntano per che cosa, me lo spiega?
P: Perché dice che lei non vuole collaborare a aiutare quella persona [*Sindona*]. Capisce? Il grande, che lei sa chi è?
A: Sì.
P: Ha detto che praticamente ha fatto telefonare a quello mentre, come mi ha detto lei, non è vero.
A: Qui non ha telefonato Ciampi.
P: E quello perché questo, il grande, ha telefonato a Nuova York. Capisci?
A: Sì.
P: E ha detto che aveva sistemato tutto e la colpa la dava solo a lei. Capisce? Ora lei, io lo sto avvisando in modo che lei si sappia calcolare.

A: Io le dico: Ciampi non lo conosco e non posso neanche telefonargli.
P: Ma il grande, il grande mi ha capito chi è, no?
A: Il grande immagino sia Sindona.
P: Eh no, il signor Andreotti.
A: Chi, Andreotti?
P: Sì.
A: Ah!
P: Ha telefonato e ha detto che aveva sistemato tutto, ma che la causa è sua.
A: Ah, sono io contro Andreotti?
P: Esatto. Perciò ci dico si stia a guardare che lo vogliono mettere a lei nei guai. Va bene? Mi dispiace che non ho più gettoni. La chiamo domani dalle 12 e mezzo all'una.

Seconda telefonata:

PICCIOTTO: Pronto, avvocato?
AMBROSOLI: Sì.
P: Mi sono spiegato bene oppure no, avvocato?
A: Lei mi dice che Andreotti dice che la colpa è mia e io le ho risposto...
P: Esatto, ma... ha telefonato là... di sopra, no?
A: Sì.
P: Dicendo che aveva telefonato a quello e che lei non è... non voleva collaborare per niente, mi sono spiegato?
A: Sì, ma scusi, io cosa ci posso fare? Telefono al presidente del Consiglio? Guardi che lei si sbaglia.
P: No, per carità [...]. Insomma ci voglio dimostrare [...] quello che tramano dietro le sue spalle, forse, per questo l'ho richiamato, capisce? Perché praticamente tutti puntano il dito su di lei...
A: Ma possono puntare quello che vogliono, ma io vorrei sapere, perché sono estremamente generici i suoi discorsi, Andreotti dice che io non voglio collaborare per cosa, per andare a New York?
P: Sì.
A: E come fa a inventarselo il presidente del Consiglio?
P: E perciò... perciò glielo sto dicendo io, guardi che lei, ha visto, ieri sera ci abbiamo telefonato... perché quello non sapeva niente, quello di sopra, no? Lui gli ha telefonato direttamente

a quello, dicendo io ti ho fatto telefonare da quel signore là – che ci ho fatto il nome – però non sono...
A: Ma il dottor Ciampi mi avrebbe telefonato, secondo Andreotti?
P: Esatto... esatto, questo è tutto il... mi sono spiegato?
A: E lei chiede in Banca d'Italia se il dottor Ciampi mi ha telefonato...
P: No, io non chiedo a nessuno, siccome noialtri siamo qua giustamente per... per potere sistemare questa faccenda, loro puntano tutti il dito su di lei, per dire la colpa come se fosse lei e vogliono, insomma... mi sono spiegato? Voglio che lei, insomma, si rende conto della situazione, solo per questo io... che io lo vedo, insomma... anche lo guard... guardandolo, vedo che lei è una persona a posto, per cui io non... non mi sento, diciamo noialtri, di potere fare del male, se prima non sono sicuro... mi sono spiegato... capisce?... E allora vedo, che dato che tutti sono amici suoi e puntano il dito su di lei...
A: No, amici miei non sono, guardi, Andreotti non è mio amico proprio.
P: Lo voglio avvisare... ma c'è quell'altro di Milano, signor Cuccia invece pure?
A: Ma Cuccia non lo conosco neanche lui, pensi un po'...
P: E comunque puntano il dito tutti su di lei.
A: Possono puntare quello che vogliono, ma se non mi chiedono niente e io non gli faccio niente e non ci conosciamo, non vedo cosa possono...

L'indomani, 10 gennaio 1979, verso le 12, Ambrosoli riceve la visita dell'avvocato di Sindona, Rodolfo Guzzi. Che gli domanda se ha ricevuto una telefonata di Ciampi. «Ambrosoli», scrivono i giudici, «gli contestò che la stessa domanda era stata formulata il giorno precedente dall'autore delle telefonate anonime, e gli fece ascoltare la registrazione della relativa conversazione telefonica [...]. Il 12 gennaio l'anonimo interlocutore telefonò per l'ultima volta all'avv. Ambrosoli». Ecco la trascrizione:

PICCIOTTO: Pronto, avvocato!
AMBROSOLI: Buongiorno.
P: Buongiorno. L'altro giorno ha voluto fare il furbo, ha fatto registrare tutta la telefonata!

> A: Chi glielo ha detto?
> P: Eh, sono fatti miei chi me lo ha detto. Io la volevo salvare, ma da questo momento non la salvo più.
> A: Non mi salva più?
> P: Non la salvo più, perché lei è degno solo di morire ammazzato come un cornuto! Lei è un cornuto e bastardo!

I giudici sono convinti che «l'autore delle suesposte telefonate intimidatorie può essere identificato in Giacomo Vitale», uomo d'onore, cognato di Bontate, massone «coperto» della loggia Camea legata alla P2.

> Pur non essendo rimasto dimostrato con certezza che il Sindona abbia telefonato all'imputato, non vi è dubbio [...] che il sen. Andreotti fosse uno dei destinatari del disegno ricattatorio coltivato dal finanziere. Questo disegno si poneva in correlazione con la necessità di assicurare il recupero di ingenti capitali agli esponenti dello schieramento «moderato» di Cosa nostra che in precedenza si erano avvalsi dell'opera del Sindona per il riciclaggio dei proventi del narcotraffico. È proprio questa correlazione che spiega il costante sostegno offerto al Sindona in tutta la vicenda relativa al suo finto rapimento [*in Sicilia*], al suo viaggio in Europa e al suo ritorno negli Usa, da una pluralità di soggetti strettamente legati all'organizzazione mafiosa. [...] Andreotti rappresentò, per Michele Sindona, un costante punto di riferimento anche durante il periodo della sua latitanza, e il raccordo tra i due soggetti era noto a settori di Cosa nostra i quali, contestualmente, operavano in modo illecito a favore del finanziere siciliano [...]. È emerso inequivocabilmente che Sindona considerava il sen. Andreotti un importantissimo punto di riferimento politico, cui potevano essere rivolte le proprie istanze attinenti alla sistemazione della Banca Privata Italiana e ai procedimenti penali che il finanziere siciliano doveva affrontare in Italia e negli Usa [...]. A questo atteggiamento del Sindona fece riscontro un continuativo interessamento del sen. Andreotti, proprio in un periodo in cui egli ricopriva importantissime cariche governative.

Che cosa fece, in concreto, Andreotti per Sindona? Scrive il Tribunale:

> Particolarmente numerosi furono i contatti intercorsi tra l'imputato e una pluralità di persone che si rivolgevano a lui per rappresentargli le istanze del Sindona. Nei colloqui con costoro, il sen. Andreotti, oltre a manifestare in via generale un vivo interesse per la situazione del Sindona, non di rado assicurò [...] il proprio attivo impegno per agevolare la soluzione dei suoi problemi di ordine economico-finanziario e giudiziario [...]. Andreotti, inoltre, realizzò alcuni specifici comportamenti che apparivano concretamente idonei *ex ante* [...] ad avvantaggiare il Sindona nel suo disegno di sottrarsi alle conseguenze delle proprie condotte, e inequivocabilmente rivolti a questo fine.

Andreotti nega di aver mai mosso un dito per salvare Sindona. Ma, secondo il Tribunale, la sua

> versione dei fatti non può considerarsi attendibile. Il complessivo comportamento del sen. Andreotti manifesta, infatti, non il semplice intento di acquisire una valutazione tecnica sul progetto di salvataggio prima di trasmetterlo agli organi competenti, bensì il proposito di intervenire su determinati organismi istituzionali (in particolare, sulla Banca d'Italia) per il tramite di altri soggetti pienamente affidabili per il medesimo esponente politico e in grado di operare efficacemente in favore del Sindona.

Si trattava, in particolare, del ministro piduista Gaetano Stammati e del fido Evangelisti. Ma Andreotti fece di più: «incontrò il direttore generale del Banco Ambrosiano, Roberto Calvi, in data 6 aprile 1977». Poi volò in America per incontrare personalmente Sindona, già latitante.

> Un ulteriore elemento che denota inequivocabilmente la disponibilità mostrata dal sen. Andreotti nei confronti del Sindona è costituito dall'incontro tra i due soggetti, avvenuto – secondo quanto l'avv. Guzzi apprese dal proprio cliente – a Washington tra il 1976 ed il 1977 [...]. Nel periodo in esame il sen. Andreotti era investito di incarichi governativi di primaria importanza (Ministro del Bilancio e della Programmazione economica nel IV e nel V governo Moro, e poi, dal 29 luglio

1976, presidente del Consiglio), mentre il Sindona era latitante e destinatario di una richiesta di estradizione [...]. Ben diverso era stato il *modus operandi* dell'ambasciatore italiano a New York, Roberto Gaja, il quale, intorno al 1975-76 era stato invitato da una organizzazione di italo-americani a una celebrazione in onore del Sindona, ma aveva rifiutato di prendervi parte [...] e aveva inviato un rapporto al Ministero degli Esteri italiano, spiegando le ragioni per cui non aveva partecipato a quella manifestazione e non intendeva partecipare a nessun'altra cosa che riguardasse Sindona, ritenendolo in contatto stretto con ambienti di natura mafiosa.

Per l'ambasciatore, incontrare Sindona era sconveniente. Per il presidente del Consiglio, invece, era un onore. Ecco perché, con quel po' po' di scheletri nell'armadio, Andreotti arriva quasi a negare di aver conosciuto Sindona:

Non a caso, rendendosi conto della singolarità di questo incontro e del carattere anomalo del complessivo contegno da lui tenuto in un ampio arco di tempo successivo all'adozione di provvedimenti restrittivi della libertà personale a carico del Sindona, l'imputato ha cercato di sminuire la consistenza dei propri rapporti con il finanziere siciliano [...]. Molti aspetti essenziali della ricostruzione dell'accaduto esposta dall'imputato [...] sono inequivocabilmente contraddetti dalle risultanze probatorie. [...] Il sen. Andreotti adottò reiteratamente iniziative idonee ad agevolare la realizzazione degli interessi del Sindona nel periodo successivo al 1973; tra tali iniziative assunsero particolare rilevanza – anche se non conseguirono il risultato voluto – quelle aventi come destinatari finali i vertici della Banca d'Italia e il commissario liquidatore della Banca Privata Italiana [*Ambrosoli*], i quali si opponevano ai progetti di «sistemazione»; se gli interessi del Sindona non prevalsero, ciò dipese, in larga misura, dal senso del dovere, dall'onestà e dal coraggio dell'avv. Ambrosoli, il quale fu ucciso, su mandato del Sindona, proprio a causa della sua ferma opposizione ai progetti di salvataggio elaborati dall'entourage del finanziere siciliano, a favore dei quali, invece, si mobilitarono il sen. Andreotti, taluni altri esponenti politici, ambienti mafiosi e rappresentanti della loggia massonica P2. [...] Ed è sicuramente dimostrata una approfondita conoscenza, da parte del sen. Andreotti, del collegamento del Sindona con lo schieramento mafioso «moderato».

I punti deboli della sentenza
La V sezione del Tribunale di Palermo aveva fama di grande rigore e inflessibilità. Fra l'altro, aveva condannato Bruno Contrada a otto anni. Ma la chilometrica motivazione della sentenza Andreotti viene contestata duramente dalla Procura nell'atto di appello, che ne evidenzia le numerose inesattezze e imprecisioni, addirittura scambi di persona, sottovalutazioni di prove e testimonianze decisive. Rilievi che in buona parte – come vedremo – verranno accolti dai giudici di secondo grado. Per la Procura, poi, il Tribunale ha «sistematicamente destoricizzato, decontestualizzato e destrutturato il materiale probatorio». Qualche esempio.

Anzitutto, la spiegazione minimalista delle bugie di Andreotti sui cugini Salvo. Per il Tribunale, sarebbero un semplice atto di pudore: Andreotti nega di aver mai conosciuto gli esattori soltanto per «evitare ogni appannamento della propria immagine di uomo politico e [...] impedire che nell'opinione pubblica si formasse la certezza dell'esistenza dei suoi rapporti personali con soggetti quali i cugini Salvo, organicamente inseriti in Cosa nostra e indicati da Giovanni Brusca come coinvolti nel disegno di uccidere Rocco Chinnici». Andreotti nega il suo rapporto con i Salvo fin dagli albori dell'inchiesta, cioè dal marzo 1993. Brusca viene arrestato il 20 maggio 1996 e inizia a parlare nel luglio successivo. Come faceva Andreotti a sapere con tre anni e mezzo d'anticipo quel che avrebbe poi detto Brusca, e cioè che i Salvo erano coinvolti nel delitto Chinnici? Doveva avere ottime fonti...

Altro punto debole. L'accusa sostiene che Andreotti, alla fine degli anni Settanta, fece intervenire i suoi amici mafiosi per bloccare un'estorsione della 'ndrangheta ai danni di un petroliere laziale suo amico, Bruno Nardini. Ne parla – come vedremo – il boss pentito Antonino Mammoliti e lo dimostrano svariati riscontri. Ma per il Tribunale «la vicenda è stata radicalmente smentita dalla deposizione degli altri protagonisti e in particolare dall'imputato». E tanto basta. Ora, a parte la stranezza di un imputato elevato al rango di testimone inattaccabile, depositario di tali verità da scardinare da sole i risultati di un'inchiesta giudiziaria, qui c'è un dato piuttosto insormontabile: Andreotti, in sette anni di indagini e processi, non ha mai detto una sola parola sulla vicenda Nardini. La sua «radicale smentita», semplicemente, non esiste.

Non basta. Per sei anni i vertici di Cosa Nostra sono rimasti convinti che Lima e i Salvo, tramite Andreotti e Carnevale, avrebbero «aggiustato» il maxiprocesso in Cassazione. Poi qualcosa andò storto: Falcone, dal ministero, indusse Antonio Brancaccio, primo presidente della Corte a sostituire Vincenzo Molinari, il presidente designato da Carnevale. E le condanne furono confermate. Subito dopo si scatenò l'ira di Riina contro i «traditori»: Lima assassinato, Ignazio Salvo assassinato, Andreotti e i suoi figli nel mirino, poi due anni di stragi. Ma per il Tribunale quella strategia di Cosa Nostra si fondava su «una ridda incontrollata di voci, notizie, indiscrezioni, aspettative di ogni genere». Insomma, su un colossale equivoco. Cosa Nostra, in preda a un'allucinazione collettiva, progettò e cominciò ad ammazzare tutti i propri referenti politici senza un perché. Tra Andreotti e Carnevale, infatti, secondo il Tribunale non c'era praticamente nessun rapporto. La prova? «L'affermazione di Andreotti e Carnevale della assoluta inesistenza di rapporti, al di là di una superficiale e occasionale conoscenza.» Due imputati (uno dei quali ha già raccontato un sacco di frottole) negano le accuse, dunque le accuse sono false. Una prova davvero granitica. Se le cose funzionassero così, in Italia non si processerebbe mai nessuno. Salvo i rei confessi.

Infine, il presunto incontro (quello del bacio) fra Andreotti e Riina nel 1987, in casa di Ignazio Salvo. Non ne parla soltanto Balduccio Di Maggio. Ne parlano ben otto collaboratori di giustizia, solitamente considerati attendibili: gli altri sono Enzo ed Emanuele Brusca, Calvaruso, Cannella, Cancemi, La Barbera e Camarda. Ma per il Tribunale sono tutti inattendibili. Enzo Brusca lo è perché «la sua collaborazione è stata preceduta da reticenze, menzogne e persino progetti, concordati col fratello Giovanni, di inquinamento di processi e falsi pentimenti». Quali? Il Tribunale non lo dice. Per la semplice ragione che ha clamorosamente sbagliato persona: quelle condotte disdicevoli le commise il fratello Giovanni. Non Enzo, che anzi aiutò gli inquirenti a smascherarle.

Il 20 settembre 1987, giorno del presunto incontro con Riina in casa Salvo, Andreotti si trovava a Palermo per la Festa dell'Amicizia. E, secondo unanimi testimonianze, scomparve dall'hotel Villa Igiea dall'ora di pranzo fino quasi alle 18, quando parlò alla Festa. Dunque avrebbe avuto tutto il tempo di raggiungere casa Salvo, parlare con Riina e tornare in albergo. Brutto affare, per il senatore. Gli serve un alibi per quella data. Così manda avanti ben tre «testimoni» a giurare di averlo visto ben prima delle 18, per riempire quell'imbarazzante buco di cinque-sei ore: un regista Rai, il segretario di un ex onorevole Dc e l'amico giornalista Alberto Sensini (che risultava nelle liste della P2). Peccato che si rivelino tutti e tre bugiardi, o perlomeno «smemorati».

Il caso di Sensini è davvero avvincente: l'allora inviato del «Corriere della Sera» assicura di aver intervistato Andreotti, quel pomeriggio, poco prima del comizio del premier alla Festa dell'Amicizia, che secondo la cronaca del «Popolo» si era svolto alle 16. Dunque, par di capire, l'intervista si svolse intorno alle 15. Ma poi i pm scoprono che all'ultimo momento il comizio era stato spostato, per il caldo, alle 18. E Andreotti era giunto stranamente in ritardo: dopo le 18,30. Dunque, stando al ricordo di Sensini, l'intervista era iniziata verso le 17,30. E prima, dalle 14 alle 17,30, Andreotti aveva avuto tutto il tempo per incontrare segretamente chi gli pareva. Fa fede la chiusura dell'intervista di Sensini, uscita l'indomani sul «Corriere»: «Così Andreotti Belzebù si congeda e va a parlare sotto i terribili tendoni del festival...». Il buco temporale che Sensini doveva riempire si riapre. Come la risolvono, a questo punto, i giudici? Semplice: «Il Sensini ha espressamente affermato che si trattò di un "artificio letterario"». Ma non è vero: Sensini ha confermato che Andreotti, subito dopo l'intervista, si congedò da lui. L'artificio letterario non era la frase «Andreotti si congeda», ma semmai la definizione di «Andreotti Belzebù».

L'Appello

Il 2 maggio 2003 i giudici della I sezione della Corte d'Appello di Palermo (presidente Salvatore Scaduti, giudici a latere Mario Fontana e Gioacchino Mitra) ribaltano la sentenza di primo grado con questo dispositivo:

> La Corte, visti gli articoli 416, 416-bis, 157 e seguenti, codice penale; 531 e 605 codice di procedura penale; in parziale riforma della sentenza resa il 23 ottobre 1999 dal Tribunale di Palermo nei confronti di Andreotti Giulio e appellata dal procuratore della Repubblica e dal procuratore generale, dichiara non doversi procedere nei confronti dello stesso Andreotti in ordine al reato di associazione per delinquere a lui ascritto al capo A della rubrica, commesso fino alla primavera del 1980, per essere lo stesso reato estinto per prescrizione; conferma, nel resto, la appellata sentenza.

Dunque Andreotti ha «commesso» il reato di associazione per delinquere con Cosa Nostra sino alla primavera del 1980, ma il reato è coperto da prescrizione; per gli anni successivi i giudici confermano l'assoluzione, sempre con la formula dubitativa del comma 2 dell'articolo 530. E la prescrizione è appena scattata, nel dicembre 2002: 22 anni e mezzo dopo i fatti (primavera del 1980) e pochi mesi prima della sentenza. E soltanto perché, essendo incensurato, Andreotti ottiene le attenuanti generiche prevalenti. E soltanto perché nel 1980 non esisteva ancora il reato di associazione per delinquere di stampo mafioso, introdotto nel 1982: per l'associazione «semplice» le pene sono più basse e i termini di prescrizione più brevi.

La data della primavera 1980 è quella dell'incontro a Palermo (pienamente accertato) fra Andreotti e il boss Stefano Bontate, all'indomani del delitto Mattarella. Ma i giudici ritengono provati anche altri vertici fra il senatore a vita e diversi boss di prima grandezza: con lo stesso Bontate (nella primavera-estate 1979, a Catania), con Tano Badalamenti (nel 1979, a Roma), con Andrea Manciaracina (nel 1985, a Mazara), mentre non ritengono sufficienti le prove per suffragare il presunto incontro con Riina nel 1987.

Una sentenza coraggiosa, quella dei giudici di Appello (tutt'altro che «comunisti»: il presidente Scaduti è un esponente storico della corrente conservatrice di Magistratura indipendente). Essa riscatta il lavoro della Procura, a lungo infangata come orditrice di «teoremi politici». E dimostra che il processo si fonda su fatti concreti e gravissimi, dunque andava celebrato, in nome dei principi costituzionali dell'obbligatorietà dell'azione penale e dell'uguaglianza di tutti i cittadini di fronte alla legge.

1980, incontro con Bontate
Vediamo le motivazioni d'Appello, depositate il 25 luglio 2003. Anzitutto la Corte «ritiene essenziale l'incontro con il boss Stefano Bontate ed altri mafiosi avvenuto in Palermo nella primavera del 1980, qualche mese dopo l'assassinio del presidente della Regione Siciliana, on. Piersanti Mattarella (risalente al 6 gennaio 1980)». Un incontro, come abbiamo visto, rivelato da un testimone oculare: l'ex mafioso Marino Mannoia.

> La Corte ritiene che alle sue dichiarazioni debba essere riconosciuta piena attendibilità [...]. A differenza di quelle di altri collaboratori, sono intervenute quando gli elementi della indagine a carico del sen. Andreotti non avevano ancora acquisito sviluppo e notorietà, solo successivamente assunti [...]. Sono frutto del sincero e notevole sforzo di superare la atavica remora a parlare di rapporti fra Cosa Nostra e personaggi politici, oggettivamente suscettibile di esporre il propalante e gli stessi inquirenti alle insidie multiformi degli sbarramenti che sarebbero stati opposti da ancora potenti soggetti.

Non aveva, Mannoia, nulla da guadagnare accusando Andreotti. Anzi, aveva molto da perdere, visto il linciaggio che ricominciò a subire dopo averlo accusato.

> Nessuna fonte prima del Marino Mannoia aveva parlato di rapporti diretti fra il sen. Andreotti ed i cugini Salvo. Il complessivo tenore delle dichiarazioni del Mannoia non denuncia affatto intenti persecutori nei confronti dell'imputato [...]. Egli

– non ha esitato a prospettare che, per quanto a sua conoscenza, i pregressi rapporti intrattenuti dal sen. Andreotti con la fazione che faceva riferimento al capomafia Stefano Bontate (assassinato nell'aprile 1981) non si fossero perpetuati in seguito, con il gruppo che aveva assunto il predominio in seno a Cosa Nostra (i «corleonesi») dopo la «guerra di mafia» dei primissimi anni Ottanta;
– non ha esitato a escludere che fosse a sua conoscenza che, anche in specifica relazione al maxiprocesso, l'imputato fosse coinvolto in disegni di «aggiustamento» [*come invece hanno detto altri pentiti, N.d.A.*]; [...]
– non ha riferito, in realtà, di alcuno specifico favore che l'imputato avrebbe fatto al sodalizio mafioso [...]. Si è lealmente limitato a rassegnare quanto a sua conoscenza, senza aggiungere (come sarebbe stato agevole e anche incontrollabile), neppure in termini generici, riferimenti, ancorché indiretti, a favori elargiti dall'imputato a esponenti di Cosa Nostra e senza formulare alcuna facile illazione (come è stato fatto da altre fonti) in ordine a legami fra l'imputato e i «corleonesi». Nessuna inclinazione a compiacere gli inquirenti può pertanto intravedersi nelle misurate dichiarazioni del collaboratore, il quale spontaneamente ha condotto il suo dire su Andreotti essendo stato piuttosto interrogato sull'assassinio dell'on. Lima. [...] Né il Marino Mannoia è ragionevolmente sospettabile dell'intento di guadagnare benefici, posto che la sua figura di collaboratore serio e prestigioso era ormai consolidata, così come erano consolidate le sue condizioni di vita, peraltro assicurate non dagli inquirenti italiani, ma dalla competente autorità statunitense: semmai, nell'ambito della deposizione del 3 e 4 aprile 1993, egli ha esposto la sua personale posizione a possibile aggravamento, avendo per la prima volta confessato la partecipazione a numerosi omicidi.

E qui la Corte d'Appello critica a fondo la sentenza del Tribunale:

> Non sembra alla Corte che le argomentazioni del Tribunale possano sorreggere un negativo convincimento circa la attendibilità delle dichiarazioni del Marino Mannoia concernenti lo specifico episodio in trattazione [...]. [*Mannoia*], soggetto particolarmente vicino al Bontate, del quale raccoglieva qualche

confidenza, circoscrive gli incontri personali fra il Bontate medesimo e Andreotti alla questione Mattarella, mentre la stessa ricostruzione del contesto delineata nei motivi di gravame [*l'Appello della Procura, N.d.A.*] [...] suggerisce che l'imputato si sia occupato personalmente della questione proprio per la importanza del personaggio politico che aveva suscitato il malcontento dei mafiosi ed era, perciò, entrato nel mirino dei medesimi.

Il pentito, poi, quando parla dell'incontro Andreotti-Bontate della primavera 1980,

> non descrive affatto l'imputato [*Andreotti*] in una posizione adesiva rispetto a Cosa Nostra: egli, lungi dal compiacersi per l'operato dell'organizzazione mafiosa, che aveva, comunque, preservato la locale corrente politica andreottiana dalla minaccia costituita dalle possibili iniziative del presidente Mattarella e aperto addirittura la strada della presidenza della Regione a un esponente della stessa corrente, l'on. Mario D'Acquisto (particolarmente gradita ai cugini Salvo), [...] manifesta il suo forte disappunto e assume una posizione assai critica rispetto all'uccisione dello stesso presidente Mattarella, tanto da subire la irritata replica del Bontate, inusitatamente alterato nei toni, e perfino le minacce di quest'ultimo. L'episodio in trattazione se, da un lato, costituisce elemento atto a comprovare la esistenza di relazioni dell'imputato con Cosa Nostra – e, in particolare, con il gruppo che faceva riferimento al Bontate – dall'altro, proprio alla stregua della sua peculiarità, non può che essere letto come un momento di crisi di tale rapporto, che ne segna, per le logiche ragioni che saranno analizzate più avanti, l'inevitabile declino – e, del resto, di lì a poco sarebbero stati eliminati da ogni influenza nel sodalizio criminoso i referenti tradizionali: il gruppo che faceva capo al Badalamenti, peraltro già estromesso dall'organizzazione, e al Bontate, assassinato nell'aprile 1981, è stato pressoché sterminato a seguito della «guerra di mafia».

A questo punto la Corte riassume le rivelazioni dei «dichiaranti» (non pienamente «pentiti»), come Pino Lipari, e dei collaboratori di giustizia Giuffrè, Buscetta, Brusca e Mammoliti sui rapporti fra Andreotti e Cosa Nostra fino al 1980.

Antonino Giuffrè
Il neocollaboratore Antonino Giuffrè (udienza del 16 gennaio 2003) ha riferito alla Corte di aver appreso da Michele Greco di incontri che sarebbero avvenuti tra l'imputato e il capomafia Stefano Bontate, nonché di contrasti che sarebbero intervenuti fra i due, nel contesto dei quali il secondo avrebbe ammonito il primo ricordandogli che in Sicilia «comandava la mafia». [...] Le affermazioni del Giuffrè devono essere correttamente interpretate come la dimostrazione della genuinità del medesimo, il quale, nel riferire di un fatto così eclatante, del quale aveva avuto solo indiretta notizia, ha inteso, in qualche modo, lealmente sottolineare di non avere avuto modo di verificare personalmente se esso fosse frutto di un'invenzione (una «leggenda») ovvero se si fosse realmente verificato.

Giuseppe Lipari
Devono essere qui richiamate le convergenti indicazioni di Giuseppe Lipari, teste (assistito) addotto dalla Difesa e certamente non sospettabile [...] di essere incline a procurarsi la benevolenza degli inquirenti accusando l'imputato. Il Lipari [...] ha ricordato di aver appreso dal boss corleonese Bernardo Provenzano dell'esistenza, nell'ambito di Cosa Nostra, di voci circa incontri di Bontate [...] con l'imputato ed ha anche aggiunto una notazione peculiare, precisando che lo stesso Provenzano rimarcava la «prosopopea» del «principe» Bontate, il quale si vantava di tale rapporto con l'eminente uomo politico. [...] Appare dunque legittimo considerare le indicazioni del Giuffrè e del Lipari alla stregua di, sia pure indiretti, elementi di prova convergenti, idonei a confermare i personali contatti fra il Bontate e Andreotti di cui ha parlato il Marino Mannoia.

Tommaso Buscetta
Quest'ultimo può essere accomunato al Mannoia sia per il risalente percorso collaborativo, che solo nell'aprile del 1993 è approdato a una franca rivelazione delle conoscenze in merito ai rapporti fra esponenti politici e Cosa Nostra, sia per la consolidata posizione di prezioso collaboratore da tempo residente fuori dall'Italia, sia per la totale indipendenza dall'autorità nazionale del proprio regime di vita – con la conseguente in-

sussistenza di compiacenze volte a procurarsi possibili benefici –, sia per la misura delle dichiarazioni, che non si sono mai abbandonate a, sia pure indirette, indicazioni o illazioni in ordine a favori procurati da Andreotti alla mafia al di fuori di un'unica occasione, peraltro soltanto ventilata [*l'aggiustamento del processo al cognato di Badalamenti, Filippo Rimi, su interessamento di «don Tano», N.d.A.*]. A tale proposito possono dunque ripetersi le osservazioni formulate in merito all'elevata attendibilità del Marino Mannoia [...]. E si può aggiungere che dalle dichiarazioni dei testi Martin e Petrucci si ricava che il Buscetta ebbe già a fare cenno ad Andreotti – quale protagonista di rapporti con mafiosi – in tempi assai risalenti (nel 1985, come abbiamo visto), che lo pongono al riparo dal sospetto di aver coinvolto falsamente l'imputato solo dopo che si erano diffuse (alla fine di marzo 1993) le notizie sulla clamorosa inchiesta giudiziaria a carico del medesimo.

Le rivelazioni, non particolarmente ricche, che il Buscetta si è determinato, infine, a fare per la prima volta nell'aprile 1993 non sono, dunque, altro che l'esplicitazione dei fatti che stavano a base di quanto egli aveva semplicemente accennato dinanzi al Martin e al Petrucci. [...] Al di là delle oscillazioni, esse evidenziano un nucleo costante, che si può individuare:
– nell'esistenza di rapporti – ancorché intermediati da terzi ed, in particolare, dai cugini Salvo – fra la fazione mafiosa facente capo al Bontate ed al Badalamenti, da una parte, e l'imputato, dall'altra;
– nell'esistenza di un incontro avvenuto in Roma, avente comunque a oggetto il processo a carico di (Vincenzo e) Filippo Rimi, che aveva visto protagonista l'imputato, uno dei cugini Salvo, il Badalamenti e Filippo Rimi. [...] Va lasciato a chi di competenza il giudizio sull'eventuale coinvolgimento dell'imputato nell'assassinio del Pecorelli [...]. Si può rilevare che gli attacchi e le insinuazioni che compaiono negli articoli del Pecorelli rendono plausibile un malumore, un fastidio, un'inquietudine di Andreotti o, comunque, dell'*entourage* del medesimo. [...] Il quadro delineato conferisce comunque plausibilità all'eventualità che qualche zelante sodale dell'on. Andreotti, che coltivava stretti rapporti con i Salvo, abbia esternato (pur, in ipotesi, senza averne ricevuto alcuna richiesta) lamentele sull'attività giornalistica del Pecorelli e che i Salvo

abbiano ritenuto di agevolare l'uomo politico inducendo i loro amici mafiosi Bontate e Badalamenti a sopprimere il predetto per favorire l'imputato. [...] Non può dubitarsi che le dichiarazioni del Buscetta attestino, comunque, che egli ebbe ad apprendere dai più importanti capi dello schieramento «moderato» di Cosa Nostra, il Bontate e il Badalamenti, che costoro avevano intrattenuto rapporti, quanto meno indiretti, con Andreotti e che in un'occasione, in relazione al processo Rimi, lo stesso Badalamenti aveva personalmente incontrato l'imputato in compagnia del cognato, Filippo Rimi, e di uno dei Salvo.

Giovanni Brusca
Una ulteriore – beninteso, sempre indiretta – conferma alle affermazioni del Mannoia proviene dalle dichiarazioni di Giovanni Brusca. [*Anche lui*] non può essere legittimamente sospettato di intenti persecutori nei confronti del sen. Andreotti o di interessate compiacenze verso gli inquirenti. [...] Quando erano già notorie le propalazioni di Baldassarre Di Maggio sull'episodio forse più eclatante addotto dalla Accusa, costituito dal presunto incontro dell'imputato con Riina in casa di Ignazio Salvo, [...] lo stesso Brusca ha riferito di nulla sapere in merito. [...] Ora, anche omettendo di considerare che il Brusca, al pari di svariati altri collaboratori, ha dichiarato di avere avuto, sia pure indiretta, conoscenza delle relazioni fra Andreotti ed il gruppo Bontate/Badalamenti, precisando di averle apprese dai discorsi del padre e di Riina, [...] relazioni che provocavano la irritazione e il risentimento degli esponenti della fazione dei «corleonesi», i quali ne erano tagliati fuori, si può citare lo specifico episodio riguardante la esplicita frase con cui Nino Salvo replicò alle sollecitazioni a interessarsi per l'«aggiustamento» del processo per l'omicidio del cap. Basile recategli dallo stesso Brusca: nell'occasione il Salvo accampò difficoltà e citò, per contro, il successo ottenuto, in altri tempi, nel processo Rimi, per il quale era riuscito a far intervenire l'on. Andreotti. [...] Lo stesso episodio dà corpo all'affermata, generica vicinanza di Andreotti alla fazione di Cosa Nostra che faceva riferimento ai boss Bontate e Badalamenti e, per più, avvalora la confidenza fatta da quest'ultimo al Buscetta, ragionevolmente escludendo che la stessa sia stata frutto di una mera millanteria del capomafia.

Antonino Mammoliti

È il boss pentito della 'ndrangheta che ha raccontato un intervento di Andreotti presso la mafia per alleggerire le pressioni della malavita calabrese ai danni di un imprenditore suo amico, il petroliere ciociaro Bruno Nardini. Andreotti – secondo Mammoliti – chiese e ottenne che Bontate convincesse l'amico boss Girolamo Piromalli a far cessare un'estorsione delle cosche calabresi contro Nardini (finanziatore e portatore di voti della corrente andreottiana nel Lazio) nei suoi stabilimenti in Calabria. Anche questo fatto, con buona pace del Tribunale, è per la Corte d'Appello pienamente dimostrato:

> Dalla congerie degli elementi addotti dalla Accusa può trarsi un ulteriore episodio che la Corte ritiene di dover valutare in modo difforme rispetto al Tribunale e che conferma la esistenza delle relazioni *de quibus* e ne suggerisce una plausibile caratteristica fondamentale: si tratta dell'intervento che il capomafia Stefano Bontate ha attuato, su una richiesta proveniente dall'imputato, in favore dell'industriale Bruno Nardini, raggiunto da pretese estorsive provenienti da esponenti della 'ndrangheta calabrese. [...] [*La Corte*] condivide i rilievi formulati dai pm appellanti [...]. Le peculiari affermazioni del Mammoliti appaiono adeguatamente confermate dal restante compendio probatorio e, in particolare:
> – dall'effettiva esistenza dell'attività estorsiva ai danni del Nardini;
> – dalla comprovata esistenza, che non poteva essere nota al Mammoliti e che è emersa dalle indagini, di relazioni piuttosto approfondite del Nardini con la Dc e, in quest'ambito, con la corrente andreottiana ed anche, personalmente, con il suo capo, relazioni significativamente minimizzate dal Nardini medesimo [...];
> – dalla sintomatica, complessiva inaffidabilità delle dichiarazioni del Nardini e della versione dei fatti da lui fornita, specie in merito alle sue relazioni politiche;
> – dalla conclusione, comunque positiva, della vicenda, che, a tutto concedere, ha visto il Nardini trarsi inspiegabilmente di impaccio con il pagamento al Piromalli (estraneo all'attività estorsiva) di una somma che, rispetto alle originarie pretese degli estortori, «giustificate» dai notevoli mezzi economici

della impresa, può fondatamente ritenersi esigua. [...] L'imputato [*Andreotti*] fu reso edotto della situazione e si determinò ad intervenire in ausilio del suo «grande elettore» mettendo a frutto le sue amicizie mafiose.

Conclusione

Il pregnante significato delle attendibili indicazioni del Giuffrè, del Lipari, del Buscetta, del Brusca e del Mammoliti costituisce, ad avviso della Corte, elemento di valutazione sufficiente a confermare le relazioni del sen. Andreotti con gli esponenti di spicco della c.d. ala moderata di Cosa Nostra ed a riscontrare le dichiarazioni del Marino Mannoia concernenti l'incontro della primavera del 1980 al quale egli aveva personalmente assistito. Del resto, sarebbe davvero impossibile attribuire la diffusa e tramandata consapevolezza dei mafiosi circa le relazioni dell'imputato con Cosa Nostra ed i più specifici apporti appena esaminati ad una mera coincidenza di fatti, di vanterie e di millanterie del tutto privi del benché minimo fondamento, ai quali si sono aggiunte alcune innegabili reticenze dell'imputato – quali, per esempio, quella, risalente ad epoca ben anteriore alla inchiesta a suo carico, concernente il suo colloquio con il gen. Dalla Chiesa del 5 aprile 1982 – che non trovano adeguata spiegazione al di fuori della coscienza di pregresse, non ineccepibili e inconfessabili condotte. Del pari, limitandosi al sintomatico rapporto del sen. Andreotti con i cugini Salvo, si può aggiungere che, al di fuori del quadro delineato, rimarrebbe, in qualche misura, inspiegabile come il medesimo sia costantemente rimasto del tutto estraneo ai pacifici, più o meno intensi, rapporti intrattenuti con gli stessi Salvo da Salvo Lima, da Claudio Vitalone e da Franco Evangelisti, tutte persone legate all'imputato da intime relazioni.

1979, incontro con Bontate
Secondo i giudici di Appello, dunque,

> La vicenda riferita dal Mammoliti, l'incontro di Andreotti con il Badalamenti in relazione al processo Rimi e il colloquio dello stesso Andreotti con il Bontate e altri mafiosi nella primavera 1980 si possono considerare sufficientemente provati.

Lo è pure l'altro vertice Andreotti-Bontate, quello raccontato sempre da Mannoia e collocato nella primavera-estate del 1979 (qualche mese prima del delitto Mattarella) nella tenuta «La Scia» dei Costanzo a Catania?

Questa volta Mannoia non ha assistito personalmente alla scena: gliel'ha raccontata Bontate. Ma ne parla anche Angelo Siino, che accompagnò Bontate in auto da Palermo a Catania e poi lo riportò a Palermo dopo il vertice: durante l'incontro – al quale non partecipò – s'intrattenne a chiacchierare fuori dalla tenuta con il guardiano, soprannominato «U Cchiu». Questi gli disse di aver appena visto entrare Andreotti. La Corte premette:

> La prova di tale episodio non è, in definitiva, fondamentale: la eventuale eliminazione dello stesso dal compendio probatorio non inciderebbe in modo determinante sul quadro già acquisito, idoneo, di per sé, a dimostrare la esistenza dei rapporti fra l'imputato, i Salvo, alcuni esponenti di spicco dell'ala «moderata» di Cosa Nostra, nonché la esistenza dell'incontro, avvenuto in Palermo nella primavera del 1980, riferito dal Marino Mannoia. È, però, indiscutibile che quest'ultimo episodio logicamente suggerisce un pregresso, personale contatto fra l'imputato ed il Bontate – avente a oggetto la vicenda Mattarella – contatto che giustificherebbe le doglianze del primo e le spiegazioni successivamente richieste al boss: diversamente opinando, infatti, non si comprenderebbe perché mai Andreotti avrebbe dovuto personalmente recarsi dal Bontate per reclamare chiarimenti e non si sia avvalso, al riguardo, delle indicazioni che i suoi sodali – e l'on. Lima innanzitutto – avrebbero potuto fornirgli.

Comunque, per i giudici, il racconto di Siino è assolutamente credibile. Avendo fatto da autista a Bontate, avrebbe potuto rafforzare le sue accuse raccontando che il boss gli aveva parlato di Andreotti in auto: Bontate è morto e non avrebbe mai potuto smentirlo. Avrebbe anche potuto dire di aver visto con i propri occhi Andreotti incontrare Bontate. Invece non lo fa. Dice solo quel poco che sa: ciò che, appunto, gli ha riferito «U Cchiu»:

> È sufficiente considerare la assoluta misura delle dichiarazioni del predetto, che mai ha forzato i toni del suo racconto, al punto da esporre a notevoli rilievi di ambiguità la parte probatoriamente essenziale dello stesso, costituita dalla presenza di Andreotti a «La Scia» [...]. Nessuno avrebbe potuto impedire al Siino di riferire che, dopo aver avvertito il rombo delle autovetture in arrivo presso la azienda dei Costanzo e lo strepito degli sportelli che si chiudevano, aveva intravisto (o gli era parso di intravedere) a distanza Andreotti [...]. Del tutto incontrollabile, poi, sarebbe stato un resoconto più pregnante (in senso accusatorio) del colloquio avuto dal Siino con il Bontate durante il viaggio di ritorno a Palermo, posto che, stante la – ormai risalente – morte dell'interlocutore [*Bontate*], nessuno avrebbe potuto smentire che quest'ultimo avesse esplicitamente confermato [...] la presenza dell'imputato [*Andreotti*] a «La Scia». [...] Se il Siino fosse stato ispirato da maligni intenti persecutori o avesse voluto compiacere gli inquirenti apportando un falso contributo alla investigazione, è assolutamente ragionevole pensare che le sue affermazioni sul punto essenziale in considerazione sarebbero state assai più nette ed esplicite. [...] La complessiva valutazione degli elementi di prova rassegnati induce, dunque, a concludere che sia stata acquisita valida dimostrazione anche dell'episodio costituito dall'incontro presso «La Scia».

Altro rilievo alla prima sentenza:

> Emendando un non condivisibile convincimento del Tribunale, deve poi ricordarsi che l'assunto accusatorio non è fondato esclusivamente «su una mera "possibilità" o "compatibilità"» del viaggio dell'imputato in Sicilia in alcuni dei giorni astrattamente considerabili, ma sui concreti dati che possono desumersi dalle attendibili e convergenti indicazioni del Marino Mannoia e del Siino e che sono stati approfonditamente esaminati. [...] L'argomentazione del Tribunale difetta nel metodo, omettendo di tener conto che sull'episodio erano stati acquisiti convergenti elementi di prova forniti da fonti diverse, della cui attendibilità non vi era ragione di dubitare. [...] Concludendo, anche l'incontro presso «La Scia» e, conseguentemente, le ragioni dello stesso, possono considerarsi adeguatamente comprovati.

Il movente
Perché Andreotti intratteneva affettuosi rapporti con i boss di Cosa Nostra? La risposta dei giudici d'Appello è agghiacciante:

> I benefici che l'imputato traeva o sperava di ricavare coltivando personalmente rapporti con i mafiosi [...] rivelano che era piuttosto il predetto a servirsi di costoro. In primo luogo possono considerarsi i benefici elettorali, dipendenti dall'appoggio concesso dai mafiosi agli esponenti siciliani della corrente andreottiana.

Ma i voti dei mafiosi non bastano. C'è dell'altro:

> Nel tentativo di spiegare la propensione dell'imputato a intrattenere personali, amichevoli relazioni con esponenti di vertice di Cosa Nostra, relazioni certamente propiziate dagli intimi rapporti già intrattenuti dal Lima, appare più interessante considerare la spinta determinata dalla possibilità di utilizzare la struttura mafiosa per interventi che potrebbero definirsi *extra ordinem*, ovvero per arrivare, in taluni, peculiari casi, a soluzioni difficilmente raggiungibili seguendo canali ortodossi. In questo quadro si inserisce a pieno titolo la illustrata vicenda Nardini [...], ma potrebbe includersi, altresì, il tentativo di interessare il Bontate al salvataggio dell'on. Moro, che viene prospettato – in termini espliciti, ancorché in via deduttiva – dal Buscetta.

Secondo i giudici, Andreotti chiese aiuto alla mafia per salvare Moro prigioniero delle Br. Buscetta racconta di quando, nel carcere di Cuneo, fu contattato da alcuni intermediari della malavita milanese perché avvicinasse alcuni brigatisti detenuti, anche se poi la richiesta fu lasciata cadere e lui si fece l'idea che il salvataggio di Moro non interessasse più. E – ricordano i giudici – «una indicazione analoga è stata fornita dal Marino Mannoia». Qualcosa di simile emerge persino dalla testimonianza di un ex capo dello Stato: Francesco Cossiga.

> Un, sia pur vago, elemento che potrebbe confermare l'impegno di Andreotti nel tentativo di liberare l'on. Moro, da attuare anche sperimentando, in ipotesi, la via mafiosa, si trae, in

qualche modo, dalle dichiarazioni del sen. Francesco Cossiga, che all'epoca del sequestro dell'on. Moro rivestiva la carica di Ministro dell'Interno. Il teste [*Cossiga*] [...] ha riferito che si parlò, in quei drammatici e concitati giorni, anche di avvalersi della mafia per tentare di liberare il rapito, precisando che l'idea era stata da lui recisamente bocciata e che egli, probabilmente, ne aveva parlato all'imputato (allora presidente del Consiglio). [...] Se le indicazioni fornite dal sen. Cossiga si mettono in relazione con gli amichevoli rapporti che a quell'epoca l'imputato intratteneva con i mafiosi e con la richiesta di aiuto (già sperimentata con successo) rivolta ai medesimi mafiosi in occasione della vicenda Nardini, si dovrà ammettere che le stesse conferiscono all'originaria affermazione del Buscetta notevole plausibilità.

Il caso Nardini, come il caso Moro, dimostra che Andreotti considerava Cosa Nostra un *instrumentum regni*, un'arma in più per accrescere il suo potere (ma, di conseguenza, anche il potere della mafia). Scrivono i giudici d'Appello:

Si è in presenza, in buona sostanza, del ricorso a forme di intervento paralegale, che conferisce, a chi sia in possesso dei canali che gli consentano di sperimentarle, un *surplus* di potere rispetto a chi si attenga rigorosamente ai mezzi legali, *surplus* di potere che mette in grado di ottenere, talora, risultati, di per sé non necessariamente riprovevoli, anche laddove essi non possano essere raggiunti con metodi ortodossi: una situazione, in altri termini, suscettibile di affascinare qualsiasi uomo di governo. Insomma, anche al di là delle riflessioni da ultimo esposte, può considerarsi ragionevole un'interpretazione secondo cui, anche senza arrecare al sodalizio mafioso contributi concretizzatisi in consistenti ed effettivi interventi agevolativi – ma si vedrà come per nulla trascurabile sia stato l'apporto rafforzativo assicurato ai mafiosi dall'amicizia di Andreotti –, l'imputato si sia conquistato, con il tramite del Lima e dei Salvo, l'amicizia degli «uomini d'onore», ottenendone notevoli benefici. Tutto ciò l'imputato ha fatto ritenendo di poter controllare a piacimento gli «uomini d'onore», forte del convincimento che essi fossero individui di non eccelsa levatura, che subivano l'ascendente di un illustre uomo politico ed erano, in definitiva, ispirati da un assoluto rispetto per la istituzione pubblica e per i suoi esponenti, specie per quelli più prestigiosi. [...]. Le certezze dell'imputato erano fondate su un'oggettiva sottovalutazione della pericolosità dei suoi interlocutori, già indotta da una visione riduttiva e, per usare le parole del diario del gen. Dalla Chiesa, folkloristica del fenomeno mafioso, secondo la quale le manifestazioni violente si limitavano, semmai, a qualche regolamento di conti tutto interno alle cosche o all'eliminazione di qualche personaggio esterno a esse ma contiguo. [...] [*Quelle*] certezze dell'imputato si infrangono fra la seconda parte del 1979 e l'inizio del 1980.

Mattarella, delitto annunciato

A questo punto, finalmente, Andreotti capisce che usare la mafia significa giocare col fuoco. Anzi, con la vita degli altri: nella fattispecie, di Piersanti Mattarella, assassinato da Cosa Nostra dopo il primo incontro con Bontate e poco prima del secondo. Anche questo passo della sentenza mette i brividi:

> Chiamato a interessarsi della questione Mattarella, l'imputato indica nella mediazione politica la possibile soluzione, che tuttavia, dopo alcuni mesi, viene del tutto disattesa dai mafiosi, che perpetrano l'assassinio del coraggioso presidente della Regione. La scelta sanguinaria sgomenta Andreotti, il cui realismo politico (abusando di un luogo comune si potrebbe più propriamente parlare di cinismo) non si spinge certo fino a contemplare l'omicidio del possibile avversario. [...] Tenuto conto che la breve puntata in Sicilia [*nel 1979*] è stata presumibilmente attuata in un periodo in cui Andreotti ricopriva ancora la carica di presidente del Consiglio e in cui, pertanto, un breve viaggio riservato implicava la necessità di superare quella oggettiva serie di (comunque non insormontabili) difficoltà, [...] si deve ritenere che l'imputato considerò che fosse piuttosto urgente incontrare personalmente i mafiosi (è evidente che i suoi sodali politici avrebbero potuto comodamente contattarlo, con modalità niente affatto clandestine, a Roma e riferire, quindi, ai mafiosi i suoi eventuali suggerimenti, cosicché, se non fosse stata avvertita la forte esigenza di un urgente incontro personale con gli stessi mafiosi, non vi sarebbe stata alcuna necessità di «scendere» in Sicilia).

Nel 1979 Andreotti viene informato dagli amici siciliani che Mattarella, ormai sulla lista nera dei cugini Salvo per la sua politica antimafia, è nel mirino di Cosa Nostra. Dunque, da presidente del Consiglio, scende a Catania per incontrare Bontate e comporre «amichevolmente» la questione:

> Agevole è immaginare che qualche intimo sodale dell'imputato [...], al corrente dei pesanti e crescenti malumori dei mafiosi nei confronti del presidente Mattarella, gli prospetta una situazione di pericolo per la stessa incolumità del presidente della Regione, reo agli occhi degli «uomini d'onore» non tanto di voler scompaginare l'assetto locale del potere democristiano [...], ma, secondo quanto riferito dall'on. Evangelisti proprio per averlo appreso dal Lima, di aver tradito aspettative che, a torto o a ragione, gli stessi mafiosi coltivavano. Preoccupato per tale evenienza, l'imputato, dunque, avverte la necessità di intervenire urgentemente e personalmente presso i mafiosi e si determina ad incontrarli: in occasione della riunione presso «La Scia», ne frena l'impeto, prende tempo, li rassicura additando una soluzione «politica», elude (almeno nell'immediato) ogni iniziativa cruenta, tanto che il Bontate rimane in attesa e confida al Marino Mannoia: «Staremo a vedere».

Non fu Cosa Nostra a convocare Andreotti: fu l'allora premier a fissare l'incontro con Bontate:

> La genesi dell'incontro a «La Scia» induce ad escludere che siano stati i mafiosi a sollecitare l'incontro con Andreotti per discutere della questione Mattarella. [...] Con un peccato di presunzione, Andreotti erroneamente ha reputato che la mancanza di risultati della indicata via «politica», che ben presto sarebbe apparsa chiara, non avrebbe determinato alcuna conseguenza negativa per la incolumità del presidente Mattarella, inesattamente ritenendo che i suoi solidi legami con i mafiosi e il suo autorevole intervento che la aveva inequivocabilmente respinta avrebbero bloccato qualsivoglia soluzione cruenta.

Tornato a Roma, Andreotti non fa nulla. Non denuncia i mafiosi. E neppure avverte Mattarella del pericolo incombente.

Così, il 6 gennaio 1980, Mattarella viene assassinato. Pochi mesi dopo, nella primavera 1980, Andreotti torna in Sicilia, stavolta a Palermo, per chiedere spiegazioni a Bontate. Ma Bontate lo tratta in malo modo, lo strapazza, volano parole grosse. La situazione, ormai, è definitivamente sfuggita di mano all'uomo politico che si credeva più furbo e più forte di tutti.

> La drammatica disillusione, la emozione suscitata dall'estrema gravità del tragico assassinio del presidente Mattarella, soppresso alla presenza dei familiari, e lo smacco provato nell'aver visto la sua indicazione disattesa spiegano la decisione di «scendere» a Palermo e di incontrare nuovamente gli interlocutori mafiosi per chiedere chiarimenti e non certo per felicitarsi di una soluzione che pure era stata, in definitiva, foriera di rimarchevoli vantaggi per il suo gruppo politico locale e per i suoi amici Salvo. [...] Si può agevolmente immaginare quale sia stato l'ulteriore impatto sull'eminente uomo politico, già scosso dall'assassinio del presidente Mattarella, del tono arrogante con cui il Bontate aveva respinto le sue insistite richieste di chiarimenti: era stato un grave errore minimizzare la pericolosità della mafia; era stato un grave errore immaginare di poter agevolmente disporre dei mafiosi e di guidarne le scelte imponendo, con la propria autorevolezza ed il proprio prestigio, soluzioni incruente e «politiche» ai problemi insorti; era stato erroneo il convincimento, del resto già scalfito da alcuni, recenti e gravissimi fatti di sangue [...] (gli omicidi del comm. Boris Giuliano, perpetrato nel luglio del 1979, del giudice Cesare Terranova, consumato nel settembre del 1979 e anche del cap. Emanuele Basile, risalente all'inizio di maggio 1980), circa il rispetto assoluto dei mafiosi verso gli esponenti delle istituzioni pubbliche; era stato un abbaglio assegnare alla mafia il riduttivo ruolo di strumento di ordine e di controllo della criminalità, [...] attuato attraverso qualche ricorso alla violenza che, tutto sommato, la società civile poteva tollerare. [...] Era stato, in definitiva, un grave errore intrattenere buone relazioni con i mafiosi, chiedere loro qualche favore, indurre in essi il convincimento di poter contare sulla sua amicizia, convincimento che aveva probabilmente pesato sulla baldanzosa previsione dei medesimi di non subire negative, tangibili conseguenze per la decisione di sopprimere un esponente così in vista del partito di maggioranza relativa.

1980-81, divorzio dalla mafia

Andreotti potrebbe trarre le conseguenze dalla tragica e sanguinosa fine di quel lungo rapporto di convivenza con Cosa Nostra. Potrebbe denunciare, direttamente o indirettamente (magari tramite i servizi segreti), quello che ha visto e saputo per assicurare alla giustizia gli assassini del suo compagno di partito. Invece no. Non muove un dito. Rimane gelido, impassibile, e soprattutto in silenzio. Si limita ad allentare progressivamente quei rapporti che non riusciva più a controllare. Tanto più dopo la cruenta uscita di scena del clan Bontate e con l'avvento, nella truculenta guerra di mafia del 1981-82, dei corleonesi:

> Le inevitabili riflessioni di Andreotti lo rendono conscio della inadeguatezza della propria analisi del fenomeno mafioso, rimasta indietro rispetto allo sviluppo e alla pericolosità ormai assunti dallo stesso. [...] Ma, al di là della possibile revisione critica della moralità di incaute scelte pregresse che lo avevano indotto – non certo senza tornaconto – a palesare apprezzamento e amichevole disponibilità verso i mafiosi, le stesse riflessioni e la consapevolezza della impossibilità di mantenere il controllo sulle azioni di Cosa Nostra, definitivamente maturata dopo il colloquio con il Bontate, non possono che spingerlo a rivedere radicalmente i propri rapporti con gli «uomini d'onore» e ad allontanarsene, non senza lasciarsi dietro un pesante retaggio che ha alimentato le aspettative o la immaginazione degli stessi. Gli avvenimenti della seconda parte del 1979, l'assassinio del presidente Mattarella e il burrascoso chiarimento con il Bontate segnano, dunque, la crisi degli amichevoli rapporti di Andreotti con gli esponenti di Cosa Nostra, rapporti che egli fondava sui ricordati convincimenti, rivelatisi drammaticamente illusori, e, si ribadisce, sulla sottovalutazione della pericolosità dei mafiosi.

È, si capisce, un'interpretazione dei giudici. Che però appare quantomai ragionevole, oltre a sposarsi perfettamente con i fatti accertati nel processo:

> Quella esposta, pur sondando le difficili sfere della psiche umana, è un'interpretazione di quanto avvenuto assolutamente ragionevole, strettamente ancorata ai fatti acquisiti e lonta-

na da una riflessione puramente soggettiva ed opinabile ed, in qualche modo, «politica». Per averne conferma si possono ricordare, oltre che le dichiarazioni con cui il Mannoia ha parlato delle difficoltà incontrate dai «corleonesi» (che di lì a poco avrebbero preso il comando incontrastato di Cosa Nostra) a ottenere la «disponibilità» dell'imputato, quelle convergenti del Giuffrè, il quale ha espressamente indicato [...] la morte del Bontate (aprile 1981) come il momento in cui iniziano a incrinarsi i rapporti tra politica e mafia. [...] Di fatto, alla stregua degli elementi acquisiti, rimane confermato che, dopo quel burrascoso colloquio della primavera 1980, si esauriscono le, in precedenza piuttosto ricche, indicazioni (non sempre traducibili in prove piene) concernenti episodi sintomatici delle relazioni di Andreotti con i suoi tradizionali referenti mafiosi (Bontate e Badalamenti).

Naturalmente i nuovi capi di Cosa Nostra sanno benissimo quali rapporti Andreotti aveva intrattenuto con il vecchio vertice della Cupola. Tentano più volte di riallacciarli. E alla fine, nel 1991-92, dopo la sentenza definitiva del maxiprocesso e le leggi antimafia, si scatenano con inusitata violenza contro gli uomini di Andreotti, considerati «traditori»:

L'accanimento che, all'esito del maxiprocesso [*l'inattesa conferma delle condanne, il 30 gennaio 1992, N.d.A.*], il Riina e i suoi mostreranno nei confronti dell'imputato e di coloro che gli erano stati vicini troverà adeguata spiegazione nel solerte impegno antimafia progressivamente manifestato da Andreotti, estrinsecatosi anche in particolarmente incisivi provvedimenti adottati dagli ultimi governi da lui guidati [...], ma anche nelle deluse aspettative – magari fino a un certo punto strumentalmente alimentate da chi aveva interesse a mantenerle vive – che i pregressi, risalenti atteggiamenti dell'uomo politico avevano ingenerato nei mafiosi.

1985, incontro con Manciaracina
Per la verità, dopo il 1980, Andreotti almeno un mafioso «corleonese» lo incontra. È, l'abbiamo visto, il giovane Andrea Manciaracina, astro nascente di Cosa Nostra a Mazara del Vallo, legatissimo a Riina. Un lungo colloquio a quattr'occhi, nell'ottobre 1985, in un albergo. Anche la Corte d'Appello lo ri-

tiene provato. Ma non trova elementi sufficienti per affermare che Andreotti conoscesse in anticipo la caratura criminale del suo interlocutore, presentatogli dal sindaco. Qualunque cosa gli abbia chiesto il boss, Andreotti l'avrebbe lasciato parlare, senza poi dar seguito alle sue richieste, sempre nell'ambito di quel percorso di «ritirata» *soft* dal suo passato mafioso.

> Volendo conferire al colloquio medesimo un sicuro contenuto mafioso, a un primo approccio potrebbe attribuirsi all'accesso diretto ad Andreotti di un giovane esponente di Cosa Nostra, legato al Riina, un significato confermativo della ipotizzata disponibilità dell'imputato verso il sodalizio criminale. Tuttavia, tenendo conto delle modalità di svolgimento dell'episodio, l'estemporanea iniziativa del Manciaracina e dei suoi eventuali mandanti, che, peraltro, ha pretermesso le cautele che sarebbe stato ragionevole attendersi dagli scaltri e riservati «uomini d'onore», troverebbe adeguata spiegazione nel richiamo di quanto già considerato a proposito della influenza del retaggio del passato sulle opinioni e sui comportamenti degli esponenti di Cosa Nostra e sulla ritenuta «accessibilità» di Andreotti.

Nel 1985, per la mafia, Andreotti rimane un soggetto ancora largamente «avvicinabile». Come dimostra anche «l'episodio del trasferimento di Bagarella dal carcere di Pianosa a quello di Novara». Un episodio già ritenuto provato dal Tribunale e ora esaminato nella stessa ottica dalla Corte d'Appello:

> Lo svolgimento e, soprattutto, l'esito positivo dello stesso [*il trasferimento dei boss, N.d.A.*], a prescindere dall'effettività dell'intervento dell'imputato, può aver convalidato nei mafiosi il convincimento (erroneo) dell'astratta disponibilità del medesimo, convincimento sulla cui reale fondatezza, alla stregua di quanto verrà illustrato, di lì a poco sarebbero emersi negli «uomini d'onore» dubbi sempre più consistenti.

Quanto all'incontro col giovane boss di Mazara,

> si potrebbe ancora obiettare che l'imputato, benché sollecitato, in ipotesi, su temi mafiosi, non abbia assunto la doverosa iniziativa di allontanare bruscamente il Manciaracina: il rilievo è le-

gittimo, ma non appare pregnante ai fini che qui interessano. Un atteggiamento del genere implicherebbe, infatti, un'intransigenza, una capacità di indignata veemenza e anche una sorta di teatralità di modi che si possono a buon diritto disconoscere al compassatissimo e navigato uomo politico, non certo alieno da relazioni spregiudicate, avvezzo ad ascoltare le perorazioni di tutti e, potrebbe aggiungersi, disponibile a impegnarsi fattivamente per pochi. Inoltre non deve trascurarsi il peso della consapevolezza degli errori passati, che, in qualche modo, esponevano l'imputato a sollecitazioni del genere, errori dai quali era consigliabile, per il medesimo, uscire percorrendo una, a lui congeniale, via «politica» e, dunque, non con bruschi e anche pericolosi strappi, ma attraverso comportamenti concludenti, che gradualmente avrebbero indotto nei mafiosi la consapevolezza del venir meno della sua, ormai datata, disponibilità.

«Reato commesso»
Alla fine i giudici tirano le somme:

> La Corte ritiene che un'autentica, stabile ed amichevole disponibilità dell'imputato verso i mafiosi non si sia protratta oltre la primavera del 1980. [...] Eventuali – non compiutamente dimostrate – manifestazioni di disponibilità personale del sen. Andreotti successive a tale periodo sono state semplicemente strumentali e fittizie [...]. Ne deriva che, in relazione al periodo in questione, la impugnata statuizione assolutoria, che ha negato la sussistenza della contestata condotta associativa, deve essere senz'altro confermata.

La Corte, comunque, ricorda che

> lo stesso Tribunale non ha certo ritenuto del tutto destituito di fondamento l'assunto accusatorio, ma ha semplicemente dubitato della sussistenza dei reati contestati, significativamente menzionando il comma 2 dell'art. 530 cpp: la situazione non è, dunque, quella di un convincimento ampiamente liberatorio.

Tutt'altro discorso va fatto per gli anni Settanta, fino alla primavera 1980:

Per contro, in punto di fatto i convincimenti cui sono pervenuti i primi giudici in relazione al periodo precedente sono stati, come si è visto, ampiamente rettificati dalla Corte, che ha ritenuto la sussistenza:
– di amichevoli ed anche dirette relazioni del sen. Andreotti con gli esponenti di spicco della c.d. ala moderata di Cosa Nostra, Stefano Bontate e Gaetano Badalamenti, propiziate dal legame del predetto con l'on. Salvo Lima, ma anche con i cugini Antonino ed Ignazio Salvo, essi pure peraltro organicamente inseriti in Cosa Nostra;
– di rapporti di scambio che dette amichevoli relazioni hanno determinato: il generico appoggio elettorale alla corrente andreottiana, peraltro non esclusivo e non esattamente riconducibile a un'esplicitata negoziazione e, comunque, non riferibile precisamente alla persona dell'imputato; il solerte attivarsi dei mafiosi per soddisfare, ricorrendo ai loro metodi, talora anche cruenti, possibili esigenze – di per sé, non sempre di contenuto illecito – dell'imputato o di amici del medesimo; la palesata disponibilità e il manifestato buon apprezzamento del ruolo dei mafiosi da parte dell'imputato, frutto non solo di un autentico interesse personale a mantenere buone relazioni con essi, ma anche di un'effettiva sottovalutazione del fenomeno mafioso [...];
– della travagliata, ma non per questo meno sintomatica ai fini che qui interessano, interazione dell'imputato con i mafiosi nella vicenda Mattarella, risoltasi, peraltro, nel drammatico fallimento del disegno del predetto di mettere sotto il suo autorevole controllo l'azione dei suoi interlocutori ovvero, dopo la scelta sanguinaria di costoro, di tentare di recuperarne il controllo, promuovendo un definitivo, duro chiarimento, rimasto infruttuoso per l'atteggiamento arrogante assunto dal Bontate.

Come si traducono questi comportamenti alla luce del codice penale?

Si tratta [...] di valutare giuridicamente i comportamenti dell'imputato al fine di verificare se gli stessi integrino o meno la contestata partecipazione all'associazione criminale. [...] Il delitto di associazione per delinquere (capo A della rubrica) è ormai estinto per prescrizione, essendo decorso, dalla primavera del 1980, un termine ampiamente superiore ai necessari 22 anni e 6 mesi. [...]

In realtà i 22 anni e mezzo dalla primavera del 1980 sono scaduti nel dicembre 2002: in pieno processo di Appello, appena cinque mesi prima del verdetto.

> I fatti che la Corte ha ritenuto provati dicono, comunque, al di là dell'opinione che si voglia coltivare sulla configurabilità nella fattispecie del reato di associazione per delinquere, che il sen. Andreotti ha avuto piena consapevolezza che suoi sodali siciliani intrattenevano amichevoli rapporti con alcuni boss mafiosi; ha quindi, a sua volta, coltivato amichevoli relazioni con gli stessi boss; ha palesato agli stessi una disponibilità non meramente fittizia, ancorché non necessariamente seguita da concreti, consistenti interventi agevolativi; ha loro chiesto favori; li ha incontrati; ha interagito con essi; ha loro indicato il comportamento da tenere in relazione alla delicatissima questione Mattarella, sia pure senza riuscire, in definitiva, a ottenere che le stesse indicazioni venissero seguite; ha indotto i medesimi a fidarsi di lui e a parlargli anche di fatti gravissimi (come l'assassinio del presidente Mattarella) nella sicura consapevolezza di non correre il rischio di essere denunciati; ha omesso di denunciare le loro responsabilità, in particolare in relazione all'omicidio del presidente Mattarella, malgrado potesse, al riguardo, offrire utilissimi elementi di conoscenza.
> Di questi fatti, comunque si opini sulla configurabilità del reato, il sen. Andreotti risponde, in ogni caso, dinanzi alla Storia, così come la Storia gli dovrà riconoscere il successivo, progressivo e autentico impegno nella lotta contro la mafia, [...] impegno che ha in definitiva compromesso, come poteva essere prevedibile, la incolumità di suoi amici e perfino messo a repentaglio quella sua e dei suoi familiari e che ha seguito un percorso di riscatto che può definirsi non unico (si ricordi la, già riportata, pagina dell'atto di appello nella quale efficacemente si tratteggia la parabola dell'eroico presidente Mattarella e il passaggio graduale dalla sottovalutazione del fenomeno mafioso alla lotta aperta allo stesso).

Qui i giudici tagliano corto con le litanie sulle responsabilità soltanto politico-morali, e non penali, del senatore a vita.

> Dovendo esprimere una valutazione giuridica sugli stessi fatti, la Corte ritiene che essi non possano interpretarsi come una semplice manifestazione di un comportamento solo moralmente scorretto e di una vicinanza penalmente irrilevante, ma indichino una vera e propria partecipazione all'associazione mafiosa, apprezzabilmente protrattasi nel tempo.

Qualche minimalista peloso ipotizza che Andreotti facesse finta di assecondare la mafia per «tenerla buona». Ma per i giudici non è così:

> Si deve ritenere, in primo luogo, che la manifestazione di amichevole disponibilità verso i mafiosi sia stata consapevole ed autentica e non meramente fittizia. [...] Fino alla primavera del 1980 [...], non vi è traccia nell'attività politico-istituzionale di Andreotti di un impegno antimafia che possa giustificare il convincimento che la amicizia palesata ai mafiosi fosse soltanto simulata. Del resto, ad ultimativo conforto dell'assunto, basta considerare proprio la assolutamente indicativa vicenda che ruota attorno all'assassinio dell'on. Piersanti Mattarella. Anche ammettendo la prospettata possibilità che l'imputato sia personalmente intervenuto allo scopo di evitare una soluzione cruenta della questione Mattarella, alla quale era certamente e nettamente contrario, appare alla Corte evidente che egli nell'occasione non si è mosso secondo logiche istituzionali, che potevano suggerirgli di respingere la minaccia alla incolumità del presidente della Regione facendo in modo che intervenissero per tutelarlo gli organi a ciò preposti e, per altro verso, allontanandosi definitivamente dai mafiosi, anche denunciando a chi di dovere le loro identità ed i loro disegni: il predetto invece ha, sì, agito per assumere il controllo della situazione critica e preservare la incolumità dell'on. Mattarella, che non era certo un suo sodale, ma lo ha fatto dialogando con i mafiosi e palesando pertanto la volontà di conservare le amichevoli, pregresse e fruttuose relazioni con costoro, che, in quel contesto, non possono interpretarsi come meramente fittizie e strumentali. A seguito del tragico epilogo della vicenda, poi, Andreotti non si è limitato a prendere atto, sgomento, che le sue autorevoli indicazioni erano state inaspettatamente disattese dai mafiosi e ad allontanarsi senz'altro dagli stessi, ma è «sceso» in Sicilia per chiedere al Bontate conto della scelta

di sopprimere il presidente della Regione: anche tale atteggiamento deve considerarsi incompatibile con una pregressa disponibilità soltanto strumentale e fittizia e, come già si è evidenziato, non può che leggersi come espressione dell'intento (fallito) [...] di verificare, sia pure attraverso un duro chiarimento, la possibilità di recuperare il controllo sull'azione dei mafiosi riportandola entro i tradizionali canali di rispetto per la istituzione pubblica e di salvaguardare le buone relazioni con gli stessi, nel quadro dell'aspirazione alla continuità delle stesse. Sotto altro profilo, si deve rimarcare come la manifestazione di amichevole disponibilità verso i mafiosi, proveniente da una personalità politica così eminente e così influente, non potesse, di per sé, non implicare la consapevole adduzione all'associazione di un rilevante contributo rafforzativo.

E qui la Corte elenca le prove del rafforzamento che, per Cosa Nostra, derivò dall'amicizia con Andreotti.

È opportuno citare alcuni fatti, idonei a conferire concretezza alla peraltro logica prospettazione e indicativi dell'effettivo rafforzamento che la palesata disponibilità dell'imputato ha apportato al sodalizio mafioso, ma anche, nell'ambito di esso, al prestigio degli esponenti che con lui intrattenevano amichevoli relazioni. Possono menzionarsi in proposito i, del resto logici ed inevitabili, riflessi della importanza della figura di Andreotti sui convincimenti indotti nei mafiosi dall'amicizia palesata dal medesimo:
– la «prosopopea», fastidiosa per i suoi avversari, mostrata dal Bontate nel parlare delle sue amichevoli relazioni con l'imputato, segno inequivoco del fatto che il capomafia riteneva di trarne forza e prestigio;
– la opinione, non importa se giustificata o meno, che inevitabilmente si diffondeva fra gli «uomini d'onore», secondo cui l'amicizia di Andreotti assicurava al sodalizio una protezione al massimo livello politico, tradotta, sia pure con un procedimento piuttosto grossolano, in una sostanziale «impunità» [...];
– il sentimento della forza dell'organizzazione indotto in Giovanni Brusca dalla notizia, riferitagli da Nino Salvo, che l'imputato era intervenuto nel processo Rimi: [...] «Dopo che io sento le parole di Nino Salvo, cioè in me stesso dissi: "*Mizzica*, qua a posto sono", cioè mi sono sentito importante, perché in

quel periodo io avevo 22, 23 anni. Al che dissi: "Qua se succede qualche cosa c'è la possibilità di potere intervenire, personaggi di un certo livello, quali a livello dell'onorevole Andreotti, per potere eventualmente aggiustare o intervenire in qualche problema"» [...];
– il valore sintomatico, ancora una volta, della vicenda Mattarella: [...] è condivisibile il rilievo che i mafiosi si siano determinati ad alzare il tiro su un così eminente esponente del partito di maggioranza relativa anche perché supponevano di non incorrere in conseguenze pregiudizievoli in quanto contavano sull'appoggio di ancora più importanti personaggi politici. In questo quadro si può legittimamente ritenere che la crescente irritazione manifestata dal Bontate in occasione dell'incontro della primavera 1980 scaturì anche dalla constatazione della inattesa, dura e intransigente protesta dell'imputato, che lasciava intravedere l'abbandono da parte di quest'ultimo del pregresso atteggiamento di disponibilità, al quale il capomafia ha ritenuto di dover prontamente porre un rimedio assumendo un atteggiamento apertamente minaccioso, suscettibile di dissuadere il suo interlocutore e, più in generale, la classe politica dall'adozione di provvedimenti legislativi contro la mafia.

I giudici scolpiscono così, in poche righe, la storia dei rapporti fra Andreotti e Cosa Nostra:

L'imputato ha, non senza personale tornaconto, consapevolmente e deliberatamente coltivato una stabile relazione con il sodalizio criminale ed arrecato, comunque, allo stesso un contributo rafforzativo manifestando la sua disponibilità a favorire i mafiosi. In definitiva, la Corte ritiene che sia ravvisabile il reato di partecipazione all'associazione per delinquere nella condotta di un eminentissimo personaggio politico nazionale, di spiccatissima influenza nella politica generale del Paese ed estraneo all'ambiente siciliano, il quale, nell'arco di un congruo lasso di tempo, anche al di fuori di un'esplicitata negoziazione di appoggi elettorali in cambio di propri interventi in favore di un'organizzazione mafiosa di rilevantissimo radicamento territoriale nell'Isola:
a) chieda e ottenga, per conto di suoi sodali, a esponenti di spicco dell'associazione interventi paralegali, ancorché per finalità non riprovevoli;

b) incontri ripetutamente esponenti di vertice della stessa associazione;
c) intrattenga con gli stessi relazioni amichevoli, rafforzandone la influenza anche rispetto ad altre componenti dello stesso sodalizio tagliate fuori da tali rapporti;
d) appalesi autentico interessamento in relazione a vicende particolarmente delicate per la vita del sodalizio mafioso;
e) indichi ai mafiosi, in relazione a tali vicende, le strade da seguire e discuta con i medesimi anche di fatti criminali gravissimi da loro perpetrati in connessione con le medesime vicende, senza destare in essi la preoccupazione di venire denunciati;
f) ometta di denunciare elementi utili a far luce su fatti di particolarissima gravità, di cui sia venuto a conoscenza in dipendenza di diretti contatti con i mafiosi;
g) dia, in buona sostanza, a detti esponenti mafiosi segni autentici – e non meramente fittizi – di amichevole disponibilità, idonei, anche al di fuori [...] di specifici ed effettivi interventi agevolativi, a contribuire al rafforzamento dell'organizzazione criminale, inducendo negli affiliati, anche per la sua autorevolezza politica, il sentimento di essere protetti al più alto livello del potere legale.

E allora, fino al 1980, niente assoluzione, ma prescrizione del reato «commesso», e solo grazie alla concessione delle attenuanti generiche prevalenti, che la accorciano:

> Alla stregua dell'esposto convincimento, si deve concludere che ricorrono le condizioni per ribaltare, sia pure nei limiti del periodo in considerazione, il giudizio negativo espresso dal Tribunale in ordine alla sussistenza del reato e che, conseguentemente, siano nel merito fondate le censure dei pm appellanti. Non resta allora che confermare, anche sotto il profilo considerato, il già precisato orientamento ed emettere, pertanto, la statuizione di non luogo a procedere per essere il reato concretamente ravvisabile a carico del sen. Andreotti estinto per prescrizione.

Come ti cancello la sentenza
Le motivazioni d'Appello «riabilitano» l'indagine del pool di Caselli, almeno agli occhi di chi ignorava quelle di primo grado. Dunque non possono piacere all'orchestrina garantista.

Che continua imperterrita a suonare la sua partitura stonata, ignorando il contenuto della sentenza, anzi trasformando la prescrizione in assoluzione. Per processare un'altra volta i magistrati. Politici di destra, di centro e di sinistra – con rarissime eccezioni – ripartono all'attacco di Caselli e dei suoi uomini, linciati prima in tv e sui giornali, poi addirittura in Parlamento.

Il senatore Lino Jannuzzi, non contento del suo libro pieno di falsità (condannato in più punti dal Tribunale di Trento per diffamazione), scrive la sceneggiatura per un film del regista Pasquale Squitieri: a impersonare Andreotti sarà Giorgio Albertazzi, mentre il produttore sarà Vittorio Cecchi Gori, una garanzia. Il 30 luglio 2003 il presidente dell'Antimafia Roberto Centaro, un ex magistrato siciliano eletto in Forza Italia, verga una surreale relazione – approvata a maggioranza dal centrodestra – che cancella la sentenza d'Appello e conclude: «Il dibattito mediatico sulla vicenda Andreotti si è sovrapposto e ha sostituito il processo, seguendo i ritmi dell'"analisi politica" e pervenendo a un tentativo di condanna, o di attribuzione di mafiosità malamente sbugiardato dalle pronunce giurisdizionali». E questo – prosegue la relazione – ha comportato «l'insinuarsi di ombre e veleni il cui unico risultato è stata una crescente confusione nei cittadini ed un senso di sfiducia nelle istituzioni, a fronte di affermazioni perentorie poi rivelatesi infondate in corso d'opera». La relazione mette pure una pietra tombale sulle indagini per cercare i «mandanti esterni» delle stragi del 1992-93, riconosciuti come reali da varie sentenze, ma liquidati da Centaro come «stereotipi» e «teoremi precostituiti». Il presidente dell'Antimafia rincara poi la dose in una serie di dichiarazioni: a suo avviso, la sentenza d'Appello è «contraddittoria perché dice che fino a un certo punto sono credibili le parole dei pentiti e dopo una certa data non lo sono più. Forse si è voluto dare un colpo al cerchio e uno alla botte. Ma così dov'è la credibilità?». Segno evidente che non l'ha letta. O non l'ha capita.

La pesantissima entrata a piedi giunti di un organismo politico in una sentenza, manipolata *ad hoc*, non suscita alcuna reazione apprezzabile (un paio di dichiarazioni di esponenti del centrosinistra, come Beppe Lumia e Giannicola Sinisi, e nient'altro). Salvo quelle, incredule, dei pm e dei giudici del processo. Si muove perfino un uomo prudente e taciturno come il presidente della Corte d'Appello, Salvatore Scaduti, con una durissima nota di replica:

> Rimango sinceramente incredulo ed amareggiato nel leggere taluni commenti espressi dalla relazione annuale della Commissione Antimafia a proposito della recente sentenza sul Sen. Andreotti, come pure nel prendere visione di talune dichiarazioni rese in sede di intervista dal suo Presidente On. Roberto Centaro [...]. Senza volere minimamente entrare in polemica con l'estensore di tale brano, risulta di tutta evidenza che costui non ha letto le motivazioni della sentenza d'appello sul Sen. Andreotti (d'altra parte lo stesso On. Centaro afferma candidamente che copia della sentenza non è stata ancora acquisita dalla Commissione e che anzi essa dovrà essere ponderatamente esaminata con la dovuta cautela); altrimenti non si comprenderebbe proprio come si sarebbe potuto affermare che la sentenza ha «sbugiardato» le accuse di mafiosità e le connivenze mafiose tra Cosa Nostra (fino alla primavera dell'anno 1980) ed il Sen. Andreotti, accuse di mafiosità e connivenze, che, a torto o a ragione, la sentenza si è data carico di dimostrare puntualmente nel rispetto delle risultanze processuali e nella scrupolosa osservanza delle regole imposte dall'art. 192 del codice di procedura penale [*quello che regola le dichiarazioni «incrociate» di vari collaboratori di giustizia, N.d.A.*]. Non meno incredulo ed amareggiato mi lasciano le dichiarazioni del Presidente della stessa Commissione Antimafia On. Roberto Centaro, il quale, benché mio buon amico, non ha sentito il dovere di esaminare attentamente le motivazioni della sentenza, come ho precedentemente rilevato. Egli, poi, da squisito magistrato ed ex collega, mi insegna che le sentenze, quali atti giurisdizionali, non si commentano (soprattutto quando non si sono ancora lette), ma si impugnano nelle sedi competenti e da parte dei soggetti a ciò legittimati. Infine nessuna contraddizione esiste nello svolgimento della motivazione della sentenza contrariamente a quanto asserito dall'On. Centaro secondo cui «fino ad un certo punto sono credibili le dichiarazioni dei pentiti e dopo una certa data non lo sono più, è evidente che c'è una contraddizione. Si è voluto dare un colpo al cerchio ed uno alla botte. Ma così dov'è la credibilità?...». Se questo è il fraintendimento nel quale inconsapevolmente è incorso l'amico On. Centaro è facile fargli ri-

levare che la Corte non ha mai parlato dello stesso collaborante come credibile fino ad una certa data e non credibile dopo quella detta data. Essa ha fatto riferimento ad una miriade di collaboratori che hanno riferito con riguardo a periodi temporalmente diversi e che sono stati ora creduti ora disattesi nel più rigoroso rispetto delle regole processuali ed in particolare del disposto dell'art. 192 c.p.p.[14]

Ma non c'è peggior sordo di chi non vuol sentire. Il premier Berlusconi parte proprio dalle motivazioni d'Appello su Andreotti per sferrare, in un'intervista alla rivista inglese «Spectator», il suo attacco più violento alla magistratura tutta:

> Andreotti non è mio amico. Lui è di sinistra [*sic*]. Ma hanno creato questa menzogna per dimostrare che la Dc non era un partito etico, ma vicino alla criminalità. Non è vero. È una follia! Questi giudici sono doppiamente matti! Per prima cosa, perché lo sono politicamente. Secondo, sono matti comunque. Per fare quel lavoro devi essere mentalmente disturbato, devi avere delle turbe psichiche. Se fanno quel lavoro è perché sono antropologicamente diversi dal resto della razza umana.

In Senato, il 6 novembre 2003, si replica. Andreotti – appena assolto dalla Cassazione nel processo perugino sul delitto Pecorelli – pronuncia una spudorata requisitoria contro i suoi giudici, con i più vieti e falsi luoghi comuni sul «complotto» Violante-Caselli, sulla presunta «manipolazione» dei verbali di Buscetta e altre corbellerie. Il presidente Marcello Pera osservava compiaciuto lo spettacolo, mentre anche dai banchi dell'opposizione – specialmente della Margherita, dello Sdi e dell'Udeur – si levano altri attacchi al pool di Palermo e attestati di stima e solidarietà al senatore a vita «perseguitato».

Il solito Del Turco sostiene che fu l'Antimafia di Violante «a dare il via al processo Andreotti» con l'audizione di Buscetta. E che il pentito non andava neppure convocato, essendo «un pluriomicida con una cinquantina di delitti sulle spalle». Ma l'ex presidente dell'Antimafia non sa quel che dice: Buscetta non è mai stato condannato per omicidio.

A questo punto, a fine dicembre, i pm Caselli, Lo Forte, Natoli e Scarpinato si rivolgono con una memoria scritta ai vertici del Csm – il presidente Ciampi e il vicepresidente Virginio Rognoni – per essere tutelati e ristabilire la verità dei fatti. Eccone alcuni stralci:

> Preg.mo On.le Prof. Virginio Rognoni
> Presidente del Consiglio Superiore della Magistratura
> Piazza Indipendenza 6
> ROMA

Nel corso del dibattito in Senato svoltosi il 6 novembre 2003 il Sen. Giulio Andreotti ha fatto alcune dichiarazioni che – se non puntualmente chiarite e rettificate – potrebbero rivelarsi fuorvianti, oltre che gravemente lesive della reputazione dei magistrati sottoscritti, che hanno trattato il processo nella loro qualità di Pubblici Ministeri della Procura di Palermo.
È quindi anche per un dovere di chiarezza nell'interesse delle Istituzioni che avvertiamo l'obbligo di evidenziare quanto segue.

1. L'origine delle indagini nei confronti del Sen. Giulio Andreotti e sull'omicidio di Mino Pecorelli
Nel corso delle dichiarazioni rese in Senato, il Sen. Andreotti ha avanzato l'ipotesi di una possibile esistenza di irrituali connessioni fra l'origine delle indagini sull'omicidio di Mino Pecorelli, una lettera inviata il 5 aprile 1993 dall'on. Violante alla Procura di Palermo e le dichiarazioni rese da Tommaso Buscetta ai magistrati di Palermo il 6 aprile 1993.
L'ipotesi prospettata dal Sen. Andreotti è del tutto priva di fondamento, come risulta dalla sequenza degli atti processuali.
Le indagini della Procura di Palermo che poi determineranno l'iscrizione nel registro degli indagati del Sen. Andreotti (4 marzo 1993) e la conseguente richiesta di autorizzazione a procedere presentata al Senato della Repubblica (27 marzo 1993), hanno inizio subito dopo l'omicidio dell'on. Salvo Lima (12 marzo 1992), allorché il Procuratore Aggiunto dott. Paolo Borsellino – in data 14/17 marzo 1992 – inoltra alla competente Autorità giudiziaria degli U.S.A. una commissione rogatoria internazionale per procedere ad interrogatorio di Tommaso Buscetta nell'ambito del procedimento penale n. 1557/92, concernente appunto quell'omicidio.
L'esigenza – avvertita dal dott. Borsellino – di sentire Buscetta per far luce su quell'assassinio mafioso nasceva oggettiva-

mente da una serie di precedenti dichiarazioni rese dallo stesso Buscetta ai giudici dell'Ufficio Istruzione del Tribunale di Palermo (in particolare al dott. Giovanni Falcone); dichiarazioni che apparivano fin da allora di particolare rilievo per la ricostruzione del quadro complessivo dei rapporti mafia-politica, e che, ad una attenta lettura, contenevano già virtualmente – fin dal 1984 – tutte le indicazioni poi manifestate dalle successive indagini.
Qui ci si limiterà a citare gli interrogatori resi:
– il 10 novembre 1984, sulla appartenenza a Cosa Nostra dei cugini Antonino ed Ignazio Salvo;
– il 4 dicembre 1984, in cui – rendendo dichiarazioni concernenti i rapporti intercorsi nel 1970 tra Cosa Nostra, il principe Junio Valerio Borghese ed esponenti della massoneria per la preparazione di un colpo di Stato – il Buscetta esplicitava che la sua decisione di non riferire quant'altro a sua conoscenza in ordine a «*fatti molto gravi*» che investivano questioni politiche, derivava dal timore che le sue dichiarazioni potessero «*comprometterne una lotta alla mafia, che, sebbene sempre affermata dallo Stato, era cominciata seriamente solo da poco*»; il timore, ancora, che le sue rivelazioni potessero addirittura causare un drammatico «*turbamento degli equilibri politici*» tale da determinare una «*gravissima battuta di arresto*» nell'attività degli inquirenti;
– il 1° febbraio 1988, in cui il Giudice Istruttore di Palermo dott. Falcone interrogava il Buscetta, negli U.S.A., sui rapporti tra i cugini Salvo e l'on. Salvo Lima; ed il Buscetta sosteneva che persistendo (a suo giudizio) «*la mancanza di una seria volontà dello Stato di combattere il fenomeno mafioso [...] sarebbe veramente da sconsiderati parlare di questo, che è il nodo cruciale del problema mafioso, quando ancora gli stessi personaggi di cui dovrei parlare non hanno lasciato la vita politica attiva*»; e concludeva dichiarando che non intendeva «*né confermare né escludere l'incontro con l'on. Lima in Roma né se conosc[esse] quest'ultimo*»;
– il 3 ottobre 1991, allorché il Buscetta – ancora una volta richiesto di riferire quanto a sua conoscenza in ordine ai rapporti tra mafia e politica, ed in particolare sul ruolo dell'on. Lima – ribadiva «*quanto (aveva già detto) al G.I. dott. Falcone in data 1° febbraio 1988*»; e cioè che «*non intend[eva] parlare in ordine a tali fatti*», poiché (a suo giudizio) non esisteva ancora «*una reale e seria volontà politica di snidare il marciume*

mafioso, si fanno grandi celebrazioni dopo i funerali di uomini di Stato, ma poi lo Stato non dimostra di volere debellare definitivamente e seriamente l'organizzazione mafiosa».
Peraltro, la commissione rogatoria inoltrata dalla Procura di Palermo, subito dopo l'omicidio dell'on. Salvo Lima, per interrogare Buscetta su questo tema, non aveva dapprima esecuzione, poiché – prima delle stragi – Buscetta faceva sapere che non intendeva rendere dichiarazioni su fatti inerenti ai rapporti tra mafia e politica.
Nel frattempo, però, sempre nell'ambito delle indagini concernenti l'omicidio dell'on. Lima, Leonardo Messina (collaboratore di giustizia della Procura di Caltanissetta) – in un interrogatorio reso il 12 agosto 1992 – rendeva dichiarazioni riguardanti direttamente l'on. Lima ed il sen. Giulio Andreotti.
In estrema sintesi, il Messina dichiarava di aver saputo – per il tramite di altri uomini d'onore, tra cui l'avv. Raffaele Bevilacqua (esponente D.C. della corrente andreottiana) – che il Lima non era uomo d'onore *«ma era stato molto vicino ad uomini di Cosa Nostra per i quali aveva costituito il tramite presso l'on. Andreotti per le necessità della mafia siciliana».*
In ordine cronologico, sullo stesso tema rendevano poi dichiarazioni i collaboranti Gaspare Mutolo (28 agosto e 1° settembre 1992) e Giuseppe Marchese (7 settembre 1992).
Sempre in estrema sintesi, il Mutolo, nel citato interrogatorio del 28 agosto 1992, dopo aver reso dichiarazioni sui rapporti tra Cosa Nostra e l'on. Lima – aggiungeva che, dall'epoca in cui era divenuto parlamentare nazionale (1968) e poi europeo (1979), all'on. Lima ci si rivolgeva per *«tutte le esigenze che comportavano decisioni da adottare a Roma».* Richiesto, quindi, di precisare se conoscesse le persone a cui l'on. Lima si rivolgeva per le *decisioni romane* che coinvolgevano interessi di Cosa Nostra, il Mutolo si limitava a dire che egli si rivolgeva a *«persone della sua stessa corrente politica».*
Anche nel successivo interrogatorio del 1° settembre 1992, il Mutolo, pur facendo comprendere di essere a conoscenza dei *«referenti romani»* dell'on. Lima, diceva di non poter essere – in quel momento – più preciso, e si riservava di parlarne in seguito.
Successivamente, interrogato il 7 settembre 1992, il collaborante Giuseppe Marchese – pur dichiarando di non conoscere l'identità dei *referenti politici romani* dell'on. Lima – rendeva dichiarazioni coerenti con quelle già rese dal Messina e dal

Mutolo, con particolare riferimento ai temi concernenti la individuazione dell'on. Salvo Lima come tramite per il «*livello*» politico romano ed il significato dell'omicidio dell'on. Lima nella più recente strategia di Cosa Nostra.
Le indagini proseguivano quindi con un ulteriore interrogatorio di Tommaso Buscetta, compiuto a Washington l'11 settembre 1992. Infatti, dopo le stragi di Capaci (22 maggio 1992) e di via D'Amelio (19 luglio 1992), il Buscetta faceva sapere, attraverso le Autorità competenti degli U.S.A., che era disposto a rendere nuove dichiarazioni all'Autorità giudiziaria di Palermo. Poteva quindi ricevere attuazione la commissione rogatoria richiesta a suo tempo dal dott. Borsellino, e l'11 settembre 1992 il Buscetta così spiegava perché – modificando la sua precedente decisione – aveva poi scelto di affrontare il *nodo* dei rapporti mafia-politica:
«*In questo momento, ritengo un mio dovere morale dare un contributo alle indagini su questo delitto* [l'omicidio dell'on. Lima, N.d.R.], *poiché ritengo che ciò sarebbe stato considerato giusto dal dott. Giovanni Falcone, cui, anche in questo momento, vanno i miei più sentiti sentimenti di stima ed ammirazione per ciò che ha fatto nell'interesse della Giustizia. I tragici omicidi del dott. Falcone e del dott. Borsellino mi hanno colpito profondamente e, dopo dolorosa riflessione, mi hanno indotto a rivedere il mio recente atteggiamento di non disponibilità a rispondere su questi argomenti*».
Nel corso dell'interrogatorio dell'11 settembre 1992, il Buscetta rendeva quindi dichiarazioni sui rapporti tra Cosa Nostra e l'on. Lima; ed affermava in sintesi che l'on. Lima «*era effettivamente l'uomo politico a cui principalmente Cosa Nostra si rivolgeva per le questioni di interesse dell'organizzazione, che dovevano trovare una soluzione a Roma*», aggiungendo anche di essere a conoscenza del fatto che «*esponenti di primo piano di Cosa Nostra (avevano) avuti contatti politici a Roma, utilizzando come ponte i cugini Salvo, anche senza l'intervento di Lima Salvo*» (sui protagonisti ed i motivi di questi *contatti*, Buscetta sarà più esplicito nel successivo interrogatorio del 6 aprile 1993).
L'interrogatorio non poteva essere adeguatamente approfondito perché (come risulta dal verbale) la competente Autorità statunitense (il Dipartimento di Giustizia, rappresentato nella circostanza dall'*Attorney* Laurie Barsella) comunicava che «il tempo concesso per l'atto istruttorio [era] limitato fino alle

ore 15 [a partire dalle ore 11] e ciò per esigenze di sicurezza concernenti il teste e che l'atto non [poteva] essere proseguito in data immediatamente successiva».
Successivamente, il Buscetta rientrava temporaneamente in Italia, ove veniva nuovamente interrogato da vari magistrati della Procura di Palermo.
In un interrogatorio reso il 26 novembre 1992, ai magistrati titolari del procedimento sull'omicidio dell'on. Lima (i sostituti procuratori Guido Lo Forte, Giuseppe Pignatone, Gioacchino Natoli, Roberto Scarpinato e Giusto Sciacchitano), il Buscetta rendeva tra l'altro spontaneamente dichiarazioni concernenti l'omicidio del giornalista Carmine Pecorelli.
In sintesi, Buscetta riferiva infatti di avere appreso, in due occasioni successive e negli stessi termini, da Stefano Bontate e da Gaetano Badalamenti, che l'omicidio del giornalista era stato «*fatto eseguire da loro due, su richiesta dei [cugini] Salvo*», e che «*i Salvo ne avevano richiesto l'uccisione poiché quegli disturbava politicamente*».
In questa parte, le dichiarazioni del Buscetta venivano quindi immediatamente trasmesse per competenza alla Procura della Repubblica di Roma.
Successivamente, a seguito di nuove e più specifiche dichiarazioni di Gaspare Mutolo del 4 marzo 1993, il sen. Andreotti veniva doverosamente iscritto nel registro degli indagati per i reati di competenza della Procura di Palermo; e altrettanto doverosamente veniva quindi richiesta al Senato, in data 27 marzo 1993, autorizzazione a procedere. [...]

A questo punto i pm proseguono nella dettagliata cronistoria dell'inchiesta Andreotti (sulla falsariga di quella che abbiamo già ricostruito con l'aiuto di Lo Forte). E così concludono:

Sempre nel corso del citato dibattito parlamentare del 6 novembre 2003, si è parlato delle sentenze emesse a Palermo nei processi contro il Sen. Andreotti come esempio di un «colpevole utilizzo della giustizia a fini politici». Tale affermazione è (quanto meno) inesatta sui fatti storici.
Infatti – come è o dovrebbe essere a tutti noto – la recente sentenza emessa dalla Corte di Appello di Palermo nel processo svoltosi a carico del Sen. Andreotti (sentenza sulla quale dovrà definitivamente pronunciarsi la Corte di Cassazione)

ha dichiarato estinto per prescrizione il reato di associazione per delinquere ritenuto provato fino alla primavera del 1980, rilevando testualmente (fra l'altro) che «*l'imputato ha, non senza personale tornaconto, consapevolmente e deliberatamente coltivato una stabile relazione con il sodalizio criminale ed arrecato, comunque, allo stesso un contributo rafforzativo manifestando la sua disponibilità a favorire i mafiosi*». Per il resto, la decisione della Corte di Appello ha confermato la sentenza di primo grado, la quale (come è o dovrebbe essere – anche in questo caso – noto a tutti) ha utilizzato lo schema tipico dell'insufficienza di prove, confermando nel contempo vari punti significativi e qualificanti dell'impianto accusatorio. Del quale, pertanto, tutto si può dire, ma non che non fosse basato su fatti specifici e concreti, da accertare e portare in giudizio.

Ne discende che insinua cose assolutamente false chi ipotizza cha la conduzione delle indagini relative al Sen. Andreotti – da parte dei sottoscritti – possa essere ricollegata a motivazioni o condotte diverse dallo scrupoloso rispetto della legge, delle obiettive risultanze processuali e dei doveri propri di ogni magistrato del Pubblico Ministero.

Ringraziando per l'attenzione e formulando deferenti ossequi, si sottoscrivono qui di seguito:

Gian Carlo Caselli, Procuratore Generale di Torino
Guido Lo Forte, Procuratore Aggiunto di Palermo
Roberto Scarpinato, Procuratore Aggiunto di Palermo
Gioacchino Natoli, Sostituto Procuratore di Palermo

N.B. Altro originale della presente memoria è stato trasmesso al Sig. Presidente della Repubblica Prof. Carlo Azeglio Ciampi.

Ciampi trasmette copia della lettera ai presidenti delle Camere, Pera e Casini. Ma la missiva non sortirà alcun effetto. Nessuno tenterà – essendo oltretutto impossibile – di smentirla. Ma nessuno rettificherà le menzogne risuonate nelle sacre aule parlamentari, né chiederà scusa ai magistrati calunniati. L'unico risultato della lettera sarà un'altra derrata di insulti ai pm, proposti da alcuni membri laici della Casa delle Libertà al Csm per provvedimenti disciplinari e trasferimenti d'ufficio lontano da Palermo per «incompatibilità ambientale».

La Cassazione

Intanto il caso Andreotti approda in Cassazione, sulla base dei ricorsi della Procura generale di Palermo contro l'assoluzione post-1980 e della difesa Andreotti contro la prescrizione pre-1980. Gli avvocati Franco Coppi e Giulia Bongiorno scrivono 530 pagine per chiedere alla Suprema Corte di annullare senza rinvio la sentenza d'Appello e di cancellare le macchie, altrimenti indelebili, sulla carriera del loro cliente. Dice infatti nell'arringa l'avvocato Coppi:

> Chiedo alla Cassazione di annullare senza rinvio, con la formula «perché il fatto non sussiste» o «non costituisce reato», la sentenza emessa dalla Corte d'appello di Palermo per quanto riguarda l'imputazione di associazione mafiosa, correggendo così, con la formula più ampia, la pronuncia di assoluzione.

Poi il legale si scatena contro la sentenza d'appello, definendola «risibile», «patetica» e «fantasiosa». Attacca i pentiti Siino e Mannoia, che raccontano gli incontri con Bontate nel 1979 e nel 1980. Ed esalta il presunto «impegno antimafia di Andreotti».

Il sostituto procuratore generale Francesco Mauro Iacoviello esprime qualche dubbio sui riscontri alle parole di Siino a proposito dell'incontro del 1979, ma ritiene pienamente riscontrato il racconto di Mannoia su quello della primavera 1980. E chiede la conferma della sentenza di Appello.

Il 15 ottobre 2004 la II sezione penale della Cassazione (presidente Giuseppe Cosentino) accoglie la richiesta della pubblica accusa e respinge quella della difesa, confermando la sentenza d'Appello e condannando l'imputato Andreotti al pagamento di cospicue spese legali. Ecco il dispositivo:

> La Corte rigetta il ricorso del Pg e dell'imputato e condanna quest'ultimo al pagamento delle spese processuali.

Insomma, le macchie restano. E, questa volta, diventano indelebili. Ma ancora una volta la politica, la televisione e la grande stampa quasi unanimi manipolano la sentenza, facendola apparire per quello che non è. Anzi, per il suo contrario: un'assoluzione piena, una riabilitazione dell'imputato, una beatificazione *urbi et orbi*. Bruno Vespa, a «Porta a Porta», preferisce sorvolare: in quei giorni si occupa del nuovo film di Natale della coppia Boldi-De Sica.

Berlusconi, grande esperto in prescrizioni, si dice «molto felice per Andreotti». Pera si rallegra per la «fine del calvario di Andreotti». Casini addirittura esulta per la «sentenza liberatoria per le istituzioni», come se ci fosse qualcosa di liberatorio nell'apprendere che, fino al 1980, un sette volte presidente del Consiglio fu alleato di Cosa Nostra. Il Vaticano esprime «grande soddisfazione», mentre il cardinale Fiorenzo Angelini pontifica: «Volevano colpire la Dc» (come se non fosse della Dc anche il povero Mattarella). Il diessino Emanuele Macaluso pubblica sul «Riformista» un commento dal titolo *Andreotti assolto, il Teorema è finito. Ma ora cancelleranno anche l'infamia?*, in cui parla di «Procura battuta», di «vicenda politico-giudiziaria iniziata male, molto male dalla Procura di Palermo e chiusa da un verdetto che certamente assolve Andreotti dal reato di associazione mafiosa». Gianni De Michelis del Nuovo Psi ed Enzo Fragalà di An chiedono addirittura un «risarcimento per Andreotti». Francesco D'Onofrio (Udc) intima agli «avvoltoi pusillanimi» di «chiedere scusa ad Andreotti». Romano Prodi parla di «bella notizia», mentre Giuseppe Fioroni della Margherita si spinge addirittura oltre: «Andreotti esce a testa alta da accuse infamanti contro le quali ha usato solo la forza della verità». Non male, per un imputato che già secondo il Tribunale aveva mentito 23 volte.

L'avvocatessa Bongiorno, un minuto dopo aver perso la battaglia, strilla: «Assolto! Assolto! È andata benissimo!», come se il suo ricorso non fosse stato respinto al mittente. Andreotti appare in tv a reti unificate, assiso come un papa su un trono dorato con cuscini cremisi, benedicendo l'«ottimo verdetto». Parla di «manipolazione dei pentiti» (ma nemmeno uno dei 39 che l'accusano è stato denunciato dai giudici per calunnia). Sostiene che la Cassazione non poteva far altro perché, per annullare la prescrizione, «avrebbe dovuto entrare nel merito e ordinare un nuovo processo» (ma se non condivideva la sentenza d'Appello, la Cassazione poteva annullarla senza rinvio, come chiedevano i suoi difensori e com'era già accaduto per Carnevale e per lo stesso Andreotti nel caso Pecorelli). Poi conclude: «Sono felice di esser arrivato vivo fin qui». Purtroppo, Piersanti Mattarella non può dire altrettanto.

Di fronte all'ennesima ondata di menzogne, Gian Carlo Caselli prende carta e penna e scrive un articolo sulla «Stampa», intitolato *Ma Andreotti è stato mafioso*, per ricordare il contenuto della sentenza appena confermata:

> La Cassazione, ribadendo l'assoluzione per i fatti successivi, ha confermato che fino alla primavera del 1980 l'imputato ha commesso il reato di associazione con i mafiosi dell'epoca, capeggiati da Stefano Bontate, autori di gravissimi delitti.[15]

Apriti cielo. Nessuno lo può smentire, sentenza alla mano. Anche perché la sentenza non l'ha letta nessuno. Ma un coro unanime di politici di ogni colore, a Camere unificate, con la lodevole eccezione dei Ds e Di Pietro, lo zittisce come un impiccione importuno. Secondo Paolo Cento dei Verdi, «quello di Caselli è un intervento inopportuno perché il processo si è concluso con un'assoluzione e bisogna rispettare la sentenza». Per Enrico Buemi dello Sdi «Caselli si arrampica sugli specchi per difendere quello che ha fatto» e «tutto il processo Andreotti nasce da una pericolosissima confusione tra le responsabilità politiche e quelle penali che attivano processi mostruosi come quello che lo ha riguardato».

Immancabile e formidabile il commento di Del Turco (Sdi), già presidente dell'Antimafia: «Non capisco perché una parte della sinistra italiana continui a sottoscrivere una visione della storia d'Italia come se fosse stata governata per 50 anni da mafiosi e piduisti».

E, se questa è l'opposizione, figurarsi la maggioranza berlusconiana. Il laico forzista del Csm Giorgio Spangher, appena legge l'articolo sulla «Stampa», propone di trasferire Caselli lontano da Torino per incompatibilità ambientale e raccomanda di escluderlo dalla prossima corsa per la Procura nazionale Antimafia. E il Csm, su sua richiesta, apre immediatamente un fascicolo a carico di Caselli. Intanto il presidente della commissione

Giustizia Gaetano Pecorella sostiene che «prescrizione non significa che il reato è stato commesso, ma che non c'era l'evidenza che fosse stato commesso». Neppure lui ha letto la sentenza. Per finire, il ministro Carlo Giovanardi: «Caselli persevera nel gettare fango su Andreotti, confermando che per alcuni pm malati di ideologia il loro imputato sia comunque colpevole anche se assolto in tre gradi di giudizio». Il concetto di *prescrizione* non riesce proprio a entrargli in testa: è più grande di lui.

Purtroppo per questi commentatori di sentenze mai lette, il 28 dicembre 2004 arrivano le motivazioni della Cassazione, eccezionalmente firmate da tutti e cinque i membri del collegio: il presidente Giuseppe Cosentino e i giudici Maurizio Massera (estensore), Antonio Morgigni, Francesco De Chiara e Carla Podo. Per la Suprema Corte, la sentenza d'Appello è «logica», «razionale», «esaustiva», «conseguente», «ineccepibile», «non censurabile». Anche se alcuni punti, a livello «teorico», possono non convincere, la ricostruzione dei fatti risulta poi persuasiva e supera quelle perplessità.

Anche la Cassazione parte dall'incontro Andreotti-Bontate della primavera 1980, «il secondo avente ad oggetto il problema rappresentato da Piersanti Mattarella» dopo quello di Catania all'inizio dell'estate 1979. E scrive che il summit del 1980

> da un lato concorre a provare la partecipazione dell'imputato al sodalizio mafioso, ma dall'altro segna il momento di crisi, quindi di distacco, stante il totale e grave disaccordo tra i due interlocutori, l'asprezza dei toni usati da Bontate e, soprattutto, le considerazioni e le reazioni che l'omicidio Mattarella avrebbero indotte nell'imputato. La valutazione della Corte di Appello, circa il valore dell'episodio ai fini del processo, è basata su apprezzamenti di merito che rispondono ai canoni logici e che, quindi, non sono censurabili nel giudizio di legittimità.

I supremi giudici riassumono la tesi della Corte d'Appello:

> Ha affermato essere intercorsi rapporti di scambio, consistiti, da una parte, in un generico appoggio elettorale alla corrente andreottiana e nel solerte attivarsi dei mafiosi per soddisfare possibili esigenze, non necessariamente illecite, dell'imputato

e dei suoi amici e, dall'altra parte, nella palesata disponibilità e nell'asserito apprezzamento del ruolo dei mafiosi, frutto non solo di buone relazioni ma anche di una effettiva sottovalutazione del fenomeno mafioso, oltre che nella travagliata interazione dell'imputato con i mafiosi nella vicenda Mattarella, pur risoltasi con il fallimento del disegno andreottiano. Più analiticamente, la Corte territoriale ha affermato che il sen. Andreotti ha avuto piena consapevolezza che i suoi referenti siciliani (Lima, i Salvo, Ciancimino) intrattenevano amichevoli rapporti con alcuni boss mafiosi; che egli aveva, quindi, a sua volta, coltivato amichevoli relazioni con gli stessi boss; che aveva palesato ai medesimi una disponibilità non necessariamente seguita da concreti, consistenti interventi agevolativi; che aveva loro chiesto favori; che li aveva incontrati; che aveva interagito con essi; che aveva loro indicato il comportamento da tenere in relazione alla delicatissima questione Mattarella, sia pure senza riuscire ad ottenere, in definitiva, che le stesse indicazioni venissero seguite; che aveva conquistato la loro fiducia tanto da discutere insieme anche di fatti gravissimi (come l'assassinio del Presidente Mattarella) nella sicura consapevolezza di non correre il rischio di essere denunciati; che aveva omesso di denunciare le loro responsabilità, in particolare in relazione all'omicidio Mattarella, malgrado potesse, al riguardo, offrire utilissimi elementi di conoscenza. La Corte di Appello, in esito a imprescindibili e quindi incensurabili valutazioni di merito, ha valutato questi fatti come processualmente rilevanti e significativi ai fini della configurabilità del reato contestato. Per questa ragione, in presenza dell'assoluzione dubitativa pronunciata dal Tribunale, ha applicato la causa estintiva della pena – la prescrizione – nel frattempo maturata, assumendo non essere evidente la prova dell'innocenza dell'imputato [...]. Va quindi ribadito che [...] non può ritenersi palesemente viziata – sotto il profilo logico – la conclusione cui la medesima è pervenuta in ordine all'intera vicenda Mattarella.

Interessante quell'inciso sulla «assoluzione dubitativa pronunciata dal Tribunale»: l'ennesima dimostrazione che, in primo grado, Andreotti s'era salvato per insufficienza di prove. Poi la Cassazione esamina i rapporti con Badalamenti, dimostrati dall'incontro del 1978 a Roma:

> Indubbiamente rilevante è l'incontro che vi sarebbe stato tra Andreotti e Badalamenti allo scopo di aggiustare il processo penale a carico di Filippo e Vincenzo Rimi, ritenuto utile dalla sentenza impugnata a provare l'esistenza di un patto di scambio tra Andreotti ed i vertici mafiosi ed a confermare indirettamente il rapporto – quindi gli incontri – tra il primo e Bontate [...]. La Corte territoriale ha espresso una motivazione contestabile fin che si vuole quanto agli apprezzamenti di merito, ma non affetta né da omissioni di elementi fattuali rilevanti ai fini della decisione, né da fratture logiche nella ricostruzione dei medesimi e nell'espressione delle conseguenti valutazioni [...]. Ha cioè ritenuto indubitabile che, sfrondate delle parti inficiate dalle incertezze, le dichiarazioni di Buscetta attestino comunque che egli ebbe ad apprendere dai più importanti capi dello schieramento moderato di Cosa nostra – Bontate e Badalamenti – che costoro avevano intrattenuto rapporti, quanto meno indiretti, con Andreotti e che in una occasione, in relazione al processo Rimi, lo stesso Badalamenti avesse personalmente incontrato l'imputato in compagnia del proprio cognato, Filippo Rimi, e di uno dei cugini Salvo.

Idem per l'intervento di Andreotti su Cosa Nostra perché alleggerisse le pressioni della 'ndrangheta sull'amico Nardini. E così per i rapporti con i cugini Salvo, sempre negati dal bugiardissimo senatore a vita:

> Risponde ai comuni criteri logici la motivazione della sentenza nella parte in cui ha ritenuto esistenti i rapporti tra Giulio Andreotti ed i cugini Antonino e Ignazio Salvo. Infatti, la relativa affermazione è stata fondata su una serie di indizi che, essendo sufficientemente gravi, precisi e concordanti, considerati con valutazione unitaria, costituiscono una solida e razionale piattaforma probatoria.

La Cassazione, semmai, nutre qualche dubbio sul «recesso» di Andreotti dall'associazione mafiosa dopo il 1980, che sarebbe dimostrabile solo in presenza di un «fatto positivo», di una «concreta condotta», che dagli atti non risulta: non basta un generico, progressivo disamoramento. Però, se l'impostazione teorica dell'Appello su questo punto è debole (troppo generosa con Andreotti), la ricostruzione dei fatti risulta poi convincente. Dunque la sentenza viene confermata anche su questo punto («la partecipazione di Andreotti nel reato associativo è cessata nel 1980») perché «non è inficiato da manifesta irrazionalità e non merita censura». Anche per la Cassazione sono provati i rapporti fra Andreotti e i mafiosi dopo il 1980, dall'«incontro con Manciaracina» a «tutti gli altri successivi al 1980»: che dunque sono

> idonei a confermare la correttezza dell'assoluzione ai sensi del comma 2 dell'art. 530 c.p. in quanto, pur rivestendo, in alcuni casi, possibile valore indiziario, ma non potendo più essere collegati – in virtù del ritenuto recesso – a quelli anteriori a detta epoca [...], non risultano più sufficienti per una pronuncia di condanna.

L'ennesima conferma del fatto che, per il periodo post-1980, Andreotti è stato assolto soltanto per insufficienza di prove. Infatti scrive la Cassazione:

> La formula assolutoria perché il fatto non sussiste presuppone che nessuno tra gli elementi integrativi della fattispecie criminosa risulti provato [...] e l'assenza della condotta travolge in radice la configurabilità del reato. Ma ciò non è accaduto nella specie. La sentenza impugnata non ha ritenuto positivamente accertata la dissociazione, ma ha giudicato carente e non perspicuamente significativa la prova di comportamenti agevolativi in epoca successiva al 1980.

Ultimo punto: la prescrizione è scattata dopo 22 anni e mezzo dai fatti, proprio nel dicembre 2002, cioè pochi mesi prima del verdetto d'Appello. Cosa che non sarebbe avvenuta se la Corte d'Appello non avesse concesso all'imputato le attenuanti generiche. E, per concedere le generiche, bisogna prima accertare la colpevolezza dell'imputato. Le attenuanti non si concedono agli innocenti, ma ai colpevoli:

> Per effetto dell'impugnazione del pm, la Corte di Appello ha applicato la prescrizione dopo avere compiuto una disamina tesa anche ad accertare la data di cessazione della ritenuta atti-

vità criminosa, la sussistenza delle contestate circostanze aggravanti, da essa escluse, e in definitiva anche con riferimento alla ritenuta concedibilità delle circostanze attenuanti generiche. Pertanto, all'epoca della pronuncia, l'effetto estintivo non era automaticamente operante, ma esso è conseguito all'accertamento della data di ritenuta consumazione del reato e all'esclusione delle circostanze aggravanti che avrebbero prolungato il termine di prescrizione, per cui il giudizio sulla sussistenza del reato ha costituito un *prius* logico e giuridico rispetto alla statuizione che ne ha dichiarato l'estinzione.

Altro che prescrizione concessa senza entrare nel merito delle accuse, come raccontano avvocati, politici e presunti «esperti»:

> Quindi la sentenza impugnata, al di là delle sue affermazioni teoriche, ha ravvisato la partecipazione nel reato associativo non nei termini riduttivi di una mera disponibilità, ma in quelli più ampi e giuridicamente significativi di una concreta collaborazione.

Punto e fine.

Note

1. Ansa, 27 marzo 1993.
2. Ansa, 28 marzo 1993.
3. «La Stampa», 6 aprile 1993.
4. «L'Indipendente», 21 aprile 1993.
5. «L'Indipendente», 5 dicembre 1992.
6. «L'Indipendente», 22 dicembre 1992.
7. Testimonianza raccolta dagli autori, come tutte le successive citazioni del magistrato.
8. Marco Travaglio, *Disinformafija*, in «MicroMega», 5/1999.
9. Testimonianza raccolta dagli autori.
10. Intervista a Saverio Lodato, «l'Unità», 10 luglio 1989.
11. «Corriere della Sera», 1° ottobre 1999.
12. Tommaso Buscetta, *La mafia ha vinto*, intervista di Saverio Lodato, Mondadori, Milano 1999.
13. «La Stampa», 1° novembre 2003.
14. Ansa, 31 luglio 2003.
15. «La Stampa», 18 ottobre 2004.

4
Gli altri intoccabili

1. Mannino, patto col diavolo

Il copione del caso Andreotti si ripete pari pari per tutti gli altri processi eccellenti avviati dalla Procura di Caselli. A cominciare da quello che ha coinvolto un altro big siciliano della politica: Calogero Mannino, già leader della sinistra Dc nell'isola, deputato dal 1976 al '92, ministro della Marina mercantile, dei Trasporti e due volte dell'Agricoltura, oggi membro autorevole dell'Udc. Mannino, accusato da diversi pentiti di mafia, viene arrestato per concorso esterno il 13 febbraio 1995 per uscire dal carcere due anni dopo. Secondo i pm Teresa Principato e Vittorio Teresi, l'uomo politico stipulò nei primi anni Ottanta un patto elettorale con le cosche agrigentine e poi con i boss palermitani, favorendo la mafia fino al 1994.

L'accusa gli contesta un pranzo con un gruppo di ufficiali medici e con due boss. E poi le nozze, alla sua presenza, fra Maria Silvana Parisi e Gerlando Caruana, figlio di Leonardo, il boss di Siculiana. E ancora i rapporti con gli esattori Salvo, ai quali Mannino – quand'era assessore regionale alle Finanze, negli anni Settanta – concesse la gestione dell'esattoria di Siracusa. Secondo i pm, l'imputato stipulò, nel 1980-81, un accordo elettorale con Antonio Vella, mafioso della famiglia agrigentina, come racconta il pentito Gioacchino Pennino, il medico palermitano di Brancaccio, esponente della Dc (corrente Ciancimino), discendente di una famiglia mafiosa, amico di capimafia del calibro di Giuseppe Di Maggio, Totò Greco e i fratelli Graviano: Mannino – dice Pennino – trattò l'argomento in una riunione in casa propria, con lui e con Vella.

Su Mannino aveva indagato per primo Paolo Borsellino

quand'era procuratore di Marsala, raccogliendo le dichiarazioni del pentito Rosario Spatola, che poi trasmise per competenza alla Procura di Sciacca e finirono archiviate. In seguito, dopo le rivelazioni di altri pentiti, l'indagine era stata riaperta dalla Procura di Palermo.

La prima sentenza

Il processo di primo grado inizia il 28 novembre 1995. Il 5 luglio 2001 Mannino, difeso da Carlo Taormina, viene assolto dalla II sezione del Tribunale (presidente Leonardo Guarnotta, a latere Giuseppe Sgadari e Michele Romano), con la consueta formula dubitativa del comma 2 dell'articolo 530. Come nel caso di Andreotti, i primi giudici ritengono provata una serie di condotte gravissime e di rapporti certi fra Mannino e uomini di Cosa Nostra, che favorirono la sua carriera politica. Ma questo, secondo il Tribunale, non basta a configurare il reato di concorso esterno, perché non sarebbe dimostrato che cosa il politico diede alla mafia in cambio di quegli appoggi. Le motivazioni dell'assoluzione, raccolte in 435 pagine, sono comunque devastanti per l'imputato.

«È acquisita la prova», scrivono i giudici, «che nel lontano 1980-81 Mannino aveva stipulato un accordo elettorale con un esponente della famiglia agrigentina di Cosa nostra, Antonio Vella.» E in seguito anche con altri boss della vecchia mafia della città dei templi. Il Tribunale parla di «patto elettorale ferreo, avallato dall'intervento di un mafioso come Vella», che «costituisce una chiave interpretativa della personalità e consente di invalidare buona parte del capitolato difensivo, volto a rappresentare Mannino come un politico immune da contaminazioni coscienti con ambienti mafiosi o addirittura vittima di chissà quali complotti». Purtroppo – sostengono i giudici – «manca l'accertamento della controprestazione di Mannino [...]. Non c'è la prova che l'accordo elettorale abbia avuto ad oggetto la promessa di svolgere un'attività, anche lecita, anche sporadica, per il raggiungimento degli scopi di Cosa nostra».

I principali pentiti portati in aula dai pm sono ritenuti attendibili: «È fuori discussione la credibilità di Gioacchino Pennino» quando descrive il suo incontro a casa Mannino (piazza Unità d'Italia, Palermo) con l'imputato e il boss Vella. Mannino ha ammesso di conoscere Vella, ma s'è giustificato dicendo che da lui acquistava libri. «La difesa non è credibile», sostiene il Tribunale: «È del tutto inverosimile che l'imputato avesse potuto fornire all'oscuro libraio finanche il numero telefonico della casa di abitazione dei suoceri di Porto Empedocle.» La realtà è tutt'altra: «Vella e Mannino hanno intrattenuto un rapporto di natura elettorale».

Poi i rapporti con altri mafiosi: «È data per certa una vicinanza di Mannino ai vecchi componenti di Cosa nostra di Agrigento». Ma anche in questo caso, manca per i giudici la prova del «contributo offerto dall'imputato a Cosa nostra». A prescindere dalla sua consapevolezza del fatto che, alla cena di «ringraziamento» degli ufficiali medici alla Taverna Mosè, era presente il boss Giuseppe Settecasi, Mannino dimostrava «di non disdegnare incontri con mafiosi, o un'eventuale benevolenza politica di costoro nei suoi confronti». Lo stesso vale per le nozze del figlio del boss Leonardo Caruana: Mannino era lì per la sposa, figlia di un suo compagno di partito, ma «poteva essere in grado di sapere in che contesto sociale si muoveva la famiglia Caruana, famiglia di mafia».

Quanto ai rapporti con i cugini Salvo, i giudici ritengono accertato che Mannino, come assessore regionale alle Finanze, affidò loro la concessione dell'esattoria di Siracusa. E tanto basta per «inficiare la tesi difensiva secondo la quale Mannino avrebbe sempre combattuto i Salvo». Al contrario, l'allora assessore alle Finanze riuscì «a non creare un rischioso antagonismo con il potente gruppo degli esattori, riuscendo con essi a mantenere rapporti non pregiudizievoli per la sua carriera». Anche a costo di raccomandare ai Salvo tre persone da assumere. Episodio, anche questo, provato: «Comportamento deprecabile, ma nella logica dei rapporti istituzionali o nella prassi politica». Dunque anche questa volta Mannino ha mentito, ma non ha commesso reato.

Anche questa sentenza – cancellandone le motivazioni – diventa un ottimo pretesto per attaccare il pool di Palermo. Come se i gravi fatti accertati dai giudici non esistessero. L'imputato diventa una sorta di martire errante della «malagiustizia», ovviamente «politicizzata», succube dei «pentiti» e dedita ai «teoremi». Memorabili alcune sue comparsate a «Porta a Porta», dove Bruno Vespa lo utilizza come corpo contundente contro Caselli e i suoi. Piccola antologia dei commenti post-assoluzione.

Rocco Buttiglione, ministro (Udc):

> È la fine del lungo calvario di Mannino, sono orgoglioso di essergli stato vicino in questi anni, convinto della sua innocenza. I Dc non sono mafiosi. Mannino avremmo voluto portarlo in Parlamento: oggi nessuno può dubitare che la sua elezione non avrebbe disonorato, ma avrebbe accresciuto il prestigio del nostro Parlamento.

Salvatore Cuffaro, governatore di Sicilia (Udc):

> Giustizia è fatta. Come diceva il Manzoni, la sofferenza è un momento di possibilità perché si arrivi alla verità. È una giornata in cui trionfa la giustizia. La mia storia è quella della Dc che in Sicilia ha coinciso con Mannino.

Carlo Giovanardi, ministro (Udc):

> Non basta gioire per l'assoluzione di un innocente: vicende giudiziarie che si sviluppano con queste modalità e questi tempi sono indegne di un Paese civile.

Carlo Taormina, deputato, sottosegretario ed ex avvocato difensore (FI):

> È una bella pagina della magistratura. Ma chi pagherà per la galera che ha subìto Mannino fino a ridursi a una larva umana e per la sua emarginazione dalla politica? Torna di grande attualità il problema della responsabilità dei giudici: chi sbaglia paga. Non sono il suo difensore da un anno, ma sono contento di avergli portato fortuna, prevedendo scaramanticamente una sua condanna.

Enzo Fragalà, deputato (An):

> L'assoluzione di Mannino è il *De profundis* del pentitismo. Spero solo che ora venga rivisto lo status di quei pentiti, le cui dichiarazioni si sono rivelate infondate, quando non del tutto calunniose.

Paolo Guzzanti, senatore (FI):

> Sono felice per la sentenza, ma profondamente indignato nel vedere come ancora una volta era stata creata una montatura che aveva soltanto una ragione politica. La sentenza ci dice che il fatto non è mai accaduto. Adesso chi risarcirà Mannino degli enormi danni subiti?

Vittorio Sgarbi, deputato (FI):

> Questi signori come i pm Teresa Principato e Vittorio Teresi, che hanno sequestrato in carcere per due anni e mezzo Mannino e vanno in giro con scorte talvolta omicide, che travolgono la gente per strada, questi signori dovranno pur pagare. Chi ha sbagliato nel teorema accusatorio risponda in tribunale dei suoi errori. Mannino era diventato quasi come Milošević e queste offese hanno un valore. Mi chiedo quanti miliardi valgano i danni che hanno fatto questi strani personaggi che ritenevano di avere un potere assoluto e lo hanno esercitato.

Calogero Mannino, imputato (Udc):

> Ho sopportato questi anni con la forza della fede. I pm hanno messo insieme una catasta di accuse sulla quale consumare il mio rogo, ma erano tutte calunnie. I pm a volte scrivono sceneggiature, come nelle *Piovre* televisive. Il mio processo è servito alla mafia, che ha guadagnato anni per riorganizzarsi.

Non può mancare il contributo di Lino Jannuzzi, che nel suo libro sul processo Andreotti si scatena anche sul caso Mannino. Per esempio sostiene che, per indurre l'imputato a «pentirsi», la Procura di Palermo lo tenne in galera il più a lungo possibile, nonostante i malanni e lo stress. Una bugia bella e buona, visto che tutti i provvedimenti sulla detenzione di Mannino non furono adottati dalla Procura, ma dal gip, dal Tribunale del riesame e dalla Cassazione. I ricorsi dei difensori furono respinti dal Riesame (tre giudici) il 21 marzo '95 e dalla Cassazione addirittura a sezioni unite (nove giudici) il 27 settembre '95. Poi Mannino addusse gravi motivi di salute per uscire, e questi furono oggetto di svariate consulenze e perizie medico-legali: tutte, ma proprio tutte, stabilirono l'assoluta compatibilità delle sue condizioni di salute con la custodia cautelare. Così anche la II sezione del Tribunale di Palermo (tre giudici), il 12 marzo '96, rigettò l'istanza di scarcerazione. Furono proprio i pm a farlo liberare anzitempo, rinunciando – durante il dibattimento – a chiedere la sospensione dei termini di custodia cautelare.

L'Appello

Contro l'assoluzione, la Procura ricorre in Corte d'Appello, dove il processo inizia il 9 aprile 2003. L'accusa è sostenuta ancora una volta da Vittorio Teresi, nel frattempo passato alla Procura generale, che porta in aula l'ultimo pentito: Antonino Giuffrè. E chiede la condanna di Mannino a 10 anni. La difesa, con l'avvocato Grazia Volo subentrata a Taormina, chiede la conferma dell'assoluzione, possibilmente con la formula più ampia. Ma l'11 maggio 2004 la III sezione della Corte d'Appello – presidente Salvatore Virga, a latere Luciana Razete (estensore) e Marina Ingoglia – condanna Mannino a 5 anni e 4 mesi, oltre al «pagamento delle spese di entrambi i gradi del giudizio e di quelle del suo mantenimento in carcere durante la custodia cautelare», all'interdizione perpetua dai pubblici uffici, a un anno di libertà vigilata dopo l'esecuzione della pena detentiva e al risarcimento del danno al Comune di Palermo con una provvisionale di 50.000 euro.

I commenti politici (piuttosto scarsi) alla condanna sono identici a quelli all'assoluzione. Parlano di «complotto», «teoremi», «malagiustizia», «persecuzione», «calvario». Per il ministro Giovanardi, «Mannino è una vittima, come Andreotti». Nessuno chiede scusa ai pm, accusati di ogni nequizia dopo la pronuncia del Tribunale. Bruno Vespa, che aveva pianto infinite volte il «martirio» dell'«innocente», anziché allestire una puntata di «Porta a Porta» per comunicare che Mannino ora è colpevole, la sera del verdetto si occupa di calcioscommesse, con Maurizio Mosca e Aldo Biscardi.

Il perché di tanta distrazione e disinformazione si comprende alla lettura delle motivazioni, depositate il 5 novembre 2004. I giudici contestano in radice la sentenza di primo grado, che ha «depotenziato e svalutato la valenza accusatoria di ogni singolo episodio». Un'opera di spezzettamento, polverizzazione, atomizzazione delle prove, come nel primo grado su Andreotti:

> L'iter logico-ricostruttivo viene puntualmente interrotto nel momento in cui sono stati semplicemente analizzati i diversi episodi accertati, omettendo di effettuarne una valutazione globale.

La Corte rimette insieme i cocci e giunge a conclusioni opposte:

> Il concorso eventuale in associazione mafiosa sussiste tutte le volte che un soggetto, pur agendo per finalità proprie «egoistiche» distinte da quelle dell'organizzazione criminosa [...] presta, con piena coscienza e volontà, la sua attività, anche in maniera occasionale, al servizio e per la realizzazione delle finalità proprie della consorteria mafiosa, collimanti, in quel determinato momento, con quelle proprie. E poiché per il politico siffatta condotta si realizza tutte le volte che tra i protagonisti del sinallagma si instaura un rapporto di scambio tra voti da un lato e favori dall'altro, non vi è dubbio, alla luce dell'imponente materiale probatorio raccolto, che l'attività svolta dal Mannino integri perfettamente gli elementi costitutivi della fattispecie criminosa contestata, il cui momento consumativo va individuato nel momento in cui si stipula il patto indipendentemente, poi, dai risultati conseguiti dallo stesso.

Il patto col diavolo – secondo la Corte – Mannino lo stipula nella primavera del 1981 (un anno dopo l'omicidio Mattarella) con il medico mafioso Gioacchino Pennino, regista della corrente Ciancimino e poi supporter di Mannino.

All'inizio degli anni Ottanta un recupero di voti nella provincia di Palermo era di fondamentale importanza, per l'ascesa del Mannino né può tacersi che di richieste di appoggi elettorali da parte del prevenuto alla malavita organizzata ve ne sono numerose in processo e, per come si è evidenziato, sempre in occasione di diverse consultazioni elettorali [*dagli anni Settanta al 1992, N.d.A.*].

Che cosa dava Mannino alla mafia in cambio dei voti? Nulla di dimostrato, secondo il Tribunale. Un'infinità di favori che hanno rafforzato Cosa Nostra, secondo la Corte d'Appello. Fondamentale la testimonianza di Pennino, la cui «attendibilità non è posta in discussione anche per la genuinità del suo pentimento, avendo iniziato a collaborare all'approssimarsi della scadenza della misura cautelare» e che è rafforzata «dalla verosimiglianza della ricostruzione, dalla puntualità specifica nella descrizione dei fatti narrati, dalla mancanza di qualsiasi ragione di inimicizia». Non c'è dubbio che Mannino era «consapevole della affiliazione mafiosa del Pennino», eppure (anzi, proprio per questo) lo incontrò in un vertice organizzato da «un personaggio di sicuro spessore mafioso come il Vella, con il quale il Mannino era in rapporto di stretta colleganza».

Il vertice politico-mafioso del 1981 («cui seguiranno altri incontri») si tiene «nell'abitazione dell'imputato in Piazza Unità d'Italia alla presenza del Vella». Mannino, dandogli del tu, esalta Vella come «amico», «grande elettore», «mio pilastro e punto di riferimento nell'Agrigentino insieme agli amici». Mannino – racconta Pennino – «crea subito un'atmosfera molto confidenziale dicendo che dovevano darsi tutti del tu. Così Pennino cominciò a dare del tu sia a Mannino che al Vella». Mannino diventa «Lillo» e Pennino «Gino». Scrivono i giudici:

> Mannino dice al Pennino: «Sai, Gino, io vorrei avere un aiuto elettorale [...]». Pennino risponde: «Guarda, Lillo, [...] cercherò di fare per te tutto quello che è possibile, tieni conto che sono del gruppo Ciancimino e continuo a stare nel gruppo Ciancimino, quando ci saranno consultazioni elettorali io mi attiverò in questo senso e cercherò di farti votare perché tu possa arrivare sempre più in alto e poter assumere una veste istituzionale sempre più importante». [...] Il Pennino, all'espressa domanda se il Mannino abbia assunto impegni o pro-

messo favori, risponde che il Mannino manifestò che «più saliva nei vertici istituzionali, più sarebbe stato disponibile».

Anche i primi giudici consideravano quel vertice «un patto elettorale ferreo, avallato dall'intervento di un mafioso come Vella», ma non lo ritennero sufficiente per configurare il concorso esterno, mancando una precisa promessa di favori in cambio dei voti. La Corte ritiene invece che il patto non fosse limitato al duo Mannino-Vella, ma si estendesse a Pennino, apripista del suo sbarco politico da Agrigento a Palermo.

Nei primi anni Ottanta la corrente Ciancimino, di cui fa parte Pennino per conto di Provenzano, è in crisi. Ben presto se ne staccheranno vari componenti, che confluiranno al seguito di Mannino. Pennino comincia dunque a fare il doppio gioco, appoggiando il cianciminiano Giuseppe Sinesio, ma anche – clandestinamente – Mannino, politico emergente dal volto «pulito» nel quale la cosca può fruttuosamente investire. D'altra parte Mannino, col suo «acume e intuito politico», vede nel gruppo Ciancimino in disfacimento «un potenziale serbatoio elettorale e un volano per il suo lancio palermitano». Tant'è che, dopo quel vertice, scatta

> l'incondizionata promozione elettorale del Mannino da parte delle «famiglie» palermitane di Brancaccio (Totò Greco) e Palermo Centro (Cecè Sorce e il suo referente Nino Mortillaro), oltre al risultato elettorale del cospicuo incremento delle preferenze personali del Mannino su Palermo (dai 38.593 voti del 1979 ai 55.069 del 1983). [...] La gravità del momento politico – omicidio Mattarella (gennaio '80), omicidio Dalla Chiesa (3 settembre '82), la sanguinosa guerra di mafia dei corleonesi dei primi anni Ottanta [...] – induceva a emarginare quei soggetti che per il palese legame con Cosa nostra erano divenuti impresentabili all'opinione pubblica. [...] La defenestrazione del Ciancimino avrebbe determinato la ricerca di un altro referente per il gruppo in cui militavano anche persone rispettabili e la cui immagine pubblica non era contaminata.

Ecco perché il contributo di Mannino a Cosa Nostra è così prezioso. Anche se il politico non dettaglia subito le contropartite che è disposto a corrispondere a Cosa Nostra:

Deve ritenersi che la condotta tenuta dal Mannino in occasione dell'incontro con il Pennino ed il Vella integri un patto politico-elettorale sicuramente riconducibile alla fattispecie del concorso esterno in associazione di tipo mafioso, anche a prescindere dalla concreta esecuzione delle controprestazioni. Il reato di concorso esterno in associazione mafiosa si è perfezionato già al momento della conclusione del patto di scambio (tra appoggio elettorale e promessa di favori), che si è tradotto in un effettivo e rilevante contributo idoneo a consolidare il sodalizio criminale, potenziando – proprio in una fase storica particolarmente problematica per l'organizzazione delittuosa – quella aspettativa d'impunità che costituisce una condizione essenziale per l'espansione, la coesione interna, ed il diffuso radicamento sociale di Cosa nostra. La richiesta di appoggio elettorale rivolta a un esponente mafioso di primario rilievo come Pennino, beniamino dei Greco e del Di Maggio, accompagnata dalla manifestazione della propria disponibilità ad adoperarsi di essere a disposizione, assumeva certamente, nel caso concreto, una precisa valenza rafforzativa dell'illecito sodalizio. Al riguardo, occorre tenere presente che lo scambio delle reciproche promesse interveniva fra un autorevole esponente della potente «famiglia» mafiosa di Brancaccio che vantava storiche ascendenze mafiose ed un noto uomo politico [*Mannino*] il quale era, già da diverso tempo, unito da stretti vincoli di collaborazione a mafiosi come i Caruana, Settecasi, Colletti, Tony Vella (oltre ad aver sostenuto i Salvo, potenti esattori di Salemi) e aveva rivestito importanti incarichi istituzionali. L'affidabilità della promessa formulata dall'on. Mannino era certamente desumibile – oltre che dalle sue espressioni verbali, dirette a esternare la più ampia disponibilità – anche dalle sue qualità personali, dagli intensi e proficui rapporti che egli aveva da anni instaurato con alcuni esponenti delle famiglie agrigentine, e dalla gravità delle reazioni cui egli stesso sarebbe andato incontro nel caso di inosservanza degli impegni assunti con un esponente mafioso di alto livello, che, in cambio, gli aveva assicurato un efficace, seppur sotterraneo, sostegno elettorale. [...] È naturale che le scelte criminali dell'organizzazione venissero rafforzate dalla convinzione di poter contare su una simile «interfaccia politica» per favorire i componenti dell'illecito sodalizio. Ed è agevole comprendere il senso di potenza e di sicurezza con cui il

Pennino e gli altri «uomini d'onore» a lui vicini dovevano pensare al «patto di scambio» che era stato concluso su richiesta di un noto politico attivamente impegnato sul piano politico e istituzionale.

Uno dei tanti favori di Mannino alla mafia è «la vicenda Mortillaro, la cui richiesta di un posto di lavoro viene esaudita in tempi record». Il mafioso Nino Mortillaro viene cooptato nel nuovo gruppo di ex cianciminiani fedeli a Mannino, fondato da Pennino. E subito Mannino, ministro dell'Agricoltura, gli trova un posto al ministero, mentre un altro «amico» gli procura un certificato di invalidità per consentirgli di lavorare a tempo pieno per l'onorevole, come collettore di voti. Ma chi è Mortillaro? Un mafioso palermitano

> vicino al boss di Palermo Centro Cecè Sorce, al boss di Brancaccio Pino Savoca e ad altri boss di Palermo Centro come i Cancemi. [...] Personaggio che svolge attività di spiccato interesse per Cosa Nostra, o in quanto dalla stessa direttamente gestite (con attribuzione dei relativi proventi, come il Totonero), o perché di perspicuo interesse per la conservazione del sodalizio criminale (come l'assistenza ai latitanti o il rilascio delle licenze ai Ganci e ai Cancemi che consentivano di «schermare» le loro attività illecite).

Mortillaro verrà condannato definitivamente per associazione mafiosa.

> La presentazione del Mortillaro al Mannino [*intorno al 1982, N.d.A.*] è quella di un grande elettore con conseguente allargamento della base elettorale. Il Mortillaro si occupava del disbrigo di diverse pratiche e faceva ottenere licenze per apertura locali ed esercizi commerciali nei quartieri popolari e nei mercati di Ballarò, Capo e Vucciria. Mortillaro viene nominato con decreto del 26.7.83 del Ministro dell'Agricoltura (dell'epoca, Mannino) preparatore in prova nel ruolo del personale ausiliario e assegnato all'istituto sperimentale per la valorizzazione tecnologica dei prodotti agricoli, sede periferica di Palermo. Mortillaro, fuoriuscito del Pci e rifiutato dal partito repubblicano, ottiene il posto di lavoro, ma ottiene altresì preventivamente an-

che un certificato medico di invalidità (il certificato di invalido del lavoro) da parte del dottor Rizzuto (Antonino Rizzuto, ufficiale sanitario, era a disposizione delle cosche; condannato per 416 bis perché vaccinava i figli di Riina che vivevano nella clandestinità). [...] L'assunzione, 26 luglio '83, a tempo record, segue con carattere di stringente sequenza temporale la entusiastica adesione del Mortillaro, grande collettore di voti, al neo costituito gruppo autonomo, creato dal Pennino nel maggio '83, dato temporale inequivocabile che, insieme alla perdurante vicinanza del Mortillaro al Mannino ed al suo gruppo quantomeno fino ai primi anni 90 e alle appassionate campagne elettorali dell'83 e soprattutto dell'87 e del '92 (con il sostegno chiesto, anche tramite Cecè Sorce, a boss del calibro di Ganci Calogero e Salvatore Cancemi), denota il carattere di stretta corrispettività dell'assunzione del Mortillaro rispetto agli impegni assunti con l'accordo dell'81 Pennino-Mannino, approvato dalla mafia agrigentina, rappresentata dal Lattuca e da Tony Vella e ne esclude la connotazione di mero favore in termini esclusivamente clientelari verso un soggetto bisognoso. Il dott. Rizzuto, ufficiale sanitario e uomo d'onore, rilascia quindi il certificato a tamburo battente, il 12 luglio '83, Mortillaro diviene un fedelissimo del Mannino e fa votare Mannino nell'87 e nel '92 (e fa quel che può, nonostante la ristrettezza dei tempi, nell'83). Ed è sintomatica della sua valenza criminale la circostanza che la sua campagna, in aree elettorali ad alta tensione mafiosa, nelle competizioni dell'87, quando Cosa nostra aveva imposto di votare Psi o Radicale per punire la Dc, non sia stata contrastata.

Ricapitolando: Mannino è legato fin dagli anni Settanta alle famiglie mafiose agrigentine, dai Settecasi ai Cuntrera-Caruana. Nel 1981 stringe un patto con il palermitano Pennino, «seppur con l'*imprimatur* del Vella e il preventivo *affidavit* del Lattuca e del Di Maggio»:

> Ed è la piattaforma di lancio, sia pure sotterranea, del Mannino nell'area politica palermitana (si ricorda che Mannino era impossibilitato ad aprire segreterie politiche ufficiali a Palermo per l'accordo tacito di non interferenza con Salvo Lima). Il decollo politico del Mannino nell'area palermitana avviene con l'espresso placet dalla famiglia di Agrigento. Le dichiarazioni di Pennino sulla conclusione del patto politico-elettorale

sono ampiamente riscontrate dalle convergenti dichiarazioni di Tullio Cannella e dell'ingegnere Lanzalaco, scarsamente valorizzate nella sentenza impugnata. [...] Cannella parla dei rapporti Pennino-Mannino, del gruppo Cerami e di Salvatore Greco. [...] Cannella si incontra con Pennino che gli dice: «Siamo tutti uniti, anche Totò [*Greco*]», E proprio Totò Greco dice a Cannella (che aveva dei suoi amici candidati): «Non fare il rivoluzionario, fai quello che ti ha detto Gino [*Pennino*], votiamo per Mannino che è una persona alla quale ci teniamo». Cannella parla con Totò Greco in questi termini: «Zu Totò, il dott. Pennino ha fatto sapere che dobbiamo votare per l'onorevole», al che Totò Greco rispose: «Me ne sto interessando anch'io, ce ne interessiamo tutti perché è amico nostro al quale ci teniamo».

A quel punto Mannino, che diviene pure segretario della Dc siciliana, è potentissimo in vaste aree dell'isola. Poi Salvatore Cancemi e Calogero Ganci, boss pentiti di Palermo Centro, raccontano che

> il Mannino era stato indicato dal Biondino, autista di Riina, come «nelle mani di Cosa Nostra» e così pure dal La Barbera (nelle mani di Cosa Nostra palermitana e trapanese). La Barbera si indigna quando nel '92 l'onorevole – che si sarebbe, a suo dire, impossessato dei soldi di una banca di Agrigento – alla televisione inveisce contro Cosa Nostra; in definitiva il La Barbera si sarebbe indignato perché, nonostante le addotte ruberie a una banca di Agrigento, l'Onorevole «mangia e poi dice parolacce a Cosa Nostra» (Cancemi).

La Corte riassume così i favori resi da Mannino a Cosa Nostra dopo il patto d'acciaio stipulato con Pennino nel 1981:

> A) Favori a esponenti mafiosi e appalti: vicenda Mortillaro, finanziamento per la cantina di Bono Pietro in Campobello di Mazara, frequenti contatti con personaggi del calibro di Siino [...], a parte il costante favore verso le imprese di Salamone e Miccichè (entrambi condannati ex art. 416 bis c.p.), imposte quali imprese realizzatrici del complesso Sitas e di altre rilevanti opere pubbliche in Agrigento e Porto Empedocle; attribuzione di importanti posti di sottogoverno a personalità at-

tinte da corposi sospetti di mafiosità: al Ferraro e al gruppo Inzerillo [...].

B) Appoggio politico diretto a esponenti attinti da corposi sospetti di mafiosità quali Inzerillo Enzo [...]; l'ambiguità del Mannino per la vicinanza a tali personaggi indurrà l'on. Orlando a sconsigliare al presidente Scalfaro, insediatosi alla prima carica dello Stato all'indomani delle stragi, di affidare un dicastero al Mannino [...].

C) Delega della gestione di diversi affari di natura politico-affaristica a un personaggio quale il notaio Ferraro, suo alter ego nel Trapanese e nel Palermitano (personaggio molto vicino alla famiglia mafiosa di Castelvetrano e ai Messina Denaro, condannato dal Tribunale di Caltanissetta ex artt. 110, 416 bis c.p. per il ruolo assunto nel tentativo di aggiustamento del processo Basile, contributo di massima rilevanza per l'organizzazione criminale).

Dunque, contrariamente a quel che riteneva il Tribunale:

Alla stregua della richiamata elaborazione giurisprudenziale emerge che la promessa è di per sé idonea a configurare il concorso esterno a prescindere dalla concreta esecuzione delle controprestazioni che assume semmai rilievo probatorio; nella specie la promessa non rimase peraltro affatto ineseguita, ma trovò concreta e specifica attuazione.

Mannino continua a tenere contatti con la mafia anche dopo le stragi del 1992, sia pure con qualche cautela «di immagine» in più:

Il sostegno politico all'Inzerillo indica la perdurante efficacia del patto politico-elettorale fino al '92 sul versante palermitano, ma il patto mantiene efficacia anche sul versante agrigentino (rapporti con il clan Grassonelli, Lattuca Enzo) mai abbandonato; qui tuttavia al Mannino deve essere apparsa maggiormente apprezzabile una certa filosofia della prudenza, nella gestione dei rapporti con personaggi vicini a Cosa Nostra, dopo alcuni dirompenti avvenimenti storici: il violento attacco alle istituzioni con le stragi di Capaci (23 maggio '92) e via D'Amelio (19 luglio '92) e l'omicidio Guazzelli (6 aprile '92), da un lato, e gli eccidi di coloro che avevano tradito, omicidi di Lima e Ignazio Salvo (primo semestre '92) dall'altro, sui quali si appuntava l'attenzione degli inquirenti e un possente impegno degli organi investigativi, oltre agli episodi specifici degli attentati di Sciacca ed Agrigento e al fallito attentato alla segreteria di via Ventura ai quali appare consono e aderente alle emergenze processuali attribuire non la valenza del «depistaggio» accreditata dal primo giudice, ma quella del «tradimento» (La Barbera, Siino, Brusca, Giuffrè, sotto diversi profili già esaminati, riferiscono della indignazione degli uomini d'onore, delusi in genere dai politici per i disastrosi risultati del «maxi» che, nello specifico, mostrano risentimento per le pubbliche prese di posizione del Mannino contro Cosa Nostra). Tali eventi turbavano il Mannino tanto da fargli pronunciare, rivolto al maresciallo Guazzelli, la fatidica e profetica frase: «O ammazzano me, o ammazzano Lima» (teste Riccardo Guazzelli, figlio del defunto maresciallo Guazzelli), ma non al punto da interrompere ogni contatto con il circuito clientelare che ruotava intorno a Cosa Nostra e da rinnegare il patto elettorale mafioso [...]. La promessa derivante dal patto politico mafioso era sempre vitale ancorché non «a tutto campo», ma limitata alle sole attività affaristiche per il «brutto momento in cui si erano verificati degli arresti». [...] Non risulta che sia successivamente intervenuto un recesso del Mannino da tale atteggiamento di dichiarata disponibilità e vicinanza ai boss.

A questo punto i giudici d'Appello traggono le inevitabili conclusioni di tutte le prove fin qui elencate.

In ultima analisi, dunque, l'intero materiale probatorio in atti dimostra come il Mannino quale referente politico della consorteria abbia favorito quella organizzazione mafiosa denominata Cosa Nostra. In effetti, tutta la vicenda processuale costituisce un caso emblematico di un costume e di una mentalità corrente, specie in Sicilia ed in altre regioni meridionali, dove l'interlocutore principale – quasi una lobby – è molto spesso la potente ed onnipresente organizzazione criminale, che può controllare e condizionare il voto di un cospicuo numero di elettori: per di più, con comportamenti, atteggiamenti, minacce, intimidazioni e vessazioni certamente ben più convincenti di altri argomenti, e in un ambiente molto spesso incapace o impossibilitato – per ignoranza, necessità o timore, ataviche abitudini – a sfuggire alla prepotenza o prevaricazione. E nel caso concreto non si verte in ipotesi di astratte analisi o teoremi, bensì di prove concrete e riscontri specifici e massicci. [...] Il contributo del Mannino, sussumibile sotto il paradigma di cui agli artt. 110 e 416 bis c.p., si snoda secondo una scansione temporale ininterrotta nel periodo in contestazione [...]. L'ascesa politica del Mannino segue, in parallelo, la sua credibilità in Cosa Nostra, così come le reazioni dei primi anni 90 ed il periodo stragista segnano l'inizio del suo declino, che in verità deve ritenersi ascrivibile in buona parte anche a ragioni squisitamente storico-politiche, legate al progressivo ma rapido disgregarsi – sotto l'incalzare di Tangentopoli, ma anche di nuovi fermenti politici di rinnovamento – dei tradizionali partiti dell'arco costituzionale, tra cui la Dc.

Per Cosa Nostra, Mannino costituiva

un sicuro punto di riferimento, trattandosi di autorevolissimo uomo delle istituzioni. L'attività del Pennino e poi del Ferraro a favore del Mannino, nelle competizioni elettorali, le controprestazioni concretamente attribuite al di là della loro rilevanza più o meno elevata, non potevano non rafforzare la penetrazione della consorteria mafiosa nel tessuto sociale. È del tutto inconcepibile che un'associazione criminosa della portata di Cosa Nostra si attivi a favore del politico se non nella prospettazione di contropartite alle quali il candidato sostenuto non può sottrarsi, pena la vita, così come sarebbe mera ipotesi dell'irrealtà supporre che il politico che abbia chiesto l'appoggio di esponenti di rilievo del sodalizio sia tanto sprovveduto da non rendersi conto di aver stipulato un contratto sinallagmatico. Ed è per fatti del genere che la vita politica per decenni è stata avvelenata attraverso i «portatori» di voti in grado, per la forza intimidatrice, di sviare la coscienza degli elettori. Anche una semplice «raccomandazione» sollecitata dal referente mafioso costituisce contropartita del patto ed una maniera di concorrere al rafforzamento della consorteria essendo, agli occhi degli associati, concreta manifestazione della disponibilità dell'amico politico ad attivarsi, volente o nolente, ai loro «desiderata». Quel che conta per il rafforzamento del potere mafioso non è l'importanza dell'«aiuto» in un dato momento richiesto e dal politico prestato, bensì la consapevolezza dell'«amicizia». [...] Per cui ritiene la Corte realizzata la contestata imputazione di concorso esterno nel reato di cui all'articolo 416 bis c.p.

I fatti vengono tradotti in sanzione penale, senza attenuanti:

> Da quanto sin qui detto, quindi, non può che discendere l'affermazione della piena responsabilità del Mannino in ordine al reato contestatogli. Ritiene il Collegio – dovendosi sottolineare l'estrema gravità delle condotte illecite contestate al prevenuto anche per le ripercussioni fortemente negative sull'intero consesso civile che, nonostante la sua incensuratezza, stante l'arco temporale di quasi un ventennio coincidente con la parabola ascendente della sua attività politica e l'assenza di svantaggiate condizioni di vita sociale e familiare che possano aver influito negativamente sulla commissione della condotta incriminata – che al Mannino non possano concedersi le attenuanti generiche. Infatti non si ravvisano elementi positivi sui quali possano fondarsi le invocate circostanze generiche e pervenirsi alla mitigazione della pena, se non richiamandosi ad un atto di clemenza che però non risponde ai principi della proporzionalità della pena alla condotta illecita, per le sue gravi ripercussioni sulle competizioni elettorali, elemento cardine della vita democratica, inquinate dall'influenza mafiosa. [*Condotta*] che appare tanto più grave ove si consideri l'elevata condizione sociale e culturale dell'imputato che gli offriva gli strumenti per affrancarsi da qualsiasi forma di influenza e condizionamento legati ad eventuali fattori ambientali o a retaggi familiari (questi ultimi assolutamente non riscontrabili) [...]. Nel retroterra culturale e sociale dell'imputato non vi sono certo quei fattori di rischio, disoccupazione, indigenza, emarginazione sociale, sottocultura, ed in particolare mancata educazione alla legalità, in una parola quelle condizioni di degrado sociale, morale, culturale ed economico che costituiscono l'humus favorevole alla crescita dei «valori» mafiosi, donde la condotta del Mannino, per le sue particolari condizioni di vita individuale che ben gli consentivano di superare eventuali condizionamenti degli ambienti mafiosi, appare ancor più riprovevole. Si tratta di un uomo politico che ha rivestito importantissime cariche politiche ed istituzio-

nali, fino addirittura ad incarichi di governo, e che ha manifestato una disponibilità costante nei confronti della pericolosissima organizzazione criminale, certo non circoscritta ad un arco temporale ristretto. E sarebbe superfluo soffermarsi sulla gravità della condotta sotto il profilo del danno prodotto alla società civile, tradita nel suo interno da un autorevole rappresentante delle istituzioni che ha pesantemente influenzato, con la sua potenza inquinante, la genuina espressione del consenso politico ed il flusso elettorale, per cui non appare assolutamente meritevole della concessione delle circostanze attenuanti generiche.

I difensori di Mannino hanno annunciato ricorso in Cassazione.

2. Carnevale, un uomo chiamato cavillo

Il 28 marzo 1993 la Procura di Palermo iscrive sul registro degli indagati il giudice Corrado Carnevale per concorso esterno in associazione mafiosa. Dal 1° dicembre 1985 al 26 dicembre 1992 è stato presidente della I sezione penale della Cassazione, quella che si occupava in esclusiva dei processi per reati associativi, di terrorismo e criminalità organizzata. È soprannominato dai giornali l'«Ammazzasentenze» per averne annullate, nella sua lunga carriera, una enorme quantità (circa 500). Gli elementi a suo carico sono emersi in varie indagini di mafia, ma la goccia che ha fatto traboccare il vaso sono le dichiarazioni di alcuni pentiti interrogati nell'inchiesta sul delitto Lima, la stessa che ha «figliato» il processo Andreotti. Francesco Marino Mannoia, Leonardo Messina, Gaspare Mutolo, Giuseppe Marchese, Balduccio Di Maggio, con dichiarazioni autonome e rese in tempi diversi, indicano Carnevale come il «garante» di Cosa Nostra a Roma, tramite Lima e Andreotti, per l'aggiustamento dei processi di mafia. I fatti contestati vanno dal 1987 al 1992.

Intanto altre Procure, come quella di Roma, raccolgono dichiarazioni analoghe sia su Carnevale sia su altri magistrati della I sezione della Cassazione: nel mirino alcuni processi presieduti da Carnevale, contro i boss Annacondia, De Tommasi, Di Carlo, Modeo, tutti conclusi felicemente per gli imputati. Completano il quadro le intercettazioni sui telefoni di Carnevale e di alcuni avvocati a lui legati, oltre a un'indagine a carico di vari cancellieri della I sezione. Ma dopo due anni di indagini, alla scadenza dei termini, la Procura di Palermo ritiene insufficienti gli elementi raccolti. E il 3 aprile 1995 chiede l'archiviazione del caso, accolta dal gip il 5 aprile.

Ma il 26 aprile la Procura di Roma inoltra a Palermo una serie di nuovi atti – tabulati, intercettazioni telefoniche e ambientali nell'entourage del giudice – e il 29 aprile le indagini, obbligatoriamente, vengono riaperte per ordine del gip. Arrivano nuove carte anche da Firenze, dove si indaga sulle stragi del 1993 e dove il pentito Gaspare Mutolo ha detto cose interessanti su Carnevale; e da Prato, dove sono state disposte altre intercettazioni. Ma, soprattutto, giungono da Roma i verbali con le testimonianze di alcuni alti magistrati della Cassazione, che riferiscono i comportamenti del collega, accusato di aver fatto pressioni su di loro per annullare sentenze di mafia, anche in processi non presieduti da lui. Stavolta, al termine delle indagini, il 7 aprile 1998 il gip di Palermo Bruno Fasciana dispone il rinvio a giudizio.

La prima sentenza

Il dibattimento, in tribunale, inizia il 22 giugno 1998 e dura 81 udienze. Alla fine, il 19 maggio 2000, i pm Scarpinato, Lo Forte e Paci chiedono di condannare Carnevale a 8 anni, perché

> la compiuta istruttoria dibattimentale ha consentito di pervenire all'accertamento di una serie di condotte poste in essere dal dott. Carnevale, mediante le quali egli, come è specificato nel capo di imputazione, «pur senza essere formalmente ed organicamente inserito nell'associazione mafiosa denominata Cosa Nostra, ha contribuito in maniera non occasionale alla realizzazione degli scopi dell'associazione predetta».

Anche questo processo, dunque, scaturisce dalla morte di Salvo Lima, punito da Cosa Nostra per non aver soddisfatto le promesse (o quantomeno le aspettative della mafia) sull'annullamento del maxiprocesso in Cassazione. Per questo, oltre a ricostruire le anomalie delle decine di condanne di mafiosi annullate da Carnevale per un timbro, una notifica mancante, un cavillo procedurale, la pubblica accusa ripercorre minuziosamente l'iter tormentato che portò alla sua estromissione dalla presidenza del collegio chiamato a confermare o cassare le condanne del «maxi», sul finire del 1991. Ricordano i pm nella requisitoria:

> Nei primi mesi del 1991 le infuocate polemiche che da tempo si agitavano intorno alla persona del dottor Carnevale, per il preoccupante susseguirsi di annullamenti di sentenze di condanna di esponenti mafiosi decisi da collegi da lui presieduti, raggiungono il culmine e cominciano a trovare uno sbocco in alcune iniziative di carattere istituzionale. Il clima si arroventa nel gennaio-febbraio, quando – a seguito dell'improvvisa scarcerazione di Michele Greco e di altri 42 esponenti di Cosa Nostra per effetto di una sentenza della Prima Sezione (presidente Carnevale, relatore Dell'Anno) – il ministro di Grazia e Giustizia Martelli dispone un nuovo monitoraggio delle sentenze emesse dalla predetta sezione, soffermando l'attenzione sul fatto che, in gran parte dei processi di criminalità organizzata, fra i componenti dei collegi presieduti da Carnevale alcuni nominativi ricorrevano più frequentemente di altri. In tale attività di indagine, il Ministro si avvale dell'esperienza del dott. Giovanni Falcone, nominato Direttore Generale degli Affari Penali, che già da allora aveva individuato l'esistenza di rapporti non trasparenti tra il dott. Carnevale e alcuni avvocati, tra i quali l'avv. Aricò; rapporti che solo anni dopo sarebbero emersi in sede di indagine penale. Viene quindi ufficialmente richiesta alla Corte di Cassazione copia delle sentenze e dei provvedimenti camerali emessi dalla Prima Sezione.
> Il Ministro Martelli, inoltre, presenta il problema al dott. Antonio Brancaccio, Presidente della Corte di Cassazione, e gli sottopone l'opportunità di introdurre un principio di rotazione per l'assegnazione dei processi di criminalità organizzata.

Intanto il Csm prepara una circolare che impone la rotazione dei processi di mafia fra le varie sezioni della Cassazione. E il caso Carnevale viene discusso anche in commissione Antimafia. Nel maggio '91 Brancaccio annuncia ai giudici della Suprema Corte che sarà introdotto il principio della rotazione. Nell'occhio del ciclone, scaricato anche dal presidente Brancaccio (che Carnevale, privatamente, definisce «delinquente»), Carnevale capisce che non potrà presiedere il maxiprocesso (e così il fido Dell'Anno). Ma non rinuncia a influenzare il giudizio.

> Carnevale forma un collegio nel quale designa come presidente il dott. Molinari, come relatore il dott. Schiavotti, e come componenti i dottori Buogo, Papadia e Pompa, tutti magistrati ritenuti a lui vicini [...]. Ma, all'inizio del mese di ottobre, subentrava un fatto nuovo che alterava tutte le precedenti previsioni. Il Presidente Brancaccio determinava infatti la sostituzione di Molinari con il dott. Arnaldo Valente, un magistrato completamente estraneo al «partito del patriottismo della Prima Sezione», il quale nel frattempo era stato trasferito in Cassazione ed era stato subito da Brancaccio assegnato alla Prima Sezione proprio per presiedere il collegio del maxi-uno e per spezzare l'orientamento compatto ed unilaterale di quella Sezione egemonizzata da Carnevale.

Col nuovo presidente, si modifica il consolidato equilibrio della I sezione e il 30 gennaio 1992 vengono confermate definitivamente le condanne del maxiprocesso contro i boss di Cosa Nostra, che entrano in carcere (molti all'ergastolo). È allora che si scatena la furia di Totò Riina con il piano di rappresaglie che colpirà, per primo, Salvo Lima, falciato sul litorale di Mondello il 12 marzo 1992, e inaugurerà la lunga stagione delle stragi.

La requisitoria dei pm si conclude con il riepilogo dei fatti che la Procura ritiene accertati a carico di Carnevale:

> – utilizzando in modo distorto i propri poteri presidenziali preselezionava i collegi, escludendo dalla loro composizione quei magistrati che avevano in precedenti casi manifestato opinioni dissenzienti rispetto alle sue, inserendovi invece coloro che erano omogenei alla sua linea giurisprudenziale o che comunque gli erano fedeli;
> – assumeva atteggiamenti penalizzanti e astiosi verso coloro che avevano manifestato dissenso e invece di ipervalorizzazione di coloro che aderivano ai suoi orientamenti;

– anche all'esterno denigrava i magistrati dissenzienti;
– in tal modo, costituiva le condizioni per orientare le decisioni nel senso da lui voluto;
– anche al di fuori dell'esercizio dei suoi poteri presidenziali, ed in modo assolutamente illecito, pose in essere inammissibili interferenze per condizionare e determinare l'esito della decisione, affidata ad altri collegi;
– accettava illecitamente raccomandazioni e segnalazioni per processi penali devoluti alla cognizione di altri collegi della Corte di Cassazione e addirittura riceveva nella propria abitazione imputati di processi penali devoluti ad altri collegi ricevendone raccomandazioni;
– riceveva, in particolare da avvocati, raccomandazioni della cui illiceità era tanto consapevole da invitare i suoi interlocutori a «non parlare di queste cose per telefono» e pur dopo che gli stessi interlocutori avevano manifestato una odiosa avversione nei confronti del dott. Paolo Borsellino, ucciso dalla mafia, augurandosi che «Dio lo mandasse all'inferno»;
– manteneva rapporti devianti e patologici, rilevati anche all'interno della stessa classe forense, con avvocati di imputati in processi di mafia;
– in particolare, manteneva con i suddetti avvocati rapporti di tale intensità e di tale compenetrazione da fare proprie ed accreditare all'esterno affermazioni calunniose sulla condotta di magistrati uccisi dalla mafia (il dott. Falcone e la dott.ssa Morvillo);
– continuò a mantenere rapporti con avvocati di imputati di mafia pur avendo manifestato la convinzione che tali avvocati mercanteggiassero con i loro clienti le decisioni in Corte di Cassazione, ricevendo a tal fine cospicue somme di denaro;
– per sua stessa ammissione accettava sistematicamente raccomandazioni da parte di terzi, consolidando in costoro la convinzione che le decisioni della Cassazione fossero pilotabili;
– manifestò ripetutamente un'ostilità viscerale nei confronti di più magistrati uccisi da Cosa Nostra, dello stesso segno di quello nutrito dai medesimi esponenti dell'organizzazione mafiosa;
– interferì illecitamente dall'esterno su decisioni di altri collegi, che corrispondevano ad interessi emergenziali dell'associazione mafiosa.

Ma l'enorme mole di testimonianze, documenti, intercettazioni e deposizioni di pentiti portati dall'accusa non basta al Tribunale per condannare il giudice. L'8 giugno 2000 la VI sezione, presieduta da Giuseppe Rizzo, assolve Carnevale con la consueta formula del comma 2 dell'articolo 530. Lo stesso copione di Andreotti e Mannino in primo grado: fatti gravi, ma non sufficienti a configurare il reato. Dichiarazioni contraddittorie o non abbastanza riscontrate.

L'Appello

La Procura ricorre in Appello, davanti alla III sezione della Corte presieduta da Vincenzo Olivieri. Carnevale, con la consueta spavalderia, intima ai suoi giudici di fare in fretta ad assolverlo anche stavolta. Nella prima udienza, il 3 maggio 2001, dice:

> Il mio nome è stato inserito in cima alla lista di 26 emeriti magistrati, in possesso dei titoli per ricoprire la carica di primo presidente della Cassazione. Tra i miei impegni, quindi, adesso c'è anche questo. Vorrei che questo processo si concludesse presto.

Viene subito accontentato: l'Appello dura meno di due mesi. Ma si conclude come peggio non potrebbe per l'impaziente imputato. La Corte d'Appello, come già per Mannino e per Andreotti, ribalta il primo giudizio. Ritiene che gli elementi d'accusa bastino e avanzino per dimostrare il concorso esterno in associazione mafiosa. E, il 29 giugno 2001, condanna Carnevale a 6 anni di reclusione e all'interdizione perpetua dai pubblici uffici. Addio sogni di presiedere la Cassazione.

Nelle 1322 pagine di motivazioni, depositate il 28 dicembre 2001, i secondi giudici scrivono che i pentiti sono «credibili» e riscontrati. E che sono «incontestabili due fondamentali canali attraverso i quali si sarebbe verificato un contatto tra la mafia e Carnevale». Il primo: «esponenti andreottiani, riconducibili a Cosa Nostra, e lo stesso Andreotti, con i quali Carnevale intrattenne rapporti». Il secondo: «alcuni selezionati avvocati legati all'imputato da rapporti preferenziali e che da Cosa Nostra venivano, con la consapevolezza del presidente, impiegati come intermediari». I pentiti, dunque, hanno detto la verità: il fatto che Cosa Nostra abbia considerato per vent'anni il cosiddetto «Ammazzasentenze» come il suo punto di riferimento per gli annullamenti in Cassazione non può essere spiegato, come ha fatto il Tribunale, con una congerie di voci e chiacchiericci senza fondamento:

> Non appare possibile liquidare tale argomento, come ha fatto il Tribunale, ipotizzando che tali affermazioni potrebbero essere frutto di mere dicerie, congetture, forse il risultato di una sorta di suggestione collettiva.

La Cassazione

Nel 2002 il processo approda in Cassazione: cioè nello stesso palazzo occupato per anni dall'imputato. Nessuno pone il problema, tutt'altro che secondario, di un giudice giudicato dai colleghi vicini di stanza, tanto più che ad accusarlo ci sono anche altri colleghi vicini di stanza. Un caso da manuale di conflitto d'interessi, anzi, di «legittimo sospetto», visto che per ben altri processi (quelli contro Berlusconi e Previti a Milano) è stata appena approvata l'apposita legge Cirami. La legge non regola i casi di un giudice di Cassazione giudicato dalla Cassazione. Ma nessuno solleva la questione dell'opportunità che, a sentenziare su un giudice di Cassazione, sia una Corte diversa da quella in cui l'imputato ha lavorato per anni in quella posizione di vertice. Così, il 30 ottobre 2002, Carnevale viene assolto dai suoi ex vicini di banco, a sezioni unite: annullamento senza rinvio della condanna d'Appello.

Discorso chiuso? Non proprio. I supremi giudici, per assolvere il collega, operano col bisturi ed espellono dal processo – dichiarandole inutilizzabili – le testimonianze dei magistrati di Cassazione che avevano raccontato le pressioni di Carnevale per annullare sentenze di mafia. E questo perché – sostengono – quei fatti sono coperti dal segreto della camera di consiglio, dunque non possono essere rivelati per nessun motivo. Nemmeno in tribunale. Nemmeno per stabilire se un giudice è mafioso oppure no.

La sentenza, peraltro, diventa una pietra miliare per disegnare i confini del «concorso esterno in associazione mafiosa». Le sezioni unite lo ritengono astrattamente configurabile per condotte come quella contestata a Carnevale (una «reiterata attività di ingerenza ed influenza in provvedimenti giurisdizionali»). Dunque trovano

> metodologicamente corretto il modo di procedere del giudice di appello, l'avere cioè ritenuto consentito, perché conforme alle regole processuali, una valutazione delle dichiarazioni accusatorie dei collaboratori di giustizia, sotto il profilo dell'attendibilità intrinseca ed estrinseca che investisse globalmente tutte le vicende contestate, anteponendola – per il momento – a quella della puntuale verifica – che non è poi in effetti mancata – della ricorrenza di sicuri riscontri esterni in relazione a ciascuno dei detti episodi.

Ma annullano la sentenza senza rinvio a nuovo processo perché manca «la prova certa, il riscontro individualizzante di una costante e reiterata ingerenza ed influenza esercitata dall'imputato nel corso di una serie di procedimenti giurisdizionali». Quella prova certa «non poteva pervenire solo dal pur concordante racconto di più collaboratori di giustizia ancorché riscontrato da anomalie dei provvedimenti giurisdizionali e da altri elementi denotanti la disponibilità del dott. Carnevale verso il sodalizio, ma abbisognava di un *quid pluris*». Traduzione: le sentenze di Carnevale presentavano «anomalie» e la condotta del giudice denotava una «disponibilità» verso la mafia, ma per condannarlo occorre qualcosa in più.

Per la stessa Cassazione, il caso più importante è il processo per l'omicidio del capitano dei Carabinieri Emanuele Basile, assassinato dalla mafia nel 1980, approdato per ben due volte davanti alla I sezione di Carnevale, che per ben due volte annullò le condanne dei mafiosi. Alcuni magistrati di Cassazione che facevano parte dei collegi giudicanti presieduti da lui (Mario Garavelli, Antonio Manfredi La Penna e Lucio Del Vecchio) hanno raccontato le pressioni del presidente per arrivare ai due annullamenti. I loro racconti sono bastati alla Corte d'Appello di Palermo per individuare quel «*quid pluris* individualizzante» necessario a corroborare le accuse dei pentiti. Ma qui cala il bisturi della Cassazione, che esclude dal processo le dichiarazioni dei tre magistrati in base a un nuovo principio giurisprudenziale, creato sul momento, per l'occasione: quello secondo cui un giudice

> ha l'obbligo di astenersi dal deporre come testimone in merito al procedimento formativo della deliberazione collegiale, segreta, in camera di consiglio, limitatamente alle opinioni e ai voti espressi dai singoli componenti del collegio [...]. La violazione del suddetto obbligo comporta l'inutilizzabilità della relativa testimonianza.

Quel che avviene in camera di consiglio, per quanto grave sia, non può essere rivelato. Nemmeno se costituisce reato. È per questo, soprattutto, che la condanna di Carnevale viene annullata. Non perché si pensi che i suoi tre colleghi hanno mentito. Ma perché, a prescindere dalla loro attendibilità, non potevano parlare in tribunale. Il loro racconto sulle pressioni di Carnevale è «inutilizzabile». I supremi giudici riconoscono che una simile decisione, peraltro inedita, sortisce

> un effetto non di poco momento, se si consideri la particolare valenza decisiva loro attribuita dalla Corte palermitana nella vicenda Basile (definita «elemento cardine dell'impianto accusatorio proposto dal P.M.» e nella quale essa individua – soprattutto – il contributo essenziale dato dall'*extraneus* alla sopravvivenza e al rafforzamento di Cosa nostra).

Ma non sentono ragioni. Quelle dichiarazioni vanno cestinate, come se non fossero mai state rese. Inspiegabilmente, poi, vengono considerati segreti della camera di consiglio anche le pressioni di Carnevale sui giudici fuori dalla camera di consiglio e poco prima che iniziasse la discussione. Per esempio, quelle per far annullare – in sua assenza – la seconda condanna d'Appello dei boss per il delitto Basile. Qui la Cassazione sembra incorrere in un grave errore materiale, ritenendo commessi in camera di consiglio gli interventi di Carnevale che ne stava fuori. Ma, trattandosi dell'ultima sentenza, quella definitiva, anche gli eventuali errori sono definitivi e irrimediabili.

Sulla prima sentenza di annullamento del processo Basile, emessa da un collegio presieduto da Carnevale il 23 febbraio '87, la Cassazione osserva:

> I riscontri individualizzanti sono stati rinvenuti dalla corte di merito [*la Corte d'Appello di Palermo, N.d.A.*] nelle *anomalie* che caratterizzarono dapprima la formazione del collegio e poi lo stesso svolgimento della camera di consiglio, e nell'esito processuale assolutamente imprevedibili. Elementi ritenuti come dimostrativi di artificiosi comportamenti dell'imputato, il quale, avvalendosi del necessario contributo del giudice relatore, finì per indurre in errore gli altri componenti del collegio (o peggio per impedire ad uno di essi di esprimere in modo convincente le proprie opinioni), in modo tale da strumentalizzare la buona fede dei primi e di emarginare il secondo. E confermativi delle dichiarazioni del collaborante Mutolo, secondo il quale l'esito del ricorso fu il risultato, a seguito dell'intervento di Cosa Nostra, di una condotta volta alla deliberata *ricerca del pelo nell'uovo*; ed a quelle del collaboratore Siino che aveva messo in risalto nella vicenda il compimento da parte di Ignazio Salvo di *cose da pazzi*, pur di addomesticare l'esito dei giudizi di legittimità Basile.

Su questo punto, la Corte d'Appello aveva ritenuto dunque che la sentenza fosse il risultato di una illecita interferenza di Carnevale, «una già preconfezionata decisione, subito e sbrigativamente avallata dal collegio senza particolari discussioni». Ma visto che la Corte è giunta a queste conclusioni «attraverso l'analisi dettagliata delle indicazioni fornite dai magistrati che composero la camera di consiglio *de qua* e che hanno riferito delle opinioni e dei voti da ciascuno di essi espressi», la Cassazione la cancella: perché quegli elementi sono «ricavati da testimonianze le quali, per quanto già si è detto, non potevano essere utilizzate». Fin qui, nessun problema: l'eventuale pressione di Carnevale avviene dentro la camera di consiglio, visto che è lui a presiedere il collegio.

I problemi nascono a proposito del secondo annullamento

del processo Basile, deciso il 7 marzo 1989 da un collegio non presieduto da Carnevale. La Corte di Appello ritiene provato che Carnevale condizionò dall'esterno quel processo: ebbe un «incontro la mattina stessa dell'udienza con un *emissario* di Cosa Nostra», e subito dopo compì

> una serie di atti diretti a condizionare il libero convincimento di altri due giudici (il dott. La Penna e il dott. Del Vecchio) che avrebbero dovuto di lì a poco partecipare alla camera di consiglio, con l'esortazione ad aderire alla precostituita tesi del presidente e del relatore, in particolare a votare, unitamente a questi ultimi, per l'annullamento della sentenza impugnata, al fine di contrastare il voto contrario che, con ogni probabilità, sarebbe stato espresso dal consigliere Garavelli.

Anche qui, per la Cassazione, non c'è nulla da fare:

> Devesi pure per questa vicenda espungere dal materiale probatorio legittimamente utilizzabile tutto ciò che attiene alle modalità di svolgimento della camera di consiglio, nei termini in cui si sono espressi quei magistrati che non avrebbero dovuto assumere la veste di testimoni.

Ma che c'entra la camera di consiglio con l'intervento di Carnevale sui giudici di un collegio non ancora riunito e di cui lui non faceva parte? Qui il racconto dei giudici riguarda fatti avvenuti nell'ufficio di Carnevale, non coinvolto nel processo: perché allora non dovrebbe valere? Misteri della Cassazione. Misteri ormai definitivi.

Un giudice al telefono

Sotto il profilo penale, dunque, il discorso è chiuso. Ma non sul profilo disciplinare e morale. Le intercettazioni telefoniche e ambientali disposte dalla Procura di Roma, che la Cassazione ha ritenuto irrilevanti a livello penale, contengono frasi e discorsi di Carnevale che la dicono lunga sulla sua personalità. E soprattutto sull'opportunità che continui a fare il giudice. Giudizi pesantissimi su colleghi assassinati dalla mafia, come Giovanni Falcone e Francesca Morvillo, Paolo Borsellino e Antonino Scopelliti, anche dopo la loro morte. Insulti contro il presidente della Cassazione Brancaccio e i colleghi che avevano confermato le condanne del maxiprocesso. Per non parlare delle *liaisons dangereuses* con avvocati che difendevano mafiosi in Cassazione: Vincenzo Gaito, Giovanni Aricò e Alfredo Angelucci. Vediamo.

Il 20 dicembre '93 Carnevale parla con un certo Nicola e insulta Falcone e Borsellino, definendoli spregiativamente «i dioscuri» e dipingendoli come due incapaci, con «un livello di professionalità prossimo allo zero».

> CARNEVALE: ...il Consiglio Superiore che ha... trovato cinque errori... sei errori... nelle sentenze che non ho scritto io... io le ho firmate [...]. Perché non va... non va a vedere le istruttorie fatte dai due... dioscuri... per vedere il livello di professionalità...
> NICOLA: Chi sono i due dioscuri? Scusa la mia ignoranza...
> C: ...prossimo allo zero...
> N: Chi sono i dioscuri, scusa...
> C: I dioscuri chi sono? Borsellino e Falcone...

L'8 marzo '94 Carnevale parla con l'avvocato Aricò e spiega di essersene andato dalla Cassazione «perché avevo la domanda per la Corte d'Appello», non certo per la «pressione di quel cretino di Falcone. Perché io i morti li rispetto, ma certi morti no». Non sono trascorsi due anni dalla strage di Capaci.

Il 14 marzo '94, parlando con il collega Aldo Grassi, getta una palata di fango anche su un altro martire dell'antimafia, il giudice di Cassazione Antonino Scopelliti, dipingendolo come un giudice «avvicinabile»: «è una persona con la quale si poteva parlare [...] il povero Nino Scopelliti... Ora perché poi deve diventare l'eroe della seconda resistenza?!».

Il 18 marzo '94, sempre al telefono con Grassi, Carnevale sostiene che le indagini di Falcone sul delitto Scopelliti, che ovviamente puntano dritto a Cosa Nostra, si fondano sull'ennesimo «teorema Falcone», il quale «non capisce niente». Poi infanga anche la memoria di Francesca Morvillo, assassinata con

Falcone e la scorta a Capaci: sostiene che Falcone la faceva inserire in collegi penali della Corte d'Appello di Palermo per pilotare l'esito dei processi che gli interessavano «per fregare qualche mafioso» (*sic*); e che Francesca era stata uccisa dalla mafia per questo motivo. Gliel'ha detto il solito avvocato Aricò e lui, prima di mettere in giro quelle infamie, non gli ha neppure chiesto quali fossero le sue fonti.

> CARNEVALE: Ma comunque guarda che... giustamente dice... dice... Aricò, io sono convinto che la mafia abbia voluto uccidere anche la moglie di Falcone, non fu un caso, dice, perché io le posso citare almeno due episodi... nel corso dell'attività professionale. Falcone... [*incomprensibile*] la moglie che stava alla prima sezione penale della Corte d'Appello di Palermo per fare... per farle fare certi processi [...] che gli interessavano, processi per fregare qualche mafioso [...] ci fici mittiri a so mugghiera... [*inc.*] fu la mafia che lo volle, non fu un caso.... non fu un caso... perché potevano ucciderlo separatamente... u ficeru apposta...

Il 12 marzo 1994 Carnevale conversa con il collega Salvino Mondello e, tanto per cambiare, se la prende con Falcone:

> A me Falcone non... insomma... non m'è mai piaciuto, per la verità... [*perché*] dalle mie parti si dice che c'è gente che ha la faccia come il caciocavallo... Il caciocavallo in Sicilia è di forma... a forma di parallelepipedo [...] quindi si dice che ha quattro facce come il caciocavallo.

Il 23 maggio 1994, proprio nel secondo anniversario della strage di Capaci, Carnevale torna sull'argomento con Dell'Anno:

> CARNEVALE: ...e chistu [*Falcone*] me venne a salutare... [*incomprensibile*] e poi dietro certamente chissà quante coltellate mi dava. Poi io francamente con lui non ci sono mai stato, a lui non ho mai dimostrato amicizia o che. Quindi se ho parlato male e continuo a parlar male di lui sono coerente. Ma lui coerente non è... non è stato! Lui e i suoi, perché ad un certo punto quando una... [*inc.*] che probabilmente per la opinone che avevo di lui avrò detto quella frase che non conoscevo nes-

sun giudice Falcone, perché quello è un giudice... [*inc.*] l'avrò detto, però insomma...
DELL'ANNO: ...conoscendoti, l'avrai detta certamente.
C: ...lo so.

Lette le incredibili intercettazioni di Carnevale, i pm di Palermo gli domandano: «Neppure dopo la morte del dott. Falcone si è placato il suo grave risentimento nei suoi confronti?». Carnevale risponde: «No, devo ammettere di no». Poi rivendica con orgoglio il suo disprezzo anche per l'altro «dioscuro», Paolo Borsellino, e lo spiega così:

> Nel corso della mia attività professionale avevo avuto occasione di esaminare gli atti di alcuni processi istruiti dal dott. Borsellino, e avevo ravvisato gravi lacune tecniche. Per esempio nel caso del processo Basile e del processo per la strage di piazza Scaffa.

Carnevale, poi, mente platealmente sui suoi rapporti con Andreotti, negandoli oltre ogni evidenza. «Ribadisco», dichiara al Tribunale, «che io rapporti con Andreotti non ne ho mai avuti.» Al massimo – dice – l'ha intravisto a qualche convegno o cerimonia, ma niente di più. Peccato che dagli atti del processo risulti l'esatto contrario: un quadro poco compatibile con l'imparzialità e la serenità richieste a un giudice di Cassazione.

Carnevale è stato consigliere della Fondazione Fiuggi per la Cultura fin dal giorno della sua costituzione (17 febbraio 1986). La Fondazione ha come presidente Giulio Andreotti, col quale il giudice è stato fotografato alle cerimonie dell'omonimo premio sponsorizzato da Giuseppe Ciarrapico. E Ciarrapico ha raccontato ai giudici che era stato proprio Andreotti a scegliere personalmente i magistrati componenti del Consiglio generale della Fondazione, tra cui lo stesso Carnevale, legatissimo anche al giudice andreottiano Claudio Vitalone. Carnevale risulta pure aver partecipato, con Andreotti e Ciarrapico, a varie riunioni della Fondazione. Un'altra foto galeotta lo immortala al pranzo di gala in onore di Andreotti il 2 luglio 1991, per festeggiare la sua nomina a senatore a vita. Di più: Andreotti si interessò attivamente («ventre a terra») per la sua promozione a presidente della Corte d'Appello di Roma. Lo testimonia al processo un altro magistrato suo amico, Tito Bajardi:

> Ricordo... che una quindicina di giorni prima che il Csm deliberasse di nominare Boschi, il presidente Carnevale mi riferì che ad un ricevimento della Fondazione Fiuggi Andreotti (si era appunto a pochi giorni dalla nomina) avvicinò Carnevale dicendogli «ho saputo che ci sono buone possibilità (o probabilità) per la sua nomina alla presidenza della Corte di Appello di Roma».

Il che, peraltro, risulta da una conversazione intercettata il 14 maggio '94 fra Carnevale e Bajardi:

> CARNEVALE: ...anche se Claudio Vitalone mi disse che, quando lui [*Andreotti*] gliene parlò, gli diede questa disposizione: «Ventre a terra».
> BAJARDI: Eh sì... sì, però, sai, gli uomini politici, tanto loro sapevano che se tu ce la facevi andavi là e a loro andava bene, se tu non ce la facevi e rimanevi là... [*in Cassazione*] e... a loro non andava male di sicuro e... quindi sai, in definitiva il risultato non... ossia lì non era là... adesso bisogna vedere come si sviluppa questa, questa operazione.

Come dire che ai «politici» Carnevale faceva comodo sia in Cassazione sia in Corte d'Appello.

Bugie a profusione Carnevale racconta anche a proposito dei suoi rapporti intimissimi con vari avvocati di mafia. «Nessun avvocato frequenta né abitualmente né occasionalmente la mia abitazione», giura davanti ai giudici. Poi questi lo mettono al corrente delle conversazioni intercettate nella sua abitazione e sul suo telefono. Che dimostrano un andirivieni di avvocati e financo di imputati, nel suo ufficio e addirittura a casa sua poco prima dei processi che li riguardavano. Il 30 ottobre '94 Carnevale riceve a domicilio un penalista:

> AVVOCATO: La causa di Giovanni è stata fissata per il 22 dicembre...
> CARNEVALE: In quale sezione?
> A: La quarta...

C: Quarta...
A: Che è presieduta da...?
C: Da... Lo Coco...
A: Lo Coco... allora... ci pensi tu?
C: Il 22 dicembre...
A: Il 22 dicembre, sì...
C: Sai chi presiede quel giorno...? quel giorno chi presiede?
A: Non lo sacciu, m'haiu a informari... lo sanno già?
C: Certo...
A: Oh... allora nci mandu illu... così gli do un po' d'attività...
è... è il caso di fare una memoria...?
C: Naturalmente chistu... non me lo dire per telefono, eh!
[*Carnevale ha il sospetto di avere il telefono intercettato, perché sa che la Procura di Roma sta indagando su di lui, ma non immagina di avere una microspia nascosta in casa, proprio nello studio in cui sta parlando dal vivo con l'avvocato, N.d.A.*].
A: Nooo!! Ma scherzi? Ma io... [*incomprensibile*] m'hai 'ntisu parlari mai?
C: Noo, noo...
A: Hai fatto bene a dirmelo ma io... non n'haiu bisogno... eh... non ca sugnu... ma sugnu vecchio ormai...! eh... c'è da fare... [*inc.*] di memoria prima... da depositare?
C: Ma no... [*inc.*] e si faccia dire anche il nome del relatore...
A: Del relatore...

Una conversazione che i pm, nella requisitoria, definiscono

emblematica del modo d'intendere la funzione giurisdizionale da parte dell'imputato. Carnevale riceve nella propria abitazione un avvocato che gli chiede un interessamento per un processo che dovrà essere deciso in Cassazione, ed invece di metterlo alla porta, aderisce alla richiesta, annota la data dell'udienza e chiede all'avvocato di informarsi sul nome del relatore, cioè del componente del collegio che, essendo incaricato dell'esposizione dei fatti di causa, può offrirne una rappresentazione più o meno favorevole agli interessi dell'imputato, e ciò al fine evidente di poter intervenire efficacemente su questi. E per di più, essendo pienamente consapevole dell'illiceità del proprio comportamento, egli raccomanda all'avvocato di non parlare di questi argomenti per telefono; raccomandazione inutile perché quello, alludendo ad altri pregressi rapporti dello stesso tipo, subito lo rassicura: «*Nooo! Ma scherzi? M'hai 'ntisu parlari mai?*».

Sono, lo ripetiamo, elementi extra-penali. Ma diventano decisivi nel 2004, quando Carnevale – grazie a una legge *ad personam* su misura per lui – rientra in magistratura. E chiede di diventare il primo presidente della Cassazione: praticamente il magistrato più alto in grado d'Italia. In uno degli emendamenti-strenna allegati alla finanziaria del 2003, infatti, spunta un codicillo che consente il rientro in servizio dei dipendenti pubblici sospesi o autopensionati in seguito a procedimenti penali, e poi assolti. Proprio il caso di Carnevale, che nel 2002, qualche mese prima di compiere 72 anni, dopo la condanna in Appello, aveva lasciato la magistratura: il Csm stava per sospenderlo dalle funzioni e dallo stipendio. Allora l'età pensionabile dei magistrati era di 72 anni. Poi però fu elevata a 75. L'emendamento, dunque, gli consente di rientrare e di recuperare il tempo perduto, dunque di restare in magistratura fino a 77 anni. Emendamento trasversale, destra-sinistra: firmato da Daniela Santanché (An), Antonio Maccanico (Margherita), Clemente Mastella e Alessandro De Franciscis (Udeur), Roberto Villetti (Sdi), Marco Boato e Luana Zanella (Verdi) e approvato da tutti i partiti, esclusi i Ds.

Nel 2004 il giudice che cassava le sentenze contro i boss, riceveva avvocati e imputati di mafia anche a casa propria, definiva «cretino» e «faccia da caciocavallo» Falcone e considerava Borsellino poco più di un incapace, si rimette trionfalmente l'ermellino e chiede di tornare in Cassazione sulla poltrona più alta. Il Csm, però, congela la sua richiesta e ricorre alla Consulta contro la legge *ad personam*, mentre la stampa berlusconiana difende a spada tratta Carnevale e ne chiede urgentemente la riabilitazione.

3. Contrada fra Stato e Antistato

Già capo della squadra Mobile e della Criminalpol di Palermo, poi promosso e ripromosso fino a diventare il numero tre del Sisde (responsabile del dipartimento Criminalità organizzata), Bruno Contrada ha lavorato a Palermo per trent'anni, mentre intorno a lui i colleghi Boris Giuliano, Cassarà e Montana morivano ammazzati. Viene arrestato per mafia alla vigilia di Natale del 1992, un mese prima dell'arrivo di Caselli a Palermo. Resterà in carcere per 31 mesi, in custodia cautelare: non per l'accanimento della Procura o di un solo gip, ma perché le esigenze cautelari vengono confermate anche da tre giudici del Tribunale del Riesame e da dieci di due diverse sezioni della Cassazione. Numerosi pentiti, ma anche testimoni molto vicini a Falcone, lo accusano di collusioni con la mafia. L'indagine è condotta dai pm Antonio Ingroia e Alfredo Morvillo (il cognato di Falcone). Il rinvio a giudizio, nel 1994, è disposto dal gip Sergio La Commare.

Non di soli pentiti si nutre l'impianto accusatorio, ma anche e soprattutto di testimoni autorevolissimi. A cominciare dai colleghi di Falcone, che raccontano la diffidenza che Giovanni nutriva per «il Dottore»: i giudici Carla Del Ponte, Antonino Caponnetto, Mario Almerighi, Vito D'Ambrosio, Giuseppe Ayala, Ferdinando Imposimato. E poi Laura Cassarà, vedova di Ninni (già collega di Contrada alla Questura di Palermo, assassinato dalla mafia). E Saveria Antiochia, madre e moglie di due vittime di mafia. Tutti a ripetere davanti ai giudici che Contrada passava informazioni a Cosa Nostra, e comunque Falcone e i suoi più stretti collaboratori lo consideravano inaffidabile e lo tenevano a debita distanza. Poi ci sono una sfilza di mafiosi pentiti: prima 9, poi 15, alla fine una ventina. Compresi quelli di prima generazione, particolarmente attendibili, «consacrati» da svariate sentenze definitive di Cassazione. Anch'essi giurano che Contrada informava i mafiosi dei blitz e dei mandati di cattura. Quasi tutti dicono di aver saputo che s'incontrava spesso con Rosario Riccobono, capo della famiglia mafiosa di Partanna.

Riscontri alle loro parole la Procura ritiene di averne trovati un bel po': la patente di guida concessa a Stefano Bontate mentre era sottoposto a misure di prevenzione per mafia; il porto d'armi al principe Vanni Calvello di San Vincenzo, pure lui indiziato per collusioni mafiose; un'intercettazione ambientale fra due mafiosi che rievocano i bei tempi in cui «'u Dutturi» favoriva fughe e latitanze. Solo per fare qualche esempio.

Ma, soprattutto, è centrale il caso di Oliviero Tognoli, l'imprenditore bresciano arrestato in Svizzera nel 1988 come riciclatore della mafia. Secondo Carla Del Ponte, che il 3 febbraio '89 lo interrogò con Falcone a Lugano, Tognoli ammise che a farlo fuggire dall'Italia era stato Contrada, anche se – terrorizzato – rifiutò di metterlo a verbale. Poi, in un successivo interrogatorio, cambiò versione. Quattro mesi dopo, la mafia tentò di assassinare Falcone, Del Ponte e il collega Lehman (presente anche lui al primo interrogatorio di Tognoli) con la bomba all'Addaura.

Contrada si difende negando tutto e proclamandosi «servitore dello Stato». Dice che «i mafiosi li incontravo o durante gl'interrogatori, o stesi di fronte a me, ormai cadaveri, durante i sopralluoghi». Snocciola la lista dei boss che ha arrestato. Sfida i pm a dimostrare la sua conoscenza con Riccobono. Bolla come «false» le accuse di Carla Del Ponte. Porta a testimoniare in sua difesa il generale Mario Mori, l'ex commissario antimafia Emanuele De Francesco, l'ex capo della Polizia Vincenzo Parisi, l'ex direttore del Sisde Angelo Finocchiaro. E accusa neppur tanto velatamente Gianni De Gennaro di essere all'origine di tutti i suoi guai, sostenuto dalla solita orchestrina garantista, da Jannuzzi a Vespa. Diventa dunque una sorta di Giano bifronte. Secondo l'accusa, è un traditore dello Stato a favore della mafia, sulla pelle di tanti servitori dello Stato morti ammazzati. Secondo lui e i suoi sostenitori, è un fedele uomo delle Istituzioni «mascariato» dalla mafia alla quale ha inferto colpi durissimi.

La prima sentenza

Il 5 aprile 1996 la V sezione penale del Tribunale di Palermo – presidente Francesco Ingargiola, giudici a latere Salvatore Barresi e Donatella Puleo – condanna Contrada a 10 anni di reclusione per concorso esterno in associazione mafiosa. Le conclusioni della sentenza riassumono bene i fatti principali ritenuti dimostrati a carico dell'imputato:

> La compiuta disamina dell'ampio materiale probatorio acquisito all'odierno procedimento, costituito da numerosissime te-

stimonianze, dalle dichiarazioni rese da dieci collaboratori di giustizia, da una notevole quantità di documenti e dalle molteplici dichiarazioni rese dall'imputato [...] afferente ad una contestazione che copre l'arco temporale di quasi un ventennio, ha consentito di evidenziare un quadro probatorio a carico dell'imputato fondato su fonti eterogenee, coerenti, assolutamente univoche e convergenti nell'acclararne la colpevolezza. Da tale complesso materiale probatorio, sottoposto a rigoroso vaglio critico, è emerso al di là di ogni ragionevole dubbio che l'imputato ha posto in essere una condotta consapevolmente ed univocamente indirizzata ad agevolare l'organizzazione criminale «Cosa Nostra».

Si comincia dai racconti dei mafiosi pentiti, «plurimi e soggettivamente attendibili», senza ombra di «condizionamenti» né «complotti». Ne risulta che Contrada

– è stato «persona disponibile» nei confronti di Cosa Nostra ed ha intrattenuto rapporti con diversi mafiosi, in particolare con Rosario Riccobono e Stefano Bontate [...];
– ha posto in essere specifiche condotte di favoritismo nei confronti di mafiosi consistenti in agevolazioni: nel rilascio di patenti a Stefano Bontate e Giuseppe Greco [...]; nel rilascio di porti d'arma ai fratelli Caro;
– ha realizzato condotte di agevolazione della latitanza di mafiosi: in favore di Rosario Riccobono [...], ed anche in favore di esponenti dell'area corleonese e dello stesso Salvatore Riina secondo quanto dichiarato da Giuseppe Marchese che ha riferito anche del privilegiato rapporto che l'imputato intratteneva con Michele e Salvatore Greco;
– ha fornito all'organizzazione mafiosa notizie afferenti ad indagini di P.G., di cui era venuto a conoscenza in relazione ai suoi incarichi istituzionali [...];
– ha avuto incontri diretti con mafiosi: come Rosario Riccobono riferito da Rosario Spatola e come Calogero Musso, mafioso del Trapanese facente parte di una cosca alleata di Salvatore Riina, del quale ha parlato Pietro Scavuzzo.

Poi ci sono i fatti emersi «da fonti testimoniali e documentali assolutamente autonome dalle prime, che hanno evidenziato specifiche condotte poste in essere dall'imputato del tutto coerenti alle tipologie dei comportamenti riferiti dai collaboratori di giustizia». E cioè:

- specifiche condotte di favoritismo nei confronti di indagati mafiosi: si veda l'episodio del rinnovo della licenza del porto di pistola ad Alessandro Vanni Calvello nonché l'incontro concesso tempestivamente nei locali dell'Alto Commissario ad Antonino Salvo;
- condotte di agevolazione della latitanza di mafiosi e di soggetti in stretti rapporti criminali con l'organizzazione mafiosa: vicenda Gentile in relazione alla latitanza del mafioso Salvatore Inzerillo e gli episodi relativi all'agevolazione della fuga dall'Italia di Oliviero Tognoli e di John Gambino;
- condotte di interferenza in indagini giudiziarie riguardanti fatti di mafia al fine di deviarne il corso o di comunicare all'organizzazione mafiosa notizie utili: l'episodio delle intimidazioni alla vedova Parisi e quello attinente alle indagini sui possibili collegamenti tra gli omicidi Giuliano e Ambrosoli;
- comportamenti di intimidazione e di freno alle indagini antimafia posti in essere nei confronti di funzionari di Polizia: vedi interventi sui funzionari di P.S. Gentile, Montalbano e Marcello Immordino.

I testimoni della difesa, invece, secondo i giudici non sono credibili:

Molte delle deposizioni richieste dalla difesa si sono rivelate, infatti, inattendibili perché provenienti da indagati o imputati di reato connesso personalmente interessati a smentire le dichiarazioni dei collaboratori di giustizia, altre sono risultate palesemente mendaci e molte non indifferenti in quanto viziate dagli stabili rapporti di amicizia o di pregressa collaborazione intrattenuti con l'imputato, altre ancora sono apparse del tutto irrilevanti perché fondate su generici attestati di stima, incapaci di confutare in modo specifico i temi di prova oggetto del processo.
A ciò si aggiunga che il dibattimento ha evidenziato un'elevata capacità dissimulatrice dell'imputato del reale ruolo svolto per conto di Cosa Nostra, certamente idonea a farlo apparire credibile agli occhi di molti suoi colleghi e collaboratori, ma che altri valorosi e leali esponenti delle Forze dell'Ordine e della

Magistratura, particolarmente impegnati sul fronte della lotta alla criminalità mafiosa, avevano compreso tanto da arrivare a nutrire nei suoi confronti sfiducia e diffidenza (vedi quanto emerso in ordine ai rapporti tra l'imputato e i dott.ri Immordino, Cassarà, Montana, Giuliano e Falcone).

Quanto a Contrada, si è difeso

> ricorrendo spesso ad articolate menzogne, che l'istruzione dibattimentale ha consentito di disvelare sulla base di inoppugnabili risultanze, spesso di natura documentale e che, lungi dal limitarsi alla negazione del vero per ragioni di difesa, sono apparse rivelatrici della sua malafede.

Contrada ha mostrato

> una peculiare abilità dissimulatoria nella gestione del proprio doppio ruolo: da un lato quello, spesso formalmente ineccepibile, di uomo inserito ai più alti livelli nelle strutture investigative dello Stato, dall'altro quello subdolo di uomo gradualmente assoggettato ai voleri dell'organizzazione criminale mafiosa [...]. Proprio la strumentalizzazione del ruolo ricoperto dall'imputato all'interno delle Istituzioni gli ha consentito di rendere all'organizzazione mafiosa i suoi «favori» informandola tempestivamente di notizie, decisioni ed ordini provenienti dall'interno delle strutture investigative, che le funzioni ricoperte gli consentivano di apprendere con facilità in anticipo. Tale precipuo ruolo svolto dall'imputato ha reso particolarmente efficace l'apporto dato all'organizzazione criminale Cosa Nostra che, con le sue condotte, ha oggettivamente contribuito a rafforzare, ponendo in grave pericolo l'Ordine Pubblico ed arrecando un grave danno alla credibilità stessa dello Stato per la cui difesa altri fedeli servitori, divenuti scomodi ostacoli da eliminare, hanno perso la vita. Quella realizzata dall'imputato è una forma di collusione tanto più grave in quanto da un lato particolarmente utile a Cosa Nostra e dall'altro espressione più alta del tradimento delle proprie pubbliche funzioni.

Come può accadere che un superpoliziotto tradisca lo Stato per la mafia? I giudici lo spiegano così:

> Quel che si è potuto accertare con sicurezza è che a partire dalla seconda metà degli anni 70 l'imputato ha iniziato ad avere un contatto con l'organizzazione mafiosa, originariamente atteggiato a rapporto «amichevole» (v. dichiarazioni di Mutolo) e di concessione di piccoli favori; nel tempo questo rapporto si è progressivamente trasformato dalla sua iniziale connotazione a rapporto di pieno asservimento ai voleri di Cosa Nostra, tanto che proprio nel passaggio dagli anni 70 agli anni 80, quando Cosa Nostra ha posto in essere in Sicilia uno dei momenti più gravi della sua cruenta offensiva contro inquirenti, appartenenti alle Forze dell'Ordine ed alla Magistratura e contro uomini politici uniti dalla comune azione di contrasto al potere mafioso, anche l'odierno imputato è stato costretto al definitivo passaggio nella piena disponibilità di Cosa Nostra ed in particolare della sua corrente più spietata ed intransigente rappresentata dai Corleonesi.
> Ed infatti proprio a cavallo di quegli anni è risultato che l'imputato era stato sottoposto a minacce mafiose, ma invece di adottare opportuni provvedimenti in ordine ad eventuali trasferimenti aveva assunto una condotta improntata a disponibilità, sollecitudine ed attivismo nei confronti dei mafiosi, mentre la stessa prontezza non aveva dimostrato nella predisposizione di un importante rapporto antimafia, più volte sollecitatogli dal Questore di Palermo Vincenzo Immordino che agiva in perfetto accordo con il Procuratore della Repubblica dott. Gaetano Costa, assumendo, al contempo, nei confronti di alcuni suoi colleghi comportamenti idonei ad evidenziarne lo stato di soggezione all'organizzazione mafiosa [...]; proprio da quegli anni in poi il contributo offerto dall'imputato si è manifestato nelle più gravi specifiche condotte di agevolazione (vedi Salvatore Riina, John Gambino, Oliviero Tognoli, Alessandro Vanni Calvello).

Contrada ammette le minacce mafiose, ma le minimizza. Ed è proprio dopo quelle minacce che – secondo il Tribunale – salta il fosso:

> L'ex Questore di Palermo dott. Vincenzo Immordino, in un documento a sua firma inviato al Capo della Polizia in data 11.5.1980, aveva dato atto della circostanza anomala che il dott. Contrada, pur lamentando spesso di essere destinatario

di minacce e di versare in grave pericolo di vita, in realtà voleva rimanere a Palermo dimostrando sostanziale inattività e scarsa incisività di impegno nel contrastare la mafia («*il dott. Contrada ha lamentato sempre di essere stato oggetto di minacce ed in pericolo di vita, ma vuole rimanere a Palermo*»); il teste Renato Gentile ha confermato all'odierno dibattimento la relazione a sua firma, redatta in data 14.4.1980, nella quale aveva segnalato ai suoi superiori gerarchici l'anomalo comportamento posto in essere dall'imputato a seguito di una legittima perquisizione eseguita presso l'abitazione del latitante mafioso Salvatore Inzerillo; in tale relazione sono riportate le parole testuali pronunciate dall'imputato in quell'occasione: «*Noi organi di Polizia non siamo che polvere di fronte a questa grande organizzazione mafiosa; hai visto che fine ha fatto Giuliano!*», idonee ad evidenziare lo stato di assoluto assoggettamento in cui il funzionario di Polizia era stato ridotto dall'organizzazione mafiosa [...]. Colleghi dell'imputato hanno dichiarato di avere consigliato allo stesso di trasferirsi da Palermo in relazione alle minacce ricevute, ma l'imputato non soltanto non aveva lasciato il suo incarico in Sicilia, ma nel prosieguo degli anni aveva continuato a cumulare incarichi istituzionali di elevato livello; il teste Marcello Immordino, tra gli episodi narratigli dal padre che avevano destato le sue perplessità, ha riferito che questi aveva appreso personalmente dal dott. Contrada di avere ricevuto minacce dal mafioso Badalamenti, ma aveva constatato che egli, ciò nonostante, si recava a villeggiare nel territorio di Terrasini (ricompreso nella zona di influenza del predetto mafioso) senza l'adozione di particolari cautele.
In conclusione, nonostante l'imputato abbia voluto far credere di non avere nutrito particolari preoccupazioni per la propria incolumità personale, è emerso che egli aveva avuto seri timori ed invece di adottare le opportune cautele era stato indotto dalle minacce ai suoi danni provenienti dall'organizzazione mafiosa Cosa Nostra a mantenere i suoi incarichi in Sicilia, funzionali all'esplicazione del suo specifico contributo al sodalizio mafioso.
Tale conclusione è ulteriormente avvalorata da quanto emerso in relazione alle vicissitudini cui era andato incontro il dottor Contrada negli anni 1985, 1988 e 1989. Anche nelle predette circostanze l'imputato aveva dimostrato di non voler recidere i legami con la Sicilia ed aveva tenacemente avversato ogni

tentativo fatto dai suoi superiori gerarchici, in relazione al diffondersi di dubbi sul suo conto, di interrompere il suo rapporto istituzionale con gli apparati investigativi statali preposti alla lotta contro l'organizzazione mafiosa.
Pertanto l'imputato, essendo un canale istituzionale disponibile e qualificato in grado di depotenziare dall'interno dello Stato l'efficacia della Sua azione di contrasto al sodalizio mafioso, ha continuato ad essere uno degli elementi più significativi del sistema di connivenza tra delinquenza mafiosa e settori inquinati degli apparati istituzionali dello Stato. Ha reso così un prezioso e difficilmente sostituibile contributo all'organizzazione Cosa Nostra che proprio in virtù di tale tipo di connivenze ha accresciuto nel tempo la sua potenza destabilizzante.

In Italia, si sa, per commentare le sentenze non si attendono le motivazioni. E così, appena il presidente Ingargiola legge il dispositivo della condanna, si scatena contro di lui, contro i suoi due colleghi e contro i pm della Procura una gragnuola indicibile di attacchi, insulti e contumelie. Provenienti soprattutto da politici del centrodestra, ma anche dal centrosinistra. Basti pensare che la presidente della commissione Antimafia Tiziana Parenti (all'epoca in Forza Italia, prima di traslocare nello Sdi e poi nella Margherita) parla di «sentenza nazista». Ora, sia Ingargiola sia il giudice a latere Barresi sono gli stessi che si apprestano a giudicare Andreotti: se condanneranno anche lui, sanno che verranno di nuovo chiamati nazisti. Non lo faranno, e verranno unanimemente elogiati come imparziali, «terzi», coraggiosi, garantisti. Ma l'avvertimento raggiunge anche la Corte d'Appello, chiamata a confermare o a bocciare la condanna di Contrada. A nessuno piace sentirsi dare del nazista dalla più alta autorità politica antimafia del Paese.

L'Appello

Il 4 maggio 2001 la V sezione della Corte d'Appello – presidente Gioacchino Agnello, giudici a latere Antonino Di Pisa e Rosalba Scaduto – ribalta il verdetto del Tribunale e assolve l'imputato con formula piena, senza nemmeno il dubbio dell'articolo 530 comma 2. Questa volta, come ampiamente prevedibile, nessuna polemica contro i giudici. Questa volta a essere attaccati sono i pm di Caselli, rei di avere perseguitato un onesto servitore dello Stato. Alla Corte vengono tributati elogi unanimi dal fronte politico-mediatico. Eppure qualche motivo di perplessità ci sarebbe, per via di una serie di coincidenze piuttosto incresciose accadute prima dell'assoluzione. Le racconta Enrico Bellavia, cronista palermitano della «Repubblica», il 12 giugno 1999.

Anzitutto i rapporti affettuosi fra il presidente Agnello e l'imputato Contrada, dimostrati da un episodio di cui Bellavia è stato testimone oculare: all'indomani della condanna in Tribunale, incontrandolo nell'androne del Palazzo di Giustizia, «Agnello ha salutato calorosamente Contrada» dandogli due pacche sulle spalle. È lo stesso Agnello che uno dei pentiti anti-Contrada, Salvatore Cancemi, aveva accusato di relazioni pericolose (inchiesta poi archiviata a Caltanissetta). Una coincidenza che, forse, avrebbe dovuto consigliare al collegio di astenersi. Figurarsi che sarebbe accaduto se Agnello fosse stato sorpreso ad abbracciare uno dei pm: proteste, attacchi, accuse di «appiattimento», ricusazioni, istanze di rimessione e di astensione, proposte di separazione delle carriere. Invece il presidente ha abbracciato Contrada e poi l'ha assolto: ma di separare la carriera del giudice da quella dell'imputato non importa nulla a nessuno.

La Cassazione

La sentenza d'Appello, comunque, non sta in piedi. Il sostituto procuratore generale Antonino Gatto ricorre in Cassazione. E questa, il 12 dicembre 2002, annulla l'assoluzione con motivazioni durissime, facendola a pezzi. Rivaluta la sentenza del Tribunale. E dispone un nuovo processo d'Appello. Scrivono i supremi giudici:

> La sentenza impugnata, dopo avere pregiudizialmente e sistematicamente smantellato (con metodi ed esiti illogici e giuridicamente erronei) l'impianto accusatorio, da un lato incorre in (ulteriore) manifesta illogicità, allorquando sembrerebbe rite-

nere che vi sia stata una «frequentazione assidua del giudicabile con soggetti appartenenti a Cosa Nostra», in quanto non si comprende da quali risultanze processuali ciò emerga, avendo la stessa sentenza ritenuto prive di valore probatorio quelle evidenziate dal giudice di primo grado; dall'altro lato, incorre in omessa motivazione, allorquando formula l'ipotesi che la suddetta frequentazione potrebbe, al più, configurare il delitto di favoreggiamento personale, in quanto non indica quali siano gli specifici elementi probatori che possano far ritenere configurabile tale reato in luogo di quello contestato, limitandosi ad escludere apoditticamente che non risulterebbero «manifestazioni significative o indizianti della sua (cioè, del Contrada) volontà di prestare sostegno all'associazione criminosa». La Corte di Appello, innanzitutto, incorrendo in un evidente errore di diritto, sembra collegare il reato di favoreggiamento personale alla sola latitanza, mentre la fattispecie criminosa si riferisce alla condotta di colui che aiuta taluno non solo a sottrarsi alle ricerche dell'Autorità, ma anche soltanto ad eluderne le investigazioni. Inoltre, non solo è all'evidenza carente di supporto motivazionale concreto l'affermazione che non sussistano «manifestazioni significative o indizianti» della volontà dell'imputato di prestare sostegno all'associazione criminosa, ma lo scarno e contraddittorio argomentare della sentenza impugnata (non si comprende se l'ipotizzata frequentazione dell'imputato con soggetti appartenenti a Cosa Nostra sia episodica o «assidua») neppure mostra solide basi di diritto nella corretta definizione dei confini tra il delitto di favoreggiamento e quello di concorso esterno in associazione mafiosa.

Dunque – concludono i giudici di Cassazione – nella sentenza d'Appello è «viziata la struttura stessa della motivazione». E si deve «procedere a una completa rivisitazione del materiale probatorio facendo corretta applicazione dei principi di diritto come sopra evidenziati».

Il nuovo processo inizia l'11 dicembre 2003 dinanzi alla I sezione della Corte d'Appello, presidente Salvatore Scaduti (lo stesso del secondo grado Andreotti), giudici a latere Giuseppe Melisenda Giambertoni e Monica Boni.

4. Gli altri processi «eccellenti»

Abbiamo visto i processi a due uomini politici (Andreotti e Mannino) e a due uomini delle istituzioni (Carnevale e Contrada). Non sono i soli istruiti dalla Procura di Caselli. Altri uomini politici e rappresentanti delle istituzioni vengono indagati, rinviati a giudizio e giudicati in quegli anni tumultuosi.

L'8 novembre 1995 viene arrestato a Palermo Francesco Musotto, avvocato di grido, già socialista e ora forzista, presidente della Provincia in carica, insieme al fratello Cesare. I due Musotto sono accusati di concorso esterno in associazione mafiosa per aver ospitato nella villa di famiglia a Finale di Pollina, vicino a Cefalù, alcuni boss latitanti: Tullio Cannella, Giovanni Brusca, Domenico Farinella e Leoluca Bagarella. Due erano pure clienti dell'avvocato. L'inchiesta è coordinata dai pm Antonella Consiglio e Alfonso Sabella. I giudici, alla fine, assolvono in tutti e tre i gradi di giudizio Francesco Musotto con il solito comma 2 dell'articolo 530. Ma condannano definitivamente il fratello Cesare a quattro anni e mezzo di reclusione. I fatti sono dimostrati: i boss a villa Musotto c'erano davvero. Ma faceva tutto Cesare. Francesco, che pure frequentava le proprietà di famiglia, non se n'era mai accorto. Non c'è la prova che avesse riconosciuto i boss (nemmeno i suoi clienti), i cui volti peraltro campeggiavano in tutte le Questure fra i superlatitanti più ricercati del Paese. D'altronde l'uomo è talmente sbadato che, quando divenne presidente della Provincia di Palermo e iniziò il processo per la strage di Capaci, «dimenticò» di costituirsi parte civile per l'istituzione che presiedeva.

Oltre a Musotto, la Procura di Caselli ha fatto processare per mafia due ex democristiani andreottiani come Franz Gorgone e Vincenzo Inzerillo. Il primo, già deputato e assessore regionale, è stato condannato in via definitiva a sette anni di reclusione per concorso esterno. Il secondo, condannato in primo grado a otto anni e assolto in Appello, è in attesa della Cassazione. Anche Gaspare Giudice, deputato di Forza Italia, è imputato in tribunale per concorso esterno in associazione mafiosa. L'ex senatore di An Filiberto Scalone è stato condannato in primo grado a nove anni per mafia e bancarotta fraudolenta, mentre in Appello la prima accusa è caduta, ma non la seconda (condanna a tre anni e mezzo, pena condonata); si attende la Cassazione. Definitiva è invece la condanna a dieci anni di Ignazio D'Antone, il poliziotto palermitano accusato, in parallelo con Contrada, di collusioni mafiose. Il che basterebbe, oltre a quel che abbiamo visto a proposito dei processi Andreotti, Contrada, Carnevale, Mannino, a tagliar corto con le polemiche sul concorso esterno e con le leggende sul «fallimento» della Procura di Caselli.

5. Dell'Utri, cavallo e Cavaliere

Resta da occuparsi dell'ultimo, in ordine di tempo, processo «eccellente»: quello a carico di Marcello Dell'Utri, una sorta di centauro, mezzo imprenditore e mezzo politico, accusato di aver messo al servizio di Cosa Nostra prima le imprese di Silvio Berlusconi, poi il partito di Silvio Berlusconi. Ma non è soltanto questa la sua specificità rispetto agli altri imputati eccellenti. Diversamente dagli altri «politici», Dell'Utri è stato già condannato in via definitiva (due anni di reclusione) a Torino per fatture false e frode fiscale e in primo grado a Milano (altri due anni) per tentata estorsione, in combutta con il boss di Trapani Vincenzo Virga, ai danni di un imprenditore trapanese, l'ex senatore repubblicano Vincenzo Garraffa. Ma Dell'Utri è pure imputato, sempre a Palermo, per calunnia pluriaggravata ai danni di alcuni pentiti: cioè per un presunto complotto organizzato con alcuni falsi collaboratori di giustizia per screditare quelli veri che accusano lui e altri imputati eccellenti: il complotto per cui il gip di Palermo nel 1999 dispose il suo arresto, poi bloccato dal Parlamento.

Diversamente dagli altri imputati eccellenti, insomma, Dell'Utri è tutt'altro che «vergine» dinanzi alla giustizia. È un pregiudicato. E le prove a suo carico, comprese le sue stesse ammissioni a proposito di incontri con mafiosi, sono le più abbondanti e solide che si siano mai viste in un processo per concorso esterno in associazione mafiosa.

Il gip Gioacchino Scaduto rinvia a giudizio Dell'Utri il 9 maggio 1997. Il processo inizia il 5 novembre 1997 e si conclude in primo grado l'11 dicembre 2004, dopo 257 udienze e 12 giorni di camera di consiglio. I pm Antonio Ingroia e Nico Gozzo chiedono di condannare il braccio destro di Berlusconi a 11 anni. La II sezione del Tribunale di Palermo – presidente Leonardo Guarnotta, giudici a latere Giuseppe Sgadari e Gabriella Di Marco – condanna Dell'Utri a nove anni e l'altro imputato, Gaetano Cinà, presunto mafioso del clan Malaspina, a sette anni. Entrambi gli imputati sono pure «interdetti in perpetuo dai pubblici uffici, nonché in stato di interdizione legale durante l'esecuzione della pena»; dopo, a pena espiata, dovranno subire altri due anni di libertà vigilata. I giudici li condannano pure a risarcire le parti civili (Comune e Provincia di Palermo) e a rifondere loro le spese processuali (70.000 euro in tutto).

Nel capo d'imputazione si legge che Dell'Utri ha «concorso nelle attività dell'associazione armata di tipo mafioso denominata Cosa Nostra, mettendo a disposizione della medesima l'influenza e il potere derivanti dalle sue posizioni di esponente del mondo finanziario e imprenditoriale, partecipando al mantenimento, al rafforzamento e all'espansione dell'associazione medesima». Il tutto «partecipando personalmente a incontri con esponenti anche di vertice di Cosa Nostra» e «intrattenendo rapporti continuativi» con boss mafiosi del calibro di «Bontate, Teresi, Pullarà, Mangano, Cinà, Di Napoli, Ganci, Riina e Graviano». Così facendo, Dell'Utri ha «determinato nei capi di Cosa Nostra la consapevolezza della sua disponibilità a influenzare – a vantaggio della associazione per delinquere – individui operanti nel mondo istituzionale, imprenditoriale e finanziario».

In questo processo il contributo dei pentiti, pur importante, non è decisivo: moltissimi fatti sono accertati con dati documentali (carte, rapporti di polizia, intercettazioni telefoniche e ambientali) o con il racconto di semplici testimoni. E spesso vengono ammessi dallo stesso imputato: Dell'Utri non nega, per esempio, di aver incontrato e/o frequentato una decina di mafiosi, anche se poi minimizza quegli incontri come fatti episodici, casuali, e li interpreta a modo suo). La parola dei collaboratori serve quasi sempre a spiegarli, a leggerli secondo l'ottica interna a Cosa Nostra e la logica mafiosa, a fornire lo scenario in continua evoluzione che fa da sfondo ad avvenimenti già provati.

Ecco, in pillole, i fatti che i pm hanno ritenuto dimostrati nelle duemila pagine della loro requisitoria.

1961. Marcello Dell'Utri, nato a Palermo l'11 settembre 1941, si trasferisce a Milano per frequentare l'Università Statale. Lì conosce Silvio Berlusconi, di quattro anni più anziano di lui.

1964. A 23 anni comincia a lavorare come segretario per il ventottenne Berlusconi (di questo primo impiego, nei suoi numerosi interrogatori e nelle dichiarazioni spontanee, non parlerà mai davanti ai giudici). Allena anche una piccola squadra di calcio, il Torrescalla, sponsorizzata dall'amico Silvio.

1965. Dell'Utri lascia Berlusconi e Milano per trasferirsi a Roma, dove è direttore sportivo del Centro Sportivo Elis (Opus Dei).

1967. Torna a Palermo, dove fa direttore sportivo presso l'Athletic Club Bacigalupo: lì dice di aver conosciuto Vittorio Mangano e Gaetano Cinà (proprietario di una lavanderia palermitana, imparentato tramite la moglie con i boss Stefano Bontate e Mimmo Teresi, considerato dall'accusa un uomo d'onore della famiglia mafiosa di Malaspina).

1970. Dell'Utri viene assunto alla Cassa di Risparmio delle province siciliane, a Catania.

1971. Viene trasferito alla filiale di Belmonte Mezzagno.

1973, 14 maggio. Viene promosso alla direzione generale della Sicilcassa a Palermo, servizio di credito agrario.

1974. Il 5 marzo si dimette dalla banca e si trasferisce a Milano, come segretario particolare di Berlusconi. Segue i lavori di ristrutturazione della villa di Arcore, appena acquistata a un prezzo stracciato da Silvio, con l'aiuto di Previti, da Annamaria Casati Stampa. Berlusconi teme sequestri per sé e per i figli. Il 7 luglio Dell'Utri gli porta in villa Vittorio Mangano (segnalatogli dall'«amico di una vita» Cinà), giovane e promettente mafioso palermitano della famiglia di Porta Nuova, noto alle cronache giudiziarie e alle forze di polizia per tre arresti, varie denunce e condanne: già diffidato nel 1967 come «persona pericolosa», indagato per reati che vanno dalla ricettazione alla tentata estorsione, fermato nel 1972 in auto con un mafioso trafficante di droga. Secondo i Carabinieri di Arcore, «Dell'Utri ha chiamato Mangano pur essendo perfettamente a conoscenza [...] del suo poco corretto passato». Ufficialmente «fattore» e «stalliere», in realtà Mangano fa il guardaspalle di Berlusconi, accompagna i suoi figli a scuola e cura la sicurezza della villa. Secondo il pentito Francesco Di Carlo, l'assunzione è suggellata da un incontro a Milano organizzato da Dell'Utri, con Berlusconi, il boss Bontate (capo di Cosa Nostra), Teresi e lo stesso Di Carlo: seguono promesse di reciproche «disponibilità». Anche il pentito Nino Giuffrè racconta che Bontate aveva incontrato più volte Dell'Utri e Berlusconi a Milano. Mangano resterà in villa due anni: come dice un rapporto della Questura milanese, se ne andò «nell'ottobre '76» (secondo altri, nel dicembre 1976), sebbene fosse stato sospettato del sequestro di Luigi D'Angerio (amico di Berlusconi) il 7 dicembre 1974 e poi arrestato due volte dai Carabinieri per scontare condanne per truffa, porto abusivo di coltello e ricettazione. Ogni volta, uscito dal carcere, veniva riaccolto a villa Berlusconi come se nulla fosse accaduto.

1975, 26 maggio. Bomba contro l'abitazione di Berlusconi in via Rovani 2 a Milano (le indagini non porteranno a nulla, anche perché nessuno avverte la Questura che si tratta di un immobile del Cavaliere: la versione ufficiale è che il palazzo fa capo a una società guidata da tale Walter Donati, uno dei tanti prestanome di Silvio). In un'intercettazione del 1986, Confalonieri dirà che l'attentato era stato opera di Mangano. Ma nemmeno per questi sospetti lo «stalliere» viene allontanato da Arcore. La Fininvest – secondo l'accusa, suffragata da vari pentiti – comincia a versare somme di denaro a Cosa Nostra (Dell'Utri e Cinà le consegnano a titolo di «regalo» ai boss Bontate e Teresi). Lo racconta anche un testimone, Filippo Alberto Rapisarda: «Dell'Utri mi disse che la sua attività di mediazione era servita a ridurre le pretese di denaro dei mafiosi». Dell'Utri conferma di averglielo detto, ma per «una mera vanteria»; poi però ammette che da allora «le minacce cessarono» (peraltro mai denunciate alla Polizia).

1976, ottobre. Un giornale lombardo scrive che Berlusconi ospita un mafioso in casa sua. Mangano lascia la villa: racconterà ai giudici che Dell'Utri e Confalonieri fecero di tutto per trattenerlo. Dopo un breve periodo a Palermo, si stabilisce a

Milano all'hotel Duca di York, da dove gestisce il traffico di droga e il riciclaggio per Cosa Nostra: fatti per cui verrà arrestato nell'80 e condannato al maxiprocesso di Falcone e Borsellino. Intanto Berlusconi, dopo varie minacce, si trasferisce per qualche mese con la famiglia in Svizzera e poi in Spagna.

1976, 24 ottobre. Il boss catanese Antonino Calderone festeggia il compleanno a Milano, al ristorante Le Colline Pistoiesi, con i mafiosi Nino e Gaetano Grado. C'è pure Dell'Utri, accompagnato da Mangano. Dell'Utri conferma la cena con i boss, ma spiega di aver partecipato per il «timore che nutrivo verso Mangano» e assicura che i commensali non gli vennero presentati.

1977. Poco dopo Mangano, anche Dell'Utri lascia Berlusconi: vuol fare il dirigente nel gruppo del Biscione, ma Silvio non lo ritiene capace. Pensa di prendersi un anno sabbatico per approfondire gli studi di teologia (è vicino all'Opus Dei), ma poi si dimette dall'Edilnord e cambia lavoro.

1978. Raccomandato da Cinà, Dell'Utri trova lavoro in un gruppo milanese, la Inim di Rapisarda, legato a mafiosi doc come Ciancimino e i Cuntrera-Caruana (la famiglia delle famose nozze a cui partecipò Mannino). Diventa amministratore delegato della Bresciano Costruzioni, che ben presto va in bancarotta fraudolenta. Incriminato a Torino, Dell'Utri perde il lavoro. Anche il fratello gemello Alberto, amministratore della Venchi Unica, fa bancarotta: viene arrestato a Torino. Rapisarda fugge latitante in Venezuela, con il nome di Alberto Dell'Utri, ospite dei Cuntrera-Caruana. Poi si trasferisce a Parigi dove – racconta – Marcello lo andava a trovare. Intanto Berlusconi si iscrive alla loggia P2, diviene Cavaliere del Lavoro, completa Milano 2 e lancia Telemilano, che presto diventerà Canale 5. La P2 gli garantisce fidi bancari spropositati dal Montepaschi di Siena e dalla Bnl, due banche molto legate a Gelli, il quale ha rapporti anche con Totò Riina (nuovo boss dei boss dopo l'eliminazione di Bontate e del suo clan) e con Flavio Carboni.

1979. Dopo la sentenza della Corte costituzionale del 1976 che ha spalancato l'etere ai privati (su scala regionale), Berlusconi fa incetta di antenne ed emittenti in tutt'Italia per simulare la diretta nazionale. Nel 1979 nasce Rete Sicilia, filiale di Canale 5. Nel Cda siede Adriano Galliani con un certo Antonio Inzaranto, cognato della nipote di Buscetta, «privo», ricordano i pm, «di qualunque competenza specifica, titolare di appena l'1% delle quote. Non faceva nulla, se non firmare decisioni prese da altri. Ma lo fecero addirittura presidente». Anche Trinacria Tv, succursale di Italia 1, aveva rapporti indiretti con la mafia: «era domiciliata presso la fiduciaria Parmafid, usata da vari malavitosi legati a Dell'Utri, come Monti e Virgilio». Idem per Sicilia Televisiva (col logo di Rete 4), avviata da Filippo e Vincenzo Rappa, «amici di Dell'Utri ed entrambi imputati per mafia: uno assolto in Appello, l'altro condannato».

1980, 5 febbraio. La Criminalpol di Milano, in un'indagine di droga, intercetta una telefonata fra Mangano e Dell'Utri. Parlano di un certo Tony Tarantino. Poi Mangano dice a Dell'Utri che ha un «affare» da proporgli e anche «il cavallo» che fa per lui. Dell'Utri sorride: per il «cavallo» occorrono «i piccioli» (i soldi) e lui non ne ha. Mangano dice di farseli dare dal suo «principale Berlusconi» (anche se da tre anni Marcello non lavora più per lui). Dell'Utri risponde che «quello lì... 'n 'sura» (non suda, non paga). Paolo Borsellino dirà che Mangano, quando parlava di cavalli, si riferiva generalmente a partite di droga. Dell'Utri spiegherà di aver mantenuto rapporti con Mangano perché «mi faceva paura la sua personalità criminale». Ma nel '96 dirà: «Se Mangano fosse fuori, lo frequenterei ancora adesso».

1980, 19 aprile. Si sposa a Londra Jimmy Fauci, pluripregiudicato amico dei boss, che gestisce il traffico di droga dei Caruana fra Italia, Gran Bretagna e Canada. Alle nozze partecipano i mafiosi Di Carlo e Teresi, e anche Cinà e Dell'Utri. È lo stesso Dell'Utri a confermarlo: «Mi portò Cinà, non sapevo chi fosse lo sposo, mi trovavo a Londra casualmente per una mostra sui vichinghi».

1980, 5 maggio. Mangano è arrestato da Giovanni Falcone nelle indagini su vari traffici di droga fra Italia e Usa («processo Spatola»). Resterà in carcere 11 anni.

1981. Bontate e Teresi muoiono uccisi dai corleonesi nella seconda «guerra di mafia». Il loro posto, nel rapporto con Arcore, viene preso dai nuovi reggenti della famiglia di Santa Maria di Gesù (già di Bontate): i fratelli Pullarà. Berlusconi intanto si lancia in Sardegna nella mega-speculazione di «Olbia 2»: diventa socio di fatto di Flavio Carboni (il faccendiere finanziato dal boss Pippo Calò e dalla banda della Magliana, poi coinvolto nel processo sul delitto Calvi). E acquista a Portorotondo 4 delle 12 società create da Carboni (le altre 8 finiscono per metà alla mafia di Calò & C., e per metà rimangono a Carboni). Così si trova di nuovo alle prese con la mafia, con la necessità di qualcuno che sappia «mediare» con i clan. Intanto il suo nome viene rinvenuto negli elenchi della P2.

1975-83. Secondo la consulenza del vicedirettore della Banca d'Italia di Palermo Francesco Giuffrida, in otto anni affluiscono nelle holding Fininvest 113 miliardi di lire dell'epoca (oggi equivalgono a circa 300 milioni di euro) di provenienza misteriosa, parte addirittura in contanti. Berlusconi non svelerà mai l'identità dell'anonimo donatore. Il consulente tecnico di Dell'Utri, il professor Paolo Iovenitti della Bocconi, ammetterà al processo che alcuni di quei finanziamenti sono inspiegabili e «potenzialmente non trasparenti». Secondo Rapisarda e diversi pentiti, in quel periodo Bontate diventa socio delle tv Fininvest, investendovi grossi capitali mafiosi. Per quest'accusa non esiste prova. Ma – secondo i pm – la scarsa trasparenza dei finanziamenti alle holding Fininvest e la presenza di uomini vicini alle cosche nelle tv siciliane acquisite dal Biscione la rendono plausibile. «Se non c'è prova piena di riciclaggio di denaro mafioso da parte della Fininvest», osserva l'accusa, «non c'è nemmeno prova del contrario: anzi, c'è una prova incompleta, ma pienamente coerente con le dichiarazioni di Di Carlo e Rapisarda. Lo stesso consulente Iovenitti ha ammesso anomalie finanziarie e comunque non ha fatto luce sulla provenienza di quei capitali. Bastava una consulenza che ci dicesse da dove arrivavano. Invece niente. Ci sarebbe piaciuto poter dire che è tutto limpido e trasparente, ma non possiamo. E non per colpa nostra. Vien da domandarsi il perché di queste cortine fumogene contro l'accertamento della verità, a trent'anni dai fatti. Non certo per coprire reati fiscali o finanziari, ormai prescritti. Per coprire che cosa, allora?».

1983. Secondo il pentito Angelo Siino, da quando Dell'Utri se n'è andato, i Pullarà tartassano il Cavaliere con richieste di denaro sempre più stringenti («volevano tirargli il radicone», cioè sradicarlo, spennarlo). Non più «regali», ma «pizzo». Mangano, in carcere, litiga con Giovan Battista Pullarà perché la sua famiglia si è intromessa nei suoi rapporti con Arcore.

Berlusconi richiama Dell'Utri alla Fininvest e, nonostante il disastro della Bresciano, lo promuove amministratore delegato e presidente di Publitalia: numero tre del gruppo, alla pari di Confalonieri. Secondo i pm, il Cavaliere non ha scelta, viste le pretese sempre più esose di Cosa Nostra. Ma la difesa sostiene che alla Fininvest Dell'Utri rientrò già il 1° marzo 1982 «in prova», con un ruolo meno rilevante, e solo nell'ottobre '83 fu promosso al vertice di Publitalia.

1983, 11 novembre. Blitz di arresti a Milano contro la mafia dei casinò. La Polizia irrompe a casa di Ilario Legnaro, socio del boss catanese Gaetano Corallo, per arrestarlo: e vi sorprende anche Dell'Utri.

1984-86. Dell'Utri riprende le redini della Fininvest e, tramite Cinà, si lamenta con i corleonesi della condotta dei Pullarà. Si giunge così a un nuovo accordo, sul modello degli anni Settanta, raggiunto da Cinà con Pippo Di Napoli che rappresenta Riina. La Fininvest ricomincia a pagare una quota annua (200 milioni), non più a titolo di «pizzo», ma di nuovo come contributo «amichevole». Riina, furente con i Pullarà perché non l'hanno avvertito di quei rapporti, li scarica e affida a Cinà e Di Napoli la gestione esclusiva delle relazioni col gruppo Berlusconi. Spera così di arrivare a Craxi e dare una lezione alla Dc, non più affidabile come un tempo. I Pullarà, secondo alcuni pentiti, vengono tacitati con una parte della quota Fininvest.

1986, 28 novembre. Scoppia un'altra bomba contro la cancellata del palazzo di via Rovani. Berlusconi chiama Dell'Utri (intercettato): «È stato Mangano... Un chilo di polvere nera, una cosa rozzissima, ma fatta con molto rispetto, quasi con affetto...». Aggiunge che gli dispiacerebbe «se i Carabinieri, da questa roba qui... da un segnale acustico, fanno una limitazione della libertà personale a lui», cioè a Mangano. Due giorni dopo, Dell'Utri, a Milano, riceve la visita di Cinà e, lui presente, chiama Silvio per rassicurarlo: «Tanino mi ha detto che assolutamente [*Mangano*] è proprio da escludere, categoricamente. C'è da stare tranquillissimi... Poi ti parlerò di persona». Strano che un personaggio estraneo alla mafia – come Dell'Utri dipinge se stesso – arrivi così presto a far luce su un attentato mafioso, mentre le forze dell'ordine brancolano nel buio. Secondo il pentito Antonino Galliano, vicino a Cinà, «l'atten-

tato fu opera dei catanesi d'accordo con Riina». Per i pm, la mafia non è soddisfatta di Berlusconi e punta ad avvicinare ancor più Dell'Utri a Cinà, e soprattutto Berlusconi ai due. Da altre intercettazioni risulta che Cinà, per Natale, regala a Berlusconi una cassata di 12 chili.
1987. Filippo Rapisarda, rientrato dopo sette anni di latitanza, accusa Dell'Utri di aver portato i boss Bontate e Teresi a investire 10 miliardi nelle tv di Berlusconi. Dell'Utri non lo denuncia per calunnia. Anzi, nel 1988 ristabilisce con lui un rapporto di amicizia. E, fra il '90 e il '94, si farà prestare da lui 2,5 miliardi e costituirà con lui due società immobiliari. Alle elezioni politiche, Riina ordina a tutta Cosa Nostra di abbandonare la Dc e di votare per un solo partito: il Psi di Craxi e Martelli.
1988, 17 febbraio. Berlusconi chiama l'amico immobiliarista Renato Della Valle (intercettato): «Ho un casino abbastanza grosso, per cui devo mandar via i miei figli, che stan partendo adesso per l'estero, perché mi hanno fatto estorsioni... in maniera brutta. [...] Una cosa che mi è capitata altre volte, dieci anni fa, e... sono ritornati fuori. [...] Sai, siccome mi hanno detto che, se entro una certa data, non faccio una roba, mi consegnano la testa di mio figlio a me ed espongono il corpo in piazza del Duomo [...], sono cose poco carine da sentirsi dire e allora ho deciso: li mando in America e buonanotte [...]. Ma se fossi sicuro di togliermi questa roba dalle palle, pagherei tranquillo». Della Valle: «Senti, quando è quella scadenza?». Berlusconi: «Fra sei giorni». Che cosa doveva fare Berlusconi per la mafia entro sei giorni per salvare la vita al figlio? E poi la fece? E perché non denunciò l'accaduto? Impossibile saperlo: il premier rifiuterà di rispondere ai giudici di Palermo. Nemmeno questa – secondo i pm – è un'estorsione semplice: la mafia è insoddisfatta del rapporto con la Fininvest e con il Psi, e si rifà sotto.
1990, gennaio-febbraio. Attentati a catena contro negozi e magazzini della Standa (Fininvest) e della Rinascente (Fiat) a Catania. Entrambi i gruppi, per farli cessare, pagano il pizzo alla mafia. Ma poi la Fiat sporge denuncia, collabora con la giustizia e si costituisce parte civile nei processi ai mafiosi. La Fininvest invece nega di aver pagato e addirittura di aver ricevuto richieste estorsive. In realtà – come confermano alcuni di-

pendenti catanesi della Standa – i suoi negozi hanno ricevuto richieste per 2 miliardi e pagato centinaia di milioni. Ma la Fininvest non si costituirà parte civile contro gli attentatori, pur avendo subìto danni per 4 miliardi. Secondo i pm, «gli attentati alla Standa puntavano ad avvicinare sempre più Berlusconi per arrivare a Craxi». Vari pentiti e un testimone riferiscono che Dell'Utri incontrò i mafiosi Salvatore Tuccio e Nitto Santapaola per tentare una riconciliazione. In effetti, proprio in quel periodo, risultano decine di suoi viaggi a Catania.

1990. In due agende del clan mafioso di San Lorenzo, compilate dal boss Salvatore Biondo e ritrovate in un covo grazie alle rivelazioni del pentito Giovan Battista Ferrante, c'è l'elenco delle ditte che pagavano la famiglia, con tanto di cifre. Fra queste, «Can. 5» per «Regalo 990 / 5 mila». Traduzione di Ferrante: Fininvest pagò 5 milioni nel 1990, come faceva ogni sei mesi dal 1988 anche con altri clan (e lo farà – secondo l'accusa – almeno fino al 1993). La dicitura «regalo» compare solo per il gruppo Fininvest. Le sedi di Canale 5, Rete 4 e Italia 1 sono collocate proprio nel territorio del mandamento mafioso di San Lorenzo.

1991. Mangano esce dal carcere e tenta di riprendersi l'esclusiva dei rapporti con Dell'Utri e Berlusconi. Ma, secondo i pentiti, Riina gli manda il boss della sua famiglia (Porta Nuova), Salvatore Cancemi, a dirgli di farsi da parte perché Dell'Utri e Berlusconi li ha «nelle mani» lui «per il bene di tutta Cosa Nostra». È lo stesso Cancemi a raccontarlo: «Ogni anno Dell'Utri mandava 200 milioni a Cinà, che tramite Pierino Di Napoli e Raffaele Ganci li consegnava a Riina, che poi li smistava alle famiglie».

1992, gennaio-febbraio. Vincenzo Garraffa, ex senatore del Pri e presidente della Pallacanestro Trapani, riceve la visita del boss trapanese Vincenzo Virga (poi latitante e condannato per omicidio, oggi in carcere). «Mi manda Dell'Utri», dice il boss, venuto a riscuotere un presunto credito preteso da Dell'Utri in nero. L'episodio, denunciato da Garraffa, è stato accertato dal Tribunale di Milano, che nel maggio 2004 ha condannato Dell'Utri e Virga a 2 anni per tentata estorsione. Negli stessi mesi Dell'Utri ottiene un provino al Milan per Gaetano D'Agostino, giovane figlio di un complice dei fratelli Graviano (i boss di Brancaccio). A sponsorizzarlo è un commerciante vicino alla mafia, Carmelo Barone. Lo racconta proprio il padre del piccolo campione, Giuseppe D'Agostino. Ma Dell'Utri nega. Senonché, sulle sue agende, il 2 settembre '92 risulta questa annotazione: «Barone Melo via Lincoln 1 – calcio interessa al Milan (Pacinotti) – ragazzo 10 anni in ritiro pulcini Milan interessati D'Agostino Gaetano». È la prova che non dice la verità: infatti lo smentiranno persino i responsabili delle giovanili del Milan, Ruben Buriani e Francesco Zagatti.

1992, 23 maggio. Strage a Capaci, muoiono Giovanni Falcone, la moglie e gli uomini della scorta.

1992, maggio-giugno. Mentre a Milano infuria Tangentopoli, l'ex democristiano Ezio Cartotto viene ingaggiato in gran segreto da Dell'Utri per studiare un'iniziativa politica della Fininvest in previsione del crollo dei partiti amici. È lo stesso Cartotto a raccontarlo (confermato dalle fatture pagate per la sua consulenza). Dell'Utri sostiene invece che l'idea di Forza Italia gli fu comunicata a sorpresa da Berlusconi «solo a fine settembre '93». Versione smentita dagli stessi uomini di Berlusconi: da Cartotto a Mentana, da Costanzo a Letta. E soprattutto dai diari di Federico Orlando, condirettore del «Giornale» di Montanelli.

1992, 19 luglio. A 56 giorni dall'assassinio di Falcone, viene ucciso con la scorta Paolo Borsellino, poche settimane dopo aver rilasciato un'intervista a due giornalisti francesi nella quale parlava di indagini in corso a Palermo e faceva i nomi di Mangano, Dell'Utri e Berlusconi.

1993, 15 gennaio. Arrestato Totò Riina. I boss superstiti – Bagarella, Brusca, Cannella e i fratelli Graviano, in contatto con Gelli, gruppi neofascisti e varie logge deviate – danno vita al partito secessionista Sicilia Libera. Anche Dell'Utri si dà alla politica, lui che non se n'era mai occupato (in Fininvest la seguivano Letta e Confalonieri). S'interessa inizialmente a Sicilia Libera: i suoi contatti con uno dei fondatori, il principe Napoleone Orsini, a lungo negati, risultano dalle sue agende e dai tabulati telefonici. Ma poi cambia linea e spinge per un nuovo partito tradizionale, guidato da Berlusconi: quello a cui lavora da mesi con Cartotto.

1993, 4 aprile. Berlusconi – racconta Cartotto – incontra Craxi ad Arcore e decide di impegnarsi in politica.

1993, 14 maggio. Maurizio Costanzo, che con Letta e Confalonieri si oppone al progetto politico di Dell'Utri, scampa per miracolo a un attentato mafioso in via Fauro a Roma. Il 27 maggio un'altra autobomba provoca cinque morti e numerosi feriti agli Uffizi di Firenze.

1993, estate. Provenzano – racconta il pentito Giuffrè – stringe un patto con Dell'Utri: fine delle stragi in cambio dell'alleggerimento della pressione poliziesca e giudiziaria, dei sequestri dei beni e della legge sui pentiti. Poi interpella le famiglie mafiose in una sorta di «elezioni primarie di Cosa Nostra». E, tra il progetto secessionista di Bagarella e Graviano e quello tradizionale di Dell'Utri e Berlusconi, sceglie il secondo. «Provenzano – racconta Giuffrè – ci disse: "Con Dell'Utri siamo in buone mani". E ci mettemmo tutti a lavorare per Forza Italia». Sicilia Libera viene accantonata.

1993, 12 luglio. Berlusconi – racconta Federico Orlando – invia per fax al «Giornale» un decalogo con la «linea» da seguire sulla giustizia. Al punto 4 c'è una frase sospetta: «In alcuni casi (emblematico il caso Andreotti), gli inquirenti, sulla base di dichiarazioni perlopiù inattendibili di pentiti compiacenti e desiderosi di ottenere benefici, aggiungono l'addebito dell'associazione mafiosa [...] che priva l'inquisito di fondamentali garanzie processuali in materia di libertà personale». Ma ancora nessun pentito ha parlato della Fininvest. Berlusconi cita Andreotti, che però è senatore a vita e non può essere arrestato senza il permesso del Parlamento. E nessun politico è stato ancora arrestato per mafia. Chi sono allora le presunte vittime degli inquirenti, private della «libertà personale» per le accuse dei pentiti? «Berlusconi», spiegano i pm, «non può che riferirsi ai mafiosi, che nello stesso periodo hanno avuto garanzie da Dell'Utri. Quel fax è il migliore riscontro alle parole di Giuffrè».

1993, 27 luglio. Autobombe mafiose a Milano e Roma: cinque morti e numerosi feriti.

1993, novembre. Mentre Dell'Utri e Berlusconi lavorano agli ultimi dettagli di Forza Italia, Dell'Utri incontra Mangano a Milano (risulta dalle sue agende: «2-11, Mangano Vittorio sarà a Milano per parlare problema personale»; «Mangano verso il 30-11»). E Mangano è già stato condannato e arrestato per mafia e droga al maxiprocesso: caduto il veto di Riina su di lui, è stato promosso capo della famiglia di Porta Nuova. Intanto Berlusconi è sempre più attivo in politica: annuncia che, alle comunali di Roma, voterebbe per Gianfranco Fini. Negli stessi giorni, con il fallito (e poi revocato) attentato allo stadio Olimpico di Roma, Cosa Nostra chiude bruscamente la lunga stagione stragista.

1994, 27-28 marzo. Berlusconi vince le elezioni e diventa presidente del Consiglio. Dell'Utri non si candida e resta dietro le quinte della politica, alla guida di Publitalia.

1995, 25 maggio. Dell'Utri è arrestato a Torino per aver inquinato le prove nell'inchiesta sui fondi neri di Publitalia.

1996, 21 aprile. Imputato a Torino per false fatture e frode fiscale, indagato a Palermo per mafia, Dell'Utri diventa deputato di Forza Italia. Poco dopo viene condannato a Torino in primo grado a 3 anni, che in appello diventano 3 anni e 2 mesi e in Cassazione, grazie al patteggiamento, 2 anni e 6 mesi definitivi.

1997. Inizia a Palermo il processo a carico di Dell'Utri per concorso esterno in associazione mafiosa e di Cinà per associazione mafiosa.

1998, 12 ottobre. La Dia fotografa Natale Sartori (socio della figlia di Mangano in alcune cooperative di pulizie) mentre rende visita a Dell'Utri nel suo ufficio di via Senato a Milano. Intervistato dall'Ansa, Dell'Utri spiegherà che Sartori era andato ad avvertirlo del pentimento di Vincenzo La Piana (trafficante di droga insieme a Mangano).

1998, 31 dicembre. Dell'Utri è sorpreso (e filmato) dalla Dia a Rimini mentre incontra un falso pentito, Pino Chiofalo, che sta organizzando un complotto per screditare i veri pentiti che accusano Dell'Utri e i boss di Cosa Nostra. Chiofalo patteggia la pena e rivela: «Dell'Utri mi promise di farmi ricco». Dell'Utri smentisce. Il gip di Palermo dispone la sua cattura, ma la Camera (a maggioranza Ulivo) nega l'autorizzazione all'arresto.

1999, maggio. Dell'Utri si candida al Parlamento europeo, nel collegio Sicilia-Sardegna. Da intercettazioni ambientali su alcuni uomini di Provenzano, si sente uno di loro, Carmelo Amato, raccomandare agli altri picciotti di votare Dell'Utri. È il 5 maggio: «Purtroppo dobbiamo portare a Dell'Utri, lo dobbiamo aiutare perché se no lo fottono. Se passa lui e sale alle

Europee, non lo tocca più nessuno, ma intanto è sempre bersagliato da qua, ti pare? Perché hanno detto di no là [*la Camera ha appena detto no all'arresto*]. Pungono sempre, questi pezzi di cornuti [*i magistrati*], compare». Il 7 maggio: «Si sta lavorando, ci dobbiamo dare aiuto a Dell'Utri, perché se no questi sbirri non gli danno pace». E il 22 maggio: «Purtroppo ora a questo [*lo*] si deve portare in Europa... Dell'Utri... Sì, qua già si stanno preparando i cristiani [*i mafiosi*]». Anche Cinà, chiamato «zio Tano», viene intercettato e addirittura sembra ammettere di essere un uomo d'onore: «Carmelo, vedi che io sono combinato [*affiliato alla mafia?*] come te. Io ovunque vado ho amici a livello buono». In altre conversazioni emergono rapporti con Pierino Di Napoli, il boss che avrebbe consegnato i soldi Fininvest a Riina. Il 13 giugno Dell'Utri viene eletto ed entra nella commissione Giustizia del Parlamento europeo.
2001, 13 maggio. Dell'Utri diventa senatore. Il boss di Brancaccio, Giuseppe Guttadauro, intercettato, parla con il mafioso Salvatore Aragona: «Con Dell'Utri bisogna parlare», anche se «alle elezioni del '99 ha preso degli impegni, e poi non s'è fatto più vedere». Guttadauro aggiunge che Dell'Utri aveva preso accordi direttamente con l'anziano capomafia Gioacchino Capizzi, capomandamento della Guadagna (lo stesso clan di cui facevano parte Bontate, Teresi e i Pullarà). Poi Guttadauro annuncia l'intenzione di scatenare una campagna di stampa contro i pentiti e il carcere duro. Aragona gli segnala Lino Jannuzzi: «Buono è... ha scritto il libro contro Caselli, un libro pure su Andreotti ed è in intimissimi rapporti con Marcello Dell'Utri. Io sono stato invitato al Circolo, che è la sede culturale e intellettuale di Dell'Utri in via Senato [*a Milano*], in una biblioteca famosa...». Il boss Aragona è stato invitato da Dell'Utri alla presentazione del libro di Bruno Contrada. Dunque, nel 2001, mentre Berlusconi torna al governo, Dell'Utri è più che mai in rapporti intimi con Cosa Nostra, sebbene sia sotto processo per mafia da quattro anni. O forse proprio per questo. Come dicono i pm nella requisitoria, «una vita per la mafia».

5
Fase 3: la normalizzazione

Nel luglio del 1999 Gian Carlo Caselli lascia dopo sei anni e mezzo la Procura di Palermo per trasferirsi a Roma come direttore del Dap (Dipartimento amministrazione penitenziaria). Ha programmato tutto per andarsene all'indomani della sentenza del Tribunale su Andreotti. Invece un lungo sciopero degli avvocati provoca un inatteso slittamento delle ultime udienze a dopo l'estate. Così l'ormai ex procuratore apprenderà dell'assoluzione del suo imputato più famoso quando già è stato trasferito nella capitale.

A Palermo inizia la «fase 3» dell'antimafia. Segnata prima dall'illusione di una continuità con il recente passato. E poi dalla brusca disillusione, di fronte alla realtà di una Procura che sembra ricalcare i passi di una stagione che si sperava definitivamente sepolta.

Il Csm designa come nuovo procuratore Piero Grasso, siciliano, 54 anni, ex giudice al tribunale di Palermo, negli ultimi anni pm alla Procura nazionale Antimafia. Già nel 1992 s'era candidato, con la sponsorizzazione del ministro Martelli. Ma il Csm gli aveva preferito Caselli. In un'intervista a Enrico Bellavia e Attilio Bolzoni della «Repubblica», il nuovo procuratore si presenta così: «Sono nato a Licata il 1° gennaio 1945. Veramente sono nato qualche giorno prima, ma i miei genitori mi hanno registrato a gennaio per farmi risultare del '45 e non del '44, insomma per farmi guadagnare un anno, allora si usava così. E in effetti, nella mia vita ho guadagnato tempo...».[1] A 4 anni e qualche mese, la prima elementare. A 17 la maturità. A 21 la laurea. A 24 anni la toga di magistrato. «Primo incarico la Pretura di Barrafranca, ma mentre studiavo per il concorso ho lavorato alla segreteria tecnica dell'ufficio di igiene, qui in città [*Palermo, N.d.A.*] sono venuto quando avevo un mese, sono nato a Licata perché là mio padre lavorava alle Imposte Dirette...». Scrivono Bellavia e Bolzoni:

> Barrafranca, campagne gialle e arse d'estate e un vento gelido che soffia d'inverno, Sicilia interna, gli abitanti si chiamano barresi, nei bar fanno gelati alla ricotta. Dal piccolo paese dell'entroterra subito a Palermo, sono i primi anni Settanta. Qui è stato appena ucciso un magistrato, il procuratore Pietro Scaglione. Si apre la tragedia siciliana moderna. [...] «Arrivammo in tanti al Palazzo di Giustizia in quel periodo», ricorda Grasso, «c'era Mimmo Signorino, c'era Giusto Sciacchitano e c'ero anch'io [...]. Eravamo tutti ragazzi, Rocco Chinnici ci chiamava i plasmoniani, i primi italiani cresciuti con i biscotti Plasmon.»

Domenico Signorino era suo amico, poi anni dopo fu sospettato di collusioni mafiose. Nel 1992 si suicidò.

Grasso, vita da giudice

Alla Procura di Palermo, Grasso fa un paio d'anni di gavetta, poi viene subito catapultato in inchieste di mafia. Sono gli anni dell'ennesima, grande mattanza. Mario Francese, Michele Reina, Boris Giuliano, Cesare Terranova, Piersanti Mattarella. Quando muore ammazzato il presidente della Regione, Grasso è il pm di turno. Poi il clima in Procura e all'Ufficio istruzione si fa irrespirabile, fra veleni e corvi. Lui chiede il trasferimento e diventa giudice. Un giorno, a metà degli anni Ottanta, lo chiama il presidente del Tribunale:

> Mi propose di fare il giudice a latere nel maxiprocesso che si doveva celebrare. Io chiesi 24 ore di tempo per decidere: ne volevo parlare con Maria, mia moglie. Dovevamo decidere insieme, io non avevo mai avuto una scorta, non avevo mai fatto parte del pool [*antimafia, N.d.A.*], sapevo che se avessi accettato quell'incarico sarebbe cambiata per sempre non solo la mia vita, ma anche quella della mia famiglia. Dissi a Maria tutto quello che sarebbe accaduto e che puntualmente poi è accaduto: riceveremo minacce, vivremo come prigionieri, sare-

mo sottoposti a pressioni di ogni genere [...]. Alla fine decidemmo democraticamente [...]. No, non fu molto democratica la scelta, perché annunciài a mia moglie: se rifiuto, io lascio la magistratura. Così diventai giudice a latere nel maxiprocesso a Cosa Nostra.[2]

Le minacce arrivano subito. In tempo reale. Lo stesso giorno in cui accetta, qualcuno citofona a casa sua. Risponde la moglie Maria. La voce scandisce poche parole: «I figli si sa quando escono, ma non si sa mai quando tornano». Il figlio Maurilio, 14 anni, è appena uscito da casa. Lo manderanno fuori Palermo per un po'. Processare 400 boss, accusati dal pool di Falcone e Borsellino, è un'impresa mai tentata prima. Tre anni di lavoro: sei mesi di preparativi, venti mesi di udienze, un mese e mezzo di camera di consiglio, poi la sentenza e altri otto mesi per scrivere le motivazioni: 8.000 pagine. L'anziano presidente Alfonso Giordano affida il compito a Grasso, che chiede una mano a un nugolo di giovani uditori appena arrivati. Fra di loro ci sono Alessandra Camassa, Franca Imbergamo, Donatella Puleo, Massimo Russo e Antonio Ingroia, questi ultimi allievi prediletti di Borsellino.

Depositato il malloppo, Grasso viene chiamato a fare il consulente della commissione Antimafia dal presidente comunista Gerardo Chiaromonte. E si trasferisce a Roma. È il 1989. Due anni dopo, nella capitale arriva anche Falcone, sconfitto prima nella corsa alla guida dell'Ufficio istruzione, poi nella Procura di Giammanco: il ministro Martelli (governo Andreotti) lo nomina direttore degli Affari penali. Grasso è il suo vicecapo di gabinetto. Poi l'estate del '92: Capaci, via D'Amelio. Nel gennaio '93, mentre Caselli s'insedia a Palermo, Grasso entra nella neonata Procura nazionale, diretta prima da Bruno Siclari e poi da Piero Luigi Vigna. Proprio in quei giorni la mafia progetta di assassinarlo a Monreale, dinanzi all'abitazione della madre. Poi, all'ultimo momento, il piano viene annullato grazie all'arresto di Riina. Sei anni e mezzo alla Dna. Infine, nel '99, l'agognata Procura di Palermo.

L'allenatore nel pallone

«Da Caselli», dichiara subito Grasso, «ho ereditato una squadra straordinaria, e non solo sul fronte dell'antimafia».[3] Ci sono, insomma, tutti i presupposti per garantire la continuità di una stagione luminosa, che ha restituito prestigio e autorevolezza alla giustizia siciliana, dopo tanti veleni e morti ammazzati. Il *pedigree* di Grasso è di tutto rispetto, ed è per questo che le correnti togate più vivaci e attente alla lotta alla mafia, quelle «progressiste» di Magistratura democratica e del Movimento per la giustizia (fondato da Falcone e Almerighi, a cui è iscritto anche Grasso), non hanno dubbi quando debbono sostenere l'ex giudice del maxiprocesso contro un concorrente più anziano e titolato come Giovanni Puglisi, presidente dei gip di Palermo. Il loro appoggio è determinante per la sua nomina. Anche gli uomini di Caselli, a Palermo, fanno il tifo per lui.

Sempre nell'intervista alla «Repubblica», il neoprocuratore incappa in una strana sbavatura che riguarda un imputato eccellentissimo della Procura di Caselli: Marcello Dell'Utri, l'uomo che, pochi mesi prima, il Parlamento ha salvato dall'arresto. Ecco: è in questo clima convulso che Grasso lascia cadere un particolare autobiografico che non è un bel segnale per i suoi sostituti impegnati nel processo Dell'Utri e tirati per i capelli in polemiche politiche furibonde. Interpellato dai giornalisti della «Repubblica» sulla sua passione per il pallone, prima irride alle prestazioni sportive di Caselli nella Nazionale dei magistrati («Si impegnava molto, ma con scarsi risultati [...]. Anche un rigore s'è mangiato ultimamente»). Poi magnifica le proprie virtù di goleador:

> Io gioco bene. Ho cominciato prestissimo e potevo fare il calciatore. Ma quando avevo 14 anni ho deciso di studiare e dedicarmi al calcio solo come hobby [...]. Giocavo nella Bacigalupo, avevo 14 anni e il mio allenatore ne aveva 17 di anni: era Marcello Dell'Utri.

Sul campo della Bacigalupo, nel quartiere palermitano dell'Arenella, Dell'Utri sostiene di aver conosciuto nei primi anni Settanta Vittorio Mangano, poco prima di reclutarlo come «stalliere» di Berlusconi nella villa di Arcore. È proprio il caso di ricordare, in quel momento, quell'antica conoscenza con l'imputato eccellente della sua Procura, soprattutto in una realtà come quella siciliana che vive di segnali?

La singolare metafora calcistica viene immediatamente raccolta da Gianfranco Miccichè, già braccio destro di Dell'Utri in Publitalia e plenipotenziario di Forza Italia in Sicilia, per aprire una linea di credito al «nuovo corso» di Piero Grasso. L'8 febbraio 2000 Miccichè parla al «Corriere della Sera» di «nuovi rapporti» con la Procura che ora, con Grasso, mostrerebbe «minori pregiudizi» e avrebbe «cambiato i metodi». Il giornalista fa notare che la squadra di Grasso è rimasta la stessa di Caselli. Ma Miccichè lo corregge: «Molto dipende dall'allenatore, in una squadra...». Insomma, chi fa il gioco e la formazione è l'allenatore. Che non è più Dell'Utri, ma Grasso. E quella metafora continuerà a produrre per anni allusioni e messaggi trasversali, che si prestano alle più disparate interpretazioni, in un gioco di specchi vagamente pirandelliano. Dell'Utri sceglierà di ricordare quella comune esperienza col procuratore sul campo della Bacigalupo in un altro momento decisivo della sua vicenda giudiziaria: l'ultima dichiarazione spontanea resa al processo di Palermo, il 29 novembre 2004, poco prima della camera di consiglio dei giudici. E lo farà svelando un particolare che molti leggeranno come un avvertimento raggelante a Grasso o al collegio giudicante:

> Il procuratore Grasso, quando era giovane, giocava a calcio nella mia squadra, la Bacigalupo, ed era famoso perché a fine partita usciva sempre pulito dal campo: anche quando c'era il fango, lui riusciva sempre a non schizzarsi...

Nel febbraio 2000, però, quando esce l'intervista di Grasso alla «Repubblica», i magistrati della Procura non fanno caso più di tanto a quello strano accenno non richiesto al Dell'Utri allenatore. In fondo il neoprocuratore ha pure definito quella di Caselli «una squadra straordinaria». E tanto, sul momento, sembra bastare. Quell'intervista tornerà in mente ad alcuni qualche anno dopo, quando la continuità con l'èra Caselli si rivelerà una pia illusione.

Pignatone, il passato che ritorna

Della «squadra straordinaria» che Caselli ha lasciato a Grasso non fa parte Giuseppe Pignatone: il fedelissimo di Giammanco che si era meritato gli strali di Falcone nei famosi diari, colui che aveva fatto arrestare i giornalisti Bolzoni e Lodato con l'accusa cervellotica di «peculato» per aver pubblicato notizie top secret. Eppure è stato lui, nel febbraio '93, il primo pm a raccogliere le accuse di Balduccio Di Maggio ad Andreotti. Nel '95, quando il gioco s'è fatto duro, ha preferito scivolare nella Procura presso la Pretura, che si occupa dei reati minori (la cosiddetta «Procurina»). Nel 2000, appena arriva Grasso, Pignatone torna alla Procura «grande» con i gradi di procuratore aggiunto. E diventa ben presto l'*alter ego* del capo, il più fedele e ascoltato consigliere, il numero due della Procura, il depositario di ogni segreto. È lui, grazie anche alla profonda conoscenza della «macchina» del Palazzo di Giustizia, a gestire l'organizzazione dell'ufficio, al di là delle deleghe formali. Sebbene non faccia parte della Dda (la Direzione distrettuale antimafia, cioè il pool), diventa di fatto il coordinatore di alcune delle più importanti inchieste sul fronte mafia-politica. Grasso gli affida addirittura la responsabilità delle delicatissime misure di prevenzione. In questa veste, Pignatone gestisce – e Grasso gli lascia gestire – alcuni procedimenti in cui gravi ed elementari ragioni di opportunità gli avrebbero imposto di astenersi: i procedimenti per il sequestro e la confisca dei beni di Antonino Buscemi, esponente di spicco di Cosa Nostra, e di Vincenzo Piazza, imprenditore colluso considerato uno dei principali riciclatori della mafia. Proprio per i suoi presunti rapporti con i due, Pignatone era stato indagato dalla Procura di Caltanissetta in seguito alle dichiarazioni rese sul suo conto da Giovanni Brusca e Salvatore Cancemi, già membri della Cupola, collaboratori di giustizia ritenuti attendibilissimi dalla stessa Procura di Palermo.

Nel '94 e nel '99 Cancemi e Brusca (mai condannati per

calunnia) parlano di presunti rapporti di Pignatone e famiglia con alcuni esponenti di spicco del clan mafioso di Boccadifalco: il capomandamento Salvatore Buscemi, membro pure lui della Cupola, suo fratello Antonino (imprenditore mafioso, socio al 50% della Calcestruzzi di Raul Gardini nella Finsavi S.r.l.) e Vincenzo Piazza, rappresentante dell'Immobiliare Raffaello in società con gli stessi Buscemi. Queste dichiarazioni sfociano in tre ordinanze di archiviazione, nel '95, nel '98 e nel 2000, ma con motivazioni non sempre lusinghiere per il controverso magistrato. Non sul piano penale, ma su quello deontologico e morale. Questioni di «opportunità», per dirla con il gup nisseno Gilda Loforti che firma l'ultima archiviazione: quella che, il 15 marzo 2000, chiude l'inchiesta su Pignatone, Giammanco e Lo Forte per la gestione del rapporto del Ros «Mafia e appalti» archiviato dalla Procura di Palermo fra mille polemiche nel '92. Qualcuno, sottobanco, passò quel dossier a qualche politico coinvolto, fra cui Salvo Lima. E, come abbiamo visto, dopo le accuse del capitano De Donno, i tre magistrati vengono indagati a Caltanissetta. Poi il gup Loforti archivia il procedimento, ma nelle motivazioni censura la condotta di Pignatone, che dal dossier del Ros avrebbe fatto meglio a restare alla larga. Per motivi, diciamo così, «familiari». Cioè per il ruolo ingombrante del padre Francesco.

Potente notabile democristiano, per 10 anni deputato regionale nonché uno degli artefici del famigerato governo Milazzo (la strana maggioranza destra-sinistra che resse la Regione Sicilia dal 1958 con la benedizione dei cugini Salvo), Francesco Pignatone è stato fra l'altro presidente dell'Espi, che il giudice nisseno definisce l'«ente azionista, unitamente alla Fi.Me, della società Sirap che aveva o avrebbe bandito venti gare per mille miliardi, sulle quali si erano concentrati gli interessi illeciti, anche di natura mafiosa, volti alla loro manipolazione». La Sirap era un feudo di Salvo Lima, anche se fungeva da mangiatoia per quasi tutti i partiti, di maggioranza e opposizione. E proprio la Sirap, con la Finsavi dei mafiosi Buscemi e di Raul Gardini, era al centro dell'indagine «Mafia e appalti» gestita anche da Pignatone. Che gli era saltato in mente di seguire un'inchiesta su una società legata in qualche modo a suo padre? Scrive il gup Loforti:

> Avuto riguardo alla qualità del di lui padre presidente dell'Espi, una più attenta valutazione di opportunità avrebbe, forse, potuto suggerire al dott. Pignatone, pur in assenza di un evidente obbligo di astensione (almeno formalmente la società oggetto di indagini era diversa dall'Espi), di evitare di occuparsi delle vicende in questione, fin dal momento in cui si trattò di richiedere le intercettazioni telefoniche sulle utenze della Sirap [...] e di redigere la richiesta di cattura.

Le manette citate dal gup sono quelle che, nel '91, scattarono ai polsi di Angelo Siino, rappresentante di Cosa Nostra al «tavolino» degli appalti. Manette, però, piuttosto selettive: furono risparmiate al successore di Siino, Filippo Salamone, e soprattutto ad Antonino Buscemi. Quest'ultimo fu poi arrestato nel '93, ma poco tempo dopo fu rimesso in libertà e gli vennero persino restituiti gli immobili sequestrati. Il fatto che in Procura Pignatone si occupasse dell'inchiesta indusse la mafia a pensar male. Ricorda il gup Loforti:

> Tale rapporto di filiazione [*tra Pignatone figlio e Pignatone padre, N.d.A.*] può avere obiettivamente ingenerato il convincimento che le strategie processuali seguite all'epoca dalla Procura di Palermo fossero state, sia pure indirettamente, [...] influenzate dal fatto che il presidente di uno dei due azionisti della Sirap fosse il padre del dott. Pignatone. [...] [*Perciò*] Siino, Brusca e Cancemi sono stati concordi nel rappresentare la sostanziale convinzione degli ambienti di Cosa Nostra che i Buscemi fruissero di un trattamento giudiziario e processuale «particolare», così adombrando gravi elementi di sospetto che non hanno però mai raggiunto la dignità di prova.

Secondo Cancemi, aggiunge il gup,

> in Cosa Nostra «era notorio» che il dott. Pignatone «fosse nelle mani» dell'imprenditore Vincenzo Piazza (uomo d'onore di Boccadifalco) il quale – secondo il collaborante – aveva addirittura donato un appartamento al detto magistrato. Si accertò che l'immobile era stato regolarmente acquistato, nell'80, dalla moglie del dott. Pignatone, il quale dimostrò di avere ritualmente pagato il detto appartamento, acquistato dalla Immobi-

liare Raffaello, della quale erano soci Vincenzo Piazza e Salvatore Buscemi, fratello di Antonino.

Un altro appartamento, sempre da Vincenzo Piazza, l'aveva acquistato il padre di Pignatone negli anni Sessanta, quando probabilmente ancora si ignorava la mafiosità del costruttore. Quanto a Brusca,

> ha riferito all'Autorità giudiziaria che Salvatore Riina lamentava che i fratelli Antonino e Salvatore Buscemi, esponenti di spicco di Cosa Nostra palermitana, avevano un rapporto privilegiato con il dott. Pignatone, rapporto che tuttavia essi non mettevano a disposizione dell'intera organizzazione, aggiungendo di avere avuto confermata la circostanza da Antonino Cinà, altro uomo d'onore [*il medico mafioso sospettato di aver partecipato alla stesura del «papello» presentato da Riina a misteriosi referenti politici nel 1992, con le richieste delle riforme da approvare, N.d.A.*]. Trattasi di quegli stessi imprenditori Buscemi che il Siino [...] ha lamentato non essere mai stati colpiti da incisive iniziative giudiziarie da parte dell'autorità giudiziaria di Palermo.

«Pignatone», sono le parole esatte di Brusca, «copriva Gardini [...]. Per essere molto chiaro: non è Lo Forte quello che butta fuori le notizie [...]. È Pignatone quello che sa tutto e butta fuori le notizie o che aggiusta la patata.» Sospetti non provati, certo. Ma facilmente evitabili se il pm si fosse subito fatto da parte nell'inchiesta «Mafia e appalti».

Inabissato dal '95 nella Procura presso la Pretura, prima come capo aggiunto e poi come reggente, Pignatone rimane al riparo dal bombardamento a tappeto che investe i colleghi dei processi Andreotti, Dell'Utri, Contrada, Mannino, Carnevale e Musotto. Poi, nel 2000, partito Caselli e arrivato Grasso, torna in serie A come procuratore aggiunto. Ma, all'inizio, rimane fuori dal pool della Dda: così quei profili di «opportunità» sembrano sfumati. Riesplodono però non appena Grasso gli affida le misure di prevenzione.

A Pignatone, per esempio, deve riferire il pm Franca Imbergamo sul più imponente sequestro di beni mai disposto dal pool: quello su proprietà e liquidità per 600 miliardi di lire che fanno capo ad Antonino Buscemi. Figurarsi l'imbarazzo della sostituta, che ben conosce le parole dei pentiti sui presunti rapporti fra Pignatone e Buscemi. Neppure stavolta Pignatone si astiene, alimentando inutilmente altre chiacchiere. Chiacchiere che, come vedremo, divamperanno apertamente con il suo ingresso ufficiale nella Dda. «Quanti appartamenti hai comprato dai Buscemi?» gli chiederà a brutto muso Gioacchino Natoli, nell'infuocata assemblea del 22 settembre 2003, prima di dimettersi dall'Antimafia. E a Palazzo di Giustizia tornerà a fare capolino quella parola – «opportunità» – usata dal gup Loforti: forse, «una più attenta valutazione di opportunità» avrebbe dovuto suggerire al procuratore Grasso di impiegare diversamente il suo fedelissimo. Prima tenendolo lontano dalle misure di prevenzione. E poi evitando di promuovere proprio lui, anziché uno degli altri aggiunti della Dda (Alfredo Morvillo, Sergio Lari e Anna Palma), a responsabile delle indagini su Cosa Nostra nella zona di Palermo. Con quale serenità, nelle decine di processi e inchieste sulla mafia palermitana, Pignatone potrà interrogare od occuparsi di personaggi come Cancemi, Brusca, Riina, Cinà e i fratelli Buscemi? E che accadrà nelle menti di costoro, quando se lo troveranno di fronte?

La Grande Epurazione

Mentre Pignatone dilaga col suo stile felpato ma inesorabile, vengono progressivamente emarginati tutti i pm che erano stati più vicini a Caselli e, prim'ancora, a Falcone e Borsellino. Avere partecipato a quella stagione luminosa e costellata di successi diventa, anziché una medaglia, una grave macchia. Tornano, giorno dopo giorno, i tempi bui dei «sacri principi» e degli «specialisti delle carte a posto». E uno dei primi ad accorgersene, con comprensibile entusiasmo, è Lino Jannuzzi:

> Grasso ha avocato ogni decisione sulle inchieste, soprattutto quelle riguardanti mafia e politica, in cui sono impegnati Ingroia, Lo Forte, Principato e Scarpinato. Non solo ai caselliani, in attesa di trasferimento, non vengono affidati nuovi dossier. Grasso ha anche un altro motivo per congelare i quattro:

il nuovo procuratore non vuole essere accusato di continuità con la gestione Caselli, per non doversi assumere la responsabilità di insuccessi clamorosi come i processi Andreotti e Musotto. La decisione di adottare, pur senza traumi, una linea autonoma rispetto al predecessore è stata sottolineata dalla scelta dei collaboratori: come braccio destro, Grasso ha ripescato Giuseppe Pignatone, allontanatosi dalla Procura per dissensi con la gestione Caselli.[4]

Si comincia con la riorganizzazione della Dda di Palermo, che ha competenza anche sulle province di Trapani e Agrigento. Il neoprocuratore aggiunto Roberto Scarpinato, che si è sempre occupato di mafia palermitana, viene inopinatamente dirottato su Trapani. Al suo posto, a occuparsi di Palermo, va un altro aggiunto di poco più anziano, Sergio Lari, che si è sempre occupato di Trapani: una strana inversione di competenze, visto che Scarpinato non sa nulla della mafia trapanese né Lari di quella palermitana. Entrambi chiedono a Grasso di restare ai propri posti, come logica e buonsenso vorrebbero. Ma invano. Spiegazione: il «sacro principio» dell'anzianità. Lo stesso usato nel 1991-92 da Giammanco per giustificare l'esilio di Borsellino lontano da Palermo, cioè dal cuore dei rapporti mafia-politica.

Un altro «sacro principio» che gorgoglia dai fondali del passato è quello dell'«informazione funzionale». La circolazione delle informazioni nel pool antimafia diventa selettiva: decide il procuratore a chi, come e quando somministrarle. Si torna al «doppio binario» dell'èra Giammanco: quello ufficiale delle notizie e delle decisioni sulla mafia militare, accessibili a tutti; e quello informale che tocca i livelli superiori, riservato al procuratore capo, all'aggiunto prediletto Pignatone e a pochi altri, scelti di volta in volta per la loro «affidabilità». Le informazioni che corrono sul secondo binario passano eventualmente sul primo solo quando si sono «raffreddate»: cioè quando ormai le decisioni operative sono irreversibili. Ma, come ai tempi di Falcone, le «carte» restano regolarmente «a posto». C'è sempre una giustificazione formale per spiegare il black-out. O, quando proprio non la si trova, allora si parla di dimenticanze, equivoci, sviste.

Il metodo dell'«informazione funzionale» si sposa così al terzo dei «sacri principi» dei bei tempi andati: quello gerarchico. Solo il procuratore capo è il *dominus* dell'informazione, solo i suoi fedelissimi possono condividerla pienamente e tempestivamente. Così Palermo anticipa di qualche anno la controriforma dell'ordinamento giudiziario, varata nel 2004 dal governo Berlusconi.

La trattativa Aglieri

La prima guerra aperta in Procura esplode ai primi di giugno del 2000, meno di un anno dopo l'insediamento di Grasso. La stampa rivela che da mesi, sotterraneamente, alcuni boss detenuti, fra i quali Pietro Aglieri, trattano con pezzi dello Stato per ottenere vantaggi penitenziari (un trattamento simile a quello dei pentiti, dunque la fine dell'incubo-ergastolo e del carcere duro, con l'ammissione ai benefici della legge Gozzini, compresi i permessi premio e le liberazioni anticipate). In cambio di che cosa? Di una semplice e indolore «dissociazione» (mi dissocio, ma non parlo), per giunta «dolce»: cioè una pietra tombale sui segreti scottanti del passato. Se l'operazione andasse in porto, si realizzerebbero altri due punti – forse i principali – del programma politico di Cosa Nostra: una scappatoia all'ergastolo e al 41 bis, praticamente a costo zero (per i mafiosi, s'intende). Scrive infatti l'Ansa:

> Il dialogo tra lo Stato e i mafiosi disponibili alla «dissociazione dolce» si sarebbe avviato dal mese di gennaio in date diverse nei diversi penitenziari di massima sicurezza dove i boss sono attualmente detenuti e sottoposti al regime carcerario previsto dal 41 bis. Secondo indiscrezioni, la notizia dell'iniziativa dei boss avrebbe cominciato a circolare da tempo nel circuito carcerario, anche tra gli agenti di polizia penitenziaria. Sembra, ma la circostanza non ha trovato conferme, che sia stata valutata la possibilità di far incontrare i sei detenuti che avevano manifestato l'intenzione di «sciogliere il vincolo associativo» con Cosa Nostra, come ha specificato lo stesso procuratore nazionale Antimafia Vigna. I candidati alla presunta dissociazione sono distribuiti in tre supercarceri: Rebibbia, Viterbo e

Spoleto. Pietro Aglieri, arrestato nel '98 e condannato a due ergastoli per le stragi di Capaci e via D'Amelio, è rinchiuso a Rebibbia, a Roma. Pippo Calò, arrestato nell'85, è detenuto nel carcere di Spoleto. Nitto Santapaola, arrestato nel '93, è detenuto nel carcere di Viterbo. Giuseppe Farinella, boss della mafia delle Madonie, e Piddu Madonia, condannato all'ergastolo per la strage di Capaci, si trovano entrambi a Rebibbia.[5]

Lo scambio, secondo l'Ansa, sarebbe questo:

> Da un lato il riconoscimento di una sconfitta, quella di Cosa Nostra, che ha seminato l'Italia di lutti. Dall'altro un braccio della legge più morbido, nella fase dell'esecuzione della pena. Se questo era l'obiettivo finale, la genesi è stata più tormentata e complessa. Il primo faccia a faccia tra un magistrato e un detenuto mafioso è avvenuto nel gennaio di quest'anno, nel carcere di Rebibbia a Roma. Il boss Pietro Aglieri e il procuratore nazionale Piero Luigi Vigna si sono incontrati per circa mezz'ora, ed alla fine è stato redatto un verbale. Oggetto del colloquio: il pentimento o la dissociazione del detenuto. Una indisponibilità totale ad entrambe le soluzioni è stata la cortese, ma ferma risposta del boss. Da questo incontro si è sviluppato nelle settimane successive un dialogo tra alcuni boss mafiosi detenuti e magistrati di due procure, quella nazionale e quella di Caltanissetta, finalizzato a comprendere se esistono le condizioni perché i capimafia possano pubblicamente riconoscere la sconfitta di Cosa Nostra, duramente colpita dopo la stagione stragista. Non è una dissociazione, si sostiene oggi, ma la pubblica accettazione di una sconfitta. Che, secondo le indiscrezioni, sarebbe accompagnata da una plateale consegna di armi. È questa la ricostruzione che emerge da indiscrezioni raccolte in vari ambienti giudiziari della genesi della insidiosa e complessa «trattativa» tra Stato e mafia che avrebbe dovuto condurre alla «dissociazione dolce» dei boss mafiosi, e cioè un riconoscimento della rottura del vincolo associativo attraverso il testo di una dichiarazione concordata tra questi boss. Probabilmente per facilitare la redazione del testo, o comunque per agevolare i contatti tra detenuti vietati dai rigori del 41 bis, Vigna ha chiesto nei mesi scorsi alla direzione del Dap (Dipartimento amministrazione penitenziaria) il temporaneo trasferimento dei candidati alla dissociazione in un uni-

co carcere. La richiesta, a quanto pare, non avrebbe avuto un seguito operativo. I colloqui si sono dunque svolti con singoli detenuti, che hanno chiesto l'intervento dei magistrati compilando il cosiddetto «modello 13». Alcuni di essi, però, sarebbero stati contattati anche senza una formale richiesta.[6]

La proposta suscita l'immediato entusiasmo di vari esponenti del Polo. A cominciare dall'onorevole avvocato forzista Carlo Taormina, che parla di «soluzione politica» per concedere migliori condizioni ai mafiosi detenuti al 41 bis in cambio della dissociazione. Si scopre che, in singolare coincidenza, il Parlamento ha cominciato a discutere un apposito disegno di legge del centrodestra.

La reazione dei magistrati di Palermo alle prime indiscrezioni giornalistiche è un misto di sdegno e di sconcerto. Il 7 giugno i pm della Dda si riuniscono con Grasso in un vertice lungo e burrascoso, che dura l'intera giornata. Si discute della lettera che Vigna ha inviato ad alcune Procure antimafia perché collaborino, con opportune agevolazioni, per facilitare gli incontri in carcere dei boss candidati alla «dissociazione dolce». Ma soprattutto si contesta al procuratore Grasso, già braccio destro di Vigna, di non aver informato i suoi uomini della faccenda. Perché un fatto è certo: Grasso sapeva. Molti pm minacciano dimissioni in massa dalla Dda, nel caso in cui la trattativa fosse confermata e dovesse proseguire. Al procuratore non rimane che fare proprie le ragioni della protesta, in due interviste che escono l'indomani sulla «Repubblica» e sulla «Stampa»:

> Solo al sentore della possibile esistenza di una trattativa con i mafiosi, qualcuno ha manifestato la volontà di andarsene, altri invece hanno minacciato dimissioni in massa dal pool. Per fortuna oggi abbiamo appreso che non si trattava di un vero negoziato, ma di una richiesta di alcuni capimafia. Lo Stato non può trattare con Cosa Nostra, trattare significa riconoscerla come soggetto politico.

Il fatto è, però, che Grasso conferma di essere stato informato di quei contatti nelle carceri: «Avevo subito manifestato tutte le mie perplessità, pur sapendo che una mera dichiarazione di resa senza contropartita non avrebbe danneggiato nessuno». E conferma pure di non averne parlato ai colleghi, perché quella gli sembrava «una normale attività della Direzione nazionale antimafia».

I magistrati della Dda e il procuratore generale Vincenzo Rovello gli chiedono immediate spiegazioni: il suo silenzio su un evento di quella portata potrebbe mettere in pericolo di vita i pm che nei vari processi, mentre lo Stato patteggia in segreto con i boss, contro quei boss continuano a chiedere ergastoli su ergastoli. Col rischio di passare per pericolosi «disturbatori» della trattativa. Già nel 1992 – come hanno rivelato diversi pentiti – proprio per agevolare la conclusione di analoghe trattative con lo Stato, Cosa Nostra decise di eliminare Paolo Borsellino, visto come un ostacolo al negoziato. Ora la storia rischia di ripetersi. L'assemblea della Dda si chiude con un comunicato unanime che prende nettamente le distanze da qualsiasi trattativa. E chiede garanzie al procuratore capo per la circolazione delle notizie su eventi di quella importanza. Onde evitare che la cosa si ripeta in futuro.

Senza scorta

Secondo *casus belli*. Nel settembre 2000 il governo Amato, con il ministro dell'Interno Enzo Bianco, emana una circolare sulla sicurezza delle persone a rischio nella lotta a Cosa Nostra: magistrati, testimoni, uomini-simbolo dell'antimafia. E ritira i presìdi armati fissi sotto le abitazioni di pm e giudici in prima linea, sostituendoli con ronde di scarsa o nulla efficacia. La circolare invita tutti i prefetti a trasformare la «vigilanza fissa dei soggetti a rischio» con servizi di tipo «dinamico dedicato». Niente più «piantoni» 24 ore su 24, ma pattuglie che «girano» di casa in casa e, forse, qualche telecamera. Il tutto per soddisfare «la crescente domanda di sicurezza della collettività», che imporrebbe «l'impiego delle forze di polizia sul territorio». I pm di Palermo sono preoccupati. Uno di loro, Franca Imbergamo, lancia l'allarme il 25 settembre 2000 in un'intervista alla «Repubblica»:

È un altro segnale che lo Stato ci lascia soli, esposti alla più facile delle vendette mafiose. Così si lanciano alla mafia segnali di smantellamento dei presìdi visibili dello Stato, proprio mentre in Cosa Nostra cambiano gli equilibri. Abbiamo avvisaglie precise che qualcuno potrebbe cogliere il momento buono per un'azione di forza. Di sostituire la vigilanza fissa con le telecamere si era già discusso qualche anno fa, ma la soluzione fu subito scartata perché Questura e Prefettura la giudicarono del tutto inefficace: chiunque può travisarsi, metter fuori uso la telecamera e compiere tutti gli attentati che vuole.

Quanto alle pattuglie «dinamiche», aggiunge:

Io ho la casa vigilata perché cinque anni fa trovai due croci disegnate sulla porta: crede che chi le aveva incise si sarebbe lasciato spaventare da una volante che fa un giro ogni tanto? Molti collaboratori ci dicono che il rafforzamento di scorte, tutele e vigilanze è stato il maggiore deterrente contro nuovi attentati. Stiamo compiendo un salto di qualità per aggredire finalmente la mafia a livello finanziario, ci scontriamo con interessi pazzeschi: è troppo chiedere almeno un po' di attenzione alla nostra incolumità, prima che la paura diventi paralisi? Forse è diventato sconveniente dirlo, ma sono una donna, e lo dico: ho paura. Anzi, sono lucidamente preoccupata, perché so quel che si muove in Cosa Nostra. Giovanni Brusca l'ha detto a verbale: il nuovo motto dei boss è «Se ci toccano i patrimoni, noi toccheremo i loro. Ci faremo una legge Rognoni-La Torre a modo nostro». E qualcuno pensa di fronteggiare questi pericoli con qualche pattuglia e qualche telecamera? Così, se ci ammazzano, gli rimane il filmino. Dal «Grande Fratello» al «Grande Padrino»...

La reazione del procuratore Grasso è sorprendente. Anziché solidarizzare con i suoi pm, se la prende con Franca Imbergamo facendole una lavata di capo. Poi, dopo qualche protesta formale, si adegua al nuovo andazzo ministeriale e invita i colleghi a «non creare tensioni col governo».

Nel 2001 arriva il governo Berlusconi e il nuovo ministro dell'Interno Claudio Scajola prosegue sulla stessa strada inaugurata da Bianco. Peggiorando ancor di più le cose: dimezza addirittura le scorte a tutti i magistrati (via la seconda auto) e, a molti, le abolisce addirittura *tout court*. I pm di Palermo tornano a riunirsi in assemblea e chiedono coralmente a Grasso di battersi per la loro protezione senza cedere di un millimetro. Ma il procuratore preferisce «non creare problemi» al ministro e, di fatto, li lascia soli. Nulla cambia neppure dopo l'assassinio di Marco Biagi, vittima eccellente degli scriteriati tagli alle scorte. A quel punto i sostituti decidono di fare da soli. Il pm Massimo Russo, uno dei pupilli di Borsellino, ora presidente dell'Anm palermitana, organizza la resistenza dei colleghi contro il prefetto e il ministro, minacciando denunce, dimissioni e altre iniziative plateali. Alla fine i magistrati la spuntano, riuscendo almeno a limitare i danni, mentre Grasso li tempesta di telefonate perché non irritino troppo il povero Scajola.

L'eredità scomoda

Il «nuovo» clima in Procura spinge molti ad andarsene. Una lenta, ma inarrestabile emorragia: nel tempo lasciano Teresa Principato, Vittorio Teresi, Franca Imbergamo, Marcello Musso, Gabriele Paci, Alessandra Serra. Altri cominciano a guardarsi intorno con la valigia in mano. Quando il «Giornale di Sicilia» gli domanda perché ha lasciato la Procura, Vittorio Teresi (uno dei pm del processo Mannino) risponde polemico: «Nessuno mi ha trattenuto». Il 19 luglio 2003, commemorando il suo maestro Paolo Borsellino, Ingroia sarà ancora più esplicito:

> Guardatevi dalle semplificazioni. Non è una lite tra primedonne, come non lo furono quelle tra Falcone e i suoi avversari negli anni 80. Le spaccature su temi cruciali come il contrasto a Cosa Nostra rivelano divergenze sul modo diverso di fare antimafia, che a Palermo hanno un valore diverso che a Bolzano. E l'intransigenza morale che ci ha insegnato Borsellino, di cui oggi mi sento orfano, mal si concilia con certi atti di opportunismo ai quali assistiamo.[7]

E Scarpinato, su «MicroMega», scriverà:

> Tutti quei magistrati che nella Procura di Caselli avevano condotto le inchieste più delicate su mafia e politica [...] vengono progressivamente estromessi dalle indagini [...]. Un suicidio della memoria storica dell'Antimafia.[8]

Nell'estate del 2000 gli aggiunti Scarpinato e Lo Forte ricorrono in Corte d'Appello contro l'assoluzione di Andreotti in Tribunale. E consegnano il ricorso a Grasso, per la firma. Il procuratore rifiuta non solo di sottoscriverlo, ma anche di apporre il «visto» rituale. Una plateale presa di distanza, che non sfugge né ad Andreotti né a Jannuzzi. Il quale, sul «Velino» del 24 luglio 2000, annota compiaciuto:

> Il procuratore [...] Grasso – per riaffermare la «qualità tecnica» (come l'ha definita sull'«Unità») dell'appello presentato dai suoi aggiunti Guido Lo Forte e Roberto Scarpinato – non ha sottoscritto i motivi di impugnazione contro l'assoluzione di Giulio Andreotti [...]. Non solo: Grasso non ha neanche voluto vistare il documento per presa visione. Proprio oggi il procuratore generale di Palermo Vincenzo Rovello ha depositato i motivi dell'appello contro la sentenza Andreotti. Ma Rovello ci teneva: ha voluto confermare la fedeltà all'eredità di Gian Carlo Caselli a Palermo, e a quanti sono rimasti in procura per continuarne le battaglie giudiziarie. In questo, Rovello è stato così ligio da non limitarsi a vistare e controfirmare il ricorso dell'Ufficio: ci ha tenuto ad aggiungere il suo nome fra gli estensori della richiesta di appello [...]. A Grasso premeva di rimarcare la distanza dalla gestione Caselli, e di quanti si ritengono eredi di quella stagione della procura. Un piccolo segnale, che va però sommato ad altri. Per esempio alla scelta di Grasso di eleggere quale aggiunto di fiducia Giuseppe Pignatone, il magistrato che lasciò la procura palermitana subito dopo l'arrivo di Caselli e che ruppe con Scarpinato e Lo Forte.

Anziché smarcarsi da quegli imbarazzanti elogi, Grasso rilascia un'intervista alla «Stampa» (19 agosto 2000) per bocciare i processi della stagione caselliana, capace – a suo dire – di «ottenere condanne solo sulla stampa, nella fase delle operazioni di cattura, e non sempre nelle sedi giudiziarie e in via definitiva». Un colpo basso, non solo contro Caselli, ma anche contro quei pm che negli stessi giorni sostengono l'accusa nei processi agli altri intoccabili: Mannino, Carnevale, Dell'Utri e così via. Sul «Foglio», in compenso, scrosciano gli applausi. In un editoriale del 23 agosto intitolato *Rivoluzione a Palermo*, si legge:

> Chiaro è stato poi il riferimento [*di Grasso*] alla pessima istruzione dei procedimenti nei quali Caselli e i suoi sono riusciti a ottenere solo «condanne sulla stampa e non sempre nelle sedi giudiziarie e in via definitiva». L'intervista di Grasso segna dunque la rottura aperta ed esplicita col passato da parte di un procuratore che dichiara di non volersi far condizionare «dalla ricerca del consenso, sia degli organi di informazione che di certe formazioni politiche, per impostare l'azione giudiziaria». Il messaggio è diretto a Caselli, ma non soltanto. Grasso ha voluto farsi sentire, all'interno del suo ufficio, da quei cinque o sei pm che si sentono ancora con l'ex procuratore capo e che fanno la guardia al bidone, cioè a quelle inchieste vaghe («Sistemi criminali», «Fininvest»), a quei processi difficilmente destinati al successo (Mannino, primo fra tutti) in cui si sintetizza l'azione politico-giudiziaria della procura diretta da Caselli [...]. Grasso ha adottato una politica che forse va definita rivoluzionaria: indagini poco fumose, niente privilegi, tutti i pm devono lavorare. Per chi non ci sta, la porta è aperta. Qualche sostituto poco famoso l'ha già infilata in silenzio, altri aspettano il trasferimento per denunciare con clamore il nuovo clima che c'è a Palermo. Mostri sacri e grandi pensatori come Guido Lo Forte sono tornati nell'angolo. Grasso si fida solo degli altri aggiunti: Sergio Lari, Giuseppe Pignatone, Anna Palma e il taciturno lavoratore Paolo Giudici. Il Procuratore si sente accusare per questo di essere un normalizzatore, ma lui ricorda che avere meno estimatori, «ma senz'altro meno interessati», non lo preoccupa.

Aggiunge «il Velino» del 20 settembre 2000:

> Grasso cerca timidamente di sottrarre il proprio ufficio all'accusa di essere, insieme alla procura di Milano, il braccio operativo del partito dei giudici. È lo stesso procuratore di Paler-

mo a sostenere che «i tempi sono cambiati» e che le difficoltà attuali incontrate dalla procura sono anche il frutto della pesante eredità della gestione Caselli.

Con il ritorno di Berlusconi al governo, la suscettibilità della politica sul tema della mafia aumenta a dismisura, come dimostrano l'incredibile uscita del neoministro delle Infrastrutture Pietro Lunardi sul «convivere con la mafia» e i sempre più forsennati attacchi della nuova maggioranza a tutti i magistrati più in vista del Paese. Tutti tranne uno: Piero Grasso, continuamente elogiato per il suo «equilibrio» e la sua «moderazione». Dal centrodestra come dal centrosinistra. Eppure, nel corso di convegni, tavole rotonde e interviste, il procuratore non fa che lanciare strali contro la politica giudiziaria e antimafia del governo: prima contro la riforma dei pentiti voluta dal governo Amato, poi contro quelle del governo Berlusconi e della Casa delle Libertà. Toni aspri, parole pesanti come pietre. Per molto meno, in passato, gli uomini del pool di Milano – da Borrelli a Davigo, da Colombo a Greco – sono finiti sotto procedimento disciplinare per iniziativa di ministri del Polo (Filippo Mancuso) o dell'Ulivo (il ministro Flick). Per molto meno, Caselli è stato mille volte bollato come «toga rossa» e proposto per il trasferimento. Per molto meno, Scarpinato, Ingroia, Natoli, Lo Forte e altri subiscono continui insulti, attacchi, interrogazioni parlamentari, richieste di trasferimento per incompatibilità ambientale. Grasso invece gode di una straordinaria libertà di parola. Può dire ciò che vuole senza che gli piova addosso non solo un'azione disciplinare, ma nemmeno un attacco dai *pasdaràn* berlusconiani in servizio permanente effettivo. Ipersensibili alle esternazioni dei pm di tutt'Italia, costoro si distraggono improvvisamente quando tuona Grasso. Il quale ha il raro privilegio di potersi permettere qualunque critica alla politica, senza che nessuno batta ciglio. Al massimo qualche leggero buffetto.

«Non ci attaccano per quello che diciamo, ma per quello che facciamo» ripete spesso da Milano Piercamillo Davigo, che di queste cose se ne intende. Ciò che conta non sono le parole, ma i fatti. E i fatti di Grasso sono quelli che andiamo a raccontare.

Giuffrè, mezza manuzza

Nel giugno 2002, dopo sei anni di vuoto assoluto, torna a «pentirsi» un boss mafioso: è Antonino Giuffrè, detto «Manuzza», boss delle Madonie ma soprattutto membro della Commissione (la vecchia Cupola) e braccio destro del superlatitante Bernardo Provenzano. I carabinieri del Ros l'hanno arrestato il 16 aprile in circostanze misteriose, probabilmente in seguito a una soffiata. Sulla carta, per il suo ruolo all'interno di Cosa Nostra, è il boss pentito più alto in grado dai tempi di Cancemi. È il primo «provenzaniano» a collaborare. Il primo mafioso d'alto bordo a rompere l'omertà sulla «nuova» Cosa Nostra dopo la staffetta fra Riina e il vecchio «Binnu». Ma, soprattutto, Giuffrè è il primo boss a pentirsi dopo la nuova legge sui collaboratori di giustizia, varata dall'Ulivo (coi voti del Polo) nel 2001, che concede ai magistrati appena sei mesi per interrogarli. Dopodiché *rien ne va plus*: tempo scaduto.

Bisogna dunque affrettarsi a spremere il nuovo collaboratore su tutti i punti oscuri della nuova Cosa Nostra, per cercar di riempire i vuoti, anzi le voragini informative che costellano la storia della mafia degli ultimi dieci anni: dalle stragi (con i loro «mandanti esterni», ormai riconosciuti da sentenze definitive) in poi. Stranamente però, per i primi 90 giorni, Giuffrè viene sentito in gran segreto dal procuratore Grasso e da due fedelissimi soltanto su storie di ordinaria estorsione dalle parti delle Madonie. All'insaputa degli altri sostituti della Dda e, quel che è più grave, degli aggiunti Scarpinato e Palma, coordinatori del pool insieme a Lo Forte (quest'ultimo, genericamente informato, non ha però accesso ai verbali). In compenso Pignatone, che non fa parte della Dda, sa tutto: proprio questo verrà contestato da molti pm nelle roventi assemblee del pool.

La notizia diviene di dominio pubblico soltanto il 20 settembre quando, in base alle dichiarazioni di Giuffrè, vengono arrestati una dozzina di pastori delle Madonie e, nella conferenza stampa del procuratore e delle forze dell'ordine, viene distribuito ai giornalisti il mandato di cattura che fa riferimento al nuovo pentito. Quel giorno Grasso esalta «Manuzza» come il «nuovo Buscetta» e annuncia «un terremoto giudiziario per la Sicilia» in seguito alle sue fondamentali rivelazioni. C'è addirittura chi dà per imminente la cattura di Provenzano e di altri superlatitanti. Nulla di tutto questo accadrà: a parte i 12 pastori, in seguito alle dichiarazioni di Giuffrè non ci saranno altri arresti eclatanti. Viste le premesse e le promesse, un bluff memorabile. Che autorizza un primo interrogativo: era proprio il caso di rendere pubblica una notizia tanto sconvolgente così presto solo per arrestare qualche pecoraio di mezza montagna, privandosi dell'effetto-sorpresa che avrebbe potuto portare alla cattura di qualche pezzo da novanta?

Dalla lettura dei verbali dei primi tre mesi di interrogatori, si scopre poi che sui temi strategici delle stragi, dei rapporti mafia-politica e degli appalti nessuna domanda è stata posta al «nuovo Buscetta». E la sua collaborazione è stata pure nascosta alle Procure di Caltanissetta e di Firenze, che sulle stragi del 1992-93 conducono indagini e processi da dieci anni. A quel punto si dovrà fare tutto in fretta e furia, nei tre mesi scarsi che mancano alla «scadenza», e soprattutto dopo che il procuratore ha già accreditato il nuovo pentito come attendibilissimo (il «nuovo Buscetta»), accontentandosi delle sue deludenti rivelazioni sul «pizzo» nelle Madonie. Il bilancio finale dell'operazione Giuffrè è coerente con le premesse: a parte quel pugno di arresti marginali, seguiti da quelli di qualche altro pesce piccolo, la collaborazione di «Manuzza» non produrrà nemmeno la cattura di un latitante. E neppure il sequestro di un deposito di armi né di un grammo di droga.

Eppure, come fedelissimo di Provenzano e come ex componente della Commissione di Cosa Nostra che regna sulle province di Palermo, Trapani e Agrigento, Giuffrè non può che conoscere notizie scottanti e delicatissime. Ma nei primi tre mesi Grasso e i suoi fedelissimi non toccano, se non di striscio, quegli argomenti. Tengono all'oscuro di tutto i procuratori aggiunti responsabili della Dda di Trapani (Scarpinato) e Agrigento (Palma). E Lo Forte, coordinatore per la zona di Palermo, non ha accesso ai verbali nemmeno dopo che il pentimento del boss diventa noto a tutti. Il procuratore rivendica pubblicamente la gestione minimalista e clandestina del pentito, con tanti saluti al principio della circolazione delle informazioni che sta alla base delle Dda. Ma, anziché chiedere spiegazioni a lui su quello strano modo di procedere, il Csm apre una pratica a carico di Lo Forte per aver osato protestare. E archivia poi il caso con una delibera che sfiora il ridicolo:

> Il suo disagio è derivato dalla mancata consegna dei verbali relativi alle dichiarazioni del Giuffrè da parte del Procuratore anche dopo la avvenuta divulgazione della collaborazione dello stesso. Come ha spiegato il dott. Grasso, si è verificata una incomprensione dovuta alla mancata comunicazione al dott. Lo Forte delle ragioni di «prudenza» per le possibili fughe di notizie a causa della costante e pressante presenza di giornalisti negli uffici di procura che lo avevano indotto a dilazionare tale atto.

Roba da far arrossire i più collaudati «specialisti delle carte a posto». Roba da far impallidire le scuse balbettate da Giammanco di fronte alle proteste di Falcone. Dire che Lo Forte non può vedere i verbali per evitare fughe di notizie significa accusare un procuratore aggiunto di passare alla stampa verbali segretati, cioè accusarlo – senza l'ombra di una prova – di commettere un reato. Grasso pratica e teorizza la necessità di una gestione verticistica e segreta degli affari più delicati – proprio quelli che richiederebbero più dibattiti e confronti collegiali – e la spiega con la presunta inaffidabilità dei suoi colleghi e anche del personale di segreteria.

Nella conferenza stampa su Giuffrè, infatti – come riporta il «Corriere della Sera» del 21 settembre –, il procuratore spiega che, se si sono evitate fughe di notizie, è proprio perché lui ha nascosto sia la collaborazione sia i verbali di Giuffrè agli altri pm e ha evitato di avvalersi del personale di segreteria per la verbalizzazione. Anche cancellieri e segretari, come i magistrati, vengono bollati pubblicamente come inaffidabili.

Muoiono così, anche ufficialmente, la filosofia e la prassi del pool, fondate sulla piena circolazione delle informazioni e sulla fiducia reciproca fra tutti i componenti. Si torna indietro anni luce, ai tempi delle Procure gerarchizzate. E si cala una pietra tombale sulle conquiste di Falcone e Borsellino, che Caponnetto ricorda così: «Io riferivo tutto ai colleghi: fra noi c'era ormai un tale clima di fiducia per cui sarebbe stato assurdo tenerli all'oscuro». A quei tempi, i tempi del primo pool, anche il personale di segreteria, in un clima di fiducia e collaborazione, faceva straordinario in ufficio gratis fino a tarda sera:

> Ricordo anche la collaborazione straordinaria dei segretari: gente che veniva spontaneamente e che rimaneva a lavorare fino a mezzanotte senza che venisse loro richiesto e senza preoccuparsi degli straordinari che non venivano corrisposti. Il fatto di essere riuscito a creare questo clima di lavoro mi riempie ancora di orgoglio; è uno dei miei pochissimi meriti.

Ora – osserva Scarpinato in una sconsolata intervista a Rai3, nel decennale delle stragi – «gli uffici e i corridoi della Procura sono deserti già nel primo pomeriggio».

Attenti a quei due

La gestione segreta e discutibile di Giuffrè è la goccia che fa traboccare il vaso del malcontento nella Dda. Il 27 settembre Lo Forte e Scarpinato si dissociano dal capo e si dimettono per protesta da coordinatori del pool. In una lettera riservata del 26 settembre 2002, che verrà acquisita dal Csm, Scarpinato scrive:

> Non condivido per nulla la scelta di consumare *ben tre mesi* per interrogare un personaggio dello spessore di Giuffrè quasi esclusivamente sulle Madonie, obliterando, in questo primo cruciale periodo, altre essenziali e strategiche tematiche [...]. Mi appare incomprensibile la ragione per cui per ben tre mesi non è stata informata la Procura di Caltanissetta, precludendo così a tale A.G. [*Autorità giudiziaria, N.d.A.*] la possibilità di interrogare il Giuffrè sui temi rilevantissimi delle stragi e dei mandanti c.d. [*cosiddetti*] a volto coperto. Ancor più incomprensibile mi appare la ragione per cui la decisione di rendere pubblica la collaborazione del medesimo Giuffrè (mediante il deposito in data 10 settembre della richiesta di custodia cautelare di cui sopra) è stata adottata senza sentire prima al riguardo il parere della Procura di Caltanissetta, così precludendo a tale A.G. di operare nelle stesse condizioni di segretezza nelle quali aveva operato la Procura di Palermo. Prima che maturasse il termine di 180 giorni previsto dalla legge sui collabora-

tori, prima che il Giuffrè potesse essere interrogato dalla Procura di Caltanissetta (nonché dalla stessa Procura di Palermo) su temi di rilevantissimo interesse, prima che fosse possibile acquisire riscontri evitandone la dispersione o distruzione, si è anticipato che il Giuffrè farà rilevantissime dichiarazioni essendo addirittura di importanza superiore a Buscetta. L'alterazione della fisiologia non riguarda, dunque, solo il nostro Ufficio ma anche i rapporti con altri Uffici, ed appare tanto più rilevante ove si consideri che la Procura di Caltanissetta si occupa delle stragi di Capaci e di via D'Amelio, due terreni sui quali – a differenza che sui fatti criminosi delle Madonie sui quali ci si è attardati per ben tre mesi – si gioca una partita strategica. Partita che da anni attraversa come un fiume carsico quei processi nonché altre vicende processuali ed extraprocessuali (si consideri, per fare solo un esempio, quella che la stampa ha definito la «trattativa» di Cosa Nostra e che ha avuto il momento di massima visibilità nelle iniziative del noto Aglieri). In sostanza, per quanto possa apparire incredibile, le stragi di Capaci e di via D'Amelio, nonché centinaia di rilevantissimi fatti criminali di competenza della Procura di Palermo, sono stati ritenuti meno meritevoli di considerazione rispetto ai fatti delle Madonie [...]. In ordine a tali «fatti meno meritevoli», si è ormai costretti ad operare in condizioni proibitive ed irrazionali. Per fare un solo esempio tra i mille possibili, la S.V. ritiene verosimile in base alla Sua esperienza che – nell'ipotesi in cui il Giuffrè dovesse indicare il documento X in possesso del soggetto Y come essenziale per la ricostruzione di profili inediti delle stragi di Capaci e di via D'Amelio – vi sia oggi la benché minima possibilità di ritrovare il documento X e il soggetto Y?

Le dimissioni dei due aggiunti innescano una tempestosa assemblea della Dda, che il 27 settembre si trascina fino alle 3 di notte. Questa volta non ci sono spaccature, perché tutti i pm antimafia criticano aspramente il capo, accusandolo di aver disatteso il principio della circolazione delle informazioni e di aver demotivato l'ufficio, seminando zizzania e ricreando il clima degli anni peggiori. «Tu non sei più un capo, tu hai perduto la fiducia dei tuoi uomini!», gli urla Massimo Russo, presidente dell'Anm palermitana. Altri chiedono di portare la questione al

Csm. Secondo indiscrezioni, poi smentite, si sfiora lo scontro fisico. Grasso, con le spalle al muro, balbetta le sue scuse. Promette di non farlo più e di ripristinare la circolazione delle notizie, in omaggio alla legge e alla filosofia del pool. L'indomani, in un'intervista a due voci con Scarpinato alla «Repubblica» e all'«Unità», tenta di chiudere l'incidente con parole di fiducia per i suoi uomini e con l'impegno di ritornare alle regole. «Questa» assicura Grasso «non è la Procura dei veleni, i tempi sono cambiati.» «E qui non volano più nemmeno i corvi», aggiunge speranzoso Scarpinato. Il procuratore annuncia:

> Siamo in un momento decisivo, abbiamo capito tutti che dobbiamo andare avanti insieme [...]. Circolano molte voci all'esterno di quest'ufficio, voci anche interessate e false. Per fortuna io e Scarpinato e tutti gli altri magistrati abbiamo ormai gli anticorpi. E comunque non possiamo essere sempre tutti d'accordo, qui dentro ognuno può dire la sua o pensarla in maniera diversa dagli altri. In ogni caso in questi giorni ho riflettuto a fondo sempre e solo su una cosa: non possiamo fare questo regalo alla mafia per nostri problemi organizzativi.

Scarpinato lo prende in parola, ma ribadisce le ragioni del dissenso:

> Lo scontro tra persone civili e perbene ben venga, non eravamo d'accordo sul metodo per affrontare certe questioni, ne abbiamo parlato anche in modo duro, ma alla fine siamo qui con un obiettivo comune [...]. A questo punto è indispensabile cambiare il modello organizzativo rispetto al passato, dobbiamo trovare un punto di equilibrio, dobbiamo portare nel dibattito che si fa in Procura anche sensibilità diverse, superare noi stessi per proseguire in questo momento così particolare.

Sembra ottimista, Scarpinato, in vista di una nuova stagione di collaborazione nel pool:

> Stiamo tutti insieme mettendo a punto la macchina Procura perché non esca di strada nei prossimi mesi. È come un ta-

gliando che si fa a un'automobile. Abbiamo fatto il tagliando alla nostra Procura che si sta inoltrando su un terreno molto scivoloso. È stato un confronto molto brusco, ma leale. Questa vicenda ha riacceso il nostro senso dell'appartenenza.

Grasso smentisce di essere arrivato allo scontro fisico con il suo esuberante aggiunto: «Non c'è stata alcuna lite, non c'è stato scontro fisico, né in questa stanza né durante una riunione di Distrettuale. C'è solo stata una discussione molto animata». E Scarpinato: «Vi sembro il tipo che fa a botte?». Poi si viene alla sostanza, cioè alle indagini che finiscono sempre nelle mani di pochi fedelissimi del capo: «Non c'è nessun asso pigliatutto in questa Procura», assicura Grasso, «non sono un dittatore [...]. Non ci sono mai stati colleghi vicini a Caselli o a Grasso, siamo solo magistrati indipendenti che a volte non sono d'accordo su certe cose». «Siamo tutti uniti», conclude Scarpinato.

Ma, nel Polo, nessuno ci crede. Tant'è che dalla stampa berlusconiana piovono applausi e medaglie per il procuratore che ha messo in riga le «vedove di Caselli». Lo scampato pericolo per le possibili rivelazioni (soffocate sul nascere) di Giuffrè è motivo di sollievo per molti. Alcuni esponenti del centrodestra, mentre elogiano Grasso per la sua benedetta «prudenza», ipotizzano addirittura di prorogare per legge la «scadenza» semestrale prevista per le dichiarazioni dei pentiti, così da consentire a Grasso di interrogare con calma Giuffrè e respingere le critiche dei suoi pm. Dice Renato Schifani (Forza Italia):

> Non possiamo rischiare di penalizzare i contributi eccezionali come quelli ipotizzati del collaboratore di giustizia Giuffrè. Non ci tireremo indietro pertanto se, nell'eccezionalità del caso, saremo chiamati a intervenire con norme che prevedano brevi e motivati prolungamenti dei termini utili al completamento della collaborazione.

Il presidente dell'Antimafia Roberto Centaro (pure lui forzista) è tutto eccitato:

> Con Giuffrè stiamo tornando ai tempi delle collaborazioni eccellenti, sintomo di un rinnovato e forte impegno dello Stato

contro la mafia. La caratura del personaggio è tale da aprire scenari straordinari.

Anche perché – aggiunge Centaro – Giuffrè non è un pentito vecchio modello, come quelli gestiti da Falcone e Borsellino e poi da Caselli: lui è sincero, s'è pentito davanti a Grasso «per aver compreso che non c'era più spazio né speranza nell'organizzazione: s'è trovato con le spalle al muro». E persino l'onorevole avvocato Enzo Fragalà (An), pur contrario alla proroga, esalta quel

> collaboratore che si è pentito contro i capi di Cosa Nostra e non per i benefici personali che poteva ottenerne. Il procuratore Grasso sta gestendo una nuova fase dell'Antimafia senza gli estremismi del passato, dimostrando un grande equilibrio nella gestione delle collaborazioni e un esemplare stile istituzionale.

Sennonché, dopo la sollevazione della Dda contro la gestione esclusiva e minimalista di Grasso, Giuffrè può finalmente essere interrogato dai magistrati impegnati nei processi agli intoccabili. Questi gli chiedono di Andreotti, Berlusconi, Dell'Utri, Mannino e così via. E il pentito fornisce molti elementi utili. È la prova che certe cose le sa: basta chiedergliele. Apriti cielo. Gli stessi politici governativi che elogiavano il primo pentito «buono» della storia d'Italia cominciano ad attaccarlo forsennatamente. Altro che prorogargli i sei mesi: ora vogliono levargli addirittura la protezione (il che equivarrebbe a consegnarlo ai killer di Cosa Nostra). Dice l'avvocato Enzo Trantino, senatore di An e difensore di Dell'Utri:

> Alla luce di quanto detto da Giuffrè anche al processo Andreotti, mi auguro soltanto che gli venga revocato il programma di protezione previsto per i pentiti. Inizialmente credevo che fosse un pentito «serio». Invece mi sono sbagliato. È uno dei tanti «nani» che occupano il pianeta giudiziario.

Precisazione preziosa: se il pentito non parla di politici amici o clienti dell'avvocato Trantino, è serio. Altrimenti è un nano.

L'attacco al Giuffrè «seconda versione» non si estende, però, al procuratore Grasso. Che, anzi, continua a essere difeso dai *pasdaràn* della CdL: per loro, le ultime dichiarazioni del pentito sono dovute alla nefasta influenza esercitata *in extremis* su di lui dai pm «caselliani», intervenuti a rompere la placida armonia dei primi tre mesi. Lo scrive Fragalà, difensore di noti mafiosi, sul «Secolo d'Italia» del 12 aprile 2003:

> Registriamo la consueta riservatezza e l'esemplare equilibrio istituzionale del Procuratore Grasso rispetto a un tema che lo ha visto personalmente parte in causa nelle polemiche e negli attacchi gratuitamente rivolti contro di lui da Scarpinato e Lo Forte sulla gestione del collaboratore Giuffrè.

Lipari, il depistatore

In Procura, dopo la pace a mezzo stampa Grasso-Scarpinato, le acque sembrano placarsi. Ma è soltanto la quiete prima di una nuova tempesta. Come se nulla fosse accaduto. Nelle ultime settimane del 2002 Giuseppe Lipari detto «Pino», consigliere politico-finanziario di Provenzano, chiede dal carcere di parlare con il procuratore capo. Dice di voler collaborare con la giustizia. E comincia a riempire verbali su verbali, sia pure in veste di «dichiarante» e non ancora di collaboratore a tutti gli effetti. Ma, ancora una volta, la sua gestione sfugge al controllo del pool. I sostituti non vengono informati di nulla. E agli aggiunti viene genericamente detto che Lipari sta parlando di fatti vecchi, perlopiù con dichiarazioni irrilevanti e inattendibili. Solo a cose fatte si scoprirà che, invece, le «rivelazioni» di Lipari a Grasso puntano a scardinare, con dichiarazioni false e calunniose, i processi Andreotti e Dell'Utri, nonché quelli sulle stragi. Le calunnie e i veleni del depistatore riguardano Caselli, Lo Forte e Scarpinato, additati come strumenti nelle mani di Violante, nell'ambito di un complotto ordito contro Andreotti addirittura da Massimo D'Alema. Le stesse cose, trite e ritrite, si leggono da anni sulla stampa e sulle tv berlusconiane. Le stesse cose – l'abbiamo visto – le aveva dette Totò Riina il 25 maggio 1994:

> C'è uno strumento politico, ed è il partito comunista. Ci sono i Caselli, i Violante, poi questo Arlacchi che scrive i libri [...]. Ecco, secondo me il nuovo governo si deve guardare dagli attacchi dei comunisti...

Ma a nessuno era venuto in mente, ascoltandolo, che dicesse la verità, né tantomeno che stesse per pentirsi. Lipari, invece, viene preso sul serio. Il complotto politico-giudiziario contro Andreotti – assicura – gli è stato rivelato da una fonte davvero insospettabile: Bernardo Provenzano. Che ne sa Provenzano dei rapporti fra D'Alema e Violante, e tra quest'ultimo e i magistrati di Palermo, non è dato di sapere. Dunque le «rivelazioni» di Lipari sul tema hanno valore zero. Ma intanto vengono verbalizzate per giorni e giorni, senz'alcuna contestazione.

Non basta. C'è di più e di peggio. Una microspia nascosta nella sala colloqui del carcere milanese di Opera, dove Lipari è recluso, rivela fin da metà dicembre che il «dichiarante» anticipa costantemente alla figlia Cinzia (anche lei indagata per mafia, ma a piede libero) le sue manovre depistatorie, affinché la ragazza le vada a riferire all'ex deputato andreottiano Mario D'Acquisto (indicato da vari pentiti come vicino alla mafia) e agli uomini di Provenzano. Ancora il 7 gennaio 2003 Lipari la incarica di contattare un intermediario, tale «Gaetano», perché riferisca a D'Acquisto che lui, nelle sue dichiarazioni, sta difendendo a spada tratta Andreotti, «un uomo che ci ha invidiato tutto il mondo». Dice Lipari alla figlia:

> Io sono stato libero fino al '92... fino al '92 Riina non mi ha detto mai nulla [*del suo presunto incontro con Andreotti raccontato da Balduccio Di Maggio, N.d.A.*]... quando io poi ho sentito tutte queste cose... Riina venne arrestato, ma io mi andai a incontrare con Provenzano – gli ho detto [*al procuratore, N.d.A.*] – e la prima cosa che gli domandai fu questa... e quello mi ha dato dell'ingenuo... Dice: «Non hai capito ancora o non vuoi capire che questi signori Caselli e Violante di chiara fama – così ho dichiarato [*sempre al procuratore, N.d.A.*] – di chiara fama comunista e giustizialista, avuta carta bianca da "baffetto" [*D'Alema, N.d.A.*] – gli ho detto – ... queste sono le parole che mi dice... Provenzano – ... gli ho detto – hanno avuto un incarico da D'Alema per distruggere la Democrazia

Cristiana in Sicilia... Quindi – gli ho detto – per quello che non mi ha detto Riina e per quello che mi ha detto come si chiama [*Provenzano, N.d.A.*] – gli ho detto – questo [*Andreotti, N.d.A.*] non c'entra niente completamente per quello che posso dire io...». Io dico che non c'entra... gli demolisco tutta la situazione [*il processo Andreotti, N.d.A.*] (*ride*)... mi sono spiegato? ...Questo non c'entra niente Andreotti... in questa situazione anzi... ne faccio un elogio dal primo momento [...]. [*Andreotti può, N.d.A.*] dormire tranquillo, non ho detto niente, neanche lo conosco [...]. Gli ho detto [*al procuratore, N.d.A.*]: «Io amo Andreotti più di mio padre, che non ho conosciuto... io so... che Andreotti non si è baciato con nessuno, non si è visto con nessuno... non esiste questa situazione [...]». [*Rivolto alla figlia, N.d.A.*] Quando parli con Gaetano... gli dici che mi saluta a D'Acquisto... al vecchio... Mario D'Acquisto... Gli dici: «Pino ti saluta»... gli dici che dorma tranquillo [*Andreotti, N.d.A.*], che non ha detto niente... neanche lo conosce!... Non lo tocca a quel «cristianu»... [*sempre Andreotti, N.d.A.*] no, non è giusto toccarlo.

Basterebbe intercettare D'Acquisto per verificare se e quando il messaggio di Lipari gli sia giunto, e se poi l'uomo politico l'abbia trasmesso ad Andreotti. Si potrebbe acquisire così una prova inconfutabile e oggettiva della manovra di depistaggio. Ma, inspiegabilmente, D'Acquisto non viene intercettato né pedinato.

Quando, nei giorni intorno a Natale del 2002, i pm del processo Andreotti scoprono – ancora una volta, per puro caso – quel che sta accadendo con Lipari, nel pool antimafia la tensione riesplode. In un'ennesima, rovente riunione, i sostituti contestano ancora una volta al capo la mancata circolazione delle informazioni. Soltanto il 15 gennaio 2003, dopo aver tentato fino all'ultimo di «recuperarlo» come collaboratore di giustizia, Grasso contesterà a Lipari le sue manovre truffaldine e i suoi depistaggi, incriminandolo per calunnia.

Intanto altre polemiche furibonde provoca il caso del primo politico di peso indagato a Palermo nei tre anni della «nuova» Procura: l'onorevole avvocato Nino Mormino (FI), sospettato di mafiosità per le presunte promesse fatte ad alcuni boss suoi clienti, prima della sua elezione, in materia di legislazione antimafia. Più volte, di quell'inchiesta, il procuratore sollecita l'archiviazione e più volte la Dda si spacca. Alla fine l'avrà vinta Grasso, e il fascicolo su Mormino verrà archiviato nel febbraio 2005.

L'ordine di scuderia del procuratore è quello di chiudere al più presto tutte le inchieste più scottanti del passato: per esempio quella sul Ros per la mancata perquisizione del covo di Riina subito dopo il suo arresto nel gennaio '93; quella sull'omicidio a Trapani dell'ex leader di Lotta continua Mauro Rostagno; e quella sui «Sistemi criminali» che fecero da sottofondo ai «mandanti esterni» delle stragi. Meglio tenersi lontani il più possibile dai santuari intoccabili del potere nazionale.

Il covo di Riina

Uno degli indagati più eccellenti della Procura di Palermo è il generale Mario Mori, già capo del Ros dei Carabinieri, promosso nel 2001 direttore del Sisde dal governo Berlusconi. Il suo nome è stato iscritto per ben due volte nel libro degli inquisiti. La prima inchiesta nasce dalla denuncia del colonnello del Ros Michele Riccio, che accusa Mori di aver ostacolato o addirittura impedito la cattura di Bernardo Provenzano, di cui un uomo vicinissimo al boss, Luigi Ilardo, assassinato dalla mafia agli albori della sua collaborazione, avrebbe rivelato il nascondiglio: di qui l'indagine del pm Nino Di Matteo, che ha iscritto l'alto ufficiale per favoreggiamento mafioso insieme all'ex capo del Ros, generale Antonio Subranni, e al colonnello Mario Obinu. Il secondo fascicolo riguarda la mancata perquisizione del covo di Riina: un'incredibile omissione che consentì ai parenti e ai complici del boss di ripulire l'appartamento e di occultare documenti importantissimi.

Questa seconda inchiesta, avviata da Scarpinato, Teresi e Ingroia, poi proseguita da quest'ultimo con il collega Prestipino, nasce nel '97 dalle rivelazioni del pentito della strage di Capaci, Santino Di Matteo, che cita una confidenza di Balduccio Di Maggio: «Mi accennò che, al momento dell'arresto di Riina, all'interno della casa del predetto si trovavano dei documenti scottanti, di cui lui non poteva parlarmi [...]. Riina venne arrestato sulla circonvallazione insieme al Biondino e nel frattempo qualcuno dei Carabinieri era andato a svuotare la casa stessa dei documenti più rilevanti». Di Maggio avrebbe anche aggiunto che il generale Francesco Delfino sapeva tutto, e lui lo ricattava su quello scottante segreto (verbale del 17 novembre 1997). Di Maggio, naturalmente, nega di aver mai detto quelle cose a Di Matteo. Anche perché, se le confermasse, dovrebbe spiegare perché non l'ha raccontato subito ai magistrati, e soprattutto dovrebbe rispondere del reato di estorsione ai danni del generale Delfino. L'alto ufficiale è quello che prese in consegna Di Maggio, nel gennaio '93, dopo il suo arresto a Borgomanero (Novara) e lo tradusse a Palermo per consegnarlo ai colleghi del Ros che poi, anche con il suo aiuto, individuarono e arrestarono Riina.

Così, nel novembre '97, la Procura apre un fascicolo contro ignoti per sottrazione di documenti inerenti la sicurezza dello Stato (articolo 255 del codice penale) e per favoreggiamento alla mafia (articolo 378 aggravato dall'intenzione di agevolare Cosa Nostra). Ma non iscrive alcun indagato sul registro. Interroga decine di testimoni. Ricostruisce minuto per minuto quel che accadde in quel convulso gennaio del '93. Scopre, grazie a Brusca, che Riina aveva l'abitudine di prendere molti appunti e di conservarli in cassaforte: compreso forse il «papello» con le richieste della mafia da presentare ai politici nei primi anni Novanta. Ma tutto ciò, senza riscontri sufficienti, non basta per arrivare a un rinvio a giudizio. Così, il 24 aprile 2002, i pm chiedono l'archiviazione. Ma il 21 novembre 2002 il gip Vincenzina Massa l'accoglie soltanto per il primo reato, il più grave. Per il favoreggiamento, invece, ordina nuove indagini.

A quel punto i pm indagano il generale Mori e il tenente colonnello Sergio De Caprio (l'ex «capitano Ultimo») per favoreggiamento. Ma poi, alla scadenza dei termini, in mancanza di novità decisive, il 24 aprile 2004 reiterano la richiesta d'archiviazione, peraltro molto pesante: i fatti sono assodati, le responsabilità gravissime del Ros pure, ma mancherebbe la prova inconfutabile dell'aggravante mafiosa, cioè l'intenzione di favorire Cosa Nostra. Anche stavolta, però, il gip Massa respinge la richiesta e il 2 novembre 2004 ordina ai pm di esercitare l'azione penale chiedendo il rinvio a giudizio dei due imputati. La Procura, nell'udienza preliminare del 18 febbraio 2005, chiede di dichiarare il reato prescritto: il favoreggiamento semplice, senza il dolo «mafioso», è comunque estinto per il decorrere del tempo. Non sono stati raccolti – scrivono i pm – «elementi di prova per ritenere sussistente tale *animus* nella condotta degli indagati, essendo di per sé insufficiente la considerazione logica che appare inverosimile che gli stessi abbiano agito senza prevedere che la sospensione dell'attività di osservazione avrebbe comportato l'intervento dei mafiosi all'interno della villa di Riina per "ripulirla"». Dunque i fatti sono gravissimi, il Ros si comportò in maniera «anomala» e «inopinata», ma non c'è la prova che l'abbia fatto apposta per favorire Cosa Nostra. Il gup Marco Mazzeo, però, è di diverso avviso, e rinvia a giudizio Mori e De Caprio per favoreggiamento alla mafia.

Comunque andrà il processo, è il caso di aprire una finestra nel nostro racconto, per riassumere i fatti accertati in questa brutta storia che tinge tuttora di giallo la cattura (o la consegna concordata tra Stato e mafia?) di Riina. E che il procuratore generale Vincenzo Rovello definirà «uno dei grandi misteri d'Italia».

Secondo la versione ufficiale, il mattino del 15 gennaio '93 Totò Riina esce dalla villetta dove trascorre da anni la sua latitanza, nel complesso residenziale di via Bernini 54 a Palermo, a bordo di un'auto guidata dall'inseparabile Salvatore Biondino. I carabinieri del Ros sono appostati in un furgone lì di fronte insieme all'ex autista del boss, il pentito Di Maggio, arrestato l'8 gennaio. Di Maggio ha detto di conoscere vari nascondigli di Riina e i nomi di coloro che proteggono la sua latitanza: i fratelli Gaetano e Giuseppe Sansone, i costruttori mafiosi che hanno edificato il mini-villaggio di via Bernini. Così è stato subito portato a Palermo. Quel mattino, appena riconosce Riina nell'auto guidata da Biondino, scatta il blitz di Ultimo e dei suoi uomini. Seguono la macchina per qualche centinaio di metri, poi la bloccano nei pressi di un distributore di benzina in viale Regione Siciliana e, alle 8,28, arrestano Riina (alias Giuseppe Bellomo da Mazara del Vallo) e Biondino, che non oppongono resistenza.

Quel mattino, a Palazzo di Giustizia, si festeggia l'arrivo del nuovo procuratore Caselli. Qualche giorno prima della sua partenza per Palermo, il generale Delfino l'ha avvertito della cattura di Di Maggio e della possibilità di arrivare, tramite lui, a Riina. Ora, appena avvisato del clamoroso arresto, Caselli riunisce i procuratori aggiunti Elio Spallitta e Vittorio Aliquò, i sostituti Natoli, Luigi Patronaggio, Pignatone e i vertici dei Carabinieri per pianificare le mosse successive. Si decide di perquisire a tappeto i vari villini di via Bernini, alla ricerca dell'appartamento di Riina. Missione affidata al capitano Marco Minicucci e a un gruppo di 15 carabinieri del reparto territoriale, accompagnati dal pm di turno Patronaggio. Ma all'ora di pranzo, mentre il blitz sta per partire, arriva trafelato il capitano Ultimo. Esprime vivo «disappunto» per quella decisione. E, su disposizione del colonnello Mori, vicecomandante del Ros e suo diretto superiore, chiede ai magistrati di annullare la perquisizione e aspettare. Spiega che è prassi del Ros non perquisire, subito dopo la cattura di un latitante, il suo covo «caldo», nella speranza che i suoi complici, non ancora avvertiti dell'arresto del boss o ignari della scoperta del covo, continuino a frequentarlo. Meglio soprassedere e filmare la zona antistante la villetta con telecamere nascoste in un furgone superattrezzato, per acquisire notizie utili alle indagini e magari riuscire ad acciuffare altri latitanti.

I magistrati, dietro la promessa del Ros che il covo continuerà a essere «osservato» minuto per minuto, accolgono la richiesta. Ultimo annulla la perquisizione. Ma poche ore dopo, inspiegabilmente, qualcuno spegne le telecamere in via Bernini e ritira il furgone con le attrezzature di osservazione. Sono le ore 16 del 15 gennaio. Così quella stessa notte gli uomini di Cosa Nostra hanno campo libero per prelevare la moglie del boss Ninetta Bagarella e i suoi quattro figli, che tornano in taxi a Corleone. Intanto l'appartamento viene svuotato e addirittura ridipinto da cima a fondo.

Scrive il gip Massa nell'ordinanza che rigetta la seconda richiesta di archiviazione, citando il diario del procuratore aggiunto Vittorio Aliquò che annota minuziosamente il susseguirsi degli eventi in quelle ore convulse:

> Anche negli appunti del Dott. Aliquò sotto la data del 15.1.1993 si legge che, dopo la cattura di Riina, si era delibera-

> to di procedere a perquisizione ed una squadra era uscita subito (all'incirca ore 14,00) ed altra era pronta per le 16,00; sennonché durante il pranzo il Cap. De Caprio manifestava disappunto dicendo che «contava di vedere chi sarebbe venuto a prelevare i familiari di Riina»; dopo l'intervento del Col. Mori e consultazioni con Spallitta e Caselli, alle ore 16,00 era stato disposto un rinvio di 48 ore con «garanzia di controllo assoluto e costante», controllo che, in realtà, era stato fatto cessare pressoché immediatamente, dismettendosi già alle ore 16,00 del 15.1.1993 il servizio di osservazione.

Nessuno dice nulla alla Procura, dove i magistrati resteranno convinti per quasi due settimane che il complesso di via Bellini sia osservato e filmato dal Ros 24 ore su 24.

Il 17 gennaio i carabinieri di Corleone informano la Procura che Ninetta Bagarella è rientrata in paese con i figli. Ma i magistrati, fidandosi del Ros, continuano a pensare che i militari di vedetta in via Bernini abbiano filmato e stiano filmando tutto. Come dubitare della parola di Mori, che fra l'altro Caselli conosce bene da vent'anni, avendo lavorato con lui e con il generale Dalla Chiesa a Torino nelle indagini sulle Brigate rosse?

Il 21 gennaio i carabinieri della «territoriale» di Palermo, per depistare la stampa ormai vicina al covo di Riina, inscenano una finta perquisizione di un immaginario nascondiglio del boss, in una zona (il «fondo Gelsomino») ben distante da via Bernini.

Il 27 gennaio il Ros consegna alla Procura i filmati realizzati fino alle ore 16 del giorno 15, senza dire ancora nulla di preciso sulla sospensione dell'appostamento. Scrive il gip:

> Il Dott. Aliquò, sotto la data del 27.1.1993 (e cioè a distanza di ben 12 giorni dalla sospensione della perquisizione), annota: «Caselli sollecita ancora le perquisizioni, ma Mori sembra non avere urgenza e dice che l'osservazione del complesso di via Bernini stava creando tensione e stress al personale operante, accennando alla sua sospensione». Che già la attività di osservazione in argomento fosse cessata da lunga pezza è stato ammesso dagli stessi indagati e riferito dall'appuntato Coldesina, che quel servizio aveva svolto.

Finalmente, il 30 gennaio, Mori e De Caprio informano la Procura che via Bernini è incustodita dal giorno 15. Con due settimane di ritardo. Caselli protesta, chiede spiegazioni al comandante Ros, generale Antonio Subranni, e dispone l'immediata perquisizione del covo. Ma, naturalmente, è troppo tardi. Quando, la mattina del 2 febbraio, i carabinieri irrompono finalmente nella villa di Riina, la trovano praticamente vuota. Solo qualche mobile ammassato in una stanza. Le tappezzerie e i rivestimenti staccati. Le pareti ridipinte di fresco. Ovviamente non c'è più la cassaforte del boss. Nessuna traccia organica utile per l'esame del Dna. Un solo documento, lasciato lì a mo' di beffa: una foto dei figli di Riina, già tornati con la madre a Corleone.

Il generale Subranni risponde a Caselli inoltrandogli una lettera di Mori: l'attività di osservazione – sostiene il colonnello – è stata subito «sospesa in attesa di una successiva attivazione allorché le condizioni ambientali lo avessero consentito in termini di mimetismo»; se Mori non ha subito avvertito la Procura è perché pensava «di potersi muovere, una volta fissate le linee programmatiche e gli obiettivi da perseguire, in uno spazio di autonomia decisionale consentito». Subranni tenta di dare la colpa alla Procura: «I magistrati incaricati, nei giorni successivi, non sono intervenuti per modificare la concordata proiezione investigativa». Caselli è costretto a replicargli che «non era stato affatto riferito in merito alla modificazione della situazione di fatto a suo tempo presa in considerazione, poi determinatasi con la sospensione delle attività di controllo e osservazione». E ordina che, almeno in futuro, la sua Procura venga informata «nel modo più esauriente e tempestivo di tutte le fasi delle indagini». Ma ormai il danno è fatto. Un danno irreparabile. È chiaro dunque, per il gip, che

> la motivazione addotta alla richiesta di procrastinare la perquisizione si è rivelata non veritiera [...]. D'altra parte, gli indagati sono incorsi in molteplici incongruenze e contraddizioni nelle dichiarazioni rilasciate al fine di giustificare la anomala condotta tenuta nell'espletamento di quell'indagine così importante. Che il comportamento al riguardo tenuto da costoro non fosse stato, come del resto intuibile, né usuale, né rispondente ai criteri investigativi normalmente (in casi similari) se-

guiti dal Ros – a dispetto di quanto asserito al riguardo dall'indagato De Caprio – si evince chiaramente dal tenore delle sommarie informazioni rese dal Maresciallo Ravera, componente del gruppo dell'allora Cap. De Caprio [...]: «Nulla sono in grado di riferire in ordine alle perquisizioni presso la casa del Riina; in nessun momento si era ventilata la possibilità di un nostro impiego per effettuare dette perquisizioni, né per continuare a tenere sotto controllo il complesso di via Bernini [...]. Secondo gli usuali metodi di lavoro del gruppo cui appartenevo, l'arresto del Riina in quelle particolari circostanze avrebbe imposto o un mantenimento del servizio di osservazione, per verificare se altri personaggi di spicco frequentavano il complesso residenziale, oppure un'immediata perquisizione nel caso in cui ci si fosse convinti che il sito fosse ormai bruciato». [...] Il Maresciallo Calvi [...] ha, fra l'altro, affermato: «Devo dire che non ho mai capito perché non venne fatta la perquisizione, ma posso dire che, per come conosco il maggiore De Caprio, sono certo che lui avrebbe soprasseduto alle perquisizioni solo per mantenere un servizio strettissimo di osservazione su via Bernini, cosa che invece non venne organizzata. Il maggiore ci ha fatto passare numerose notti insonni per controllare la casa di Ganci a Borgo Molara e certamente avrebbe preteso lo stesso impegno, se non un impegno ed un sacrificio maggiori, per continuare a mantenere sotto controllo il complesso di via Bernini». Sicché risulta vieppiù smentita, da persona informata sui fatti e indifferente, la veridicità dell'assunto difensivo secondo il quale tale metodo di indagine era abituale in casi analoghi.

Eppure il generale Mori continua a sostenere che il covo non fu perquisito perché il Ros puntava a far apparire la cattura di Riina come «un fatto episodico, slegato da una complessa attività investigativa, così da poter proseguire le indagini nei confronti dei fratelli Gaetano e Giuseppe Sansone, di Ganci Raffaele e dei suoi figli», i quali avrebbero potuto «tranquillizzarsi sugli esiti dell'operazione e quindi riprendere rapporti ed attività criminali sulla base di un loro già accertato inserimento nella struttura di Cosa Nostra».

Ma, secondo il gip, la versione di Mori non sta in piedi, perché il rinvio della perquisizione presupponeva indefettibilmente che fosse mantenuto sotto costante controllo il sito di interesse operativo. E ciò era stato oggetto di puntuale assicurazione ai Magistrati Inquirenti da parte degli indagati, anche se tanto l'indagato Mori, quanto il De Caprio hanno sostenuto difensivamente che una tale attività investigativa dinamica protratta era incompatibile con la morfologia dei luoghi e che sull'argomento vi era stato un evidente equivoco con i Magistrati della Procura [...]. L'«equivoco» si sarebbe ingenerato per il fatto che si era in momento di particolare confusione e che non se ne era trattato nel corso di una vera e propria riunione operativa, ma in una sede conviviale. Al riguardo il Gen. Mori ha ammesso che, effettivamente, avrebbero dovuto spiegare il loro orientamento operativo, ma non lo avevano fatto in quel momento. [...] [*La tesi difensiva dell'equivoco, N.d.A.*], peraltro tardivamente allegata, stride vistosamente con una serie di elementi che si traggono da prove documentali ed in particolare dal tenore della nota del Vice Comandante del Ros [*Mori, N.d.A.*] in data 18.2.1993 e da quelle del Gen. Subranni e del Dott. Caselli, ma anche dallo «sviluppo» delle dichiarazioni e dalle correzioni di tiro degli indagati al riguardo.

Poi c'è la versione di Ultimo, sentito dal giudice Gaetano Brusa del Tribunale di Milano in un processo per diffamazione contro i giornalisti Bolzoni e Lodato, autori del libro *C'era una volta la lotta alla mafia* (poi assolti). A riguardo scrive il gip Massa:

> De Caprio, a proposito della perquisizione omessa, asseriva, in stridente contrasto col tenore degli appunti e rispettivamente della relazione e degli esami testimoniali dei Magistrati Aliquò e Caselli, che egli non aveva inteso chiedere che la perquisizione venisse ritardata, ma, invece, che fosse addirittura omessa. Ancora più inquietante, nella sua inconsistenza, la motivazione addotta dall'indagato De Caprio a sostegno della deliberata interruzione del servizio di osservazione (assicurato come costante ai Magistrati): «Ho fatto rientrare i miei uomini perché dalle 6,00 di mattina alle ore 19,00 quelli muoiono là dentro, perché è un furgone [...] e perché non lo ritenevo remunerativo per le indagini che stavamo conducendo»; e la candida asserzione di non aver comunicato alla Magistratura

(ma soltanto ai suoi superiori) la cessazione di quel servizio, immediatamente dopo smentita dall'affermazione (non veritiera [...]) di aver comunicato alla «Procura», al Circolo Ufficiali, il suo intendimento proferendo la frase: «Noi adesso scompariamo di là».

Quello di De Caprio, per il gip, è un «atteggiamento difensivo ondivago». Dice di non aver informato Mori della ritirata, mentre Mori afferma il contrario. Mori sostiene che via Bernini «è una strada senza accessi, se non quelli che danno accesso ai complessi abitati, per cui un furgone ci può stare un giorno, due giorni, al terzo giorno già viene notato». Parla di un «qui pro quo» con la Procura. Ma si assume comunque la responsabilità della direzione delle operazioni di De Caprio, e aggiunge che fu lui a ordinargli di chiedere ai pm di «soprassedere» alla perquisizione.

Anche quella di Mori, comunque, è per il gip una versione «pretestuosa»: se era difficile continuare il servizio di osservazione oltre un paio di giorni, perché il camioncino del Ros stazionò in via Bernini «appena dalle ore 6,00 del 14.1.1993 alle ore 16,00 del 15.1.1993 e non venne nemmeno tentata una osservazione mediante dispositivi fissi, né venne protratto il servizio di pattugliamento con auto civetta in precedenza predisposto in "appoggio"», ma invece «venne, in sostanza, totalmente abbandonato il campo»? Il gip ricorda che

> soltanto la mattina del 30 gennaio il Col. Mori ed il Cap. De Caprio riferirono *expressis verbis* che il servizio di osservazione e controllo del complesso di via Bernini era cessato già nel pomeriggio del 15, che esso aveva riguardato soltanto il cancello esterno dell'intero complesso, e che ancora non era stata individuata la villa, venendo precisato che il servizio di osservazione e controllo era stato sospeso perché la permanenza di personale adeguatamente attrezzato nei pressi del cancello di via Bernini sarebbe stata notata, con grave rischio per il personale (e non già per ragioni attinenti alla stanchezza degli uomini).

Fra l'altro, prima dell'arresto di Riina, erano stati visti uscire da via Bernini uno dei fratelli Sansone, Giuseppe, e Ninetta Bagarella: come può allora De Caprio sostenere al Tribunale di Milano che ormai il covo era un «obiettivo freddo»? Il capitano Ultimo, sottolinea il gip,

> ha asserito che aveva deciso di non perquisire la casa di Riina in quanto non la considerava una base logistica di Cosa Nostra, essendo destinata a sua residenza familiare nella latitanza e, perciò, non riteneva che costui vi avrebbe custodito cose che potessero compromettere la libertà e la sicurezza dei suoi figli e della moglie e perché, d'altro canto, la sua consolidata esperienza gli aveva indicato che eseguire la perquisizione in quell'immobile avrebbe costituito solo gravissimo pregiudizio «al proseguimento dell'attività [...] di pedinamento dei fratelli Sansone che ci avrebbero portato a definire i circuiti imprenditoriali e politici direttamente gestiti da Cosa Nostra in quel momento» [...]. L'inconsistenza della versione difensiva non merita commento, ove si consideri in particolare che il Riina, proveniente da quella abitazione, allorché, a distanza di poco più di un chilometro, ininterrottamente osservato e seguito, venne arrestato, senza che avesse altrove sostato, venne trovato in possesso di materiale documentale (bigliettini vari manoscritti e dattiloscritti) afferente la gestione di affari illeciti [...] rientranti nel programma associativo di Cosa Nostra (appalti, estorsioni), che evidentemente in precedenza custodiva nella sua «casa-covo».

Qual è il vero motivo che indusse il Ros a ritirarsi da via Bernini, dando mano libera agli uomini di Cosa Nostra e pregiudicando del tutto le indagini? Risponde il gip:

> Certo non possono considerarsi esaustive, né tantomeno credibili, a fronte della elevatissima capacità e competenza tecnica ed operativa dei Militari indagati, le commentate giustificazioni addotte inerenti alla morfologia dei luoghi che avrebbe reso impossibile protrarre quel servizio in termini di mimetismo (essendo stata quella risibile concernente lo stress del personale adibito all'osservazione successivamente smentita e ricondotta ad un fraintendimento). Ma, soprattutto, non vi è alcuna plausibile spiegazione delle rilevate incongruenze nelle dichiarazioni in proposito degli indagati stessi sopra commen-

tate, e, soprattutto, del loro accertato mendacio ai Magistrati della Procura, certamente non riconducibile a buona fede. Le fumose e non verosimili (se non nel senso della prospettazione accusatoria) giustificazioni fornite tanto dal Ten. Col. De Caprio che dal Gen. Mori [...] potrebbero essere suscettibili di diversa intepretazione esclusivamente nella prospettiva della assoluta insipienza dei due investigatori (iter logico, questo, non praticabile, tenuto conto dei rispettivi meriti ed elevatissimo valore professionale indiscussi e a tutti noti di costoro), ovvero, ancora dell'assolutamente inipotizzabile, perché non logica, né credibile, presunzione di costoro di poter agire, non soltanto *legibus soluti*, ma ingannando addirittura i Magistrati Inquirenti ed a costo di agevolare l'associazione per delinquere nei termini specificati per lucrare risultati investigativi appaganti in termini di soddisfazione e di ambizione personali ulteriori, ancor più prestigiosi e ritenuti da privilegiare rispetto a quelli che sarebbero potuti derivare dal routinario servizio di osservazione.

Ecco dunque il cuore delle motivazioni che hanno indotto il giudice a rigettare anche la seconda richiesta di archiviazione e a prospettare l'unica spiegazione a questo punto verosimile, e cioè il favoreggiamento consapevole a Cosa Nostra:

> Gli indagati agirono nei termini suddescritti in aperta violazione del preciso e più elementare dovere della Polizia giudiziaria, normativamente disciplinato, di assicurare le fonti di prova, ricercare le cose e le tracce pertinenti al reato, nonché provvedere alla conservazione di esse e dello stato dei luoghi, prendere notizia dei reati ed impedire che vengano portati a conseguenze ulteriori, ricercarne gli autori (art. 55 co I c.p.p.); doveri istituzionali persistenti anche laddove non si tratti di attività di PG di iniziativa (artt. 347 e 348 c.p.p.), ma a seguito di delega (art. 370 c.p.p.), ed, a maggior ragione, a seguito della cattura del famigerato latitante mafioso Riina, e specificamente individuabili nell'obbligo di tenere sotto costante osservazione il luogo di suo ricetto con la famiglia antecedentemente all'arresto, al fine di prevenire l'eventuale, più che probabile, asportazione di tracce o documenti ad opera di altri soggetti facenti parte del sodalizio, e, rispettivamente, di arrestare, o quantomeno osservare, documentandone l'illecita atti-

vità (favoreggiamento reale), chi si fosse apprestato a svolgere detta attività, o coloro che vi si fossero recati per prelevare la moglie ed i figli del latitante arrestato Ninetta Bagarella, sorella dell'allora latitante Leoluca.
Ed al riguardo non può farsi a meno di osservare come conforti il sereno convincimento del Decidente circa la consapevolezza degli indagati in ordine alla efficienza causale della cennata condotta in termini di «agevolazione» all'associazione Cosa Nostra, lo stesso tenore di taluni passi delle già più volte commentate dichiarazioni del Ten. Col. De Caprio [...]: «Quando io cerco Riina è come se cerco anche Provenzano e anche Bagarella»; «Pensavamo che avevamo buone possibilità di trovare anche Provenzano, perché io con la mia esperienza..., ma anche Bagarella, anche Brusca»; «Dunque, noi, la strategia [...] noi cercavamo di arrivare a Riina Salvatore, perché abbiamo... e ai Corleo... che dirigeva Cosa Nostra...»; «Dunque significa che *Riina Salvatore non è stato cercato in quanto Riina Salvatore, ma in quanto capo dello schieramento dei corleonesi e dei propri alleati*; pertanto, per me *professionista*, significa che io cercavo anche Provenzano Bernardo».

Che cosa avrebbero trovato, nel covo, i carabinieri del Ros se l'avessero perquisito in tempo? Qui la risposta del giudice è più articolata, ma altrettanto interessante e inquietante:

> Quel che pare un dato storico certo (giudizialmente accertato), da tenere presente per l'inquadramento della vicenda che qui ci occupa, è che proprio nel periodo immediatamente antecedente l'arresto di Riina Salvatore vi fu una trattativa tra il Gen. Mori, il Magg. De Donno e Cosa Nostra, mediata da Ciancimino tramite il Cinà, anche se nessun elemento indica che l'oggetto di essa fosse il famigerato «papello» di cui parla Brusca (anche specificamente a proposito del fatto che esso sarebbe stato custodito nel covo del latitante Riina). Congetturali [...] sono pure le dichiarazioni di Giovanni Brusca, secondo le quali l'omessa perquisizione sarebbe stata determinata dal fatto che i Carabinieri temevano di trovare nella casa del latitante traccia del «papello», asserendo al riguardo che ne sarebbe rimasta compromessa l'immagine dell'Arma dei Carabinieri.

Tornano ad allungarsi le ombre della «trattativa» avviata fra Stato e cosiddetto Antistato fra le stragi del 1992 e quelle del '93, ai tempi del governo Amato. Dopo l'omicidio Lima e prima del delitto Falcone, i *pour parler* fra uomini di Riina e Paolo Bellini, uno strano confidente dei Carabinieri legato all'eversione di destra, per un alleggerimento del carcere duro in cambio del recupero di alcune opere d'arte rubate. Poi, dopo Capaci e ancora dopo via D'Amelio, i numerosi incontri dell'allora colonnello Mori e dell'allora capitano De Donno con il mafioso Vito Ciancimino, agli arresti domiciliari a Roma: incontri iniziati nel luglio '92 e finalizzati, a detta dei due ufficiali, a raccogliere notizie utili per la cattura di Riina e Provenzano; ma approdati poi a una richiesta di contropartite da parte del boss dei boss (forse con il famigerato «papello»); e conclusi bruscamente – pare – all'inizio del '93, dopo il nuovo arresto di Ciancimino e quello dello stesso Riina. A indebolire la versione «minimalista» dei due ufficiali c'è il fatto che parlarono di quella «trattativa» soltanto nel '97, dopo che l'aveva già rivelata Giovanni Brusca ai pm di Palermo, Caltanissetta e Firenze il 10 settembre 1996. E naturalmente, quando ripeté per la prima volta in pubblico le sue rivelazioni al processo di Firenze sulle stragi del '93 (21 gennaio 1998), Brusca fu investito dal consueto fuoco incrociato di attacchi politici: dai ds Napolitano e Brutti, dal forzista Frattini, dal ministro Flick, dal solito Del Turco, dall'Arma dei Carabinieri. Come se la «trattativa» non fosse stata confermata dagli stessi Mori e De Donno. Il perché di tanto scatenamento è presto spiegato: secondo il pentito, quando la trattativa si avviò, il capo di Cosa Nostra si convinse che lo Stato, dopo Capaci, fosse pronto a scendere a patti in cambio della fine delle stragi. Lo confidò ai suoi uomini, fra i quali Brusca: «Si sono rifatti sotto, dobbiamo dare un altro colpetto». Insomma, decise di alzare il tiro per alzare il prezzo del negoziato: e fece assassinare anche Borsellino, visto come un ostacolo sulla strada della trattativa. «Sotto sotto», dice Brusca, «siamo stati pilotati dai Carabinieri». Nella stessa logica, dopo l'arresto di Riina, i suoi fedelissimi Bagarella e Graviano proseguirono nella strategia, con le bombe di Milano, Firenze e Roma. Questo quadro, tratteggiato da Brusca e altri pentiti, è alla base della lunga e argomentata richiesta di archiviazione della seconda indagine sui «mandanti occulti» delle stragi avanzata dalla Procura di Caltanissetta il 9 giugno 2003 (e poi accolta dal gip). Vi si legge, fra l'altro:

> Secondo Brusca «le trattative esistenti fra lo Stato e Cosa Nostra erano state la causa determinante dell'accelerazione del progetto di eliminazione del dottor Borsellino» [...]. Quando i Carabinieri parlano con Ciancimino – il famoso «Cosa volete per finirla?» [*finirla con il tritolo, dopo Capaci, N.d.A.*] – gli stessi Carabinieri si rendono conto che la strategia investigativa che avevano messo in campo sortisce come conseguenza indiretta le stragi.

Poi Provenzano assume le redini del comando e impone, in seguito a un'ennesima trattativa (con Marcello Dell'Utri, che crea Forza Italia, secondo il pentito Giuffrè, giudicato credibile dai pm Ingroia e Gozzo), la *pax mafiosa*. Ma – prosegue la ricostruzione della Procura nissena – dopo le elezioni del 27 marzo '94, il neopremier Berlusconi finisce subito nell'occhio del ciclone per i suoi trascorsi con uomini della mafia. In aprile, infatti, «L'espresso» pubblica la famosa intervista di Paolo Borsellino a due giornalisti francesi, in cui il giudice, poche settimane prima di essere assassinato, parla dei rapporti fra Berlusconi, Dell'Utri e Mangano, e di indagini in corso a Palermo. Subito dopo, ricordano i pm di Caltanissetta citando Brusca,

> Cosa Nostra manda a dire all'on. Berlusconi: «guarda che la sinistra sapeva» [*parole di Brusca, N.d.A.*]. Nel senso che, qualora il Governo dell'epoca, presieduto dall'on. Berlusconi, avesse voluto o potuto fare qualche cosa a beneficio di Cosa Nostra, non poteva essere ricattato in quanto appunto «la sinistra sapeva», cioè a dire aveva iniziato lei le trattative, nel senso di essere a conoscenza delle trattative fra l'ex sindaco di Palermo Vito Ciancimino e l'allora comandante del Ros, Mario Mori. Quando dice «la sinistra», [*Brusca, N.d.A.*] intende alludere in senso lato a *posizioni di sinistra* e specificamente ai vertici dell'allora ministero degli Interni, cui era preposto l'on. Mancino.
> L'Ufficio si riserva di esplorare più approfonditamente questa pista in separato procedimento, nei limiti di stretta competen-

za della Procura nissena, vale a dire nei limiti del complesso movente delle stragi del 1992 e tenendo conto che qualche nucleo di verità è contenuto laddove specificamente si realizza una deviazione di obiettivi da colpire (dall'on. Mannino al dottor Paolo Borsellino). [...] Se si è svolta veramente questa trattativa, vi è un nesso tra le richieste di Cosa Nostra e le possibili cessioni da parte dello Stato? E queste cessioni potevano anche prevedere un rallentamento alle indagini sugli appalti? Ed infine, questa trattativa ha avuto un risvolto politico? Ed in questo caso, accanto a chi (o spinta da chi) Cosa Nostra ha agito «politicamente», e i suoi tentativi di dialogo hanno trovato qualche interlocutore nelle istituzioni?

Fin qui la Procura di Caltanissetta, che continua a indagare sulle «trattative» del 1992-93. Noi, per tornare al covo di Riina, dobbiamo domandarci se tutto ciò c'entri qualcosa con la mancata perquisizione. Qualcuno temeva che Riina potesse conservare nella cassaforte della villa di via Bernini le prove di quei negoziati? I mafiosi pentiti, da Di Matteo a Brusca a Giuffrè, lo sostengono apertamente. È il gip Massa, come abbiamo visto, ad affacciare esplicitamente quell'ipotesi. Ecco, comunque, come la giudice riepiloga i fatti sinora accertati:

a) vi fu una trattativa tra lo Stato e Cosa Nostra, protrattasi nel tempo almeno fino alla fine del 1992 e cioè ad epoca immediatamente antecedente l'arresto di Riina (avvenuto il 15.1.1993), volta a far cessare la strategia stragista messa in atto da Cosa Nostra [...];
b) vi è più di un elemento che indica come il Di Maggio conoscesse in precedenza l'esatta ubicazione della casa del latitante Riina [...];
c) il Riina venne arrestato per strada al dichiarato fine di non «bruciare» l'obiettivo, che proprio perciò non sarebbe stato perquisito nella prospettiva (esplicitata), poi non coltivata, di mantenere l'attenzione investigativa dinamica sul sito al fine di colpire i Sansone e di catturare Bagarella e Provenzano;
d) inspiegabilmente (se non nel senso della prospettazione accusatoria) rispetto al presupposto logico che aveva suggerito la dilazione della perquisizione ed alle motivazioni al riguardo addotte alla Procura [...] per essere autorizzati a sospenderla,

a poche ore di distanza dall'arresto, gli Ufficiali indagati, di concerto, disposero la cessazione del servizio di osservazione sull'obiettivo;

e) gli indagati, che avevano assunto in via esclusiva la direzione dell'attività investigativa successiva all'arresto del latitante, sostanzialmente estromettendone i colleghi dei Reparti territoriali, indussero intenzionalmente in errore questi ultimi e i magistrati della Procura circa la (assicurata) continuità del servizio di osservazione, all'unico ipotizzabile fine di garantirsene la non ingerenza;

f) la cessazione del servizio di osservazione, in assenza di qualsivoglia dispositivo fisso con supporto dinamico che consentisse di tenere sotto controllo il covo, permise alla Bagarella di allontanarsene indisturbata, prelevata da esponenti di Cosa Nostra, ritornando il 17.1.1993 con i figli a Corleone;

g) nella sua abitazione (a prescindere dalle illazioni, rimaste tali, di Brusca circa il fatto che ivi avrebbe custodito il «papello») il Riina conservava materiale documentale di interesse investigativo concernente l'attività del sodalizio mafioso Cosa Nostra, tant'è che, in suo possesso, all'atto dell'arresto avvenuto allorché era appena uscito dalla casa di via Bernini, venne trovata documentazione concernente attività inerenti il *pactum sceleris* di Cosa Nostra (appalti, estorsioni);

h) l'asportazione indisturbata da parte dei sodali di Cosa Nostra [...] di quanto (documenti e suppellettili) si trovava nell'abitazione del Riina, come emerso nel corso della perquisizione del 2 febbraio successivo, e l'eliminazione di ogni traccia (eccezion fatta per la foto di cui si è detto) avvenne nel lasso di tempo fra le ore 16,00 del 15.1.1993 (data e ora di cessazione del servizio di osservazione) ed il 30 gennaio successivo (data in cui gli indagati misero finalmente al corrente i Magistrati Inquirenti della risalente sospensione del servizio di osservazione), in cui il sito era rimasto scoperto da qualsivoglia attenzione investigativa;

i) gli indagati non hanno fornito spiegazione plausibile circa la disposta cessazione del servizio di osservazione ed in ordine alla omessa comunicazione di essa ai Magistrati Inquirenti;

l) al contrario, le versioni difensive offerte dagli indagati si sono rivelate inconsistenti, incongruenti e in più punti contraddittorie, oltre che contrastanti con altre emergenze processuali, inverosimili e, soprattutto, incompatibili con l'elevatissima professionalità dei due investigatori [...].

E qui le conclusioni del gip divergono da quelle della Procura. I pm, pur concordando sui fatti, escludono di poter riuscire a dimostrare che Mori e De Caprio l'abbiano fatto apposta per favorire la mafia («elemento soggettivo» o «psicologico»). E scrivono:

> Da una parte, sono risultati insufficienti i riscontri alle ipotesi avanzate da Brusca e Giuffrè (che presupporrebbero la dolosa intenzione di lasciare «scoperto» il covo per facilitarne lo «svuotamento») e, dall'altra parte, appare impensabile che ufficiali di tale esperienza e conoscenza del fenomeno mafioso fossero del tutto inconsapevoli dell'elevata probabilità che la sospensione dell'attività di osservazione avrebbe quasi certamente comportato ciò che poi effettivamente avvenne, e cioè lo svuotamento del covo. Siccome tuttavia l'elemento soggettivo del reato di favoreggiamento è costituito, secondo giurisprudenza costante, non solo dalla consapevolezza, bensì anche dalla intenzione di aiutare taluno ad eludere le investigazioni dell'autorità, ritiene il Pm che non siano stati acquisiti elementi di prova per ritenere sussistente tale *animus* nella condotta degli indagati, essendo di per sé insufficiente la considerazione logica che appare inverosimile che gli stessi abbiano agito senza prevedere che la sospensione dell'attività di osservazione avrebbe comportato l'intervento dei mafiosi all'interno della villa di Riina per «ripulirla».

Il gip Massa è di tutt'altro parere: il favoreggiamento alla mafia è l'unica spiegazione plausibile di quelle «incomprensibili» condotte:

> Il convincimento cui è pervenuto il Pm non può essere in alcun modo condiviso alla stregua delle premesse esplicitate [...], rispetto alle quali la conclusione tratta sembra ascrivibile ad una valutazione parcellare e non sinergica del compendio indiziario. D'altro canto, è del tutto irrilevante in questa fase, a fronte della acquisizione di un coacervo indiziario di tale elevata significatività anche sotto il profilo dell'elemento psicologico, la mancanza di elementi precisi in ordine ai motivi che determinarono gli agenti a porre in essere le suddescritte condotte, motivi che vanno tenuti distinti dalla volizione della condotta. Le considerazioni che precedono impongono, dun-

que, la verifica dibattimentale delle non convincenti, contraddittorie e reticenti versioni difensive degli indagati sopra esaminate in dettaglio, tenuto conto, in particolare, del rilievo attribuibile al loro verificato mendacio sotto il profilo indiziario. Conclusivamente, non può che farsi carico al Pm di elevare nei confronti degli indagati la corrispondente imputazione di favoreggiamento personale aggravato in concorso.

Come abbiamo visto, dopo la richiesta di prescrizione per il favoreggiamento semplice avanzata dalla Procura, il gup Mazzeo ha mandato a processo Mori e De Caprio per favoreggiamento aggravato, cioè mafioso. Il giallo del covo verrà dunque scandagliato in un pubblico dibattimento. Non sono bastati 12 anni per chiarire un mistero durato 19 giorni.

Il delitto Rostagno

Un'altra inchiesta scomoda ereditata da Grasso dopo gli anni di Caselli è quella sull'assassinio di Mauro Rostagno, l'ex leader di Lotta continua ucciso a Trapani il 26 settembre 1988. La Procura trapanese imbocca inizialmente la «pista interna» alla comunità antidroga di Saman, fondata dal discusso faccendiere Francesco Cardella, molto legato a Craxi, con l'aiuto di Rostagno. E proprio Cardella, insieme all'ex compagna di Mauro, Chicca Roveri, e ad alcuni frequentatori della comunità, viene indagato prima per favoreggiamento e poi per complicità nell'omicidio. Nessun mafioso pentito, infatti, ha mai parlato di quel delitto come opera di Cosa Nostra. Poi però l'indagine si dirotta su una pista, per così dire, «mista»: cioè sull'ipotesi di una convergenza di interessi fra mafia, malaffare politico e traffico d'armi con la Somalia (di cui Rostagno sarebbe stato testimone involontario, diventando un soggetto pericoloso per gli interessi in gioco, come del resto anche la giornalista del Tg3 Ilaria Alpi).

Così il fascicolo passa da Trapani alla Dda di Palermo, dove Caselli lo affida a Ingroia. Questi, prima che scadano i termini per indagare, sullo scorcio del 2002 invia a Roma un suo consulente, il professor Aldo Giannuli, esperto in stragi e servizi deviati, a spulciare in segreto negli archivi centrali della Polizia e dei servizi di sicurezza a caccia di elementi utili su alcuni personaggi in odore di spionaggio deviato coinvolti a vario titolo nel delitto. Un'attività di routine della quale il pm non ritiene di informare il suo capo, come del resto è suo diritto fare. Ma la missione del consulente scatena la reazione furibonda quanto sorprendente dell'ex presidente della Repubblica Cossiga, che salta su come la rana di Galvani alla scossa elettrica. Dimostrando perfetta conoscenza della missione segreta di Giannuli, Cossiga spara a zero su Ingroia: il 12 dicembre 2002 lo accusa di «raccogliere informazioni» su Berlusconi, Mori e lo stesso Cossiga. E addirittura minaccia: «Quanto è vero Dio, gliela farò pagare».[9] I tre illustri personaggi, in quell'indagine, non c'entrano un bel nulla. Ma il polverone inquieta Grasso, già preoccupato per la scottante indagine sul covo di Riina, soprattutto dopo la promozione di Mori a capo del Sisde. Il procuratore convoca Ingroia e, dopo una lavata di capo, gli intima di riferirgli tutto con una relazione scritta. Pare che lo scambio di lettere fra Grasso e il suo pm sia piuttosto vivace. Così Giannuli deve fermarsi: non potrà mai prendere visione delle carte che Ingroia voleva consultare. Intanto i termini delle indagini sul delitto Rostagno scadono e il pm è costretto a chiedere l'archiviazione.

Almeno tre misteri, in quella torbida vicenda, resteranno insoluti. Primo: chi e perché ha male informato Cossiga, scatenandolo contro Ingroia (non risultano indagini approfondite per scoprire questa «talpa», a differenza di altri casi di fughe di notizie)? Secondo: chi è il Mister X che ha informato Grasso, lagnandosene, dell'iniziativa di Ingroia (alcuni giornali fanno il nome del generale Mori, ma mancano conferme)? Terzo: perché, dopo le lamentele di Mister X, il procuratore richiama il pm, anziché difenderlo dalle minacce di Cossiga? Secondo «Panorama» e «Liberazione», Grasso avrebbe addirittura preso le distanze da Ingroia. Indiscrezione che, mai smentita dal procuratore, finisce per essere confermata.

L'allenatore cambia squadra

Piero Grasso, ormai, ha contro un bel pezzo della sua Procura. Ma i soccorsi della Casa delle Libertà non vengono mai meno.

Un'autentica gara di solidarietà. Ai primi del 2003 i cinque membri «laici» del centrodestra chiedono e ottengono dal Csm l'apertura di una pratica per il trasferimento da Palermo di Lo Forte e Scarpinato, rei di aver criticato l'ottima gestione Grasso. La motivazione viene integralmente pubblicata da «Libero», il quotidiano diretto da Vittorio Feltri. È l'inizio di una nuova, martellante campagna politico-giornalistica che punta a epurare definitivamente dalla Dda i due aggiunti disobbedienti. «Il Giornale», «Il Foglio», «Panorama» e «il Velino», in stretta sintonia con l'avvocato onorevole Fragalà (An), reclamano a una sola voce la loro cacciata.

Il grimaldello usato per l'epurazione è una sciagurata circolare del Csm datata 1993, che ha introdotto un nuovo «sacro principio»: la «scadenza» dei pm nelle Dda dopo otto anni di servizio. Un principio che, finora, è stato sempre applicato soltanto ai sostituti, che fanno parte degli organici delle Dda, e non agli aggiunti, che fungono da coordinatori delle indagini come collaboratori esterni delegati dal capo. Ma i *berluscones* e i loro house organ non vanno tanto per il sottile: via tutti i fuori-quota, anche gli aggiunti. Cioè Lo Forte e Scarpinato.

Il 5 febbraio 2003 «il Giornale» lancia la carica con un titolo a tutta pagina (*La Procura di Palermo è al di fuori delle regole*) e denuncia alla nazione la scandalosa «illegalità» in cui verserebbe il pool antimafia:

> Sulla questione si prepara a intervenire Palazzo dei Marescialli, ma intanto in Parlamento si stanno raccogliendo le firme di esponenti della maggioranza per una interrogazione rivolta al ministro della Giustizia Roberto Castelli, che denuncia questo stato di cose negli uffici giudiziari di Palermo e chiede quali provvedimenti si intendono prendere. Come mai del limite superato da Lo Forte e Scarpinato, insomma, non si è preoccupato finora nessuno? Franco Cardiello, segretario della commissione Giustizia della Camera ed esponente di An, è il primo firmatario dell'interrogazione a risposta scritta rivolta al Guardasigilli. Recentemente anche il presidente della Camera penale di Palermo Gioacchino Sbacchi [*uno dei legali di Andreotti, N.d.A.*] ha annunciato un esposto al Csm da parte anche del Consiglio dell'Ordine degli avvocati palermitani, per sollecitare «un ritorno alla normalità». La questione è stata sol-

levata pubblicamente a Palermo, di fronte alla Camera Penale riunita per discutere delle accuse che hanno colpito il deputato di FI Nino Mormino, da Enzo Fragalà di An. «È necessario affrontare», spiega il deputato, «la questione dei magistrati antimafia che hanno superato di gran lunga il limite stabilito dal Csm e continuano a rimanere al loro posto, contravvenendo a una regola imposta dall'organo di autogoverno delle toghe per evitare grumi di potere» [...]. Fragalà parla di «grumi di potere» e non c'è dubbio che negli Uffici giudiziari di Palermo di potere si tratta. Succedono fatti preoccupanti che oppongono i procuratori aggiunti al procuratore capo Piero Grasso, come è successo per la gestione del pentito Giuffrè, quando a settembre proprio Scarpinato e Lo Forte minacciarono le dimissioni (poi ritirate) [...]. La verità è che il malumore in quello che viene di nuovo chiamato «il palazzo dei veleni» viene da lontano. Forse dal 2000, quando Grasso non firmò l'appello del processo Andreotti, rinunciando ad un gesto che sarebbe stato un vanto per il suo predecessore Caselli. O forse da quando Grasso ha scelto come suo braccio destro il procuratore aggiunto Giuseppe Pignatone, un moderato di Unicost, invece degli agguerriti esponenti di Md [...]. Uno dei due promotori dell'attuale «fronda», d'altronde, è quello Scarpinato che favorì l'arrivo di Caselli nel capoluogo siciliano fomentando la rivolta dei Pm contro l'allora procuratore capo Pietro Giammanco.

L'indomani «il Giornale» torna sull'argomento per ridicolizzare il principio della circolazione delle informazioni nelle Dda. Come se non fosse espressamente previsto come obbligatorio sin dal 1991 (articolo 70 bis dell'Ordinamento giudiziario), ma lo avesse inventato Caselli con qualche bizzarra circolare:

> Il testo [*un documento dei magistrati della Dda contro Grasso, N.d.A.*] avrebbe come fondamento la violazione del principio della «circolarità delle notizie». Un principio casalingo, nato nella Procura di Palermo e le cui origini sembra risalgano a circolari degli anni in cui era procuratore capo Gian Carlo Caselli: tutti i Pm che indagano su fatti di mafia dovrebbero essere informati delle nuove rivelazioni che vengono fatte da collaboratori e pentiti, anche se riguardano filoni di inchiesta diversi da quelli che stanno seguendo direttamente. Grasso insomma non potrebbe gestire riservatamente l'ultimo grande

pentito [*Giuffrè, N.d.A.*] senza confrontarsi con gli altri della Dda. È stato appellandosi a questo principio che a fine settembre Scarpinato e Lo Forte aprirono una crisi in Procura, minacciando di dimettersi [...]. «Nella procura di Palermo», dice il deputato siciliano di An Giampiero Cannella, «è in atto uno scontro tra due fazioni: un'anima moderata istituzionale rappresentata da Grasso e una corrente più politicizzata nella quale si riconoscono Lo Forte e Scarpinato, entrambi di Md» [*Lo Forte in realtà è un moderato di Unicost, la stessa corrente di Pignatone, N.d.A.*]. Cannella ricorda che i due pm sono stati protagonisti di una serie di processi «terminati con nulla di fatto»: quello contro Andreotti, i tentativi di coinvolgere Berlusconi, i processi Carnevale e Mannino. «Evidentemente» aggiunge «questi risultati sono stati ottenuti a causa di una lettura troppo politicizzata dei fatti. Ora ci auguriamo che a Grasso venga garantita una maggiore tranquillità d'azione.»

Il 7 febbraio «il Giornale» informa che l'interrogazione di Cardiello (An) per «ripristinare l'ordine alla Dda di Palermo» espellendo Lo Forte e Scarpinato ha già raccolto le firme di 60 deputati della CdL.

È in questo clima incandescente che si arriva, il 17 aprile 2003, alla decisione del Csm, molto attesa anche da tutte le Procure antimafia dove rischiano di «saltare» altri procuratori aggiunti-coordinatori. I consiglieri di Magistratura democratica e del Movimento per la Giustizia, alcuni di Unicost e i «laici» di sinistra fanno quadrato a difesa dei due aggiunti palermitani. Così il braccio di ferro con i «laici» del Polo, i resti di Unicost e i togati di Magistratura indipendente partorisce prima uno stallo, poi un compromesso che delude i falchi berlusconiani. Nessuna decisione sul termine massimo di permanenza nella Dda per Lo Forte e Scarpinato. Spetterà al procuratore capo trovare una formula organizzativa che consenta di continuare ad avvalersi della loro collaborazione. Questa, testualmente, la formula che chiude la delibera del Csm:

> [...] ferma restando comunque la possibilità del Procuratore della Repubblica, nell'esercizio della direzione dell'Ufficio, di individuare modelli organizzativi che consentano di avvalersi della collaborazione dei procuratori aggiunti, in conformità

alla normativa primaria e secondaria, per far fronte alle esigenze di buon funzionamento dell'Ufficio ed alle necessità di un efficace contrasto alla criminalità organizzata di stampo mafioso.

Per i diktat dei *berluscones* è una sconfitta: il procuratore ha ampi margini per respingere l'assalto ai suoi collaboratori, anche se la CdL sostiene il contrario. Ma Grasso sconfessa la maggioranza che l'aveva nominato procuratore di Palermo e si sbarazza ugualmente di Lo Forte e Scarpinato. Decide, insomma, di non «avvalersi della collaborazione» dei due aggiunti scomodi, sposando di fatto l'interpretazione polista del documento del Csm: quella secondo cui la scadenza di otto anni vale anche per gli aggiunti, punto e basta. Squadra che vince si cambia.

Concorso a premi

Il sistema escogitato dal procuratore per sbarazzarsi dei due aggiunti è ingegnoso: un concorso per aumentare l'organico della Dda palermitana. Improvvisamente Grasso «scopre» che, essendo cresciuto il numero delle udienze in tribunale, anche in Procura occorrono forze nuove per farvi fronte: per la precisione, quattro posti in più rispetto ai 20 canonici. Quindi bandisce un concorso per aprire la Dda a quattro nuovi sostituti, al quale però – curiosamente – potranno partecipare anche gli aggiunti. Questi ovviamente partono avvantaggiati e infatti si aggiudicheranno tutti e quattro i posti in palio. Ma alle udienze in tribunale partecipano i sostituti, non gli aggiunti (che si limitano a coordinare le indagini antimafia). Che senso ha, allora, aumentare gli organici con quattro aggiunti, se il problema che si vuole risolvere è la carenza di sostituti? Rispetto allo scopo dichiarato (fronteggiare le udienze in aumento), il concorso è senza capo né coda: se davvero 20 sostituti non riescono a sostenere i sovraccarichi di lavoro in tribunale, è assurdo allargare la Dda a quattro magistrati che in tribunale non metteranno piede. Evidentemente l'operazione mira a tutt'altro obiettivo. Le esigenze di organico non c'entrano nulla. Dietro la facciata di una riorganizzazione dell'ufficio, si nasconde la più plateale delle epurazioni contro gli aggiunti scomodi. Con il concorso, i procuratori aggiunti entrano a far parte formalmente della Dda: finora infatti erano soltanto dei coordinatori-collaboratori esterni, e dunque non soggiacevano alla regola degli otto anni. Ora entrano in organico a pieno titolo, con tanto di bollino di scadenza.

Il marchingegno viene presentato come una decisione imposta dal Csm, ma nella delibera del Csm non se ne trova traccia. Tant'è che viene duramente censurato da tre membri togati di Palazzo dei Marescialli: Aghina, Arbasino e Fici, tutti esponenti del Movimento per la Giustizia, la stessa corrente di Grasso. Ma il procuratore non sente ragioni. Il concorso più pazzo del mondo sortisce l'effetto sperato: sia Scarpinato sia Lo Forte, occupandosi di mafia da più di otto anni, non possono presentare la domanda e dunque escono definitivamente dalla Dda. Liberando finalmente il posto a Giuseppe Pignatone che, sdoganato dopo anni di anticamera, assume anche formalmente il ruolo che da tempo esercita di fatto: quello di primo aggiunto *inter pares*. Insieme a lui, nella Dda, siedono Lari, Morvillo e Palma.

Fuori altri due

L'epurazione non finisce qui. Anzi, è appena cominciata. Dopo gli aggiunti scomodi, tocca ai sostituti scomodi. Antonio Ingroia e Gioacchino Natoli, estromessi a suo tempo dalla Dda allo scadere degli otto anni, presentano regolare domanda per il concorso. Essendo trascorsi tre anni dalla loro uscita, ritengono – giurisprudenza alla mano – di poter rientrare. Ma Grasso boccia in radice le loro domande: secondo il procuratore, «non hanno i requisiti previsti dalla normativa vigente». Eppure la circolare del Csm (la numero 24710 del 21 dicembre 2001) sulla formazione delle «tabelle» organizzative delle Dda stabilisce l'esatto contrario: «Il magistrato non può essere nuovamente destinato al posto di origine prima di tre anni». Traduzione: l'esclusione dei magistrati «scaduti» dopo otto anni non è a vita. Dopo una quarantena triennale, essi possono rientrare nella Dda per altri otto. Come del resto è avvenuto alla Dda di Catania per il pm antimafia Amedeo Bertone, dopo un periodo trascorso alla Procura nazionale Antimafia.

Ora, Ingroia è «fuori» dal 30 aprile 2000, cioè da tre anni. E Natoli addirittura da quattro, essendo stato eletto al Csm dal 1° agosto 1998 fino all'estate 2002. Il rientro in Dda dopo tre anni non può avvenire in un solo caso: che il pm, una volta uscito, abbia continuato a seguire indagini antimafia in seguito a una sua «dichiarata disponibilità» al capo. Ingroia s'è ancora occupato, sì, di inchieste di mafia (perlopiù vecchie), ma per decisione del procuratore in base a «irrinunciabili esigenze dell'ufficio», senz'aver mai manifestato alcuna «dichiarata disponibilità». Un caso espressamente previsto dalla stessa circolare del Csm: aver continuato a occuparsi di mafia in inchieste assegnate «in via eccezionale e per irrinunciabili esigenze dell'ufficio» è pienamente compatibile con il ritorno in Dda. Quanto a Natoli, essendo membro del Csm, non ha più seguito alcuna indagine.

Dunque, sulla carta, sia Ingroia sia Natoli hanno tutti i requisiti per rientrare subito nel pool. Il primo concorso, l'abbiamo visto, se lo aggiudicano quattro procuratori aggiunti. Ma poco tempo dopo ne viene bandito un altro per tre posti, riservato ai sostituti. Ma anche questa volta il procuratore non sente ragioni. Anziché recepire la circolare del Csm e riaprire ai due pm le porte dell'Antimafia, si rivolge ancora una volta a Palazzo dei Marescialli chiedendo un nuovo parere. Lì i membri laici del Polo e i togati delle correnti di destra sono ben felici di sbattere un'altra volta la porta in faccia ai due magistrati scomodi. E decidono che questi potranno tornare a indagare sulla mafia solo dopo altri tre anni. Per loro la quarantena deve durare non tre, come da circolare, ma sei anni. Più uno, perduto nel lungo contenzioso: totale sette. A nulla vale il voto favorevole di Magistratura democratica, del Movimento per la Giustizia e del ds Luigi Berlinguer. Anche perché l'altro laico di centrosinistra, Gianfranco Schietroma dello Sdi, pensa bene di astenersi.

Oltre alla protesta dei quattro epurati, contro il concorso-farsa si leva un coro di critiche pressoché unanime da quasi tutta la Procura. Nell'assemblea plenaria del 15 maggio 2003, ben 35 sostituti (su 50 in servizio) firmano un documento contro le anomalie di quel concorso e invocano l'intervento del Csm. Grasso però tira diritto. Non torna indietro neppure dinanzi alle critiche della sua stessa corrente, il Movimento per la Giustizia, che in una turbolenta riunione a Palermo gli nega la solidarietà e anzi lo invita a non prestare il fianco al sospetto di attuare un'epurazione su mandato politico. Il 3 luglio il Csm avalla il concorso-burla con i voti del centrodestra e del solito Schietroma.

L'«allenatore» – per dirla con Miccichè – non ha deluso le attese. E ormai intorno a lui si coagula una nuova maggioranza: quella formata al Csm dai conservatori di Magistratura indipendente, dall'ala di Unicost vicina alle posizioni del centrodestra e dai laici della CdL, la stessa che qualche tempo prima ha negato una promozione a Fausto Cardella (già pm a Perugia nel processo ad Andreotti per l'omicidio Pecorelli). I togati di Magistratura democratica al Csm – Civinini, Marini, Menditto, Salmè e Salvi – confermano sul notiziario della corrente quello che molti sospettavano: «Il problema era quello di escludere che Lo Forte e Scarpinato potessero continuare ad operare presso la Dda di Palermo».

Il timbro della «missione compiuta» lo appone in tempo reale il solito Fragalà, il 10 luglio, con una lettera al «Foglio» in cui si congratula con Grasso per quella che lui considera una delle sue maggiori virtù: «il *modus operandi* all'insegna della discrezione e dell'autonomia, sempre adoperate per fugare sul nascere ogni possibile rischio che a Palermo tornassero ad aggirarsi fantasmi del passato». Quali fantasmi? Forse quelli della gestione Giammanco-Pignatone, che portarono all'autoesilio di Falcone? Certo che no. Fragalà si riferisce alle

> ombre della gestione Caselli, sei anni da dimenticare, ma purtroppo non ancora dimenticati a causa del colpo micidiale che hanno inferto alla lotta alla mafia impostata da Falcone e Borsellino. Un periodo che passerà alla storia per la gestione strumentale dei pentiti, per le spese pazze e inutili, per le enormi risorse pubbliche messe in campo al fine di costruire e portare avanti teoremi politico-giudiziari, finiti come tutti sappiamo. Senza peraltro che i geometri di tali teoremi abbiano dovuto scontare alcunché per gli errori commessi. Una fase in cui la mafia non solo non ha abbassato la testa per un solo momento, ma l'ha rialzata con fierezza ed è potuta entrare a palazzo di Giustizia con la veste di accusatrice. Bene ha fatto il Csm a fissare un tetto massimo per la permanenza nella Dda [...].

Una permanenza a oltranza nella Dda creerebbe un «grumo di potere» inaccettabile per un'istituzione di tale delicatezza.

«Grumo di potere»: ecco un altro slogan che ritorna dal passato più triste, quello della guerra al pool di Caponnetto, Falcone e Borsellino. Il pool dei «professionisti dell'antimafia», divenuti – lo si scriveva anche allora – un pericoloso «centro di potere».

Ingroia ricorrerà al Tar contro quello che ritiene un abuso del suo capo. Natoli – riammesso *in extremis* nella Dda dopo una sollevazione di tutti gli aggiunti (Pignatone escluso) – preferirà cambiare aria e passare alla giudicante, in Tribunale. Lo stesso farà più tardi Guido Lo Forte (anche se poi il Tar sospenderà il loro trasferimento alla giudicante, «costringendoli» a rimanere provvisoriamente nel ruolo di pm). L'emorragia dalla Procura ormai normalizzata continua.

Il caso vuole che l'uscita delle memorie storiche dell'antimafia dalla Procura di Palermo coincida con il rientro di gran carriera di Corrado Carnevale in magistratura, grazie all'emendamento, poi trasformato in decreto legge, che intende «risarcirlo» degli anni perduti a causa del processo per mafia. E non solo per volontà della CdL, una volta tanto divisa: An vota contro in commissione e la Lega Nord fa altrettanto nell'aula del Senato. Ma qui, il 7 aprile 2004, gli amici di Carnevale vincono lo stesso, per abbandono dell'opposizione, che schiera al momento del voto appena 21 senatori. Per uno scherzo del destino, proprio negli stessi giorni il Csm respinge la richiesta di Ingroia di rientrare nella Dda. Troppo bravo e troppo esperto per occuparsi ancora di mafia, l'allievo di Borsellino deve seguitare a indagare su rapine, immigrazione clandestina e furti di biciclette: le vere emergenze di Palermo – come direbbe Johnny Stecchino – dopo lo scirocco e il traffico. In fondo questo Ingroia chi si crede di essere: Carnevale?

Grasso grida al complotto

Sull'onda dell'entusiasmo per gli encomi berlusconiani, Grasso alza ancora il tiro. E il 19 luglio 2003, undicesimo anniversario della strage di via D'Amelio, emana a sorpresa un ordine di servizio che in 24 ore toglie a Lo Forte e a Scarpinato anche le vecchie inchieste che stanno gestendo. Compresa quella (delegata anche a Lo Forte) che ha da poco portato all'incriminazione di Totò Cuffaro per concorso esterno in associazione mafiosa e altri reati. Il gesto è così eclatante che persino il prudentissimo «Giornale di Sicilia» lo definisce un «atto di guerra».

Due giorni prima, il 17 luglio, Grasso ha rilasciato una clamorosa intervista alla «Stampa», che lo stesso «Giornale di Sicilia» definisce «incendiaria». Titolo: *Contro di me la congiura dei veleni.* Il procuratore è piccato per due ampi articoli comparsi sull'«Unità» e sulla «Repubblica» (firmati da Saverio Lodato e Attilio Bolzoni, seguiti da uno di Giovanni Bianconi sul «Corriere della Sera») che descrivono il suo crescente isolamento alla Procura di Palermo. E risponde attaccando frontalmente quei sostituti che, dopo il caso Giuffrè, hanno continuato a criticarlo in varie riunioni per non aver mantenuto le promesse sulla circolazione delle informazioni.

L'ultimo *casus belli* risale alla mattina del 3 luglio, quando una dozzina di sostituti (tra cui Natoli e Russo) hanno chiesto una riunione urgente della Dda per essere informati dell'inchiesta su Cuffaro, di cui hanno saputo soltanto dai giornali. Una richiesta – sostiene Grasso nell'intervista – basata sul falso: al di là delle motivazioni formali, i sostituti in realtà l'avrebbero presentata solo per ritorsione nei suoi confronti, dopo che il 3 luglio il Csm aveva avallato l'estromissione di Scarpinato e Lo Forte. I suoi sostituti – accusa Grasso – pretendevano che lui «aggirasse la decisione del Csm».

Ma le cose non stanno così. Per una questione cronologica: la richiesta di assemblea è stata depositata nelle prime ore della mattinata del 3 luglio, mentre la delibera del Csm è stata adottata soltanto nel pomeriggio. Impossibile che un evento successivo abbia determinato quello precedente. Nella stessa intervista, il procuratore liquida le critiche dei suoi pm come «pettegolezzi di corridoio» e aggiunge:

> Fuor di metafora, credo che il ricorso all'attacco politico sia solo un paravento, un diversivo che nasconde interessi personali di pochi abitanti di questo palazzo. Persone identificabili in una

determinata area culturale e politica che si è sempre distinta per l'aggressività e il cinismo con cui ha attaccato ed attacca chi non condivide una certa visione della giustizia e dei problemi ad essa connessi. Neppure Giovanni Falcone si salvò da questi schizzi di fango, ricordate la polemica sulle «carte nei cassetti», cioè le indagini che secondo i censori dell'epoca avevano insabbiato chissà per quali inconfessabili interessi politici?

L'allusione all'area culturale di Magistratura democratica è talmente palese che, nei giorni seguenti, i giornali fanno apertamente i nomi e cognomi dei magistrati tirati in ballo da Grasso: oltre al solito Scarpinato, ci sono Ingroia e Gozzo (titolari, fra l'altro, del processo Dell'Utri) e, per estensione, anche quelli di altre correnti visti con uguale sospetto: Lo Forte, Natoli e tutti quanti hanno osato dissentire dalla gestione del capo. Sembra passato un secolo dalle zuccherose dichiarazioni di Grasso dopo lo scontro sul caso Giuffrè.

In una nuova, infuocata riunione della Dda volano parole grosse e si sbattono porte. Sostituti e aggiunti chiedono a Grasso di smentire i passaggi più gravi dell'intervista alla «Stampa», che delegittimano alcuni magistrati del suo ufficio e li sovraespongono pesantemente, oltre a ribaltare la storia e a iscrivere al partito dei nemici di Falcone proprio quei pm che dopo le stragi ne avevano difeso la memoria, schierandosi apertamente contro la gestione di Giammanco e di Pignatone. Il procuratore promette una rettifica, che però non arriverà mai.

Anche stavolta l'attacco ai suoi uomini non sortisce alcun effetto politico. O meglio: lo sortisce, ma a danno degli attaccati. Per l'attaccante, invece, applausi a scena aperta dalla Casa delle Libertà: ben 95 deputati del centrodestra sottoscrivono un'interpellanza parlamentare, primo firmatario il solito Fragalà, per chiedere al ministro della Giustizia di intervenire a difesa del procuratore. Il testo è una glorificazione del principio gerarchico, mentre le richieste di maggiore circolazione delle informazioni vengono spacciate per turpi manovre volte a «politicizzare» [sic] la Procura:

> L'ufficio della Procura della Repubblica di Palermo vive da mesi in un perdurante stato di fibrillazione cadenzato da fu-

ghe di notizie di atti di indagine e segreti d'ufficio, da contestazioni ai danni del procuratore capo, da richieste ripetute di assemblee dei sostituti, da petizioni sottoscritte da alcuni magistrati d'ufficio, con il chiaro scopo, ad avviso degli interpellanti, di imprimere un indirizzo politico alla attività giudiziaria [...]. A partire dal mese di settembre 2002 ripetuti episodi, come quelli sopra descritti, hanno trovato come protagonisti e interpreti alcuni magistrati della Procura di Palermo distintisi in passato per essere stati gli autori di quei «teoremi giudiziari» che hanno portato alla celebrazione di clamorosi processi politici, tutti conclusisi, dopo anni di defatigante attività processuale e l'impiego di enormi risorse di uomini, di mezzi e di finanza, con assoluzioni che, secondo gli interpellanti, hanno leso la credibilità dell'amministrazione della giustizia e hanno, soprattutto, distolto importanti risorse dall'obiettivo del contrasto e della sconfitta della «mafia militare», del racket, degli stupefacenti e del controllo del territorio; ultimamente, con l'amplificazione di giornali politicamente schierati, si è moltiplicato l'attivismo assembleare, pubblicistico e correntizio di alcuni appartenenti all'ufficio della Procura con attacchi plateali alla gestione dell'importante ufficio giudiziario condotta dal procuratore capo dottor Piero Grasso [...] [*segue una lunga citazione dell'intervista alla «Stampa», N.d.A.*]. Le dichiarazioni del procuratore Piero Grasso fanno pensare [...] che vicende come quella descritta siano in realtà finalizzate a garantire assetti di potere correntizio all'interno della Procura, al fine di promuovere la carriera dei magistrati politicamente schierati ai danni di quelli che, con riservatezza ed imparzialità, compiono con costanza e impegno il loro dovere e di sostenere l'incredibile pretesa di alcuni pm di essere considerati al di sopra delle regole ed addirittura della legge; [...] ai cittadini è potuto sembrare che lo scopo e il modo di essere di questa importantissima Istituzione dell'ordine giudiziario non fossero diretti e nutriti dal valore condiviso della repressione della criminalità comune ed organizzata, bensì dal disvalore di lotte interne e di potere.

I firmatari chiedono dunque al ministro Castelli

> quali iniziative intenda assumere, anche a seguito del recente sfogo pubblico del procuratore capo di Palermo, nell'ambito

delle sue prerogative e funzioni, al fine di far luce sui contrasti da tempo verificatisi all'interno della Procura di Palermo e sulle connesse ricadute in termini di funzionalità ed efficacia dell'azione investigativa dell'ufficio, accertando eventuali responsabilità dei singoli, affinché sia garantito il rispetto del principio di gerarchia, previsto dalla legge vigente, per un ufficio complessivamente rappresentato e diretto dal capo del medesimo.

Poco dopo l'Ansa batte la notizia che i laici della CdL al Csm, basandosi sull'intervista di Grasso (definita «sobria e contenuta»), hanno chiesto l'apertura dell'ennesima pratica per trasferire lontano da Palermo Scarpinato, Lo Forte e Ingroia. «Colpevoli», fra l'altro, di un fatto «gravissimo». Quale? Indagare sulle stragi.

«Sistemi criminali»

Per capire meglio la posta in gioco, occorre tornare indietro di qualche anno. All'indomani delle stragi del 1993, Caselli affida a Scarpinato un'inchiesta che si chiamerà «Sistemi criminali» (massoneria, politica e imprenditoria deviate): in coordinamento con le Procure di Caltanissetta e Firenze, il nuovo fascicolo punta a dare un volto e un nome ai mandanti occulti delle stragi del 1992-93 e a tratteggiare lo scenario politico nel quale maturarono quei terribili eccidi politico-mafiosi. L'indagine, «inventata» da Scarpinato, viene poi condivisa con Lo Forte, Ingroia e Gozzo. E diventa ben presto una spina nel fianco per la classe politica. Non solo di destra, ma anche di sinistra.

Il 14 ottobre 1999, mentre i giudici del processo Andreotti entrano in camera di consiglio per la sentenza di primo grado, Francesco Cossiga acquista addirittura a sue spese una pagina del «Corriere della Sera» per pubblicare un appello al presidente del Consiglio Massimo D'Alema e chiedergli di fermare i pm palermitani (tre anni dopo farà qualcosa di molto simile, come abbiamo visto, per l'inchiesta Rostagno). L'ex capo dello Stato sostiene di essere indagato nell'inchiesta «Sistemi criminali»:

> Sostituti ammalati di onnipotenza sembra stiano preparando uno dei soliti dossier pseudo-giudiziari per cui io, in quanto doverosamente interessato a Gladio, farei parte di un sistema di poteri criminali che avrebbe governato l'Italia per 50 anni.

Dice di averlo saputo da «autorità istituzionali e ambienti giornalistici con il sistema della mormorazione e dei sussurri». Poi punta il dito contro tre magistrati: Grasso (il «giovane procuratore», il «giustiziere»), Scarpinato (l'«ineffabile») e Lo Forte («non prudente»). E conclude la sua requisitoria con un avvertimento: «Se pensano di intimorirmi, si sbagliano di grosso. Io dei loro teoremi me ne frego».

Il giorno stesso, durante una conferenza stampa convocata per annunciare una serie di arresti, Grasso replica:

> Non esiste alcuna indagine nei confronti del senatore Cossiga. Desta viva inquietudine il fatto che soggetti indicati nella lettera come «autorità istituzionali e ambienti giornalistici» abbiano fornito allo stesso senatore Cossiga notizie che non hanno alcun fondamento nella realtà, ponendo così in essere, per oscure motivazioni, una gravissima manovra di disinformazione [...]. Non ci prestiamo a giochi politici, non possiamo né vogliamo entrare in giochi politici. Anche perché tutto accade in un momento particolare. Noi rivendichiamo il potere di indagine e continueremo, senza alcun condizionamento e in piena autonomia e indipendenza, ad adempiere al dovere istituzionale di indagine sancito dall'articolo 112 della Costituzione.

Intanto però Cossiga, intervistato da Telemontecarlo, torna a picconare:

> Non è che ci sono indagini. Ci sono questi ragazzotti che, com'è loro costume, stanno raccogliendo ipotesi. Il buon Scarpinato e soci sono due anni che fanno ipotesi, in modo tale da mettersi al riparo dal dover applicare le norme del codice di procedura penale. Scarpinato si deve mettere in testa che il diritto io lo conosco prima e molto più di lui e che lui sarà intelligente, ma rispetto a me è fesso.

Mentre ancora Grasso parla con i cronisti, gli squilla il cellulare: «Era Scarpinato», rivela il procuratore. «Mi prega di comunicare che non è "fesso", in senso latino. Quindi, non è "allineato"...». Ma il senatore a vita, in serata, rilancia:

> Grasso smentisca se ci sono atti o documenti a me relativi per la mia appartenenza al Sovrano militare Ordine di Malta, al centro Stay Behind denominato Skorpion di cui ignoro perfino l'esistenza, ai miei viaggi in Irlanda, in Inghilterra, in Croazia.

Poi annuncia un'interpellanza parlamentare, minaccia di rivolgersi alla Procura di Caltanissetta e chiede all'ex procuratore Caselli «se egli sapeva». Intanto un membro della commissione Antimafia, Carmelo Carrara del Ccd, già magistrato a Palermo, conferma la tesi di Cossiga: «È pacifico che nel "processo-panettone" denominato "Nuovi sistemi criminali" ci sono documenti, informazioni e atti di investigazione che riguardano Cossiga». Lino Jannuzzi, sentendosi chiamato in causa dalle accuse di Grasso agli ambienti giornalistici, annuncia di averlo querelato e conferma che l'inchiesta su Cossiga – come scrive da tempo il suo «Velino» – esiste.

Quasi in stereofonia, all'indomani dell'assoluzione di Andreotti in Tribunale, interviene a dar manforte a Cossiga il presidente dell'Antimafia, Ottaviano Del Turco (Sdi), con un'apposita intervista al «Messaggero»:

> *È molto scettico, Del Turco, circa l'uso dei pentiti in inchieste su mafia e politica.*
> Sono furbi [*i pm antimafia, N.d.A.*], ma tutte le volpi, come diceva Andreotti, prima o poi finiscono in pellicceria.
> *E pensare che a Palermo, almeno a sentire Cossiga, c'è in piedi un'altra indagine del genere, basata sui pentiti. Sarebbe condotta da uno dei pm che ieri sosteneva l'accusa contro Andreotti, Roberto Scarpinato. Si chiama «Sistemi criminali». Del Turco, la conosce?*
> Sì. Ma devo stare agli atti ufficiali. E il procuratore di Palermo, Grasso, ha detto che non è in corso nessuna indagine che riguardi la politica italiana del dopoguerra. Comunque questa teoria dei sistemi criminali sarebbe il tentativo di rileggere non solo la vicenda Andreotti ma anche la vicenda di Cossiga e via

> via tutte le vicende del dopoguerra come un unico disegno criminale dentro cui ci stanno le bombe, il terrorismo, le Brigate rosse, le mafia, i gladiatori, la Cia. E naturalmente, da ultimo, Berlusconi che gira con le valigette piene di bombe al tritolo. La mia opinione è che dopo la sentenza Andreotti bisogna essere un po' cauti. Non solo a immaginare un processo del genere, ma anche a istruirlo [...]. Avrei trovato molto discutibile che il dottor Scarpinato e altri magistrati avessero continuato a istruire processi di questa natura. Penso che questi magistrati abbiano maturato il diritto per un lungo periodo di riposo, dopo sei anni di lavoro per il caso Andreotti.

In realtà, sui «Sistemi criminali», Scarpinato e gli altri continuano a indagare. È vero però che dal 2000, cioè da quando si è insediato a Palermo, il procuratore Grasso chiede di archiviare la scottante indagine. Viene esaudito il 21 marzo 2001, ma soltanto parzialmente: i suoi pm propongono e ottengono l'archiviazione dal gip di una tranche del fascicolo, e solo perché sono scaduti i termini per indagare.

È la parte che riguarda la miriade di «leghe» meridionali sorte fra il 1991 e il '93 in tutto il Sud Italia, soprattutto in Sicilia e in Calabria, per iniziativa di mafiosi, 'ndranghetisti, esponenti del neofascismo e della massoneria deviata. E che vedeva indagati fra gli altri: Licio Gelli, l'estremista nero Stefano Delle Chiaie, il suo avvocato Stefano Menicacci, l'ordinovista Rosario Cattafi; e poi i boss mafiosi Riina, Bagarella, Giuseppe e Filippo Graviano, Nitto Santapaola, Aldo Ercolano, Eugenio Galea; e ancora l'avvocato Giovanni Di Stefano (legato al comandante Arkan, il criminale di guerra serbo) e il suo fedelissimo Paolo Romeo, nonché il commercialista di Riina, Pino Mandalari. I reati ipotizzati andavano dal concorso esterno in associazione mafiosa all'associazione con finalità di terrorismo e di eversione dell'ordine democratico (articolo 270 bis del codice penale),

> per avere – con condotte causali diverse ma convergenti verso l'identico fine – promosso, costituito, organizzato, diretto e/o partecipato a un'associazione, promossa e costituita in Palermo anche da esponenti di vertice di Cosa Nostra, ed avente ad oggetto il compimento di atti di violenza con fini di ever-

sione dell'ordine costituzionale, allo scopo – tra l'altro – di determinare, mediante le predette attività, le condizioni per la secessione politica della Sicilia e di altre regioni meridionali dal resto d'Italia, anche al fine di agevolare l'attività dell'associazione mafiosa Cosa Nostra e di altre associazioni di tipo mafioso ad essa collegate sui territori delle regioni meridionali del paese.

Per nessuno degli indagati, essendo scaduti i termini, i pm ritengono di aver raccolto indizi sufficienti per giustificare una richiesta di rinvio a giudizio. Di qui l'archiviazione del 2001. Che naturalmente non pregiudica il prosieguo delle indagini sugli altri filoni aperti sul quadro politico che fa da sfondo ai possibili mandanti occulti delle stragi. Con una mossa a sorpresa, però, Grasso esclude dalle indagini sugli altri filoni Roberto Scarpinato, che ha seguito il fascicolo fin dal principio e lo conosce più a fondo. Mandarlo in panchina è soltanto la prima tappa di un percorso che, nei mesi seguenti, porterà alla quasi completa stagnazione di quell'importantissima inchiesta. Anche perché il clima si fa sempre più difficile.

Negli anni di Caselli il coordinamento funzionava a pieno regime e tutti i titolari dell'inchiesta partecipavano alle periodiche riunioni presso la Procura nazionale con Vigna e i colleghi fiorentini e nisseni. Dopo l'arrivo di Grasso, quel lavoro di squadra s'inceppa e le indagini segnano il passo. I pm che seguono il fascicolo chiedono più volte un'assemblea urgente della Dda per fare il punto. Grasso non solo non l'ha mai convocata, ma il 14 luglio 2003 partecipa da solo, senza avvertire nessuno dei titolari, a un importante vertice convocato a Roma da Vigna. Obiettivo della riunione: coordinare le nuove indagini da compiere, dopo la morte del pm fiorentino Gabriele Chelazzi, che aveva dedicato gli ultimi anni della sua vita alla ricerca dei mandanti occulti delle stragi (a quale punto fosse arrivato, dopo la strozzatura della circolazione delle notizie, i pm palermitani l'hanno appreso soltanto dopo la sua scomparsa).

Vigna, nella convocazione, invita i colleghi delle tre Procure a presentarsi «preparati» all'appuntamento. Ma, mentre da Firenze e Caltanissetta arrivano a Roma i capi, gli aggiunti e i sostituti, da Palermo giunge il solo Grasso, che oltretutto non è neppure titolare di quelle indagini. Poi, al suo ritorno in ufficio, non ritiene di informare i colleghi che le conducono dell'avvenuta riunione, dei temi discussi e delle decisioni prese. Segreto assoluto. Di quell'incontro i tre pm titolari vengono a sapere per caso, quando il procuratore aggiunto di Caltanissetta Paolo Giordano li chiama per sapere come mai nessuno di loro abbia partecipato. I tre magistrati rimasti nell'indagine – Lo Forte, Ingroia e Gozzo – cadono dalle nuvole. E, a fine luglio, scrivono una lettera al capo per chiedere spiegazioni e protestare vibratamente per l'ennesima violazione del principio della circolazione delle informazioni. Grasso risponde a metà agosto, sempre per iscritto: si è trattato – dice – di una semplice «riunione interlocutoria». Ma i tre pm scoprono ben presto che non è così: il vertice è durato diverse ore, con scambio di «atti rilevanti» fra le varie Procure. Atti che Grasso non ha mai trasmesso ai titolari dell'inchiesta: riguardano, fra l'altro, le dichiarazioni di Brusca che coinvolgono anche il padre di Pignatone; i diari di Falcone che chiamano in causa Pignatone e Giammanco; le carte sul «papello» di Riina e sulle trattative del 1992-93 fra pezzi dello Stato e Cosa Nostra.

Il 3 ottobre i tre pm tornano a scrivere a Grasso contestandogli l'intera sequenza dei fatti. E qualche giorno dopo vengono a sapere che tutte quelle nuove carte sono finite in un fascicolo parallelo a «Sistemi criminali», creato in gran segreto dal procuratore nel «modello 45» (quello delle notizie che non costituiscono reato) e affidato ad altri pm. Il 13 ottobre 2003 i pm tagliati fuori scrivono a Grasso una terza, durissima lettera, per esprimere «grave perplessità e profondo disagio» e dirsi non più in grado di assolvere al proprio dovere in indagini così «complesse e delicate». In quei giorni Scarpinato scrive anche a Virginio Rognoni, vicepresidente del Csm, per chiedere un'audizione urgente per sé e per gli altri colleghi della Dda: le tensioni a Palermo – spiega – non dipendono da «contrapposizioni personalistiche», ma dalla violazione continua della «regola della circolazione delle informazioni all'interno della Dda». Negli stessi giorni si tengono riunioni sempre più infuocate della Dda. Il 23 settembre Natoli, dopo un duro scontro con Pignatone, si dimette dichiarando che «gli amici di Falcone sono stati sconfitti». Massimo Russo definisce

Grasso «generale senza esercito». Lo Forte parla di «operazione politica» mirata a condizionare la Procura di Palermo» e si dice pronto a «riferire al Csm le ragioni profonde e i fatti concreti» che l'hanno innescata. Morvillo, cognato di Falcone e procuratore aggiunto, denuncia: «È la più grave crisi in questa Procura degli ultimi 10 anni, l'intervento del Csm è urgente e indifferibile». Anche un altro aggiunto, Lari, invoca l'organo di autogoverno: «Di questo passo, andremo a sbattere». Oltre ai quattro aggiunti, anche 11 dei 23 sostituti della Dda chiedono l'intervento del Csm. Ma dal Palazzo dei Marescialli non giungerà risposta alcuna. Come se a Palermo non stesse accadendo nulla.

L'inchiesta «Sistemi criminali», l'abbiamo visto, è per una parte della classe politica come il drappo rosso per il toro. Appena la polemica fra Grasso e i tre pm finisce sui giornali, ecco puntuale la reazione sdegnata dei laici del centrodestra al Csm: non contro il procuratore che ha nascosto l'incontro romano e le carte ai pm titolari, ma contro i pm che hanno osato protestare.

Le carte trasmesse a Grasso dai colleghi fiorentini e nisseni non arriveranno mai sul tavolo dei tre magistrati palermitani. Isolati nel fascicolo parallelo, avulsi dal contesto tratteggiato nei «Sistemi criminali», quegli spunti investigativi imboccano fin da subito un binario morto.

Quello del «binario morto» è un nuovo raffinatissimo metodo che a volte si combina con un altro: si frammenta il quadro d'insieme, si separano i fatti in fascicoli blindati a compartimenti stagni, si polverizzano gli elementi acquisiti affidandoli a magistrati diversi. Insomma, si sparpagliano le tessere del mosaico, per poi concludere che manca il disegno unitario dei fatti. Che, visti tutti insieme e messi in ordine, potrebbero portare a risultati importanti. Ma, presi singolarmente e avulsi dal contesto, galleggiano nel vuoto. Un metodo che – come vedremo – celebrerà la sua apoteosi nel caso Cuffaro.

Defunge così l'ultimo «sacro principio» superstite del pool antimafia: quello dell'informazione funzionale all'interno delle Dda. E viene anticipato uno dei punti cardine della controriforma berlusconiana dell'ordinamento giudiziario: la trasformazione delle Procure in monarchie assolute, sotto il pugno di ferro di una casta di procuratori graditi al governo. Onde evitare che affari scottanti e personaggi intoccabili finiscano in mano a magistrati incontrollabili. O, per dirla con il presidente del Consiglio, «mentalmente disturbati» e «antropologicamente diversi dal resto della razza umana».

Il nuovo sacro principio è chiaro e lampante: credere, obbedire e combattere. Ma soprattutto credere e obbedire. Ma soprattutto obbedire.

Le promesse tradite

Il mattino del 12 luglio 2002 la Corte d'Assise di Trapani sta giudicando una quarantina di mafiosi, presenti in gabbia o in videoconferenza dalle rispettive carceri. C'è Totò Riina, collegato dal carcere di Ascoli. E c'è suo cognato Leoluca Bagarella, dall'Aquila. A sorpresa, Bagarella chiede di leggere una dichiarazione spontanea anche a nome degli altri detenuti. Il presidente della Corte gli dà la parola.

> BAGARELLA: A nome di tutti i detenuti ristretti presso questa casa circondariale dell'Aquila, sottoposti all'articolo del 41 bis, stanchi di essere strumentalizzati, umiliati, vessati e usati come merce di scambio dalle varie forze politiche, intendiamo informare questa Eccellentissima Corte che dal giorno 1° luglio abbiamo iniziato una protesta civile e pacifica che consiste nella riduzione dell'aria. Praticamente ci andiamo una sola ora, all'aria. E del vitto e dalle battiture sulle grate a tempo... Tutto ciò cesserà nel momento in cui le autorità preposte in modo attento e serio dedicheranno una più approfondita attenzione alle problematiche che questo regime carcerario impone e che più volte sono state esposte le quali da dieci anni [...]. I medesimi lamentano il modo in cui il ministro della Giustizia proroga di sei mesi a sei mesi il regime particolare del 41 bis [...], un modo come aggirare la legge, secondo la quale i provvedimenti limitativi del trattamento penitenziario non possono che essere temporali [...]. E l'essere tempestati da proroghe trimestrali di provvedimenti assai vessatori sono in palese contrasto con l'articolo 3 della Costituzione, della Corte costituzionale [...]. Signor presidente, io

ho finito. Volevo solo aggiungere una cosa. Siccome in questi giorni i giornali hanno parlato: «Ascoli Piceno, ha iniziato Riina a fare lo sciopero della fame» [...], io non so se ad Ascoli Piceno [...].
PM PISCITELLO: Presidente [...], la rilevanza vorrei capire, le dichiarazioni spontanee devono sempre essere attinenti alla dialettica processuale [...].
PRESIDENTE: Ascolti, Bagarella...
BAGARELLA: E allora ai politici che ci raccontate, che cosa ci raccontano i giornalisti, che ci raccontano...
PRESIDENTE: Bagarella, [...] c'è un'opposizione del pubblico ministero a che lei continui. Lei ha letto questa sorta di...
BAGARELLA: Questa peti... diciamo petizione.
PRESIDENTE: Ne abbiamo preso atto, basta così [...].
BAGARELLA: Va bene, la ringrazio, signor Presidente.
PM PISCITELLO: [...] Presidente, io chiedo che il verbale delle dichiarazioni [...] che ha appena reso Bagarella venga trasmesso al mio ufficio per quanto di eventuale competenza.
PRESIDENTE: Va bene, d'accordo, provvediamo [...].

Fin qui il verbale dell'udienza, anche se un rapporto del Sisde che vedremo fra poco riferirà che Bagarella ha parlato pure di «promesse non mantenute» dai politici. Nel pomeriggio dello stesso 12 luglio, alle 15,42, la direttrice del carcere di Ascoli inoltra via fax alla Procura di Palermo una nota riservata, con allegata «la relazione del responsabile del Reparto Operativo Mobile» (Rom) sullo sciopero della fame in corso nel penitenziario da parte dei detenuti al 41 bis. Fa sapere che «il detenuto Salvatore Riina ha esternato il proprio disappunto per essere stato indicato dai media come promotore della protesta», alla quale neppure partecipa (probabilmente è quanto il cognato Bagarella tentava di dire in coda al comunicato). E fa sapere che la nota «viene trasmessa alla Procura della Repubblica e alla Dda di Palermo per quanto di rilevanza penale e per le iniziative cautelari in ordine alle minacce e ingiurie rivolte nei confronti della dott.ssa Borsellino [*Fiammetta Borsellino, figlia del giudice Paolo, N.d.A.*] da parte dei detenuti Lo Russo Giuseppe e Grassonelli Salvatore».

Il responsabile del Rom, ispettore Nicola Cristella, scrive nel suo rapporto che la protesta è capeggiata dal boss mafioso

Giovanni Avarello, «condannato a 11 ergastoli per numerosi omicidi, tra i quali quello del giudice Livatino»: la sua «cospirazione si regge anche grazie alla collaborazione di altri due eminenti boss: Salvatore Montalto e Domenico D'Ausilio» e trova «un forte seguito sia all'interno dell'ambiente carcerario che all'esterno». Seguono i nomi di una decina di capimafia siciliani, calabresi e campani, che si intrattengono in fitte conversazioni minacciando sfracelli se non verrà addolcito o abolito il 41 bis. Scrive ancora l'ispettore Cristella:

> In particolare si è avuto modo di udire i detenuti Lo Russo Giuseppe e Grassonelli Salvatore che, parlando tra loro da una cella all'altra, asserivano di aver iniziato la protesta per far capire all'esterno che loro sono in condizioni di farsi valere anche rinchiusi nei penitenziari. Sempre a proposito della protesta e del regime detentivo speciale, circa le affermazioni della figlia dello scomparso giudice Borsellino, gli stessi indignati dicevano che questa non aveva capito niente e che bisognava zittirla. La dott.ssa Borsellino, ad una intervista, aveva chiesto che i detenuti per delitti di mafia fossero sottoposti ad un regime detentivo più duro di quello attuale, a suo dire meno restrittivo che in passato, sollecitando le più alte cariche dello Stato a non abbassare la guardia nei confronti delle organizzazioni criminali. All'appello, i detenuti hanno reagito lanciando all'indirizzo della dott.ssa Borsellino insulti e minacce, promettendo di fargliela pagare cara.

Dunque il proclama in stile Br di Bagarella (boss irriducibile, che mai aveva rotto il silenzio con un'esternazione del genere) non è un fulmine a ciel sereno. È il frutto di un piano concordato fra diversi boss detenuti di Cosa Nostra, della camorra e della 'ndrangheta.

Con chi ce l'hanno Bagarella & C.? Chi sono i politici che hanno «strumentalizzato» i mafiosi, usandoli come «merce di scambio»? Quali «promesse» hanno fatto e poi tradito? Il pensiero, ovviamente, va al 41 bis, che Cosa Nostra chiede di abolire fin dai primi anni Novanta, quando Totò Riina – come raccontano diversi suoi collaboratori, poi pentiti – presentò il suo «papello» a vari referenti politici. I magistrati che, negli anni di Caselli, hanno raccolto quelle dichiarazioni e istruito i grandi processi su mafia e politica lo sanno bene. Il «Corriere della Sera» raccoglie le loro analisi. Osserva Lo Forte:

> Oggi il primo problema di Cosa Nostra è interno: conciliare gli interessi dei detenuti con quelli dei latitanti. Un capomafia non è mai esplicito. Perché è mafioso e perché sa che chi deve capire capisce. In ogni caso, dalle parole di Bagarella emerge che c'erano delle aspettative di Cosa Nostra su questa vicenda del 41 bis che, evidentemente, sono state disattese.

Un messaggio al governo e/o al Parlamento, dunque. Ma anche ai boss latitanti che sembrano aver dimenticato i detenuti. Chi sta fuori ha tutto l'interesse a mantenere la *pax mafiosa* inaugurata da Provenzano nel '93 dopo l'arresto di Riina e le stragi continentali della primavera-estate, grazie alla famosa «trattativa» con i «nuovi referenti politici» della mafia. Ma chi sta dentro, con una raffica di ergastoli sul groppone, e per giunta con i rigori del 41 bis, morde il freno, chiede ai politici il rispetto delle promesse fatte in quella trattativa e minaccia, in caso contrario, di rompere la *pax mafiosa* con una nuova stagione di stragi. Lo si evince chiaramente dal proclama di Bagarella e dai conciliaboli nel carcere di Ascoli.

Giovanni Bianconi, sul «Corriere», rivela il contenuto di una conversazione intercettata il 2 agosto 2000 fra Pino Lipari, «consigliori» di Provenzano, e un altro mafioso, Salvatore Miceli, sul litorale di San Vito Lo Capo. Lipari racconta di un suo recente incontro con il boss dei boss.

> LIPARI: Giustamente quello [*Provenzano*] è restio per una cosa... per dire «signori miei, rimettiamo questo giocattolo in piedi. Che succede se io – dice – non ricevo dal carcere le indicazioni di farlo?... Significa che io devo andare contro di loro!».
> M: Certo.
> L: Contro Totuccio... Riina... Contro Bagarella.
> M: Certo.

Il «giocattolo» da «rimettere in piedi» secondo le «indicazioni dal carcere» sembra essere la macchina delle stragi, che i boss detenuti vorrebbero riesumare per riportare lo Stato al tavolo della trattativa. Provenzano è «restio». Ma sa bene di non poter «andare contro Riina e Bagarella», ristretti al 41 bis e stanchi di aspettare.

Intanto si torna a parlare di leggi sulla dissociazione, nonché del progetto di legge Pepe-Saponara per applicare il «giusto processo» retroattivamente ai condannati definitivi, consentendo la revisione delle sentenze in base alla riforma costituzionale del 1999. Tornano alla mente la cosiddetta «trattativa Aglieri» del 2000 e la lettera scritta nel 2002 ai procuratori Vigna e Grasso dallo stesso Aglieri (provenzaniano detenuto all'ergastolo e al 41 bis), con un appello alle istituzioni perché garantiscano anche ai mafiosi «processi equi» e trovino una strada che consenta loro di non finire i propri giorni dietro le sbarre: né collaborazione né dissociazione, ma «una terza via» frutto di «un lavoro attento e paziente, fatto e condotto da persone lungimiranti». E infine uno strano episodio accaduto nell'ottobre 2001, quando l'ex factotum di Riina, Salvatore Biondino, chiede di essere impiegato in carcere come «scopino», per poter accedere alle varie sezioni del 41 bis e incontrare i boss di mafia, camorra e 'ndrangheta interessati a una nuova trattativa. A smascherare la manovra e a farla saltare è il pm Alfonso Sabella, capo dell'Ispettorato del Dap. Poco dopo il suo nuovo capo Giovanni Tinebra, già procuratore a Caltanissetta, che si è espresso pubblicamente in favore del progetto «dissociazione», sopprime il suo ufficio e lo mette alla porta.

Ora, dopo il proclama di Bagarella, Sabella – che nel '95 lo arrestò – osserva che il clima nelle carceri è di nuovo in ebollizione: «L'ala dura della mafia in carcere, guidata dai corleonesi, è uscita allo scoperto con messaggi al limite delle minacce». Minacce a non meglio precisate «forze politiche».

E chi siano i destinatari di quei messaggi inquietanti lo rivela un clamoroso rapporto del Sisde (diretto, per decisione del governo Berlusconi, dall'ex capo del Ros Mario Mori). Il 17 luglio, cinque giorni dopo l'ultimatum di Bagarella, il servizio segreto civile inoltra al governo una dirompente informativa riservata, che ben presto finisce sui giornali. Scrive Mori:

> Come dimostrano le iniziative di Aglieri e Bagarella e le informazioni d'ambiente, i boss hanno deciso di «non accettare il

protrarsi di questo status». Le stesse fonti indicano che, vista l'inefficacia delle proposte di «pacificazione», i capi di Cosa Nostra in carcere potrebbero aver deciso di reagire con gli strumenti criminali tradizionali colpendo obiettivi ritenuti paganti. Secondo le stesse fonti avrebbero però affermato l'intenzione «stavolta» di «non fare eroi» [...]. Queste informazioni [...] inducono a ritenere altamente probabile che, a breve o medio termine, Cosa Nostra torni a colpire selettivamente e simbolicamente, evitando, però, le ricadute negative di una eventuale eliminazione di personalità assimilabili a Giovanni Falcone e Paolo Borsellino, e agli altri esponenti delle istituzioni assassinati in passato («non faremo eroi»). Il messaggio criminale che una simile iniziativa dovrebbe veicolare al mondo della politica ed alla pubblica opinione dovrebbe quindi essere tale da suscitare attenzione, con poche o nulle reazioni dello Stato e, possibilmente – per essere realmente efficace – provocare effetti istituzionali destabilizzanti. L'obiettivo potrebbe quindi essere una personalità della politica che indipendentemente dal suo effettivo coinvolgimento in affari di mafia, venga comunque percepito come «mascariato», come compromesso con la mafia e quindi non difendibile a livello di opinione pubblica. Questa linea di ragionamento induce a ritenere che l'onorevole Marcello Dell'Utri possa essere percepito da Cosa Nostra come bersaglio ideale (insieme ad altri esponenti siciliani della Casa delle Libertà). L'esponente palermitano di Forza Italia è sotto processo per associazione esterna di stampo mafioso [...] e nella stampa quotidiana è stata proposta l'equazione «Lima-Dell'Utri». La sua esposizione mediatica dai contorni negativi e la sua vicinanza al Presidente del Consiglio potrebbero essere ritenute dalla mafia utili per mandare un messaggio di forte impatto criminale e destabilizzante. Analogamente destabilizzante, in questa ottica, potrebbe ritenersi un attentato ai danni dell'On.le Previti, il cui profilo pubblico è molto simile a quello dell'On.le Dell'Utri, anche in relazione al Presidente del Consiglio. Se la mafia, come sostengono le fonti, vuole tornare a colpire, è verosimile che scelga un'operazione di forte impatto, con ricadute destabilizzanti sul piano politico e idonea – comunque – a far capire allo Stato (come non sono stati in grado di fare Aglieri e Bagarella) che i capi di Cosa Nostra non intendono accettare lo status quo.

Il rapporto del Sisde, ma soprattutto la sua divulgazione, scatenano l'ira di Dell'Utri e di Previti, ai quali comunque viene assegnata una scorta. La situazione è ad altissimo rischio. E lo dicono i servizi segreti, per la penna di un uomo, il generale Mori, che della mafia sa molte cose.

Non bastasse tutto ciò, negli stessi giorni 31 mafiosi detenuti al 41 bis nel supercarcere di Novara consegnano al segretario radicale Daniele Capezzone una lettera aperta contro alcuni avvocati penalisti perlopiù siciliani, loro difensori, eletti in Parlamento per la Casa delle Libertà. I detenuti – fra i quali boss del calibro di Giuseppe Graviano e Salvatore Madonia – rimproverano gli onorevoli avvocati di aver voltato gabbana: prima di andare in Parlamento erano contro il 41 bis, ora invece non muovono un dito per abrogarlo, anzi, siedono silenti in un Parlamento che decide di renderlo definitivo. Anche su questo messaggio, il Sisde produce un'allarmata informativa che si conclude così:

> L'«avvertimento» indirizzato ai penalisti palermitani divenuti parlamentari, accusati di trascurare le aspettative di tanti imputati già difesi in sede giudiziaria, viene interpretato in ambienti d'interesse come indicativo dell'intenzione dei detenuti per fatti di mafia di pianificare azioni delittuose in loro danno.

Risultato: viene assegnata (o rafforzata) la scorta anche agli avvocati parlamentari interessati.

Intanto «radio carcere» batte un tamtam che dice: «Iddu pensa solo a iddu», dove *iddu* sembrerebbe essere il presidente del Consiglio, molto attivo con leggi *ad personam* per sé e per gli amici più intimi, ma molto distratto sulle esigenze di Cosa Nostra. Qualche tempo dopo, il 21 dicembre, Berlusconi dichiara che il 41 bis, pur necessario, risponde a «una filosofia illiberale». E l'indomani, 22 dicembre, allo stadio di Palermo, durante la partita fra il Palermo e l'Ascoli (proprio la squadra della città dov'è detenuto Riina), compare uno striscione a caratteri cubitali che tira direttamente in ballo il presidente del Consiglio: «Uniti contro il 41 bis. Berlusconi dimentica la Sicilia». Un inquietante promemoria di possibili promesse tradite.

Di fronte a tanti segnali destabilizzanti, l'Italia trattiene il fiato. Pare di essere tornati al 1992, quando la mafia regolò i conti con i politici «traditori». In Sicilia impazza un macabro toto-morto ammazzato. E che fa la Procura di Palermo, epicentro del sisma, di fronte a una situazione così esplosiva? Che fa della nota riservata trasmessa dalla direttrice del carcere di Ascoli «per quanto di rilevanza penale»? Che fa del verbale di udienza di Bagarella, inoltrato dal Tribunale di Trapani su richiesta del pm della Dda palermitana Roberto Piscitello «per quanto di nostra eventuale competenza»? Poco o nulla.

La prima cosa da fare sarebbe disseminare il carcere di Ascoli di microspie, per ascoltare in diretta i discorsi fra i boss e seguire passo passo la loro strategia destabilizzante. Battere il ferro finché è caldo, cogliere l'attimo: è prevedibile che, fatto il «botto», Bagarella e i suoi complici commentino le notizie di stampa e le reazioni politiche. Magari sbilanciandosi con quei nomi e cognomi che «Luchino» ha evitato di fare nel suo messaggio in teleconferenza. Ma Grasso non convoca neppure una riunione della Dda per decidere il da farsi. Senza consultarsi con nessuno, inserisce la relazione del penitenziario ascolano in un protocollo amministrativo (quello delle cosiddette «Riservate») e ne dispone l'immediata archiviazione. Così l'estate e l'autunno trascorrono con un nulla di fatto.

Soltanto in ottobre quella relazione viene riesumata e, finalmente, si decide di piazzare le cimici nelle celle del carcere di Ascoli. Ma ormai è troppo tardi. Le intercettazioni non danno risultato alcuno. I boss ormai tacciono, o parlano d'altro. Un nuovo flop determinato da un metodo – quello della gestione verticistica delle informazioni «calde» – che in alcuni frangenti delicatissimi finisce per sottrarre la decisione all'esame congiunto di tutti gli esperti della Dda. Che vengono messi al corrente delle notizie soltanto quando è troppo tardi, e il treno è ormai passato.

Note

1. «la Repubblica», 6 febbraio 2000.
2. *Ibidem.*
3. *Ibidem.*
4. «il Velino», 26 gennaio 2000.
5. Ansa, 8 giugno 2000.
6. *Ibidem.*
7. «Corriere della Sera», 21 luglio 2003.
8. Roberto Scarpinato, *La storia. Italia mafiosa e Italia civile*, in «MicroMega», 4/2004.
9. Ansa, 12 dicembre 2002.

6
Cuffaro, talpine & talpone

La svolta politico-culturale della «nuova» Procura di Palermo è tutta in questo dato: un solo politico di prima grandezza indagato per mafia tra il 1999 e il 2005. E cioè il governatore di Sicilia Salvatore Cuffaro, detto Totò Vasa Vasa (bacia-bacia, per l'incontenibile trasporto con cui abbraccia e bacia chiunque gli si pari dinanzi). Il confronto con le indagini su mafia e politica della stagione di Caselli, ma anche con quelle contemporanee di Procure più periferiche, come quelle della Puglia, della Calabria e della Basilicata, è piuttosto imbarazzante. Certo, c'è penuria di pentiti. E c'è un clima generale che non induce la gente a rompere l'omertà. Ma il caso Giuffrè dimostra come, anche quando c'è chi vorrebbe parlare, ne venga per così dire dissuaso, o almeno frenato. In altre occasioni, gli spunti investigativi non mancherebbero, ma non vengono coltivati. Un esempio, fra i tanti.

Il 5 giugno 2002 il gip Antonio Caputo, su richiesta della Procura di Palermo, arresta Mario Fecarotta, imprenditore edile titolare di un'impresa specializzata in opere portuali, molto ben introdotto nei salotti della politica e della borghesia palermitana (e non solo: risultano sue lettere e telefonate a Francesco Rutelli, suo lontano parente). Insieme a lui finiscono in carcere Salvatore Giuseppe Riina detto Salvo, 25 anni, terzogenito del boss Totò, e altre 20 persone. Fecarotta è accusato di associazione mafiosa ed estorsione ai danni di una impresa impegnata in lavori al porto di Palermo e sospettato di essere uno dei prestanome usati dalla famiglia Riina per intestare beni e accaparrarsi commesse nei porti di Palermo, Mazara del Vallo e Terrasini. In pratica il costruttore avrebbe fatto da mediatore tra Riina jr. e la Fincosit di Roma, che avrebbe versato al figlio del boss, tramite Fecarotta, mezzo miliardo di lire in cambio dell'appalto per una banchina del porto.

Prima del suo arresto, Fecarotta è stato a lungo intercettato. E, dalle trascrizioni delle sue telefonate, emergono frequentissimi contatti con il viceministro dell'Economia Gianfranco Miccichè, viceré di Forza Italia in Sicilia. Anziché allarmarsi per i rapporti fra un viceministro e un tizio arrestato per mafia col figlio di Riina, in Parlamento è tutto uno strillare contro i giudici che hanno scoperto la cosa, intercettando Fecarotta e, senza volerlo, Miccichè. Il presidente della Camera Casini e quello dell'Antimafia Centaro protestano per le presunte lesioni delle prerogative dei parlamentari. Ma il procuratore Grasso rassicura tutti:

> Non è stata la magistratura a diffondere la notizia relativa ai contatti tra l'imprenditore Fecarotta e il viceministro Miccichè. La notizia è stata diffusa dalle agenzie, noi ne abbiamo parlato solo per chiarire il fatto e per escludere qualunque coinvolgimento del politico di Forza Italia nell'indagine. Se si è verificata una fuga di notizie, la Procura avvierà un'indagine. Sappiamo benissimo che le intercettazioni non sono utilizzabili in procedimenti contro un parlamentare senza l'autorizzazione del Parlamento, e infatti non saranno utilizzate poiché non si indaga su alcun parlamentare.

Giustificazione piuttosto curiosa. Anzitutto non c'è stata alcuna fuga di notizie: una delle telefonate tra Fecarotta e Miccichè è riportata nell'ordinanza di custodia cautelare contro Riina jr., Fecarotta e gli altri arrestati. È quella registrata l'11 giugno 2001, in cui Fecarotta chiede un favore a Miccichè perché interceda nell'apertura di un conto bancario. L'imprenditore aveva ricevuto un decreto ingiuntivo che ostacolava l'apertura del conto, su cui avrebbe dovuto incassare 20 miliardi di lire di fondi pubblici per un appalto nel porto di Palermo. «Gianfranco, sono Mario», dice Fecarotta al viceministro, chiamandolo su un cellulare riservato (intestato a un'altra persona). «Dovresti farmi una cortesia, chiamare Liborio [*secondo gli investigatori, un impiegato di banca, N.d.A.*] e chiedergli com'è finita la mia pratica, perché io sto facendo i contratti, hai capito? Sono i contratti dell'Autorità portuale e gli devo mettere dentro le coordinate della banca. Me la fai questa cortesia, Gianfranco?» Miccichè risponde di sì.

Dai tabulati telefonici, tra Fecarotta e Miccichè risultano 38 contatti dal 7 giugno 2001 all'8 luglio 2001. Insomma, quando chiamava Miccichè, Fecarotta non sbagliava numero. Gli chiedeva favori, e Miccichè glieli faceva, o almeno glieli prometteva (Fecarotta verrà poi condannato in primo grado per associazione mafiosa insieme a uno stuolo di boss).

In casi analoghi, quando c'è di mezzo un normale cittadino, di solito una Procura procede a iscrivere il suo nome sul registro degli indagati per approfondire la possibile notizia di reato. Infatti, nella Dda di Palermo, c'è chi propone di iscrivere Miccichè per scavare nei suoi affettuosi e frequentissimi rapporti col presunto prestanome di Riina. Ma i vertici della Procura non ne vogliono sapere. E, anzi, Grasso si precipita a dichiarare che su Miccichè non s'indaga e non s'indagherà: il suo ufficio non tenterà nemmeno di chiedere al Parlamento il permesso di utilizzare a suo carico quelle telefonate compromettenti.

Camici e lupare

Su Cuffaro, invece, non si può proprio fare a meno di indagare. Anche stavolta, galeotta è un'intercettazione. Ma di quelle che contengono già scritta la sentenza di condanna, o quasi. Impossibile far finta di niente. Un'intercettazione fra l'altro casuale, emersa in un'inchiesta – «Operazione Ghiaccio» – che non punta certo ai rapporti mafia-politica, ma al livello «militare» di Cosa Nostra. L'Operazione Ghiaccio nasce da un filone investigativo avviato nel 1999 dal pm Gaetano Paci e porta ben presto a Giuseppe Guttadauro, che si divide fra la rispettabilissima professione di medico e quella di capomandamento mafioso del quartiere palermitano di Brancaccio, già capeggiato dai fratelli Graviano (quelli delle stragi del 1992-93). Guttadauro, fedelissimo di Bernardo Provenzano, già arrestato e condannato definitivamente per mafia, viene intercettato con una miriade di cimici nascoste nel salotto di casa sua dal febbraio al giugno 2001. In piena campagna elettorale delle politiche nazionali e delle regionali siciliane. Ore e ore di conversazioni con altri mafiosi, politici e colleghi medici. Con loro, il boss in camice bianco parla di estorsioni, omicidi, intrecci fra mafia e politica. E spesso corre sul filo il nome di Cuffaro.

«È pure dottore, lo conosco personalmente da una vita», dice Guttadauro del governatore. Il suo amico Salvatore Aragona, pure lui medico, pure lui mafioso con condanna definitiva, concorda: «Totò è quanto di meglio ci possa essere». Si parla pure di Berlusconi, che sta per vincere le elezioni e tornare al governo. «Speriamo», dice il boss, «che sale la destra... Berlusconi, se vuole risolvere i suoi problemi, ci deve risolvere pure quelli nostri, quantomeno... i processi.» E Aragona: «È buono che toglie la tassa di successione, tutta l'Italia gli sarà grata... ma tu lo sai quanto risparmierà lui?». Poi il discorso scivola su Marcello Dell'Utri. Aragona rivela agli «amici» che Dell'Utri l'ha addirittura invitato a Milano, nel suo «circolo, che è la sede culturale e intellettuale di Dell'Utri in via Senato, in una biblioteca famosa. Mi arrivano sempre le cose», cioè i cartoncini di invito. Infine i mafiosi parlano dei loro giornalisti preferiti: Giuliano Ferrara, Lino Jannuzzi («Ha scritto il libro contro Caselli e un libro pure su Andreotti ed è in intimissimi rapporti con Dell'Utri», lo elogia Aragona; e Guttadauro: «Jannuzzi buono è»), Giancarlo Lehner («Ha fatto un libro contro il pool di Milano»).

Dal 15 giugno, improvvisamente, Guttadauro smette di parlare. «Qualcuno» l'ha avvertito di stare attento a quel che dice perché ha la casa piena di cimici. Una fuga di notizie che interrompe l'inchiesta sul più bello. Ma non prima che Aragona faccia il nome del prezioso informatore: «È stato Totò» – dice – ad avvertirlo tramite un altro amico del clan, Domenico Miceli, esponente dell'Udc ed ex assessore comunale alla Sanità, vicinissimo tanto a Cuffaro quanto a Guttadauro, e pure lui intercettato. Un altro ufficiale di collegamento di Guttadauro con Miceli e Cuffaro è il cognato del boss, Vincenzo Greco, pure lui medico e organico alla cosca.

Le indagini proseguono in segreto per un anno e mezzo. Poi, nel dicembre 2002, il governatore finisce sul registro degli indagati per concorso esterno in associazione mafiosa, così come Miceli, mentre Aragona, Guttadauro e Greco rispondono di associazione mafiosa *tout court*. Gli ultimi quattro vengono arrestati nel giugno 2003. Cuffaro invece resta a piede libero.

Rimane da capire come facesse a sapere che la Procura stava intercettando il boss di Brancaccio. Quale talpa informava il governatore?

Convergenze parallele

Qualche mese dopo, un'altra inchiesta partita da tutt'altre premesse smaschera un altro covo di talpe e talpine. Nel 2002, nella seconda fase della gestione di Giuffré dopo la rivolta di quasi tutta la Dda contro il metodo Grasso-Pignatone, il pm Massimo Russo interroga a fondo il pentito sul costruttore Michele Aiello. Ingegnere di Bagheria, ricchissimo impresario edile e re delle cliniche nel Palermitano, proprietario di cinque centri medici fra cui l'avveniristica Villa Santa Teresa specializzata nella diagnostica antitumori, Aiello è molto legato all'Udc, amico intimo di Cuffaro e Miceli. Giuffré rivela i suoi legami con alcuni boss mafiosi, da Provenzano in giù. Applicando correttamente il metodo della circolazione delle informazioni, Russo informa subito i colleghi della Dda del contenuto di quell'importantissimo interrogatorio. Così nasce l'indagine.

Intercettando Aiello, si scopre che spesso conosce in anticipo le mosse della Procura. E che ha messo in piedi una rete telefonica supersegreta, fatta di cellulari intestati a prestanomi con schede estere e dunque più difficili da intercettare, per parlare liberamente con i suoi informatori: i marescialli Giuseppe Ciuro e Giorgio Riolo. Il maresciallo Ciuro della Guardia di Finanza è in servizio alla Dia e lavora nell'antimafia da 15 anni: prima con Falcone, poi con il pm Ingroia, che l'ha impiegato nell'ultima fase delle indagini su Dell'Utri e sui finanziamenti Fininvest. Il maresciallo Riolo invece è un carabiniere in servizio all'Anticrimine del Ros: è l'uomo incaricato di piazzare le microspie nelle case dei mafiosi per scovare, fra l'altro, Bernardo Provenzano.

L'inchiesta è coordinata dal nuovo *dominus* dell'antimafia palermitana: il procuratore aggiunto Pignatone, appena promosso da Grasso al vertice della Dda dopo l'allontanamento di Lo Forte e Scarpinato. Pignatone si avvale di uno dei pm che gestiscono Giuffrè: Michele Prestipino, al quale vengono affiancati Nino Di Matteo e Maurizio De Lucia. Sotto la direzione di Pignatone, anche quell'indagine nata grazie alla circolazione delle informazioni nella Dda si trasforma, come vedremo, nel *De Profundis* di quel metodo.

I magistrati lavorano per tutta l'estate e l'autunno del 2003. Poi, il 5 novembre, fanno arrestare Aiello, Ciuro e Riolo. L'accusa per Aiello è di partecipazione diretta a Cosa Nostra e, per i due marescialli, di concorso esterno e rivelazione di segreti d'ufficio.

Le talpe di Aiello, comunque, non si limitano a queste due, se è vero – come emerge subito – che Ciuro non sapeva nemmeno di essere indagato: glielo disse lo stesso Aiello, molto più informato di lui. Ma da chi? Mistero. I due marescialli sono talpine. Manca la talpona. I magistrati pensano di identificarla nel radiologo Aldo Carcione, cugino acquisito e socio di Aiello. Lo arrestano il 22 novembre, ma curiosamente soltanto con l'accusa di rivelazione di segreto in concorso con altri. Il concorso esterno, nel mandato di cattura firmato dal gip Giuseppe Montalbano, non c'è. Strano. Se sono «esternamente mafiosi» i due marescialli per aver passato notizie e patacche ad Aiello, a maggior ragione dovrebbe esserlo Carcione, che secondo l'accusa conosceva notizie ben più importanti, le passava ad Aiello e questi poi le faceva verificare da Ciuro e Riolo negli ambienti investigativi. Riolo, occupandosi delle intercettazioni per la Procura, aveva una posizione privilegiata. Idem per Ciuro che, essendo l'uomo di fiducia di Ingroia, si presentava nei vari uffici giudiziari come se lo mandasse il magistrato, millantava esigenze investigative e carpiva così informazioni alle segretarie di altri pm. Spesso consultava personalmente i loro terminali, di cui conosceva le password. Che abbia violato gravemente il segreto non c'è dubbio, lo confessa anche lui. Ma resta da stabilire quali notizie abbia davvero fornito all'amico Aiello, che questi già non conoscesse. Quanto, insomma, questa storia di straordinario squallore umano abbia effettivamente danneggiato le indagini sul re delle cliniche e, a maggior ragione, su Cosa Nostra.

Un'altra possibile talpona è Antonio Borzacchelli, ex maresciallo dei Carabinieri che fra l'altro aveva indagato per la Procura sulla giunta Orlando intorno agli affari del Teatro Massimo, per poi darsi alla politica e diventare deputato regionale nell'Udc del suo amico Cuffaro. Ciuro e Riolo raccontano che Borzacchelli era intimo anche di Aiello. Riolo sostiene addirittura che Borzacchelli pretendeva da Aiello la cessione gratuita di una quota della clinica Villa Santa Teresa in cambio delle sue entrature all'assessorato regionale alla Sanità. Borzacchelli viene indagato per rivelazione di segreti, ma – almeno sulle prime – rimane a piede libero. Poi verrà arrestato per concussione ai danni di Aiello. Ma a svelare i segreti delle indagini non è stato nemmeno lui. Chi, allora?

Per mesi e mesi, sui giornali, la caccia alla talpona continua. Eppure gli inquirenti ce l'hanno per le mani da fine ottobre, cioè da prima del blitz del 5 novembre: è Totò Cuffaro (ma lo si scoprirà solo molti mesi dopo, quando saranno pubblici gli atti). Pedinando e intercettando Aiello, il 31 ottobre l'hanno visto entrare in un negozio di abbigliamento di Bagheria, il Bertini. Poco dopo è entrato anche il governatore che, seminata la scorta, è venuto da Palermo per incontrarlo in gran segreto. I due si sono appartati furtivamente nel retrobottega e lì Cuffaro ha avvertito Aiello che stavano indagando su di lui e intercettando lui e i due marescialli. Alla fine, per crearsi un alibi, Totò ha pure acquistato alcuni abiti per i figli. Ma tutto questo, appunto, si saprà soltanto nella primavera del 2004, con le ammissioni di Aiello, Ciuro e Riolo.

Il fatto, poi, che a coordinare l'inchiesta sia Giuseppe Pignatone suscita, anche questa volta, qualche perplessità di ordine – diciamo così – «familiare». Come scrive «la Repubblica» di Palermo, infatti, a proposito dei consulenti pagati dal governatore,

> per le «problematiche di politica economica e fiscale», Cuffaro si avvale dei consigli del professor Roberto Pignatone (12 mila euro il compenso per il 2003), fratello del procuratore aggiunto Giuseppe Pignatone.[1]

Armi di distrazione di massa

Intanto in galera rimangono soltanto le talpine. Cuffaro resta invece fuori dal carcere, ma anche fuori dalle cronache giudiziarie, che imboccano tutt'altra strada. Qualcuno degli inquirenti o degli investigatori comincia a far filtrare notizie, indiscrezioni, spesso parziali quando non addirittura false, per stornare l'attenzione dall'obiettivo principale e strumentalizzare l'inchiesta nel conflitto interno alla Procura fra i fedelissimi di Grasso e i «caselliani». Meglio: per schizzare fango – direttamente o «di sponda» – su alcuni magistrati che nell'èra Caselli hanno osato processare gli intoccabili: Lo Forte, Ingroia e Gozzo, che hanno condotto le indagini sulla Fininvest e su Dell'Utri. Poco importa se, dagli atti, risultano totalmente estranei allo scandalo delle talpe. Con un'abile campagna mediatica, vengono tirati dentro per i capelli. E con loro finiscono nel mirino il procuratore aggiunto Anna Palma, che è vicina a Grasso ma ha il torto di aver indagato a Caltanissetta sui mandanti occulti della strage di via D'Amelio (anche sul filone Dell'Utri-Berlusconi, poi archiviato); e, di striscio, anche il pm Massimo Russo, spesso critico con Grasso. Il braccio destro di Russo, l'ispettore Carmelo Marranca, indagando sul boss latitante Matteo Messina Denaro, aveva scoperto per primo i presunti rapporti mafiosi di Aiello, e ora si ritrova indagato per rivelazione di segreti perché continuò a parlare con Ciuro, non sapendo del suo doppio gioco. Idem per il pm Gozzo, la cui segretaria viene indagata all'insaputa del magistrato per aver passato notizie a Ciuro. Infatti Gozzo continua a fidarsi di lei e a tenerla nel proprio ufficio.

Così, per mesi e mesi, nessuno parla di Cuffaro e tutti inseguono fantomatiche talpe fra i magistrati, grazie a uno stillicidio di indiscrezioni e brandelli di verbali. Le indagini che dovevano metter fine alle fughe di notizie sono bucherellate fin dal primo giorno da quotidiane fughe di notizie. Molte delle quali fasulle o manipolate. E tutte unidirezionali, per dirottare l'attenzione lontano dai veri indiziati, e per concentrarla sui pm «caselliani». Chi è il regista di questa sporca operazione? Mistero.

Divieto di circolazione

Il blitz del 5 novembre 2003 allarga il fossato che da tre anni spacca in due la Procura. E nelle infuocate riunioni della Dda palermitana sono in molti a chiedere spiegazioni al procuratore su due questioni cruciali.

1) Assodato il ruolo di talpe di Ciuro e Riolo, perché gli inquirenti li hanno lasciati circolare indisturbati per mesi negli uffici della Procura, consentendo loro di danneggiare le indagini (si vedrà quanto) su Aiello e sulla mafia e di «infettare», con le loro incursioni, segretarie e ufficiali di polizia ignari di tutto? Il codice di procedura penale (articolo 55) prevede espressamente l'obbligo di «impedire che i reati vengano portati a conseguenze ulteriori». E limita rigorosamente la possibilità di lasciar delinquere qualcuno per esigenze investigative, cioè per vedere dove può arrivare.

2) Perché, in alternativa, non si sono informati subito tutti i pm più vicini a Ciuro, per limitare i danni che le sue soffiate potevano arrecare alle loro indagini? La circolazione delle informazioni fra i magistrati antimafia, come abbiamo visto, non è un optional: è un obbligo fissato dalla legge istitutiva delle Dda. Eppure, dell'inchiesta su Ciuro, vengono informati soltanto i procuratori aggiunti e, sommariamente, un solo sostituto, Ingroia. E solo a metà giugno, in seguito a una telefonata che inchioda definitivamente il maresciallo-talpa.

L'11 giugno Ingroia si reca a Roma per interrogare un imprenditore indagato per mafia, tale Picciotto, che sembra disposto a collaborare. Ciuro lo accompagna, visto che Grasso ha chiesto a Ingroia di non insospettirlo e di continuare la vita di sempre. Ancor prima dell'orario fissato per l'audizione, il maresciallo si apparta e chiama Aiello, inventandosi il contenuto dell'interrogatorio (che ancora non c'è stato) per metterlo in allarme. Gli racconta una bugia, cioè che Picciotto lo sta accusando di varie nefandezze. E si fa bello con lui, assicurando di aver sistemato tutto. Ma poi l'interrogatorio salta, per una mancata notifica.

Tornato a Palermo, Ingroia apprende dal procuratore – subito informato di quella telefonata intercettata – che verrà aperta un'indagine sul suo maresciallo. E da allora cerca di tenerlo a debita distanza, senza naturalmente dirgli nulla. Ma gli altri sostituti che conoscono o lavorano con Ciuro, a cominciare da Gozzo, non vengono avvertiti. Il maresciallo infedele continuerà a scorrazzare nei loro uffici per altri quattro mesi, fino al giorno del suo arresto.

Attacco ai caselliani

Il 7 novembre, due giorni dopo la retata, «Il Foglio» e «il Giornale» inaugurano il depistaggio mediatico, traendo le conclusioni dell'indagine appena avviata. Primo: aveva ragione Grasso a negare le informazioni a certi colleghi, visto di chi si circondavano. Secondo: se Ciuro indagava per conto di Ingroia, ora tutte le inchieste di Ingroia valgono zero. Soprattutto una: quella su Marcello Dell'Utri. Scrive «Il Foglio» il 6 novembre:

> Era molto soddisfatto, ieri, Piero Grasso. Non tanto perché aveva appena individuato e arrestato i due marescialli che passavano informazioni riservate a un boss della sanità. Ma perché poteva finalmente dimostrare che con la libera circolazione delle notizie sui computer della procura bisogna stare attenti. Attentissimi. «Chi si guardò, si salvò», ha ripetuto ai magistrati ribelli che gli rimproverano di distribuire col contagocce, e non a tutti, i dettagli più delicati delle inchieste. I due marescialli inquisiti per mafia e finiti ieri all'Ucciardone affiancavano, come angeli del paradiso, Ingroia e Gozzo, pm nel processo contro Dell'Utri. Ma [...] forse non erano proprio dei santi. Di giorno cercavano prove e testimonianze per aiutare i pm a incastrare il deputato di Forza Italia. Di notte invece [...] calavano il secchio nel pozzo delle notizie riservate e vendevano il pescato al mercato nero di Cosa Nostra.

Bugie, solenni bugie.
1) Le indagini preliminari su Dell'Utri le hanno condotte altri ufficiali: Ciuro si è aggiunto solo alla fine, nel 1996, ed è accusato di essersi venduto solo a partire dal 2002-2003, 4 anni dopo la loro conclusione. Riolo, poi, non s'è mai occupato del processo Dell'Utri.
2) Le polemiche sulla mancata circolazione delle informazioni in Dda iniziano nel 2001, due anni prima che si scopra il tradimento dei due marescialli. E Grasso è un magistrato di grande esperienza, ma non è Nostradamus. Se è vero che taceva informazioni ad aggiunti e sostituti, lo faceva per altri motivi.
3) I sostenitori di Grasso giustificavano la sua diffidenza verso alcuni colleghi (i «caselliani») con il timore di fughe di

notizie, senza peraltro mai indicare quali notizie fossero fuggite in passato e con quali prove si potesse sospettare di loro. Ora, come vedremo, le notizie trapelano dalla Procura ben più di prima. Ed è difficile accusare i «caselliani», visto che sono stati estromessi dalla Dda e che, oltretutto, di quelle indiscrezioni sono le prime vittime.

4) Questa vicenda dimostra, al contrario, la bontà della regola della circolazione delle informazioni. Anzitutto, come abbiamo visto, è proprio grazie a quel metodo che nasce l'inchiesta. E poi i fatti emersi dalle indagini attestano l'impermeabilità del circuito interno dei pm della Dda. Pur lavorando gomito a gomito con quei magistrati, Ciuro non è riuscito ad apprendere da nessuno di loro notizie su Aiello. E non aveva neppure saputo di essere lui stesso intercettato, sebbene Ingroia (come pure Lo Forte e gli altri aggiunti) fosse al corrente delle indagini fin da metà giugno.

Eppure anche «il Giornale», il 7 novembre, titola: *La rivincita del metodo Grasso attaccato per le indagini «top secret» [...] avvolte dal silenzio*. E parla addirittura di «sconfitta dei vecchi metodi di indagine». Come se le intercettazioni telefoniche e il segreto investigativo li avesse inventati il nuovo procuratore con il suo «metodo» innovativo. Grasso, anziché smentire queste sciocchezze, le avvalora con un'irrituale conferenza stampa, sintetizzata l'indomani dal «Corriere della Sera» con questo titolo: *La rivincita di Pignatone nel bunker dei veleni*. Conferenza che, come vedremo, indirizzerà definitivamente la gestione mediatica dell'inchiesta lontano dai suoi protagonisti reali. «Adesso», dice Grasso ai giornalisti, «lo scriverete, spero, che a coordinare l'inchiesta è stato il procuratore aggiunto Giuseppe Pignatone. [...] Merito del tanto vituperato Pignatone.» Ma nessuno ha mai eccepito sulle capacità tecniche di un magistrato esperto come Pignatone, ritenendolo così incapace da non saper leggere un'intercettazione telefonica. In realtà le critiche al nuovo *dominus* della Dda riguardavano, come abbiamo visto, i diari di Falcone e il conflitto d'interessi nato dall'essersi occupato in passato dell'inchiesta «Mafia e appalti» (che lambiva società gestite dal padre).

Poi il procuratore capo si scaglia contro i due marescialli arrestati: «In guerra, i traditori si fucilavano». Sta parlando di due indagati mai rinviati a giudizio né condannati. E forse accostarli al plotone di esecuzione è un tantino azzardato. Tanto più che Grasso non ha mai detto nulla del genere su altri imputati ben più eccellenti accusati di fatti ben più gravi dalla sua Procura: da Andreotti a Carnevale ai tanti politici sospettati di aver tradito le istituzioni per Cosa Nostra. Vien da chiedersi che sarebbe accaduto se il suo collega milanese Francesco Saverio Borrelli, all'indomani dell'arresto di Renato Squillante (un potentissimo giudice romano, non un maresciallo), l'avesse proposto per la fucilazione: l'avrebbero trascinato su due piedi davanti al Csm. Per Grasso, invece, applausi a scena aperta. Con quella bocca, può dire ciò che vuole.

Attacco a Ingroia

Dell'Utri ne approfitta subito. Coglie l'assist del procuratore, suo ex allievo alla Bacigalupo, e insacca la palla a porta vuota. Il 25 novembre scrive una lettera aperta a Ingroia e la fa pubblicare sul «Foglio». Titolo: *Il braccio destro del pm è mafioso* (con tanti saluti alla presunzione di innocenza). Svolgimento: Mangano sta a Dell'Utri (e a Berlusconi) come Ciuro sta a Ingroia. Pari e patta:

> Vengo a sapere che il suo braccio destro investigativo è ristretto nel carcere di Forte Boccea con l'imputazione di concorso esterno in associazione di stampo mafioso, il mio stesso reato presunto. Vengo a sapere che il suo superiore, il procuratore capo di Palermo, ha parlato del suo braccio destro come di un traditore della Repubblica, una persona che in altri tempi avrebbe meritato la fucilazione. E ovviamente sono pieno di ansia e di vergogna. Non per me, ma per un sistema di giustizia in cui a un cittadino incensurato può capitare di essere sottoposto alla tortura di un processo infamante nel corso del quale, per anni, le presunte prove ovvero il niente della chiacchiera vengono raccolte da un «traditore della Repubblica» nell'ufficio attiguo a un sostituto procuratore della Repubblica come lei; da un investigatore che è stato e si è comportato come un suo sodale perfino in fatti privati; da un presunto mafioso, così gravemente bollato dal capo del suo ufficio, che ha

l'incarico pubblico di scavare nella vita di un privato cittadino e di cercare di procurargli una condanna che griderebbe vendetta al cielo, se mai fosse pronunciata.

Ed ecco la lunare conclusione dellutresca:

> Sono costernato per il fatto che lei non abbia avuto la sensibilità di astenersi immediatamente da un processo in cui appare evidente la manipolazione criminale, nella figura del suo investigatore, o chiedere un'immediata sospensione del dibattimento e il proscioglimento dell'imputato.

Il conto delle bugie sarebbe troppo lungo. Bastano alcuni dettagli. Ciuro fu assegnato a Ingroia dalla Guardia di Finanza quand'era un sottufficiale di reputazione irreprensibile, mentre Mangano apparteneva alla malavita palermitana e aveva già collezionato svariati arresti e condanne, quando Dell'Utri lo ingaggiò nella villa di Arcore. Senza contare che il senatore continuò a frequentarlo anche dopo che fu condannato al maxiprocesso per traffico di droga e incriminato per omicidio. In questa storia, l'«incensurato» è Ciuro, mentre il pregiudicato è Dell'Utri (condanna definitiva a Torino per false fatture e cinque rinvii a giudizio). Ciuro non risulta aver mai incontrato mafiosi doc, mentre Dell'Utri ne incontrò (per sua stessa ammissione) almeno una decina. Ciuro non ha raccolto le prove a carico di Dell'Utri ma, se anche le avesse raccolte, bisognerebbe dimostrare che sono false. Anche se il prete pecca, i sacramenti restano validi.

Intanto le informazioni, che raramente circolano all'interno della Dda, continuano a tracimare abbondantemente all'esterno. Per giorni e giorni, sui quotidiani è uno stillicidio incessante di fughe di notizie coperte dal segreto investigativo (sempre nell'ambito della cosiddetta «inchiesta riservatissima» del «tanto vituperato Pignatone», quella che avrebbe dovuto scoprire le talpe per inaugurare la luminosa stagione del top secret a tenuta stagna). Fughe mirate, unidirezionali.

Il primo obiettivo è Ingroia (oltreché, tramite la segretaria, il collega Gozzo). Ignaro della doppia vita di Ciuro, dopo tanti anni di collaborazione, Ingroia aveva instaurato con lui un rapporto di amicizia. Il pm e il maresciallo si davano del tu. Ciuro gli aveva mandato una squadretta di muratori dell'impresa Aiello per ristrutturare la masseria del padre (lavori regolarmente pagati). Poi, alla fine del 2002, in una riunione della Dda, il pm Russo annunciò che il pentito Giuffrè parlava dei possibili legami mafiosi di un certo ingegner Aiello. Ingroia lo collegò all'impresa che gli aveva mandato Ciuro e al costruttore che il maresciallo vantava come amico. E corse a riferire tutto a Grasso, dicendosi pronto a licenziare immediatamente i muratori. Fu proprio Ingroia a rivelare per la prima volta l'amicizia fra Ciuro e Aiello. Grasso lo pregò di comportarsi come se nulla fosse accaduto, per non mettere in allarme Aiello e Ciuro (ecco l'ennesima prova dell'utilità dello scambio di informazioni all'interno delle Dda).

Nulla da nascondere, dunque. E nulla di nascosto. Grasso lo conferma ai giornali: «Ingroia mi aveva informato di tutto». Ma per qualche giorno l'uomo nel mirino dei giornali, debitamente foraggiati di materiale, rimane Ingroia. Magari nella speranza che Ciuro dal carcere, per compiacere qualcuno, lanci accuse false contro di lui. Non accadrà. Ma chi è il regista occulto di questa campagna?

Il 13 novembre il settimanale berlusconiano «Panorama» pubblica un'intercettazione coperta da segreto (e di nessun rilievo penale): Ciuro chiama il senatore Massimo Brutti (Ds) per ringraziarlo dell'interessamento per la sua promozione al Sismi. Erano stati Caselli e Ingroia, quando ancora Ciuro pareva un impeccabile investigatore, a dare buone referenze. Lo rivela un altro giornale berlusconiano, «Il Foglio»: il 27 novembre pubblica uno stralcio del verbale segreto (si fa per dire) di Ciuro. Ma la «notizia bomba» fa *plaf*. La grande stampa indipendente non raccoglie più di tanto la spazzatura che, goccia dopo goccia, viene fatta filtrare contro Ingroia dagli house organ governativi. La prima manovra di screditamento fallisce. È a questo punto che il mirino mediatico si sposta su nuovi obiettivi.

Attacco a Lo Forte

Guido Lo Forte è reduce dalla battaglia campale contro l'epurazione sua e degli altri «caselliani» dalla Dda. Ed è uno dei registi dei processi Andreotti e Dell'Utri. Un altro bersaglio ideale. Il 19 novembre la stampa rivela che Grasso ha trasmesso una parte degli atti dell'indagine sulle talpe a Caltanissetta (competente a indagare sui magistrati di Palermo): perché, spiega «la Repubblica», «ci sono interrogatori e soprattutto intercettazioni telefoniche che, a vario titolo, chiamano in causa anche alcuni magistrati di Palermo»; e c'è il verbale di Carcione «che vanta contatti "diretti" con un magistrato della procura». Il «Corriere» parla di «svolta clamorosa», anche se Grasso dice di aver trasmesso quegli atti «senza ipotesi di reato», «come atto dovuto». Un ossimoro, visto che la trasmissione è dovuta solo quando emergono ipotesi di reato.

L'indomani scende in pista anche il terzo house organ, «il Giornale», che gode di informazioni di primissima mano sull'inchiesta e fa il nome del primo magistrato. Parla di «due sostituti della Procura amici di Carcione, indicati nell'inchiesta con i nomi coperti da omissis, con i quali ha parlato al telefono proprio delle inchieste in corso [...]. Pare che risulti come amico del radiologo Carcione anche Guido Lo Forte. Ce n'è abbastanza per inviare gli atti a Caltanissetta». Quale sia l'«abbastanza» non è chiaro: anche perché a carico di Lo Forte non c'è assolutamente nulla. Dell'inchiesta sulle talpe i procuratori aggiunti seppero in anticipo soltanto a proposito di Ciuro: la parte su Riolo era nota solo a Pignatone. Eppure la misteriosa talpona informò Aiello che erano indagati sia Ciuro sia Riolo: è evidente che la fonte non può essere Lo Forte. «Non ci sono talpe fra i magistrati», dichiara Grasso. In compenso c'è una talpa che ha passato al «Giornale» anche quel brandello del verbale di Carcione.

Il giorno dopo, 21 novembre, l'informatissimo «Foglio» pubblica un altro pezzo dei «segretissimi» verbali di Carcione: il radiologo ha detto di essere «amico di Anna Palma e del marito, il mio collega Elio Cardinale, e di Guido Lo Forte, ma non mi hanno mai passato notizie». Il quotidiano aggiunge però che, nella ricerca della talpona, «non si esclude nemmeno il livello superiore: quello dei magistrati». Un accostamento gentile, a titolo di antipasto.

Il 22 novembre tocca al «Corriere» svelare un altro segreto (si fa sempre per dire): «Un contatto fra Lo Forte e Carcione nelle ultime settimane ci sarebbe stato», sia pure «secondario». Emergerebbe da un'intercettazione, in cui «Carcione al telefono con Aiello parlava dell'"emerito professore aggiunto". [...] Il contatto fra Carcione e il magistrato risalirebbe al 20 settembre, quando per telefono confida di averlo *assicutato* per tutto il giorno". Tallonato e inseguito per avere una conferma sull'indagine a carico di Aiello».

Dunque, sembra fatta. Carcione è la mezza talpona. Carcione dice di essere amico di Lo Forte. Carcione, intercettato, dice di aver parlato dell'inchiesta su Aiello con un «emerito professore aggiunto». Chi era costui? Lo Forte, la talpona intera. Peccato che sia tutto falso. Diversamente da quanto scrivono e scriveranno per mesi tutti i giornali, la frase sull'«emerito professore aggiunto» non la pronuncia al telefono Carcione. Ma Ciuro, parlando a fine settembre con Aiello: e non a proposito delle indagini a suo carico per mafia, ma di un sequestro di carte della clinica di Aiello effettuato dal Nas presso la Asl di Bagheria. Basta leggere le intercettazioni depositate dal gip Montalbano, in cui viene citato un solo colloquio fra Ciuro e un aggiunto. Che non è Lo Forte. È Pignatone. E non riguarda l'inchiesta sulle talpe. Ma il sequestro del Nas. Preoccupato per l'arrivo dei carabinieri antisofisticazione, Aiello prega Ciuro di informarsi. Ciuro va, sì, da un procuratore aggiunto. Ma non da Lo Forte. Va dritto da Pignatone. E gli pone un quesito a trabocchetto, un'ipotesi da scuola: se la Dia facesse un sequestro senza la firma di un pm, sarebbe tecnicamente valido, oppure no? Pignatone risponde che il sequestro sarebbe nullo. È il 18 settembre 2003. Ciuro avverte subito Aiello: «Senti, io oggi... eh... parlando con quello lì... con Pignatone che è l'esperto veramente di questa cosa... mi disse che il verbale è nullo... Perciò ti dico che è tutto un bluff: infatti mi ha detto proprio... mi diceva Pignatone... perché io ho fatto finta che eravamo stati noi [*della Dia, N.d.A.*], a fare un'operazione del genere...». Qualche giorno dopo il maresciallo riparla con Aiello della cosa e gli ribadisce di stare tranquillo sulla nullità del sequestro del Nas: «Lo dice anche l'emerito professore aggiu...». Poi cade la linea. Se ne potrebbe dedurre che l'«emerito professore aggiu» fosse Pignatone. Quel che è certo è che non è Lo Forte. E d'altronde, se Aiello & C. avessero potuto disporre di Lo

Forte, perché mai Ciuro si sarebbe rivolto a Pignatone per quella «consulenza», inventandosi fra l'altro la falsa storia del sequestro della Dia?

Questo non significa che Pignatone, parlando con Ciuro, abbia commesso qualcosa di men che lecito. Significa però che chi ha passato ai giornali la notizia dell'«emerito professore aggiunto» ha taciuto dolosamente su queste circostanze. Così tutti i giornali scrivono e continueranno a scrivere che l'«emerito professore aggiunto» è Lo Forte. La fuga di notizie, questa volta, non solo è illegale. È anche falsificata, per far ricadere sospetti infondati sull'aggiunto sbagliato. Tutti addosso a Lo Forte. E nemmeno un rigo su Pignatone, che pure è l'unico aggiunto più volte citato da Ciuro (ora col cognome completo, ora col nomignolo «Pignata») nelle intercettazioni riportate nel mandato di cattura del gip.

Ma almeno è vera o non è vera la notizia che Lo Forte e Carcione sono amici? Carcione dice di conoscerlo, ma di non averlo mai chiamato nei giorni dell'inchiesta, di non aver avuto alcuna notizia dalla Procura, di aver semplicemente millantato certi rapporti privilegiati per tener buono Aiello che, agitatissimo, lo metteva in croce. Ma Carcione è un indagato (nel frattempo pure arrestato) e ha il diritto di mentire. Potrebbe mentire. Puntualmente dall'inchiesta «segretissima» trapela sui giornali un altro brandello di verbale, stavolta di Ciuro: il maresciallo avrebbe detto di aver saputo da Carcione che era «intimissimo amico di Lo Forte», ma di non sapere se i due si fossero parlati in quei giorni cruciali. Aggiunge Ciuro di aver partecipato «moltissimi anni fa» a una trasferta a Milano con Lo Forte per un interrogatorio: Carcione era lì per un convegno, diede appuntamento al pm e, quando arrivò, «si avvicinò a Lo Forte, si salutarono e si ripassarono la vita di quando erano piccoli...». Lo Forte smentisce recisamente: «Non ho il benché minimo ricordo di quell'incontro. Carcione era mio compagno di liceo, ma non lo vedo dal 1966». E sfida chiunque a trovargli una sola telefonata nei tabulati di Carcione. Che infatti non viene trovata.

Il 2 dicembre «Il Foglio» fa un estremo tentativo per rianimare l'operazione Lo Forte, l'operazione Ingroia, l'operazione Qualcuno Purchessia, con un insinuante articolo su Ciuro. Il titolo è tutto un programma: *Il maresciallo Talpa (forse) si pente, intanto parla come un pentito*. Ma Ciuro, deludendo le aspettative degli house organ, non dirà nulla contro i magistrati. Perché non ha nulla da dire.

Il procuratore Grasso potrebbe stroncare sul nascere la manovra anti-Lo Forte, rivelando un particolare fondamentale: in tempi non sospetti, fin da settembre (due mesi prima del blitz), Lo Forte aveva informato lui e i sostituti Di Matteo e Paci di uno strano comportamento di Ciuro: in estate, il maresciallo gli aveva portato i saluti di un tale Carcione (il quale, all'epoca, non appariva coinvolto nella vicenda). Un comportamento altamente sospetto – aveva osservato Lo Forte – visto che Carcione era stato suo compagno di liceo fino al 1966, e che da allora, cioè da 37 anni, non l'aveva più visto. Ma, fra tante fughe di notizie riservate, questa (che riservata non è, ma sarebbe fondamentale per chiarire subito le cose) rimane segreta. Salvo un fugace accenno del «Giornale di Sicilia». E la campagna di stampa continua.

Fughe di notizie sulle fughe di notizie

L'8 dicembre, sempre in barba al segreto investigativo, dalle «segretissime» indagini trapelano i nomi di altri inquisiti: la segretaria di Lo Forte, Margherita Pellerano, per false informazioni al pm (avrebbe fornito versioni contrastanti su una conversazione avuta con Ciuro; ma anche stavolta le ricostruzioni dei giornali si basano su notizie false, parziali o imprecise); e Antonio Borzacchelli, l'ex maresciallo ora deputato regionale dell'Udc fedelissimo di Cuffaro (avrebbe passato notizie riservate a Totò, sia sulle indagini Guttadauro sia sull'inchiesta Aiello & C.). Questa volta, finalmente, il procuratore Grasso interviene, annunciando un'inchiesta sulle fughe di notizie: «Stiamo cercando nuove talpe in Procura: sono quelle che danno le notizie riservate ai giornalisti e che impediscono al mio ufficio di lavorare con tranquillità e serenità». Intento lodevole, ma un tantino contraddittorio: chi passa certe notizie ai giornali su quell'inchiesta non può che essere uno di coloro che la conducono (magistrati o poliziotti). Chi minaccia la serenità e la tranquillità degli inquirenti e degli investigatori dev'essere almeno uno degli stessi inquirenti o investigatori.

L'inchiesta sulle talpe, dunque, è piena di talpe: lo afferma il procuratore capo. Ma non si era detto che, eliminati i «ribelli» e instaurato il metodo Grasso-Pignatone, sarebbe finalmente tornato a regnare su Palermo il segreto investigativo? Non si era detto che certe informazioni, dal 2001, non venivano trasmesse a tutti gli aggiunti della Dda di allora perché qualcuno parlava troppo (senza peraltro mai specificare chi, né quando)? Se, nonostante il turn over, le notizie continuano a fuggire, sorge il dubbio che siano stati rimpiazzati i magistrati sbagliati. E poi: perché a indagare sulle fughe di notizie è Palermo e non Caltanissetta? Come escludere in partenza che c'entri qualche magistrato palermitano?

Nonostante il fervorino del procuratore, comunque, gli spifferi continuano. Come prima e più di prima. «Il Giornale» riferisce di una telefonata fra Aiello e Carcione che parlano di Beppe Lumia, deputato Ds ed ex presidente dell'Antimafia, a proposito di un'interrogazione parlamentare da far presentare al Senato sui pagamenti regionali alle cliniche di Aiello. Poco importa se Lumia non è stato mai contattato, non ha mai presentato interrogazioni al Senato (è deputato), i pagamenti regionali sono di competenza della Regione e non del Parlamento, e così via. L'importante è non parlare di Cuffaro.

Fra i media più informati si segnala l'agenzia di stampa «il Velino» (fondata e poi abbandonata dal senatore forzista Lino Jannuzzi), che inscena una sorta di «reality show» dell'inchiesta a mezzo stampa, avendo la fortuna di conoscere sempre in anticipo le mosse degli inquirenti. Il 24 dicembre «il Velino» annuncia che Pignatone e i suoi sostituti «si apprestano a una lunga trasferta a cavallo del ponte dell'Epifania», per risentire Aiello, Ciuro e Riolo. Il che puntualmente avviene. Il 7 gennaio 2004, all'indomani della trasferta romana, «il Velino» pubblica i risultati della missione: i pm avrebbero maturato «la quasi certezza che almeno un magistrato sarebbe coinvolto per aver fornito, consapevolmente o meno [*sic*], notizie riservate sulle indagini contro Aiello». L'agenzia ipotizza che l'intera inchiesta sulle talpe passi a Caltanissetta.

L'indomani «la Repubblica» sembra saperne ancor di più. E

rifà il nome di Lo Forte, rivelando che Ciuro il 5 gennaio gli avrebbe lanciato «nuove pesanti accuse», sostenendo che «negli ambienti di Carcione e Aiello si diceva che la talpa in Procura era proprio Lo Forte». Se si tratti di fughe di notizie autentiche, oppure taroccate ma passate alla stampa come oro colato, è presto per dirlo. Ma il quotidiano ipotizza anche «una manovra per spostare tutta l'inchiesta a Caltanissetta»: «fonti investigative» attribuiscono le fughe di notizie all'avvocato di Ciuro, che vorrebbe così espropriare l'indagine alla Procura di Palermo per dirottarla verso i lidi nisseni. E forse, sotto sotto, qualcuno in quell'approdo ci spera. Il «terzo livello» sopra Carcione e i due marescialli stenta a emergere. Nonostante gli sforzi degli house organ berlusconiani, le manovre per screditare i «caselliani» sulla grande stampa segnano stancamente il passo. Ridimensionati gli apocalittici scenari mafiosi e dissolto il crepitio delle metaforiche fucilazioni grassiane, infilare la patata bollente nel freezer di Caltanissetta potrebbe convenire a molti.

Ma, a smontare il giocattolo, provvede lo stesso avvocato di Ciuro, Vincenzo Giambruno. Che l'8 gennaio smentisce all'Ansa di aver mai divulgato i verbali del suo cliente; esclude che il suo cliente abbia mai lanciato pesanti accuse a Lo Forte; e soprattutto nega di avere alcun interesse a traslocare baracca e burattini a Caltanissetta. Dice il legale:

> È vero che fin dal primo interrogatorio il maresciallo Ciuro ha fatto il nome del dottor Lo Forte, ma non lo ha mai accusato di nulla né tantomeno di essere lui la talpa istituzionale citata nell'ordinanza di custodia cautelare che l'ha portato in carcere. Nell'ultimo interrogatorio Ciuro ha parlato di Lo Forte, riferendo notizie *de relato*, con tutte le riserve e le perplessità che ha pure manifestato. Poi ha chiuso l'interrogatorio dicendo: «Io non ci credo a quanto mi è stato detto su Lo Forte». Ciuro non ha detto nulla di nuovo rispetto al primo interrogatorio. Mi sembra gratuito e fuori luogo, se è vero, quanto detto negli ambienti investigativi e cioè che, accusando Lo Forte, si tenterebbe di trasferire l'indagine a Caltanissetta. Tutto ciò è veramente assurdo. Mi chiedo perché esce questa notizia anticipatamente. Se avessi voluto che Caltanissetta se ne occupasse, avrei chiesto io stesso ai magistrati di quella Procura di interrogare il mio cliente. Invece voglio che venga processato

a Palermo. In questa vicenda c'è qualcosa che stona. Emerge che Ciuro si limitava a verificare notizie riservate che gli venivano fornite dall'esterno. Tanto che sono altri ad informarlo dell'indagine pendente a suo carico. E allora siamo al paradosso: la talpa che riceve notizie da altre talpe, e le persone che dovevano essere informate che diventano informatori.

Lo Forte, stufo di passare per talpa grazie alle talpe, si reca a Caltanissetta per denunciare per calunnia Ciuro, casomai avesse detto quelle cose, o chiunque gliele avesse attribuite. Anna Palma annuncia che farà altrettanto. L'11 gennaio, infatti, trapela sul «Giornale di Sicilia» l'ennesima notizia segreta che la riguarda. È uno stralcio dell'ultimo verbale di Ciuro, il quale avrebbe detto di aver saputo da Carcione che era «intima amica» di Borzacchelli. E che lo stesso Borzacchelli avrebbe detto in giro di «conoscere il professore», cioè il marito di Anna Palma, Elio Cardinale, preside di Medicina a Palermo, il quale sarebbe stato «amico di Carcione», che collabora con lui all'università. L'articolo riporta anche un'intercettazione (ancora coperta da segreto) del 3 novembre 2003, alla vigilia del blitz del giorno 5, in cui Ciuro parla a Carcione di lunghi colloqui in Procura fra la Palma e Borzacchelli. La Palma precisa che Ciuro è incappato in un equivoco e preannuncia querele. Si accerterà che anche lei, come Lo Forte e Ingroia, non ha commesso nulla di illecito o riprovevole.

E Totò?

La gestione mediatica delle due inchieste sulle talpe si rivela, oltre che un'arma impropria per liquidare definitivamente i «caselliani», una formidabile «arma di distrazione di massa» per distogliere le attenzioni generali dal vero protagonista delle indagini: il potentissimo governatore Cuffaro. Per mesi, sui giornali, si parla soltanto dei due marescialli (giustamente) arrestati e dei magistrati (ingiustamente) sospettati. Intanto, chi parla più di Totò?

Il governatore conosceva Ciuro e Riolo (l'ha detto lui, l'ha confermato Riolo). È amico di Aiello (arrestato per mafia): anzi, la moglie di Totò aveva – come scrive il gip Montalbano – una «pregressa cointeressenza societaria con lo stesso Aiello» (ma Totò smentisce). «Sponsorizzava Aiello», scrive sempre il giudice, contro un altro clan sanitario «sostenuto da Forza Italia». È intimo di Borzacchelli (arrestato e rinviato a giudizio per concussione ai danni di Aiello, reato che assorbe anche la rivelazione di notizie segrete). È amicone di Miceli (arrestato e rinviato a giudizio per mafia). Conosce il boss Aragona (già condannato e riarrestato per mafia) e il boss Guttadauro (già condannato e riarrestato per mafia). E soprattutto risulta che a informare Guttadauro delle cimici in casa sua fu proprio lui, Totò Cuffaro, insieme a Borzacchelli, tramite Miceli e Aragona. Lo dice Aragona, intercettato il 12 giugno 2001 nel salotto di Guttadauro: «A lui [cioè a Miceli, N.d.A.] glielo ha detto Totò». Lo confermano davanti ai giudici sia Aragona sia Miceli. «Il Totò che citavo nel dialogo con Guttadauro», dice Aragona a verbale, nell'agosto 2003, «era l'onorevole Cuffaro. [...] Miceli mi disse delle intercettazioni e mi indicò le sue fonti in Borzacchelli e Cuffaro». La stessa versione fornisce Miceli: «È stato Cuffaro ad avvertirmi. Non so chi l'avesse informato». Cuffaro – si scoprirà poi – delle cimici in casa Guttadauro aveva saputo da una fonte istituzionale «romana», mai identificata. Quando gliene parlarono Borzacchelli e Riolo non erano più una novità. Almeno per lui. A quel punto Cuffaro, Borzacchelli e Riolo informarono Miceli. Che avvertì Aragona, il quale a sua volta mise sull'avviso Guttadauro.

Caro Silvio, caro Totò

A proposito di fonti romane, a quel che se ne sa, esiste una telefonata fra Totò Cuffaro e Silvio Berlusconi, nel corso della quale il Cavaliere rassicura il governatore sugli esiti dell'inchiesta e lo informa che il ministro degli Interni, Beppe Pisanu, gli ha detto che è tutto sotto controllo; poi gli chiede come sta e come vanno le cose. Il presidente della Regione dice di sentirsi tranquillo perché ha la coscienza a posto, anche se ha il dente avvelenato contro i giornali e alcuni magistrati che fanno le bizze. Poi, fra affettuosissimi saluti e convenevoli, Cuffaro rassicura l'amico premier sulla fedeltà della corrente siciliana dell'Udc e lo ringrazia sentitamente, confidandogli che lo ricorda ogni giorno nelle sue preghiere.

Pare di capire che Berlusconi abbia parlato col ministro dell'Interno Pisanu della posizione di Cuffaro. A cosa si riferisce? È vero che sono trascorsi ormai 70 giorni dall'incontro galeotto fra Cuffaro e Aiello nel retrobottega di Bagheria, e quasi tre anni dalla fuga di notizie sull'inchiesta Guttadauro. Ma se, per ipotesi, le fonti del governatore fossero proprio al Viminale, la telefonata di Berlusconi potrebbe essere la conferma che quel canale istituzionale ad altissimo livello è sempre aperto, con periodiche consultazioni.

Cuffaro, sebbene indagato per concorso esterno, rivelazione di segreti, favoreggiamento mafioso e corruzione, si dice inopinatamente tranquillo e sembra perfettamente al corrente delle due linee – quella morbida e quella dura – che stanno emergendo in Procura: se c'è qualche magistrato che fa le bizze, bisogna solo aspettare. Per capire che cosa Cuffaro stia aspettando basta attendere gli sviluppi dell'inchiesta che, di lì a pochi mesi, gli daranno ragione: infatti i magistrati che insistono per chiedere il suo rinvio a giudizio anche per concorso esterno in associazione mafiosa verranno messi in minoranza. E alla fine, come vedremo, il governatore se la caverà con poco: caduti i reati più gravi, gli resterà un misero favoreggiamento.

Certo, sarebbe ghiotta per i giornali una fuga di notizie su quella telefonata, che dimostra quantomeno un filo diretto fra il premier e il governatore. Ma questa conversazione è la sola, fra quelle che coinvolgono politici, a rimanere top secret. I manovratori delle fughe di notizie nell'inchiesta sulle fughe di notizie, così prodighi in altre occasioni, non fanno trapelare nulla. Stavolta, solo stavolta, il segreto investigativo funziona alla perfezione.

Eppure un'altra telefonata «segreta» – quella infinitamente meno interessante e compromettente fra Ciuro e il senatore diessino Brutti – è subito finita sulle pagine di «Panorama», mentre quella fra Aiello e Carcione, a proposito del diessino Lumia, è stata subito recapitata al «Giornale». Due pesi e due misure anche nelle indiscrezioni.

Il 9 febbraio 2004 Cuffaro compare in Procura per un lungo

interrogatorio, il primo. Grasso e i suoi pm non gli fanno parola della telefonata con il premier. Ma gli contestano finalmente il suo incontro del 31 ottobre 2003 con Aiello nel negozio di Bagheria. E, per questo, gli consegnano un altro avviso di garanzia per concorso esterno e rivelazione di segreto. Così l'opinione pubblica viene finalmente a sapere ciò che gli inquirenti sanno da tempo: e cioè che la talpa di Aiello era lui. E così cade un'altra accusa a carico di Ciuro, un'accusa che era stata fondamentale per portarlo in carcere il 5 novembre 2003 (sei giorni dopo l'incontro galeotto fra Cuffaro e Aiello nel negozio di Bagheria): quella di aver informato Aiello delle indagini e delle intercettazioni sul suo conto. Ciuro si limitò a qualche intrusione nei computer della Procura e a qualche millanteria per farsi bello con il ricco imprenditore. Il grosso lo fece Totò. Ma Ciuro resta in galera. Cuffaro, invece, resta a piede libero. E nessuno lo propone per la fucilazione.

A questo punto, il pm Gaetano Paci propone di accorpare le due indagini su Cuffaro, che in entrambe le vicende è accusato di comportamenti identici: le fughe di notizie a favore di noti o sospetti mafiosi, cioè di Guttadauro e di Aiello. È la cosa più naturale da fare per due fascicoli che s'intersecano con vicende analoghe e quasi contemporanee, nonché con protagonisti in parte sovrapponibili: unificarle nelle mani di un unico gruppo di magistrati. Ma la tecnica della «nuova» Procura è quella di spezzettare, parcellizzare, polverizzare, disperdere. Così si procede separatamente, a compartimenti stagni.

Totò, da qualunque parte lo si guardi, è nato con la camicia. La Procura scrive di lui cose terribili, molto più terribili di quelle addebitate ad altri coimputati. Eppure non solo non lo fa arrestare, ma addirittura lo «congela». Nel dicembre 2003 i pm hanno ormai chiuso le indagini del filone Guttadauro e chiesto il rinvio a giudizio di Miceli per concorso esterno. La posizione parallela del suo amico e protettore Cuffaro, invece, viene stralciata. Consentendo al governatore di contrattare liberamente la sua candidatura alle Europee del 13 giugno 2004. Verrà puntualmente eletto, nelle liste dell'Udc per il collegio Sicilia-Sardegna, con la bellezza di 164.000 preferenze. Un plebiscito.

Storia di fave e di tartufi

Prima di proseguire con le avventure di Totò Vasa Vasa, bisogna fermarsi un istante per raccontare la sorte dei suoi coindagati dell'inchiesta Aiello. L'uno dopo l'altro escono rapidamente dal carcere. Tutti tranne uno: il maresciallo Ciuro. Esce persino Aiello, sebbene sia accusato di essere il prestanome, il protettore e il riciclatore di Provenzano (per questo gli saranno sequestrati beni per 250 milioni di euro: la clinica Villa Santa Teresa di Bagheria, otto imprese edili, sei legate al pianeta sanità e due stabilimenti industriali, 147 conti bancari, le quote della squadra di calcio di Bagheria, un impianto di calcestruzzi, quattro edifici utilizzati come uffici dirigenziali, 14 appartamenti a Bagheria, tre ville al mare, 22 magazzini, 22 appezzamenti di terreno edificabili, 28 autovetture, 21 veicoli industriali, una barca).

Eppure il 26 marzo Aiello esce dall'Ucciardone dopo soli tre mesi e mezzo di carcere, per trasferirsi agli arresti domiciliari in una delle sue principesche residenze. «Aiello», scrive l'Ansa, «è stato posto agli arresti domiciliari su ordine del gip Giacomo Montalbano. L'indagato soffre di favismo e la patologia non è compatibile con il regime carcerario». Pare una battuta di pessimo gusto. Ma è proprio così: con il consenso della Procura, il gip lo mette fuori con la strepitosa motivazione della sua allergia alle fave e ai loro derivati. Ma che c'entrano le fave con la detenzione? Pare che lo chef dell'Ucciardone sappia cucinare soltanto a base di fave. E così quelli di tutti gli altri penitenziari della penisola, dove eventualmente il costruttore avrebbe potuto essere trasferito. Menu unico, e piuttosto monotono. Non si spiega altrimenti – almeno ufficialmente – la decisione dei magistrati di metterlo fuori con tanta urgenza. Impossibile trattare quell'allergia nelle strutture mediche interne al penitenziario: nelle prigioni italiane si eseguono ormai interventi delicati come le operazioni a cuore aperto, ma nulla si può contro il favismo. Che, secondo gli esperti, sarebbe un'afflizione congenita. Dunque Aiello ne soffre dalla nascita, cioè da ben prima del 5 novembre 2003, quando fu arrestato.

E allora, delle due l'una: o l'imprenditore soffre davvero di favismo e questa patologia lo rende davvero incompatibile con la detenzione, nel qual caso non si capisce come abbia potuto rimanere detenuto per tre mesi e mezzo. Oppure quella del favismo è una scusa piuttosto maldestra, per giustificare un provvedimento difficile da spiegare in altro modo. Resta comunque il fatto che Aiello esce nel giro di 100 giorni, mentre Ciuro, accusato di condotte infinitamente più lievi ma colpevole di aver lavorato con Ingroia anche al processo Dell'Utri, rimane sepolto vivo in carcere. Per oltre un anno. E verrà processato in manette.

Negli stessi giorni (29 e 30 marzo 2004) scende a Palermo in missione speciale la commissione Antimafia capitanata dal forzista Roberto Centaro, per ascoltare il procuratore Grasso e i suoi aggiunti a proposito dell'inchiesta sulle talpe. Ma niente paura. L'audizione dei magistrati si rivela poco più di una gita turistica. La curiosità dei commissari di maggioranza per le malefatte di Cuffaro e per la sua fonte istituzionale «romana» è piuttosto tiepida. Il senatore di An Luigi Bobbio, relatore della controriforma dell'ordinamento giudiziario, anche lui (come Centaro) ex magistrato, pare molto più interessato a sapere da Grasso notizie sui non-indagati Lo Forte e Ingroia, nel tentativo disperato di riesumare l'inchiesta parallela politico-mediatica contro i due magistrati scomodi.

A fine audizione il forzista Carlo Vizzini (già segretario del Psdi e soprattutto ministro delle Poste e Telecomunicazioni) si appella tartufescamente ai magistrati: «Diteci come possiamo sapere chi candidare e chi no. Come facciamo a distinguere chi sta con la mafia e chi con l'antimafia? Il rischio di sbagliare è altissimo, dateci qualche suggerimento». Di fronte a lui, attoniti, ci sono Lo Forte e Scarpinato, che hanno coordinato le indagini su Marcello Dell'Utri e Gaspare Giudice, puntualmente ricandidati ed eletti in Forza Italia sebbene rinviati a giudizio per mafia. Ecco: per non rischiare di far eleggere un amico della mafia, si potrebbe cominciare a non candidare gli imputati di mafia. Ma, per galateo istituzionale, i magistrati preferiscono sorvolare. L'audizione si conclude com'era iniziata: acqua fresca. E i commissari antimafia, dopo l'allegra scampagnata, se ne tornano a Roma. Missione compiuta.

Siamo uomini o marescialli?

Torniamo a Totò. Eletto europarlamentare il 13 giugno, Cuffaro ha un mese di tempo per scegliere se restare presidente della Regione, oppure lasciare Palazzo d'Orléans e volare a Bruxelles. La prima carica, molto più appetibile e prestigiosa, non prevede immunità in caso di arresto. La seconda invece sì. E, sulla carta, un indagato di quel calibro per concorso esterno in associazione mafiosa rischia l'arresto sia in fase di indagini (quasi tutti i suoi coindagati sono passati per il carcere), sia in seguito a un'eventuale condanna. Se invece quell'accusa dovesse cadere, l'incubo delle manette svanirebbe e Cuffaro potrebbe serenamente proseguire il mandato (fra l'altro rinnovabile) nella sua Palermo. Ma il tempo stringe: gli europarlamentari appena eletti col doppio incarico devono scegliere a quale rinunciare entro il 19 luglio.

Intanto la Procura si appresta a chiudere le indagini sul suo conto. I cinque magistrati che si occupano del filone Guttadauro e del filone Aiello si ritrovano d'accordo sui fatti accertati e sui reati da contestare a 18 dei 19 indagati: oltre ad Aiello, Ciuro, Riolo e Carcione, c'è l'ex segretaria del pm Gozzo, Antonella Buttitta (quella di Lo Forte, Margherita Pellerano, accusata di false dichiarazioni al pm, potrà essere eventualmente processata solo al termine del processo principale); ci sono l'ex dirigente della sezione Anticrimine della Questura Giacomo Venezia e l'ispettore della squadra Mobile Carmelo Marranca, contattati dal maresciallo Ciuro per avere notizie; e ancora l'ex consigliere comunale di Bagheria Roberto Rotondo, dipendente di Aiello, e alcuni collaboratori che l'imprenditore aveva messo a capo delle sue aziende. Il pool si spacca soltanto su un indagato: Cuffaro. Ma sul reato da contestargli. Non certo sui fatti accertati a suo carico, che appaiono chiari a tutti. Tre, in sintesi:

1) Cuffaro, tramite Miceli e Aragona, ha avvertito il capomandamento di Brancaccio Giuseppe Guttadauro, già condannato e arrestato per mafia, che aveva le microspie in casa.

2) Su richiesta di Guttadauro, Cuffaro ha candidato nell'Udc un uomo di fiducia del boss, Mimmo Miceli, ora sotto processo per concorso esterno con quella stessa accusa.

3) Cuffaro ha avvisato l'imprenditore, presunto mafioso, Michele Aiello che era sotto indagine e sotto intercettazione.

C'è chi in passato, per molto meno, è stato arrestato, processato e condannato per concorso esterno. Per questo il pm Paci, in sintonia con la sentenza Carnevale delle Sezioni Unite della Cassazione, trova del tutto naturale che le ipotesi d'accusa iniziali vengano mantenute: e dunque che anche per Cuffaro si chieda il rinvio a giudizio tanto per concorso esterno quanto per rivelazione di segreti (eliminando soltanto la corruzione, difficile da dimostrare). Ma l'aggiunto Pignatone e, a ruota, i sostituti Prestipino, De Lucia e Di Matteo vorrebbero stralciare (per poi archiviarla) l'ipotesi più grave del concorso esterno, derubricandolo nel più blando favoreggiamento e affiancandolo con la rivelazione di segreti. Inizialmente si pensa addirittura al favoreggiamento semplice, senza l'aggravante mafiosa («al fine di agevolare l'associazione Cosa Nostra»). Poi, dopo le proteste di Paci e le perplessità di Di Matteo, viene aggiunta l'aggravante al primo favoreggiamento, quello a Guttadauro, mentre quello ad Aiello resta un favoreggiamento semplice, senza aggravanti. Il perché è ovvio: se – come sarebbe logico ed equo – venisse considerato aggravato anche il secondo favoreggiamento, sarebbe quasi automatico contestare il concorso esterno. E, almeno per Cuffaro, non si può.

Anche Grasso è per la linea morbida. E avvia un lungo pressing su Paci perché si allinei agli altri quattro: una sua dissociazione riaprirebbe l'eterno scontro nella Procura, mettendo a nudo le due linee ormai inconciliabili che emergono ogni qual volta c'è di mezzo un imputato eccellente. Paci, in questa inchiesta, non è un sostituto qualsiasi: è colui che nel 1999 avviò l'«Operazione Ghiaccio», da cui sono scaturite le intercettazioni in casa Guttadauro che hanno portato per la prima volta a Cuffaro. Proprio per questo tiene duro: Cuffaro – sostiene – è un indagato come gli altri e i fatti emersi a suo carico sono infinitamente più pesanti di quelli che hanno portato in carcere e alla richiesta di giudizio per concorso esterno i suoi presunti complici. Non si possono processare i sottopancia di Totò per concorso esterno e Totò, presunto capo della banda, per reati minori. Non si può tenere in galera per concorso esterno in mafia il maresciallo Ciuro per aver favorito Aiello, mai condannato per mafia, e non processare per concorso esterno in mafia il governatore Cuffaro che ha favorito Guttadauro, condannato per mafia. La linea Grasso-Pignatone – osserva Paci – crea due pesi e due misure. Se Cuffaro avverte Aiello che è sotto inchiesta, è favoreggiamento semplice. Se Cuffaro avverte Guttadauro che è intercettato, è favoreggiamento aggravato. Se Ciuro fornisce ad Aiello informazioni infinitamente meno importanti, è addirittura concorso esterno in associazione mafiosa, con manette incorporate. Ma la legge non è uguale per tutti?

Non c'è soltanto una questione di equità, nel dissenso di Paci. C'è anche una motivazione tecnica e sostanziale, da cui dipendono le sorti del processo che va a incominciare. Il favoreggiamento (anche con l'aggravante mafiosa) è molto più difficile da dimostrare del concorso esterno. La Cassazione ha stabilito, nella sentenza Carnevale del 30 ottobre 2002, che basta un solo contributo oggettivamente rilevante in favore della mafia per integrare il concorso esterno. Non è necessario provare che l'imputato aveva la volontà specifica di favorire l'intera Cosa Nostra: è sufficiente dimostrare che sapeva di agevolare, con quel singolo contributo, l'organizzazione. Per il favoreggiamento aggravato, invece, occorre provare che quel contributo è stato fornito con l'intenzione specifica di aiutare la mafia. Altrimenti cade l'aggravante mafiosa e rimane il favoreggiamento semplice.

Ora Cuffaro potrà agevolmente difendersi sostenendo che, informando Miceli, non puntava affatto a rafforzare Cosa Nostra: semplicemente, voleva aiutare un amico – Miceli – per evitare che, chiamando il boss intercettato, mettesse nei guai se stesso e soprattutto lui, il governatore. Che ne sapeva lui che poi Miceli avrebbe avvertito Aragona e Guttadauro? Una tesi tutt'altro che implausibile, che farebbe cadere l'aggravante mafiosa del reato, riducendolo a un favoreggiamento semplice. Lo stesso che viene contestato per il filone Aiello. E il favoreggiamento semplice, punito con una pena massima di 4 anni, cade in prescrizione dopo 5 anni (o, in certi casi, dopo 7 e mezzo) da quando è stato commesso. In questo caso, i fatti contestati sul filone Guttadauro (fino alla primavera-estate 2001) e quelli sul filone Aiello (fino all'ottobre 2003) si prescrivono, rispettivamente, nel 2006 e nel 2008 (o, al massimo, nel 2008 e nel 2010).

Troppo presto, visti i tempi della giustizia italiana, per celebrare l'udienza preliminare e i tre gradi di giudizio canonici. Basterà trovare un avvocato perlomeno decente, e tutto cadrà in prescrizione ben prima che si arrivi a una sentenza definitiva. Senza contare che, con la legge Salva Previti in arrivo al Parlamento, i termini si accorcerebbero ulteriormente. Il processo, così «svuotato», rischia di nascere morto.

Il nodo, in Procura, va sciolto prima di notificare ai 19 indagati l'avviso di chiusura delle indagini, l'atto che precede la richiesta di rinvio a giudizio. Ma la legge non impone alcuna scadenza: c'è tutto il tempo per discutere e decidere con calma. Il 30 giugno e il 5 luglio, in due lunghe riunioni ristrette del pool inquirente (Pignatone, De Lucia, Di Matteo, Prestipino e Paci), i due fronti rimangono sulle rispettive posizioni. Sul finire della seconda compare anche Grasso, nel tentativo di chiudere la partita. Ma Paci tiene duro. Il procuratore, al termine, lo chiama nel suo ufficio e, a quattr'occhi, lo invita pressantemente a cedere. Gli parla «da amico», come mai aveva fatto, e gli chiede di firmare «per il bene dell'Ufficio». Ma Paci vuole altro tempo per riflettere. E, l'indomani, gli chiede di convocare l'assemblea plenaria della Dda per sentire il parere dei colleghi: proprio a questo servono i princìpi della collegialità e della circolazione delle informazioni. Solo dopo deciderà il da farsi. Sulle prime, Grasso non vuole saperne di portare la questione in Dda. Ma alla fine deve cedere e fissa l'assemblea per il 16 luglio.

È una riunione lunghissima e drammatica, quella di venerdì 16. Paci illustra all'assemblea – Grasso, gli aggiunti al completo e una ventina di sostituti – le sue perplessità sulla linea morbida dei colleghi. Precisa che, comunque si deciderà, lui continuerà a lavorare con loro alle indagini, anche se non dovesse firmare l'atto di chiusura. E si dice pronto a cambiare posizione se la maggioranza glielo chiederà. Ma la maggioranza è con lui. Gli aggiunti Lo Forte, Scarpinato, Lari, Morvillo – con sfumature diverse – e vari sostituti fra i quali Ingroia, Gozzo, Natoli e Russo chiedono di trattare Cuffaro come le leggi, le prassi della Procura e la giurisprudenza della Cassazione impongono per qualunque cittadino nelle sue condizioni. Cioè di contestargli il concorso esterno. E citano l'ultima sentenza della Suprema Corte su Carnevale, che conferma e precisa i contorni del reato di concorso esterno. Contorni che sembrano tagliati addosso a Cuffaro. Ma Grasso e Pignatone non sentono ragioni. Verso le 19, il procuratore chiude la riunione e invita i cinque magistrati impegnati nelle indagini a decidere alla svelta.

Il dibattito ha fatto sorgere qualche perplessità in Di Matteo, che chiede un rinvio per poter studiare la sentenza Carnevale. Anche Paci chiede 48 ore per riflettere, fino a lunedì 19. Grasso non le concede: bisogna decidere quella sera stessa. E, con una fretta davvero sorprendente, riconvoca i colleghi di lì a un'ora per conoscere il loro verdetto: ovvio che in 60 minuti nessuno cambierà idea. Durante la breve pausa, il procuratore riconvoca Paci nel suo ufficio per invitarlo ancora a firmare. Paci è più che mai perplesso, l'adesione di molti colleghi alla sua linea ha rafforzato il suo dissenso. Ribadisce che gli occorre il week-end per decidere: in ogni caso, se non firmerà, potranno farlo i colleghi senza di lui, senza che ciò comporti alcuno stallo nelle indagini. Continuerà a lavorare con gli altri sul filone Guttadauro e sul filone Aiello, appena unificati (ma solo per i favoreggiamenti) proprio in quella riunione. Il suo dissenso, insomma, resterà un fatto «interno» alla Procura.

Ma Grasso vuole un sì, e subito. Che cosa cambia – obietta Paci – se si attendono due giorni? I termini delle indagini per Cuffaro scadono il 23 settembre, cioè di lì a due mesi... Il procuratore ha fretta, una fretta forsennata: l'indomani è sabato – dice – e Pignatone e De Lucia partono per le ferie: il lunedì non possono firmare l'avviso di chiusura indagini. Perciò chiede a Paci di mettere per iscritto la sua posizione, due righe da tenere agli atti. Ma anche in questo discorso i conti non tornano: quella stessa sera, alle 19,30, Pignatone, De Lucia, Prestipino e Di Matteo firmano l'avviso «morbido». Le prossime ferie dei primi due, dunque, non hanno alcun peso. All'atto, già firmato dai quattro il venerdì sera, potrebbe aggiungersi il lunedì la sigla di Paci, casomai cambiasse idea.

Nelle stesse frenetiche ore, a Roma, c'è un altro uomo che ha una gran fretta: il governatore Cuffaro. Nello storico palazzo della Domus Mariae, dov'è riunito il Consiglio nazionale dell'Udc, attende con ansia di conoscere il suo destino giudiziario, per decidere quale delle due poltrone tenere e quale mollare. Una scelta strettamente legata a quella della Procura. Negli ultimi giorni, Totò è apparso preoccupato: manca poco alla scadenza fatidica del 21 e dal Palazzo di Giustizia non arrivano notizie. Uomo di poca fede: la sera del 16 luglio le notizie arrivano in tempo reale. L'ultimo atto dell'inchiesta sulle talpe in Procura, quella che doveva mettere fine alle fughe di notizie dalla Procura, viene comunicato in tempo reale da una talpa della Procura al principale imputato dell'inchiesta sulle talpe in Procura. Un capolavoro del paradosso.

Quella sera, infatti, pochi minuti dopo la firma dei quattro magistrati, e ben prima che l'avviso di chiusura indagini venga notificato, Cuffaro e i suoi avvocati ne conoscono già prodigiosamente l'esistenza e il contenuto: l'accusa di concorso esterno è sparita, insieme alla corruzione; restano le briciole, cioè la rivelazione di segreti e il favoreggiamento. Che cosa significhi tutto ciò per il governatore lo dimostra lui stesso, abbandonandosi a scene di pubblica esultanza a margine delle assise dell'Udc, convocate per decidere sulla crisi strisciante del governo Berlusconi e sull'ipotesi di promozione a ministro del segretario Marco Follini o, in alternativa, del *capatàz* siciliano Raffaele Lombardo. La scena, impagabile, la racconta l'indomani il giornalista Carmelo Lopapa sulle pagine palermitane della «Repubblica»:

> Strano destino, quello di Cuffaro. Nel giorno in cui realizza il sogno di una carriera, quello di diventare protagonista almeno per qualche ora della scena politica nazionale in occasione del Consiglio dell'Udc decisivo per le sorti del governo Berlusconi, si ritrova a essere risucchiato ancora una volta dalla palude delle sue vicende personali. Stavolta il tocco di campana segna la fine delle indagini col loro carico di accuse, in parte rimaste in piedi. Allora eccolo, il Cuffaro che si sdoppia. C'è il politico che arringa davanti ai taccuini dei giornalisti all'ingresso e all'uscita dalla riunione del partito alla Domus Mariae a Roma, che conduce la battaglia interna per spingere Follini ad entrare nel governo («Deve fare questo sacrificio», dice in mattinata), salvo poi desistere nel pomeriggio [...]. E poi c'è l'uomo Cuffaro in ambasce per l'intera giornata, col telefonino sempre acceso in contatto con i suoi avvocati Nino Caleca e Grazia Volo, in trepida attesa della notizia (che non arriverà, se

non in via ufficiosa) dalla procura. «Mi sta scoppiando il cuore», dirà all'ennesima telefonata pomeridiana con un nulla di fatto, quando i magistrati sono ancora riuniti. «Mi sento con dieci anni meno», racconterà invece a fine giornata, quando il fardello delle accuse rimaste in piedi risulterà mitigato dalla rinuncia dei pm di portare avanti in questo momento quella più pesante, di concorso esterno in associazione mafiosa. Appena arrivato si confronta con gli avvocati. Poi parla: «Io non ho ancora ricevuto alcun atto ufficiale», tiene a premettere, «ma se è vero quello che si dice, allora è caduta l'accusa più infamante. Se non sono mafioso, se non sono corrotto, è già un fatto importante. Porteremo prove che dimostreranno la mia totale estraneità anche alle altre accuse, so di avere la coscienza a posto e ora posso affrontare con serenità i restanti due anni di mandato alla guida della Regione». È un presidente stanco ma in parte rinfrancato. «È stato un anno molto duro,» racconta «ma la mia fiducia nella magistratura e la fede nella Madonna mi permettono di andare avanti». Andare avanti a Palazzo d'Orléans, ovvio. Perché lascia il posto conquistato a Strasburgo con oltre 164.000 voti al sodale di sempre, a Lombardo. «Avevo già firmato la lettera di rinuncia al seggio al Parlamento europeo», dice Cuffaro, «adesso l'ho consegnata nelle mani di Raffaele, che andrà a insediarsi al posto mio, se davvero non entrerà a far parte del governo Berlusconi come noi tutti avremmo auspicato». Fine della partita...[2]

Partita finita con l'avviso di chiusura delle indagini. Che sulla posizione di Cuffaro, ringiovanito, rinfrancato e miracolato dalla Madonna della Procura, recita:

1-a) *Rivelazione di notizie segrete*: «(artt. 110 e 326 c.p.) per avere fornito in concorso con altri soggetti allo stato non identificati e Borzacchelli Antonio, notizie coperte da segreto istruttorio ad Aiello Michele in relazione ai procedimenti penali che riguardavano, tra gli altri, lo stesso Aiello, Ciuro Giuseppe e Riolo Giorgio, tutti attualmente in stato di custodia cautelare il primo per il delitto di cui all'art. 416 bis c.p.; gli altri per il delitto di cui agli artt. 110 e 416 bis c.p. In Palermo ed altrove fino al mese di ottobre del 2003».
1-b) *Favoreggiamento semplice*: «artt. 110 e 378 c.p. commi 1 e 2; per avere – in concorso con altri soggetti allo stato non iden-

tificati, e con Rotondo Roberto e con Borzacchelli Antonio – aiutato, con le modalità di cui al capo B), ad eludere le investigazioni che li riguardavano in relazione al delitto di cui all'art. 416 bis c.p. Aiello Michele, Ciuro Giuseppe e Riolo Giorgio, tutti attualmente in stato di custodia cautelare il primo per il delitto di cui all'art. 416 bis c.p.; gli altri per il delitto di cui agli artt. 110 e 416 bis c.p. In Palermo ed altrove fino al mese di ottobre del 2003».

2-a) *Rivelazione di notizie segrete*: «artt. 110 e 326 c.p. 7 l.n. 203/1991, per avere fornito in concorso con altri soggetti allo stato non identificati e con Borzacchelli Antonio, notizie coperte da segreto istruttorio a Miceli Domenico ed a Guttadauro Giuseppe in relazione ai procedimenti penali che riguardavano, tra gli altri, gli stessi Miceli e Guttadauro, entrambi attualmente in stato di custodia cautelare il primo per il delitto di cui agli artt. 110 e 416 bis c.p., il secondo per il delitto di cui all'art. 416 bis c.p. al fine di agevolare l'attività dell'organizzazione mafiosa Cosa Nostra. In Palermo ed altrove fino alla primavera-estate del 2001».

2-b) *Favoreggiamento aggravato di stampo mafioso*: «artt. 110 e 378 c.p. commi 1 e 2, 7 l.n. 203/1991, per avere – in concorso con altri soggetti allo stato non identificati e con Borzacchelli Antonio – aiutato, con le modalità di cui al capo che precede, ad eludere le investigazioni che li riguardavano in relazione al delitto di cui all'art. 416 bis c.p. Miceli Domenico e Guttadauro Giuseppe, attualmente in stato di custodia cautelare il primo per il delitto di cui agli artt. 110 e 416 bis c.p., il secondo per il delitto di cui all'art. 416 bis c.p. al fine di agevolare l'attività dell'organizzazione mafiosa Cosa Nostra. In Palermo ed altrove fino alla primavera-estate del 2001».

Firmato: «Il Pubblico Ministero. Giuseppe Pignatone – Michele Prestipino Giarritta – Maurizio De Lucia – Antonino Di Matteo».

È la notizia che Totò aspettava. Infatti, dopo i comprensibili festeggiamenti e ringraziamenti alla Vergine Maria, decide di restare governatore di Sicilia e di spedire a Bruxelles il fido Raffaele Lombardo, deluso per il mancato rimpasto di governo che l'ha privato della tanto sospirata poltrona ministeriale. E l'addolcimento delle imputazioni aiuta Cuffaro anche sul fronte politico, all'Assemblea regionale, dove il capogruppo di

Rifondazione comunista Francesco Forgione resta solo a chiedere le sue dimissioni alla luce dell'avviso di chiusura indagini. Con queste parole:

> Cuffaro si dichiara soddisfatto per non essere stato considerato mafioso e amico dei corrotti. Ma come presidente della Regione avrebbe favorito, secondo i magistrati, mafiosi e corrotti. Oggi dovrebbe provare, quanto meno, l'imbarazzo e la vergogna per la permanenza nel ruolo di presidente. La Sicilia non può tollerarlo. Chiediamo al centrosinistra un atto di dignità: una mozione di sfiducia per avviare un dibattito istituzionale sui rapporti tra il presidente, la mafia e la politica in Sicilia.

La Margherita, con il suo vicecoordinatore Franco Piro, risponde picche:

> Ci piace assai poco lo sport di anticipare gli atti della magistratura non ancora ufficiali. Siamo disponibili a firmare una mozione che chieda al governo di andarsene per lo sfascio provocato alla Regione, non la firmeremo se riguarderà vicende giudiziarie ancora fumose. Quando gli atti saranno ufficiali, valuteremo.

Idem i Ds, più che mai inclini al compromesso, soprattutto con un personaggio come Cuffaro, che fino a qualche anno prima faceva l'assessore all'Agricoltura in una giunta di centrosinistra. «Siamo pronti a sottoscrivere una mozione di sfiducia solo se ha un connotato politico», dichiara il segretario regionale Antonello Cracolici; «la vicenda giudiziaria sarebbe solo un'aggravante. Attendiamo le conclusioni dei magistrati.»

Il pugno del Capo

Intanto, in Procura, scatta la rappresaglia contro il pm dissenziente. È il 19 luglio, dodicesimo anniversario della strage di via D'Amelio. Gaetano Paci riceve una nota di Grasso che gli intima di abbandonare entrambe le inchieste su Cuffaro e gli revoca le relative deleghe. Non solo sul filone Aiello, ma anche sul filone Guttadauro. È un atto gravissimo, unico nella storia pur movimentata della Procura di Palermo. Mai, nemmeno negli anni bui di Giammanco, il capo era giunto a espropriare un sostituto di un'indagine di cui è titolare. Lo strumento estremo della revoca è previsto dal codice in casi eccezionali, cioè quando un pm si mette di traverso, bloccando con il suo dissenso il lavoro dei colleghi. Ma non è questo il caso: infatti, come abbiamo visto, in ogni riunione Paci aveva precisato che si dissociava soltanto a proposito del reato da contestare a Cuffaro, pienamente d'accordo con i colleghi sulla ricostruzione dei fatti e sulle posizioni degli altri 18 indagati; che non si opponeva all'inoltro dell'avviso senza la sua firma; che avrebbe seguitato a lavorare con gli altri nel prosieguo dell'inchiesta. Ma Grasso, anticipando la «verticalizzazione» delle Procure che sta per essere reintrodotta dalla controriforma Castelli, silura il dissidente dalle indagini che lui stesso aveva avviato. Motivazione ufficiale: «rilevanti esigenze di servizio». Quali? A causa della mancata firma di Paci, scrive il procuratore,

> si è venuta a determinare una situazione di stallo nelle indagini preliminari, che deve essere risolta con urgenza dato che, come si è detto, si tratta di procedimenti con indagati detenuti o per i quali stanno per scadere i termini delle indagini preliminari.

Una coincidenza malandrina vuole che la lettera di revoca delle deleghe arrivi a Paci poco dopo che Grasso ha preso parte alle commemorazioni della strage Borsellino insieme al governatore imputato Cuffaro. Ed è una data decisamente sfortunata, quella del 19 luglio: l'anno prima, quello stesso giorno, il procuratore aveva ritirato le deleghe di tutte le indagini antimafia agli aggiunti Scarpinato e Lo Forte, appena estromessi dalla Dda. Ora tocca a Paci, un altro convinto che la legge sia uguale per tutti. Un altro epurato.

La notizia fa rumore anche nell'ovattata e sonnacchiosa Palermo. La dissociazione di un pm dal «salvataggio» di Cuffaro, unita al pugno di ferro del procuratore, finisce su tutti i giornali. Grasso, in un'intervista alla «Repubblica» di Palermo, presenta la revoca come un atto dovuto:

> Chiariamo subito [...], non vorrei che la mia decisione di revocare la delega al dottor Paci passi come un provvedimento punitivo per il dissenso espresso in sede di confronto in una riunione della Dda appositamente convocata proprio per la corretta circolazione delle informazioni dell'ufficio. Il problema non era il dissenso, il problema era impedire che l'inchiesta non entrasse in una situazione di stallo. Il dottor Paci ha deciso di non firmare, ma non si è tirato fuori dall'inchiesta, non ha dato il suo consenso a che i colleghi proseguissero. E così sono stato costretto a una rapida valutazione della situazione e a motivare, così come prescrivono le regole del Csm, la decisione di ritirargli la delega con la necessità che l'indagine vada avanti rispettando i tempi. Insomma era urgente provvedere visto l'approssimarsi della scadenza dei termini di carcerazione di imputati detenuti e la scadenza dei termini dell'indagine stessa.

Insomma, a sentire il procuratore, non si poteva fare altrimenti per il bene dell'inchiesta che, in caso contrario, si sarebbe paralizzata per l'ostruzionismo di Paci. Purtroppo, come abbiamo visto, non è vero. La mattina del 20 luglio, appena legge l'intervista del capo, Paci cade dalle nuvole. E scrive una letterina «al Sig. Procuratore della Repubblica» per chiedergli di

> rettificare le suddette dichiarazioni alla S.V. attribuite. È noto invero alla S.V. che la stessa sera del 16 luglio 2004 i colleghi titolari dei due procedimenti hanno firmato il provvedimento conclusivo delle indagini, per cui non ravviso in che modo avrei potuto intralciare il prosieguo del procedimento. È evidente pertanto che, oltre a non essere rispondenti al vero, le suddette dichiarazioni risultano notevolmente lesive della mia professionalità e della mia correttezza, laddove in particolare possono essere intese nel senso che il mio (inesistente) comportamento ostruzionistico avrebbe potuto influire negativamente sui termini di custodia cautelare degli imputati.

L'indomani il procuratore è costretto a rettificare: Grasso, scrive Alessandra Ziniti sulla «Repubblica», ha «dato atto a Paci di "non avere sicuramente intenzione, come più volte verbalmente dichiarato nel corso delle riunioni, di ostacolare il lavoro degli altri pm"».

Paci si prepara a difendere la sua posizione nelle sedi competenti: il Csm e la sua espressione territoriale, il Consiglio giudiziario di Palermo. Il 22 luglio riepiloga la vicenda in una lettera di 8 pagine al procuratore, che verrà poi inoltrata a Palazzo dei Marescialli, in cui contesta a Grasso il diritto di levargli l'indagine. Ricorda che «la direttiva n. 68 della legge-delega 16 febbraio 1987, n. 81 per l'emanazione del nuovo codice di procedura penale, ha espresso come criterio direttivo per il legislatore delegato la "*previsione che le funzioni di pubblico ministero in udienza siano esercitate con piena autonomia*"». Insomma, come scrive il Csm in una risoluzione del 25 marzo 1993, nel rapporto fra procuratore capo e sostituti «è stato esplicitato l'abbandono di ogni incidenza gerarchica». Ogni pm è uguale agli altri, indipendente dal capo e sovrano nei suoi procedimenti, titolare di un'autonomia «piena» in udienza come pure nelle indagini preliminari. Il procuratore mantiene soltanto un potere direttivo e organizzativo. Una volta «designato» dal capo a seguire un fascicolo, il sostituto ne diventa il titolare a tutti gli effetti. Il procuratore può ancora revocare la designazione, ma solo con un provvedimento motivato, e non tutti i motivi sono validi:

> Le divergenze tra magistrato designato e dirigente non autorizzano [...] il potere di avvicendamento nella designazione, con affidamento dell'incarico ad altro Sostituto, perché l'originaria attribuzione dell'affare consuma, in assenza di un espresso potere di ordinario avvicendamento orizzontale nella conduzione delle indagini, la possibilità di designare un Sostituto diverso da quello al quale l'affare venne a suo tempo affidato.[3]

Se il sostituto non si uniforma agli indirizzi generali enunciati dal capo, può essere «revocato» e sostituito. Ciò non può avvenire, invece, se il capo non è d'accordo sulla sua conduzione di questa o quell'inchiesta. Nei casi particolari, la revoca può arrivare solo quando il pm dà i numeri, cioè se

> il magistrato designato abbia formulato, o intenda formulare, richieste oggettivamente insostenibili sul piano tecnico, esu-

lanti dal campo dell'opinabilità e manifestamente ingiustificabili, ovvero ancora allorquando il magistrato si discosti, senza alcuna giustificazione, da quelle direttive di indole generale, previamente emanate, nelle quali si sostanzia la potestà direttiva del titolare dell'ufficio.

L'ultima parola, in caso di dissidio fra procuratore e sostituto, spetta comunque al Csm, che deve

> vagliare la legittimità del provvedimento di revoca del titolare dell'ufficio, raccogliere le eventuali controdeduzioni degli interessati, comunicare al predetto le proprie osservazioni. Qualora si dovesse accertare l'illegittimità della revoca, l'organo di autogoverno valuterà caso per caso se informare i titolari dell'azione disciplinare ovvero se ricorrano gli estremi per l'apertura di una procedura di trasferimento d'ufficio [*del procuratore*].

Paci così conclude, tornando al caso Cuffaro:

> Alla stregua di tali premesse mi appare evidente che il potere di revoca della designazione può essere esercitato esclusivamente nelle situazioni normativamente tipizzate o in presenza di «rilevanti esigenze di servizio», mentre «le divergenze tra magistrato designato e dirigente non autorizzano [...] il potere di avvicendamento nella designazione...». «Opinare diversamente», ha osservato il Csm, «equivarrebbe ad assegnare al solo titolare dell'ufficio la gestione dell'azione penale nel singolo caso, con una sorta di personalizzazione concentrata nella sua figura.»

Quali sarebbero, dunque, le «rilevanti esigenze di servizio» che hanno indotto Grasso a revocare la designazione di Paci? Il procuratore, come abbiamo visto, parla di «una situazione di stallo nelle indagini preliminari, che deve essere risolta con urgenza dato che [...] si tratta di procedimenti con indagati detenuti o per i quali stanno per scadere i termini delle indagini preliminari».

Ma Paci dimostra, riepilogando i fatti, che lo «stallo» è un'invenzione, visto che lui aveva garantito comunque la massima continuità delle indagini. Quanto al problema degli indagati detenuti, la sua richiesta di una pausa di riflessione dal 16 al 19 luglio non avrebbe comportato conseguenza alcuna:

> L'eventuale dilazione di 48 ore in nulla avrebbe inciso sia con riferimento alla scadenza dei termini di custodia cautelare fissati alla data del 5 novembre 2004, sia con riferimento alle decisioni da assumere nel procedimento [...].
> Quindi nessuna situazione di stallo – peraltro riferibile alla posizione di uno solo degli indagati [*Cuffaro, N.d.A.*], per di più in regime di libertà – si era verificata, né era suscettibile di verificarsi nel procedimento n. 12790/02 R.G.N.G. [*filone Aiello-Cuffaro, N.d.A.*].
> [...] Prova di quanto rappresentato sono non solo i fatti sin qui esposti, già di per sé dimostrativi che io non ho frapposto alcun ostacolo alla progressione del procedimento, ma altresì la circostanza che nello stesso pomeriggio di quel 16 luglio, intorno alle ore 19,30, gli altri magistrati designati per la trattazione dei procedimenti hanno sottoscritto l'avviso di conclusione delle indagini con la mia piena adesione a che l'atto venisse comunque compiuto anche senza la mia sottoscrizione.
> Tale circostanza dimostra *per tabulas* l'inesistenza della situazione di stallo e, quindi, delle «rilevanti ragioni di servizio» alla quale si fa contraddittoriamente riferimento nel provvedimento di revoca adottato in mio danno.
> Ancor di più nessuna situazione di stallo si è verificata, né poteva verificarsi, nel diverso procedimento n. 2358/99 R.G.N.R. [*filone Guttadauro-Cuffaro, N.d.A.*] – i cui termini di indagine preliminare scadranno il 23 settembre 2004 – in relazione al quale nessuna determinazione doveva (e deve) assumersi e la cui designazione, ciononostante, mi è stata pure inspiegabilmente revocata.
> Tutto premesso, chiedo alla S.V. che le presenti osservazioni vengano trasmesse agli organi competenti [...] per le ulteriori determinazioni.
>
> Firmato: Gaetano Paci

A questo punto la palla passa al Consiglio giudiziario di Palermo, l'organo formato da giudici e avvocati incaricato di valutare amministrativamente l'attività dei magistrati. E il Consiglio giudiziario se ne esce con un verdetto alla Ponzio Pilato. Dà ragione a Paci («Non può ravvisarsi una "situazione di stallo" nei termini indicati dal procuratore della Repubblica»). Ma evita di dichiarare illegittimo l'atto di Grasso («ragioni obiettive integrano quelle rilevanti esigenze di servizio che possono giustificare la revoca della "designazione"»). L'ultima parola spetterà comunque al Csm.

Il processo perde i pezzi

Com'era facile prevedere, fin dall'udienza preliminare i reati contestati a Cuffaro in quella forma così traballante cominciano a cadere. Il 1° settembre 2004 la Procura chiede il rinvio a giudizio di tutti gli indagati delle due inchieste sulle talpe, tranne due (l'ispettore Marranca e il maresciallo dei Carabinieri Pasquale Gigliotti, la cui posizione è stata stralciata). Ma il 2 novembre, all'udienza preliminare, il gup Bruno Fasciana rinvia a giudizio Cuffaro soltanto per il favoreggiamento personale, in un caso aggravato e nell'altro no. E dichiara invece il «non luogo a procedere» contro Cuffaro e Giacomo Venezia, per l'accusa di rivelazione di segreto d'ufficio a vantaggio sia di Aiello sia di Guttadauro & C. Cioè per il «reato strumento» con il quale il governatore avrebbe commesso il «reato fine» del favoreggiamento. Il processo, dunque, dopo il concorso esterno e la corruzione, perde per strada anche il terzo reato, in un gioco dei birilli che rischia di travolgere anche la quarta ipotesi, l'unica rimasta: il favoreggiamento aggravato e non. Cuffaro esce dall'udienza esultante: «Hanno dimezzato le accuse a mio carico, ho fiducia nella magistratura, al processo dimostrerò la mia completa estraneità agli addebiti rimasti ancora in piedi». Al dibattimento, dal febbraio 2005 davanti alla III sezione del Tribunale, compariranno anche i suoi 12 coimputati (due hanno nel frattempo patteggiato la pena e altri due, tra i quali il maresciallo Ciuro, hanno chiesto il giudizio abbreviato).

Perché sia caduta anche la rivelazione di segreti, il gup Fasciana lo spiega in una motivazione di 45 pagine depositata il 3 dicembre 2004. Il fatto è certo: Cuffaro ha rivelato notizie coperte da segreto investigativo. Ma la Procura ha sbagliato il capo d'imputazione: la condotta del governatore non è giuridicamente qualificabile come concorso in violazione del segreto istruttorio. Cuffaro, infatti, è un pubblico ufficiale, ma non è funzionalmente il depositario del segreto: dunque non basta la prova della semplice rivelazione (peraltro «fondata»), ma occorre che l'indagato abbia istigato a svelare il segreto il pubblico ufficiale che lo custodiva e che, per legge, era tenuto al riserbo. Il pubblico ufficiale custode del segreto, secondo l'accusa, è Borzacchelli, in combutta con altri misteriosi «pubblici ufficiali» di più alto livello che operano a Roma e non sono stati mai identificati.

Il capo d'imputazione della Procura – scrive il giudice – presenta «notevoli ed evidenti carenze strutturali e descrittive». Infatti, a proposito del caso Guttadauro,

> le risultanze delle indagini preliminari non consentono un giudizio di fondatezza dell'ipotesi accusatoria, né una prognosi favorevole sulla idoneità degli elementi di prova a sostenere con esito positivo l'accusa nel dibattimento in relazione ai reati in epigrafe. In realtà, la stessa costruzione formale dei capi d'imputazione [...] manifesta la mancanza di un'ipotesi accusatoria. Non viene descritta una concreta condotta del Cuffaro interagente con l'azione rivelatrice delle notizie segrete da parte di colui che ne era depositario o, quantomeno, ne aveva la disponibilità cognitiva perché appartenente al suo ufficio. Viene rappresentata soltanto la rivelazione agli interessati direttamente da parte dell'imputato di notizie concernenti attività investigativa della Procura della Repubblica di Palermo, enunciandone genericamente il concorso con la condotta di soggetti ignoti e di Borzacchelli Antonio, maresciallo dei Carabinieri in aspettativa.

I pm accennano alle complicità fra Cuffaro e «soggetti ignoti» (i misteriosi referenti romani),

> ma in termini assolutamente vaghi e privi di contenuto, senza alcuna connotazione descrittiva; tanto meno si afferma se i soggetti ignoti, o il Borzacchelli, siano i depositari o detentori delle notizie, ovvero abbiano compiuto un'attività di intermediazione tra questi e il Cuffaro nel procedimento di rivelazione delle notizie. Né gli ignoti, né il Borzacchelli vengono indi-

cati quali pubblici ufficiali o incaricati di pubblico servizio a conoscenza delle notizie svelate, così pure nulla risulta sui doveri inerenti alle proprie funzioni o servizio da costoro o altri violati, o le specifiche qualità abusate, tanto meno le modalità dell'abuso.

E non basta: nel capo d'imputazione

> non v'è accenno a una qualifica di pubblico ufficiale o incaricato di pubblico servizio del Cuffaro, di doveri inerenti ad una sua funzione o servizio violati, né a un'azione di abuso della qualità di rilievo pubblicistico da lui rivestita. Tutto ciò tacendo dell'assoluta estraneità delle notizie rivelate alle funzioni o alla qualità dell'imputato che si sa, perché fatto notorio, essere collegate alla carica di Presidente della Regione Sicilia, ma di cui non v'è cenno nell'imputazione. [...] L'esame del voluminoso complesso processuale rivela che la genericità dei fatti contestati non è casuale, ma corrisponde all'assoluta mancanza di dati probatori rappresentativi degli elementi di fatto richiesti dalla norma per la configurabilità in concreto del reato contestato [...]. In conclusione non resta che affermare l'impossibilità di una dimostrazione della responsabilità del Cuffaro per il delitto di rivelazione di segreti di ufficio. È di tutta evidenza che possono soltanto enunciarsi ipotesi e non è prospettabile una ricostruzione certa dei fatti in termini di concorso nel reato, fondata su prove acquisite o acquisibili.

Ancor più disastrosa è la fine che, in mano al giudice, fa l'altro capo d'imputazione: quello sui segreti rivelati ad Aiello. Il fatto è assodato da «risultanze plurime, precise, concordi e univoche». Ma nemmeno questo è inquadrabile nell'articolo 326 del codice penale, che punisce la rivelazione di segreti:

> È inconfutabile l'assenza totale di fonti di prova di una condotta di determinazione, istigazione, di accordo o comunque inquadrabile nell'archetipo del concorso nel reato [...]. Nella stessa memoria del pm si dà conto dell'impossibilità di risalire alla fonte e si ipotizza soltanto che, da parte sua, il Borzacchelli abbia potuto apprendere notizie in merito negli ambienti

dell'Arma, ove non sussisteva una reale segretezza tra i carabinieri. Una siffatta ricostruzione ovviamente smentisce l'esistenza di un'ipotesi di concorso. Così pure la possibilità, accreditata da alcuni elementi processuali, che il Cuffaro abbia appreso le informazioni a Roma, quindi in ambienti probabilmente estranei agli uffici di provenienza delle notizie. [...]

Insomma, per quanto riguarda il reato di rivelazione di segreti d'ufficio da parte di Cuffaro, il capo d'imputazione della Procura presenta un «vuoto» assoluto, «che rende infondata la richiesta di giudizio». *Ergo* il gup Fasciana dispone il «non luogo a procedere della richiesta di rinvio a giudizio perché il fatto non sussiste». Tutt'altro esito si sarebbe avuto se la Procura avesse contestato il concorso esterno in associazione mafiosa: tutti i comportamenti illeciti di Cuffaro vi sarebbero stati ricompresi. Ma il concorso esterno è scomparso.

Un altro scacco

Un altro duro colpo all'impostazione della Procura arriva dalla prima sentenza del filone Guttadauro: quella a carico del cognato del boss, Vincenzo Greco, pure lui medico, condannato a 6 anni per associazione mafiosa piena con rito abbreviato dal gup Piergiorgio Morosini. Nelle 85 pagine di motivazione, depositate il 29 luglio 2004, il giudice scrive che

> Greco svolge un ruolo fondamentale nella vicenda relativa al sostegno della candidatura di Miceli alle elezioni regionali siciliane del 2001 per mandato di Guttadauro, fungendo lo stesso Miceli da «anello di congiunzione» con l'on. Cuffaro [...].

Greco, per conto di Guttadauro – che, viste le condanne per mafia, preferisce restare dietro le quinte –, tiene i contatti con i politici, cioè con Miceli e Cuffaro, e sostiene anche finanziariamente le loro campagne elettorali:

> Il fine è chiaramente quello di ottenere il sostegno per un ridimensionamento del regime detentivo previsto dall'art. 41 bis, il controllo illecito di flussi della spesa pubblica e delle proce-

dure amministrative pubbliche nei settori della sanità regionale e della materia edilizia, nonché, in generale, di aumentare quelle risorse relazionali del sodalizio mafioso spendibili in tanti modi, non ultimo il condizionamento di varie attività economiche sul territorio [...]. L'interesse del Guttadauro a coltivare il rapporto con Miceli Domenico, dimostrato da numerose conversazioni intercettate presso l'abitazione dello stesso Guttadauro, si iscrive in questo progetto di infiltrazione nel mondo istituzionale per arrivare ad una «collaborazione dinamica» con l'on. Cuffaro. [...] Anche il piano del Guttadauro di condizionare le varie scelte politico-istituzionali e di assicurarsi, in questo modo, un sostegno politico nelle «battaglie di stampa» su temi particolarmente cari all'associazione mafiosa come l'abolizione dell'ergastolo o il ridimensionamento del regime carcerario derivante dall'art. 41 bis, passava per l'appoggio elettorale di candidati «vicini» a Cuffaro, nel caso di specie Miceli che poteva fare da intermediario tra la cosca e il «potenziale» (all'epoca delle intercettazioni ambientali) presidente della Regione.

In una chiacchierata intercettata il 16 maggio 2001, tre giorni dopo le elezioni politiche vinte da Berlusconi e poche settimane prima delle regionali, Greco annuncia al cognato Guttadauro che l'indomani avrà una riunione con Cuffaro e Miceli, nella segreteria di quest'ultimo:

Greco e Guttadauro discutono del sostegno economico al Miceli per la campagna elettorale, ritenendo che costui fosse nelle condizioni economiche di affrontare autonomamente gli oneri finanziari; mentre erano intenzionati a regalare dei soldi all'on. Cuffaro, ciò confermando il pieno coinvolgimento dell'odierno imputato nella strategia del Guttadauro tendente ad agganciare il probabile futuro presidente della Regione per ottenere futuri vantaggi per la cosca mafiosa di cui ricopriva un ruolo di vertice.

Dice infatti Greco (GV), parlando con Guttadauro (GU) e la sorella Gisella (GI):

GV: Invece con Totò Cuffaro che prendiamo, direttamente e ce le portiamo in una busta?

GU: Eh, che ce le mettiamo nella busta!
GV: Nella maniera...
GU: Che ci pro...
GV: Nella maniera meno elegante ma più...
GI: Concreta!
GV: Più concreta possibile!
GI: Ma così si fa. Uno non solo che...
GU: Così si fa,... Gisa... così si fa con... che questo se lui sale nel, e ma poi che lui non si mette sugli attenti, per ogni «carcagnata 'nto mussu» [*calcio in bocca, N.d.R.*] che si devono prendere, tu neanche hai idea!
GV: Ogni volta che ci andia... che ci andiamo noialtri due ci devono mettere il tappeto, devono stare affacciati al finestrone e dire stanno venendo! [*incomprensibile*]
GU: Fa che l'amico, questo ora...
GI: Tu così ci fai?
GU: A questo punto la stiamo facendo davvero la campagna, perché quando tu ci fai ad uno la campagna elettorale e gliela fai per davvero non è che poi prende e ci «babbiulia» [*scherza, N.d.R.*] che ci «babbulia»!?

E poi c'è la confessione di Aragona:

> Costui, nell'interrogatorio del giorno 8 ottobre 2003, ha riferito che Miceli, con cui aveva usualmente rapporti di frequentazione, gli aveva confidato che il Cuffaro aveva accettato finanziamenti per la campagna elettorale propostigli dallo stesso Greco; precisando, in proposito, che il Cuffaro si era incontrato con Greco e con un rappresentante della società Carrefour. L'impegno elettorale, come emerge dalle conversazioni intercettate, mira, piuttosto, a creare canali di collegamento istituzionale per ottenere l'accesso del gruppo criminale a circuiti finanziari, la «protezione giudiziaria», il controllo delle risorse pubbliche, funzionali al passaggio dalla fase «parassitaria» a quella «simbiotica» con i mercati legali. Quel progetto viene pienamente condiviso dal Greco, che in questo modo sopperisce alla inevitabile non esposizione del boss Guttadauro, come dimostrano le conversazioni intercettate in cui quest'ultimo aveva esternato l'inopportunità di tenere contatti personali con l'on. Cuffaro o, comunque, con personaggi di visibilità pubblica, dati i suoi gravi precedenti penali.

Che cos'ha dato Cuffaro al clan Guttadauro & C. in cambio di quel formidabile sostegno politico e finanziario? Le informazioni top secret che hanno irrimediabilmente compromesso le indagini. Il suo ruolo – come sosteneva inutilmente Paci – è dunque centrale, insostituibile: più ci si inoltra nella sentenza Greco, più si comprende come Cuffaro non sarebbe stato un semplice e occasionale favoreggiatore, ma un sostenitore organico della cosca di Brancaccio, una garanzia di rafforzamento e di sopravvivenza per l'intera Cosa Nostra. E questo, come insegna la Cassazione nella sentenza Carnevale, è tipico del concorso esterno in associazione mafiosa. Prosegue infatti il gup Morosini:

> Secondo le indicazioni di Aragona e Riolo, quella «notizia» portata al Guttadauro, il cui latore è, per sua stessa ammissione e sulla base delle intercettazioni ambientali, l'Aragona, ma la cui fonte è da rintracciare nell'ambiente politico-istituzionale menzionato, costituisce per la cosca di Brancaccio un contributo determinante e formidabile per il mantenimento in vita della stessa associazione. Infatti, come emerge anche dalle conversazioni intercettate sopra esaminate, l'abitazione del Guttadauro costituiva una sede di elaborazione dei programmi e delle strategie della cosca, nonché di reclutamento di sodali pronti ad attivarsi nei vari settori di competenza: estorsioni, controllo illecito sulle attività economiche e sulla distribuzione dei posti di lavoro, relazioni tra Cosa Nostra e personaggi del settore politico-istituzionale, condizionamento del settore sanitario, tutela dei latitanti [...]. È fuori discussione che la prosecuzione di quella attività di intercettazione avrebbe consentito di scoprire una serie di azioni illecite della cosca di Brancaccio, di individuare molti sodali per assicurarli alla giustizia, di chiarire i rapporti con le altre cosche confederate dell'associazione Cosa Nostra, di identificare i luoghi in cui si nascondevano pericolosi latitanti. Viceversa la «confidenza» dell'Aragona, «imbeccato» da soggetti già «avvicinati» dal Greco, determina il Guttadauro a «bonificare» accuratamente la propria abitazione; tant'è, come documentato dall'ultima registrazione utile dei Ros, che il successivo 15 giugno 2001, quest'ultimo rinveniva le microspie e le distruggeva, interrompendo, di fatto, una importantissima indagine che aveva permesso

di «fotografare» la realtà operativa e le dinamiche di Cosa Nostra attuale. In altri termini la continuazione delle intercettazioni presso l'abitazione del Guttadauro, attraverso l'utilizzo della menzionata microspia, avrebbe potuto consentire alle forze dell'ordine di infliggere un «colpo durissimo» all'intera Cosa Nostra, ma gli effetti devastanti (per il sodalizio criminale e per i suoi fiancheggiatori esterni) di quella operazione investigativa sono stati attenuati da informazioni che scaturiscono dagli appoggi negli ambienti istituzionali che Guttadauro, con l'aiuto prezioso del Greco, aveva coltivato da mesi.

Cuffaro e Miceli erano i referenti istituzionali stabili del clan, che aveva «investito» su di loro e ne riceveva la giusta mercede:

> Compito precipuo del Greco nella struttura organizzativa dell'ente era quello di curare le relazioni con soggetti istituzionali suscettibili di aumentare il «capitale sociale» del gruppo criminale (Miceli, Cuffaro), ossia di creare o consolidare quelle relazioni interpersonali idonee a sfociare in vantaggi economici per la cosca, a rafforzarne la presenza e il prestigio sul territorio, a creare le condizioni per un difficoltoso contrasto sul piano giudiziario [...]. Si è dimostrato come il Greco abbia svolto un ruolo fondamentale nella vicenda relativa al sostegno della candidatura di Miceli Domenico alle elezioni regionali siciliane del 2001, fungendo lo stesso Miceli da «anello di congiunzione» con l'on. Cuffaro [...]. L'attribuzione all'imputato di un ruolo all'interno del sodalizio criminale, dato dalla competenza a curare le relazioni esterne con il mondo politico-istituzionale, è riscontrato dalla fornitura di specifici contributi di rafforzamento dell'apparato organizzativo della associazione, identificabili nell'avere curato importanti contatti con Miceli e Cuffaro; nonché nell'essersi adoperato per i finanziamenti in favore dello stesso Cuffaro e per la promozione della campagna elettorale del Miceli, anche attraverso l'organizzazione di riunioni alla presenza del «popolo di Cosa Nostra».

Che sia stato Cuffaro, insieme a Borzacchelli, a informare la cosca tramite Miceli delle intercettazioni in corso, non c'è alcun dubbio:

Riolo ha confessato di avere riferito la circostanza all'on. Borzacchelli, eletto nelle file del partito dell'on. Cuffaro in occasione delle consultazioni regionali del 2001, circa venti giorni prima della scoperta da parte del Guttadauro [...]. Il Riolo ricorda di avere cercato telefonicamente l'on. Cuffaro, avendo ricevuto le indicazioni sul numero dal Borzacchelli, qualche settimana prima delle elezioni regionali (tenutesi il 24 giugno 2001), pur non precisando l'oggetto della conversazione. Riolo ha, pure, riferito di un incontro, di breve durata, con Cuffaro e Borzacchelli nel giorno della processione di Santa Rosalia del 2001 (luglio) presso la casa di campagna dello stesso Borzacchelli, in relazione al quale il dichiarante ha evidenziato, dopo averlo negato, che venne trattato il tema delle microspie.

Ha detto infatti Miceli:

> La precisa consapevolezza delle registrazioni a casa Guttadauro l'ho avuta nella primavera del 2002, credo subito dopo l'arresto del predetto. È stato l'on. Cuffaro (se non ricordo male in occasione di uno dei tanti incontri presso la sua abitazione) ad avvertirmi del fatto che erano state effettuate intercettazioni ambientali nell'abitazione del Guttadauro. Non ho chiesto, né mi è stato detto, da chi e quando l'on. Cuffaro avesse appreso tale circostanza. È certo che il Cuffaro, già in quel primo incontro, mi ha invitato a riferirgli quali argomenti avessi trattato con Guttadauro, presso quella abitazione. Ciò mi ha domandato con evidente preoccupazione. Io gli ho rappresentato, per quel che ricordavo, tutto quanto aveva formato oggetto delle mie conversazioni con Guttadauro. Preciso che, da quel momento e fino al mio arresto, l'argomento ha formato oggetto di numerosissime conversazioni con il presidente Cuffaro e di altre, molto meno numerose, interlocuzioni con l'on. Borzacchelli. Ricordo che è stato proprio il Cuffaro a riferirmi di aver saputo che allorquando Guttadauro aveva rinvenuto una microspia in una stanza della sua abitazione, recandosi in altra stanza (ed evidentemente inconsapevole della presenza di una ulteriore microspia) aveva commentato: «allora avevano ragione». [...] Ribadisco che numerosi colloqui, sia con Cuffaro che con Borzacchelli, aventi ad oggetto le registrazioni in casa Guttadauro sono antecedenti alla c.d. operazione Ghiac-

cio 1 ed alla pubblicazione sulla stampa dei primi stralci di conversazione. Quando ho appreso dal Cuffaro delle registrazioni nel domicilio del dott. Guttadauro, ho avvertito di ciò anche il dott. Aragona al quale ho sicuramente detto che fonte della mia conoscenza era il Cuffaro ed al quale ho aggiunto, se non ricordo male, che anche Borzacchelli mi aveva rivelato le stesse notizie.

Conclude il gup Morosini:

La versione del Miceli sembra coincidere in ogni punto con il racconto di Aragona, in particolare con riguardo ai vari «passaggi» della notizia segreta.

Concorso esterno, addio

Per comprendere fino in fondo la differenza tra favoreggiamento e concorso esterno è il caso, a questo punto, di riportare quel che ha stabilito la Cassazione a sezioni unite il 12 dicembre 2002, nella ormai famosa sentenza Carnevale:

L'esistenza del delitto di concorso esterno in associazione mafiosa non è esclusa dalla presenza nell'ordinamento del reato di cui all'art. 378 comma 2 c.p. (favoreggiamento personale aggravato), che concerne solo una particolare forma di aiuto, prestato per agevolare l'elusione delle investigazioni e la sottrazione alle ricerche della autorità, né da quella del reato di cui all'art. 418 c.p., che incrimina solo l'assistenza agli associati, né, infine, dalla previsione di cui all'art. 7 del decreto legge 13 maggio 1991 n. 152, che è circostanza relativa ai singoli reati, diversi da quello associativo (l'aggravante mafiosa del favoreggiamento) [...]. Inoltre, deve ritenersi che il concorso esterno nel delitto di associazione per delinquere di tipo mafioso si distingua da quello di favoreggiamento, in quanto nel primo il soggetto, pur non essendo stabilmente inserito nella struttura organizzativa dell'associazione, opera sistematicamente con gli associati, al fine di depistare le indagini di polizia volte a reprimere l'attività criminosa dell'associazione o a perseguire i partecipi di tale attività, in tal modo fornendo uno specifico e concreto contributo ai fini della conservazione o del rafforzamento dell'associazione medesima; mentre nel reato di favoreggiamento il soggetto aiuta in maniera episodica un associato, resosi autore di reati rientranti o non nell'attività prevista dal vincolo associativo, ad eludere le investigazioni della polizia o a sottrarsi alle ricerche di questa. Questa Suprema Corte ha, altresì, precisato che l'aiuto consapevolmente prestato a soggetto che perseveri attualmente nella condotta costitutiva di un reato tipicamente permanente, come quello di associazione per delinquere, dà luogo generalmente a concorso in tale reato e non a favoreggiamento, a meno che detto aiuto, per le caratteristiche e per le modalità pratiche con le quali viene attuato, non possa in alcun modo tradursi in un sostegno o incoraggiamento dell'altro nella protrazione della condotta criminosa, ma, al contrario, costituisca soltanto una facilitazione all'attività di uno degli esponenti di essa associazione.

Si può davvero sostenere che Cuffaro ha soltanto aiutato «in maniera episodica un associato, resosi autore di reati rientranti o non nell'attività prevista dal vincolo associativo, ad eludere le investigazioni della polizia o a sottrarsi alle ricerche di questa», con tutto quel che è accusato di aver fatto per il clan Guttadauro e per Aiello? O non ha invece operato «sistematicamente con gli associati, al fine di depistare le indagini di polizia volte a reprimere l'attività criminosa dell'associazione o a perseguire i partecipi di tale attività, in tal modo fornendo uno specifico e concreto contributo ai fini della conservazione o del rafforzamento dell'associazione medesima»? La risposta, con tutto quel che abbiamo visto fin qui, è più che lampante.

Il paradosso dei paradossi è che è più che lampante anche per Piero Grasso. Il 24 novembre 2003 il procuratore ha tenuto una relazione, dal titolo *La dimensione imprenditoriale della criminalità organizzata e le sue nuove forme di manifestazione*, all'incontro di studi del Csm sul tema «Le misure di prevenzione patrimoniali». E ha raccontato, pur senza fare nomi, le indagini Cuffaro:

Sono state acquisite delle intercettazioni ambientali, che costituiscono un documento eccezionale, non solo da un punto di vista probatorio, perché riesce a fornire la rappresentazione autentica delle fasi ideative, decisionali e organizzative di un capo-mandamento di Cosa Nostra [*Guttadauro, N.d.A.*] nel pieno esercizio delle sue funzioni di controllo del territorio e di intrattenimento di rapporti con esponenti di altre famiglie mafiose, nonché di relazioni esterne, finalizzate a consolidare il potere dell'organizzazione anche all'interno delle Istituzioni. Le conversazioni intercettate coglievano il medico che reggeva la famiglia mafiosa di Brancaccio, particolarmente dedito alla cura degli affari che riguardavano le attività criminali del mandamento, in particolar modo all'esercizio dell'attività estorsiva, alla gestione della c.d. cassa, al sostegno degli esponenti detenuti e delle rispettive famiglie, al reclutamento dei nuovi affiliati, al reperimento ed alla custodia delle armi, alla neutralizzazione di un associato che aveva iniziato a collaborare, ai rapporti ed ai contatti con gli altri capi-decina, *ma anche alla individuazione ed al sostegno di candidati alle consultazioni elettorali nazionali e regionali, per attuare il controllo illecito dei flussi di spesa pubblica, per orientare le procedure amministrative di nomina dei medici e primari nel settore della sanità regionale, le procedure comunali in materia di modifiche al piano regolatore al fine di favorire la nascita di iniziative economiche come ipermercati, per ricercare rapporti con giornalisti e vertici nazionali dello schieramento politico sostenuto dall'organizzazione, al fine di trovare soluzioni a livello mass-mediatico e politico tendenti a modificare l'apparato normativo di contrasto all'organizzazione mafiosa, mediante l'abrogazione dell'ergastolo, l'attenuazione del regime previsto dall'art. 41 bis O.P. e l'abrogazione della legge sui collaboratori di giustizia* [*il corsivo corrisponde a una parte sottolineata dallo stesso procuratore, N.d.A.*].

Dunque Grasso considera quelle intercettazioni fra le più importanti delle storia delle indagini antimafia. Perché se qualcuno (Cuffaro, secondo la stessa Procura) non avesse rivelato a Guttadauro che era intercettato, si sarebbe potuto ricostruire quasi tutto l'organigramma della nuova Cosa Nostra, far luce su moltissime attività criminose dell'organizzazione, smascherare le relazioni esterne dei capimafia, forse acquisire notizie decisive per la cattura di latitanti del calibro di Provenzano, Lo Piccolo, Matteo Messina Denaro (parente di Guttadauro, il cui fratello ha sposato una sua sorella). Chi ha svelato le microspie, mettendo fine alle intercettazioni proprio sul più bello (cioè, secondo la procura, Cuffaro), ha offerto un formidabile contributo all'intera Cosa Nostra, consentendole di uscire pressoché indenne da un'indagine per lei pericolosissima, che poteva metterla definitivamente in ginocchio con l'arresto dei suoi boss latitanti e di centinaia di «soldati».

A questo punto Grasso – nel paragrafo della relazione intitolato «La qualificazione giuridica delle condotta di associazione mafiosa: appartenenza, partecipazione e concorso esterno» – sposa in pieno la sentenza Carnevale della Cassazione e, dunque, l'impostazione che ha portato Gaetano Paci e quasi tutta la Dda a chiedere di contestare anche a Cuffaro il concorso esterno.

> Innanzitutto, appare opportuno sulla base delle più recenti acquisizioni probatorie e degli indirizzi sul punto ormai consolidatisi, esaminare la possibilità di configurare il delitto associativo anche nei confronti di soggetti per cui non sia stata acquisita la prova della loro formale affiliazione a Cosa Nostra e dunque il fatto che gli stessi abbiano rivestito la qualità di uomini d'onore [...]. Tale impostazione del resto è già stata recepita dalla Corte di Cassazione, la quale ha affermato che è possibile perseguire per il reato di associazione a delinquere di stampo mafioso chiunque, pur non essendo «organicamente interno alla medesima [...], abbia realizzato una condotta costituente contributo ovvero apporto obbiettivamente idoneo alla conservazione od al rafforzamento della struttura associativa».

In un'altra sentenza, ricorda il procuratore, la Suprema Corte ha ritenuto sufficiente il trasmettere i «pizzini» (bigliettini) di un boss, per incappare nell'associazione mafiosa piena.

> La Corte di Cassazione ha poi attribuito una particolare valenza all'attività di trasmissione di messaggi scritti tra componenti dell'organizzazione mafiosa (anche latitanti), attività che, secondo la giurisprudenza della Suprema Corte di Cassazione, è riconducibile al reato di partecipazione alla associazione per delinquere di tipo mafioso. Più in particolare, proprio in tema di trasferimento dei c.d. «bigliettini», Cass. Sez.

I, 25 giugno 2006, Trupiano ha posto il principio che «integrano la condotta di partecipazione ad associazione per delinquere di tipo mafioso la fornitura di mezzi materiali a membri influenti della medesima, in quanto essi ineriscono al funzionamento dell'organismo criminale, sia sotto il profilo della disponibilità di risorse materiali utilizzabili per l'attività di questo, sia sotto quello del mantenimento di canali informativi tra i suoi membri, che è l'incombenza di primaria importanza per il funzionamento dell'associazione a delinquere».

Dunque, chi trasmette i bigliettini con gli ordini del boss incorre nel reato di partecipazione diretta all'associazione mafiosa, o almeno di concorso esterno: non certo nel semplice favoreggiamento, che riguarda l'aiuto prestato al mafioso come persona singola, non come capo o membro dell'organizzazione criminale. Prosegue Grasso:

> Sotto lo stesso profilo, e sempre in linea generale, se la soglia minima del contributo partecipativo penalmente rilevante ai sensi dell'art. 416 bis c.p. è ravvisabile nella manifestazione di impegno, con cui il singolo mette le proprie energie a disposizione dell'organizzazione criminale, ampliandone in qualche modo la potenzialità operativa, non vi è dubbio che tale condotta si differenzi da quella che invece deve qualificarsi come condotta di favoreggiamento, sia pure aggravata ex art. 71. n. 203/1991. Condotta, quest'ultima, che secondo l'orientamento della Corte di Cassazione si materializza «nella consapevolezza e nella volontà di aiutare taluno degli associati ad eludere le investigazioni dell'autorità o a sottrarsi alle ricerche di questa, ovvero ad assicurarsi il prodotto o il profitto del reato, *senza che il soggetto agente, con il suo comportamento, contribuisca alla esistenza o al rafforzamento dell'associazione criminosa nel suo complesso, di questa non facendo parte*». Con la conseguenza che con la previsione dell'art. 378, comma II, c.p. deve esser sanzionato il comportamento di colui la cui condotta è diretta a favorire *un partecipe dell'associazione mafiosa «uti singulus» e non in quanto facente parte dell'organizzazione Cosa Nostra*. Là dove invece la condotta di agevolazione, sia pure con le caratteristiche oggettive di cui alla fattispecie incriminatrice posta dall'art. 378 c.p., si caratterizza per modalità tipiche dell'operare dell'associazione mafiosa ovvero risul-

ta importante ed anche solo oggettivamente diretta ad agevolare l'intero sodalizio mafioso, il soggetto agente risponderà del delitto di cui all'art. 416 bis c.p. Ciò posto, deve anche rilevarsi come le due fattispecie incriminatrici, quella che sanziona la partecipazione all'associazione mafiosa e quella che punisce la condotta di favoreggiamento, essendo state poste a tutela di differenti beni giuridici, nell'ipotesi in cui, in punto di fatto, vengano a realizzarsi in concreto entrambe, concorrano entrambe secondo l'ipotesi del concorso formale dei reati e, dunque, entrambe, devono essere perseguite e sanzionate.

Non resterebbe che trarne le dovute conseguenze, anche per Cuffaro. Non c'è dubbio che il governatore è accusato di aver fatto tutto ciò che il procuratore descrive come concorso esterno, anzi addirittura come partecipazione diretta all'associazione mafiosa. Totò non si è certo limitato a passare «pizzini» con istruzioni operative per qualche estorsione: secondo l'accusa, ha trasmesso informazioni essenziali per la sopravvivenza dell'intera Cosa Nostra. Pur non facendone parte, è imputato per una serie di comportamenti (rivelazione delle microspie a Guttadauro, rivelazione delle indagini ad Aiello, candidatura di Miceli come rappresentante degli interessi del clan di Brancaccio e così via) che sono oggettivamente essenziali per la vita dell'intera organizzazione. Queste condotte non sono certo volte a favorire Guttadauro *uti singulus* e Aiello *uti singulus* (cioè come singola persona). Insomma, bastano e avanzano per rientrare quantomeno nella descrizione che lo stesso Grasso fa del concorso esterno:

> L'elemento soggettivo del concorso esterno si sostanzia nella volontà del soggetto di prestare il suo contributo e nella consapevolezza di agevolare, con quel contributo, l'associazione. Resta, invece, esclusa la volontà di far parte dell'associazione, e non è neppure richiesta la volontà di realizzare i fini propri dell'associazione; il concorrente eventuale «può disinteressarsi della strategia complessiva di quest'ultima, degli obiettivi che la stessa si propone di conseguire» […]. La suddetta pronunzia delle Sezioni Unite ha dunque ritenuto configurabile il concorso esterno nel reato di associazione di tipo mafioso, ma ne ha circoscritto il campo di operatività, considerandolo pos-

sibile solo in situazioni di anormalità, per il cui superamento sia richiesto il contributo (anche episodico) di un soggetto esterno, che serva per consentire all'associazione di mantenersi in vita e perseguire i propri scopi anche in un solo specifico settore [...]. Il concorrente esterno rimane estraneo alla distribuzione interna di ruoli e funzioni, all'adesione alle regole del sodalizio ed alla struttura gerarchica, pur offrendo il proprio consapevole apporto all'associazione nel suo complesso. Egli entra in rapporto con Cosa Nostra in ragione del suo ruolo sociale ed economico, o delle pubbliche funzioni esercitate, e resta a disposizione dell'organizzazione fino a quando è in grado di apportare il suo contributo mediante la strumentalizzazione del suo ruolo o delle sue funzioni in favore del sodalizio mafioso. Pertanto il concorrente esterno – pur mettendo a disposizione dell'organizzazione il suo «personaggio pubblico», il suo ruolo sociale, le sue funzioni – non necessariamente condivide gli scopi della struttura criminale: egli può anche strumentalizzare il rapporto con l'organizzazione mafiosa in vista del perseguimento delle proprie finalità. Dal riferimento, compiuto dalle Sezioni Unite della Corte di Cassazione, alla funzionalità del contributo del concorrente rispetto all'obiettivo di «consentire all'associazione di mantenersi in vita, anche solo in un determinato settore», può evincersi che la condotta del concorrente esterno acquista rilevanza penale anche quando riveste efficacia causale rispetto all'esistenza ed al rafforzamento di una particolare articolazione dell'associazione mafiosa (ad esempio, una singola famiglia di Cosa Nostra), invece che dell'intera organizzazione.

Figurarsi la sorpresa dei pm palermitani che hanno duramente contestato la gestione del caso Cuffaro, nel leggere queste parole del capo: le stesse da loro usate nella riunione decisiva del 16 luglio 2004 per chiedere di contestare anche al governatore, come ai suoi coimputati, il concorso esterno. Possibile che le ragioni del diritto valgano nei convegni e nei seminari, ma non nei processi ai «colletti bianchi»? Totò è proprio nato con la camicia.

Nel marzo 2005, dopo le prime udienze del processo, la Procura scriverà la richiesta di archiviazione del fascicolo-madre, quello stralciato che contiene tutti gli atti relativi all'ipotesi di concorso esterno: e cioè tutti gli elementi raccolti negli ultimi anni sulle *liaisons dangereuses* del governatore con mafiosi e amici degli amici. Così resteranno di fatto inutilizzabili anche le gravissime accuse lanciate il 9 marzo nell'aula del dibattimento dal pentito Giuffrè sul presunto sostegno che Bernardo Provenzano avrebbe fornito a Cuffaro per farlo eleggere nel 2001 con i voti della mafia:

> Provenzano ha appoggiato l'elezione di Totò Cuffaro alla presidenza della Regione. C'era un gruppo di volti nuovi, di persone pulite, a fare da collegamento tra il boss di Cosa Nostra e l'Udc. A Provenzano Cuffaro piaceva perché aveva creato una politica di vecchio stampo, clientelare, e si toccava con mano il seguito che aveva. E anche per i suoi rapporti con Calogero Mannino.

Rivelazioni che, se provate, servono a ben poco in un processo concentrato sulle rivelazioni di Cuffaro a Guttadauro e ad Aiello. Sarebbero servite a molto se fosse rimasta l'accusa di concorso esterno. Ma quell'accusa, ormai, ha imboccato il binario morto. Totò è salvo.

Note

1. Enrico Del Mercato, *Generali, scienziati a professori: una Regione di Superconsulenti*, in «la Repubblica», edizione di Palermo, 3 aprile 2004.
2. «la Repubblica», edizione di Palermo, 17 luglio 2004.
3. Delibera del Csm, 3 giugno 1992.

7
La battaglia finale

Il 4 novembre 2004 il Csm bandisce il concorso per la nomina del nuovo procuratore nazionale Antimafia: il mandato di Piero Luigi Vigna, dopo due mandati per un totale di 8 anni (4 più 4), scade il 15 gennaio 2005. E non è più prorogabile. Per la successione si candidano Gian Carlo Caselli e Piero Grasso, che sono i favoriti, oltre al procuratore di Messina Luigi Croce, al procuratore aggiunto di Roma Italo Ormanni, all'ex procuratore di Napoli Agostino Cordova, al giudice di Cassazione Claudio Vitalone, al procuratore generale di Bari Riccardo Di Bitonto e al procuratore di Asti Sebastiano Sorbello. Caselli è rimasto incerto fino all'ultimo momento. Da un lato le resistenze della famiglia, che mal sopporta l'idea di vederlo ripartire (sia pure, stavolta, soltanto per Roma) per altri 4 anni, dopo il lungo periodo palermitano, poi romano al Dap e infine «europeo» a Eurojust. Dall'altro la facile previsione del fuoco di sbarramento che gli riserveranno i nemici di sempre, per scongiurare la sua ascesa a un incarico di quel prestigio.

Ne ha già avuto un assaggio il 15 novembre, dopo l'assoluzione in primo grado (con il solito comma 2 dell'articolo 530) del tenente Carmelo Canale, già collaboratore di Borsellino, accusato di concorso esterno. Subito dopo la sentenza va in scena l'ennesimo processo politico-mediatico a Caselli, col contorno delle solite falsità sul suicidio del maresciallo Lombardo. E non solo da parte della Casa delle Libertà e dei suoi house organ. Vi si tuffa voluttuosamente anche Ottaviano Del Turco, ex presidente della commissione Antimafia, con un'incredibile intervista al «Corriere della Sera»:

> Caselli cercò di impedire l'audizione di Canale [...] davanti all'Ufficio di presidenza della commissione Antimafia. Polemi-

che a non finire. Perché, dicevano alcuni, non si poteva ascoltare un «traditore». Io pensavo che fosse utile sentirlo [...]. Anche se gli impedii di fare nomi di magistrati [*che Canale riteneva responsabili del suicidio del cognato, N.d.A.*] in assenza di prove dirette. Nomi di magistrati impegnati in Procura a Palermo. Quando la sera mandai il plico con le dichiarazioni a Caselli, lui non lo aprì temendo che ci fossero quei nomi. Fummo sull'orlo di una crisi istituzionale. Per due ore i telefoni diventarono bollenti. Con le massime cariche dello Stato che parlavano con me e con lui. E infine dovette aprire e leggere [...]. Adesso qualcuno dovrebbe chiedere scusa a Canale, all'Arma e a Borsellino.

Dunque Del Turco accusa l'ex procuratore di Palermo di aver tentato di imboscare un verbale «compromettente» di Canale. Ma i documenti smentiscono Del Turco. Questi, dopo il suicidio Lombardo, andò da Caselli per annunciargli l'intenzione di ascoltare Canale. Caselli lo avvertì – vincolandolo al segreto (l'Antimafia ha i poteri dell'autorità giudiziaria) – che Canale era stato appena iscritto nel registro degli indagati, dunque non era un normale testimone. Del Turco lo convocò lo stesso. Poi inviò il verbale a Caselli, con lettera protocollata n. 2086:

> Roma, 9 settembre 1997. Signor Procuratore, come concordato Le invio la versione definitiva sottoscritta dell'audizione del ten. Carmelo Canale [...] tenutasi in data 3.9.1997, per tutte le iniziative che la Sua Procura intenda adottare in relazione ai fatti in essa contenuti. L'occasione mi è gradita per rinnovarLe le espressioni della mia più sentita cordialità.

Quel «come concordato» e la «sentita cordialità» smentiscono qualunque scontro sull'audizione e sul successivo verbale. Non solo: quel che accadde il mattino dopo, appena arrivò il plico, risulta da un appunto scritto da Caselli in calce alla lettera di Del Turco:

> Copia del presente verbale viene personalmente consegnata alle ore 9,45 del 10.9.97 dal sottoscritto ai colleghi (con facoltà di estrarne copia a loro volta nei gruppi di lavoro): Guido Lo

Forte, Biagio Insacco (che provvederà a recapitarla a Croce, assente), Vittorio Teresi.

Firmato: Gian Carlo Caselli. L'ex procuratore, carte alla mano, smentisce subito le affermazioni di Del Turco. Il quale, ovviamente, si guarderà bene dal chiedergli scusa per quelle false accuse. D'altra parte, è iniziata la volata finale del processo Dell'Utri, che preoccupa la politica tutta. I pm, per il braccio destro di Berlusconi, hanno chiesto una condanna a 11 anni di reclusione.

Il 29 novembre i giudici che devono sentenziare dichiarano chiuso il dibattimento e, dopo 7 anni, si ritirano in camera di consiglio. Il 1° dicembre, nel pomeriggio, l'Ansa diffonde il seguente dispaccio:

> Roma. Il Presidente della Camera, Pierferdinando Casini, ha telefonato oggi al senatore Marcello Dell'Utri a cui ha espresso i sensi più profondi di stima e amicizia. Lo ha reso noto un comunicato di Montecitorio.

Mai, prima d'ora, la terza carica dello Stato era intervenuta, solidarizzando con un imputato nella fase cruciale di un processo in corso: quella che precede di pochi giorni la sentenza. La posta in gioco è altissima. Ed è in questo clima incandescente che Caselli deve decidere se candidarsi o no alla Superprocura. Comprensibilmente, la tentazione è quella di lasciar perdere e vivere tranquillo. Ma alla fine prevale ancora una volta il senso del dovere, la voglia di dare un contributo alla lotta alla mafia e ai suoi protettori, che segna di nuovo il passo. La sua domanda arriva proprio *in extremis*, col timbro postale del 5 dicembre pomeriggio, poche ore prima della scadenza ultima.

Regalo di compleanno

Intanto, il 1° dicembre 2004, il Parlamento ha approvato definitivamente la riforma dell'ordinamento giudiziario, che contiene uno strano codicillo (articolo 10, comma 2):

Il magistrato preposto alla Direzione Nazionale Antimafia, alla data di entrata in vigore della presente legge, è prorogato sino al compimento dei 72 anni di età nell'esercizio delle funzioni ad esso attribuito.

Vigna compirà 72 anni il 1° agosto 2005. Con un inedito regalo di compleanno, la maggioranza lo conferma al suo posto fino ad allora, concedendogli sette mesi in più rispetto alla scadenza canonica. Ma in realtà, più che un omaggio a Vigna, quella formuletta è una fucilata a Caselli. Vediamo perché. La stessa legge sull'ordinamento giudiziario, all'articolo 2, H, 17, precisa che le funzioni direttive degli uffici giudiziari

> possono essere conferite esclusivamente a magistrati che abbiano ancora quattro anni di servizio prima della data di ordinario collocamento a riposo: quella prevista dall'articolo 5 del Regio Decreto legislativo del 31 maggio 1946.

E qual è la data di pensionamento dei magistrati secondo il Regio Decreto?

> Tutti i magistrati vanno collocati a riposo all'età di 70 anni.

Precisazione tutt'altro che oziosa, questa, visto che la legge in vigore – voluta proprio da questo governo, nella speranza di far cosa gradita alla Cassazione che doveva decidere nel 2003 sul trasferimento dei processi a Berlusconi e a Previti da Milano a Brescia – consente ai magistrati di restare in servizio fino a 75 anni. Che senso ha, dunque, prorogare Vigna fino ai 72 anni, ma imporre al successore di prendere servizio non oltre i 66 per andare in pensione a 70, in un sistema che consente di conservare la toga fino a 75? Follia? Schizofrenia? Amore per l'enigmistica? Nulla di tutto questo. Per rispondere, basta dare un'occhiata ai dati anagrafici del candidato favorito alla successione di Vigna: Caselli che, essendo nato nel 1939, compirà i 66 anni il 9 maggio 2005. Dopo quella data non potrà più garantire quattro anni pieni. Senza la proroga di Vigna, può tranquillamente partecipare al concorso bandito dal Csm, visto che a gennaio non avrà ancora compiuto 66 anni. Con la proroga di Vigna fino ad agosto, invece, Caselli (come pure Croce) sarà tagliato fuori dalla corsa. E l'altro pretendente più accreditato, Piero Grasso, avrà partita vinta. A questo punta il governo Berlusconi: Caselli relegato a Torino, Grasso all'Antimafia e magari Pignatone procuratore capo di Palermo.

Tre k.o. in un mese

Se qualcuno nutrisse ancora qualche dubbio sul destinatario della norma, provvede Giuliano Ferrara a dissiparlo, il 10 dicembre, pubblicando sulla prima pagina del «Foglio» un appello contro la candidatura di Caselli:

> Per ragioni che discendono dall'evidenza dei fatti storici, noi sottoscritti virtuali riteniamo altamente sconsigliabile il conferimento dell'incarico di procuratore nazionale antimafia al dottor Gian Carlo Caselli, procuratore generale di Torino e già procuratore capo della Repubblica di Palermo.
> Giulio Andreotti, assolto. Corrado Carnevale, assolto. Francesco Musotto, assolto. Bruno Contrada, assolto. Carmelo Canale, assolto. Giuseppe Prinzivalli, assolto.
> In questi processi l'accusa penale è stata portata dal dottor Caselli e sostituti.

Era difficile concentrare tante falsità in poche righe, ma Ferrara ci è riuscito. Invocando spudoratamente «l'evidenza dei fatti». Com'è noto, infatti, Andreotti non è stato assolto, ma – fino al 1980 – si è salvato grazie alla prescrizione; Contrada è tuttora imputato nel secondo appello; quanto al giudice Prinzivalli, non è stato processato a Palermo, ma a Caltanissetta, dunque l'accusa contro di lui non è mai stata portata né da Caselli né dai suoi sostituti. Sono stati assolti, invece, gli altri tre: Carnevale e Musotto definitivamente, Canale soltanto in primo grado. Mancano, naturalmente, nell'elenco del «Foglio», i nomi di altri eccellenti processati e condannati nell'èra Caselli: D'Antone, Mannino e Gorgone. E mancano, soprattutto, le centinaia di boss mafiosi catturati e condannati grazie alle indagini condotte dalla Procura di Caselli fra il 1993 e il '99: solo gli ergastoli di quella stagione sono complessivamente 650, senza contare le condanne «minori» (dai 30 anni in giù).

In ogni caso l'appello del «Foglio» viene frettolosamente ritirato nel giro di ventiquattr'ore, visto che l'11 dicembre il Tribunale di Palermo condanna Marcello Dell'Utri a 9 anni di reclusione per mafia. Chi – Ferrara, ma non solo – attendeva l'assoluzione del braccio destro del Cavaliere per sferrare l'assalto finale a Caselli, è costretto a battere in ritirata. Anzi, la sentenza del 15 ottobre della Cassazione su Andreotti (definitiva la prescrizione per il reato commesso fino alla primavera del 1980), le motivazioni della condanna di Mannino in appello (depositate il 5 novembre) e infine il k.o. di Dell'Utri confermano la bontà del lavoro dell'ex procuratore di Palermo e lo rafforzano nella corsa alla Superprocura. Quando Caselli invita, sulla «Stampa», a leggere la sentenza Andreotti prima di parlare di assoluzione, il forzista Giorgio Spangher fa aprire contro di lui una pratica per trasferirlo da Torino per «incompatibilità ambientale»: le sentenze può commentarle solo chi non le ha lette.

Ma ora, dopo quel triplice k.o. per gli intoccabili, il contrasto fra il bilancio di Caselli e quello di Grasso è ancor più stridente: da un lato la mafiosità conclamata dei mostri sacri della Prima e della Seconda Repubblica, dall'altra il presunto favoreggiamento di Totò Cuffaro. A questo punto, riesce davvero difficile continuare a sostenere che, a Palermo, Caselli ha fallito. Per sbarrargli la strada non resta che l'opzione B: quella della legge *ad personam*, anzi *contra personam*.

Vigna, dal canto suo, non spende una parola sulla controriforma dell'ordinamento giudiziario, che provoca scioperi e allarmi della categoria togata e non solo di quella. E nemmeno per prendere le distanze da quell'imbarazzante codicillo che strumentalizza la sua fama di grande magistrato per sbarrare la strada a un collega altrettanto valoroso. Anzi, il superprocuratore si produce in un inatteso elogio della legge Salva Previti, che manderà in prescrizione migliaia di processi per corruzione, concussione, usura, favoreggiamento, molestie e così via, e che fa rizzare i capelli a tutti i giuristi e magistrati d'Italia: «Abbreviare i termini di prescrizione», dichiara Vigna al «Corriere» il 19 dicembre, «farà scomparire alcune tipologie di reato, ma io penso sempre positivo, e potrebbe essere uno stimolo per velocizzare i processi».

Quando i giochi sembrano fatti, il 16 dicembre il presidente Ciampi rinvia alle Camere il nuovo ordinamento giudiziario, perché incostituzionale. La legge è come se non esistesse, e così la proroga di Vigna. Che, dunque, scadrà regolarmente il 15 gennaio 2005. E Caselli rimane in pista.

Ma la prospettiva di vederlo tornare a occuparsi di mafia turba i sonni del regime, che il 28 dicembre deve ingoiare anche le motivazioni della Cassazione su Andreotti, devastanti per il senatore a vita e confortanti per la pubblica accusa. Così la sera del 30 dicembre, mentre l'Italia si prepara a festeggiare il nuovo anno, il Consiglio dei ministri infila nel decreto legge «milleproroghe» un articoletto di tre righe affogato in una giungla di norme di

> straordinaria necessità ed urgenza per assicurare la funzionalità degli enti locali e della Croce Rossa, per differire l'entrata in vigore del regime di liberalizzazione dell'accesso al mercato dell'autotrasporto di merci, per garantire in via transitoria il finanziamento delle funzioni conferite alle regioni e per assicurare continuità all'erogazione dei contributi per lo spettacolo dal vivo.

Tre righe che recitano:

> Il magistrato preposto alla Direzione nazionale antimafia alla data di entrata in vigore del presente decreto continua ad esercitare le proprie funzioni fino al compimento del settantaduesimo anno di età [...] per garantire l'azione di contrasto alla criminalità da parte dell'Ufficio del Procuratore nazionale antimafia.

Il pericolo che la Superprocura rimanga vacante, naturalmente, non esiste, visto che il concorso del Csm è già avviato da tempo. E in ogni caso lavorano anche là dei procuratori aggiunti, che reggono l'ufficio quando il capo è malato o in ferie. Il pericolo paventato è ben altro: che Caselli prenda il posto di Vigna. E viene sventato con un decreto legge, di cui sfugge il carattere di «necessità e urgenza» previsto dalla Costituzione. Quella Costituzione che affida al Csm e non al governo le nomine dei dirigenti degli uffici giudiziari, visto che la magistratura è «un ordine autonomo e indipendente da ogni altro potere» (articolo 104). Il capo dello Stato, stavolta, firma senza batter ciglio, a tempo di record. E il decreto entra in vigore fin dal 31 dicembre. Per la prima volta, in Italia, un governo decide – per giunta, per decreto – chi deve e chi non deve dirigere un ufficio giudiziario. Un precedente gravissimo: in futuro qualunque governo potrà prorogare per decreto il mandato ai magistrati graditi e accorciarlo a quelli sgraditi.

Un falso attentato

Mentre si leva un coro di voci indignate dall'opposizione (poche) e dal Csm (molte), una misteriosa fonte diffonde la notizia di un progetto di attentato contro Piero Grasso. Il 3 gennaio 2005 «la Repubblica» parla di una lettera anonima giunta alla Procura di Caltanissetta a proposito di un summit dei capimafia di Agrigento, Catania e Palermo in cui si sarebbe deliberato di eliminare Grasso, il pm Luca Tescaroli (già impegnato nell'inchiesta su Capaci, ora in servizio alla Procura di Roma) e un «confidente» che starebbe collaborando alle ricerche di Provenzano. Secondo l'anonimo (un sedicente mafioso «della nuova Cosa Nostra di Caltanissetta»), il progetto prevede di catturare vivi Tescaroli e il confidente – rispettivamente in Calabria e nel Catanese – per poi eliminarli, mentre il procuratore dovrebbe cadere vittima di un attentato a Palermo «come Falcone e Borsellino». Ma lo stesso giorno il procuratore aggiunto della Dda di Caltanissetta Renato Di Natale smentisce tutto all'Ansa:

> È una lettera anonima di vecchia data, secondo noi scarsamente attendibile. Il fatto stesso che sia stata segnalata da un anonimo lascia il tempo che trova. La lettera risale a un anno fa. In questi mesi abbiamo fatto delle verifiche attraverso le nostre fonti, inoltre abbiamo segnalato il caso sia alle autorità di protezione che a quelle territorialmente competenti, informando naturalmente anche i colleghi Grasso e Tescaroli. Dagli accertamenti condotti dalla Dda, tuttavia, non è emerso nulla di rilevante.

Tant'è che il fascicolo è stato subito archiviato. Grasso commenta:

> Ero stato informato della faccenda, ma l'avevo rimossa. Comunque sono soddisfatto: vuol dire che la nostra pressione nelle zone mafiose viene percepita con la stessa forza con cui viene effettuata. Vuol dire che hanno paura di noi.

Chi e perché ha tirato fuori quell'anonimo proprio ora, con un anno di ritardo, nel pieno delle polemiche sul decreto? Di anonimi del genere, negli uffici giudiziari, ne arrivano a getto continuo. La Procura di Palermo, diversi mesi dopo quello nisseno, ne ha ricevuto uno che parlava di progetti di attentato ai danni dei pm Ingroia e Scarpinato, ma naturalmente nessuno ha pensato di divulgarlo. Ed è rimasta pure segreta l'intercettazione ambientale (ben più seria di un anonimo) dell'11 ottobre 2003. In una masseria dell'Agrigentino, in località Acque Bianche, di proprietà di un certo Niccolò Vaiana, due mafiosi discutono di un possibile attentato a un magistrato di Palermo. In una selva di frasi in dialetto, perlopiù incomprensibili, si sente uno dei due affermare: «Un giudice m'haiu a inculare... puro o maggistrato... appena che lo scovo... Il procuratore...». «Pignatone?», domanda l'altro. Risposta: «Non penso... Ingroia è...».

Il 6 gennaio 2005 due giudici di Bologna, Norberto Lenzi e Libero Mancuso, si appellano a Vigna perché rinunci alla proroga e si dimetta alla scadenza naturale del suo mandato, disinnescando la gravissima manovra del governo.

> Caro Vigna, nelle nostre città a volte capita di notare che un corvo plani su un monumento e si posi sulla spalla di un uomo illustre. Il contrasto tra il torvo predatore di nidi e l'eroe provoca una sensazione sgradevole, come qualcosa di vagamente sacrilego, una violenza non rigettabile dalla marmorea immobilità. La stessa sensazione abbiamo provato quando sulla tua spalla si è reiteratamente appollaiato il decreto anti-Caselli. Abbiamo trovato arrogante e sfrontato farsi scudo del tuo prestigio e del tuo valore per perpetrare un'altra delle tante lesioni ai princìpi della Giustizia e della Uguaglianza (diciamo pure della Democrazia), di cui questo governo si è reso responsa-

bile. Ma in questo caso l'eroe non è di marmo e potrebbe, con un solo sdegnato gesto, mettere in fuga il pernicioso animale. Chi ti scrive è perfettamente consapevole di quanto potresti ancora essere utile nel posto che occupi. Ne hai data ampia prova ed unanime è il riconoscimento. Non lasciare ora che il tuo nome venga, incolpevolmente ma irrimediabilmente, associato ad una delle tante pagine buie della nostra recente storia giudiziaria. Una tua rinuncia darebbe il senso di una vibrante protesta contro certi metodi inaccettabili, riscuoterebbe immenso consenso, costituirebbe alto incoraggiamento per l'intera Magistratura costretta oggi a difendere strenuamente la propria dignità ed indipendenza, per tanti cittadini avviliti perché non trovano più un esempio. Ascoltaci, pensaci e, se decidi di restare, convincici che questo è giusto. Ma, ti preghiamo, rispondici. Perché, se il silenzio è facile, difficilissima è la interpretazione del silenzio.

L'indomani, il 7 gennaio, viene diffuso un altro appello a Vigna dello stesso tenore, che sarà firmato in una settimana da oltre 450 magistrati di tutte le sedi, le correnti, le funzioni, le provenienze.

Mentre tutti eravamo sgomenti di fronte alla fine, nel Sud Est asiatico, di un pezzo di mondo, il Governo ha prorogato per un pugno di mesi nell'incarico, scadente il 15 gennaio, il Procuratore nazionale antimafia. La proroga è avvenuta quasi di nascosto siccome inserita all'interno di un decreto legge dedicato, per il resto, ai bilanci degli enti locali, alla «liberalizzazione dell'accesso al mercato dell'autotrasporto di merci per conto di terzi» e a «contributi allo spettacolo dal vivo» (in evidente contrasto con il recente monito del capo dello Stato, contenuto nel messaggio di rinvio alle Camere della legge sull'ordinamento giudiziario, circa la necessità che i provvedimenti legislativi siano chiari e controllabili).
Il decreto appare sotto più profili in contrasto con la Costituzione e integra forse il più grave attacco di questi anni all'indipendenza della magistratura. La Costituzione limita lo strumento del decreto legge, e dunque la competenza (provvisoria) del Governo, ai «casi straordinari di necessità e d'urgenza». Nella vicenda specifica la relazione che accompagna il provvedimento motiva la straordinaria urgenza con la impossibilità di lasciare vacante, anche per pochi mesi, l'incarico di Procurato-

re nazionale antimafia «date le esigenze di lotta alla criminalità organizzata». È un esempio tipico di «non motivazione»: la necessità di affrontare una agguerrita criminalità organizzata non è, nel nostro Paese, una improvvisa e imprevedibile emergenza ma (purtroppo) un dato costante; se l'impostazione sottesa al decreto fosse fondata, tutti i Procuratori della Repubblica (e perché non anche i sostituti?) di Napoli, Palermo o Reggio Calabria dovrebbero vedersi prorogato senza fine l'incarico (anche oltre i limiti d'età); la procedura per nominare il nuovo procuratore è in pieno svolgimento e in ogni caso, stando alla finalità dichiarata, nessuna proroga sarebbe, anche in astratto, giustificabile oltre i termini necessari per tale nomina. Ma, soprattutto, la Costituzione affida le «assegnazioni» dei magistrati esclusivamente al Consiglio superiore e non v'è dubbio, alla luce della giurisprudenza della Corte costituzionale, che in tale concetto rientra la proroga di un incarico oltre i limiti temporali per i quali è stato, a suo tempo, assegnato. Non a caso è la prima volta nella storia della Repubblica che un magistrato viene mantenuto nell'incarico mediante un provvedimento emesso dal potere esecutivo. Se fosse l'inizio di una serie, l'effetto sarebbe inevitabilmente la cancellazione dell'indipendenza della magistratura (suscettibile di essere governata dall'esterno con una accorta politica di conservazione nell'incarico dei dirigenti graditi alle contingenti maggioranze politiche).

Evitare che ciò avvenga è necessario, dunque, sia con riferimento al caso specifico sia per impedire che si realizzi un precedente gravissimo. Confidiamo che il Consiglio superiore della magistratura faccia la sua parte per scongiurare questa evenienza ma, insieme, auspichiamo da parte dell'attuale Procuratore antimafia un gesto che elimini in radice il problema. Conosciamo da anni Piero Vigna; ne abbiamo apprezzato e ne apprezziamo, insieme alla ben nota professionalità, la sensibilità istituzionale e il disinteresse personale; abbiamo salutato con soddisfazione e apprezzamento la sua conferma nell'attuale incarico, avvenuta all'unanimità, da parte del Consiglio superiore; gli siamo grati per il modo in cui ha saputo in questi anni dirigere un ufficio delicato e importante come la Direzione nazionale antimafia. Per questo siamo certi che saprà dire di no a un provvedimento che riguarda non solo lui personalmente ma l'intera magistratura e le sue condizioni di indipendenza.

Tra le prime firme, spiccano quelle dei procuratori capi Borraccetti, Calogero, Papalia, Di Nicola e Tarfusser, degli aggiunti Spataro, Pomarici, Carnevali, Turone, Gennaro, Boemi, Roberti, Lo Forte e Scarpinato, del presidente del Tribunale di Roma Scotti, dei consiglieri di Cassazione Lattanzi, Rossi e Pepino, dei giudici Davigo, Ielo, Patrone, Gianfrotta, Castelli, Ausiello, Canepa, dei pm Natoli, Ionta, Ingroia, Saviotti, Condorelli, Borgna. E tante altre.

Vigna respinge i due appelli al mittente con una curiosa dichiarazione al «Corriere», il 9 gennaio:

> Sono un magistrato, devo solo applicare la legge. E se il decreto viene convertito in legge, non vedo ragioni per non attenermi anche a questa norma. Non mi servono inviti, faccio questo lavoro da 45 anni, posso decidere in piena autonomia.

Ma nessuno gli ha chiesto di violare la legge. Dimettersi alla scadenza naturale del mandato per essere assegnato (dal Csm, non dal governo) ad altro incarico significherebbe semplicemente rifiutare un piccolo regalo di regime, far cadere l'incredibile veto anti-Caselli e lasciar decidere il nuovo superprocuratore all'organo preposto dalla Costituzione alle «assegnazioni dei magistrati»: non il governo, ma il Csm, che fra l'altro ha già bandito il concorso. La Costituzione, poi, prevede che i decreti non «necessari e urgenti» siano incostituzionali e che i giudici possano impugnarli davanti alla Consulta.

Grasso contro il «branco»

In questo clima turbolento, si inaugura il nuovo anno giudiziario. Caselli, a Torino, parla di «assoluzioni per mancanza di fondi». A Palermo è annunciato il ministro della Giustizia Roberto Castelli, «padre» della controriforma della giustizia e protagonista di attacchi quotidiani ai magistrati. Per protesta, l'Anm palermitana, all'unanimità, decide di disertare la manifestazione ufficiale e di organizzarne una parallela in un'altra sala del Palazzo di Giustizia. Ma, incredibilmente, il presidente della Corte d'Appello Carlo Rotolo e il procuratore generale Salvatore Celesti negano loro l'accesso, almeno finché non sia conclusa la cerimonia ufficiale. Così i magistrati, il mattino del 17 gennaio, si riuniscono nel piazzale della Memoria, che ricorda i martiri dell'antimafia, alle spalle del Palazzo di Giustizia. Oltre un centinaio di giudici e pm di tutte le età, le correnti, le funzioni e le sedi (Palermo, Marsala, Sciacca, Trapani, Agrigento) manifestano fra i cittadini e i rappresentanti dei sindacati, mentre all'ingresso principale sfilano le autorità alla spicciolata. Fra queste ci sono il governatore Cuffaro, imputato, e i suoi accusatori Grasso e Pignatone. Una compresenza quantomeno imbarazzante. Il presidente del Tribunale Giovanni Puglisi, prima di partecipare alla cerimonia, si sofferma a solidarizzare con i colleghi in piazza. Grasso no: al suo passaggio, lo striscione che recita «Falcone e Borsellino non sono morti invano, la Procura prosegue la loro battaglia» viene polemicamente arrotolato, per coprire la seconda parte della frase. E Gioacchino Natoli, uno degli epurati della Procura, va giù duro: «Oggi si misura sul campo il vero grado di indipendenza di ciascun magistrato rispetto ai desideri, anche impliciti, dei potenti di turno». Grasso si sente chiamato in causa e replica con asprezza sull'Ansa: «È più facile cercare la propria indipendenza protetti dal branco, piuttosto che affrontare faccia a faccia, con coraggio e da solo, il potente di turno». Ancor più infelice la sua dichiarazione alla «Stampa»: «Quella era una manifestazione sindacale, roba da Cobas...» (frase poi smentita, dopo le proteste di alcuni colleghi). Natoli, fra l'altro, era stato trasferito insieme a Lo Forte al Tribunale civile di Palermo. Ma ora il Tar del Lazio ha bloccato quel concorso, ordinando di rifarlo daccapo: col risultato di far rientrare i due epurati in Procura.

Natoli e Grasso si confrontano a distanza anche in tv, nella puntata speciale di «Report» dedicata da Rai 3 alla mafia. Il sostituto ricorda la sua estromissione dalla Dda: «È come se Bernardo Provenzano venisse escluso dal vertice di Cosa Nostra per il solo fatto di aver superato gli 8 anni di permanenza». Lo speciale, curato dalla giornalista Maria Grazia Mazzola, suscita un vespaio di polemiche, per le proteste del ringalluzzito Cuffaro, il quale chiede e ottiene dalla Rai una trasmissione «riparatrice»: a suo avviso «Report», parlando di mafia, ha «offeso la Sicilia onesta». Reduce dal «salvataggio» processuale, il governatore è scatenato. Alla vigilia di Natale ha inaugurato con Berlusconi l'ultimo tratto dell'eterna autostrada Messina-Palermo, celebre in tutto il mondo perché va in un solo senso di marcia e non contiene nemmeno un casello. Negli stessi giorni, il 21 dicembre, suo cognato, Gerlando Calogero Chiarelli, ha aggredito con una masnada di compari il deputato regionale di Rifondazione comunista Francesco Forgione, autore di un bel libro su mafia e politica.[1] Lasciato solo dal resto del centrosinistra, Forgione sta raccogliendo firme in piazza per sfiduciare il governatore imputato. «Pezzo di merda», gli urlano i quattro, «bastardo di un comunista, che ti ha fatto Cuffaro? Ti ammazziamo, se non la smetti ti facciamo smettere noi. Non vivrai più tranquillo, sappiamo dove vai, dove stai, di giorno e di notte». Il più esagitato, Chiarelli, passa alle vie di fatto e si avventa sul deputato, trattenuto a stento dagli altri. Poi il quartetto fugge a bordo di una Croma verde. La polizia li blocca poco dopo. Seguono il fermo, l'identificazione e l'imbarazzante scoperta: uno dei quattro è il fratello della moglie di Cuffaro. Per ore, dalla Questura, nessuna notizia sull'identità del quartetto. Silenzi imbarazzati anche dinanzi a Forgione, che chiede di identificare gli aggressori per sporgere denuncia. Soltanto l'indomani, dopo un susseguirsi di voci e smentite, arriverà la conferma sul parente manesco del governatore.

Tutti contro Caselli

Dopo le ferie natalizie, il decreto anti-Caselli approda in Parlamento in vista della conversione in legge. La stampa berlusconiana – «il Giornale», «Il Foglio», «Libero», «Panorama» – si scatena con attacchi pressoché quotidiani al procuratore generale di Torino. Anche «Il Riformista», in stereofonia, inaugura una campagna contro il «casellismo» (espresssione appena coniata dal neocondannato Dell'Utri), anche con articoli molto critici del diessino Macaluso. Il quotidiano semiclandestino di area dalemiana sostiene che Caselli non può andare alla Dna per «la lunga serie di processi di mafia sistematicamente smontati in sede dibattimentale» e perché incompatibile con un non meglio precisato «nuovo spirito di unità nazionale fra maggioranza e opposizione necessario per riformare la giustizia senza riaprire l'antica guerra civile fra amici di Previti e amici di Violante». Che, dunque, vengono posti sullo stesso piano. Ma se davvero Caselli, a Palermo, avesse «fallito», perché tanto accanimento, e così trasversale? Perché continuano ad attaccare lui, che non è più procuratore di Palermo da sei anni?

Intanto, sul fronte istituzionale, il Csm passa al contrattacco e il 25 gennaio vota un durissimo parere (contrari soltanto i cinque membri laici della CdL, astenuto il vicepresidente Rognoni) contro il decreto, giudicandolo incostituzionale in più punti:

> Il Consiglio con deliberazione del 4 novembre 2004 ha provveduto a pubblicare anticipatamente il posto che si sarebbe reso vacante alla data del 15 gennaio 2005. Il termine per l'inoltro delle domande è scaduto il giorno 6 dicembre 2004 (così individuandosi definitivamente i magistrati legittimati al concorso) e la susseguente procedura è già all'esame della competente Commissione referente. Tale attività, condotta in attuazione delle esclusive attribuzioni consiliari in tema di assegnazioni e trasferimenti dei magistrati (art. 105 Cost.), è prossima alla definizione ed alla conseguente designazione del nuovo dirigente dell'Ufficio. In questo contesto la proroga, quanto meno per i tempi e le modalità fissati dal decreto legge, non sembra rispondere a criteri di necessità [...]. La disposizione ha evidente carattere di eccezionalità e si colloca in posizione anomala all'interno del sistema ordinamentale. [...] Il Consiglio desume l'esistenza di un potenziale contrasto con il contenuto dell'art. 105 della Costituzione, che riserva all'organo di governo della magistratura le deliberazioni in tema di assegnazioni e trasferimenti dei magistrati: materia, questa, in cui vanno ricompresi non solo la procedura ed i contenuti della deliberazione, ma anche la garanzia dell'assenza di interferenze sull'efficacia della volontà formalizzata dal Consiglio stesso.

L'unica via d'uscita per evitare l'incostituzionalità del decreto – conclude il Csm – è questa: interpretarlo restrittivamente e, se proprio si vuole scongiurare il teorico rischio di qualche giorno o settimana di «sede vacante» alla Superprocura, far valere la proroga di Vigna solo «per un periodo che dovrebbe coprire i tempi di individuazione e destinazione del nuovo dirigente». Intanto il concorso già bandito va avanti, con tutti i candidati che hanno presentato domanda. Caselli compreso. Ma lo stesso giorno la Camera corre ai ripari: la commissione Giustizia approva un emendamento al decreto, che proroga Vigna fino al 1° gennaio 2006, rendendo nullo il concorso del Csm e tagliando fuori definitivamente Caselli.

Un altro falso attentato

Sempre il 25 gennaio 2005, con straordinario tempismo, salta fuori un altro (falso, per fortuna) attentato a Piero Grasso. Una seconda voce incontrollata, tre settimane dopo la prima, assicura che i carabinieri del Nucleo Operativo di Palermo hanno intercettato una conversazione fra due mafiosi a proposito di una partita di tritolo da reperire e trasportare a Palermo per eliminare il procuratore. Stavolta, dunque, una cimice avrebbe captato le voci degli aspiranti attentatori: affare ben più serio di una lettera anonima. Di qui l'immediato rapporto dell'Arma alle Procure di Palermo e Caltanissetta. È il «Corriere della Sera» a raccogliere l'indiscrezione. Che viene poi ripresa l'indomani, 26 gennaio, da tutti i giornali e le tv d'Italia, nelle ampie pagine dedicate all'arresto di una cinquantina di «postini» di Bernardo Provenzano. Immediata e unanime la solidarietà al procuratore da parte della società civile e dei politici di ogni colore, Cuffaro compreso.

Nessuno, però, riesce a procurarsi il testo dell'intercettazione. La sera del 26 se ne parla a «Ballarò», su Rai 3, con un ospite d'eccezione: il procuratore Vigna. Il quale, a una domanda sul progetto di attentato a Grasso, risponde così: «Il collega Grasso ha smentito». Invece Grasso non smentisce un bel nulla. Anzi, l'indomani dichiara all'«Unità»: «Bisogna indagare e ciò è di competenza della Procura di Caltanissetta». E alla «Repubblica»: «Di segnalazioni di questo genere ne arrivano tante. Questo fa parte del gioco. Noi con la nostra pressione diamo fastidio, rendiamo difficili gli affari...». I richiami dei giornali a Falcone e Borsellino (che, prima di morire, ripeteva agli amici: «È già arrivato a Palermo l'esplosivo per me») abbondano. Gli osservatori si interrogano sulla svolta «storica» di Cosa Nostra, che dopo 11 anni sembra aver abbandonato la strategia della *pax mafiosa* per riprendere le armi contro le istituzioni. C'è chi parla di intercettazione telefonica, chi di ambientale. Il «Corriere» riferisce addirittura una frase dei due mafiosi: «Faremo saltare in aria Grasso con un botto». Ma il testo completo della conversazione continua a non uscire.

La curiosità è viva soprattutto in Procura, nel pool della Dda: nessuno, tanto per cambiare, ne sa nulla. E dire che quel rapporto dei Carabinieri dovrebbe essere oggetto di informazione a tutti i pm antimafia. Alcuni sostituti chiedono lumi al coordinatore Pignatone, che però smentisce: «Non c'è nessuna intercettazione». Il 31 gennaio, nella consueta riunione settimanale della Dda, allargata a due magistrati della Superprocura in missione a Palermo, un paio di pm chiede a Grasso di fare chiarezza. Il procuratore smentisce l'esistenza di qualsiasi intercettazione, sia telefonica sia ambientale. E aggiunge, fra lo stupore generale, che comunque è bene che se ne parli, per tenere alta la tensione. Infatti la sua smentita resta chiusa fra quattro mura e non viene comunicata ai giornali e alle tv. Così, per l'opinione pubblica, l'intercettazione e l'attentato sono ormai assodati.

Ora, è chiaro che – per la sua posizione e la sua storia – Grasso è da sempre nel mirino di Cosa Nostra. Ma lasciar circolare la notizia falsa di un'intercettazione che dà per imminente un attentato disorienta le analisi degli studiosi e dell'*intelligence* sulle strategie della mafia. Se davvero i boss avessero deciso di eliminare il procuratore di Palermo, rompendo bruscamente una *pax mafiosa* che dura dalla fine del '93, bisognerebbe ridisegnare tutto il quadro storico-criminale. Invece, fortunatamente, l'intercettazione non esiste. E allora chi ha diffuso questa seconda «bufala», a distanza ravvicinatissima dalla prima? E perché? Una possibile chiave di lettura arriva da un'inquietante intervista dell'avvocato Pietro Milio, ex senatore radicale (eletto in Forza Italia), nonché difensore di Contrada e di Mori e fiero avversario di Caselli, al «Corriere della Sera» del 26 gennaio. Milio sembra saperla lunga e collega direttamente le voci di attentato alla battaglia in corso per la Superprocura:

> O [*l'attentato a Grasso, N.d.A.*] è una cosa terribilmente seria, e allora le forze di polizia si devono mobilitare subito, oppure qualcuno sta tentando di screditare Grasso che, come tutti sanno, è in corsa per la Procura nazionale antimafia [...]. Qualcuno potrebbe voler delegittimare Grasso [...]. Potrebbe essere un messaggio che invogli Grasso a rinunciare, oppure che tende a squalificarlo [...]. Un giorno qualcuno potrebbe anche dire che il messaggio era fasullo e che Grasso se lo è inviato da solo. Ricordiamoci che anche di Giovanni Falcone si disse che la bomba alla villa dell'Addaura se l'era messa da solo.

Milio sembra dimenticare che fu proprio il generale Mori, suo attuale cliente, a minimizzare la portata dell'attentato all'Addaura (così almeno – come abbiamo visto – ha scritto la Cassazione); e che l'esplosivo all'Addaura c'era davvero, mentre l'intercettazione sull'attentato a Grasso non esiste. L'avvocato, peraltro, non nasconde le sue preferenze per la Superprocura:

> Grasso sgobba con grande serietà e con spirito di servizio [...]. È rimasto serenamente al suo posto [*dopo le polemiche interne alla Procura, N.d.A.*] senza fare la vittima o l'eroe. È stato terzo in questa situazione che pure lo riguardava, visto che è stato accusato di aver affidato le inchieste delicate a persone con le quali ha un comune sentire, e non ad altre. E io per ora non ho letto documenti di sostegno a Grasso, mentre mi preoccupa che quasi 300 magistrati hanno sottoscritto per contestare la proroga di Vigna e per sostenere, pur senza nominarla, la candidatura di Caselli per la Procura nazionale. Questa lettera mi preoccupa perché arriva da quegli ambienti che potrebbero influenzare la scelta del Csm [...]. Cosa Nostra non è contenta se ci va Grasso, profondo conoscitore dei siciliani.

Insomma, par di capire: se le voci sull'attentato sono false, allora vuol dire che a metterle in giro sono stati quegli «ambienti» vicini a Caselli che vogliono «influenzare il Csm» in suo favore contro Grasso.

Il vero attentato

Il 26 gennaio la CdL getta definitivamente la maschera e, per bocca del presidente della commissione Giustizia del Senato Antonio Caruso (An), dichiara: «Gli sforzi per lasciare Vigna al suo posto sono soprattutto finalizzati a evitare che il suo sostituto diventi Caselli». Il collega Luigi Bobbio conferma spudorato: «Voglio essere sicuro che il successore di Vigna non sia Caselli, perché quest'ultimo non mi sembra presentare le necessarie caratteristiche di imparzialità». Parola di un magistrato eletto in Parlamento con An. A questo nobile scopo è finalizzato il nuovo emendamento al decreto, firmato dai senatori di An Sergio Cola e Aurelio Gironda, per prorogare il mandato di Vigna fino al 31 dicembre 2005. Solo da allora la sede della Dna verrebbe considerata vacante, dunque si renderebbe necessario un nuovo concorso, che taglierebbe fuori Caselli. Casomai il decreto non venisse convertito, è pronto un altro provvedimento (il quarto contro Caselli) per rivedere l'ordinamento giudiziario nel senso di prolungare i termini di scadenza di tutti i vertici giudiziari d'Italia. Caruso rivela addirittura un futuribile «progetto per far rimanere Vigna per altri due anni»: un terzo mandato non previsto dalla legge sulla Dna.

L'emendamento è blindato: il 27 gennaio, in commissione, i senatori del centrodestra sono presenti in forze e approvano la proroga di Vigna per un anno. Persino il forzista Filippo Mancuso vota contro: «È una legge di cui ci si dovrebbe vergognare». Giannicola Sinisi, della Margherita, dimostra di non aver capito nulla: «Il decreto non è solo contro Caselli, serve per allontanare Grasso da Palermo». Come se Grasso non avesse fatto domanda per la Dna, ma qualcuno lo volesse trasferire *ob torto collo*. Secondo alcune voci, poi, la CdL si appresterebbe a estrarre dal cilindro la candidatura di Giovanni Tinebra, direttore del Dap ed ex procuratore di Caltanissetta (colui che, scontrandosi con il pm Tescaroli, chiese l'archiviazione dell'inchiesta su Berlusconi e Dell'Utri per strage). Non perché il governo ci abbia ripensato su Grasso, ma perché quest'ultimo è più giovane di Caselli, mentre l'ex procuratore nisseno vanta un'anzianità di servizio più prossima a quella dell'odiato «torinese». Così, se mai la norma *contra personam* risultasse incostituzionale e Caselli ce la dovesse fare a restare in lizza, il governo avrebbe un candidato «pari grado» da contrapporgli.

L'8 febbraio la Camera approva il decreto «milleproroghe» (che passerà definitivamente al senato il 1° marzo) in questa versione:

> Il magistrato preposto alla Direzione Nazionale Antimafia alla data di entrata in vigore del presente decreto continua a esercitare le proprie funzioni fino al compimento del 72° anno di età. Ai fini delle procedure per il successivo conferimento dell'incarico, il posto si considera vacante da tale data.

Traduzione: proroga di Vigna fino ad agosto, concorso del Csm annullato, Caselli fuori gioco, Grasso favoritissimo. A Montecitorio, per la verità, l'esito sarebbe tutt'altro che scontato. Le assenze sui banchi della maggioranza regalano al centrosinistra un'occasione d'oro: quella di approvare l'emendamento dei Ds che spazza via la proroga di Vigna. Ma i 7 deputati di Rifondazione si astengono, così l'emendamento viene respinto con 215 no, 209 sì e, appunto, 7 astenuti. Qualcuno parla di errore, ma i rifondatori Franco Giordano e Giuliano Pisapia rivendicano quell'incredibile scelta: «Abbiamo deciso», spiega Pisapia, «di non votare per non lasciare vacante la Dna. Vigna è una persona su cui nessuno ha nulla da dire. A noi i personalismi Vigna-Caselli non piacciono». Come se i personalismi fossero opera di Caselli, e non della maggioranza che ha escogitato quattro successive norme *contra personam*.

La presunta «toga rossa» viene impallinata dai comunisti a braccetto dei *berluscones*. È il mondo alla rovescia. O forse, più semplicemente, la logica conclusione della nostra storia. La casta degli intoccabili fa quadrato. Come dimostrano, di lì a pochi giorni, due fatti in apparenza molto lontani fra loro.

Il primo è la riscossa di Totò Cuffaro, assenteista e indifferente al suo processo per quel poco che resta delle accuse di mafia. Più potente e intoccabile che mai, come se la sentenza che sta per arrivare non lo riguardasse, il governatore sfida Casini e Follini dando vita a una corrente interna all'Udc e facendo balenare una prossima scissione. Poi, mentre si scopre che Provenzano s'è fatto operare alla prostata in una clinica di

Marsiglia a spese – assicura il ministro Sirchia – della sanità regionale, Cuffaro sfida le opposizioni a Palazzo d'Orléans con un giro di nomine proprio in quel settore, confermando o promuovendo venti manager d'oro. Compresi quelli più chiacchierati o addirittura inquisiti per gli scandali politico-giudiziari degli ultimi anni. Giancarlo Manenti, sponsorizzato da Cuffaro in persona, trasloca da Villa Sofia di Palermo al San Giovanni di Dio di Agrigento: è accusato da Michele Aiello di aver intascato mazzette per 50.000 euro. Guido Catalano, vicino al forzista Miccichè, passa dalla Ausl 6 di Palermo al Sant'Antonio Abate di Trapani: secondo i revisori dei conti, aveva provocato nelle casse dell'Ausl un buco pari alla metà della voragine dell'intera Regione. Salvatore Jacolino, sostenuto dal nuovo coordinatore forzista siciliano Angelino Alfano, viene promosso dalla Ausl 1 di Agrigento alla Ausl 6 di Palermo: è indagato per falso, abuso e truffa ai danni della stessa sanità regionale. Liborio Immordino, appoggiato dal presidente dell'assemblea regionale Guido Lo Porto (An), rimane all'ospedale Cervello, uno dei più importanti di Palermo: è stato indagato per vari reati e sospeso dall'incarico, per ordine del Tribunale, per presunti appalti irregolari. Le opposizioni si decidono finalmente a chiedere le dimissioni del governatore, abbandonato persino da due deputati del suo partito. Ma lui tira diritto. Il processo per favoreggiamento alla mafia non gli fa neppure il solletico.

Il secondo fatto è la reazione unanime del mondo politico al rinvio a giudizio del generale Mori e del colonnello De Caprio per il covo di Riina. Tutti, da destra a sinistra, solidali con i due fedeli «servitori dello Stato» che non perquisirono la villa dei segreti. Quasi tutti contro Caselli e i suoi uomini per aver tentato di capire il perché, e soprattutto contro il gup Mazzeo che ha disposto il pubblico dibattimento per far luce su una verità che nessuno vuole conoscere.

I misteri e i ricatti del covo, dunque delle trattative fra presunto Stato e presunto Antistato, dunque delle stragi e dei loro mandanti esterni. La sorte degli intoccabili e quella delle verità indicibili. Di questo dovrà occuparsi il nuovo procuratore nazionale Antimafia. Un gioco troppo grande per lasciarlo in mano a un magistrato come Caselli, «incontrollabile» dal potere e dunque «inaffidabile». Non si diceva così anche di Costa, Terranova, Chinnici, Falcone e Borsellino?

La storia della parola dalle cinque lettere si ripete, con qualche aggiornamento. Tredici anni fa, per sbarrare a Falcone e Borsellino la strada della Superprocura, ci volle il tritolo. Oggi, per fermare Caselli, basta un decreto.

Nota

1. Francesco Forgione, *Amici come prima. Storie di mafia e politica nella Seconda Repubblica*, Editori Riuniti, Roma 2004.

Indice

Introduzione di Paolo Sylos Labini   IX

1. Cent'anni di solitudini   1

    La parola dalle cinque lettere, p. 3 - Il braccio violento del potere, p. 8 - Vedi Palermo e poi Mori, p. 10 - Portella, la prima strage di Stato, p. 13 - Il bollettino medico, p. 17 - La parola agli storici, p. 22 - Gli anni bui della mafia, p. 26 - La prima svolta, p. 29 - Antimafia fascista, mafia antifascista, p. 33 - Un pugno di uomini, p. 36 - La prova della droga, p. 39 - Morti ammazzati, carte scomparse, p. 42 - Corvi, talpe e veleni, p. 44 - Il pool, l'antidoto, p. 46 - «Signor Falcone...», p. 49 - «Mi parli dei politici», p. 53 - Vicini alla meta, p. 55 - La resa dei conti, p. 58 - La storia si ripete, p. 61 - Perché la storia si ripete, p. 65 - Il trionfo delle cinque lettere, p. 68 - Andamento lento, p. 72
    Note, p. 75

2. Da Falcone a Caselli   77

    Nascita e morte di un pool, p. 78 - Il metodo Giammanco-Pignatone, p. 85 - Prima Giovanni, poi Paolo, p. 87 - Caselli, vita da giudice, p. 89 - La fase 2, p. 94 - I primi fuochi, p. 99 - Ispettori ficcanaso, p. 105 - La crociera di don Masino, p. 109 - Anonima Sgarbi, p. 111 - Berlusconi, Dell'Utri e la mafia, p. 114 - Berlusconi, Dell'Utri e le stragi, p. 118 - Primato della politica o del «papello»?, p. 121 - Massimo e Silvio, i ri-costituenti, p. 123 - Quei favori trasversali, p. 126 - Complotto a orologeria, p. 128 - Di Maggio: chi spara, chi spera, p. 132 - Morte provvidenziale di un giudice, p. 136 - Salvate il soldato Dell'Utri, p. 142 - Insulti, il catalogo è questo, p. 145 - Metodo Falcone, metodo Caselli, p. 148 - I conti tornano, p. 156
    Note, p. 158

3. Da Andreotti alla zeta   159

La genesi, p. 161 - *Disinformafia*, p. 167 - La prima sentenza, p. 185 - L'Appello, p. 208 - La Cassazione, p. 243
Note, p. 250

4. Gli altri intoccabili   251

1. Mannino, patto col diavolo   251

La prima sentenza, p. 252 - L'Appello, p. 256

2. Carnevale, un uomo chiamato cavillo   268

La prima sentenza, p. 269 - L'Appello, p. 273 - La Cassazione, p. 274 - Un giudice al telefono, p. 278

3. Contrada, fra Stato e Antistato   284

La prima sentenza, p. 286 - L'Appello, p. 292 - La Cassazione, p. 293

4. Gli altri processi «eccellenti»   295

5. Dell'Utri, cavallo e Cavaliere   296

5. Fase 3: la normalizzazione   310

Grasso, vita da giudice, p. 311 - L'allenatore nel pallone, p. 313 - Pignatone, il passato che ritorna, p. 315 - La Grande Epurazione, p. 319 - La trattativa Aglieri, p. 321 - Senza scorta, p. 324 - L'eredità scomoda, p. 326 - Giuffrè, mezza manuzza, p. 330 - Attenti a quei due, p. 333 - Lipari, il depistatore, p. 338 - Il covo di Riina, p. 341 - Il delitto Rostagno, p. 358 - L'allenatore cambia squadra, p. 359 - Concorso a premi, p. 363 - Fuori altri due, p. 364 - Grasso grida al complotto, p. 367 - «Sistemi criminali», p. 371 - Le promesse tradite, p. 378
Note, p. 386

6. Cuffaro, talpine & talpone   387

Camici e lupare, p. 389 - Convergenze parallele, p. 391 - Armi di distrazione di massa, p. 393 - Divieto di circolazione, p. 394 - Attacco ai caselliani, p. 396 - Attacco a Ingroia, p. 398 - Attacco a Lo Forte, p. 400 - Fughe di notizie sulle fughe di notizie, p. 404 - E Totò?, p. 407 - Caro Silvio, caro Totò, p. 408 - Storia di fave e di tartufi, p. 411 - Siamo uomini o marescialli?, p. 413 - Il pugno del Capo, p. 421 - Il processo perde i pezzi, p. 427 - Un

altro scacco, p. 430 - Concorso esterno, addio, p. 436
Note, p. 443

7. La battaglia finale 444

Regalo di compleanno, p. 446 - Tre k.o. in un mese, p. 448 - Un falso attentato, p. 451 - Grasso contro il «branco», p. 455 - Tutti contro Caselli, p. 457 - Un altro falso attentato, p. 459 - Il vero attentato, p. 462
Nota, p. 465

BUR
Periodico settimanale: 7 settembre 2005
Direttore responsabile: Rosaria Carpinelli
Registr. Trib. di Milano n. 68 del 1°-3-74
Spedizione in abbonamento postale TR edit.
Aut. N. 51804 del 30-7-46 della Direzione PP.TT. di Milano
Finito di stampare nell'agosto 2005 presso
il Nuovo Istituto Italiano d'Arti Grafiche - Bergamo
Printed in Italy

ISBN 88-17-00537-1